I0821341

HARTSLAG VAN DE KERK:
DE PAROCHIE

Hartslag van de Kerk: De Parochie

VANUIT KERKRECHTELIJK STANDPUNT

Deel I

A.H. EIJSINK

PEETERS

1995

IMPRIMATUR
E. GOFFINET, cens. ad hoc dep.
Vicaris-generaal van Mechelen, Maart 1995

ISBN 90-6831-722-9
D. 1995/0602/72

WOORD VOORAF

Onmiskenbaar is de Rooms-Katholieke Kerk na het Tweede Vaticaanse Oecumenische Concilie (1962-1965), zoals zo vaak na een Concilie gebeurd is, in een crisis geraakt en heeft het, althans in het "oude" West-Europa, daarin vanzelfsprekend de parochie meegetrokken. Dáár vertoont de Kerk en haar allerbelangrijkste structuur-element, de parochie, verlammingsverschijnselen om in de beeldspraak van de titel van dit boek te blijven. Het meest markant treden deze naar voren in een nog dagelijks toenemend gebrek aan voorgangers. Vaticanum II heeft er veel aan gedaan om *structurele* verbeteringen tot stand te brengen, al is dàt alléén nog geen remedie tegen die verschijnselen.

Generaties priesters (aan andere parochiefunctionarissen viel tóen nog niet te denken) zijn door het boek *Parochie en Parochiegeestelijkheid* decennia lang ingevoerd in de kerkelijke wetgeving, voorzover deze betrekking had op de uitoefening van hun ambt binnen de parochie. Tot en met de laatste (vierde) druk (1961) heeft dit boek onschatbare diensten bewezen aan allen, die met de leiding van een parochie te maken hadden. Uiteraard heeft dit boek na zoveel jaren veel van zijn actualiteit en dus van zijn bruikbaarheid verloren. De laatste druk werd uitgegeven omdat er tóen behoefte aan was, al nodigde het moment 'waarop' daartoe niet uit. Immers: Vaticanum II en de daarmee samenhangende herziening van de Codex waren ophanden. Beide zijn intussen een feit geworden. De eerste wereldomspannende gebeurtenis heeft ertoe geleid, dat er vanuit het Concilie zelf en in de jaren daarna een lawine van "Romeinse" documenten over ons heengekomen is, waarvan vele relevant zijn voor de werkzaamheden van pastores in parochies. Door dit Concilie is er in de particuliere kerken, o.a. in de bisdommen, veel veranderd en moest er in die kerken, voorzover daartoe gemachtigd door het centrale kerkelijke gezag, een grondige aanpassing van bestaande zielzorgstructuren plaatsvinden; verandering óók en aanpassing van de werkzaamheden binnen die structuren. Met de kerkrechtelijke vertaling daarvan in de Codex van 1983 is de basis gelegd voor een omvangrijk particulier recht.

Geprobeerd is orde te scheppen in die lawine van documenten door deze systematisch ter sprake te brengen dáár, waar dit op z'n plaats is. Met 31 december 1994 als 'deadline' voor de opname van universeel- en particulierrechtelijke bepalingen is een *voorlopig* einde aan dit boek gekomen. "Voorlopig"! Want vóór u ligt het *eerste deel*. Wat lezers en gebruikers in dit eerste deel nog zullen missen, zullen zij in het *tweede deel* tegenkomen, dat verzorgd gaat worden door *Dr. A.J.M. van der Helm*, kerkjurist en thans pastor in de parochie van Zoetermeer. De verschijningsdatum daarvan is gepland voor 1996. De enige bedoeling van dit *eerste deel* is om voor de pastoraal-juridische aspecten van het parochie-leven een gebruiksboek te bieden, dat tevens een (wetenschappelijk) verantwoord commentaar op (een deel van) de Codex geeft; de auteur van het *tweede deel* behoudt zich het recht voor een enigszins gewijzigde doelstelling en opzet te kiezen.

De Codex wil naar het woord van de huidige Paus een zo getrouw mogelijke *juridische* vertaling zijn van de ecclesiologie van Vaticanum II (zie zijn Apostolische Constitutie *Sacrae disciplinae leges* van 25 januari 1983: *Wetboek van Canoniek Recht* pp. XXI-XXIII). Gelet op de doelgroepen, voor welke deze handleiding op de allereerste plaats bestemd is (pastores en/of parochies en theologiestudenten), spreken de auteurs de hoop uit, dat zij hierin een betrouwbaar instrument vinden voor hun/haar werk. Het gaat dus om een *juridische* benadering van het thema 'parochie' en van alles, wat daarmee samenhangt, zó als dat in het nieuwe Wetboek op ons afkomt. Iedereen zal bij enig nadenken toe moeten geven, dat een parochie uit je handen glipt, zodra alles, wat daarbinnen gebeurt, ongereglementeerd, dus ook zonder rechtsregels, gebeurt en aan ieders eigen inzichten en initiatieven wordt overgelaten. Wij denken hier met name aan de wijze, waarop de sacramenten worden gevierd. Vele van de bestaande regelingen mogen ons 'gedateerd' voorkomen of, sterker nog, tegen de achtergrond van voortgaande ontwikkelingen als 'irreëel', toch neemt dat niet weg dat de parochie pas echt de 'hartslag van de Kerk' kan blijven, wanneer zij zich *ook* aan de regels houdt. Wel zijn beide auteurs zich ervan bewust, dat de dagelijkse parochiële praktijk zeker in onze dagen sterker is dan de leer zonder daarmee een vrijbrief in handen te hebben.

De herziening van het parochierecht is het werk geweest van één van de (aanvankelijk) dertien studie-of werkgroepen, die zich in opdracht van de Codex-herzieningscommissie bezighield met (bijna) alles wat in het huidige Boek II "Het Volk Gods" staat (zie *COMM.* 8(1976)23-31). Zijn eerste ontwerp, gepubliceerd in 1977, werd toegezonden aan de zgn. Consultatie-organen: de Romeinse Curie, Bisschoppen, Pauselijke Universiteiten en Faculteiten en de Unie van Algemene Oversten van religieuzen. In hun reacties werd gevraagd om een tweede consultatie-ronde, die feitelijk nooit heeft plaatsgevonden. Vele herzieningsvoorstellen werden gecompileerd opgenomen in het *Schema/80*. Tijdens de plenaire discussie hierover in 1981 werd "ambtshalve" een artikel over de *cappellani* aan de bestaande bepalingen toegevoegd. Deze discussie leverde het *Schema/82* op, dat door toedoen van de Paus, gesteund door een commissie van vijf consultoren, nog enkele substantiële wijzigingen heeft ondergaan tot aan de promulgatie van de nieuwe Codex op 25 januari 1983. De *opzet* van de auteurs is van meet af aan geen andere geweest dan om via een zo accuraat mogelijk omgaan met de tekst van deze Codex de juiste draagwijdte ervan te laten zien. Het gaat niet om wat de auteurs zelf denken over individuele bepalingen; wèl hebben zij hier en daar het uiterst toelaatbare daaruit gehaald.

Ook is rekening gehouden met de voorschriften van het *burgerlijke recht*, voorzover dit raakvlakken heeft mèt of mede normerend is voor het canonieke recht. Voor dit aspect ben ik veel dank verschuldigd aan *mr. drs. J.W.H.G. Loyson*, juridisch secretaris van het bisdom Haarlem, die de moeite nam om samen met de leden van het *Juristenberaad van de Nederlandse Bisdommen* de gebruikmaking van het civiele recht, waar dit ter sprake komt, op haar waarde en juistheid te toetsen. Nieuw aan dit boek is dat voor het eerst ook rekening is gehouden met de civielrechtelijke voorschriften van Nederlands-sprekend *België*. Voor het aandragen hiervan ben ik veel dank verschuldigd aan *dr. R. Torfs*, momenteel Voorzitter(Decaan) van de Faculteit voor Kerkelijk Recht aan de Katholieke Universiteit van Leuven, en aan *mr. P. de Roo*, advocaat te Antwerpen. Om technische reden was het (nu) nog niet mogelijk ook het *particuliere kerkrecht* van de Nederlands-sprekende Belgische bisdommen op te nemen. Naar een oplossing van dit probleem wordt nog gezocht.

Velen hebben meegewerkt aan de controle van de teksten of aan de verschaffing van relevant materiaal. Met name wil ik hier noemen: *dr. R.G.W. Huysmans*, hoogleraar canoniek recht aan de Katholieke Universiteit Utrecht en *drs. H.J.F. Degen*, hoofd van het Officialaat van het bisdom 's-Hertogenbosch, *mr. J.M. Klok*, econoom van het Aartsbisdom Utrecht, *dr. A.C. Vernooij*, muziekdocent aan het Conservatorium te Utrecht, *dr. G.A. Wellen*, emeritus-directeur van de Stichting Kerkelijk Kunstbezit in Nederland. Hun allen ben ik dank verschuldigd, maar bovenal ook aan *drs. E.P. de Jong*, secretaris van de Nationale Raad voor Liturgie, aan de Heren *Bueneker* en *Bleij*, die mij hebben geholpen om alle computer-problemen te boven te komen en aan *Mevr. Ina*

Timmermans, die onmisbaar was bij de samenstelling van de twee registers.

Zeven jaar is er aan dit deel gewerkt. Zoiets is alleen vol te houden als er iemand naast je staat, die begrijpt waar je mee bezig bent en waarom je dat doet, maar die je vooral ook de kans geeft om continu bezig te blijven en tegelijk te zorgen dat het je aan niets ontbreekt. Ik denk dus aan mijn huisgenote, *Mevr. Irène M.A. Ros-Mol*, aan wie ik de grootste dank verschuldigd ben.

Huissen, 4 april 1995 Harry Eijsink

ENKELE AANWIJZINGEN VOOR EEN GOED GEBRUIK VAN DIT BOEK

Consequent is in heel de tekst de spelling gevolgd, welke binnen het Noord-Nederlandse taalgebied is opgenomen in de: *Herziene Woordenlijst van de Nederlandse taal* ('s-Gravenhage, SDU-uitgeverij 1990), in Nederland bekend als het 'groene boekje'.

Er is een zeer gedetailleerde literatuurlijst samengesteld, waarin naast de oorspronkelijke teksten met hun vindplaatsen ook – voorzover beschikbaar – de vindplaats van de Nederlandse vertaling is weergegeven. In de tekst zelf van het boek of in de voetnoten kon volstaan worden met de verwijzing naar deze bronnenlijst door achter de naam van het betreffende document het jaar van uitgave en de instantie, waarvan het uitging, te vermelden. Op die wijze laat zo'n document zich gemakkelijk met alle details terugvinden in de bronnenlijst.

Heel vaak worden de canones van de *Codex/17* aangehaald om te laten zien, wat er in vergelijking met het verleden veranderd is (in dat geval wordt de canon in een voetnoot vertaald weergegeven, omdat de *Codex/17* nauwelijks verkrijgbaar is) of te laten zien dat alles onveranderd gebleven is.

Waar mogelijk, is geprobeerd om aan de hand van de ontwerpschemata, die voorafgingen aan de eindredactie van de **Codex/83**, duidelijk te maken hoe de betreffende canon tot stand gekomen is, eventueel tegen welke weerstand in, of hoe een canon vaak pas na veel discussie zijn huidige vorm gekregen heeft. Soms, maar niet altijd geeft het tijdschrift *Communicationes*, dat de wetsherziening vanaf 1969 begeleid heeft, uitsluitsel over de motieven tot wijziging van de bestaande wetgeving.

Talloze keren wordt in de voetnoten verwezen naar de *Analecta* van de afzonderlijke bisdommen. Verondersteld dat iedere parochie beschikt over dit officiële publiciteitsorgaan van de bisdommen, wordt bij al die verwijzingen de mogelijkheid gegeven om naar behoefte het volledige document te lezen en de tekst in dit boek in de juiste context te plaatsen. In aansluiting op de laatste druk van "Parochie en Parochiegeestelijkheid" werden de Analecta gecontroleerd vanaf 1961. Dat wil niet zeggen dat deze controle altijd goed gebeurd is. Zonder voorbij te gaan aan de onnauwkeurigheid van de auteur, hangt dat onder meer ook samen met de slechte toegankelijkheid van de Analecta in meerdere bisdommen, met het verschijnen van de zgn. gestroomlijnde Analecta van 1974-1986 in vijf van de zeven bisdommen, met de onzorgvuldigheid waarmee de Analecta uitgegeven is: bv. geen doorlopende nummering van de afzonderlijke afleveringen, met het ontbreken van een trefwoordenregister voor de 34 gecontroleerde jaargangen. Wanneer daarom bij een onderwerp de verwijzing naar eigen Analecta ontbreekt, wil dat niet zeggen dat er in het betrokken bisdom over dat thema niets gezegd of bepaald is.

Omwille van de bruikbaarheid zijn tenslotte een canones- en een trefwoordenregister opgenomen, zodat iemand langs twee wegen met het grootste gemak en heel snel kan vinden, wat gezocht wordt.

Huissen, 4 april 1995

INHOUDSOPGAGE

LITERATUUR BIJ PAROCHIE

BRONNEN

VATICANUM II

1. **Constitutie** over de Liturgie *Sacrosanctum Concilium*, d.d.4 december 1963: *AAS* 56(1964)97-138; geciteerd als *SC* + nummer.
2. **Decreet** *Inter mirifica* over de publiciteitsmedia, d.d. 4 december 1963: *AAS* 56(1964)145-157; geciteerd als *IM* + nummer.
3. **Dogmatische Constitutie** over de Kerk *Lumen gentium*, d.d.21 november 1964 – in: *AAS* 57(1965)5-71; geciteerd als *LG* + nummer.
4. **Decreet** *Orientalium Ecclesiarum* over de Oosterse Katholieke Kerken, d.d.21 november 1964: *AAS* 57(1965)76-89; geciteerd als *OE* + nummer.
5. **Decreet** *Unitatis redintegratio* over de katholieke deelneming aan de oecumenische beweging, d.d. 21 november 1964: *AAS* 57 (1965)90-107; geciteerd als UR + nummer.
6. **Decreet** *Christus Dominus* over het herderlijk ambt van de Bisschoppen, d.d. 28 oktober 1965: *AAS* 58(1966)673-701; geciteerd als *CD* + nummer.
7. **Decreet** *Perfectae caritatis* over de aangepaste vernieuwing van het religieuze leven, d.d. 28 oktober 1965: *AAS* 58(1966)702-712; geciteerd als *PC* + nummer.
8. **Decreet** *Optatam totius* over de priesteropleiding, d.d. 28 oktober 1965: *AAS* 58(1966)713-727; geciteerd als *OT* + nummer.
9. **Verklaring** *Gravissimum educationis* over de christelijke opvoeding, d.d. 28 oktober 1965: *AAS* 58(1966)728-739; geciteerd als *GE* + nummer.
10. **Verklaring** *Nostra aetate* over de houding van de Kerk ten opzichte van de niet-christelijke godsdiensten, d.d. 28 oktober 1965: *AAS* 58(1966)740-744; geciteerd als *NA* + nummer.
11. **Dogmatische constitutie** *Dei verbum* over de goddelijke openbaring, d.d.18 november 1965: *AAS* 58(1966)817-835; geciteerd als *DV* + nummer.
12. **Decreet** *Apostolicam actuositatem* over het lekenapostolaat, d.d. 18 november 1965: *AAS* 58(1966)837-864; geciteerd als *AA* + nummer.
13. **Verklaring** *Dignitatis humanae* over de godsdienstvrijheid, d.d. 7 december 1965: *AAS* 58(1966)929-946; geciteerd als *DH* + nummer.
14. **Decreet** *Ad gentes* over de missieactiviteit van de Kerk, d.d. 7 december 1965: *AAS* 58(1966)947-990; geciteerd als *AG* + nummer.
15. **Decreet** over het ambt en het leven van de priesters *Presbyterorum ordinis*, d.d. 7 december 1965: *AAS* 58(1966)991-1024; geciteerd als *PO* + nummer.
16. **Pastorale Constitutie** *Gaudium et spes* over de Kerk in de wereld van deze tijd, d.d. 7 december 1965: *AAS* 58(1966) 1025-1120; geciteerd als *GS* + nummer.

Voor alle citaten is gebruik gemaakt van de Nederlandse vertaling: Constituties en Decreten van het Tweede Vaticaans Oecumenisch Concilie (Amersfoort

1967; anastatische herdruk 1986), van welke vertaling slechts bij uitzondering is afgeweken; geciteerd als: *CDVC*.

PAULUS VI

1. **Motu proprio** *Pastorale munus* van 30 november 1963, waarin bepaalde bevoegdheden en privileges aan Bisschoppen worden toegekend: *AAS* 56(1964)5-12; *KA* 19(1964)188-195.
2. **Motu Proprio** *Sacram Liturgiam*, d.d. 25 januari 1964, waarin bepaald wordt dat sommige voorschriften van de Liturgieconstitutie (1963) al in werking mogen, c.q. moeten treden: *AAS* 56(1964)139-144; *KA* 19(1964) 559-566; vgl.ook t.z.p. kol. 819-821.
3. **Encycliek** *Mysterium fidei* van 3 september 1965 over leer en verering van de Allerheiligste Eucharistie: *AAS* 57(1965) 753-774; *KA* 20(1965)1002-1019.
4. **Motu proprio** *De episcoporum muneribus* van 15 juni 1966, waarin aan de Bisschoppen normen worden voorgehouden, die betrekking hebben op hun bevoegdheid dispensatie te verlenen in algemene kerkelijke wetten: *AAS* 58(1966)467-472; *KA* 21(1966) 1306-1311.
5. **Apostolische Constitutie** *Poenitemini* van 17 februari 1966 over de beoefening van de boetepraktijk (vasten en onthouding) in de Kerk: *AAS* 58 (1966)177-198; *KA* 21(1966)907-926.
6. **Motu proprio** *Ecclesiae sanctae* van 6 augustus 1966 ter uitvoering van enkele decreten van Vaticanum II: *AAS* 58(1966) 757-758(apostolische brief), 758-787(normen); *KA* 21(1966) 1069-1101; als losse brochure uitgegeven in 1966 door De Horstink (Amersfoort).
7. **Pauselijke Brief** *Sacrificium laudis* van 15 augustus 1966 aan de Algemene Oversten van tot het Goddelijke Officie verplichte klerikale kloosterinstellingen over de taal "waarin" en de manier "waarop" de viering van het Goddelijk Officie plaats dient te vinden: *NOT.*2(1966)252-255; *KA* 21(1966)1284-1287.
8. **Apostolische Constitutie** *Indulgentiarum doctrina* over de herziening van de aflatendiscipline, d.d. 1 januari 1967: *AAS* 59(1967)5-24; *KA* 22(1967) 210-226.
9. **Apostolische Adhortatie** *Signum magnum*, d.d. 13 mei 1967 over de verering en navolging van de H.Maagd Maria, Moeder van de Kerk en Toonbeeld van alle deugden: *AAS* 59(1967)465-475; *KA* 22(1967)812-819.
10. **Motu Proprio** *Sacrum diaconatus ordinem* over het herstel van het permanente diaconaat in de Latijnse Kerk, d.d. 18 juni 1967: *AAS* 59(1967)697-704; *KA* 22(1967)836-842.
11. **Apostolische Constitutie** *Pontificalis Romani recognitio* van 18 juni 1968 ter goedkeuring van het nieuwe rituaal van de diaken-, priester- en bisschopswijding: *AAS* 60(1968)369-373; promulgatie van de riten bij decreet van de Ritencongregatie d.d.15 augustus 1968; vertaling in "Liturgie van de sacramenten en andere kerkelijke vieringen. De wijding tot diaken, priester en bisschop", uitgave van de *NRL* (Hilversum 1977); de herziene editie *Pontificale Romanum ex decreto Sacrosancti Oecumenici Concilii Vaticani II renovatum, auctoritate Pauli Pp.VI editum, Joannis Pauli II recognitum. De ordinatione episcopi, presbyterorum et diaconorum* kwam op 29 juni 1989 uit bij decreet

van de Congregatie voor de Eredienst en de Sacramenten (*AAS* 82(1990)826-827); uitgave van deze tweede standaardeditie bij Typ.Pol.Vat.1990.

12. **Toespraak**, d.d. 30 juni 1968, waarin hij een nieuwe Geloofsbelijdenis afkondigt: *AAS* 60(1968)436-445; *KA* 23(1968) 778-785.
13. **Motu proprio** *Mysterii paschalis* van 14 februari 1969, waarin hij de universele normen voor het liturgisch jaar en de nieuwe Romeinse Kalender goedkeurde: *AAS* 61(1969)222-226; vertaling in het *Altaarmissaal* (1978) 9-13.
14. **Apostolische Constitutie** *Missale Romanum* van 3 april 1969, waarmee het nieuwe Romeins Missaal gepromulgeerd werd: *AAS* 61(1969)217-222 [vertaling in het *Altaarmissaal*(1978), pp. 9-13], gevolgd door het decreet *Ordine Missae*, d.d. 6 april 1969, van de Ritencongregatie, waarmee de Algemene Inleiding op het Altaarmissaal gepromulgeerd werd: *NOT*. 5 (1969)147 onder de titel *Missale Romanum ex decreto Sacrosancti sameti Oecumenici Concilii Vaticani II instrauratum auctoritate Pauli Pp. VI promulgatum, Ordo Missae*, Typ. Pol. Vat. 1969.
15. **Motu proprio** *Apostolicae caritatis* van 19 maart 1970, waarmee de Pauselijke Commissie voor Migranten en Toeristen wordt opgericht:*AAS* 62(1970)193-197; sedert 1988 de Pauselijke Raad voor de geestelijke zorg van Migranten en Toeristen geheten.
16. **Motu proprio** *Matrimonia mixta* van 31 maart 1970, waarin nieuwe normen voor gemengde huwelijken zijn vastgelegd: *AAS* 62(1970)257-263; *AK* 25(1970)488-492.
17. **Motu proprio** *Causas matrimoniales*, d.d. 28 maart 1971, over een snellere afwikkeling van huwelijksprocessen: *AAS* 63(1971) 441-446; vertaling in *AK* 26(1971)697-701.
18. **Apostolische Constitutie** *Divinae consortium naturae* van 15 augustus 1971 over het vormsel: *AAS* 63(1971)657-664; bij decreet *Peculiare Spiritus Sancti*, d.d. 22 augustus 1971, promulgeerde de Congregatie voor de Eredienst de Orde van Dienst onder de titel *Pontificale Romanum ex decreto Sacrosancti Oecumenici Concilii Vaticani II instauratum auctoritate Pauli Pp. VI promulgatum, Ordo Confirmationis*, Typ. Pol. Vat. 1971 en 1973; vertaling van constitutie, decreet en *OvD* opgenomen in de reeks "Liturgie van de sacramenten en andere kerkelijke vieringen" van de *NRL* (1976).
19. **Motu proprio** *Ministeria quaedam*, d.d. 15 augustus 1972 met enkele vernieuwingen rond tonsuur, kleinere wijdingen en subdiaconaat: *AAS* 64(1972)529-534; *AK* 27(1972)951-954.
20. **Motu proprio** *Ad pascendum*, d.d. 15 augustus 1972, met enkele normen betreffende het diaconaat: *AAS* 64(1972)534-540; *AK* 27 (1972)955-960.
21. **Apostolische Constitutie** *Sacram unctionem infirmorum*, d.d. 30 november 1972, waarin de Paus de nieuwe Orde van Dienst voor de ziekenzalving en de pastorale zorg voor de zieken goedkeurde: *AAS* 65(1973)5-9; *AK* 28 (1973)162-165.
22. **Apostolische Exhortatie** *Marialis cultus*, d.d. 2 februari 1974 over de verering van de H.Maagd Maria: *AAS* 66(1974)113-168; *AK* 29(1974) 659-696; *Apostolische Aansporing Mariale cultus* (Roeselare 1975); *An. Br*. 1974, pp.W47-W98 en 'gestroomlijnde' Analecta in de andere bisdommen zelfde pagina's van hetzelfde jaar.

23. **Motu proprio** *Firma in traditione* van 13 juni 1974 over de faculteiten, die betrekking hebben op de geldelijke bijdragen voor het celebreren en appliceren van de H.Mis: *AAS* 66(1974) 308-311; *AK* 29(1974)894-896.
24. **Rescript** van 30 november 1975 aan de Aartsbisschop van Canterbury over de toelating van vrouwen tot het priesterschap: *AAS* 68(1976)599-600; *AK* 31(1976)935-936.
25. **Apostolische Exhortatie** *Evangelii nuntiandi* van 8 december 1975 over de evangelisatie in de wereld van deze tijd: *AAS* 68(1976)5-76; *AK* 31(1976) 189-233.
26. **Tweede Rescript** van 23 maart 1976 aan de Aartsbissschop van Canterbury over de toelating van vrouwen tot het priesterschap: *AAS* 68(1976)600-601; *AK* 31(1976)937-938.

JOANNES PAULUS II

1. **Encycliek** *Redemptor hominis* van 4 maart 1979 over het verlossingsmysterie: *AAS* 71(1979)257-324; *AK* 34(1979)369-410.
2. **Brief**, d.d. 8 april 1979, aan alle priesters van de Kerk over het ministeriële priesterschap: *AAS* 71(1979)393-417; *AK* 34(1979)415-430.
3. **Apostolische Adhortatie** *Catechesi tradendae* van 16 oktober 1979 over de vraag hoe in onze tijd catechese gegeven dient te worden: *AAS* 71(1979) 1277-1340; *AK* 34(1979)1149-1194.
4. **Brief** *Dominicae Cenae* van 24 februari 1980 over het mysterie en de verering van de Allerheiligste Eucharistie: *AAS* 72 (1980)113-148; *AK* 35(1980) 465-488; *An.Ha*.27(1980)pp.H97-H128.
5. **Apostolische Exhortatie** *Familiaris consortio* van 22 november 1981 over de taken van het christelijk gezin in de wereld van deze tijd: *AAS* 74(1982)81-191; vertaling in Teksten uit de R.K.Kerk (z.j., 1982, stichting 'Ark', Leusden) en *AK* 37 (1982)1-72.
6. **Postsynodale Apostolische Exhortatie** *Reconciliatio et paenitentia* van 2 december 1984 over de verzoening en boete in de zending van de kerk in deze tijd: *AAS* 77(1985)185-275; vertaling in Teksten uit de R.K.Kerk, Stichting 'Ark', Leusden 1985.
7. **Brief**, d.d.20 december 1984, aan de Aartsbisschop van Canterbury, waarin de vrees wordt uitgesproken dat de wijding van vrouwen problemen op kan roepen voor de eenheid tussen de R.K.Kerk en de Anglicaanse Kerk, in: **X.Ochoa**, a.w., vol.VI n.5095.
8. **Motu proprio** *Dolentium hominum*, waarmee de Pauselijke Commissie voor het Apostolaat ten behoeve van hen, die in de gezondheidszorg werkzaam zijn, werd opgericht, d.d. 11 februari 1985: *AAS* 77(1985)457-461.
9. **Apostolische Constitutie** *Spirituali militum curae* over de geestelijke zorg voor militairen en over de legerordinariaten, d.d. 21 april 1986: *AAS* 78(1986)481-486; vertaling in *AMO* n.3 (oktober 1992) pp.5-10.
10. **Postsynodale Apostolische Exhortatie** *Christifideles laici* van 30 december 1988 over de roeping en de zending van de leken in de kerk en in de wereld; vertaling in *KD* 1-2-1 17(1989)n.2.
11. **Encycliek** *Veritatis splendor* van 6 augustus 1993 over de leer van de Kerk inzake de moraal, gericht aan alle Bisschoppen van de R.K.Kerk: *AAS* 85(1993) 1133-1228; vertaling in *KD* 1-2-1 21(1993) nn.9-10 (december 1993)3-76.

ROMEINSE CONGREGATIES

I. *Staatssecretarie*

1. **Pauselijk Rescript** *Cum admotae* van 6 november 1964 over delegatie van faculteiten aan de hogere Oversten van klerikale religieuze instituten van pauselijk recht en aan de Voorzitters-Abten van monastieke congregaties: *AAS* 59(1967) 374-378.
2. **Mededeling** in opdracht van Paus Paulus VI over de applicatie van HH.Missen, d.d. 29 november 1971: *AAS* 63(1971)841.
3. **Rescript**, d.d. 14 juli 1973, over de competentie inzake non-consummatie-procedures van het huwelijk: *AAS* 65(1973)602.

II. *Congregatie van het H.Officie*(tot 7 december 1965; vanaf die datum *Congregatie voor de Geloofsleer* genoemd)

1. **Instructie** *Sacrae artis* over de gewijde kunst van 30 juni 1952: *AAS* 44(1952)542-546; vertaling in o.a. *An.Utr.*25(1952) 104-108.
2. **Decreet** *In Apostolica* over het eucharistisch vasten van priesters, die de H.Mis opdragen, d.d. 10 januari 1964: *AAS* 56(1964)212; *KA* 19(1964)909.
3. **Instructie** *Matrimonii sacramentum* van 18 maart 1966 over gemengde huwelijken: *AAS* 58(1966)235-239; *KA* 21(1966)498-501; *An.Utr.*39(1966)101-104; *An.Gr.Bd.*II(1962-1966)469-473.
4. **Particulier antwoord** van 13 juli 1970 over de bediening van de doop aan kinderen van niet-katholieke ouders: *NOT*. 7(1971)69-70; **X.Ochoa**, *Leges Ecclesiae post Codicem Iuris Canonici editae, vol.IV* (Rome 1974) n.3884.
5. **Normen** ter voorbereiding van zaken in de bisdommelijke curies en in die van religieuzen betreffende het terugbrengen tot de lekenstand met inbegrip van dispensatie in de aan de wijding verbonden verplichtingen, d.d. 13 januari 1971: *AAS* 63(1971)764-768; *AK* 26 (1971)325-333.
6. **Pastorale Normen** met betrekking tot de algemene sacramentele absolutie, d.d. 16 juni 1972: *AAS* 64(1972)510-514; *AK* 27 (1972) 1025-1029.
7. **Verklaring** van 23 maart 1973 over het bewaren van respect voor het boetesacrament: *AAS* 65(1973)678.
8. **Decreet** van 20 september 1973 over de kerkelijke begrafenis: *AAS* 65(1973)500.
9. **Instructie** *Ut notum est*, d.d. 6 december 1973 over de huwelijksontbinding ten gunste van het geloof en procedurele normen voor het aanhangig maken van een proces van ontbinding van de huwelijksband ten gunste van het geloof – in: **X.Ochoa**, a.w., *vol.V*, n.4244.
10. **Verklaring** van 25 januari 1974 over de betekenis, die we moeten hechten aan de goedkeuring van vertaalde sacramentele formules: *AAS* 66(1974)661; *AK* 29(1974)1137.

11. **Decreet** *Ecclesiae pastorum* van 19 maart 1975 betreffende de waakzaamheid van de Herders van de Kerk over boeken: *AAS* 67 (1975)281-284; *AK* 30(1975)521-524; *An.Rmd.*58(1977)131-134.
12. **Decreet** *Accidit in diversis* van 11 juni 1976 over de publiek te vieren Mis in de Katholieke Kerk voor niet-katholieke overleden christenen: *AAS* 68(1976))621-622; *AK* 31(1976)1137-1139.
13. **Verklaring** over de kwestie van de toelating van vrouwen tot het ministeriële priesterschap van 15 oktober 1976: *AAS* 69(1977)98-116; vertaling (met commentaar) in *AK* 32 (1977)283-317; *An.Rmd.* 58(1977)160-174; ook als afzonderlijke brochure uitgegeven.
14. **Instructie** *Pastoralis actio* van 20 oktober 1980 over het doopsel van kinderen: *AAS* 72(1980)1137-1156; *AK* 36(1981) 719-731; *An.Rmd.*. 61(1980)27-42.
15. **Verklaring** van 17 februari 1981 over de canonieke discipline, die katholieken op straffe van excommunicatie verbiedt om de vrijmetselarij en andere soortgelijke verenigingen aan te hangen: *AAS* 73(1981)240-241.
16. **Antwoord** van 18 februari 1981 op de vraag of oprechtheid in het geven van waarborgen door de niet-katholieke partij bij een gemengd huwelijk een essentiëel element is voor de geldige verlening van een huwelijksontbinding ten gunste van het geloof – in: **X.Ochoa**, a.w., *vol.VI* n. 4833.
17. **Brief** *Sacerdotium ministeriale* van 6 augustus 1983 over enkele kwesties betreffende de bedienaar van de eucharistie: *AAS* 75(1983)1001-1009; *AK* 38(1983)n.11,kol.17-20.
18. **Brief**, d.d. 29 september 1985, over de geldende normen betreffende exorcismen: *AAS* 77(1985)1169-1170.

III. *Congregatie voor de Oosterse Kerken*

Decreet *Crescens matrimoniorum*, d.d. 22 februari 1967, over gemengde huwelijken tussen katholieken (Oosterse of Westerse) en Oosterse niet-katholiek gedoopten: *AAS* 59(1967)165-166; *KA* 22(1967)358-359.

IV. *Congregatie voor de Bisschoppen*(vanaf 1 januari 1968; voordien *Consistoriaalcongregatie* genoemd)

1. **Instructie** *Sollemne semper*, d.d. 23 april 1951 over de Legervicariaten: *AAS* 43(1951)562-565.
2. **Instructie** *Sacra Congregatio*, d.d. 22 augustus 1969 over de pastorale zorg voor migranten [aanpassing van de Apost. Const. *Exsul Familia* uit 1952: *AAS* 44(1952)649-704]: *AAS* 61(1969)616-643.
3. **Directorium** voor de pastorale bediening van Bisschoppen van 22 februari 1973 – in: **X.Ochoa**, a.w., *vol.V*, n.4174; ook als afzonderlijke brochure uitgegeven onder de titel: *Sacra Congregatio pro Episcopis, Directorium de pastorali ministerio Episcoporum*, Typ. Pol.Vat.1973.

4. **Decreet** *Apostolatus maris* over de integrale herschikking van de pastorale zorg voor zeevarenden met nieuwe normen, faculteiten en privileges voor de betrokken priesters, d.d. 24 september 1977: *AAS* 69(1977)737-746.

V. *Congregatie voor de Sacramenten* (zo genoemd tot 11 juli 1975)

1. **Decreet** van 14 september 1946 over de toediening van het vormsel aan hen, die door ernstige ziekte in stervensgevaar verkeren: *AAS* 38(1946)349-354.
2. **Instructie** van 14 september 1946 over de toediening van het vormsel door een priester krachtens apostolisch indult en over de riten: *AAS* 38(1946)354-356.
3. **Instructie** *Quam plurimum* van 1 oktober 1949 aan de plaatselijke Ordinarissen voor het aanvragen van enkele apostolische indulten: *AAS* 41(1949)493-511.
4. **Instructie** *Ad Sanctam Sedem*, d.d. 7 december 1971, over de canonieke viering van het huwelijk alleen t.o.v. getuigen in bijzondere gevallen – in: **X.Ochoa**, a.w., vol.IV, n.4018.
5. **Instructie** *Immensae caritatis* van 29 januari 1973 over het gemakkelijker maken van het communiceren in bepaalde omstandigheden: *AAS* 65(1973)264-271; *AK* 28(1973)554-559; *An.Br.*1973 onder L (van liturgie), pp.1-9.
6. **Verklaring**, d.d.24 mei 1973, over het aan de Eerste Communie vooraf laten gaan van het boetesacrament: *AAS* 65 (1973)410.
7. **Instructie** *Sacramentalem indolem*, d.d. 15 mei 1974, over de canonieke viering van het huwelijk alleen t.o.v. getuigen in bijzondere gevallen – in: **X.Ochoa**, a.w., *vol.V*, n.4288.

VI. *Ritencongregatie*(zo genoemd tot 8 mei 1969)

1. **Instructie** *De musica sacra* van 3 september 1958 over de gewijde muziek en de heilige liturgie naar de geest van de encyclieken *Musicae sacrae disciplina*(1955) en *Mediator Dei*(1947) – in: *AAS* 50(1958)630-663; vertaling in *KA* 14(1959)194-216; commentaar: t.z.p., 215-244.
2. **Decreet** *Ordo baptismi adultorum* van 16 april 1962 over de volwassenendoop: *AAS* 54 (1962)310-315.
3. **Decreet** *Quo actuosius* van 25 april 1964 over de nieuwe formule bij het communieuitreiken: *AAS* 56(1964)337.
4. **Instructie** *Inter oecumenici* van 26 september 1964 over de juiste uitvoering van de Liturgieconstitutie: *AAS* 56(1964) 877-900; *KA* 19(1964)1281-1300.
5. **Decreet** *Quum Constitutio* van 14 december 1964, waardoor het *Kyriale simplex* gepromulgeerd is: *AAS* 57(1965)407; standaardeditie als *Kyriale simplex* uitgegeven door Typ.Pol.Vat.1965.
6. **Decreet** *Edita Instructione*, d.d. 14 december 1964 over de invoeging van enkele gezangen in het Romeinse Missaal: *AAS* 57

(1965)408; uitgave standaardeditie onder de titel: *Cantus qui in Missali Romano desiderantur iuxta Instructionem ad exsecutionem Constitutionis de sacra Liturgia recte ordinandam et iuxta ritum concelebrationis*, Typ.Pol.Vat. 1965.

7. **Decreet** *Nuper edita*, waarmee de Orde van Dienst en de te volgen ritus voor de Misviering gepromulgeerd zijn, d.d. 27 januari 1965: *AAS* 57(1965)408-409; uitgave standaardeditie onder de titel: *Ordo Missae*, *Ritus servandus in celebratione Missae et De defectibus in celebratione Missae occurrentibus*, Typ.Pol.Vat. 1965.
8. **Decreet** *Pientissima Mater*, waarmee aan de plaatselijke Ordinarissen de bevoegdheid wordt gegeven aan priesters toe te staan de ziekenolie bij zich te dragen, d.d. 4 maart 1965: *AAS* 57(1965) 409.
9. **Decreet** *Ecclesiae semper* van 7 maart 1965, waarmee het rituaal voor de concelebratie en voor de communie onder beide gedaanten wordt vastgesteld en gepromulgeerd: *AAS* 57 (1965)410-412; uitgave standaardeditie onder de titel *Ritus servandus in concelebratione Missae et ritus communionis sub utraque specie*, Typ.Pol. Vat.1965; Nederl.uitgave: *De Concelebratie* (Hilversum 1965) van de *NRL*.
10. **Brief** van 25 september 1965, waarin toestemming wordt gegeven om aan de 'zondagsplicht' te voldoen op de vooravond van de zondag of een feestdag: *NOT*.2(1966)14.
11. **Instructie** *In edicendis normis* van 23 november 1965 over de taal bij het celebreren van de Conventsmis en over het bidden van de Getijden door religieuzen: *AAS* 57(1965)1010-1013.
12. **Decreet** *Cum nostra aetate* van 27 januari 1966 over het uitgeven van liturgische boeken: *AAS* 58(1966)169-171.
13. **Instructie** *Musicam sacram* van 5 maart 1967 over de muziek in de H.Liturgie: *AAS* 59(1967)300-320; *KA* 22(1967)317-333.
14. **Instructie** *Tres abhinc annos* van 4 mei 1967 over de juiste uitvoering van de Liturgieconstitutie: *AAS* 59(1967)442-448; *KA* 22(1967)715-723; vgl. *KA* 22(1967)882-883; *An.Br.*1967 onder de letter L (van Liturgie), pp.1-6.
15. **Instructie** *Eucharisticum mysterium* van 25 mei 1967 over de verering van het eucharistisch mysterie: *AAS* 59(1967)539-573; *KA* 22(1967)755-783.
16. **Verklaring** van de Raad ter uitvoering van de Liturgieconstitutie voor de Voorzitters van de Bisschoppenconferenties over de vertaling van de Romeinse Canon, d.d. 10 augustus 1967: *NOT*.3 (1967)326-327.
17. **Decreet** *Sacrosancti Oecumenici* van 3 september 1967, waarmee het *Graduale simplex*, d.i.het zangboek met de eenvoudigere gregoriaanse gezangen ten gebruike van kleinere kerken gepromulgeerd is: *NOT*.3(1967)311; de (eerste) standaardeditie verscheen onder de titel: *Graduale simplex in usum minorum ecclesiarum*, Typ.Pol. Vat.1967.

18. **Decreet** *Prece eucharistica*, d.d. 23 mei 1968, waarmee drie nieuwe eucharistische gebeden en acht prefaties werden gepromulgeerd: *NOT*.4(1968)156; standaardeditie onder de titel: *Preces eucharisticae et Praefationes*, Typ.Pol.Vat. 1968.
19. **Decreet** *Domus Dei*, d.d. 6 juni 1968, over de titel 'kleine Basiliek': *AAS* 60(1968)536-539.
20. **Instructie** *Pontificales ritus* van 21 juni 1968 over de vereenvoudiging van pontificale riten en onderscheidingstekenen: *AAS* 60(1968)406-412.
21. **Decreet** *Ordo celebrandi Matrimonium*, d.d. 19 maart 1969, waarmee de nieuwe Orde van Dienst voor de huwelijkssluiting werd gepromulgeerd: *NOT*.5(1969)203; standaardeditie onder de titel: *Rituale Romanum ex decreto Sacrosancti Oecumenici Concilii Vaticani II instauratum auctoritate Pauli Pp.VI promulgatum, Ordo celebrandi Matrimonium*, Typ.Pol.Vat.1969; in vertaling uitgegeven door de NRL in de reeks 'Liturgie van de sacramenten en andere kerkelijke vieringen'(1976); de tweede standaardeditie kwam in 1991 uit.
22. **Decreet** *Anni liturgici* van 21 maart 1969 over het Liturgisch Jaar en de Romeinse Kalender: *NOT*.5(1969)163-164; tekst van het liturgisch jaar en de kalender in: **X.Ochoa**, a.w., *vol.IV*, n.3728; vertaling in *Altaarmissaal*, pp.115-152.
23. **Decreet** *Ordine missae* van 6 april 1969 over de verplichting zich aan de "Ordo missae"(het vaste gedeelte van de H.Mis) en zijn Algemene Inleiding te houden: *NOT*. 5(1969) 147.

VII. *Congregatie voor de Goddelijke Eredienst* (vanaf 8 mei 1969 tot 11 juli 1975, toen met de *Apost.Const.Sacra Rituum Congregatio* van 8 mei 1969 de Congregatie voor Heilig- en Zaligverklaringen werd afgesplitst: *AAS* 61(1969)297-305).

1. **Decreet** *Ordinem Baptismi parvulorum*, d.d. 15 mei 1969, over het doopsel van kinderen: *AAS* 61(1969)548; standaardeditie onder de titel: *Rituale Romanum ex decreto Sacrosancti Oecumenici Concilii Vaticani II instauratum auctoritate Pauli Pp. VI promulgatum, Ordo baptismi parvulorum*, Typ.Pol.Vat.1969; vertaling van de *NRL* in de reeks 'Liturgie van de sacramenten en andere kerkelijke vieringen: het doopsel van kinderen' (1976; herdruk 1993).
2. **Instructie** *Actio pastoralis* van 15 mei 1969 over Missen voor bijzondere groepen: *AAS* 61(1969)806-811; vertaling van de *ICLZ*, Pastoraal Directorium voor de eucharistieviering in bijzondere omstandigheden [Brussel 1970; Huisliturgie. Directorium voor de Nederlandse Kerkprovincie (vanaf 1970)].
3. **Decreet** *Ordinem lectionum* van 25 mei 1969 over de in de H.Mis te gebruiken schriftlezingen:*AAS* 61(1969)548-549; eerste standaardeditie onder de titel: *Missale Romanum ex decreto Sacrosancti Oecumenici Concilii Vaticani II instauratum auctoritate*

Pauli Pp. VI promulgatum, Ordo lectionum Missae, Typ.Pol.Vat. 1969.

4. **Instructie** *Memoriale Domini* van 29 mei 1969 over de wijze, waarop de H.Communie moet worden uitgereikt: *AAS* 61(1969)541-547; vgl. *KA* 25(1970)kol.69.
5. **Decreet** *Ritus exsequiarum*, d.d. 15 augustus 1969, waardoor de nieuwe Orde van Dienst voor de Uitvaart werd gepromulgeerd: *NOT*.5(1969)423-424; standaardeditie onder de titel: *Rituale Romanum ex decreto Sacrosancti Oecumenici Concilii Vaticani II instauratum auctoritate Pauli Pp.VI promulgatum, Ordo exsequiarum*, Typ. Pol.Vat.1969; vertaling in de reeks 'Liturgie van de Sacramenten en andere kerkelijke vieringen. De Uitvaartliturgie': van de *NRL* (1976 en 1982; deze laatste met aanvulling van gebeden in het crematorium.
6. **Instructie** *Constitutione Apostolica*, d.d. 20 oktober 1969, over de geleidelijke invoering van het Romeinse Missaal: *AAS* 61(1969) 749-753; *KA* 24(1969)1155-1159.
7. **Decreet** *Celebrationis eucharisticae*, d.d. 26 maart 1970, waarmee de nieuwe uitgave van het Romeins Missaal werd gepromulgeerd en tot standaardeditie werd verklaard: *AAS* 62 (1970)554; standaardeditie onder de titel: *Missale Romanum ex decreto Sacrosancti Oecumenici Concilii Vaticani II instauratum auctoritate Pauli Pp.VI promulgatum, Ordo Missae* Typ.Pol.Vat. 1970; de tweede standaardeditie van 1975 werd in opdracht van de Nederl. BC in vertaling uitgegeven onder de titel *Altaarmissaal* voor de Nederlandse Kerkprovincie in 1978.
8. **Instructie** *Calendaria particularia* van 24 juni 1970 over de herziening van de particuliere kalenders en van het eigene in Getijdengebed en Missen: *AAS* 62(1970)651-663.
9. **Instructie** *Sacramentali communione* over de verruimde bevoegdheid de H.Communie onder beide gedaanten uit te reiken, d.d. 29 juni 1970: *AAS* 62(1970)664-666.
10. **Instructie** *Liturgicae instaurationes* van 5 september 1970 ter uitvoering van de Liturgieconstitutie van Vaticanum II: *AAS* 62(1970) 692-704; *AK* 25(1970)1089-1098.
11. **Decreet** *Ordine lectionum*, d.d. 30 september 1970, waarmee de Latijnse uitgave van het 'lectionarium' van het Romeinse Missaal werd uitgegeven en tot standaardeditie werd verklaard: *AAS* 63(1971)710; uitgave standaardeditie onder de titel: *Missale Romanum ex decreto Sacrosancti Oecumenici Concilii Vaticani II instauratum auctoritate Pauli Pp.VI promulgatum, Lectionarium*, 3 vol., Typ.Pol.Vat.1970-1972.
12. **Missale parvum**, gepubliceerd op 18 oktober 1970; standaardeditie: *Missale parvum e Missali Romano et Lectionario excerptum*, Typ.Pol.Vat.1970; *Missale parvum ad usum sacerdotis itinerantis*, Typ.Pol.Vat.1974.
13. **Decreet** *Ritibus hebdomadae* van 3 december 1970, waarmee de nieuwe orde van dienst voor de zegening van catechumenen- en

ziekenolie en voor de vervaardiging van chrisma gepromulgeerd werd: *AAS* 63(1971)711; standaardeditie onder de titel: *Pontificale Romanum ex decreto Sacrosancti Oecumenici Concilii Vaticani II instauratum auctoritate Pauli Pp.VI promulgatum. Ordo benedicendi oleum catechumenorum et infirmorum et conficiendi chrisma*, Typ.Pol.Vat.1971; vertaling in de *Orde van Dienst* voor de zegening van een abt en abdis. De maagdenwijding. De zegening van de oliën en de wijding van het chrisma, uitgegeven in de reeks 'Liturgie van de sacramenten en andere kerkelijke vieringen' pp.95 vv. van de *NRL* (1977), alwaar ook de zegeningen zelf opgenomen zijn.

14. **Decreet** *Cum editio* van 2 februari 1971 waarmee de algemene inleiding op het Getijdenboek openbaar gemaakt werd, alvorens de eerste (nog geen standaard-) editie van het Getijdenboek gepubliceerd werd; zij verscheen onder de titel: *Officium divinum ex decreto Sacrosancti Oecumenici Concilii Vaticani II instauratum auctoritate Pauli Pp.VI promulgatum. Institutio generalis de Liturgia Horarum*, Typ. Pol.Vat.1971; zie *NOT*.7(1979)165.
15. **Decreet** *Horarum liturgia*, d.d. 11 april 1971, waarmee de Latijnse uitgave van het *Getijdengebed* volgens de Romeinse ritus openbaar werd gemaakt en tot standaardeditie verklaard: *AAS* 63(1971)712; vertaling opgenomen in het Getijdenboek (1990) p.V; standaardeditie: *Officium divinum ex decreto Sacrosancti Oecumenici Concilii Vaticani II instauratum auctoritate Pauli Pp.VI promulgatum, Liturgia Horarum iuxta ritum Romanum*, 4 vol., Typ.Pol.Vat.1971-1972; bij decreet *Liturgia horarum* van 7 april 1985 werd de tweede standaardeditie gepromulgeerd, noodzakelijk geworden vanwege de aanpassing van de tekst aan de nieuwe Vulgaat; vertaling is opgenomen in het *Getijdenboek*(1990); de vertaling van de *Algemene Inleiding op de Liturgie der Getijden (AILG)* is verzorgd door de Interdiocesane Commissie voor Liturgische Zielzorg *(ICLZ)*, Directorium voor de Liturgische Getijden, Brussel 1972.
16. **Decreet** *Peculiare Spiritus Sancti*, waarmee de nieuwe Orde van Dienst voor het Vormsel werd gepromulgeerd, d.d.22 augustus 1971: *AAS* 64(1972)77; standaardeditie uitgegeven onder de titel: *Pontificale Romanum ex decreto Sacrosancti Oecumenici Concilii Vaticani II instauratum auctoritate Pauli Pp. VI promulgatum, Ordo Confirmationis*, Typ.Pol. Vat.1971 en 1973; vertaling van decreet en orde van dienst in de reeks 'Liturgie van de sacramenten en andere kerkelijke vieringen. Het vormsel' van de *NRL* (1976).
17. **Decreet** *Ordinis Baptismi adultorum* van 6 januari 1972, waarmee de nieuwe orde voor de christelijke initiatie gepromulgeerd werd: *AAS* 64(1972)252; standaardeditie onder de titel: *Rituale Romanum ex decreto Sacrosancti Oecumenici Concilii Vaticani II instauratum auctoritate Pauli Pp.VI promulgatum, Ordo initiationis christianae adultorum*, Typ.Pol.Vat.1972 en 1974; decreet en orde van dienst

zijn in vertaling uitgekomen in de reeks 'Liturgie van de sacramenten en andere kerkelijke vieringen: het doopsel van volwassenen' van de *NRL* (1976; herdruk in 1993).

18. **Decreet** *Thesaurum Cantus Gregoriani*, d.d. 24 juni 1972, waarmee de nieuwe Orde voor de Gezongen Mis werd gepromulgeerd: *AAS* 65(1973)274; als standaardeditie uitgegeven onder de titel: *Missale Romanum ex decreto Sacrosancti Oecumenici Concilii Vaticani II instauratum auctoritate Pauli Pp.VI promulgatum, Ordo cantus Missae*, Typ.Pol.Vat.1972, al voorafgegaan door de Gezongen Prefaties (Solesmes 1971) en gevolgd door het Graduale voor het Tijdeigen en de Heiligenfeesten (Solesmes 1974) en een *Ordo missae in cantu*, waarin opgenomen de in het gregoriaans getoonzette muziek van het Altaarmissaal, inclusief alle prefaties en eucharistische gebeden (Solesmes 1975).
19. **Verklaring** *In celebratione Missae* van 7 augustus 1972 over de concelebratie: *AAS* 64(1972)561-563; vertaling in *ICLZ*-mededelingen n.21 (1973)165-166.
20. **Decreet** *Ministeriorum disciplina* van 3 december 1972, waarmee de nieuwe riten met betrekking tot de aanstelling van lectoren en acolieten, de toelating van kandidaten tot het diaconaat en priesterschap, en de aanvaarding van het celibaat werden gepromulgeerd: *AAS* 65(1973)274-275; *An.Ha.* 20(1973)79-85.
21. **Decreet** *Infirmis* van 7 december 1972, waarmee de nieuwe orde van dienst voor de ziekenzalvingen en over de pastorale zorg voor de zieken werd gepomulgeerd: *AAS* 65(1973) 275-276; standaardeditie uitgegeven onder de titel: *Rituale Romanum ex decreto Sacrosancti Oecumenici Concilii Vaticani II instauratum auctoritate Pauli Pp.VI promulgatum, Ordo unctionis infirmorum eorumque pastoralis curae*, Typ.Pol.Vat.1972; vertaling van decreet en orde van dienst in de reeks 'Liturgie van de sacramenten en andere kerkelijke vieringen. De pastorale zorg rond de zieken en de ziekenzalving' van de *NRL* (1986).
22. **Normen** voor de aanwijzing van Patronen van 19 maart 1973 – in: *AAS* 65(1973)276-279; vertaling van *NRL* in *An.Utr.* 47(1974)1-8, gevolgd door de Latijnse tekst: pp. 8-13; *An.Rmd.* 56(1975)11-18; *An.Bo.* 13(1973)201-210; *An. Br. 1974*, pp.W1-W10; 'gestroomlijnde' Analecta van de andere bisdommen: zelfde pagina's van hetzelfde jaar.
23. **Rondzendbrief** *Eucharistiae participationem* van 27 april 1973 over de eucharistische gebeden:*AAS* 65(1973)340-347; vertaling in Kommunikatie (uitgave *NRL*) n.9(1973).
24. **Decreet** *Eucharistiae sacramentum* van 21 juni 1973, waarmee de riten voor het communie-uitreiken en voor de verering van de eucharistie buiten de H.Mis gepromulgeerd werden: *AAS* 65(1973) 610; standaardeditie uitgegeven onder de titel: *Rituale Romanum ex decreto Sacrosancti Oucumenici Concilii Vaticani II instauratum auctoritate Pauli Pp. VI promulgatum,De sacra communione et de cultu mysterii eucharistici extra Missam*, Typ.Pol.Vat.1973,

ed.2a 1974; vertaling in de reeks 'Liturgie van de Sacramenten en andere kerkelijke vieringen' van de *NRL* onder de titel: 'De heilige communie en de verering van de eucharistie buiten de Mis' (1976).

25. **Decreet** van 29 augustus 1973 over de tweede editie van de orde van dienst voor het dopen van kinderen: *NOT*.9 (1973)268-272.
26. **Decreet** *Reconciliationem* van 2 december 1973, waarmee de nieuwe orde van dienst voor het boetesacrament gepromulgeerd werd: *AAS* 66(1974)172-173; standaardeditie uitgegeven onder de titel: *Rituale Romanum ex decreto Sacrosancti Oecumenici Concilii Vaticani II instauratum auctoritate Pauli Pp.VI promulgatum, Ordo Paenitentiae*, Typ.Pol.Vat. 1974; vertaling van decreet en orde van dienst in de reeks 'Liturgie van de sacramenten en andere kerkelijke vieringen. Orde van dienst voor boete en verzoening' van de *NRL*(1976).
27. **Directorium** voor Missen met kinderen van 1 november 1973: *AAS* 66(1974)30-46; vertaling van *NRL* in: *An.Utr.* 47(1974)245-262; *An.Br.* 1974, pp.W15-W37; 'gestroomlijnde' Analecta van de andere bisdommen: zelfde pagina's van hetzelfde jaar.
28. **Brief** van 15 februari 1974 met een dringend verzoek aan Bisschoppen en hogere Oversten van religieuzen om de eigen particuliere kalenders en teksten voor het eigene van Missaal en Getijdengebed gereed te maken: *NOT*.10(1974) 87-88.
29. **Brief** aan de Bisschoppen, d.d. 14 april 1974, in meerdere talen geschreven, waarbij hun het boekje *"Jubilate Deo"*, waarin enkele gregoriaanse gezangen (zoals Gloria, Credo, Sanctus, Pater Noster, Agnus Dei) welke iedereen eigenlijk zou moeten kennen, werd aangeboden; vertaling in het *Gregoriusblad* 98(1974)46-47.
30. **Verklaring**, d.d. 28 oktober 1974, over het Romeinse Missaal: *NOT*. 10(1974)353; vertaling in *An.Utr*. 48(1975)73.
31. **Brief** van 1 november 1974, waarmee drie eucharistische gebeden voor Missen met kinderen en twee voor Missen rond boete en verzoening zijn uitgegeven en op verzoek toegestuurd aan de BC's: *NOT*.11(1975)4-6; normen voor het gebruik: t.z.p., pp.7-12.
32. **Decreet** *Cantus faciliores*, d.d. 22 november 1974, waarmee het al eerder gepubliceerde *Kyriale simplex* (1965) en *Graduale simplex* met de eenvoudigere gezangen voor de H. Mis in de aan de nieuwe Romeinse Kalender, aan de opnieuw vertaalde psalmen van de Neo-Vulgaat en aan de liturgische boeken voor de Misviering aangepaste vorm werd gepromulgeerd; gepubliceerd onder de titel *Graduale simplex, editio typica altera*, Tp.Pol.Vat.1975, waarin het genoemde Kyriale en Graduale simplex opgenomen zijn.
33. **Verklaring** van 15 mei 1975 over het opnemen van (gregoriaanse) melodieën in de vertaalde uitgaven van het Altaarmissaal: *NOT*.11 (1975)129-132.
34. **Verklaring** van 3 april 1985 over de Communie op de hand en over de hiervoor geldende normen: *NOT*.21(1985)259-261.

VIII. *Congregatie voor de Sacramenten en de Goddelijke Eredienst* [vanaf 11 juli 1975 krachtens de Apost.Const.*Constans nobis* (*AAS* 67(1975)417-420; *AK* 30(1975)1110-1112) zo genoemd]

1. **Normen**, waarmee de Sectie Eredienst sommige onderdelen van het Decreet over de Kleine Basiliek nader omschrijft, d.d. 15 oktober 1975: *NOT.*11(1975)260-262.
2. **Rondzendbrief** van 30 april 1976 over de plicht het sacrament van boete en verzoening vooraf te laten gaan aan de Eerste H.Communie; vertaling in *An.Rmd.*.66(1985)26-28.
3. **Brief** *Decem iam annos*, d.d. 5 juni 1976 van de Sectie Eredienst over de volkstalen, die in de heilige Liturgie mogen worden ingevoerd: *NOT.*12(1976)300-302.
4. **Rondzendschrijven** van 31 maart 1977, sectie Sacramenten, over de plicht het boetesacrament vooraf te laten gaan aan de Eerste H.Communie; vertaling in *An.Rmd.*.66(1985)29-32.
5. **Decreet**, waarmee de Congregatie de nieuwe orde voor de wijding van kerk en altaar promulgeerde, d.d. 29 mei 1977 – in: *NOT.*13 (1977)364-365; standaardeditie uitgegeven onder de titel: *Pontificale Romanum ex decreto Sacrosancti Oecumenici Concilii Vaticani II instauratum auctoritate Pauli Pp.VI promulgatum: Ordo dedicationis ecclesiae et altaris*, Typ. Pol.Vat.1977; vertaling in de reeks 'Liturgie van de sacramenten en andere kerkelijke vieringen: Orde van Dienst voor kerk- en altaarwijding (*NRL* 1980).
6. **Brief**, d.d. 27 oktober 1977, van de sectie Sacramenten aan de Voorzitters van de BC's over de instelling van nieuwe bedieningen: **X.Ochoa**, a.w., *vol.V*, n.4534.
7. **Rondzendbrief** van de Sectie voor de Eredienst *Sacrum hoc Dicasterium* van 10 december 1977 over eucharistische gebeden voor missen met kinderen en gebeden voor boete en verzoening: *NOT.*13 (1977)555-556.
8. **Instructie** *Inaestimabile donum* van 3 april 1980 over enkele normen met betrekking tot de viering en de verering van het eucharistisch mysterie: *AAS* 72(1980)331-343; *AK* 35(1980)961-969; *An. Rmd.* 61(1980)12-21; *An.Br.*1980, pp.W5-W14 en in de 'gestroomlijnde' Analecta van de andere bisdommen zelfde pagina's van hetzelfde jaar.
9. **Decreet** van de Sectie voor de Goddelijke Eredienst *Ordo lectionum Missae*, d.d. 21 januari 1981: *NOT.*17(1981)358-359; uitgave van de tweede standaardeditie van de Mislezingen onder de titel:*Missale Romanum ex decreto Sacrosancti Oecumenici Concilii Vaticani II instauratum auctoritate Pauli Pp. VI promulgatum, Ordo lectionum Missae,* Typ Pol.Vat.1981 in: **X.Ochoa**, a.w., *vol.VI* n.4825.
10. **Decreet** *Cantum gregorianum*, d.d. 25 maart 1983, van de Sectie Eredienst, waarin de nieuwe Orde voor het Gezongen Getijdengebed werd goedgekeurd: *NOT.*19(1983)244-245; de standaardeditie verscheen als: *Officium divinum ex decreto Sacrosancti Oecumenici Concilii Vaticani II instauratum auctoritate Pauli Pp.VI*

promulgatum, Ordo Cantus Officii: Typ.Pol.Vat.1983; voorafgegaan door een door deze Congregatie goedgekeurd *Antiphonale Romanum(I)* en een *Liber hymnarius(II)* van 24 juni 1982 (Solesmes 1983).

11. **Decreet** *Promulgato Codice* van de Sectie Eredienst, d.d.12 september 1983, waarin de wijzigingen *(Variationes)* in de nieuwe edities van de liturgische boeken werden vastgesteld in verband met de promulgatie van het nieuwe kerkelijke Wetboek op 25 januari 1983: *NOT.* 19(1983)540-555; geciteerd *Variationes.*
12. **Decreet** van 31 mei 1984, waarmee de Orde van Zegeningen gepubliceerd werd: *AAS* 76(1984)1085-1086; uitgegeven in standaardeditie onder de titel: *Rituale Romanum ex decreto Sacrosancti Oecumenici Concilii Vaticani II instauratum auctoritate Ioannis Pauli II promulgatum, De benedictionibus*, Typ.Pol.Vat. 1984; een studie-uitgave *Zegeningen uit het Romeins Rituaal* verscheen in 1986 in de reeks Pastoraal-liturgische handreikingen van dc *NRL.*
13. **Decreet** *Recognitis* van 14 september 1984: goedkeuring en publicatie van het nieuwe 'Caeremoniale van de Bisschoppen'; standaardeditie uitgegeven onder de titel: *Caeremoniale Episcoporum ex decreto Sacrosancti Oecumenici Concilii Vaticani II instauratum auctoritate Ioannis Pauli Pp.II promulgatum*: *AAS* 76(1984) 1086-1087 (ed.typ. Typ.Pol. Vat.1984); in: **X.Ochoa**, a.w., *vol.VI*, n.5080.
14. **Decreet** *Liturgia horarum* van 7 april 1985, waarmee de tweede standaardeditie van het Getijdenboek gepromulgeerd werd: *NOT.*22 (1986)65-67; vertaling in het *Getijdenboek* (1989)VI-VIII.
15. **Schrijven** van de Sectie Eredienst aan o.m. de Bisschoppenconferenties over concerten in kerken buiten de liturgische vieringen van 5 november 1987 – in: *NOT.*24(1988)3-10; vertaling in *Informatiebulletin 1-2-1*, Jrg.16(1988) afl.2, pp. S55-S60 en *Gregoriusblad* 112(1988)15-20.

IX. *Congregatie voor de discipline van de Sacramenten*(sedert 5 april 1984 is bovenstaande ene Congregatie voor de Sacramenten en de Eredienst weer verdeeld in twee Congregaties: een voor de Sacramenten en de andere voor de Eredienst krachtens het eigenhandig schrijven van Paus **Joannes Paulus II**: *AAS* 76(1984)494-495)

1. **Instructie** *Ad Sanctam Sedem* van 7 december 1971 voor de plaatselijke Ordinarissen over de canonieke viering van het huwelijk ten overstaan van alleen getuigen in bijzondere gevallen: *COMM.*3 (1971)78-81 (zie ook 4 hieronder).
2. **Instructie** *Immensae caritatis* van 29 januari 1973 over het gemakkelijker maken van de sacramentele communie in bepaalde omstandigheden: *AAS* 65(1973)264-271; vertaling in *ICLZ*-Mededelingen n.21(1973)169-174; *An.Bo.* 13(1973)147-155; *An.Br.*1973, pp.1-9 s.v. Liturgie/Eucharistie.

3. **Verklaring** van 24 mei 1973 over de noodzaak dat het boetesacrament voorafgaat aan de Eerste H.Communie van kinderen: *AAS* 65(1973)410; vertaling in *An.Rmd.* 59(1978)169 en 66(1985) 25-26.
4. **Instructie** *Sacramentalem indolem* van 15 mei 1974 over de canonieke viering van het huwelijk ten overstaan van alléén getuigen in bijzondere gevallen. Ofschoon bestemd voor intern gebruik van de Congregatie, is de tekst in meerdere geschriften afgedrukt, bv. *Doc.Cath.*72(1975)610: **X.Ochoa**, a.w., *vol.V* n.4288.

X. *Congregatie voor de Goddelijke Eredienst*

1. **Mededeling** over het uitreiken van de Communie op de hand en over de normen om deze bevoegdheid in praktijk te brengen, d.d. 3 april 1985: *NOT.*21(1985)259-261.
2. **Decreet** *Liturgia Horarum*, d.d. 7 april 1985, waarmee de tweede standaardeditie van het Getijdengebed werd gepromulgeerd: *NOT.* 22(1986)65-67.
3. **Verklaring** over eucharistische gebeden en liturgische experimenten, d.d. 21 maart 1988 in: *NOT.*24(1988)234-236.
4. **Directorium** *Christi Ecclesia*, d.d. 2 juni 1988 over zondagsvieringen onder leiding van een niet-gewijde voorganger: *NOT.*24(1988) 366-378.

XI. *Congregatie voor de Geestelijkheid* (vanaf 1 januari 1968)

1. **Verklaring** *Tricenario Gregoriano*, d.d. 24 februari 1967 over de onderbreking van de zgn. Gregoriaanse Missen: *AAS* 59(1967)229-230.
2. Pastoraal **Directorium** *Peregrinans in terra* van 30 april 1969 over de pastorale zorg voor toeristen – in: *AAS* 61 (1969)360-384; vertaling in *KA* 24(1969)1218-1236.
3. **Rondzendbrief** aan de Voorzitters van de BC's, d.d.11 april 1970, over de Priesterraden: *AAS* 62(1970)459-465.
4. **Decreet** *Litteris Apostolicis*, d.d. 25 juli 1970, over de verplichting de H.Mis op te dragen voor het volk: *AAS* 63 (1971)943-944.
5. **Directorium Catechisticum Generale** *Algemeen Catechetisch Directorium* van 11 april 1971: *AAS* 64(1972)97-176; vertaling: *Algemeen Directorium voor Katechese*(Amsterdam 1972); vgl.*An. Rmd.*.66(1985)21-25.
6. **Rondzendbrief** *Opera artis* van 11 april 1971 over de zorg voor het historisch-artistiek erfgoed van de Kerk: *AAS* 63(1971)315-317.
7. **Verklaring**, d.d. 14 mei 1973 over het aan de Eerste H. Communie vooraf laten gaan van het boetesacrament: *AAS* 65(1973)410.
8. **Rondzendbrief** van 30 april 1976 aan de Voorzitters van de BC's over de plicht het boetesacrament vooraf te laten gaan aan de Eerste H.Communie; vertaling in *An.Rmd.*.66 (1985)26-28.

XII. *Congregatie voor de Religieuzen en voor de Seculiere Instituten* (zo genoemd tot 1988; sindsdien heet zij *Congregatie voor Instituten van gewijd Leven en voor Sociëteiten van Apostolisch Leven*)

1. **Decreet** *Dum canonicarum*, d.d. 3 december 1970, waarmee normen betreffende gebruik en bediening van het boetesacrament,in het bijzonder bij vrouwelijke religieuzen werden vastgelegd: *AAS* 63 (1971)318-319.
2. **Richtlijnen** betreffende de contemplatieve dimensie van het religieuze leven, d.d.12 augustus 1980, uit het Informatiebulletin 1980 van deze Congregatie, Supplement 33-50; origineel italiaans; vertaling in: *AK* 36(1981)981-994.

XIII. *Congregatie voor het Katholieke Onderwijs*

Instructie *In ecclesiasticam*, d.d. 3 juni 1979, over het liturgisch onderricht op seminaries; als zelfstandige brochure uitgegeven door Typ. Pol.Vat.1979; verder in *NOT*.15 (1979)526-565.

XIV. *Hoogste Rechtbank van de Apostolische Signatuur*

Decreet over een bevoegdheidsconflict tussen de Congregatie voor de Geestelijkheid en de Pauselijke Raad voor de Leken, d.d. 3 mei 1982: *COMM*.15(1983)42-44.

XV. *Secretariaat voor de Eenheid van de Christenen* (vanaf 1988: *Pauselijke Raad voor de bevordering van de Eenheid van de Christenen* geheten)

1. **Directorium** ter uitvoering van hetgeen door het Tweede Vaticaans Concilie over de oecumene gepromulgeerd is, het zgn.**Directorium Oecumenicum I**, van 14 mei 1967: *AAS* 59 (1967)574-592; *KA* 22(1967)700-716; het tweede deel hiervan **Directorium Oecumenicum II**, dat met name over de oecumene in het hoger onderwijs gaat en enkele zaken de liturgie betreffende aanstipt, verscheen op 16 april 1970: *AAS* 62(1970)705-724; *AK* 25(1970)742-757; op 25 maart 1993 publiceerde de Pauselijke Raad het **Directorium Oecumenicum noviter compositum III**, waarin opgenomen zijn: de richtlijnen voor de toepassing van de beginselen en normen inzake de oecumenische beweging; origineel uitgegeven als *Directoire pour l'application des principes et des normes sur l'oecuménisme* (Cité du Vatican 1993); vertaling in *KD* 1-2-1 van het *SRKK* Jrg.21 (1993)n.7.
2. **Verklaring** over de houding van de Katholieke Kerk inzake de gemeenschappelijke eucharistieviering tussen christenen van verschillende confessies van 7 januari 1970; origineel in het Frans: *AAS* 62(1970)184-188; *KA* 25(1970) 186-190.
3. **Instructie** *In quibus* van 1 juni 1972 over bijzondere gevallen, waarin andere christenen tot de eucharistische Communie in de

Katholieke Kerk mogen worden toegelaten: *AAS* 64(1972)518-525; *AK* 27(1972)704-709; *An.Gr.Bd.IV* (1971-1974)W11-W14; 'gestroomlijnde' Analecta van andere bisdommen zelfde pagina's van hetzelfde jaar; *An.Rmd.* 56(1976)21- 24.

4. **Nota** van 17 oktober 1973 ter interpretatie van de Instr. *In quibus*: *AAS* 65(1973)616-619; vertaling in o.a. *An.Utr.* 46(1973)608-611 (vgl.de inleiding daarop t.z.p., pp.605-607; Italiaanse tekst t.z.p., pp.612-615).
5. **Normen en Criteria** voor de toepassing van het conciliedecreet *"Nostra aetate"* (n.4), d.d. 1 december 1974: *AAS* 67(1975)73-79; vertaling in o.a.*An.Utr.* 48(1975)75-81.
6. **Notae directivae** (Richtlijnen) inzake de oecumenische samenwerking op regionaal, nationaal en lokaal niveau van 22 februari 1975; origineel in het frans in de *Service d'information van dit Secretariaat (n.26, 1975/I, pp.10- 34)*; vertaling in: *AK* 30(1975)823-848; *An.Utr.*48(1975) 359- 394.

XVI. *Apostolische Penitentiarie*

1. **Decreet** *In Constitutione*, d.d. 29 juni 1968, waarmee een nieuw Enchiridion van de Aflaten werd uitgegeven: *AAS* 60 (1968)413-414; standaardeditie onder de titel: *Enchiridion Indulgentiarum. Normae et concessiones*, Typ.Pol.Vat.1968.
2. **Instructie** van 15 juli 1984 over enkele zaken, die door de Penitentiarie behandeld worden, m.n. over aan de Apostolische Stoel gereserveerde censuren en irregulariteiten, over de inlossing van misverplichtingen, over priesters, die een burgerlijk huwelijk hebben durven sluiten en over noodzaak, opportuniteit en wijze van beroep op de Penitentiarie om in iedere zaak voor het innerlijk rechtsbereik effecten te bereiken: **X.Ochoa**, a.w., *vol.VI* n.5070.

XVII. *Pauselijke Commissie voor de geestelijke verzorging van migranten en toeristen*

1. **Rondzendbrief** aan de Voorzitters van de BC's over de Kerk en de mobiliteit van mensen, d.d. 26 mei 1978: *AAS* 70 (1978)357-378; *AK* 33(1978)625-643.
2. **Decreet** van 19 maart 1982 over speciaal toe te kennen bevoegdheden aan de aalmoezeniers (geestelijke verzorgers) en over privileges voor de christengelovigen, die verhuizen: *AAS* 74(1982)742-745.

XVIII. *Pauselijke Commissie voor de geestelijke zorg van matrozen en zeevarenden*

Decreet van 24 september 1977 over de geestelijke zorg voor matrozen en zeevarenden: *AAS* 69(1977)737-738; de daaraan gekoppelde *normen, faculteiten en privileges* in: *AAS* 69(1977)738-746.

HERZIENINGSSCHEMATA

1. **SCHEMA CANONUM DE PROCEDURA ADMINISTRATIVA**, Typ. Pol.Vat.1972.
2. **SCHEMA CANONUM LIBRI I DE NORMIS GENERALIBUS**, Typ. Pol.Vat.1977; geciteerd: *Schema/77.*
3. **SCHEMA CANONUM LIBRI II DE POPULO DEI**, Typ.Pol.Vat.1977; geciteerd: *Schema/77.*
4. **SCHEMA CANONUM DE INSTITUTIS VITAE CONSECRATAE PER PROFESSIONEM CONSILIORUM EVANGELICORUM**, Typ. Pol.Vat.1977; geciteerd: *Schema/77.*
5. **SCHEMA CANONUM LIBRI III DE ECCLESIAE MUNERE DOCENDI**, Typ.Pol. Vat. 1977; geciteerd: *Schema/77.*
6. **SCHEMA DOCUMENTI PONTIFICII QUO DISCIPLINA CANONICA DE SACRAMENTIS RECOGNOSCITUR**, Typ.Pol.Vat. 1975; geciteerd:*Schema/75*
7. **SCHEMA CANONUM LIBRI IV DE ECCLESIAE MUNERE SANCTIFICANDI, PARS II: DE LOCIS ET TEMPORIBUS SACRIS DEQUE CULTU DIVINO**, Typ.Pol.Vat.1977; geciteerd: *Schema/77.*
8. **SCHEMA CANONUM LIBRI V DE IURE PATRIMONIALI ECCLESIAE**, Typ. Pol.Vat. 1977; geciteerd: *Schema/77.*
9. **SCHEMA DOCUMENTI QUO DISCIPLINA SANCTIONUM SEU POENARUM IN ECCLESIA LATINA DENUO ORDINATUR**, Typ. Pol.Vat. 1973; geciteerd: *Schema/73.*
10. **SCHEMA CANONUM DE MODO PROCEDENDI PRO TUTELA IURIUM SEU DE PROCESSIBUS**, Typ.Pol.Vat. 1976; geciteerd: *Schema/76.*
11. **SCHEMA CODICIS IURIS CANONICI** iuxta animadversiones S.R.E. Cardinalium, Episcoporum Conferentiarum, Dicasteriorum Curiae Romanae, Universitatum Facultatumque ecclesiasticarum necnon Superiorum Institutorum vitae consecratae recognitum (Libreria Editrice Vaticana 1980); geciteerd: *Schema/80.*
12. **RELATIO** complectens synthesim animadversionum ab Em.mis atque Exc.mis Patribus commissionis ad novissimum Schema Codicis Iuris Canonici exhibitarum, cum responsionibus a Secretaria et consultoribus datis (Typ.Pol.Vat. 1981); geciteerd: *Relatio/ 1981*. Dit verslag is, met weglating van de namen der opponenten, gepubliceerd in *COMM.* 14(1982)116-230; 15(1983) 57-109; 170-253; 16(1984)27-99. Vgl.ook de uitgave van de Pauselijke Raad voor de interpretatie van de wetsteksten: **Acta et Documenta Pontificiae Commissionis Codici Iuris Canonici recognoscendo. CONGREGATIO PLENARIA**, diebus 20-29 octobris 1981 habita (Typ. Polygl.Vat.1991).
13. **CODEX IURIS CANONICI SCHEMA NOVISSIMUM** post consultationem S.R.E.Cardinalium, Episcoporum Conferentiarum, Dicasteriorum Curiae Romanae, Universitatum Facultatumque ecclesiasticarum necnon Superiorum Institutorum vitae consecratae recognitum, iuxta placita Patrum commissionis deinde emendatum atque **SUMMO PONTIFICI** praesentatum (E Civitate Vaticana 25 martii 1982); geciteerd: *Schema/82.*

14. **SCHEMA CODICIS IURIS CANONICI ORIENTALIS**, Rome (juli 1986), gepubliceerd in **NUNTIA** nn.24-25(1987).

CODICES

1. **CODEX IURIS CANONICI** Pii X Pontificis Maximi iussu digestus, Benedicti Papae XV auctoritate promulgatus (Typ.Pol.Vat.1948); geciteerd: *CIC/17.*
2. **CODEX IURIS CANONICI**, auctoritate Ioannis Pauli II promulgatus (Libreria Editrice Vaticana 1983); geciteerd: **CIC/83**.
3. **CODEX IURIS CANONICI**, fontium annotatione et indice analytico-alphabetico auctus (Libreria Editrice Vaticana 1989); geciteerd: **CIC/83**.
4. **CODEX IURIS CANONICI - Wetboek van Canoniek Recht**. Latijns-Nederlandse uitgave in opdracht van de Belgische en de Nederlandse Bisschoppenconferentie (Licap c.v., Brussel/Gooi en Sticht, Hilversum in samenwerking met Butzer en Becker, Kevelaer 1987); geciteerd: **CIC/83**.
5. **Codex Canonum Ecclesiarum Orientalium**, auctoritate Ioannis Pauli PP.II promulgatus die 18 Octobris 1990 (Libreria Editrice Vaticana 1990); geciteerd: **CCEO**.
6. **Code de Droit Canonique**. Édition bilingue et annotée sous la responsabilité de **L'INSTITUT MARTIN DE AZPILCUETA** (Wilson & Lafleur Limitée, Montréal 1990); geciteerd: *CDC(P/M)* + pag.
7. **Code de Droit Canonique annoté**. Traduction et adaptation française revisée du Code par la société internationale de droit canonique et de legislations religieuses comparées avec le concours de la Faculté de droit canonique de l'Université Saint Paul d'Ottawa et de la Faculté de droit canonique de l'Institut catholique de Paris. Traduction et adaptation françaises des *commentaires de l'université pontificale de Salamanque*(Ed. du Cerf 1989); geciteerd: *CDC(S/P)* + pagina.

PARTICULIERE WETGEVING

1. Analecta van het Aartsbisdom Utrecht(1928 vv); geciteerd: *An.Utr.*+ jaargang, jaar en pagina's; deze wijze van citeren geldt voor alle bisdommen);
2. Analecta van het Bisdom Haarlem(1954 vv.); geciteerd: *An.Ha.*
3. Analecta van het Bisdom 's-Hertogenbosch(1961 vv); geciteerd *An.Bo.*
4. Analecta van het Bisdom Roermond(1916 vv.); geciteerd: *An.Rmd.*
5. Analecta van het Bisdom Groningen(1956 vv.); geciteerd: *An.Gr.*
6. Analecta van het Bisdom Rotterdam(1956 vv.); geciteerd: *An.Ro.*
7. Analecta van het Bisdom Breda, die na een wat ingewikkelde voorgeschiedenis, die begon in 1956 (zie Inleiding op jaargang 1 van 1987), in 1987 weer begon met de eerste jaargang; ondanks wisselende benamingen geciteerd als: *An.Br.*+ jaar (of jaargang) en pagina.

   N.B. Vanaf 1974 tot en met 1986 is de zgn. 'gestroomlijnde' Analecta in gebruik geweest bij 5 van de 7 bisdommen (Utrecht en Roermond uitgezonderd); een driekleurige uitgave: op *wit* papier voor de eigen documenten van een bisdom gedrukt, op *geel (of crème)* papier voor die van de Kerkprovincie en op *groen* papier voor die van de Wereldkerk; dientengevolge wordt de paginering voorafgegaan met resp. de B (van bisdom), N (van nationaal, d.i. van de kerkprovincie) of W (van wereldkerk); overal, waar deze Analecta geciteerd wordt, wordt verwezen naar het jaar en de aangegeven pagina's.

8. Analecta van het Militair Ordinariaat *(AMO)*, het bovenbisdommelijke mededelingenblad van het Bisdom voor de Nederlandse Strijdkrachten, als zodanig gestart in 1991 ter uitvoering van een daartoe strekkend plan uit de zeventiger jaren; tussen 1974 en 1984 verschenen onregelmatig losbladige afleveringen van de Analecta Militair Vicariaat (mei en oktober 1974, juni 1976; drie afleveringen in 1984 en de laatste in 1985).
9. Statuten, reglementen, regelingen enz., alle uitgegeven door het *SRKK*:
   1. Statuten van de Nederlandse Bisschoppenconferentie en Uitvoeringsreglement van het R.K.Kerkgenootschap in Nederland.
   2. Algemeen Reglement voor het Katholiek Onderwijs; geciteerd: *ARKO*.
   3. Algemeen Reglement voor het bestuur van een parochie van de Rooms-Katholieke Kerk in Nederland, d.d. 14 juni 1988; geciteerd als: *A.R.-parochie*.
   4. Beleidsnota Kerkmusicus.
   5. Toepassingsbesluiten van de Nederlandse BC bij de **CIC/83**, d.d. 31 januari 1989; geciteerd: *TB/89* met nummer (1988).
   6. Interdiocesane Regelingen voor Besturen van kerkelijke instellingen van de bisdommen in de R.K. Kerkprovincie inzake honorering van priesters en diakens en andere financiële aangelegenheden.
   7. Regeling Persoonsregistraties Parochies.
   8. Algemeen Reglement voor het bestuur van een (inter)parochiële Caritas-instelling in de Nederlandse R.K.Kerkprovincie.
   9. Rechtspositieregeling voor Kosters.
   10. Modellen voor structurering van allochtone geloofsgemeenschappen.
   11. Model-reglement voor het Beheer van een Begraafplaats van een R.K.Parochie van de Nederlandse R.K.Kerkprovincie (1991).
   12. Algemene Bepalingen voor Kerkelijke Rechtspersonen en Katholieke Burgerlijke Rechtspersonen in de R.K.Kerkprovincie in Nederland, d.d. 12/13 december 1994.

   Alle brochures zijn verschenen in de serie 'Regelingen R.K. Kerkgenootschap in Nederland' en verkrijgbaar bij het Secretariaat hiervan te Utrecht *(SRKK)*.

ENCHIRIDIA

1. **DENZINGER,H./SCHÖNMETZER,H.**,*Enchiridion Symbolorum,Definitionum et Declarationum de rebus fidei et morum* (Freiburg i/Br.1963); geciteerd: *DS* + nummer.
2. **ALBERIGO,J. e.a.**, *Conciliorum Oecumenicorum Decreta* (Basel/Barcelona/Freiburg/Rome/Wenen 1962);geciteerd:*JA* + nummer.
3. **KACZYNSKI,R.**, *Enchiridion Documentorum instaurationis liturgicae I*(1963-1973), *II*(1973-1983) (Turijn resp.1976 en 1988) geciteerd: *KE I* of *II*.

INDICES

1. **MÖRSDORF,K.**, *Die Rechtssprache des Codex Juris Canonici.Eine kritische Untersuchung* (Paderborn 1937/1967).
2. **OCHOA,X.**, *Index verborum ac locutionum Codicis Iuris Canonici* (Rome 1983); geciteerd: X.Ochoa, *Index.*
3. **ZAPP,H.**, *Codex Iuris Canonici. Lemmata. Stichwörterverzeichnis* (Freiburg i/Br. 1986).

TEKSTVERZAMELINGEN

1. **OCHOA,X.**, *Leges Ecclesiae post Codicem Iuris Canonici editae,*
   vol.I: *Leges annis 1917-1941 editae* (Rome 1966)
   vol.II: *Leges annis 1942-1958 editae* (Rome 1969)
   vol.III: *Leges annis 1959-1968 editae* (Rome 1972)
   vol.IV: *Leges annis 1969-1972 editae* (Rome 1974)
   vol.V: *Leges annis 1973-1978 editae* (Rome 1980)
   vol.VI: *Leges annis 1979-1985 editae* (Rome 1987).
   Geciteerd: **X.Ochoa**, a.w., + volume en nummer van het document.

2. **KATHOLIEK ARCHIEF**(1945-1969), dat vanaf 1970 de naam **ARCHIEF VAN DE KERKEN** (1970-1985) draagt; geciteerd *KA* en *AK* + jaargang, jaar en kolom(men). Sedert de opheffing van dit laatste vervangen door **TEKSTEN UIT DE R.K.KERK** (uitgave Stiching 'Ark' te Leusden) en sedert 1989 door **KERKELIJKE DOCUMENTATIE**, een uitgave van het Secretariaat van het R.K.Kerkgenootschap in Nederland; geciteerd *KD* + jaargang, jaar en nummer.

TIJDSCHRIFTEN

1. **ACTA APOSTOLICAE SEDIS** (1909 vv.),het sedert de Curie-hervorming van Paus Pius X(1908) verschijnende officiële publicatieorgaan van de Apostolische Stoel, voorafgegaan door de Acta Sanctae Sedis(*ASS*) (1865-1908); geciteerd *AAS* + jaargang, jaar en paginering.
2. **COMMUNICATIONES**, vanaf 1969 tweemaal per jaar uitgegeven en berichten bevattend over de belangrijkste activiteiten van de Pauselijke Commissie voor de herziening van het Kerkelijk Wetboek voor de Latijns-Westerse Kerk; geciteerd *COMM.* + jaargang, jaar en paginering.
3. **NUNTIA**, vanaf 1975 uitgegeven ter begeleiding van en informatie over de herziening van het Oosterse Canonieke Recht; verscheen (ongeveer) tweemaal per jaar, telde geen jaargangen, maar nummers; geciteerd *NUNT.* + nummer en jaar; in 1990 is deze publicatie stopgezet.
4. **NOTITIAE** (vanaf 1965), periodiek van de Congregatie voor de Goddelijke Eredienst vanaf 1970 en vanaf 1989 van de(nieuwe) Congregatie voor de Goddelijke Eredienst en de Sacramenten, begeleidt en informeert over de liturgievernieuwing; geciteerd: *NOT.*+ jaargang, jaar en paginering.

5. **CONCILIUM**. Internationaal tijdschrift voor theologie (1965...).
6. **COMMUNIO**. Internationaal Katholiek Tijdschrift (1976...).
7. **PERIODICA de re morali, canonica, liturgica** (vanaf 1990 alleen **de re canonica)** (1905...), uitgegeven door de Gregoriaanse Universiteit te Rome, geciteerd: *Periodica*.

NEDERLANDSE UITGAVEN

1. In de reeks **Liturgie van de sacramenten en andere kerkelijke vieringen** zijn onder verantwoordelijkheid van de Nationale Raad voor Liturgie *(NRL)* met goedkeuring van de Congregatie voor de Goddelijke Eredienst en de Sacramenten en van de Nederlandse Bisschoppenconferentie de teksten van het nieuwe Romeinse Pontificale of Rituale in vertaling uitgegeven door Gooi en Sticht te Hilversum; deze uitgaven zijn al genoemd, telkens wanneer (zie boven) de officiële, authentieke uitgave van een Romeins dicasterie vermeld is:

    1. **het doopsel van kinderen**(1976);
    2. **het doopsel van volwassenen**(1977);
    3. **het vormsel** (1976);
    4. **de Communie en verering van de Eucharistie buiten de Mis** (1976);
    5. **orde van dienst voor boete en verzoening**(1976);
    6. **de pastorale zorg rond de zieken en de ziekenzalving** (1986);
    7. **het huwelijk**(1976);
    8. **de uitvaartliturgie**(herziene en aangevulde uitgave van 1982);
    9. **de kerk- en altaarwijding** (1980);
    10. **de zegening van een abt en abdis, de maagdenwijding, de zegening van de oliën en de wijding van het chrisma**(1977).
    11. **de wijding tot diaken, priester en bisschop**, waarin ook opgenomen **de aanstelling tot lector en acoliet en de opname onder de diaken- en priesterkandidaten** (1977).
    12. **de orde van dienst bij de religieuze professie** (1976).

Aanschaffing van deze reeks door parochies werd op 16 maart 1976 door de Bisschoppen van Nederland aanbevolen: zie *An.Utr.*49(1976)290; *An.Br.*, mei 1976, p.N77; *An.Rmd.*57(1976)46.

2. In de reeks **Het geloof vieren**, uitgegeven in samenwerking met het Diocesaan Pastoraal Centrum van het Bisdom Rotterdam, worden de sacramenten in het algemeen en de afzonderlijke sacramenten besproken op een wijze, die nog altijd aanbevelenswaardig is; de reeks (oorspronkelijk in het Duits) werd in 1979 uitgegeven bij Gottmer in Haarlem:
    1. **A.Müller**, *De sacramenten van de Kerk*
    2. **J.Baumgartner,** *Het sacrament van het doopsel*
    3. **S.Regli**, *Het sacrament van het vormsel*
    4. **J.Bommer**, *Het sacrament van boete en verzoening*
    5. **D.Wiederkehr**, *Het sacrament van de eucharistie*
    6. **J.Venetz**, *Het sacrament van het huwelijk*
    8. **W.von Arx**, *Het sacrament van de ziekenzalving.*

3. In de reeks **Kerkvaders en sacramenten** verschenen bij de Uitgeverij Tabor(Brugge) teksten in oudchristelijke geschriften, nl.
   1. **Herboren uit water en heilige Geest. Doopsel en Geestesgave** (waarin dus ook het **Vormsel** opgenomen is)(1983).
   2. **Uw geheim ligt op de tafel des Heren. De Eucharistie** (1983).
   3. **Wier zonden gij vergeeft. Boete en verzoening** (1983).
   4. **Wat God verbonden heeft. Het huwelijk** (1984),
   5. **Is er iemand onder u ziek. Ziekenzalving en Viaticum** (1984).
   6. **Ik zal van u mensenvissers maken. Het priesterschap** (1984).

COMMENTAREN OP HET NIEUWE WETBOEK (algemeen of alleen de parochie).

1. **BÖHNKE, M.**, *Pastoral in Gemeinden ohne Pfarrer. Interpretation von c.517 § 2 CIC/1983* (Ludgerusverlag 1994).
2. **COCCOPALMERIO, F.**, *De Paroecia* (Ed.Pontificia Università Gregoriana 1991).
3. **CODIGO DE DERECHO CANONICO**, edicion bilingue comentada (Biblioteca de Autores Cristianos, Madrid 1988); in Franse vertaling en aangepast aan Frans sprekende landen uitgegeven door de Ed. du Cerf in 1989 (zie boven onder Codices n.7); geciteerd als: *CDC (S/P)* + pagina('s).
4. **CODIGO DE DERECHO CANONICO**, *edicion anotada* (Ed. Universidad de Navarra, Pamplona 1984; in Franse vertaling en met aanpassingen aan Frans sprekende particuliere Kerken uitgegeven in 1990 in Montréal; geciteerd als: *CDC(P/M)* + paginering.
5. **CORIDEN,J.A./GREEN,TH./HEINTSCHEL,D.E.**, *The Code of Canon Law. A Text and Commentary* (Paulist Press, New York/Mahwah 1985); geciteerd als: *CCL* + paginering.
6. **DUFOUR,B.**, *La pénitence et l'onction des malades* (Ed.Tardy, Paris 1989).
7. **HEIMERL,H./PREE,H.**, *Kirchenrecht. Allgemeine Normen und Eherecht* (Springer Verlag, Wien/New York 1983).
8. **HENDRIKS,J.**, *Parochierecht. Een practische handleiding met de bijzondere bepalingen voor Nederland* (Uitgeverij Tabor, Brugge 1987); geciteerd als: **Hendriks,J.**, *Parochierecht* + pagina.
9. **HENDRIKS,J.**, *Kerkelijk recht voor de pastorale praktijk. Met de bijzondere bepalingen voor Nederland* (Colomba 1992); geciteerd als: **J.Hendriks**, *Kerkelijk recht* + paginering.
10. **HUYSMANS, R.G.W.**, *Algemene Normen van het Wetboek van Canoniek Recht* (Leuven 1993).
11. **LISTL,J./MÜLLER,H./SCHMITZ, H.**, *Grundrisz des nachkonziliaren Kirchenrechts* (Verlag F.Pustet,Regensburg 1979) en *Handbuch des katholischen Kirchenrechts* (Verlag F.Pustet, Regensburg 1983; geciteerd als *HdBdkKr* + pagina.
12. **MANZANARES,J./MOSTAZA,A./SANTOS,J.L.**, *Nuevo Derecho Parroquial* (Biblioteca de Autores Cristianos, Madrid 1988); geciteerd als: *NDP* + paginering.

13. **M.MORGANTE**, *La Parocchia nel Codice di Diritto Canonico. Commento giuridico-pastorale* (Edizioni Paoline, Milaan 1985).
14. **MÜNSTERISCHER KOMMENTAR zum Codex Iuris Canonici** (vanaf 1984, Ludgerusverlag, Essen); geciteerd als: *MK* + canon.
15. **PAARHAMMER,H./FAHRNBERGER,G.**, *Pfarrei und Pfarrer im neuen CIC. Rechtliche Ordnung der Seelsorge, der Verkündigung des Wortes Gottes und der Feier der Sakramente in der Christengemeinde* (Herold Verlag, Wien 1983); geciteerd met auteursnamen.
16. **PARALIEU,R.**, *Guide pratique du Code de Droit Canonique. Notes pastorales* (Ed.Tardy, Bourges 1985); geciteerd met auteursnaam.
17. **PÉRISSET,J.-C.**, *La paroisse* (Serie: Le nouveau droit ecclésiastique; Ed.Tardy, Paris 1989).
18. **PINTO,P.(red.)**, *Commento al Codice di Diritto Canonico* (Pontificia Università Urbaniana, Roma 1985); geciteerd als: *Commento al Codice* + paginering.
19. **N.RUF**, *Das Recht der katholischen Kirche nach dem neuen Codex Iuris Canonici für die Praxis erläutert* (Herder Verlag, Freiburg/Basel/Wien 1983); geciteerd *NR* + pagina.
20. **SCHWENDENWEIN,H.**, *Das neue Kirchenrecht. Gesamtdarstellung* (Verlag Styria, Graz/Köln 1983); geciteerd met auteursnaam.

ANDERE WERKEN, WAARVAN GEBRUIK IS GEMAAKT

1. **DANEELS, L.F.**, *Het nieuw kerkelijk huwelijksrecht. Commentaar* (Averbode, 1983).
2. **DELLEMAN,TH.**, *Christen en Crematie* (Boekencentrum, 's-Gravenhage 1977).
3. **DERKSEN,N.**, *Eigenlijk wisten we het wel, maar we waren het vergeten. Een onderzoek naar parochieontwikkeling en geloofscommunicatie in de parochies van het aartsbisdom Utrecht* (diss.; Kok, Kampen 1989).
4. **FEINE,H.E.**, *Kirchliche Rechtsgeschichte. Die katholische Kirche* (4e Aufl., Böhlau Verlag, Köln/Graz 1964).
5. **HUYSMANS,R.W.G.**, *Tussen Concilie en Synode. Over het ontwikkelen van de kerkstructuur sinds 1966 door de Nederlandse Bisdommen* (Gooi en Sticht, Hilversum 1981).
6. **HUYSMANS,R.W.G.**, *Het recht van de leek in de Rooms-Katholieke Kerk van Nederland* (Gooi en Sticht, Hilversum 1986).
7. **HUIZING,P.J. e.a.**, *Wat God verbonden heeft...Beschouwingen over huwelijk, echtscheiding en kerkrecht* (Nijmegen/Baarn 1991); geciteerd: *Huizing*, a.w., + paginering
8. **LITURGISCH WOORDENBOEK**, Dl.*I* (Roermond/Maaseik 1958-1962), Dl. *II* (Roermond 1965-1968), Dl.*III* Supplement (Roermond 1970); geciteerd als: *LW I* en *II* en *LWS*.
10. **MARTIMORT,A.G.**, *L'Église en prière. Introduction à la liturgie*, 4 dl. (Paris 1983-1984).
11. **MULDER,W./EIJSINK,A.H.**, *Parochie en Parochiegeestelijkheid* (Dekker & van de Vegt, Utrecht/Nijmegen 1961).

11. **ÖRSY,L.**, *The evolving Church and the Sacrament of Penance* (Denville, New Jersey 1978).
12. **PAROCHIE, DE.** *Hoofdlijnen voor de structuren van een geloofsgemeenschap* (Publicatie WCN; Acco, Leuven/Amersfoort 1988).
13. **PAROCHIE, DE.** *Heden, verleden en toekomst* (Tabor, Brugge 1988).
14. **PAS,P.**, *Heeft de biecht nog toekomst?* (Acco, Leuven 1983).
15. **PLÖCHL,W.M.**, *Geschichte des Kirchenrechts, Bd.I* (2e Aufl., Wien/München 1960), *Bd.II* (2e Aufl., Wien/München 1962), *Bd.III* (2e Aufl., Wien/München 1970), *Bd.IV* (Wien/München 1966), *Bd.V* (Wien/München 1966) bij Herold Verlag.
16. **REINHARDT,H.J.F.**, *Die kirchliche Trauung. Ehevorbereitung, Trauung und Registrierung der Eheschlieszung im Bereich der deutschen Bischofskonferenz. Texte und Kommentar* (Ludgerus Verlag, Essen 1990).
17. **TORFS,R.**, *De vrouw en het kerkelijk ambt. Analyse in functie van de mensenrechten in Kerk en Staat* (Acco, Leuven/Amersfoort 1985);
    TORFS,R., *Het huwelijksbegrip in het canonieke recht* (diss., Kath.Universiteit Leuven 1987); uitgegeven in vier delen, waarvan het laatste deel (IV) de voetnoten bevat; geciteerd als : *R.Torfs, Huwelijk, dl.I, II, III of IV.*
18. **VEN, VAN DER J.A.**, *Pastoraal tussen ideaal en werkelijkheid* (Serie 'Theologie en Empirie', Dl.1; Kok, Kampen 1985.
19. **ZANTEN, VAN M.M.**, *Gids voor behoud en Beheer van Kerkelijk Kunstbezit. Een praktische handleiding* (CRM-reeks, deel 2, 1994).
20. **ZAPP,H.**, *Kanonisches Eherecht. Begründet von Ulrich Mosiek* (6e bewerkte editie; Rombach/Freiburg i/Br 1983).

AFKORTINGEN

a.a.	= *a*angehaald *a*rtikel
AA	= decreet over het lekenapostolaat *A*postolicam *a*ctuositatem van Vaticanum II
AAS	= *A*cta *A*postolicae *S*edis (tijdschrift)
AC	= *A*nnée *C*anonique (tijdschrift)
afd.	= *afd*eling
AfkKr.	= *A*rchiv *f*ür *k*atholisches *K*irchen*r*echt (tijdschrift)
AG	= decreet over de missieactiviteit van de Kerk *A*d *g*entes van Vaticanum II
AIAM	= *A*lgemene *I*nleiding op het *A*ltaar*m*issaal
AILG	= *A*lgemene *I*nleiding op de *L*iturgie der *G*etijden
AK	= *A*rchief van de *K*erken (tijdschrift)
AMvB	= *A*lgemene *M*aatregel van *B*estuur
AMO	= *A*nalecta van het *M*ilitair *O*rdinariaat
An.	= *An*onymus (naamloos)
An.Bo.	= *An*alecta van het bisdom 's-Hertogen*bo*sch (tijdschrift)
An.Br.	= *An*alecta van het bisdom *Br*eda (tijdschrift)
An.Gr.	= *An*alecta van het bisdom *Gr*oningen (tijdschrift)
An.Ha.	= *An*alecta ven het bisdom *Ha*arlem (tijdschrift)
An.Rmd.	= *An*alecta van het bisdom *R*oer*m*on*d* (tijdschrift)
An.Ro.	= *An*alecta van het bisdom *Ro*tterdam (tijdschrift)
An.Utr.	= *An*alecta van het aartsbisdom *Utr*echt (tijdschrift)
A(a)post.Const.	= *A(a)post*olisch(e) *Const*itutie
Apost.Exh.	= *Apost*olische *Exh*ortatie
Aufl.	= *Aufl*age (druk)
art.	= *art*ikel(en)
a.w.	= *a*angehaald *w*erk
BC	= *B*isschoppen*c*onferentie
Bd.	= *Band*
b.g.v.	= *b*ij *g*elegenheid *v*an
Bijdr.	= (tijdschrift) *Bijdr*agen
BUMA	= *Bu*reau voor *M*uziek*a*uteursrechten
Busc.	= Buscoducensia (van 's Hertogenbosch)
bv.	= *b*ij*v*oorbeeld
BW	= *B*urgerlijk *W*etboek; citeerwijze: art.1:33 BW is: art.33 van Boek 1 van het Burgerlijk Wetboek
c	= *c*aput
can.	= *can*on
cap.	= *cap*ut
cass.	= *cass*atie
cc.	= *c*anones
CCEO	= *C*odex *C*anonum *E*cclesiarum *O*rientalium

CCL	= The *C*ode of *C*anon *L*aw. A text and commentary
CD	= decreet over het herderlijk ambt van de Bisschoppen *C*hristus *D*ominus van Vaticanum II
cd	= *c*ompact *d*isk
CDC (P/M of S/P)	= *C*ode de *D*roit *C*anonique (*P*aris/*M*ontreal) of (*S*alamanca/*P*aris)
CDVC	= *C*onstituties en *D*ecreten *V*aticaans *C*oncilie
CIC/17 of 83	= *C*odex *I*uris *C*anonici van 1917 of 1983
COMM.	= *COMM*unicationes (tijdschrift)
Conc.	= *Conc*ilium (tijdschrift)
Conc.Prov.	= *Conc*ilium *Pro*vinciale
Conc.Trid.	= *Conc*ilium *Trid*entinum
Congr.	= *Congr*egatie(s)
Const.	= *Const*itutie
c.q.	= *c*asu *q*uo (in vóórkomend geval)
CRM	= (Ministerie van) *C*ultuur, *R*ecreatie en *M*aatschappelijk Werk
CTI	= *C*ommissio *T*heologica *I*nternationalis
decr.	= *decr*eet
decr. de comm.euch.	= *decr*eet "*de comm*unione *euch*aristica"
decr. de euch.	= *decr*eet "*de euch*aristia"
decr.de unct.extr.	= *decr*eet *de unct*ione *extr*ema (decreet van het Concilie van Trente over de ziekenzalving)
d.d.	= *de d*ato, gedateerd op
dgl.	= *d*er*g*e*l*ijk(e)
d.i.	= *d*it of *d*at *i*s
Dig.	= *Dig*estae
Dl.	= *Deel*
Doc.Cath.	= *Doc*umentation *Cath*olique (tijdschrift)
DS	= *D*enzinger/*S*chönmetzer, Enchiridion...
d.w.z.	= *d*at *w*il *z*eggen
e.a.	= *e*n *a*ndere(n)
e.d(gl)	= *e*n *d*er*g*e*l*ijke
Ef.	= *Ef*esiers
enc.	= *enc*ycliek(en)
enz.	= *enz*ovoort
euchar.	= *euchar*istica of eucharistia
Exh.	= *Exh*ortatie
GBA	= *G*emeentelijke *B*evolkings-*A*dministratie
GE	= verklaring over de christelijke opvoeding *G*ravissimum *e*ducationis van Vaticanum II
Ger.W.	= *Ge*rechtelijk *W*etboek
GS	= pastorale constitutie *G*audium et *S*pes van Vaticanum II
H. of h.	= *H(h)*eilig(e)
HdBdkKr	= *H*an*d*b*uch des *k*atholischen *K*irchen*r*echts
Hebr.	= (brief aan de) *Hebr*eeën
Hrsg. of **Herausg.**	= *He*rau*sg*eber (uitgever)

ICLZ	= *I*nterdiocesane *C*ommissie voor *L*iturgische *Z*ielzorg
incl.	= *incl*usief
inl.	= *inl*eiding
I(i)nstr.	= *I(i)nstr*uctie
i.p.v.	= *i*n *p*laats *v*an
i.t.t.	= *i*n *t*egenstelling *t*ot
i.v.m.	= *i*n *v*ergelijking *m*et – of – *i*n *v*erband *m*et
jrg.	= *j*aa*r*gang
KA	= *K*atholiek *A*rchief (tijdschrift)
Kanonist.Abt.	= *Kanonist*ische *Abt*eilung (van een tijdschrift)
Kard.	= *Kard*inaal
KASKI	= *Ka*tholiek *S*ociaal *K*erkelijk *I*nstituut
KB	= *K*oninklijk *B*esluit
KBS	= *K*atholieke *B*ijbel *S*tichting
KD	= *K*erkelijke *D*ocumentatie (bij het Informatiebulletin 1-2-1 van de R.K.Kerkprovincie)
KE I of II	= R.*K*aczynski, *E*nchiridion, Deel I of II
KKOR	= *K*atholieke *K*lokken- en *O*rgelraad
kol.	= *kol*om
Kor.	= (brief aan de) *Kor*intiërs
kw.	= *kw*artaal
Lc.	= *L*u*c*as
LfThuK	= *L*exikon *f*ür *Th*eologie *u*nd *K*irche
LG	= dogmatische constitutie over de Kerk *L*umen *G*entium van Vaticanum II
lp	= *l*angspeel*p*laat
LW I of II	= *L*iturgisch *W*oordenboek, Deel I of II
LWS	= *L*iturgisch *W*oordenboek *S*upplement
m.b.t.	= *m*et *b*etrekking *t*ot
ME	= *M*onitor *E*cclesiasticus (tijdschrift)
MK	= *M*ünsterischer *K*ommentar zum Codex Iuris Canonici
m.n.	= *m*et *n*ame
MP	= *M*otu *P*roprio
M.Th.Z.	= *M*ünchener *Th*eologische Zeitschrift
m.u.v.	= *m*et *u*itzondering *v*an
n.	= *n*ummer
NCL	= *N*ederlandse *C*ommissie voor *L*iturgie
NDP	= *N*uevo *D*erecho *P*arroquial (commentaar op parochierecht)
NKS	= *N*ederlandse *K*atholieke *S*temmen (tijdschrift)
nl.	= *n*ame*l*ijk
nn.	= *n*ummers
NOT.	= *Not*itiae (tijdschrift)
NRL	= *N*ationale *R*aad voor *L*iturgie
NRTh	= *N*ouvelle *R*evue *Th*eologique (tijdschrift)
NSGV	= *N*ederlandse *S*t.*G*regorius*v*ereniging
NT	= *N*ieuwe *T*estament
o.a.	= *o*nder *a*ndere(n)

OE = decreet over de Oosterse katholieke Kerken *O*rientalium *E*cclesiarum van Vaticanum II
o.m. = *o*nder *m*eer
Openb. = (boek van de) *Openb*aring
OT = *O*ude *T*estament
OvD = *O*rde *v*an *D*ienst
OWC = Ministerie van *O*nderwijs, *W*etenschappen en *C*ultuur
p. = *p*agina
(de) paenit. = (de) *paenit*entia
par. = *par*agraaf
PCI = *P*ontificia *C*ommissio *I*nterpretationis Codicis Iuris Canonici; vanaf 1 maart 1989 krachtens de Apost.Const. *Pastor Bonus*(1988) *P*ontificium *C*onsilium *I*nterpretationis geheten
PCIV = *P*ontificia *C*ommissio *I*nterpretationis Constitutionum etc.*V*aticani II
PINK = *P*astoraal *I*nstituut van de *N*ederlandse *K*erkprovincie
PL = *P*atres *L*atini (in de reeks van Migne)
PO = decreet over het ambt en het leven van de priesters *P*resbyterorum *o*rdinis van Vaticanum II
Post.Apost.Exh. = *Post*synodale *Apost*olische *Exh*ortatie
pp. = *p*agina's
Quaest.Disp. = *Quaest*iones *Disp*utatae (een reeks theologische werken onder deze serie-naam)
Qschr. = *Q*uartal*schr*ift
RDC = *R*evue de *D*roit *C*anonique (tijdschrift: 1950...)
Rdn. = *R*and*n*ummer
ref. = *ref*ormatione
resp. = *resp*ectievelijk
Rev. des Sc.Rel. = *R*ev. des *Sc*iences *Rel*igieuses (tijdschrift)
R.K. of r.k. = *R(r)*ooms-*K(k)*atholiek(e)
SC = *S*acrosanctum *C*oncilium, constitutie van Vaticanum II over de liturgie
Sess. = *sess*io (zitting van een Concilie)
SLSK = *S*tichting *L*andelijk *S*amenwerkingsverband *K*erkmuziek
SKKN = *S*tichting *K*erkelijke *K*unst in *N*ederland
SPKK = *S*tichting *P*rotestantse *K*erkelijke *K*unst
SRKK = *S*ecretariaat van het *RK K*erkgenootschap
S.Th. = *S*umma *Th*eologica (van S.Thomas van Aquino)
s.v. = *s*ub *v*oce (onder het trefwoord)
SW = *S*traf*w*et
SWV = *S*int *W*illibrord*v*ereniging
t.a.p. = *t*er *a*angehaalde *p*laatse
t.a.v. = *t*en *a*anzien *v*an
TB = *T*oepassings*b*esluiten (van de Codex/83)
t.b.v. = *t*en *b*ehoeve *v*an
t.g.v. = *t*en *g*evolge *v*an

ThprQschr = *Th*eologisch-*pr*aktische *Q*uartal*schr*ift (tijdschrift)
ThuGl = *Th*eologie *u*nd *Gl*aube (tijdschrift)
tijdschr. = *tijdschr*ift
Tijdschr.voor Th. = *Tijdschr*ift voor *Th*eologie
Tim. = (brief aan) *Tim*oteüs
tit. = *tit*el
t.o.v. = *t*en *o*verstaan *v*an of *t*en *o*pzichte *v*an
Tr.Th.Zschr. = *Tr*ierer *Th*eologische *Z*eit*schr*ift
TvL = *T*ijdschrift *v*oor *L*iturgie
Typ.Pol.Vat. = *Typ*is *Pol*yglottis *Vat*icanis (Veeltalige Vaticaanse Drukkerij)
t.z.p. = *t*er *z*elfder *p*laatse
uitg. = *uitg*ave
UR = decreet over de katholieke deelneming aan de oecumenische beweging *U*nitatis *r*edintegratio van Vaticanum II
v. = *v*olgende
VBS = *V*laamse *B*ijbel *S*tichting
vgl. = *v*er*g*e*l*ijk
VN = *V*erenigde *N*aties
vol. = *vol*umen (deel)
vv. = *v*olgende(n)
VS = *V*erenigde *S*taten
VZW = *v*ereniging *z*onder *w*instoogmerk
WNC = *W*erkgroep *N*ederlandstalige *C*anonisten
WPR = *W*et *P*ersoons *R*egistratie
WVC = (Ministerie van) *W*elzijn, *V*olksgezondheid en *C*ultuur
zgn. = *z*o*g*e*n*aamd(e)

HOOFDSTUK I: PAROCHIE IN HET ALGEMEEN

Inleiding

In tegenstelling tot de *Codex/17*, die onder de titel "Bisschoppelijke macht en zij, die daarin delen" afzonderlijke hoofdstukken wijdde aan "pastoors" en "parochievicarissen" en zodoende de parochie alleen *indirect* ter sprake bracht[1], spreekt de nieuwe Codex onder het titelhoofd "Interne ordening van particuliere Kerken" vanaf **can.515** *direct* over parochies, in functie waarvan pastoors en parochievicarissen staan.

Deze andere manier van spreken danken we aan het Tweede Vaticaans Concilie, al is die verandering nog maar een zwakke afschaduwing van de oorspronkelijke intenties van Paus **Joannes XXIII**[2]. Vaticanum II zag de parochie als de plaats, waar "in zekere zin de zichtbare, over heel de wereld gevestigde Kerk actueel tegenwoordig wordt gesteld" (*SC* n.42). Om die reden kan men haar "als het ware een cel" (*AA* n.10,3; *AILG* n.21) van de particuliere Kerk noemen, die al wat zij in het gemeenschappelijk apostolaat aan menselijke verscheidenheid aantreft tot eenheid brengt en invoegt in de universele Kerk (*AA* n.10,2). In de parochie weten de gelovigen zich werkelijk leden van het bisdom en van heel de universele Kerk(*CD* n.30,2)[3].

In de conciliaire teksten komt naar voren, dat de parochie verankerd is in de hiërarchische structuur van de Kerk. Tegelijk blijkt uit alle conciliaire teksten een veranderd beeld van hen, die in functie van de parochie staan. De pastoor is niet allereerst de titularis van een parochie, maar de *'pastor'*, wiens activiteit als hoofdmedewerker van de Bisschop geheel geconcentreerd is op de drie wezenlijke taken van de Kerk: verkondi-

[1] *Can.451 § 1 CIC/17* bepaalde: "De pastoor is een priester of rechtspersoon, aan wie een parochie als titel is toevertrouwd om er onder het gezag van de plaatselijke Ordinaris de zielzorg uit te oefenen". Vgl.*can.216 § 1 CIC/17*: "Het gebied van ieder bisdom moet in afzonderlijke territoriale delen verdeeld worden; ieder deel moet echter zijn eigen speciale kerk met een eigen bepaald volk krijgen toegewezen en zijn eigen rector, die als eigen herder daarover moet worden aangesteld voor de noodzakelijke zielzorg".

[2] Zie **R.Huysmans**, *Tussen Concilie en Synode*, p.9.

[3] Hier kan ook gewezen worden op de toespraak van Paus **Paulus VI** tot de Romeinse geestelijkheid op 24 juni 1963: *AAS* 55(1963)674, en op wat Paus **Joannes Paulus II** in zijn Apost.Exh. *Christifideles laici(1988)* in n.26 zegt; in n.27 houdt hij een sterk pleidooi voor de inschakeling van leken in de Kerk, terwijl hij in de nn.28-30 aangeeft hoe dit kan; zie echter ook zijn toespraak van 22 april 1994: *An.Rmd.* 75(1994)61-66.

ging, heiliging en leiding van de gelovigen, en die binnen een particuliere Kerk de universele Kerk tot werkelijkheid brengt[4].

In de hierna volgende hoofdstukken komen de verschillende bestanddelen en functies van de parochie aan de orde. In dit eerste hoofdstuk gaat het over alles, wat de parochie in haar geheel aangaat. Daarom wordt in afzonderlijke artikelen gesproken over wat een parochie in wezen is en over soorten van parochies (I), over het ontstaan en de ontwikkeling van het parochiesysteem (II) en over oprichting, opheffing en verandering van parochies (III).

Artikel I: Wat is een parochie? Soorten van parochies

1. Wat is een parochie?[5]

De *Codex/17* sprak zich niet duidelijk uit over de vraag, wat een parochie in wezen is. Hij gaf alleen enkele juridische kenmerken: parochie is een door vaste grenzen afgebakend gebied in een bisdom, met een bepaalde groep van gelovigen, een eigen kerk en een eigen priester, die verantwoordelijk is voor de zielzorg en voor wie de parochie in veel gevallen[6] gold als een *beneficie*, d.w.z.als een duurzaam door het bevoegde kerkelijke gezag opgericht ambt, waaraan het recht op inkomsten uit het vermogen van de parochie verbonden is.

De *eigen kerk* hoorde toen weliswaar niet tot de wezenlijke elementen van de parochie, al was zij toch de logische consequentie uit de oprichting van een parochie vanwege de plaatsgebondenheid van alle kerkelijk handelen met als centrum en hoogtepunt de eucharistieviering (vgl. de

[4] *Commento al Codice*, pp.309-310.

[5] Het woord *paroecia*, afkomstig van het Griekse 'πάροικια' (werkwoord: πάροικεω), dat door de Codex constant gebruikt wordt (het vroeger vaak gebruikte 'parochia', waarvan ons woord parochie, is daarvan een verbastering), betekende in het nieuw-testamentische en vroegchristelijke spraakgebruik (in navolging van het Oude Testament): (het) wonen in den vreemde zonder burgerrecht, zonder vaste woonplaats. Dit werd ook gezegd van heel de christengemeenschap, die zich vormde rond de Bisschop in de steden temidden van de heidenen (διασπορα). Ook de plattelandskerken, die na Constantijn opkwamen, werden 'πάροικια' genoemd, maar door de massaovergang naar het christendom (geen διασπορα meer!) verdween daaruit de bijbelse betekenis van 'vreemdeling'-zijn. Aanvankelijk ook dikwijls gebruikt om het gebied van een *bisdom* aan te duiden, kreeg *paroecia* pas later de meer technisch-administratieve betekenis van een deel van het bisdom. Vgl.**G.Kittel**, *Theologisches Wörterbuch zum Neuen Testament*, *Bd.V* (Stuttgart 1954), s.v. πάροικος, πάροικια, πάροικεω; *Th.-pr.Qschr.*1953, pp.127 vv.; **B.van Leeuwen**, *Kerk en parochie* – in: *Tijdschr.voor Theologie* 4(1964)233-244. Terecht wijst het *MK* er op dat de verklaring van het woord *parochus*(pastoor) etymologisch erg moeilijk ligt; zie ook **A.Blöchlinger**, a.w., pp.33-40 en 53-56.

[6] In Nederland bestaan geen beneficies in eigenlijke zin.

cc.528 § 2 en **897**); ook het door grenzen *afgebakend gebied(territorium)* kon toen niet horen tot het wezen van de parochie, omdat er ook toen al parochies-zonder-grenzen, de zogeheten personen-parochies, waren.

In de voetsporen van Vaticanum II en van de post-conciliaire documenten[7] laat de nieuwe wetgeving een niet onbelangrijke wijziging zien in de visie op wat een parochie is: niet primair een bepaald territorium met een daarbij behorende kerk en met daarbinnen een groep van gelovigen, maar een bepaalde *gemeenschap* van christengelovigen[8], in een bisdom of een andere particuliere Kerk[9] duurzaam opgericht, waarover de herderlijke zorg onder het gezag van de diocesane Bisschop aan een pastoor als haar eigen herder wordt toevertrouwd (**can.515 § 1**). Het verschil met vroeger lijkt minimaal, maar is toch van grote betekenis. Men doet de parochie namelijk te kort "als men haar alleen maar 'de kleinst mogelijke praktisch hanteerbare zielzorg-eenheid' noemt"[10]. Het gaat immers om de gemeenschap van gelovigen, niet om het feit dat een bisdom efficiënt is opgedeeld in overzichtelijke gebieden. In die gemeenschap kan de pastoor dan ook niet een soort *"zetbaas"*[11] van de Bisschop zijn, maar is hij de voortrekker van een deel van het Godsvolk, waarmee hij de weg van Jezus Christus heeft te gaan.

Vanouds hebben mensen, die zich door Jezus Christus geroepen wisten, de naam *ecclesia* gebruikt, dat is de (door God) bijeengeroepen

[7] Zie *CD* nn.28-32; MP *Ecclesiae sanctae*(1966) van Paus **Paulus VI**, I nn.18-21; *Directorium* voor de pastorale bediening van Bisschoppen(1973) van de Congregatie voor de Bisschoppen, nn.174-189 (het in n.179 in het vooruitzicht gestelde Directorium voor de pastoors is tot op heden niet verschenen); zie ook **R.Huysmans**, *Tussen Concilie en Synode*, pp.9-16.

[8] Zoals ook een bisdom primair geen afgebakend gebied is, maar een *"portio populi Dei"* (**can.369**). Tot en met het *Schema/77 (can.349 § 1)* kwam het woord *'portio'* ook in de omschrijving van parochie voor [*COMM.* 8(1976)23 en 24(1992)137-139], maar de leden van de werkgroep hebben in 1980 bewust afstand daarvan genomen omdat het woord *'portio'* veeleer een *statisch* begrip is en om die reden niet geschikt er de parochie mee te typeren; dáárin immers licht het gemeenschapsaspect méér op dan in een bisdom, waarvoor het begrip *'portio'* dan ook gehandhaafd kan blijven: *COMM.* 13 (1981)147; **F.Coccopalmerio**, a.w.,p.3.

[9] Dit is een met het bisdom gelijkgestelde kerkelijke gebiedsomschrijving: een territoriale prelatuur, abdij, apostolische prefectuur en vicariaat en een duurzaam opgerichte apostolische administratie (**can.368**). Wat deze gebiedsomschrijvingen precies zijn: zie **cc.370-371**.

[10] *De toekomst van de parochie*. Beleidsnota van het Aartsbisdom Utrecht (september 1984), p.6 sub 2.5.

[11] Of: *"de verlengde hand"* van de Bisschop, zoals **K.Mörsdorf** hem noemt in: *LfThuK*, Bd.II, p.209 v.

gemeente of gemeenschap, in en met en door Jezus Christus op weg naar de eindvoltooiing, maar hier nog levend "in den vreemde"[12]. Constitutief voor de geleding van het volk Gods is alleen het persoonlijke, niet het territoriale element; constitutief zijn dus de gelovigen, aan wie en met wie de herderlijke zorg wordt uitgeoefend. Zij zijn niet enkel object, maar ook subject van die herderlijke zorg.

Uit de manier, waarop **can.515 § 1** de parochie omschrijft volgt echter ook, dat een parochie niet tot stand komt door de vrije aaneensluiting van gelovigen. Vereist is immers de duurzame oprichting van een gemeenschap tot parochie door de Bisschop en staande onder het gezag van de diocesane Bisschop. Evenmin is de parochie een collegiale gemeenschap van gelijkberechtigden, maar een gemeenschap van gelovigen, die *ieder op eigen wijze*, hetzij op grond van doopsel en vormsel, hetzij op grond van wijding meewerken aan de realisering van de zending van de Kerk[13].

Naast *deze* wijziging in de omschrijving van het wezen van een parochie, is er nog een andere belangrijke wijziging, die zich niet onmiddellijk uit **can.515** laat afleiden, maar wel uit het geheel van het kerkelijke Wetboek. Tot aan Vaticanum II werd de parochie meestentijds gezien als een *beneficie*. Op grond daarvan kon men dus ook zeggen, dat de parochie werd gezien als een bron van inkomsten voor de verantwoordelijke priester(s). Dit zgn. beneficiale systeem stamde uit de periode, waarin de Kerk sterk werd beïnvloed door het individualiserende germaanse recht. Dit systeem is door Vaticanum II volledig afgeschaft en heeft daarom geen plaats meer in de nieuwe wetgeving[14]. Natuurlijk betekent dit niet, dat zij, die in parochies werkzaam zijn, niet meer zouden kunnen beschikken over voldoende levensonderhoud; wel betekent het dat een parochie heel iets anders en méér is dan een bron van inkomsten. Zij is een *gemeenschap* van gelovigen: de Codex legt sterker de nadruk op de *communautaire* dan op de institutionele kant van een parochie. Het theologisch beginsel van de *communio ("κοινωνια")* is het leidend beginsel gewor-

[12] *De toekomst van de parochie.* Beleidsnota van het Aartsbisdom Utrecht(september 1984), p.5 sub 2.2.

[13] *MK* bij **can.515**; **H.Schmitz**, *Pfarrei und Gemeinde* in: *AfkKr* 148(1979)48-71; hier p.57.

[14] Slechts éénmaal wordt er in de Codex over beneficies gesproken, en wel in **can.1272**, waar aan de BC de taak wordt toegekend om daar, waar nog beneficies in eigenlijke zin bestaan,te komen tot een geleidelijke afschaffing ervan. Terecht hebben de Nederlandse Bisschoppen bepaald, dat toepassing van deze canon geen zin heeft, omdat er in Nederland geen beneficies in eigenlijke zin meer bestaan: zie *TB/89* bij genoemde canon.

den bij de vraag, hoe wij tegen de Kerk als geheel en dus ook tegen een parochie als laagste organisatievorm van de Kerk aan moeten kijken[15].

We moeten ons echter geen illusie maken over het woordgegebruik "gemeenschap" als constitutief element van de parochie. Deze gemeenschap is niet allereerst van sociologische, maar van theologale aard. Zij bestaat hierin, dat er door het gemeenschappelijk geloof en de gemeenschappelijke viering van de sacramenten, vooral van de eucharistie, een werkelijke levensverbondenheid moet bestaan met Christus en met elkaar[16].

Voor een goede theologie van de parochie is een dubbel uitgangspunt van belang. Aanhakend bij de oorspronkelijke betekenis van het woord 'parochie', is het eerste uitgangspunt: het 'vreemdelingschap' als kenmerk van en aanduiding voor ons christelijk bestaan, dat wezenlijk hoort tot de realisering van Gods heerschappij in deze wereld. Het tweede uitgangspunt is, dat we de parochie moeten zien als een deel van het bisdom en daardoor van de gehele kerk, d.w.z. zonder de persoon van de Bisschop als herder en zichtbare band van eenheid is de Kerk als plaatselijke gemeente ondenkbaar. Hij vertegenwoordigt in deze Kerk Jezus Christus zelf; pastoors en parochievicarissen zijn zijn medehelpers voor een bepaald deel van het bisdom, waarvan alleen hij in volle zin priester, herder en leraar is. In deze opbouw van de Kerk, primair in bisschopskerken en bisdommen, secundair en afgeleid in parochies, actualiseert en manifesteert de Kerk zich als gemeenschap van geloof, eredienst en liefde, en daardoor als levensgemeenschap met Christus. Juist in deze heilsactiviteit van de parochies is het vreemdelingschap het duidelijkst aanwijsbaar.

In **can.515 § 1** staat dit tweede uitgangspunt helder verwoord: de parochie is geen autonome groep van personen, maar een deel van het bisdom (vgl.**can.374 § 1**), en de uitoefening van de herderlijke zorg aldaar staat onder het gezag van de diocesane Bisschop. Dit laatste blijkt ook uit de bevoegdheid, die in **can.515 § 2** wordt toegekend aan de dio-

[15] **B.van Leeuwen**, a.a., pp.250-252. Op 28 mei 1992 stuurde de Congregatie voor de Geloofsleer een brief aan alle Bisschoppen, waarin zij de *criteria* aangeeft voor een juist verstaan van dit begrip: *NOT*. 28(1992)464-471.

[16] **B.van Leeuwen**, a.a., pp.247-252; vgl.**J.-C.Périsset**, a.w., pp.13-18, 38-40. Nog altijd het overwegen waard is het artikel van **W.M.I. van den Ende**, *Analyse van de parochie in het verstedelijkende Nederland*: o.a. in *An.Rmd*. 44(1963)78-99 en *An.Br*. 1963, pp.116-137 en *Veranderingen in de stedelijke parochie* - in: *An.Ro*. 9(1964)319-338. Zie ook: **H.Maier**, *De parochie in de sociale evolutie van onze tijd*: *Communio* 1(1976)73-80; **N.Derksen**, a.w., Hoofdstuk 3: Elementen van een theologie van de christelijke geloofsgemeenschap, pp.31-50.

cesane Bisschop inzake oprichting, opheffing en verandering van parochies. Op deze wijze geeft de Codex aan hoe de parochie op een dubbele wijze hiërarchisch verankerd is.

Parochies, in welke vorm zij ook mogen bestaan, zijn noodzakelijk vanwege de plaatsgebondenheid van alle kerkelijke handelen, vooral vanwege de viering van de eucharistie. Zoals **can.515 § 1** aangeeft, is het doel van de parochiële onderverdeling van een bisdom uitsluitend de geschikte uitoefening van de *herderlijke zorg*[17].

Tenslotte is het goed te wijzen op de grenzen van de analogie tussen parochie en bisdom. Men kan niet zeggen: zoals de ene Katholieke Kerk *in* en *uit* particuliere Kerken bestaat (**can.368**), bestaat elke particuliere Kerk *in* en *uit* onderscheiden delen, die we parochies noemen (**can.374 § 1**). Daarvoor zijn de verschillen te groot. Waar het bisdom geacht wordt te behoren tot de oorspronkelijke, voorgegeven, onvervreemdbare (goddelijk-rechtelijke) structuren van de Kerk, daar heeft de parochie zich pas geleidelijk aan in de loop der eeuwen ontwikkeld[18]. Bovendien concentreert zich in de persoon van de Bisschop de volheid van de geestelijke volmacht in de Kerk (**can.381 § 1**), die hij deelt met de Paus, hoofd van het Bisschoppencollege, dat als geheel subject is van de hoogste en volledige macht over de Kerk (**can.336**); de pastoor, lid van het priestercollege van een bisdom, deelt niet in de bestuursmacht van de Bisschop maar werkt daaraan mee; hij heeft geen wetgevende, rechtsprekende volmachten en slechts een beperkte uitvoerende bevoegdheid (**cc.391** en **519**)[19].

De verantwoordelijke leider van een parochie heeft dus slechts een hem door het recht verleende en met zijn ambt verbonden bevoegdheid in die omvang, die nodig is voor het geestelijk welzijn van de hem toevertrouwde geloofsgemeenschap.

[17] Dit woordgebruik in het nieuwe Wetboek kunnen we gerust opvallend noemen. In de *Codex/17* werd bijna uitsluitend gesproken over de *cura animarum*(zielzorg), terwijl daar de woorden *cura pastoralis*(herderlijke zorg) alleen gebruikt werden in verband met de zorg van Kardinalen, Bisschoppen, Apostolische Vicarissen en Prefecten, èn in het kader van de pastoraal-theologie: vgl.**A.Lauer**, *Index verborum Codicis Iuris Canonici*, Typ. Pol.Vat.1941. In de nieuwe wetgeving komen we overwegend, zij het niet uitsluitend, de verbinding *cura pastoralis* (22 keer) tegen 10 keer *cura animarum* (was 35 keer) tegen; vgl.**H.Zapp**, *Codex Iuris Canonici. Lemmata. Stichwortverzeichnis* (1986).

[18] Vandaar maakte de parochie geen deel uit van het ontwerp "Grondwet" (na 1980 bleef het bij dit ontwerp), omdat daarin alleen de *constitutieve* elementen van de Kerk een plaats kregen: zie **J.-C.Périsset**, a.w., pp.17-18.

[19] **J.-C.Périsset**, a.w., pp.17-18.

2. Soorten parochies

Inleiding

Het is niet moeilijk in te zien, dat een geordende en intensieve, alles en allen omvattende herderlijke zorg alleen mogelijk is, wanneer een priester krachtens ambtelijke aanstelling het geestelijk welzijn van een niet te grote groep van christengelovigen heeft te behartigen. De nieuwe wetgeving heeft echter het voorschrift van de *Codex/17 (can.216 § 1)*, dat ieder bisdom in *territoriale* parochies moet worden opgedeeld, niet overgenomen; wel dat zij in onderscheiden delen of parochies moet worden ingedeeld **(can.374 § 1)**. Zij stelt als *algemene regel* dat de parochie territoriaal dient te zijn, zodat zij alle christengelovigen van een bepaald gebied omvat **(can.518)**[20]. Ofschoon de territoriale parochie in ons land de meest voorkomende vorm van parochie is, zijn er zoveel andere vormen van een goed geordende herderlijke zorg mogelijk. Want al sedert lang is de begrensde waarde van het territoriale beginsel naar voren gebracht (*CD* n.30,1). De huidige ontwikkeling van het gemeenschapsleven en de afnemende aantallen gekwalificeerde zielzorgers vragen om een noodzakelijke aanpassing. Om deze reden zal in het vervolg ook gesproken worden over vormen van herderlijke zorg, die niet meer de naam van parochie dragen, maar wel vormen zijn van geordende herderlijke zorg.

a. Territoriale, personele, gemengde parochie

De *territoriale* parochie omvat een bepaald, door vaste grenzen afgebakend gebied, zodat per se alle christengelovigen van dat gebied tot zo'n parochie behoren. Zo'n afgebakend gebied heeft in het recht een viervoudige functie: het is er om de subjecten van de sociale kerkelijke bevoegdheid te situeren; het *begrenst* die sociale bevoegdheid zelf en voorkomt daarmee bevoegdheidsconflicten; het laat de subjecten weten op welke bevoegdheid en diensten zij aanspraak kunnen maken; en het is van groot belang voor de samenhang en continuïteit van de sociale groep[21]. Hoe men tot zo'n parochie gaat behoren, wordt bepaald door doopsel en woonplaats. Door de combinatie van beide factoren ontstaat

[20] Vanaf het allereerste begin van de Codexherziening werd deze algemene regel vastgelegd: zie *COMM.* 24(1992)139.

[21] Aldus: *CDC (P/M)*, p.333. Voor de geschiedenis van het territoriale beginsel wijs ik op het proefschrift van **B.A.M. Luttikhuis**, *Een grensgeval. Oorsprong en functie van het territoriale beginsel in het gereformeerde kerkrecht* (Narratio, Gorinchem 1992), pp.12-37.

er een zekere *parochiedwang*[22]. Iedere *gedoopte* katholiek krijgt door het feitelijk *wonen* in een territoriale parochie via het domicilie of quasi-domicilie (**can.107 § 1**) zijn *eigen pastoor*, tot wie men zich moet wenden voor de vervulling van zijn parochiële plichten en rechten en waardoor men zich tevens verantwoordelijk stelt voor een actieve inzet inzake het welzijn van de gemeenschap. Aan die zgn. parochie-dwang kan men dus alleen ontkomen door zijn domicilie of quasi-domicilie op te geven of zich volledig te distantiëren van de katholieke gemeenschap. Voor hen, die geen vaste woon- of verblijfplaats hebben, geldt als eigen pastoor die van de plaats, waar men *feitelijk* verblijft (**can.107 § 2**); en voor hen, die alleen een diocesaan domicilie of quasi-domicilie hebben, is ook de pastoor van de plaats, waar men zich ophoudt, de eigen pastoor (**can.107 § 3**).

Deze bepalingen gelden op de eerste plaats voor katholiek gedoopten, want aan louter kerkelijke voorschriften, zoals de zojuist genoemde, zijn immers alleen diegene gebonden, die in de Katholieke Kerk gedoopt of daarin opgenomen zijn, die over voldoende gebruik van het verstand beschikken en hun zevende levensjaar hebben voltooid (**can.11**). Maar op grond van het dynamisch-missionaire karakter van de parochie zou men ook de niet-katholiek gedoopten, de niet-gedoopten, de niet meer praktizerenden en in het algemeen al diegene, die het ware geloof niet belijden[23], tot de parochie kunnen rekenen; in ieder geval worden zij aan de herderlijke zorg van de pastoor aanbevolen(**can.528 § 1** en **771 § 2**). Uit het oogpunt van het herderlijke ambt bezien staan dus alle mensen, die binnen de grenzen van een territoriale parochie wonen, in relatie tot haar en weet de parochie zelf zich dus met hen verbonden (vgl. *LG* nn.15 en 17).

Evenals het oude recht heeft ook het nieuwe Wetboek, maar dan op ruimere schaal, de mogelijkheid geopend tot de oprichting van *personele* parochies, die primair gevormd worden door bepaalde personen, onafhankelijk van de woonplaats (**can.518**)[24]. Op een groot aantal gronden (ritus, taal, nationaliteit, maar ook andere) kan de diocesane Bisschop

[22] Deze hield in de Middeleeuwen de vaak onder straf opgelegde verplichting in om binnen de *eigen* parochie te voldoen aan de eisen, die de Kerk aan de parochianen stelde ten aanzien van de vervulling van hun kerkelijke plichten.

[23] Zó staat het in **can.528 § 1**. Vanuit oecumenisch oogpunt is dit op z'n minst een minder gelukkige formulering omdat al diegene, die niet katholiek zijn, hiermee op het tweede plan worden geplaatst.

[24] Hieruit blijkt ten overvloede, dat de grensafbakening geen constitutief element van de parochie is, al blijft de traditionele *territoriale* opdeling van het bisdom in parochies normatief (**can.518**).

overgaan tot de oprichting van een personele parochie, die kan bestaan uit leden van één of meer families (adel, corps diplomatique) of uit een klasse van personen (studenten, militairen, schippers enz.). Toch is de oprichting van een personele parochie niet de enige manier, waarop een diocesane Bisschop tegemoet kan komen aan de behoeften van een groep christengelovigen, die op een of andere grond nader bepaald is. Als het bv. gaat om 'gelovigen van verschillende ritus' kan hij volgens **can.383 § 2** in hun geestelijke behoeften ook voorzien door alleen eigen priesters van deze ritus of een Bisschoppelijk Vicaris of *cappellani* volgens de **cc.564-572** aan te stellen; naar analogie hiervan zou dit o.i. ook voor andere situaties mogen gelden, temeer omdat in **can.383 § 1** aan de Bisschop de plicht wordt opgelegd zijn apostolische aandacht te richten "op hen die vanwege hun levensomstandigheden niet voldoende kunnen genieten van de gewone pastorale zorg": bij een zo breed gestelde opdracht passen ruime toepassingsmogelijkheden.

Principiëel zonder grenzen kan een dergelijke parochie toch tot een bepaald gebied, bv.een grote stad, beperkt zijn. Wanneer zij dan alleen een bepaalde categorie van personen omvat, spreken we van een *gemengde* parochie, bv. voor de gelovigen van een bepaalde nationaliteit[25].

Nederland kent alleen territoriale parochies, behoudens een gering aantal personele parochies, met name voor universiteitsstudenten of ingeschrevenen van diverse andere vormen van hoger onderwijs in Amsterdam[26], Delft, Eindhoven, Enschede, Groningen[27], Leiden, Maastricht, Nijmegen, Rotterdam, Tilburg, Utrecht en Wageningen, die afwisselend verschillend benoemd worden: studentenecclesia, -kerk, -gemeente, -parochie of ook oecumenische universiteitsgemeente (Utrecht) of nog algemener wordt gesproken van studentenpastoraat[27bis]. Binnen het geheel hiervan zijn er naast de meestal collectief voorbereide

[25] Zo bv.emigranten-parochies, die werden opgericht volgens de Apost.Const.*Exsul Familia* van 1 augustus 1952: *AAS* 44(1952) 649-704, en thans opgericht kunnen worden volgens de Regelingen R.K.Kerkgenootschap in Nederland n.10, waarin onder de modellen voor de structurering van allochtone gemeenschappen ook de personele parochie voorkomt (Model 1, pp.7-23). Al in 1976 werd de Stichting "Allochtonenzielzorg" in Nederland in het leven geroepen: zie *An.Utr.*49(1976)98-110; *An.Br.* 1976, pp.N49-N56 en de 'gestroomlijnde' Analecta van de andere bisdommen: zelfde pagina's van hetzelfde jaar.

[26] Wat betreft de studenten-ecclesia van Amsterdam, die op 27-9-1970 afstand nam van de officiële kerkpolitiek: Zie *An.Ha.* 17(1970)99-100, verklaring van de Bisschop, t.z.p., pp.101-102 en *An.Utr.* 49(1976)98-110.

[27] Zie *An.Gr.* 24(1979)B26.

[27bis] Niet altijd is met zekerheid vast te stellen of we in alle genoemde steden wel mogen spreken van een personele parochie als zelfstandige rechtspersoon.

liturgische vieringen, vaak mede verzorgd door een eigen schola of zangkoor, ook ontmoetingsavonden, avondgebeden, meditatiediensten, verdiepingsbijeenkomsten, weekends in kloosters en abdijen; bovendien heeft het studentenpastoraat een aanbod van vormingscursussen over de meest uiteenlopende onderwerpen. Daarin staat het bijbels leerhuis centraal[28].

Voor de kerkrechtelijke vormgeving van *allochtone* geloofsgemeenschappen onderscheiden de Nederlandse Bisschoppen drie hoofdmodellen, waaronder ook dat van de personele parochie[29] voor allochtonen van eenzelfde taalgroep.

b. Parochie en quasi-parochie

Evenals de oude maakt de nieuwe Codex onderscheid tussen parochie en quasi-parochie, maar de nieuwe geeft daaraan een andere inhoud. De *parochie* is een omschreven gemeenschap van christenlovigen binnen een bisdom of binnen een andere particuliere Kerk, die duurzaam wordt opgericht en die onder het gezag staat van de diocesane Bisschop **(can.515 § 1)**; de *quasi-parochie* is een bepaalde gemeenschap van christengelovigen in een particuliere Kerk, die aan een priester als eigen herder wordt toevertrouwd, maar die vanwege bijzondere omstandigheden nog niet tot parochie is opgericht **(can.516 § 1)**. Het enige verschil tussen beide is de manier van oprichting, want ook de quasi-parochie bezit alle essentiële elementen van een parochie: een onderscheiden gemeenschap van christengelovigen en een eigen herder; zij wordt echter niet omschreven als een *duurzame* gemeenschap, maar verkeert in een overgangssituatie naar (eventueel) een parochie en de aangestelde priester heet niet pastoor, al wordt hij wel in alles aan hem gelijkgesteld **(vgl.can.516 § 1)**[30].

[28] Overgenomen uit Radboud-informatie van Mei 1987. Zie ook het *Statuut*(maart 1992) van de diocesane instelling voor het pastoraat aan studerenden in het hoger onderwijs in het bisdom Rotterdam: *An.Ro.* 37(1992)59-66 en het *Statuut van de Landelijke Adviesraad* voor het studentenpastoraat: *An.Ro.* 37(1992)66-70 + toelichting: pp.71-72.

[29] Zie: *Modellen voor de structurering van allochtone geloofsgemeenschappen* – in de reeks: Regelingen R.K.Kerkgenootschap in Nederland nr.10 (1993). Slechts onder bepaalde voorwaarden (p.5) kan voor dit model gekozen worden. Het *Bijzonder Reglement* voor het bestuur van een dergelijke parochie vinden we op pp.7-23 ("bijzonder" genoemd omdat dit reglement een verbijzondering is van het *Algemeen Reglement* voor het bestuur van een parochie van de Rooms Katholieke Kerk in Nederland van 1988).

[30] In de lijn van alle veranderingen, die in het *Schema/82* zijn aangebracht, zou in **can.516 § 1** het woord *"sacerdos"*, dat altijd ook Bisschop kan betekenen, vervangen hebben moeten worden door het woord *"presbyter"*. Volgens het oude recht werden Apostolische Vicariaten en Prefecturen in quasi-parochies onderverdeeld; nu echter kun-

Vroeger werd de quasi-parochie omschreven als een zelfstandig deel van een missiegebied, dat nog niet tot bisdom verheven was. Nu echter is dit begrip ook toepasbaar op situaties buiten de zgn.missiegebieden. Daar, waar de omstandigheden nog niet van dien aard zijn dat een gewone parochie wordt opgericht, kan en mag de Bisschop overgaan tot de oprichting van quasi-parochies. Dit zijn dan van bepaalde parochies afgescheiden gehelen van christengelovigen, die aan een priester als eigen herder worden toevertrouwd. Deze priester is geen verantwoording schuldig aan de pastoor(s) van de parochie(s), waarvan de eigen gemeenschap van christengelovigen afgescheiden is, maar rechtstreeks aan de diocesane Bisschop. Het provisorische karakter van een quasi-parochie bestaat in de onzekerheid van de gebiedsomschrijving, de fluctuatie van de bevolking, eventueel van regeringswege in de weg gelegde moeilijkheden, de nog bestaande onmogelijkheid om self supporting te zijn, op eigen kosten een priester te hebben. Met het oog op deze en soortgelijke situaties werden volgens het oude recht blijvende parochiële *vicarieën*[31] opgericht *(can.1427 CIC/17)* als zelfstandige deelgebieden voor de herderlijke zorg. In deze betekenis komt dit woord niet meer voor in de nieuwe wetgeving en zal dus daarvoor ook niet meer dienen te worden gebruikt[32].

Zonder echter dat van een parochie gehelen worden afgescheiden en worden opgericht tot quasi-parochie, kan volgens **can.545 § 1** de pastoor ook één of meer parochievicarissen toegewezen krijgen voor de parochie in haar geheel ofwel voor een bepaald deel van de parochie ofwel voor een bepaalde groep christengelovigen of voor de uitoefening van een bepaalde bediening (bv. jeugdzorg) in verschillende parochies tegelijk (**§ 2**).

nen daar ook parochies worden opgericht, zoals in gewone bisdommen quasi-parochies: zie **H.Schwendenwein**, a.w., p.235. In *CCL*, p.417 wordt gewezen op de vele zgn.*missies-met-zielzorg* in sommige noord-amerikaanse bisdommen, die met parochies verbonden zijn en die trekken vertonen van wat nu quasi-parochie heet. Dat zouden we ook kunnen zeggen van één der hoofdmodellen voor de structurering van de allochtonenzielzorg, nl. de *missie-met-zielzorg* of *quasi-parochie*, waartoe kan worden overgegaan op de voorwaarden, genoemd in "*Modellen voor de structurering van allochtone geloofsgemeenschappen*"(1993)5-6, alwaar ook een *Statuut* voor de allochtonenmissie, pp.24-40.

31 Onder *vicarie* verstond men in de Middeleeuwen een stichting met de daaraan gekoppelde goederen, waarvan de opbrengst werd gegeven aan een priester, die daarvoor bepaalde diensten (meestal het celebreren van HH.Missen) verrichtte. De term 'blijvende of eeuwige vicarie'*("vicaria perpetua")* wordt in het *Schema/1977 (can.352 § 2)* nog genoemd [vgl. *COMM*. 13(1981) 150], maar is na ampele discussie [zie *COMM*. 13(1981)304-305] daaruit verdwenen.

32 Het bisdom Groningen telde in 1994 nog 7 vicarieën.

c. Organisatievormen van herderlijke zorg anders dan parochiëel

Pas in een vrij laat stadium van de Codexherziening is de bepaling van **can.516 § 2** opgenomen in de wetgeving[33]: "Waar sommige gemeenschappen niet tot parochie of quasi-parochie opgericht kunnen worden, dient de diocesane Bisschop op andere wijze in de pastorale zorg daarover te voorzien". Deze paragraaf heeft situaties op het oog, waarin de oprichting van (quasi-)parochies voor bepaalde gemeenschappen van gelovigen (nog) niet de geëigende weg is enerzijds, maar de diocesane Bisschop anderzijds de plicht heeft om volgens het adagium *"salus animarum suprema lex esto" ("het heil der zielen moet de hoogste wet zijn"* ; vgl. **can.1752**) pastorale voorzieningen te treffen.

Uit de bronvermelding van deze canon blijkt, dat het om zeer uiteenlopende situaties gaat. Als eerste bron wordt het *Directorium* voor de pastorale bediening van Bisschoppen(1973) van de Congregatie voor de Bisschoppen vermeld. Daarin worden in de nn. 174, 180 en 183 onderscheiden situaties opgeroepen: als en zolang echte (quasi-)parochies niet canoniek kunnen worden opgericht, kunnen *andere plaatsen* voor apostolaat en caritas in het leven worden geroepen met, al naargelang van de behoefte, min of meer vaste structuren voor de uitoefening van de pastorale bediening (n.174). Hierbij valt te denken aan een zgn.*" missie-met-zielzorg"* , een soort kerkelijk bureau, waaraan de Bisschop een priester-niet-pastoor verbindt; diens functie wordt door de Bisschop, na het horen van de pastoor in wiens gebied dat bureau gelegen is, schriftelijk vastgelegd ter voorkoming van ambtsconcurrentie. Vervolgens worden daar (n.183) *"pastorale huizen of centra"* (niet noodzakelijk gewijde plaatsen binnen de grenzen van de parochie) genoemd, waar de pastoor zelf of een andere priester op gezette tijden naar toe gaat om er vieringen te houden, catechetisch onderricht te verzorgen en andere bedieningen tot welzijn van de christengelovigen te vervullen. Waar nodig en mogelijk, kan deze herderlijke zorg ook aan diakens, religieuzen of leken worden toevertrouwd, uiteraard binnen de door de Bisschop toegestane grenzen. Ook kan, zonder dat er sprake kan zijn van de oprichting van een personele parochie of missie-met-zielzorg een al of niet fulltime priester (*cappellanus*, aalmoezenier) voor een bepaalde taalgroep worden aangesteld[34].

[33] In de *Codex/17* kwam zij niet voor, evenmin in het allereerste *Schema/77* over het Volk Gods; wel daarentegen in het *Schema/80 (can.455 § 2)* en sindsdien is zij ongewijzigd gehandhaafd en opgenomen in de eindredactie.

[34] Zie: *Modellen voor de structurering van allochtone geloofsgemeenschappen*(1993), p.6, waar ook (pp.41-42) een model voor de opdracht aan en de bevoegdheden van een priester voor allochtonen. Voorbeelden van de oprichting van een *missie-met-zielzorg* zijn te vinden in: *An.Ro.* 10(1965) en *An.Utr.* 67(1994)219-220 [zie hiervoor ook A*n.Rmd.* 75((1994)67-68] en pp. 221-222.

Op nog een andere wijze kan de diocesane Bisschop voorzien in de pastorale behoeften van sommige gemeenschappen, bv. in zieken-, verzorgings-, verpleeghuizen, huizen voor ouderen, gevangenissen, vluchtelingenkampen, ontspanningscentra, campings, trein-, bus- of metrostations, op luchthavens, langs autobanen. Hij kan daar hulpkerken of -kapellen oprichten of, als dat niet kan, privé-woningen kopen of huren, die geschikt kunnen worden gemaakt voor de eredienst of voor andere behoeften van de geloofsgemeenschap(n.180).

Als tweede bron wordt de Apost.Exh. *Evangelii nuntiandi* (1976) van Paus **Paulus VI** vermeld. Daarin is o.a. sprake van *basisgemeenschappen*, die, voorzover zij niet uit protest tegen de hiërarchie zijn opgericht (dan vormen zij eerder het voorwerp van evangelisatie!) een waardevolle vorm van kerk-zijn vertegenwoordigen, omdat zij alleen kleinere groepen van christengelovigen omvatten die, sociologisch gezien, toch al een hechte band hebben met elkaar(n.58)[35].

Alle zojuist genoemde situaties zouden kunnen doen vermoeden, dat de diocesane Bisschop wordt uitgenodigd om gemeenschappen buiten de parochies op te richten. Het tegendeel is echter waar. In diezelfde bronnen wordt de vitale relatie tot de parochie aangegeven zowel voor de immigranten- als voor de zgn. basisgemeenschappen[36].

d. Geïncorporeerde en zelfstandige parochie

Dit onderscheid heeft alleen nog met het oude recht te maken, maar het is van belang het hier te noemen voor een goed begrip van de nieuwe wetgeving. Dit onderscheid had vroeger vooral te maken met het pastoorsambt en pastoorsbeneficie. Een parochie heette geïncorporeerd, als zij was ingelijfd bij of verenigd met een andere kerkelijke rechtspersoon (klooster of kloosterkerk, seminarie, kapittel enz.). Die inlijving kon *volledig* zijn, d.w.z. dat alle plichten en rechten van het pastoorsambt en -beneficie overgingen op die rechtspersoon, of *onvolledig*, waarbij de rechtspersoon alleen de inkomsten van het pastoorsbeneficie (niet dus de inkomsten van de kerkfabriek) genoot, terwijl de parochie zelfstandig bleef bestaan.

[35] Particulierrechtelijk hebben zich diverse modaliteiten ontwikkeld. Met name in het Duitse spraakgebied doen zich vormen van gemeenten voor, die een praktisch-pastorale en vaak ook vermogensrechtelijke zelfstandigheid hebben, maar niet van de moederparochie afgescheiden zijn; zij heten: Kuratie, Pfarrvikarie, Pfarrektorat, zielzorgdistrict, Expositur (bij- of hulpkerk); in Oostenrijk ook: Stationskaplanei en in Zwitserland Kuratkaplanei. Zie *MK* bij **can.516**.

[36] Vgl.**J.-C.Périsset**, *La paroisse*, p.42.

Door de afschaffing van het beneficiale systeem is voor een deel de grond onder de voeten van deze, volledige of onvolledige, incorporaties weggenomen. Ter uitvoering van hetgeen in *CD* n.32 staat werd in het MP *Ecclesiae sanctae*(1966) van Paus **Paulus VI** (I, n.21 § 2) iedere volledige incorporatie bij een kapittel verboden, zoals nu ook uitdrukkelijk is bepaald in **can.510 § 1**: "Met een kapittel van kanunniken mogen geen parochies meer verenigd worden; waar er parochies bestaan die met een kapittel verenigd zijn, dienen deze door de diocesane Bisschop van het kapittel gescheiden te worden". Het nieuwe Wetboek verbiedt *iedere* volledige incorporatie van een parochie, of het nu gaat om een kapittel **(can.510 § 1)** of om een andere kerkelijke rechtspersoon, bv. een klerikaal religieus instituut of een klerikale sociëteit van apostolisch leven[37]. In lapidaire bewoordingen bepaalt **can.520 § 1**:"Een rechtspersoon mag geen pastoor zijn". Deze bepaling vraagt er ook om dat eventueel nog bestaande incorporaties verdwijnen. De in het verlengde van Vaticanum II geuite visie op de parochie als een "bepaalde gemeenschap van christengelovigen", die voor de herderlijke zorg wordt toevertrouwd aan een priester, verdraagt het niet meer dat een rechtspersoon habitueel, zoals dat toen heette, d.i. blijvend of doorlopend pastoor is van een parochie, die dan vertegenwoordigd wordt door een actuele pastoor.

De onvolledige incorporatie is niet uitdrukkelijk verboden, maar heeft geen wettelijke grondslag meer, gezien de huidige financiëel-economische situatie van de parochies.

Volgens **can.5 § 1** kunnen op grond van onheuglijke gewoonten parochies, die tot op heden bij een klerikaal religieus instituut van gewijd leven of bij een klerikale sociëteit van apostolisch leven geïncorporeerd waren, zo blijven, maar niet zonder naar de toekomst toe te letten op de nieuwe theologische visie op wat een parochie is. Iedere niet geïncorporeerde parochie heet zelfstandig.

e. Aan religieuzen toevertrouwde parochies

Met het sub d genoemde onderscheid hing ook het onderscheid samen tussen een seculiere en een reguliere parochie (vgl.*can.1425 § 2 CIC/17*)[38]. Dit onderscheid bestaat thans niet meer. We kunnen volgens

[37] Maar op de vraag of de normen van het MP *Ecclesiae sanctae* I n.21 § 2, die betrekking hebben op de volledige vereniging van parochies met kapittels ook toegepast moeten worden op de volrechtelijke vereniging van parochies met religieuze instituten antwoordde de *PICV* op 25 juni 1979: "Neen": *AAS* 71(1979)696.

[38] *Can.1425 § 1*:Wanneer een parochie door de Apostolische Stoel alleen wat betreft de tijdelijke goederen verenigd wordt met een religieus huis, krijgt dit huis alleen deel in de

can.520 alleen nog spreken van een parochie, die zonder enige incorporatie is toevertrouwd aan een klerikaal religieus instituut of aan een klerikale sociëteit van apostolisch leven. Dit toevertrouwen is, uiteraard met toestemming van de bevoegde Overste, een zaak van de diocesane Bisschop, niet echter van de diocesane Administrator (vgl.**can.428 § 1**). Slechts één van de priester-religieuzen moet tot pastoor benoemd worden, c.q. tot moderator, als de pastorale zorg hoofdelijk wordt toevertrouwd aan alle of meerdere priester-religieuzen volgens **can.517 § 1**. Het kan voor een onbeperkte of voor een bepaalde vastgestelde tijd gebeuren, maar altijd via een schriftelijke overeenkomst tussen de diocesane Bisschop en de bevoegde Overste. Daarin moet helder staan omschreven, welke de dienstverleningen van de aan te stellen pastoor zijn of van het leidersambt in de zin van **can.517 § 1**, hoeveel personen worden ingezet en welke financiële verplichtingen dit toevertrouwen met zich meebrengt[39]. Hierbij kan de kerk van het betreffende klooster of verband van priesters als parochiekerk worden aangewezen. In ieder geval geldt ook hier, dat slechts één priester pastoor kan zijn (vgl.**can.526 § 1**) of bij een collegiale leiding van de parochie in de zin van **can.517 § 1** slechts één moderator.

Volgens **can.682** presenteert de bevoegde Overste telkens voor zo'n parochie een lid van het religieuze instituut (of van de sociëteit), dat door de diocesane Bisschop als canonieke pastoor wordt aangesteld of bij een collegiale leiding worden alle priesters samen met de moderator door de Overste gepresenteerd; minstens gebeurt dit met instemming van de bevoegde Overste. In alle gevallen blijft het pastoorsambt een seculier ambt. Geen enkele vermogensrechtelijke verandering gaat hiermee gepaard, afgezien van het salaris van de pastoor en – eventueel – andere religieuzen, dat aan het instituut of aan de sociëteit ten goede komt en eventuele schadeloosstelling voor het gebruik van de hem of hun eigen kerk als parochiekerk. Volgens diezelfde canon kan een aldus aangestelde religieus òf door de diocesane Bisschop òf door de bevoegde

vruchten van de parochie, en de religieuze Overste moet een daarin aan te stellen seculier priester, na toewijzing van een passend deel van die vruchten, presenteren aan de plaatselijke Ordinaris". "*§ 2*: Is een parochie echter volledig geïncorporeerd, dan wordt zij regulier, en de Overste kan een priester uit eigen klooster benoemen voor de uitoefening van de zielzorg; maar de plaatselijke Ordinaris heeft het recht daaraan zijn goedkeuring te hechten en hem aan te stellen, en die priester moet zich in alles, wat de zielzorg aangaat,onderwerpen aan diens jurisdictie, terechtwijzingen en visitatie...".

[39] *CDC(P/M)* p.335 spreekt als mening uit dat de vervulling van de in **can.520 § 2** genoemde voorwaarden vereist is voor de geldigheid. Dit is in overeenstemming met wat in het MP *Ecclesiae sanctae*(1966) van **Paus Paulus VI** (I, n.31) staat.

Overste vrijelijk uit zijn ambt verwijderd worden, zonder dat men elkaars toestemming nodig heeft, maar wel na elkaar op de hoogte te hebben gebracht van die beslissing[40].

3. Rechtspersoonlijkheid van de parochie

a. Kerkelijke rechtspersoonlijkheid

Nergens wordt in de *Codex/17* met evenzoveel woorden gezegd, dat de parochie als zodanig, d.i. als zelfstandig zielzorginstituut met al haar wezenlijke en integrerende bestanddelen, voorzover deze geen afzonderlijke rechtspersoonlijkheid bezitten (zoals: de parochiekerk, het pastoorsambt of -beneficie, de kerkfabriek, d.i. het geheel van materiële middelen die beheerd worden door een raad of bestuur of het territoriale district) rechtspersoonlijkheid bezit. Niettemin ging men ervan uit, dat er in iedere canoniek opgerichte parochie minstens één rechtspersoon aanwezig was.

De **Codex/83** heeft aan deze onduidelijkheid een einde gemaakt door in **can.515 § 3**, conform **can.114 § 1**, te bepalen, dat iedere "wettig opgerichte parochie van rechtswege rechtspersoonlijkheid bezit" en op die manier dus subject is van rechten en plichten, die met haar aard overeenkomen **(can.113 § 2)**. Dit wil dus zeggen dat de parochie als geheel van personen, zoals zij gedefiniëerd wordt in **can.515 § 1**, rechtspersoonlijkheid bezit op basis van de thans constitutieve elementen van een parochie: een duurzaam opgerichte gemeenschap (geen losse groep) van christengelovigen, waarover de herderlijke zorg wordt toevertrouwd aan een pastoor als eigen herder.

De parochie is een geheel van personen van *niet-collegiale* aard, omdat haar componenten op gedifferentiëerde wijze, d.i. via verschillende rechten en taken, de gezamenlijke besluitvorming bepalen (vgl. **can.115 § 2**); en zij is een *publieke* rechtspersoon in de zin van **can.116 § 1**, want zij wordt door de bevoegde kerkelijke overheid opgericht voor een eigen, op het openbare welzijn gerichte taak; bovendien krijgt zij haar rechtspersoonlijkheid van rechtswege **(can.116 § 2)**.

Wat de onderscheiden vermogensgehelen van de parochie betreft (parochiekerk, kerkfabriek, pastoorsbeneficie enz.) kan de vraag worden

[40] Zoals de diocesane Bisschop volgens het MP *Ecclesiae sanctae* I n.33 bevoegd is om met toestemming van de bevoegde Overste een parochie toe te vertrouwen aan een religieus instituut, zo kan hij ook zonder tussenkomst van de Apostolische Stoel dit toevertrouwen weer ongedaan maken met inachtneming van eventueel verworven rechten; aldus het antwoord van de *PICV*, d.d. 25 juni 1979: *AAS* 71(1979)696.

gesteld, of de parochie als rechtspersoon hen alle omvat en in stand houdt als onderscheiden gehelen, of hen als rechtspersoon absorbeert door hen met elkaar te laten versmelten. Het antwoord is, dat de definitie van de parochie als gemeenschap van christengelovigen ertoe aanzet om die onderscheiden gehelen te handhaven, omdat het hier over een andere werkelijkheid gaat. Die vermogensgehelen moeten niet tegen elkaar worden uitgespeeld, maar men moet bezien hoe zij in de eenheid van de kerkgemeenschap een duidelijke plaats krijgen[41]. Zeker is, dat verschillende vermogensgehelen, die zich in de loop der historie hebben ontwikkeld, particulierrechtelijk ook in de toekomst van betekenis kunnen blijven vanwege concordataire bepalingen daaromtrent (vgl.**can.3**) of vanwege gewoonterecht, dat sinds onheuglijke tijden bestaat (vgl.**can.5 § 1**) of vanwege andere particulierrechtelijke ontwikkelingen[42].

b. Burgerlijke rechtspersoonlijkheid

Met de *Wet op de Openbare Manifestaties* van 27 april 1988 ter uitvoering van de herziene *Grondwet* van 1983 is op de punten van godsdienstvrijheid (art.6) alsmede van vergadering en betoging (art.9) de zgn. *Wet op de Kerkgenootschappen* van 1853 voor Nederland ingetrokken. De belangrijkste bepaling in deze laatste Wet was *artikel 1*, dat aan elk kerkgenootschap de volle vrijheid verzekerde om "alles, wat hunnen godsdienst en de uitoefening daarvan in hunnen eigen boezem betreft te regelen" en waarin aan ieder kerkgenootschap de bevoegdheid werd toegekend om "de bepalingen betreffende inrichting en het bestuur" te maken, die men wenselijk acht. De huidige wetgever is van oordeel dat de in dit artikel genoemde vrijheid thans voldoende gegarandeerd is in *art. 6 lid 1* van de *Grondwet*(1983), dat als volgt luidt:"Ieder heeft het recht zijn godsdienst of levensovertuiging individueel of in gemeenschap met anderen vrij te belijden, behoudens ieders verantwoordelijkheid volgens de wet"; en in *art. 2: 2.1 BW*/(1976), "Kerkgenootschappen, alsmede hun zelfstandige onderdelen en lichamen, waarin zij zijn verenigd bezitten rechtspersoonlijkheid" *2*:"Zij worden geregeerd door hun eigen statuut, voorzover dit niet in strijd is met de wet"[43]. In een

[41] **J.-C.Périssset**, *La paroisse*, p.37; zie ook pp.12-13 en 34-35; **H.Schmitz**, *Pfarrer und Gemeinde* – in: *AfkKr* 148(1979) 48-71; hier 57.

[42] *MK* bij **can.515**, 8. Dit blijkt ook uit de toepassingsbesluiten bij deze materie van diverse BC's.

[43] *BW*, boek 1 t/m 8, incl. overgangswet, bijgewerkt tot 1 juni 1993 (uitg. Kluwer, Deventer 1993).

commentaar[44] wordt er op gewezen, dat de *Wet op de Kerkgenootschappen* zichzelf heeft overleefd. "Ondanks eventuele verschillen van opvatting kan geconstateerd worden dat de wetgever in de Memorie van Toelichting bij de wet ... zelf in elk geval uitdrukkelijk uitspreekt dat door de intrekking van de wet op de kerkgenootschappen zeker niet een beperking van de vrijheid beoogd wordt in vergelijking met de situatie, toen de wet nog van toepassing was"[45].

De Bisschoppen van Nederland hebben in 1988 op basis van de **Codex/83** een nieuw *Algemeen Reglement voor het bestuur van een parochie* van de Rooms Katholieke Kerk in Nederland uitgegeven (in werking getreden op 1 januari 1989), waarin, zoals in alle voorgaande reglementen reeds het geval was, parochies als zelfstandige onderdelen van het bisdom worden erkend en waarin in *artikel 14* verwezen wordt naar bovengenoemde bepaling uit het *BW*. Het is dus zeker dat een parochie door haar canonieke oprichting van rechtswege rechtspersoonlijkheid bezit **(can.515 § 3)**[46], welke ingevolge *art.2: 2 BW als zodanig* erkend is naar Nederlands recht. Zij is niet, zoals vroeger, onderworpen aan koninklijke goedkeuring. Ook schrijft de nieuwe wet niet meer voor, zoals de *Wet op de Kerkgenootschappen* van 1853 wel deed, dat de bepalingen omtrent inrichting en bestuur van een kerkgenootschap aan de regering zouden moeten worden meegedeeld.

Op de lange tijd in de Nederlandse jurisprudentie heersende onzekerheid over de vraag tot welk soort rechtspersoon (stichting, gewone vereniging of zedelijk lichaam) de parochies behoren, is het antwoord dat "zij worden geregeerd door hun eigen statuut, voorzover dit niet in strijd is met de wet"*(art.2: 2 BW)*. Dit betekent o.m. dat *art.2: 29 BW* (voor verenigingen) en *art.2: 289 BW* (voor stichtingen) *niet* van toepassing zijn op kerkelijke instellingen. Deze rechtspersonen kennen dus *geen* inschrijvingsplicht in het verenigingen- of stichtingenregister van de Kamer van Koophandel *noch* deponeringsplicht voor financiële gegevens e.d. Het belang van rechtspersoonlijkheid speelt bv. bij het openen van bankrekeningen, het aanvragen van telefoonaansluitingen en alle verdere rechtshandelingen"[47].

[44] *Informatiebulletin 1-2-1* 16(1988)n.19, pp.816-818.

[45] T.z.p., p.818. Belangrijk is echter hier te verwijzen naar het *Reglement van het R.K. Kerkgenootschap* in Nederland, d.d. 27 juni 1923.

[46] Naar analogie hiervan geldt dit ook voor de parochiële caritasinstelling, de interparochiële vereniging, het dekenaat (ofschoon de Codex niet spreekt over rechtspersoonlijkheid van rechtswege), pastorale centra (die nu eens wèl, soms niet verzelfstandigd zijn) en andere kerkelijke instellingen.

[47] Overgenomen uit *Richtlijnen van het Aartsbisdom Utrecht 1993* t.b.v. kerk- en parochiebesturen, besturen van dekenale of regionale kerkelijke instellingen en andere belanghebbenden inzake salarisregelingen, personeelszaken en andere aanverwante aan-

Noch naar canoniek noch naar Nederlands burgerlijk recht is het kerk(parochie-)bestuur een op zichzelf staande rechtspersoon, maar is het volgens artikel 24 van het *Algemeen Reglement voor het bestuur van een parochie* slechts het orgaan, dat de parochie bestuurt "voorzover het betreft het parochiaal vermogen en de zorg voor een doelmatige aanwending daarvan ten bate van de parochie". In het maatschappelijk rechtsverkeer moet dus als contracterende partij, begiftigde enz. de parochie worden genoemd, niet het kerk(parochie-)bestuur.

De Belgische *Grondwet*[48] voorziet in haar *art.19* de vrijheid van eredienst: de vrijheid van eredienst, de vrije openbare uitoefening ervan alsmede de vrijheid om op elk gebied zijn mening te uiten zijn gewaarborgd, behoudens bestraffing van de misdrijven die bij gelegenheid van het gebruik maken van die vrijheden worden gepleegd. Echte vrijheid van eredienst is bovendien alleen mogelijk, indien de eredienst voldoende interne organisatorische vrijheid geniet. Deze wordt geboden door *art.21* van de *Grondwet*, waar deze stelt: de Staat heeft niet het recht zich te bemoeien met de benoeming of installatie der bedienaren van enige eredienst of hun te verbieden briefwisseling te houden met hun overheid en de akten van deze overheid openbaar te maken, onverminderd, in laatstgenoemd geval, de gewone aansprakelijkheid inzake drukpers en openbaarmaking...

De problematiek van civiel-rechtelijke rechtspersoonlijkheid is in *België* volledig anders geregeld dan in Nederland. *Art.21* van de *Grondwet* bepaalt, dat de Kerk autonoom haar interne organisatie kan regelen. In dit opzicht staat het de Kerk vrij zoveel parochies op te richten of op te heffen, als zij zelf wil.

Omdat echter *art.181* van de *Grondwet* bepaalt, dat de weddes en pensioenen voor de bedienaren van de eredienst ten laste van de schatkist komen, stelt zich hier het probleem dat de Kerk eenzijdig de financiële lasten voor de Staat zou kunnen verhogen wanneer zij inderdaad vrijelijk het aantal bedienaren van de eredienst zou kunnen laten stijgen. Beide grondwetsartikelen worden verzoend doordat slechts welbepaalde functies als "bedienaar van de eredienst" in de zin van de wet worden beschouwd. Parochiegeestelijkheid wordt dan ook alleen door de Staat bezoldigd, wanneer zij een door deze laatste erkende parochie en functie betreft. Het aantal parochies met een erkende "bedienaar" wordt dan

gelegenheden, alsmede de diocesane begroting 1993, p.3 sub 1 b. Vgl. soortgelijke Richtlijnen of Regelingen van de andere bisdommen.

[48] Deze werd opnieuw gecoördineerd bij wet van 17 februari 1994 (Belgisch Staatsblad van 17 februari 1994). De hier gebruikte nummering is conform deze coördinatie.

ook in onderling overleg tussen Kerk en Staat overeengekomen. De facto wordt het volledige Belgische grondgebied door erkende parochies bestreken.

Noch de door de Staat erkende noch de niet-erkende parochies hebben van rechtswege rechtspersoonlijkheid. In België geldt immers ter uitvoering van de *organieke wet van 18 Germinal van het jaar X* (8 april 1802) het systeem van "kerkfabrieken"[49]. Praktisch-organisatorisch zijn dit openbare instellingen met publiekrechtelijke rechtspersoonlijkheid, geregeld door het keizerlijk decreet van 30 december 1809 zoals gewijzigd en aangepast bij wet van 4 maart 1870.

De taak van de kerkfabriek omvat ondermeer het onderhoud van de kerkgebouwen en het beheer van de goederen en gelden, bestemd voor de uitoefening van de openbare eredienst. Als openbare instelling worden deze kerkfabrieken door de Staat opgericht. Zo zal er een kerkfabriek worden opgericht voor elke door de Staat erkende parochie.

Het beheer van een dergelijke kerkfabriek berust bij een raad (beslissingsbevoegdheid) en een bureau van kerkmeesters (uitvoering). De pastoor en de burgemeester[50] zijn van rechtswege lid van de raad. De raad telt vijf leden in parochies van minder dan 5000 inwoners, negen leden zo dit inwoneraantal overtroffen wordt. Het mandaat van een raadslid duurt zes jaar, waarbij om de drie jaar de helft van de raad wordt vervangen. De niet-aftredende leden verkiezen de nieuwe leden. Het bureau van kerkmeesters bestaat uit de pastoor en drie binnen de kerkraad verkozen leden. Binnen het bureau wordt een voorzitter, een secretaris en penningmeester benoemd.

Hoewel de parochiegeestelijkheid dus duidelijk betrokken wordt bij het beheer van deze kerkfabrieken, blijven deze laatsten duidelijk behoren tot het publiekrechtelijke domein en zijn zij geen verantwoording verschuldigd aan de parochie op zich, wel aan het gemeente- en provinciebestuur.

De parochie op zich heeft dus geen civielrechtelijke rechtspersoonlijkheid. Zij bezit dan ook geen goederen en kan er evenmin verwerven. De wetgever gaat er immers van uit dat alle goederen door de aan de parochie verbonden kerkfabriek worden beheerd.

[49] Voor een kort overzicht van de geschiedenis en werking van de kerkfabriek zie **Mast, A./Dujardin, J.**, *Overzicht van het Belgisch Administratief Recht* (Kluwer 1994), met bibliografie.

[50] Een niet-katholieke burgemeester dient zich te laten vervangen door een katholiek schepen of gemeenteraadslid.

Die parochiale activiteiten, die buiten de taakomschrijving van de kerkfabriek vallen en die een optreden binnen de civiele rechtsorde vereisen, zullen dan ook de vorm aannemen van individuele initiatieven van pastoor, van bepaalde parochianen, van een feitelijke vereniging (die terugvalt op de individuele rechtspersoonlijkheid van haar leden) of van een *VZW* (Vereniging zonder winstoogmerk), een civielrechtelijke vereniging met rechtspersoonlijkheid. Zó wordt geöpteerd voor een *VZW*, die vanzelfsprekend qua structuur en werking dient te voldoen aan alle wettelijke vereisten, eigen aan de *VZW* en bepaald door de wet van 27 juni 1921.

In de praktijk staan bij de meeste parochies de voormelde systemen naast elkaar en worden de parochiale taken zonder financiële aansprakelijkheid door individuen gedragen en worden complexere taken met financiële aansprakelijkheid als bv. het beheer van een parochiecentrum ondergebracht in een *VZW*.

Omdat bij het opstellen van de wettelijk vereiste statuten van de *VZW* meestal geen of slechts een gebrekkige integratie van het kerkelijke recht geschiedt en de parochie als één geheel niet over de noodzakelijke rechtspersoonlijkheid beschikt om als zodanig te participeren in of te contracteren met de *VZW*, heeft deze vereniging vaak een zeer grote autonomie tegenover de canonieke parochie, hetgeen soms tot een totale vervreemding tussen beide kan leiden. Behoudens het geval, waarin een niet-veranderbare statutaire bepaling het lidmaatschap van de pastoor in de raad van beheer oplegt, kan zelfs elk contact tussen vereniging en parochie verdwijnen.

Op te merken valt ook, dat de parochiale activiteiten in doelspecifieke *VZW's* worden ondergebracht, zoals bv. *VZW* Koor, *VZW* Parochiezaal, *VZW* Parochiaal Jeugdwerk enz. Dit heeft voor- en nadelen. Zo zal intern de werking van de *VZW* veel overzichtelijker zijn bij een doelspecifieke *VZW* dan bij een vereniging, die zeer uiteenlopende activiteiten dient te beheren. Anderzijds bestaat het risico, dat er een kloof groeit tussen bepaalde parochiale werken, wanneer deze in verschillende *VZW's* worden ondergebracht. Dit euvel kan zo nodig worden verholpen door doelspecifieke *VZW's* onder te brengen bij een overkoepelende *VZW*, die dan een coördinerende taak kan vervullen.

Samenvattend kan men dan ook stellen, dat in België een parochie niet over burgerlijke rechtspersoonlijkheid beschikt. De erkende parochies worden echter ondersteund door een kerkfabriek, een openbare instelling met publiekrechtelijke rechtspersoonlijkheid. Niet-erkende parochies of erkende parochies, die in het civiele rechtsverkeer willen optreden buiten het werkingsterrein van haar kerkfabriek, moeten dit doen via hun leden of door het aannemen van de civielrechtelijke vorm van een *VZW*.

Artikel II: Ontstaan en ontwikkeling van het parochiesysteem[50bis]

Lit.: **A.Blöchlinger**, *Die heutige Pfarrei als Gemeinschaft* (Benziger Verlag, Einsiedeln/Zürich/Köln 1962); **H.E.Feine**, *Kirchliche Rechtsgeschichte. Die katholische Kirch*e (Böhlau Verlag, Köln/Graz 1964); **W.M.Plöchl**, *Geschichte des Kirchenrechts, Bd.I:Das Recht des ersten christlichen Jahrtausends* (2e Aufl. 1960), pp.17-175; 352-356; *Bd.II: Das Kirchenrecht der abendländischen Christenheit* (2e Aufl.1962),pp. 163-175; *Bd.III: Das katholische Kirchenrecht der Neuzeit Erster Teil* (2e Aufl.1970), pp.324-333 (Alle delen uitgegeven door Herold Verlag, Wien/ München); **C.v.d.Wiel**, *Geschiedenis van de parochie* – in: *De Parochie. Hoofdlijnen voor de structuren van een geloofsgemeenschap* (Acco, Leuven/Amersfoort 1988), pp.59-76; **N.Derksen**, a.w., *Korte schets van de ontwikkeling van de parochies sinds 1960*, pp.7-13.

1. Oorsprong en ontwikkeling in het algemeen

In tegenstelling tot het episcopaat is het pastoorsambt en de parochie als zelfstandig onderdeel van een bisdom van zuiver kerkelijke oorsprong. Door de Gallicanen en Jansenisten is in de 16e en 17e eeuw de mening verkondigd, dat het pastoraat en de parochie van goddelijke of tenminste van apostolische oorsprong zouden zijn: de pastoors zouden de opvolgers zijn van de 72 door Jezus uitgezonden leerlingen (*Lc*.10,1); de kerkelijke hiërarchie zou niet uit twee **(can.330)**, maar uit drie graden bestaan. De pastoor zou krachtens zijn ambt voor het uitwendig rechtsgebied jurisdictiemacht over zijn parochianen bezitten en de Bisschop zou zijn rechtsmacht niet onmiddellijk, maar alleen door middel van de pastoors of met hun toestemming kunnen uitoefenen. Deze dogmatisch onhoudbare opvatting *(parochianisme)* is door Paus **Pius VI** in de Constitutie *Auctorem fidei* van 28 augustus 1794 veroordeeld[51]. In meerdere of mindere mate kwam deze opvatting ook naar voren in de strijd tussen onze vaderlandse seculiere en reguliere geestelijkheid gedurende de 17e eeuw. De beweerde goddelijke of apostolische oorsprong van de parochie wordt ook door de historie weerlegd.

Gedurende de eerste drie eeuwen bestond er nergens, noch in de Oosterse noch in de Westerse Kerk, een eigenlijke parochiële indeling

[50bis] Met kleine aanvullingen overgenomen uit: **Mulder-Eijsink**, a.w., pp. 13-19.
[51] Zie *DS*, a.w., nn.2602-2603.

en waren er ook geen pastoors met eigen territorium en parochianen. In de steden was er oorspronkelijk maar één kerk en één Herder, de Bisschop, die werd bijgestaan door een kleiner of groter aantal geestelijken. De toename van het aantal gelovigen maakte de oprichting noodzakelijk van meerdere kerken, waaraan een geestelijke verbonden werd. Doch deze "bij"-kerken en haar geestelijken waren nog geheel afhankelijk van de kathedraal en de Bisschop, die op zijn gezag deze priesters aanwees en hun meer of minder uitgebreide volmachten verleende.

Langzamerhand, en wel tegelijk in het Oosten en in het Westen, maar onafhankelijk van elkaar, verwierven deze bij-kerken en haar geestelijken *buiten de steden* door gewoonterecht een zekere onafhankelijkheid, met name door het doop- en preekrecht. In de 5e eeuw werd het vermogen van de bisdommen, waarvan de inkomsten dienden voor het onderhoud van de Bisschop, de geestelijkheid, de kerken en de armen, in vier gescheiden bestanddelen verdeeld. Dit leidde tot het ontstaan van het beneficie-wezen en daarmee tot financiële zelfstandigheid van de parochie en haar geestelijkheid op het platteland. De landelijke parochies moesten zelf voorzien in het onderhoud van de kerk en van de geestelijkheid. Eén van de voornaamste inkomstenbronnen waren de *tienden*, die de gelovigen verschuldigd waren. Dit vroeg toen om een nauwkeurige vaststelling van de parochiegrenzen.

Zo heeft het parochie-systeem zich van de 4e tot de 6e eeuw, en wel het eerst op het land en uit praktische overwegingen van zielzorg, geleidelijk ontwikkeld. Uit de historische geschriften blijkt, dat in de 9e eeuw de landelijke parochie wezenlijk op dezelfde wijze als thans georganiseerd was en dat de pastoor dezelfde, zelfs verdergaande rechten en plichten bezat. Ook blijkt daaruit, dat het parochie-systeem toen al een lang gevestigde instelling was.

Tot in de 8e eeuw, de Merovingische tijd, waren de parochies nog zeer groot. Vanaf die tijd tot in de 10e eeuw werden er vele verdeeld, en bovendien werden toen aan vele bijkerken parochierechten toegekend. Pas in de 11e eeuw werd ook in de bisschopssteden begonnen met de parochiële indeling. Zelfs ten tijde van het Concilie van Trente(1545-1563) was deze nog niet algemeen doorgevoerd. Daarom werd aan de Bisschoppen opgedragen zo spoedig mogelijk over te gaan tot de uitvoering ervan en aan iedere parochie vaste grenzen en een eigen vaste zielzorger te geven[52].

[52] *Sess.XXIV*, cap.13 de reformatione.

2. Ontstaan en ontwikkeling in Nederland tot aan de Reformatie

De eerste parochiële indeling in ons land dateert waarschijnlijk uit de 9e eeuw. Van de kathedrale kerk zijn de volle parochie-rechten eerst overgegaan op de hoofdkerken, toen *plebes of ecclesiae baptismales* geheten, die waarschijnlijk dezelfde zijn als de in de 11e tot de 13de eeuw dikwijls genoemde *ecclesiae matrices* of *personatus* (in ieder dekenaat oorspronkelijk slechts één). In tegenstelling tot en ter onderscheiding van deze *ecclesiae matrices* werden de andere kerken *capellae parochiales* genoemd[53]. Evenals de dekenaatsindeling, die in de tweede helft van de tiende eeuw haar beslag kreeg, berustte op de reeds bestaande politieke indeling in graafschappen *(comitatus)*, zo hing ook de eerste parochiële indeling samen met de toenmalige staatkundige indeling: de grenzen van een *centena* (hondermanschap) vormden ook de parochiegrenzen. In tegenstelling met de burgerlijke grenzen zijn deze vanwege het tiendrecht slechts zelden gewijzigd, behoudens natuurlijk bij splitsing in twee of meer parochies. De hoofdkerken dagtekenen voor het merendeel van vóór de lle eeuw, de later door splitsing daarbij gekomen parochies grotendeels uit de 12e en de 13e eeuw. Na die tijd zijn er betrekkelijk weinig nieuwe parochies gesticht. Opheffing van parochies door vereniging met andere heeft, behalve in Friesland, nagenoeg niet plaatsgehad.

Het oude bisdom Utrecht, dat ongeveer samenviel met het gebied van de latere zeven Provinciën (zonder de Generaliteitslanden) – het overige gebied van Nederland hoorde onder Münster, Osnabrück, Keulen, Luik en Doornik – was in bijna 1400 parochies verdeeld[54]; zoveel althans worden er in de bronnen vermeld. De grenzen ervan zijn op de Geschiedkundige Atlas in kaart gebracht, waarbij werd uitgegaan van de stelling dat de parochies ook na de Reformatie als zelfstandige eenheden zijn blijven voortbestaan. Men kon dus van de tegenwoordige indeling van de Nederlands-Hervormde Kerk uitgaan en door elimineren van de wijzigingen, die sedert de Reformatie waren aangebracht, de oude parochiegrenzen reconstrueren.

De *rechtspositie* van de parochiekerken in ons land kan aldus worden samengevat. Alle lagere kerken waren aanvankelijk eigenkerken, die in

[53] Vandaar de plaatsnamen Kapelle(Zuid-Beveland), Oost- en Westkapelle(Walcheren),'s Lopen-kapelle(Schouwen),Capelle aan de IJssel. Het Latijnse woord *capella* heeft de betekenis van niet-parochiale kerk. Zij had geen doop-, begrafenis- of tiendrecht. Dat kwam uitsluitend toe aan de hoofdkerk.

[54] **R.Post**, *Kerkelijke verhoudingen in Nederland vóór de Reformatie* (Utrecht 1954), p.41.

volledig eigendom toebehoorden aan de kerkheer (Bisschop, abdij, proost of leek), die de geestelijke eigenmachtig aanstelde en de inkomsten genoot[55]. Pas in de 12e eeuw, later dan elders (hier waren de leken er niet toe te bewegen, zoals elders wel, om afstand te doen van hun kerk ten gunste van geestelijke instellingen zoals klooster of bisdom), komt daartegen reactie. Aan de eigenkerken werden toen afzonderlijke pastoorsprebenden gevormd. De dienstdoende geestelijkheid genoot een deel van de inkomsten en had het vruchtgebruik van de kerk, terwijl de bloot-eigenaar nog een gedeelte van de tiende behield en de geestelijkheid benoemde, echter niet zonder medewerking van het kerkelijk gezag.

Het eigendomsrecht ging omstreeks 1200 over in het *patronaatsrecht*, dat rechtens ook toekwam aan de stichter van een nieuwe kerk. Deze bezat het collatie(presentatie-)recht en toezicht op het beheer van de goederen. De beneficie-goederen (pastorieën) werden door de beneficiant(pastoor) zelf beheerd. Maar daarnaast ontwikkelden zich andere vermogenscomplexen: de kosterie (inkomsten voor het onderhoud van de koster), de kerk-fabriek (voor het onderhoud van het kerkgebouw), de pastorie en andere kerkelijke gebouwen alsmede voor elk ander parochiaal doel, waarvoor geen afzonderlijk vermogen bestond, vicarieën met of zonder zielzorg (waartoe misfundaties behoren)[56] en eindelijk de H.Geestgoederen (armenfundaties). De goederen van de kerkfabriek stonden onder beheer van de kerkvoogden, meestal leken, door de patroon benoemd.

De kloosters en kapittels, die reeds de bloot-eigendom van de kerken of het patronaatsrecht bezaten, trachtten nu ook het vruchtgebruik van de beneficiegoederen, dat de pastoor bezat, te verwerven. Vandaar hun streven om dit pastoorsambt met de daaraan verbonden inkomsten, met het klooster of kapittel te verenigen. Daaruit ontwikkelde zich in de 13e eeuw het instituut van de *incorporatie*, waardoor vele pastoorsofficies en -beneficies hun zelfstandigheid opnieuw verloren. Doch ook na incorporatie bleven de kerkegoederen (de kerkfabriek) zelfstandig bestaan.

3. Ontwikkeling na de Reformatie

De oprichting van de nieuwe bisdommen in 1559 bracht geen verandering in de rechtstoestand van de parochies. Toen in het gebied van de

[55] Vgl.**R.Post**, *Eigenkerken en bisschoppelijk gezag in het diocees Utrecht tot de XIIIe eeuw*(Utrecht 1928) en *Kerkgeschiedenis van Nederland in de Middeleeuwen, Dl.I* (Utrecht/Antwerpen 1957), pp.31 en 59 vv.

[56] *Rechtsgeleerd Magazijn* in 1919, pp.1 vv.; **A.J.Maris**, *De Reformatie der geestelijke goederen in Gelderland* ('s-Gravenhage 1939).

Staten de uitoefening van de katholieke godsdienst verboden en de Hervormde religie tot staatsgodsdienst verheven werd, bleven de oude parochies civielrechtelijk voortbestaan, maar dan Gereformeerd[57]. De predikant werd de opvolger in het pastoorsambt in Friesland, maar ook wel elders gingen eveneens de inkomsten en het beheer van het pastoorsbeneficie over op de predikant. In andere provincies kwamen de pastoriegoederen onder het beheer van de burgerlijke overheid; er werden zgn. geestelijke kantoren gevormd, waaruit de predikantstraktementen werden bekostigd. Het collatierecht bleef ook aan hen, die vroeger gerechtigd waren tot de benoeming van de pastoor. De kerkfabriek bleef overal zelfstandig bestaan en kwam onder beheer van de kerkvoogden. Eerst sinds de *Staatsregeling van 1801* (*art.13*:"ieder kerkgenootschap blijft onherroepelijk in het bezit van hetgeen met den aanvang dezer eeuw door hetzelve wierd bezeten") kwam het eigendomsrecht van de kerkegoederen aan de gereformeerde gemeente. De parochiële armengoederen gingen over aan de burgerlijke gemeente, de beneficiegoederen aan de staatskas, doch vele vicarieën (vooral in Friesland) bleven tot op heden zelfstandig bestaan.

Feitelijk gingen echter mèt de bisdommen ook de parochies als katholieke instellingen ten gronde, tenminste in het gebied van de *Zeven Provinciën*, dat een missiegebied vormde, één groot kerkgebied, de *Hollandse Zending* geheten, die duurde van 1592 tot het herstel van de Hiërarchie in 1853. Wel werd door de Apostolische Vicaris Sasbout Vosmeer en zijn opvolgers de zielzorg opnieuw georganiseerd en werden nieuwe staties opgericht. Deze misten echter alle homogeniteit met de oude parochies en konden ook niet als ware, nieuwe parochies worden beschouwd. Bekend is ook de rivaliteit tussen de seculiere en reguliere zielzorgers. De eersten beschouwden zich als werkelijke pastoors en zagen ongaarne, dat de regulieren met uitgebreide volmachten, door Rome gezonden, overal de parochierechten uitoefenden. Langzamerhand, o.a. door de *Concordia* van 1624, waardoor de regulieren, voorzover zij in de zielzorg werkzaam waren, onder de jurisdictie van de Apostolische Vicaris werden gesteld[58], kwamen er meer geordende toestanden.

[57] **R.Post**, *Handboek van de Kerkgeschiedenis, Deel III*(Nijmegen/Utrecht 1963), pp.283-287; **L.J.Rogier**, *Geschiedenis van het Katholicisme in Noord-Nederland in de 16e en 17e eeuw, Deel II* (Amsterdam 1956); **L.J.Rogier/N.de Rooy**, *In vrijheid herboren. Katholiek Nederland 1853-1953* ('s-Gravenhage 1953), pp.178 vv.; **P.Polman**, *Katholiek Nederland in de achttiende eeuw. De Hollandse Zending, dl.1 en 2* (Hilversum 1968).

[58] Deze *Concordia* werd in 1626 bekrachtigd door Paus **Urbanus VIII**: zie **L.J.Rogier**, *Geschiedenis van het Katholicisme in Noord-Nederland, Deel II* (Amsterdam 1956), pp.130-131.

Daartoe droeg ook bij de indeling van de Hollandse Zending in (17) *Aartspriesterschappen*[59], die vooral onder Rovenius tot stand is gekomen. In beginsel komt deze indeling overeen met een indeling in dekenaten, maar de aartspriesters bezaten uitgebreidere volmachten dan de dekens plegen te ontvangen. In de latere tijd schijnen de afzonderlijke staties wel min of meer afgebakende grenzen te hebben gehad[60].

In *Limburg* en in een gedeelte van *Noord-Brabant* is de parochiële indeling blijven voortbestaan[61]. Wel werd een regelmatige zielzorg vaak zeer moeilijk gemaakt. De supra-parochiële indeling onderging vele wisselingen. In de laatste tijd vóór het herstel van de Hiërarchie(1853) was het gebied ingedeeld in drie *Apostolische Vicariaten*, die ongeveer correspondeerden met de tegenwoordige zuidelijke bisdommen.

4. Nieuwe oprichting van parochies in 1853[62]

Bij het herstel van de Hiërarchie werd de Hollandse Zending in twee bisdommen ingedeeld: Utrecht en Haarlem. Nadat eerst de indeling in dekenaten was doorgevoerd en alle bestaande staties bij een dekenaat waren ingedeeld, werd in 1854, overeenkomstig de instructies van de Congregatie voor de Voortplanting van het Geloof begonnen met de *nieuwe oprichting van parochies*. Bij de parochiële indeling werd meer gelet op de territoriale ligging dan op de bestaande, vaak grillige omschrijving van de staties. In sommige steden werden enkele staties opgeheven. Binnen drie jaren was dit omvangrijke en moeilijke werk in de bisdommen geheel voltooid. Tegelijk met de oprichting van de parochies werd ook een kerkbestuur ingesteld, waaraan het beheer van de parochiebezittingen en de behartiging van de tijdelijke belangen van de parochie werden toevertrouwd overeenkomstig het door Mgr.Zwijsen ontworpen *Reglement voor de parochiale kerkbesturen*.

Dit Reglement werd ook in de zuidelijke bisdommen ingevoerd[63]. En evenals in het Noorden ontstonden ook daar moeilijkheden met de reli-

[59] *Archief Aartsbisdom Utrecht*, dl.62, pp.129 vv.

[60] *Haarlemse Bijdragen*, dl.59, pp.209 vv.

[61] **J.Habets**, *Geschiedenis van het tegenwoordige bisdom Roermond, dl.III* (Roermond 1892), pp.131 vv.(zie echter ook pp.139 en 297); **J.B. Krüger**, *Kerkelijke Geschiedenis van het bisdom Breda, dl.III en IV* (Bergen op Zoom 1872-1878), passim (zie echter dl.IV, p.362); **J.Coppens**, *Nieuwe beschrijving van het bisdom 's-Hertogenbosch, dl. II-IV* ('s-Hertogenbosch 1840-1844), passim; **L.H.C. Schutjes**, *Geschiedenis van het bisdom 's-Hertogenbosch, dl.III-V* (St.Michielsgestel 1870-1876), passim; **L.J.Rogier**, *Geschiedenis van het Katholicisme in Noord-Nederland, Deel II* (Amsterdam 1956), passim.

[62] **L.J.Rogier/N.de Rooy**, a.w., pp.197 vv.; *NKS* 1953, pp.129 vv.

[63] In het bisdom Roermond, in Zeeuws-Vlaanderen en Vlissingen pas in 1876.

gieuzen, die parochies(staties) bedienden[64]. Het ging vooral over de invoering van het bovenbedoelde Reglement in de paters-parochies, over de vraag, of men te doen had met louter aan religieuzen toevertrouwde parochies dan wel met echte reguliere parochies, en over het eigendomsrecht van kerken en bezittingen. In 1856 werd door de H.Stoel, op grond van dwingende redenen, die door de Bisschoppen naar voren waren gebracht, de invoering van het Reglement, ook in parochies van religieuzen, goedgekeurd; een principiële beslissing omtrent de aard van deze parochies werd echter niet genomen.

Tengevolge van de toename van de bevolking en het ontstaan van nieuwe bevolkingscentra is het aantal parochies in alle bisdommen door splitsing van de bestaande aanmerkelijk gestegen, maar in de laatste jaren ook gedaald vanwege verminderd kerkbezoek door opheffing van zielzorgeenheden: in Utrecht en Groningen (sedert 1956 een eigen bisdom) resp. 347 en 87, in Haarlem 207 en Rotterdam (sinds 1956 een eigen bisdom) 203, Breda 167, 's-Hertogenbosch 368 en Roermond 352 per 31 december 1993[65], in totaal 1731 zielzorg-eenheden (voornamelijk parochies), waarin 810 seculiere (44,1%), 548 reguliere priesters (29,8 %), 140 permanente diakens(7,6 %) en 339 pastorale werk(st)ers(18,5 %) werkzaam waren (waaronder ook personen met een parttime aanstelling). Wat de religieuze situatie van onder meer de Katholieke Kerk aan het einde van de 20ste eeuw betreft zijn in de laatste decennia veel publicaties uitgegeven, waarvoor verwezen wordt naar de voetnoot[66].

Artikel III: Oprichting, opheffing en verandering van parochies

In *CD* n.32 (vgl.*CD* 8,1) staat, dat alle beslissingen inzake de oprichting, opheffing en verandering[67] van parochies op eigen gezag door de diocesane Bisschop kunnen worden genomen. Het MP *Ecclesiae sanctae*(1966) van Paus **Paulus VI** (I, n.21 § 3) preciseert dit nader door alle

[64] **P.Albers**, *Geschiedenis van het herstel der Hiërarchie, Dl.II* (Nijmegen 1904), pp.540 vv. en Aanhangsel pp.59 vv.

[65] *KASKI, Kerncijfers 1993/1994 uit de kerkelijke statistiek van het R.K.Kerkgenootschap in Nederland* – in: *KD* 1-2-1 22(1994) n.8.

[66] In het *Handboek Pastoraat*, Dl.1,1 *"Veranderingen in maatschappij en kerk"*, bijdrage 2, waarin **M.van Hemert** (juni 1983) de hoofdlijnen schetst van de historische ontwikkeling van (vooral) de grote kerken of kerkgenootschappen onder de titel *"Kerkelijk Nederland. Ontwikkelingen en feiten"* [met de daar rijkelijk voorhanden andere publicaties op dit terrein, aan te vullen met *"Van Rooms naar katholiek. Ontwikkelingen in de katholieke Kerk in Nederland 1960-1982"* ; uitgave van het *Nederlands Gespreks Centrum* (Baarn 1982)].

[67] Hiermee wordt bedoeld: een zodanige vereniging van publieke rechtspersonen dat er één geheel uit ontstaat: zie het commentaar in *CCL*, pp.415-416.

bevoegdheid inzake de pastorale structurering van het bisdom, op welke manier dan ook, toe te kennen aan de diocesane Bisschop, maar *na overleg* met zijn priesterraad. Die bevoegdheid komt niet toe aan de diocesane Administrator (**can.428**) of aan de Vicaris-generaal en aan een Bisschoppelijke Vicaris, tenzij krachtens speciaal mandaat (**can.134 § 3**), wel aan alle overige met de diocesane Bisschop gelijkgestelde personen (vgl.**cc.134 § 1; 381 § 2** en **368**). Aan de priesterraad komt het volgens **can.495 § 1** immers toe de Bisschop behulpzaam te zijn in het bestuur van het bisdom, dat volgens **can.381 § 1** in volle omvang toekomt aan de diocesane Bisschop[68]. In de oude wetgeving werd aan de Bisschop in deze slechts een bescheiden rol toegekend. In veel gevallen was hij afhankelijk van een apostolisch indult[69].

1. Oprichting van een nieuwe parochie

Can.515 § 2 vormt de weerslag van conciliaire en postconciliaire bepalingen: alle bevoegdheid inzake de oprichting van een nieuwe parochie is gelegd bij de diocesane Bisschop, die echter verplicht is zijn priesterraad te horen. Dit laatste is een geldigheidseis, ook al is de Bisschop niet gebonden aan het advies (vgl.**can.127 § 2, n.2**). Het zou voor de hand hebben gelegen, als deze canon, behalve op het horen van de priesterraad, ook gewezen zou hebben op het horen van al degenen, die de oprichting van een parochie aangaat, zoals de pastoors van wier parochie (eventueel) een deel wordt afgescheiden, of de pastoors van de regio, binnen welke bv. een personele parochie wordt opgericht, en met name het horen van de deken. Een dergelijke consultatie wordt door **can.50** algemeen voorgeschreven, alvorens de bevoegde overheid overgaat tot de uitvaardiging van een decreet in afzonderlijke gevallen; blijkbaar heeft de wetgever echter zijn voorkeur uit laten gaan naar het formuleren van de exclusieve bevoegdheid van de diocesane Bisschop zonder daaraan allerlei beperkende aanbevelingen te verbinden[70]. Overigens is er niets op tegen zich aan dergelijke aanbevelingen te binden. Dat geldt ook voor de aanbeveling van het *Directorium* voor de pasto-

[68] Zoals ook tot uitdrukking komt in het *Directorium* voor de pastorale bediening van Bisschoppen(1973) van de Congregatie van de Bisschoppen, nn.177-178.

[69] *Can.216 § 4 CIC/17*:"Zonder speciaal apostolisch indult kunnen geen parochies worden opgericht voor gelovigen, die in dezelfde stad of hetzelfde gebied verblijven en die een andere taal spreken of een andere nationaliteit bezitten, en ook geen gezins- of personele parochies; wat echter reeds opgerichte parochies aangaat, dienen er geen veranderingen te worden aangebracht zonder de Apostolische Stoel te raadplegen"; vgl. ook de *cc.1423-1427 CIC/17*.

[70] **J.-C.Périsset**, *La paroisse*, p.36.

rale bediening van Bisschoppen (1973) van de Bisschoppencongregatie n.178, waarin gesproken wordt over de oprichting van een eigen duurzaam diocesaan bureau of van een door de Bisschop op te richten Commissie, waaraan de taak wordt opgedragen om samen met de priesterraad en andere belanghebbenden al datgene te doen wat betrekking heeft op de oprichting van parochies en op de bouw van kerken[71].

Can.515 § 2 maakt geen melding meer van twee mogelijke uitzonderingen, die in het MP *Ecclesiae sanctae*(1966) van Paus **Paulus VI** (I n.21 § 3) genoemd worden, nl. dat de oprichting van een parochie het voorwerp is van overeenkomsten van de Apostolische Stoel met de burgerlijke overheid en dat derden (natuurlijke of rechtspersonen) rechten hebben verkregen. Op de vraag, welke instantie in deze gevallen het bevoegde gezag vormt, gaf de *PCIV* op 3 juli 1969[72] het antwoord: in het eerste geval de Apostolische Stoel, in het tweede is dat de diocesane Bisschop, die zich met de rechthebbenden zal moeten verstaan[73].

1.1. Op welke wijze kan een parochie worden opgericht?

Er zijn meerdere manieren, waarop een parochie kan worden opgericht, nl. door het *scheppen* van een nieuwe parochie, daar waar een bisdom nog niet of slechts ten dele in parochies is verdeeld, of als de bestaande parochies zijn opgeheven (zoals in Frankrijk gebeurde bij het concordaat van 1801), of als zij zonder meer ophouden te bestaan (in Nederland na de Reformatie), of als nieuwe terreinen ontstaan (zoals in Nederland na de drooglegging van de Zuiderzee), of als bestaande steden of dorpen totaal nieuwe wijken krijgen (zoals na Wereldoorlog II overal veelvuldig is gebeurd). Daarnaast kan een nieuwe parochie ontstaan door *verdeling*, d.w.z. een bestaande parochie wordt gesplitst en het afgescheiden gedeelte wordt als zelfstandige parochie opgericht, hetgeen vaak gepaard zal gaan met een grenswijziging van één of meer bestaande parochies. Tenslotte kan een nieuwe parochie ontstaan door *opheffing* van twee of meer parochies, waaruit *onder een andere titel* één

[71] Ieder bisdom heeft conform het voorschrift van n.126 van de Liturgieconstitutie onder wisselende benaming een liturgische bouw-advies-commissie met als taak de Bisschop te adviseren over bouw, restauratie, (her)inrichting en kunstzinnige vormgeving van kerken en ruimten ten behoeve van liturgisch gebruik. Deze adviezen moeten worden ingewonnen alvorens de vereiste machtiging wordt gegeven (zie de naamlijsten van de bisdommen).

[72] *AAS* 61(1969)551.

[73] Volgens **J.-C.Périsset**, *La paroisse*, p.36 met de bedoeling om te komen tot opheffing van deze interventie-rechten, wellicht geinspireerd door *GS* n.76,5.

nieuwe parochie wordt opgericht (zoals bv. in het bisdom Groningen in de tachtiger jaren veelvuldig gebeurde[74]).

1.2. Voorwaarden voor de oprichting van een parochie

Afgezien van de boven sub 1 genoemde voorwaarde bij de oprichting van parochies, dat de Apostolische Stoel of derden erbij betrokken moeten worden, stelt het nieuwe Wetboek geen bijzondere voorwaarden, zoals de *Codex/17* nog wel deed *(can.1427 § 2)* bij de oprichting door verdeling van bestaande parochies, nl. een goede en canonieke reden (zoals moeilijke bereikbaarheid van de bestaande parochie, een te groot aantal parochianen) en bij de oprichting zonder meer een voldoende *"dos"* (bruidsschat) voor de nieuwe parochie, die natuurlijk wel over voldoende fondsen moet beschikken om voort te kunnen bestaan en om de dienstdoende functionarissen van een behoorlijk levensonderhoud te voorzien, het advies van het kapittel en van alle belanghebbenden *(cc.1162 § 2, 1415 en 1427 § 3)*, waarvoor in de plaats gekomen is het advies van de priesterraad (zonder dat de diocesane Bisschop daaraan gebonden is).

Vanzelfsprekend zullen de *grenzen* van de nieuwe parochie (ook bij eerste oprichting) zorgvuldig moeten worden vastgesteld[75] alsmede de *plaats*, waar de parochiekerk zal moeten worden gebouwd, en de *titel* van deze kerk, die tevens de parochietitel zal zijn (zie Hoofdstuk II). Deze moet reeds vóór de eerstesteenlegging vaststaan, omdat de naam van de Heilige of van het Geloofsmysterie in het zegeningsformulier voorkomt. Eventueel kan een reeds bestaande kerk als parochiekerk worden aangewezen, eventueel ook een kerk van religieuzen. Het is van groot belang dat de kerk in het centrum van de parochie wordt geplaatst. Vooral in zich uitbreidende steden dienen een pastoor en het kerk(parochie-)bestuur reeds lang van te voren uit te zien naar een geschikt terrein en daarop beslag te leggen[76].

[74] Bv. *An.Gr.* 35(1990)21-22; 36(1991)23-26.

[75] Zie hiervoor het *Directorium* voor de pastorale bediening van Bisschoppen (1973) van de Bisschoppencongregatie n.176, waarin enkele normen zijn opgenomen; in n.174 staan de vereiste voorwaarden voor de afbakening van *personele* parochies: objectieve noodzaak en reële eenheid van personen. Zie verder: *Rondzendbrief* van de Commissie voor de geestelijke verzorging van Migranten en Toeristen (1978); vgl. ook **can.199 n.4**. In aansluiting op *CD* n.32 geeft het MP *Ecclesiae sanctae*(1966) van Paus **Paulus VI** (I, n.21 § 1) aan, dat grenzen gewijzigd moeten worden, als zij om welke reden dan ook een belemmering vormen voor de pastorale zorg.

[76] Vgl.*Directorium* voor de pastorale bediening van Bisschoppen(1973) van de Bisschoppencongregatie, nn.177-178.

De eigenlijke oprichting moet schriftelijk geschieden bij authentieke akte, te ondertekenen door de diocesane Bisschop. In de oprichtingsakte moeten de redenen van de oprichting, de parochienaam, haar zetel en grenzen worden omschreven, en moet het dekenaat, waartoe de nieuwe parochie zal behoren, worden aangegeven.

Omdat het beheer van de tijdelijke goederen van de parochie in ons land is toevertrouwd aan het kerk(parochie-)bestuur en alleen dit lichaam naar Nederlands recht de parochie kan vertegenwoordigen, moet gelijktijdig een kerk(parochie-)bestuur worden ingesteld.

De canonieke oprichting van de parochie en van het kerk (parochie-) bestuur geschiedt normaal pas, als de kerkbouw voltooid is en de te benoemen pastoor dus zijn ambt kan aanvaarden. Soms gebeurt dit echter reeds voordat men de kerkbouw begint, zodat het nieuwe kerk(parochie-)bestuur de bouw rechtens zelf kan leiden en ook overigens in rechten kan optreden.

2. Opheffing van een parochie

Evenmin als aan de oprichting van een parochie door de diocesane Bisschop stelt de Codex aan de opheffing andere eisen dan alleen deze dat hij gebonden is aan het horen van de priesterraad. Op zich genomen is een eenmaal wettig opgerichte rechtspersoon blijvend, maar zij houdt op te bestaan, als zij door de bevoegde overheid wettig opgeheven wordt (**can.120 § 1**). De meest in Nederland voorkomende vorm van de (juridische) opheffing van een parochie (die zelden voorkomt) doet zich, zoals al eerder gezegd is, voor als twee of meer parochies worden opgeheven, waaruit een nieuwe parochie onder een andere titel wordt gevormd. Kerkrechtelijk is dit, gelet op de **cc.515 § 2** en **121**, geen bezwaar. Vraag is echter of dit civielrechtelijk zo maar kan. Het Nederlandse *BW art.2: 2* erkent de toepasbaarheid van het kerkelijke recht en de *art.2: 309* en *art.3: 80 BW* verklaren wat de gevolgen van fusie naar Nederlands recht zijn. Een voornaam gevolg is dat het vermogen onder algemene titel overgaat op de nieuwe rechtspersoon. Teneinde ervan verzekerd te zijn dat de fusie naar kerkelijk recht ook daadwerkelijk alle gevolgen in het civiele recht sorteert, is het aan te raden om aan de notaris te vragen een akte van fusie dan wel een notariële verklaring op te stellen. In genoemde akte of verklaring kan worden volstaan met een verwijzing naar het besluit van de Bisschop. De akte of verklaring kan vervolgens gebruikt worden om een wijziging in de tenaamstelling in de registers te vragen; bovendien kan zij in het rechtsverkeer dienst doen om aan te tonen wie de rechtsopvolger van een opgeheven parochie is[77].

Ook kan een parochie worden opgeheven en met al haar rechten en verplichtingen bij één of meerdere bestaande parochies worden gevoegd, zodat geen nieuwe parochie ontstaat. Tot al deze, vaak zeer ingrijpende, beslissingen is volgens **can.515 § 2** de diocesane Bisschop bevoegd. Maar het komt weinig voor dat parochies juridisch worden opgeheven.

T.g.v. het feit dat in België parochies geen civiele rechtspersoonlijkheid hebben geniet de Kerk een grote vrijheid wat betreft het oprichten, wijzigen en opheffen van parochies. Dit kan immers louter kerkrechtelijk gebeuren zonder civielrechtelijke implicaties. Wanneer het echter om wettelijk erkende parochies gaat, waarvan de bedienaar een staatswedde ontvangt, zijn er vanzelfsprekend wel beperkingen in deze zin, dat er overlegd zal moeten worden met de civiele overheid om na te gaan of een eventuele nieuwe functie al dan niet bezoldigbaar zal zijn.

Een tweede probleem wordt gevormd door het feit dat elke civielrechtelijk erkende parochie over een publiekrechtelijke kerkfabriek beschikt. Bij de oprichting van een nieuwe erkende parochie, bij de samenvoeging van twee parochies of bij de splitsing van een parochie dienen nieuwe kerkfabrieken te worden opgericht.

3. Verandering van parochies

Onder verandering vatten we hier alles samen, waardoor de parochie wijzigingen ondergaat in haar oorspronkelijke staat anders dan in het vorengaande reeds genoemd. Vanouds kent de kerkelijke wetgeving de zgn.*personele unie*, waarbij twee of meer parochies aan één pastoor of aan een team van pastores worden toevertrouwd ter behartiging van het pastoraat. De betrokken parochies behouden volkomen haar zelfstandigheid met het oog op eventuele schulden, aanspraken, giften en legaten, maar worden in één zielzorgband gelegd. Deze rechtsfiguur wordt in **can.526 § 1** uitdrukkelijk vermeld[78].

Een andere rechtsvorm is de *interparochiële vereniging*[79], een "federatief verband van bestaande eenheden", die de basis vormt voor een

[77] Met dank aan **P.M.M.Stassen** overgenomen; zie ook haar artikel *"Fusie van parochies"* in: *WPNR* (Weekblad voor Privaatrecht, Notariaat en Registratie) Jrg.124, nr.6117, pp.961-963. Toch blijft deze kwestie juridisch onhelder; daarvoor zij verwezen naar het artikel van **mr.J.W. van Ee** in: *WPNR* Jrg.125, nr.6137, pp.359-363. Zie voor parochie-fusies: *An.Ro.* 39(1994)102, 217, 219, 222.

[78] Zie **R.G.W.Huysmans**, *Tussen Concilie en Synode*, pp.54-56.

[79] Het idee vond zijn oorsprong in het bisdom 's-Hertogenbosch en is overgenomen door de andere bisdommen. Lees **P.Krämer**, *Der Pfarrverband* (over de ontwikkeling van interparochiële verenigingen in de Bondsrepubliek): *HdBdkKr*, pp.429-432.

geformaliseerde samenwerking met een geheel of gedeeltelijk prijsgeven van de autonomie van parochie en kerk(parochie-)bestuur. In 1971 en volgende jaren publiceerden de meeste bisdommen *"Model-statuten van een interparochiele vereniging"*[80], die een juridische basis willen geven aan deze samenwerkingsvorm van parochies, maar niet vastgesteld zijn door de BC. Het is een zaak van de afzonderlijke Bisschoppen, de concrete invulling verschilt nogal per bisdom, maar alleen de goedkeuring door de Bisschop geldt in alle bisdommen als erkenning overeenkomstig art.VII van het *Reglement voor het R.K.Kerkgenootschap* (1923).

Tenslotte zij nog opgemerkt, dat tegen de beslissingen van de diocesane Bisschop inzake alles, wat te maken heeft met een wijziging in de juridische situatie van parochies, belanghebbenden die zich in hun rechten voelen aangetast, in beroep kunnen gaan overeenkomstig de in de **cc.1732-1739** gegeven normen. Conform **can.1733** is in verschillende bisdommen een *Diocesaan Bureau voor Geschillen ten gevolge van bestuurlijke besluiten* opgericht[81].

[80]. In *An.Utr.* 44(1971)552-564; *An.Rmd.* 53(1972)20-28, voorzien van een toelichting: t.z.p., pp.28-32; *An.Gr.* Bd.IV (1971-1974)25-33; *An.Ro.* 17(1972)78-90.

[81] *An.Utr.* 65(1992)283-287; *An.Br.* 4(1990)175-186 (reglement) en 7(1993)3-4 (wijziging reglement); oprichting in het bisdom Rotterdam is in bespreking. Zie *TB/89,* n.27.

HOOFDSTUK II: DE PAROCHIEKERK

Inleiding

Onder de *loca sacra* (gewijde plaatsen) noemt de Codex als eerste de kerken in de betekenis van kerkgebouwen[1]. Het conciliaire Decreet *PO* n.5,5 zegt over kerken: "Het huis van gebed, waarin de heilige eucharistie wordt gevierd en bewaard, waarin de gelovigen samenkomen en waarin de tegenwoordigheid van de Zoon van God...wordt vereerd..., moet er verzorgd uitzien en moet geschikt zijn voor het gebed en voor de heilige diensten"[2]. Hierop sluiten de aansporingen in de Instr. *Eucharisticum mysterium*" (1967) van de Ritencongregatie n.24 aan door te zeggen: "Laten de pastoors zich er dus van bewust zijn, dat een passende inrichting van de gewijde plaats zeer veel kan bijdragen tot een correcte viering en tot een actieve deelname van de gelovigen" en laten zij er aan denken "dat ook materiaal en vorm van de liturgische gewaden, die 'eerder van edele schoonheid moeten getuigen dan van enkel luxe' (vgl. *SC* n.124,1), veel tot de waardigheid van de liturgische plechtigheden kunnen bijdragen"[3].

Het kerkgebouw heeft volgens de eeuwenoude christelijke traditie niet alleen een *functionele* waarde, inzoverre het een belangrijke liturgische tekenwaarde heeft, en daarmee dus een *pedagogische* taak vervult, inzoverre het mensen invoert in de zin en de geest van de eredienst[4], maar ook een *symbolische* waarde, inzoverre het "een bijzonder teken is van de Kerk, die onderweg is op aarde, en een beeld van de Kerk die in de

[1] De *OvD* voor kerk-en altaarwijding van de Congregatie voor de Eredienst(1977) zegt in cap.2 n.1 hierover:"Terecht wordt dus van oudsher de naam *kerk* ook gegeven aan het gebouw, waarin de christengemeenschap samenkomt om het woord van God te horen, samen te bidden, de sacramenten te ontvangen en de eucharistie te vieren, omdat Jezus de waarachtige en volmaakte tempel van het Nieuwe Verbond geworden is en het volk, dat Hij zich verworven heeft, samen heeft gebracht. Dit heilig volk is de kerk of de uit levende stenen opgebouwde tempel van God, waar de Vader in geest en waarheid (*Joh.* 4,23) aanbeden wordt".

[2] *AAS* 58(1966)998; *CDVC*, a.w., p.367.

[3] Zie *KA* 22(1967)766.- Het *Directorium* voor de pastorale bediening van Bisschoppen (1973) van de Bisschoppencongregatie verklaart in n.181 dat de Bisschop bij de bouw van een kerk moet zorgen dat "kunst en devotie" met elkaar in harmonie zijn zonder schoonheid, eenvoud, bruikbaarheid en betaalbaarheid uit het oog te verliezen.

[4] Zie de *Richtlijnen* voor de oecumenische samenwerking van het Secretariaat voor de Eenheid van de Christenen(1975) sub 3d.

hemel is", dus geldt als oriëntatiepunt voor de pelgrimstocht van de mens, voor de vernieuwing van de mensengemeenschap in Christus en voor de omvorming van die gemeenschap tot een familie van God[5]. Zoals al eerder opgemerkt[6], hoorde een *eigen kerkgebouw* vroeger en hoort het ook nu niet tot de wezenlijke elementen van een parochie. Nergens echter wordt in de nieuwe wetgeving zo expliciet als in de oude[7] Codex het hebben van een eigen parochiekerk voorgeschreven; wel wordt zij verondersteld, zoals in de **cc.857 § 2** en **1177 § 1**. Wel kent zij nog een aantal (9) bepalingen over kerken **(cc.1214-1222)**. Tot dit geringe aantal is de oude wetgeving met nog 27 bepalingen teruggebracht, omdat men het binnen de desbetreffende werkgroep van de Codexherzieningscommissie al snel[8] eens was over enkele zaken, nl.:

a) dat het oude onderscheid tussen een kerk en een openbare kapel, primair bedoeld voor een bepaalde groep van personen, weinig zin had, gelet op het feit dat de *Codex/17* in *can.1191 § 1* bepaalde, dat voor openbare kapellen dezelfde rechtsbepalingen gelden als voor kerken;
b) dat met het al aanvaarde beginsel om al, wat tot het liturgisch recht behoort, uit de Codex te weren (zie **can.2**) een reeks (12) voorschriften uit de *Codex/17* zou kunnen verdwijnen en
c) dat een aantal voorschriften beter *elders* zou kunnen worden ondergebracht, bv. in Boek V, waar het gaat over het beheer van kerkelijke goederen, waaronder kerkgebouwen.

In een later stadium van de herziening(1979)[9] worden nog enkele andere voorschriften uit het oude Wetboek geschrapt bv. betreffende *klokken*, omdat het niet belangrijk genoeg is daarover in een Wetboek te spreken en omdat daarover al meer dan genoeg gezegd wordt in de litur-

[5] Zo wordt het geformuleerd in *GS* 40,2; vgl.*Periodica* 63(1974)70. In de tweede helft van de 60-er en begin 70-er jaren was er een brede discussie, die in ons land bij mijn weten niet zo gespeeld heeft, over vragen als: hebben we eigenlijk wel kerken nodig? kunnen onze oude, monumentale kerken niet beter worden omgevormd tot musea? is een multifunctioneel gebruik van onze kerkgebouwen niet aanbevelenswaardig? **J.Manzanares** gaat uitvoerig in op deze vragen en hij neemt een gematigd standpunt in: *Periodica*, t.a.p., pp. 69-97.

[6] Hoofdstuk I, Art.I n.1.

[7] *Can.216 § 1*:"...aan ieder (kleiner) gebied in een bisdom (d.i. een parochie) moet echter een eigen kerk worden toegewezen". In meerdere andere bepalingen van het oude Wetboek wordt een *eigen* parochiekerk verondersteld: *cc.465 § 1; 467 § 2; 1186 n.2 en 1236 § 1.*

[8] Najaar 1971: *COMM.* 4(1972)161.

[9] Dat is dus na de consultatie van afzonderlijke kerkelijke organen, nl. de Dicasteries van de Romeinse Curie, de Bisschoppenconferenties, de kerkelijke Universiteiten en Faculteiten en de Unie van Algemene Oversten in 1977 en 1978.

gische boeken; en betreffende het *asielrecht.* Op beide onderwerpen komen we in ander verband terug.

Behalve de enkele bepalingen, die speciaal op de parochiekerk betrekking hebben, zijn op haar natuurlijk alle voorschriften van toepassing, die voor kerken in het algemeen gelden. Achtereenvolgens behandelen we in art.I de canoniek-rechtelijke bepalingen betreffende het kerkgebouw zelf; in art.II gaat het over kapellen en privé-(huis)kapellen; in art.III over heiligdommen; in art.IV de voorschriften aangaande het altaar, in art.V alle bepalingen betreffende kerk- en altaarbenodigdheden, terwijl in art.VI de eredienst, waartoe immers iedere kerk bestemd is, besproken wordt.

ARTIKEL I: HET KERKGEBOUW[10]

1. Wat is een kerk?

Noch in de *Codex* van *1917* noch in die van **1983** wordt een kerk gerekend tot de wezenlijke elementen van de parochie, hoezeer zij toen en ook nu een logische consequentie is uit de oprichting van een parochie[11].

Can.1214 geeft nauwkeurig aan, wat we onder 'kerk'[12] moeten verstaan: een gewijd gebouw, bestemd voor de goddelijke eredienst, waartoe de gelovigen het recht van toegang[13] hebben om er de goddelijke eredienst voornamelijk publiek te vieren. In deze omschrijving komen goed de verschillen naar voren tussen een kerk en een kapel. Voor een kerk geldt a) dat ze ingewijd of minstens ingezegend is **(can.1217 § 1)**,

[10] Lees de inleiding van **J.Besemer** in *An.Ha.* 37(1990)59-68.

[11] Zie Hoofdstuk I, Art.I,1.

[12] Waaronder nu ook het begrip 'publieke kapel' gevat moet worden, zoals omschreven in *can.1188 §§ 1 en 2, n.1 CIC/17*: "Een kapel is een voor de eredienst bestemde plaats, die echter niet hoofdzakelijk tot doel heeft dat hij heel het gelovige volk ten dienste staat voor de uitoefening van de openbare godsverering"; een kapel heet *openbaar* "als zij voornamelijk ten gerieve van een of ander college of ook van private personen is opgericht, maar zo dat alle gelovigen het recht hebben er minstens tijdens de goddelijke diensten naar toe te gaan". Sommigen toonden zich minder gelukkig met dit nieuwe begrip 'kerk', dat echter op wens van de consultoren, gelet ook op de eenstemmigheid van de adviesorganen voor de Codexherziening, gehandhaafd is. Zie *COMM.* 4(1972)161 en 12 (1980)332.

[13] Tijdens de Codexherziening werd de suggestie gedaan dit woord 'recht' te schrappen omdat er gemakkelijk misbruik van gemaakt wordt in onze tijd. Om twee redenen wilden de consultoren daar niet op ingaan: ieder recht moet immers 'volgens het recht' worden uitgeoefend zodat misbruiken kunnen worden tegengegaan, maar vooral hierom omdat het onderscheid tussen kerken en kapellen in de nieuwe wetgeving juist ligt in het al of niet hebben van het *recht op toegang*: *COMM.* 12(1980)333.

terwijl de inzegening van een kapel alleen passend wordt geacht (**can. 1229**); b) dat zij per definitie bestemd is voor (voornamelijk) de eredienst, terwijl dit voor een kapel alleen opgaat, wanneer de Ordinaris daartoe verlof gegeven heeft en c) dat zij toegankelijk is voor alle gelovigen of minstens alle gelovigen van een bepaald (omschreven) gebied (parochie- of rectoraatskerk), terwijl een kapel, al is zij ook voor iedereen toegankelijk, vooral bestemd is voor een of andere gemeenschap of groep van gelovigen.

Het gaat in een kerk *voornamelijk* om de uitoefening van de publieke eredienst (wat die inhoudt: zie Art.VI). Dat wil dus zeggen dat een kerk er ook voor openstaat om zich op een andere wijze dan via de publieke eredienst tot God te keren: via gebed, meditatie en allerlei devoties.

2. Soorten van kerkgebouwen

Gelet op de waardigheid of op de specifieke kenmerken worden kerken onderscheiden in:

a. *basilieken*[14], die weer worden onderverdeeld in *grote* en *kleine* basilieken[15]. Tot de *grote* basilieken behoren: de St.Jan van Lateranen (aartsbasiliek, want "moeder en hoofd van alle kerken"), de St.Pieter, de St.Paulus-buiten-de Muren en de H.Maria de Meerdere, alle te Rome. Als karakteristiek bezitten zij de zgn. *heilige deur (porta sancta)*, die alleen geopend wordt gedurende een gewoon jubeljaar, en het zgn. *pausaltaar*, waaraan alleen met toestemming van de Paus de eucharistie mag worden gevierd. Deze grote basilieken worden ook wel *patriarchale* basilieken genoemd omdat zij beschouwd worden als de zetel van de vier grote patriarchen, resp. van het Westen (de Paus), Constantinopel, Alexandrië en Antiochië.- Zonder tot deze grote basilieken te behoren ontvingen de kerk van de H.Laurentius-buiten-de-Muren te Rome (als zetel van het later ontstane patriarchaat van Jeruzalem) en de St.Franciscus- en Portiunculakerk te Assisi eveneens de titel van patriarchale basiliek.
Alle overige kerken, die de *eretitel* basiliek dragen, hebben deze titel sinds onheugelijke gewoonte of krachtens apostolische toekenning en worden *kleine* basilieken genoemd.

[14] De naam komt in de **Codex/83** niet meer voor; nog wel enkele keren in de *Codex/17*. Een recent Decreet van de Congregatie voor de Sacramenten en de Eredienst, sectie Eredienst, van 9 november 1989 is te vinden in: *AAS* 82(1990)436-440; *NOT*. 25(1989)13-19.

[15] Zie het *Decreet* van de Congregatie voor de Sacramenten en voor de Eredienst(1975) – in: *NOT*. 11(1975)260-262.

Als onderscheidingstekenen bezaten zij een *conopaeum(baldakijn)* en het *tintinnabulum(klokje)*[16]. Nederland kent momenteel 16 kleine basilieken[17].

b. *kathedralen*, zo genoemd naar de *cathedra*(bisschopszetel), zijn de hoofdkerken van de bisdommen; weer onder te verdelen in diocesane (van een Bisschop), metropolitane(van een metropoliet of aartsbisschop), primatiale (van een primaat) of patriarchale (van een patriarch) kerken. De kathedrale kerk, die uiteraard in het middelpunt staat bij de canonieke inbezitneming van een bisdom door de diocesane Bisschop (**can.382 §§ 3** en **4**), is bij voorkeur de plaats, waar de diocesane Bisschop voorgaat in de liturgische vieringen, vooral de eucharistie (*SC* n.41; **can.389**).
c. *kapittelkerken* zijn kerken, waaraan een kapittel verbonden is, d.w.z. een college van priesters dat onder meer tot taak heeft de meer plechtige liturgische diensten in die kerk te vervullen; dat kan een kathedrale kerk zijn, in welk geval we spreken van een *kathedraal* kapittel, of een kloosterkerk en dan heet het een *collegiaal* kapittel (zie voor beide soorten kerken en kapittels de **cc.382 §§ 3** en **4; 389; 436 § 3; 463 § 1 n.3; 491 § 1; 503; 508 § 1; 509 § 1; 934 § 1; 1011 § 1; 1217 § 2**). Collegiale kerken zijn er in Nederland niet meer.
d. *parochiekerken* zijn die kerken, welke bestemd zijn voor de gemeenschappelijke eredienst van een parochie en welke in dienst staan van de pastorale zorg binnen een parochie.
e. *rectoraats-* of *bij(succursaal-)kerken* zijn openbare kerken, die in rectoraten alleen voor de publieke eredienst bestemd zijn of ook mede in dienst zijn gesteld van de parochiële zielzorg (zie **can.556**).

[16] Het Decreet *Domus Dei*(1968) van de Ritencongregatie vermeldt het bezit van deze onderscheidingstekenen, die vroeger gebruikelijk waren, niet meer; wel zegt het sub II n.9 dat op de voorgevel van het kerkgebouw de onderscheidingstekenen van de Paus of van de Apostolische Stoel moeten worden aangebracht om zó beter de nauwe band van de kleine basiliek met de Stoel van Petrus aan te geven. Dit herhaalt de Congregatie voor de Sacramenten en de Eredienst, sectie Eredienst, nog eens, wanneer zij in 1975 een nauwkeuriger omschrijving geeft van de voorwaarden waarop deze eretitel door een kerk kan worden verkregen, van de daaraan verbonden verplichtingen en privileges: zie *NOT.* 11(1975)260-262; *KE* II, nn.3421-3433. Voorwaarden zijn o.a. dat de kerk in artisticiteit boven andere uitsteekt en gewijd is.

[17] H.Bavo (Haarlem) en St.Jan (Laren), H.Willibrordus (Hulst),St.Jan de Doper (Oosterhout NB), HH.Agatha en Barbara (Oudenbosch), St.Jan ('s-Hertogenbosch), Onze Lieve Vrouwe Kerk en Servaas (1985; Maastricht), H.Bartholomeüs (Meerssen), HH.Wiro, Plechelmus en Otgerus (St.Odiliënberg), Onze Lieve Vrouw van het H.Hart (Sittard), H.Lidwina (1990; Schiedam), H.Walburgis (Arnhem), H.Plechelmus (Oldenzaal), H.Kruisverheffing (1992; Raalte), St.Nicolaas (1972; IJsselstein).

3. Kerkbouw

3.1. *Toestemming tot kerkbouw*

Voor de bouw van iedere kerk is volgens **can.1215** de uitdrukkelijke, *schriftelijk gegeven toestemming* van de diocesane Bisschop (of van hen, die rechtens met hem gelijkgesteld zijn) nodig (**§ 1**)[18]; de Vicaris-generaal en de Bisschoppelijke Vicaris kunnen die toestemming overeenkomstig **can.134 § 3** alleen geven krachtens een speciaal mandaat[19]. Alvorens een dergelijke toestemming te geven, moet een aantal voorwaarden vervuld zijn, nl.

a) de priesterraad en de rectoren, c.q. pastoors van de naburige kerken moeten worden gehoord met de bedoeling er achter te komen of de geplande kerkbouw, pastoraal gezien, nodig of minstens wenselijk is; als dit het geval is, moet worden gelet op de gevolgen voor de naburige kerken, die te maken kunnen krijgen met een verminderd kerkbezoek, dus met een verminderd aantal parochianen dat de financiële lasten van de kerk, van haar eredienst en dienstdoend personeel moet dragen, maar ook kan een heroriëntatie van de lokale pastorale planning noodzakelijk zijn. Het wettelijk vereiste 'horen' van de priesterraad, die immers de Bisschop behulpzaam moet zijn in het bestuur van het bisdom (**can.495 § 1**), en van de rectoren van naburige kerken moeten deze en soortgelijke problemen helder maken en daarover advies uitbrengen. De Bisschop is aan dat advies niet gebonden, wel – op straffe van nietigheid – aan het 'horen' als zodanig[20];

b) de nieuwe kerk moet naar het oordeel van de Bisschop het geestelijk welzijn van de gelovigen kunnen dienen en

c) de noodzakelijke (financiële) middelen moeten voorhanden zijn om de kerk te bouwen en er de goddelijke eredienst uit te oefenen (**can.1215 § 2**)[21]. Blijkbaar veronderstelt deze paragraaf, dat in het

[18] Zie bv. de instructie voor bouwpastoors en kerkbesturen in het bisdom Groningen van november 1965: *An.Gr.* Bd.II (1962-1966)419; in het bisdom Breda wordt de beoordelingscommissie *kerkbouw* en *kerkelijke kunst* ingeschakeld: *An.Br.* 5 (1991)24.

[19] De bisschoppelijke toestemming was in ons land sinds lang ook vereist voor uitbreiding of verbouwing van ieder kerkgebouw (zie *Conc.prov.*, p.136) en is nog steeds verplicht: zie *A.R.- parochie* art.53 sub 5.

[20] Uiteraard is dit advies niet nodig bij de bouw van een nieuwe *parochie*kerk ter vervanging van een oude, wanneer deze tenminste op dezelfde of ongeveer dezelfde plaats zal worden gebouwd.

[21] In het *Directorium* voor de pastorale bediening van Bisschoppen(1973) van de Bisschoppencongregatie worden in n.182 aan de Bisschoppen enkele suggesties gegeven inzake "geldinzamelingen voor nieuwe cultusplaatsen"; zij moeten een beroep doen op de geloofszin van de gelovigen en hen op een verstandige manier bewust maken van hun

levensonderhoud van hen, die in dienst van de parochie staan, wordt voorzien, maar zij spreekt daar niet over zoals wel gebeurt in de corresponderende *can.1162 § 2 C.I.C./17*; wellicht is dit levensonderhoud verdisconteerd in de algemene eis dat de noodzakelijke middelen voor de goddelijke eredienst er moeten zijn[22].

Ook religieuze instituten, die met toestemming van de diocesane Bisschop een huis mogen oprichten in zijn bisdom (**can.609 § 1**) hebben diens verlof nodig "om op een vaste en bepaalde plaats" een kerk te bouwen (**can.1215 § 3**). Uit **can.611 n.3** blijkt dat de klerikale religieuze instituten aan de toestemming van de diocesane Bisschop ook het *fundamentele* recht op een eigen kerk ontlenen; een recht, dat echter pas geëffectueerd mag worden na verkregen verlof van die Bisschop om die kerk "op een vaste en bepaalde plaats" te bouwen. De aanvrage-plicht van dit verlof vloeit voort uit het feit dat een kerk een aan de publieke eredienst toegewijd gebouw is; en voor deze eredienst is de diocesane Bisschop in zijn bisdom de eerstverantwoordelijke (**cc.381 § 1; 392** en **678 § 1**)[23].

plicht de nodige middelen op te brengen; zij kunnen bepaalde dagen aanwijzen voor die inzamelingen van geld, dat samen met de offergaven in de eucharistieviering wordt aangeboden; ook kunnen zij taksen opleggen voor juridische en administratieve handelingen (steeds met uitsluiting van sacramenten en sacramentaliën) of verenigingen in het leven roepen voor die inzamelingen. Gebleken is hoe in ons land de "Pastorale Structuurcommissie" (Utrecht), de "Commissie Planologie en Bouwzaken", ingesteld op 1 januari 1970 [Roermond; zie *An.Rmd.* 51 (1970)105-106], de "Commissie Pastorale Organisatie en Kerkopbouw" (P.O.K.in Haarlem, die in de plaats kwam van de zgn. Situeringscommissie uit het begin van de 50-er jaren [*An.Ha.* 26(1979)H74-H75 en 36(1989)211-228], de Situeringscommissie in het bisdom Breda (*An.Br.* 1964, pp.129-132) en vergelijkbare commissies in de niet-genoemde bisdommen zeer waardevolle diensten bewijzen.

[22] Het *Directorium* voor de pastorale bediening van Bisschoppen(1973) beveelt de Bisschop aan een commissie in te stellen, die samen met de priesterraad en met andere belanghebbende commissies alles bekijkt wat met de oprichting van parochies en met het bouwen van kerken te maken heeft (n.178). Ook moet hij er op uit zijn om op al die plaatsen, waar mensen wonen en zich frequent ophouden, bv. om redenen van gezondheid (denk aan de vele herstellingsoorden), van ontspanning of zaken doen (langs autobanen, bij trein- en busstations, op luchthavens) naast parochiekerken ook hulpkerken of -kapellen op te richten, desnoods privé-huizen te kopen of te huren, die geschikt kunnen worden gemaakt voor de eredienst en voor andere behoeften van de gelovige gemeenschap(n.180).

[23] Enkele commentaren, zoals *MK* bij deze canon en *CDC (P/M)* p.700, merken op dat de diocesane Bisschop ook in dit geval gehouden is om de in **can.1215 § 2** genoemde voorwaarden te (laten) verhelderen alvorens dit verlof te geven, en dus ook de priesterraad en rectoren van naburige kerken te horen. Niet duidelijk is, waarop dit gebaseerd is.- Het in de vorige noot genoemde *Directorium* wijst de Bisschop ook op de plicht om m.n. bij de bouw van parochiekerken rekening te houden met een harmonische verhouding tussen kunst en devotie, tussen schoonheid en soberheid, tussen bekoorlijkheid en praktisch nut. Daarom moet hij alle ongepaste nieuwigheid en alles wat afbreuk doet aan de heiligheid van de plaats uitbannen en de parochies niet al te zwaar belasten met de bouw van een kerk (n.181).

Per se is voor kerkbouw geen toestemming nodig van enige burgerlijke autoriteit anders dan de normale procedure m.b.t. de bouwvergunning, waarbij van belang zijn de *Wet op de Ruimtelijke Ordening*[24] en de *Gemeentelijke Bouwverordening*. Maar als een kerk of (toen nog) openbare kapel wordt gebouwd of ingericht binnen 200 el afstand van een bestaande kerk (van hetzelfde of van een ander kerkgenootschap) werd volgens art. 7 van de Wet op de Kerkgenootschappen(1853) voorafgaande *toestemming van het Gemeentebestuur* vereist, die echter alleen kon worden geweigerd in het belang van de openbare orde. Ter vervanging van deze Wet op de Kerkgenootschappen is sedert 27 april 1988 de *Wet Openbare Manifestaties*[25] in werking getreden. Hierin wordt met geen woord gerept over een dergelijke toestemming.

Natuurlijk zijn voor een kerk en andere kerkelijke gebouwen de algemene en plaatselijke *bouwverordeningen en bestemmingsplannen* van toepassing.

Ook voor *België* geldt dat voor de bouw van een kerk alleen rekening moet worden gehouden met de wetgeving op de ruimtelijke ordening en de bestemmingsplannen. Op te merken valt wel, dat het normaal de gemeente is, die voor de erkende parochies als bouwheer zal optreden. Vanzelfsprekend kunnen echter ook private verenigingen met rechtspersoonlijkheid en privépersonen een kerkgebouw laten oprichten, mits men zich aan de hoger vermelde wetgeving houdt.

3.2. *De eigenlijke bouw van een kerk*[26]

Bij de bouw van iedere kerk alsmede bij verbouwingen en herstellingen blijft als *algemeen voorschrift* gelden, dat "de door de christelijke traditie aanvaarde *bouwvormen* en *de wetten van de gewijde kunst* onderhouden worden"(aldus *can.1164 § 1 CIC/17*; vgl.

[24] *Nederlandse Saatswetten*, editie Schuurman & Jordens n.64.

[25] *Nederlandse Staatswetten*, Editie Schuurman & Jordens, n.194 (Tjeenk Willink, Zwolle 1989).

[26] Lezenswaardig zijn: **Th.van Bilsen**, *Kerkenbouw. Pastoraal-theologische overwegingen* – in: *An.Bo.* 1(1961)155-168, **C.Pouderoyen**, *Practische punten betreffende de kerken- bouw* in: *An.Bo.*2(1962)44-62 en een principiëel artikel dat interessant is om de daarin opgenomen blijvende beginselen van **H.Schrade** in: *Stimmen der Zeit*, juli 1960 [zie hiervoor *KA* 16(1961)281-284]. Sedert 1966 kent het bisdom Breda (*An. Br.* 1966, p.B1) de bisschoppelijke beoordelingscommissie met als taak de nieuwbouw- en restauratieplannen van kerken, pastorieën, kerkelijke gebouwen alsmede de kerkelijke kunstvoorwerpen te bestuderen en daarover advies uit te brengen.

can.1216). Hiermee zijn niet bedoeld de vormen en wetten, die aan een bepaalde bouwstijl eigen zijn, want de Kerk schrijft geen enkele bouwstijl voor en keurt geen enkele, ook niet een "moderne" bouwstijl af (zie *SC* n.123). Maar voor elke stijl gelden enige fundamentele wetten, die afgeleid worden uit de bestemming van het kerkgebouw als "woonplaats van God met de mensen en als huis van gebed". Het *sacrale* karakter van het kerkgebouw moet daarom ook in de uiterlijke bouw tot uitdrukking worden gebracht (geen kazernebouw of theatervorm).

Het eerste doel is de waardige uitoefening van de eredienst en dat stelt eisen aan bv. het priesterkoor met alles wat daar een plaats moet krijgen (zie hieronder: inrichting van de kerk). De kerk is ook een huis van gebed; vandaar moet zij een eigen, daartoe geschikte sfeer ademen. Tenslotte is het kerkgebouw wel op de eerste plaats, maar niet alleen bestemd voor de grote, gemeenschappelijke godsdienstoefeningen, doch ook bestemd voor bijeenkomsten van afzonderlijke groepen en voor het privé-gebed. Hiervoor zijn één of meerdere van het kerkschip in zekere mate afgescheiden devotie-kapellen zeer gewenst (en ook sterk in trek). Voor bijeenkomsten van kleine groepen gelovigen alsook voor godsdienstoefeningen door de week zal een zgn. *dagkerk* van groot nut kunnen zijn.

Er worden in het nieuwe Wetboek niet, zoals in het oude, *speciale voorschriften* gegeven, bv. dat de kerk *een op zichzelf staand gebouw* moet zijn, geen deur of raam mag hebben, dat toegang geeft tot een profaan huis *(can.1164 § 2 CIC/17)*, tenzij een verbinding met de pastorie of kosterswoning; geen ruimten onder de kerkvloer of boven het kerkgebouw "voor zuiver profaan gebruik" (als bergplaatsen, slaapgelegenheden enz.). Daartoe worden niet gerekend: een katholieke school, parochiehuis, parochiebibliotheek, bergplaats voor paramenten, stookplaats voor de centrale verwarming van de kerk, bergplaats voor fietsen van kerkgangers.

Wat het *bouwmateriaal* betreft bestaat er geen enkel voorschrift meer. Wanneer gewapend beton wordt gebruikt, moeten de kruisjes op de binnenmuur en aan de hoofddeur van natuursteen zijn. Een kerk mag ook uit hout,ijzer of ander metaal vervaardigd worden, maar mocht onder de oude wetgeving niet gewijd, wel gezegend worden. De nieuwe wetgeving spreekt hier niet meer over; ook niet meer over het gegeven, dat iedere kerk, zo mogelijk, *geörienteerd* zou moeten zijn d.w.z. dat het priesterkoor gericht is naar het Oosten en de hoofdingang naar het Westen (*Conc.Prov.*, p.136).

4. Inrichting van de kerk

De *AIAM* nn.253-280 geeft een overzicht van alles, waarmee rekening gehouden dient te worden bij de inrichting van het kerkgebouw. Zij is gebaseerd op preconciliaire, conciliaire en postconciliaire bronnen[27].

Omdat het kerkgebouw boven alles de plaats is, waar de eucharistie wordt gevierd, dient het dus op de eerste plaats geschikt te zijn voor een waardige voltrekking daarvan en tegelijk voor de bevordering van de actieve deelname daaraan van de gelovigen(n.253). Vanwege de enerzijds samenhangende, maar anderzijds hiërarchische ordening, die in ieder deel van de viering tot uitdrukking komt, moet daarom de kerk zó zijn ingericht dat zij voldoet aan deze drie voorwaarden, nl. dat zij a) het beeld van een verzamelde menigte vertoont, b) de juiste ordening van allen mogelijk maakt en c) de goede uitoefening van ieders functie bevordert (n.257)[28]. Deze algemene uitgangspunten hebben hun gevolgen voor de inrichting van de kerk:

- de *gelovigen* en het *zangkoor* moeten een plaats krijgen die hun actieve deelneming vergemakkelijkt(nn.257 en 273); het is daarom goed, dat de gelovigen kunnen beschikken over knielbanken of stoelen, maar het gebruik dat bepaalde particuliere personen eigen plaatsen hebben valt af te keuren(*SC* n.32); de opstelling van de knielbanken of stoelen moet zó zijn, dat de gelovigen gemakkelijk de voor de verschillende gedeelten van de viering vereiste lichaams-houdingen kunnen aannemen en zonder hinder te communie kunnen gaan, maar ook alles wat gezegd of gezongen wordt gemakkelijk kunnen verstaan (n.273); het zangkoor moet duidelijk deel uitmaken van de samengekomen gemeenschap en in zijn opstelling uitdrukken dat het een speciale functie te vervullen heeft, terwijl het voor ieder lid van dit koor de deelname aan de viering zonder moeite mogelijk maakt (n.274);
- het *priesterkoor* moet duidelijk van het kerkschip onderscheiden zijn, hetzij door een verhoogde ligging, hetzij door een speciale bouw en aankleding en moet in ieder geval zó groot zijn, dat de liturgische handelingen er gemakkelijk plaats kunnen vinden (n.258);

[27] Zoals de Instr. *Sacrae artis*(1952) van het H.Officie, *SC* en *P0*; de Instr. *Inter oecumenici*(1964), nn.90-92, *Eucharisticum mysterium*(1967) n.24, *Musicam sacram* (1967) n.23, nn.90-92, *Liturgicae instaurationes* (1970) n.10, alle van de Ritencongregatie of van de Congregatie voor de Eredienst; de *AILG* (1971) n.258 en het *Rituaal* voor de communieuitreiking en de verering van de eucharistie buiten de Mis(1973) nn.9-11, beide van de Congregatie voor de Eredienst.

[28] Vgl. ook *SC* n.26, LG n.32, *OvD* voor het doopsel van kinderen n.25, *OvD* voor boete en verzoening n.12 en inleiding op de *OvD* voor kerk-en altaarwijding I 3 en II 3.

– het (hoofd)*altaar* moet het centrum zijn, waarop zich de aandacht van de gemeenschap vanzelf richt (nn.259-262);
– de *zitplaats* van de voorganger moet tot uitdrukking brengen dat hij inderdaad degene is, die de samenkomst vóórzit en het gebed leidt: op het uiteinde van het priesterkoor, gekeerd naar het volk, maar zonder dat dit iets weg heeft van het 'zitten op een troon'; voor de assistenten wordt een zodanige plaats uitgekozen dat zij hun functie gemakkelijk kunnen uitoefenen (n.271);
– de *plaats vanwaar het woord van God* verkondigd (gelezen of gezongen) wordt, zal zó moeten zijn dat de aandacht van de gelovigen er vanzelf naar uitgaat (n.272);
– over de plaats van het *tabernakel* zal uitvoerig worden gesproken in het hoofdstuk over de eucharistie (nn.276-277);
– wat de plaatsing van *beelden* van Christus, Maria en de Heiligen betreft moet men zich allereerst de nodige beperkingen opleggen, d.w.z. niet teveel in aantal en van één en dezelfde heilige maar één beeld, en vervolgens letten op een juiste plaatsing zodat zij niet de aandacht afhouden van de liturgische viering (n.278);
– met betrekking tot de oprichting en aankleding van het *doopvont* stelt de Instr.*Inter oecumenici*(1964)n.99 van de Ritencongregatie, dat alle aandacht wordt geschonken aan de waardigheid van het doopsel en er op gelet wordt dat de plaats geschikt is om gemeenschappelijke vieringen te houden (vgl. *SC* n.27);
– ten aanzien van de *biechtstoelen* bepaalt **can.964 § 2** dat de BC hieromtrent normen moet vaststellen, waarbij verzekerd moet zijn dat op een open en toegankelijke plaats altijd biechtstoelen voorhanden zijn. De Nederlandse BC bepaalde, dat iedere kerk over een bruikbare biechtstoel/- kamer moet beschikken[29];
– de *verdere aankleding* van de kerk moet gekenmerkt zijn door eenvoud (*SC* n.124) en echtheid, zodat zij bijdraagt tot de onderrichting van de gelovigen en tot de waardigheid van de gewijde plaats (n.279).

Inrichting en aankleding van de kerk samen moeten een teken zijn van bovenaardse werkelijkheden, die zich daar zowel in de liturgievieringen als in het persoonlijk godsdienstig leven voltrekken.

5. Kerkwijding

"Wanneer een kerk wordt opgericht als een gebouw dat uitsluitend en blijvend bestemd is voor het samenkomen van het volk van God en voor

[29] *TB/89* n.15 bij deze canon.

de viering van de eredienst, behoort zij, volgens het zeer oud gebruik, op plechtige wijze aan de Heer te worden toegewijd"(vgl.*AIAM* n.255). Deze zin uit de nieuwe *OvD* voor kerk-en altaarwijding(1977) cap.2, n.2 lijkt de toewijding van een nieuwe kerk aan God aan strengere voorwaarden te binden (m.n. de uitsluitende en blijvende bestemming voor de viering van de eredienst!) dan **can.1217 § 1**:"Als de bouw op de voorgeschreven wijze voltooid is, dient de nieuwe kerk...te worden ingewijd of tenminste ingezegend, met inachtneming van de wetten van de heilige liturgie". Wat deze laatste clausule betreft zijn we dus gebonden aan de zojuistgenoemde *OvD* (cap.2, 3 en 5). Daarin is ook de *OvD* voor de eerstesteenlegging opgenomen (cap.1). Hiermee begint eigenlijk de toewijding aan God van het (nog op te richten) gebouw.

5.1. *Eerstesteenlegging*[30]

De liturgische plechtigheid van de eerstesteenlegging is geen strikt noodzakelijke, maar wel wenselijk geachte viering bij de bouw van een nieuwe kerk om Gods zegen over dit werk af te roepen en de gelovigen eraan te herinneren "dat het toekomstige stenen gebouw een zichtbaar teken is van de levende kerk of Gods bouwwerk, die zij zelf zijn" (*OvD*., cap.1, n.1). Zij bestaat uit de zegening van het bouwterrein en uit de zegening en plaatsing van de eerste steen. Beide elementen kunnen van elkaar gescheiden worden: waar geen eerste steen wordt gelegd of (vanwege speciale architectuur en bouwwijze) gelegd kan worden, dient de plechtigheid van de zegening van het bouwterrein toch te gebeuren "om het begin van het werk aan God toe te wijden".

Beide rituelen kunnen "op elke dag en op elk tijdstip, behalve tijdens het paastriduum" plaatsvinden, liefst met een grote toeloop van volk (*OvD*, t.z.p., n.2), dat goed geïnstrueerd is over de betekenis van deze plechtigheid (t.z.p., n.4). De diocesane Bisschop zou deze rituelen moeten voltrekken; kan hij dit echter niet doen, dan "zal hij deze taak toevertrouwen aan een andere Bisschop of priester", bij voorkeur een directe medewerker of de eigen pastoor (t.z.p., n.3).

Het terrein voor de te bouwen kerk moet, waar mogelijk, goed afgebakend zijn en zó, dat men er gemakkelijk om heen kan gaan (t.z.p., n.5). Op de plaats, waar het altaar zal komen, wordt een groot houten

[30] In het allereerste *ontwerp(1977)* hebben de consultoren van de betreffende studiegroep een aparte bepaling gewijd aan het zegenen en plaatsen van de eerste steen*(can.10)*. Maar op de bijeenkomst van 4 oktober 1979 waren zij er voor deze bepaling te schrappen, gelet op de normen, die in deze vervat zijn in de al genoemde nieuwe *OvD* voor kerk- en altaarwijding. Zie *COMM*. 12(1980)335.

kruis opgericht (t.z.p., n.6). Er wordt in het nieuwe ritueel niet meer, zoals in het oude nog wel het geval was, gesproken over de keuze van de *titel, c.q.patroon* van de kerk, maar er lijkt niets op tegen die keuze al vóór de eerstesteenlegging te maken.

5.2. *De eigenlijke kerkwijding*

Als de bouw voltooid is, wordt het kerkgebouw pas na de eigenlijke liturgische toewijding aan de Heer een "gewijde plaats", d.w.z. een gebouw, dat zijn profane bestemming kwijt is. Volgens **can.1205** kan die toewijding op twee manieren gebeuren: door de plechtige ritus van de zgn.wijding (= dedicatie) of van de zegening(= benedictie), zoals deze door de liturgische boeken worden voorgeschreven. Dat is in dit geval de al eerder genoemde nieuwe *OvD* voor kerk-en altaarwijding(1977), die deel uitmaakt van het *Romeinse Pontificaal*[31]. Deze bevat zelfs drie onderscheiden orden van dienst, nl. voor de kerkwijding (dedicatie) van een nog niet eerder gebruikte kerk (*cap.2*), voor de wijding (dedicatie) van een kerk, die al in gebruik genomen is voor de eredienst en tijdelijk buiten gebruik was (*cap.3*) en voor de (in)zegening (benedictie) van een kerk (*cap.5*).

Er wordt in de Codex en in de *OvD* dus onderscheid gemaakt tussen twee vormen van wijding van een kerk. Dat gebeurde in de oude Codex ook, al had dit onderscheid daar een iets andere betekenis. Er was toen sprake van *consecratie*(wijding) en *benedictie*(zegening)[32]. De **Codex/83** zuivert deze begrippen als het ware uit en breidt het oude begrippenpaar bewust uit met het begrip *'dedicatie'*(wijding of inwijding)[33]. Wijding houdt altijd in: het onttrekken van een persoon aan haar

[31] Dat is het officiële boek, waarin de orden van dienst en gebeden van alle liturgische vieringen (behalve de eucharistie, die opgenomen is in het Romeinse Missaal),bijeen zijn gebracht en welke doorgaans zijn voorbehouden aan Bisschoppen.

[32] Het Latijnse begrip 'consecratie' houdt in: een wijding, waarin een zalving met olie opgenomen is. In de nieuwe liturgische boeken wordt echter ook gesproken over de *"consecratio virginis"* (maagdenwijding), in het ritueel waarvan geen zalving opgenomen is! Bovendien wordt in de herziene editie van het *Pontificale Romanum* inzake de wijding van een Bisschop, priesters en diakens(1990) niet meer gesproken over de *"episcopus consecrans"* (wijdende Bisschop), maar over *"episcopus ordinans"*, waarbij het woord "ordinatio" of "ordinare" (letterlijk: "inordening" of "inordenen") ook met wijding vertaald moet worden; en 'benedictie' betekent een wijding zonder dat in het ritueel een zalving met olie opgenomen is; dus eenvoudigweg een zegen of zegening. In de **Codex/83** komen we het woord "ordinatio" vaak tegen (**cc.34 § 2, 94 § 1, 543 §§ 1 en 2, 822 § 3, 944 § 2, 1602 § 3**), maar nooit in de betekenis van wijding.

[33] Op enkele uitzonderingen na, nl. **can.880 § 2**, waar sprake is van de 'consecratie' van chrisma en **can.927**, waar het gaat over de 'consecratie' van brood en wijn, en in postconciliaire teksten, zoals de Instr.*Musicam sacram*(1967) n.43 van de Ritencongregatie,

aardse bestemming. In het wijdingsritueel kan een oliezalving opgenomen zijn: dan heet de wijding van personen consecratie, van zaken en plaatsen dedicatie; als er geen oliezalving in het ritueel plaatsvindt, hebben we te maken met òfwel een *'benedictio constitutiva'*, d.i. een zegening, die geacht wordt een wezenlijke verandering tot stand te brengen in de persoon of de zaak, òfwel een *'benedictio invocativa'* (zonder verandering van de aardse bestemming van iemand of iets), d.i. een zegening, die Gods zegen afroept over personen of zaken[34]. Consecraties, dedicaties en *constitutieve* benedicties kunnen geldig alleen verricht worden door hen, die de bisschopswijding hebben ontvangen, alsmede door priesters, aan wie dit rechtens[35] of door een wettige machtiging (zie de **cc.1169 § 1** en **1206-1207**) is toegestaan, m.u.v. de wijding van personen (zie **can.1012**)[36].

Zo bepaalt **can.1206**, dat de wijding (dedicatie) van de kerk toekomt aan de diocesane Bisschop[37] of aan hen, die rechtens met hem gelijkgesteld zijn volgens **can.381 § 2**. Zij kunnen die taak opdragen aan iedere andere Bisschop (hulp- of wijbisschop) en "in uitzonderlijke gevallen aan een priester ... in hun ambtsgebied". De zegening van een kerk is ook aan de diocesane Bisschop gereserveerd, maar hij kan iedere andere priester daartoe delegeren (**can.1207**)[38].

Als de bouw van een kerk op de voorgeschreven wijze voltooid is, moet elke kerk – zo bepaalt **can.1217 § 1** – "zo spoedig mogelijk" worden ingewijd of ingezegend. Dit algemene voorschrift van **§ 1**

wordt het woord *'consecratie'* alleen gebruikt in verband met *personen*, bv. de **cc.207 § 2, 332 § 1, 607 § 1, 669 § 1, 835 § 2, 1008**, terwijl voor de wijding van *zaken* en *plaatsen* het begrip *'dedicatie'* of *'benedictie'* wordt gebruikt, bv. in de **cc.1171, 1217 § 1, 1237 § 1** enz. Wij kunnen tegenover de woorden 'consecratie' en 'dedicatie' moeilijk een eigen Nederlands begrippenpaar stellen of het zou moeten zijn: wijding (ook in de zin van toewijding) en *in*wijding, een woord, dat wij eerder in verbinding brengen met de toewijding van een gebouw dan van een persoon. Uitvoerig hierover *MK* bij **can.1169.**

[34] Zie *HdBdkKr*, pp.837-838. Dit onderscheid komen we in de **Codex/83** niet meer tegen i.t.t. de *CIC/17*, bv. *can.1148 § 2*; evenmin in de liturgische wetgeving, maar het wordt door vrijwel alle commentatoren gehanteerd om duidelijk te maken om welk soort zegening het gaat.

[35] Bv. de zegening van een kelk en pateen: *OvD* voor kerk- en altaarwijding, cap.7, Inleiding n.3.

[36] Invocatieve zegeningen kunnen, m.u.v. die, welke aan Paus of Bisschoppen voorbehouden zijn, door iedere priester gedaan worden; door een diaken alléén die, welke hem uitdrukkelijk door het recht worden toegestaan (**can.1169 §§ 2** en **3**); zie *NRL, Zegeningen uit het Romeins Ritualaal*(1986).

[37] Aan een Vicaris-generaal en Bisschoppelijke Vicaris alleen als zij een speciaal mandaat hebben: zie **can.134 § 3**.

[38] Vgl. MP *Pastorale munus*(1963) II van Paus **Paulus VI** n.8 en de Instr.*Inter oecumenici*(1964) van de Ritencongregatie n.77.

wordt in § **2** toegespitst op vooral kathedralen en parochiekerken, die "dienen te worden ingewijd met een plechtige ritus". In het oude recht *konden* (privé-) kapellen geconsacreerd worden. In het nu geldende recht **(can.1229)** wordt alleen de *inzegening* daarvan volgens de ritus, in de liturgische boeken voorgeschreven, passend geacht. Vandaar wordt in *cap.5* van de *OvD* voor de kerk- en altaarwijding in de inleiding ook over de *zegening* van huiskapellen en andere kapellen en cultusplaatsen gesproken, maar zij is niet noodzalijk.

Het is niet alleen wenselijk dat cultusplaatsen en kerken die blijvend bestemd zijn voor de viering van de goddelijke mysteries aan God worden toegewijd, maar het is ook passend dat...cultusplaatsen, die slechts tijdelijk voor de eredienst bestemd worden, gezegend worden volgens de liturgische boeken; dus ook een *noodkerk*[39].

6. Kerktitel (patroonheilige)

Can.1218 luidt: "Iedere kerk dient haar titel te hebben, die, na het voltrekken van de (in)wijding van de kerk niet gewijzigd kan worden"[40]. De kerk kan genoemd worden naar de H.Drieëenheid[41], naar onze Heer Jezus Christus onder de naam van een mysterie of onder een andere naam, die reeds in de liturgie is ingevoerd (bv. Verrijzenis, Salvator, Christus Koning, Goede Herder, H.Hart), naar de H.Geest of ook naar een Heilige, zoals de H.Maagd Maria, eveneens onder een benaming, die reeds in de liturgie is ingevoerd, bv. Maria Onbevlekt Ontvangen, Maria Tenhemelopneming, Zeven Smarten enz., naar de HH.Engelen of naar Heiligen, die in het Romeins *Martyrologium*[42] voorkomen of in een goedgekeurd aanhangsel daarvan; niet echter naar Zaligen, tenzij krachtens een indult van de Apostolische Stoel[43]. De keuze van een titel voor

[39] Zie *OvD* voor kerk- en altaarwijding, hoofdstuk 5,1.

[40] De traditionele bepaling dat iedere kerk een titel moet hebben, was oorspronkelijk niet voorzien in het *Schema/77*, maar is door de consultoren van de Codexherzieningscommissie in 1979 weer opgevoerd naar analogie van *can.1168 § 1 CIC/17*: *MK* bij **can.1218**.

[41] Maar niet naar de afzonderlijke Goddelijke Personen behalve de H.Geest en Jezus Christus onder de naam van een mysterie of onder een in de liturgie al ingevoerde benaming [ontleend aan de *Normen* over aanwijzing van Patronen van de Congregatie voor de Eredienst in 1973 n.4; vgl. de Instr. *Calendaria particularia*(1970) nn.28 en 34 van dezelfde Congregatie].

[42] Een liturgisch boek, waarin met het oog op het koorgebed voor elke kalenderdag een aantal verjaardagen, vroeger voornamelijk van de martelaren, tegenwoordig ook van andere herdenkingsfeiten, wordt aangekondigd, vaak vergezeld van een historische uitweiding of korte lofrede: *LW* dl.II, s.v. martyrologium.

[43] Uit de *OvD* voor kerk- en altaarwijding(1977), cap.2, Inleiding II, n.4; vgl. de Instr.*Calendaria particularia*(1970) n.34 van de Congregatie voor de Eredienst. Opval-

de parochiekerk komt toe aan hen, die het aangaat, nl. de parochieleider(s) en andere gelovigen, maar zij moet worden goedgekeurd door de diocesane Bisschop[44] en bevestigd door de Congregatie voor de Eredienst (*Normen* n.8). De titel, die de ene kerk onderscheidt van de andere, *kan* al bij de eerstesteenlegging worden vastgelegd (ofschoon hierover nergens enige bepaling gegeven wordt), is tot de (in)wijding veranderbaar, daarna niet meer zonder dispensatie van de Apostolische Stoel[45].

Een kerk kan maar één titel hebben (ook dan als kerken worden samengevoegd), tenzij het om de H.Drieëenheid gaat of om Heiligen, wier namen gecombineerd op de kalender voorkomen zoals: de HH.Martelaren van Gorcum, de HH.Petrus en Paulus, Fabianus en Sebastianus enz.[46]. *Titelwijziging* was onder de oude wetgeving, na een 'alleen maar' (in)gezegende kerk, niet meer mogelijk. Dat is nu wel mogelijk, want pas na de (in)wijding (dedicatie) van een kerk is zij niet meer mogelijk. Maar als ergens de verering en devotie voor de rechtmatig aangewezen of sinds onheuglijke tijden aanvaarde titel in de loop der tijden onbetekenend is geworden of als er over de titelheilige niets met zekerheid valt te zeggen, is er niets op tegen, dat de parochieleider(s) en andere gelovigen na rijp beraad en na hen te hebben gehoord, die het aangaat, een nieuwe titel kiezen en goed laten keuren door de Bisschop. Blijft echter als algemene regel staan, dat de titel van een kerk niet gewijzigd mag worden, ook al komt de betreffende heilige op de algemene kalender niet meer voor[47]. Bij herziening van de eigen heiligenkalender kan de titelwijziging eventueel weer aan de orde komen[48].

De begrippen 'titel' en 'patroonheilige' van een kerk dekken elkaar niet zonder meer. Een patroonheilige wordt door de parochieleider(s) en andere gelovigen gekozen als beschermheilige en voorspreker bij God (kan dus alleen een Heilige of – met Romeins indult – een Zalige zijn). De titel duidt op de eerste plaats aan, dat een Heilige of een mysterie in die kerk bijzondere verering geniet. Is de titel van een parochiekerk een

lend is dat hier noch elders gesproken wordt over de benoeming van een kerk naar een *zaak*, die voorwerp kan zijn van bijzondere verering zoals het H.Kruis, St.Petrus'Banden enz.

[44] Zie de in noot 41 genoemde *Normen*, n.7.

[45] Dat zeggen meerdere commentatoren, waaronder *MK* bij can.**1218** en *CDC(S/P)*, p.666, maar het is niet duidelijk waarop dit gebaseerd is.

[46] Vgl. de Instr.*Calendaria particularia* (1970) van de Congregatie voor de Eredienst, nn.30, 33 en 34.

[47] De Romeinse instanties moeten een titelwijziging confirmeren.

[48] Zo lezen we in de Algemene Normen van de Ritencongregatie betreffende de Romeinse Kalender van 21 maart 1969, n.52 noot o – in: *KE*, dl.I, p.450.

Heilige, dan is hij(zij) pas op de tweede plaats patroonheilige van de parochie. Het titelfeest moet jaarlijks gevierd worden als een hoogfeest[49].

7. Gebruik van het kerkgebouw

De wetgever houdt vast aan het beginsel dat in een gewijde plaats "alleen toegelaten (mag) worden wat dienstig is voor de uitoefening of de bevordering van de eredienst, de vroomheid en de godsdienst" **(can.1210)**. In positieve termen bepaalt **can.1219** dan ook dat "in een wettig ingewijde of ingezegende kerk alle handelingen van de goddelijke eredienst voltrokken (mogen) worden, met eerbiediging van de parochiële rechten"[50]. En met het oog hierop claimt het kerkelijke gezag in **can.1213** de vrije uitoefening van zijn bevoegdheden en taken op gewijde plaatsen.

Elke wettig ingewijde of ingezegende kerk, met name *parochiekerk*, is dus de plaats, waar de geloofsgemeenschap bijeenkomt voor de liturgie van het woord **(cc.766, 1248 § 2)**, voor de viering van de sacramenten, met name: de eucharistie **(can.932 § 1)**, de uitstelling van het Allerheiligste **(cc.941-942)**, de doop**(cc.857-859)**[51], het boetesacrament **(can. 964 § 1)**, het vormsel **(can.881)**, de wijdingen **(can.1011 § 1)** en de huwelijkssluiting **(can.1118)**; voor de uitvaart **(can.1177)**; zij kan ook de plaats zijn voor het gezamenlijk bidden van het Getijdengebed (*AILG* n.262) of voor de rite van het catechumenaat (*OvD* voor de christelijke initiatie van volwassenen); voor het privé-gebed en allerlei devotionele praktijken[52].

Can.1219 bevat echter een belangrijke beperking: *"met eerbiediging van de parochiële rechten"*. Nooit mag de viering van de goddelijke eredienst in een niet-parochiële kerk afbreuk doen aan de centrale functie die een parochie in dit opzicht heeft. De Instr.*Eucharisticum mysterium*(1967) van de Ritencongregatie bevat in n.26 enkele goede suggesties voor de veiligstelling van de parochiële rechten. Om tot een goede gemeenschapsviering in de parochie, met name op zondag, te komen is

[49] Zie het Decreet van de Ritencongregatie, waarmee zij op 21 maart 1969 de Romeinse Kalender promulgeerde en de zelfstandige uitgave van de universele normen, n.59 – in: *KE*, dl.I, p. 452.

[50] Een sterk ingekorte versie van *can.1171 CIC/17*.

[51] Vgl. *OvD* voor de kinderdoop, Inleiding III, n.11.

[52] Een heel specifieke vraag omtrent de openstelling van het kerkgebouw voor allerlei vormen van eredienst betrof de toelating van de volgelingen van **Mgr.Lefebvre** in het bisdom Roermond: zie *An.Rmd.* 72(1991)41-43: voor hen hoeft het kerkgebouw niet ter beschikking te worden gesteld.

naast de stimulering van de actieve deelname van heel de geloofsgemeenschap in en door de *zang* nodig, dat de liturgische vieringen in andere kerken en kapellen goed worden afgestemd op die in de parochiekerk; dat kleine gemeenschappen van religieuzen, die niet klerikaal zijn, en andere soortgelijke communiteiten deelnemen aan de parochievieringen; en dat er liever niet al te veel eucharistievieringen met te kleine groepen zijn[53]. Om geen inbreuk te maken op de parochiële rechten bepaalt **can.558** dat "een rector niet de parochiële taken van **can.530 nn.1-6** in de hem toevertrouwde kerk" mag verrichten. Dat kan alleen, als dit gebeurt op last van de plaatselijke Ordinaris (**can.560;** vgl. de **cc.857, 858 § 2, 859, 1118 § 1** en **1177 § 2**) of met toestemming, c.q. delegatie van de pastoor (**can.558**) of op grond van het diocesane recht (t.a.v. rectoraatskerken).

Can.1219 maakt alleen uitdrukkelijk melding van de rechten van de parochie; privileges en wettige gewoonten kunnen echter evenzeer de grondslag vormen voor het recht van een andere kerk dan de parochiekerk op het vervullen van parochiële functies[54].

Het feit, dat iedere kerk bestemd is voor de eredienst, sluit niet uit, dat zij ook, althans bij uitzondering gebruikt wordt voor andere doeleinden. De Ordinaris kan in afzonderlijke gevallen een ander gebruik toestaan, dat niet strijdig is met de heiligheid van de plaats (**can.1210**), bv. voor academische zittingen, conferenties over religieuze thema's, concerten met gewijde of religieuze muziek enz.[55]; nooit echter voor doeleinden in strijd met de heiligheid van de plaats, zoals: bal, markt, verkopingen (zelfs met een goed doel: fancy fair), politieke bijeenkomsten, concerten met profane muziek enz. Het fotograferen of het maken van televisie-opnamen in een kerk is niet verboden, mits dit niet storend is voor de liturgische vieringen; voor radio- en televisieuitzendingen vanuit de kerk is verlof van de plaatselijke Ordinaris vereist[56]. A fortiori is het verboden een kerk te ge-

[53] Zie *KA* 22(1967)kol.767; vgl. het *Directorium* voor de pastorale bediening van Bisschoppen(1973) van de Bisschoppencongregatie n.86.

[54] Afzonderlijke vermelding van de clausule "met eerbiediging van privileges en wettige gewoonten" werd in de fase van de Codexherziening overbodig geacht omdat 'privileges en gewoonten' altijd, als zij wettig zijn, hun geldingskracht behouden: *COMM.* 12(1980) 336.

[55] In *TB/89* n.26 bepaalde de Nederlandse BC "dat voor het verhuren of verpachten van gebouwen, ruimten en voorwerpen, die bestemd zijn voor de viering van de Eucharistie, toestemming nodig is van de plaatselijke Bisschop". Zie verder het *Schrijven* van de Congregatie voor de Eredienst en voor de Sacramenten, sectie Eredienst, van 5 november 1987.

[56] Zie Instr. *De musica sacra* van de Ritencongregatie (1958), nn.74, 75 en 76; in n.73 wordt echter iedere vorm van filmprojectie in de kerk ten strengste verboden, ook als zij

bruiken voor doeleinden, die haar rechtens zouden ontwijden (waarover verderop).

Wat *muziekuitvoeringen* in de kerk betreft moet gewezen worden op het *Schrijven* van de Sacramentencongregatie, Sectie Eredienst (1987)[57], waarin onderscheid wordt gemaakt tussen a) *gewijde muziek*, d.i. muziek, die gecomponeerd is voor de eredienst; hiervoor geldt op de eerste plaats, dat zij nooit een belemmering mag zijn voor de actieve deelname van de gelovigen tijdens liturgische vieringen; mocht dit wel het geval zijn, dan mag zij binnen kerkgebouwen niet, maar daarbuiten wel bij wijze van concert worden uitgevoerd; b) *religieuze muziek*, d.i. muziek, geïnspireerd op teksten van de H.Schrift, van de liturgie of op teksten, die betrekking hebben op God, Maria, andere Heiligen of de Kerk; zij mag alleen buiten de liturgische vieringen om worden uitgevoerd in kerken; dat geldt ook voor orgelspel en andere uitvoeringen van vocale of instrumentale muziek, die de vroomheid of het geloof kan dienen of bevorderen; c) *andere muziek*: zij kan alleen met verlof van de Ordinaris worden uitgevoerd in een kerk, verlof dat voor ieder concert afzonderlijk gegeven dient te worden (dus bv. niet in het kader van een festival of van een concert-cyclus) en dan nog op een aantal voorwaarden:

- tijdig moet een schriftelijk verzoek worden ingediend bij de Ordinaris, met opgave van de datum, aanvangsuur en duur van het concert samen met het programma en de namen van de uit te voeren werken en auteurs;
- na verkregen verlof kunnen pastoors en rectoren het gebruik van hun kerk toestaan aan koren en orkesten op voorwaarde dat:
- de toegang vrij en gratis is;
  - kleding en gedrag van uitvoerenden en toehoorders harmoniëert met het gewijde karakter van het kerkgebouw;
  - musici en zangers niet plaatsnemen in het priesterkoor;
  - de organisatoren iedere civielrechtelijke verantwoordelijkheid, onkosten en herstel van eventuele schade voor hun rekening nemen;

een vroom, religieus of een weldadig doel dient. Over voor- en nadelen van tekstprojectie (dia- of overhead-projectie) zie *An.Bo.* 19(1979)27-34. Men lette op *TB/89* n.26, waar de Nederlandse BC bepaalt,"dat voor het verhuren of verpachten van gebouwen, ruimten en voorwerpen, die bestemd zijn voor de viering van de Eucharistie, toestemming nodig is van de plaatselijke Bisschop". Zie *An.Ro.* 33(1988)85-86.

[57] Dit schrijven is integraal gepubliceerd in *KD* van 1-2-1 1988, n.2. Het is een reactie op de recente toename van het aantal concerten in kerkgebouwen vanwege hun ruimte, vaak goede akoestiek, maar ook uit esthetische (mooie omgeving) of praktische motieven (aanwezigheid van een orgel).

– het H.Sacrament bewaard wordt in een zijkapel of op een andere veilige plaats[58].

Naast de vraag hoe zich de primaire bestemming van iedere kerk (de eredienst) verhoudt tot de eigen plaats van de parochie blijft de vraag over in hoeverre een parochiekerk gebruikt kan en mag worden voor vieringen van christelijke of ook niet-christelijke gemeenschappen. In de *Richtlijnen* voor de oecumenische samenwerking (1975) van het Secretariaat voor de eenheid van de Christenen[59] stelt het Secretariaat als regel voorop "dat een katholieke kerk uitsluitend bestemd is voor de katholieke eredienst" (n.3b). Op grond van haar inwijding hebben de kerken immers een belangrijke tekenwaarde met daarnaast een pedagogische taak[60]. "Daarom kan het gemeenschappelijk gebruik ervan met andere christenen of het bouwen van nieuwe kerken met andere christenen slechts met uitzondering gebeuren"(n.3d)[61].

Het zgn.*Oecumenisch Directorium* I (1967) heeft een aantal beginselen opgesteld, waarnaar in deze Richtlijnen[62] verwezen wordt: a) als de gescheiden kerkelijke gemeenschappen[63] geen plaatsen hebben om er hun religieuze plechtigheden volgens de regels en op een waardige wijze te vieren[64], kan de plaatselijke Ordinaris het gebruik van een katholiek gebouw, kerkhof of kerk toestaan (n.61); b) op grond van de bijzondere band, die er bestaat tussen de Oosterse gescheiden kerken en de Rooms-Katholieke kerk (zie *OE* n.26) is "het gemeenschappelijk gebruik van gewijde zaken en plaatsen door katholieken en gescheiden oosterse broe-

[58] Het commentaar in het *Gregoriusblad* 112(1988)20-22 laat zich positief uit over dit Schrijven, waarin het vooral een handreiking ziet bij het nemen van beslissingen door de Bisschop. Het feit dat de toegang voor concerten in de kerk gratis moet zijn, sluit niet uit dat er collectes worden gehouden, programma's tegen vastgestelde betaling worden uitgereikt of andere afspraken over de financiën worden gemaakt.

[59] We vinden deze richtlijnen terug in het *Directorium oecumenicum III* (1993) nn. 137-140.

[60] Zie inleiding van dit hoofdstuk.

[61] In vergelijking met de Richtlijnen van 1975 is de formulering in n.137 van het *Directorium oecumenicum III* (1993) iets gematigder: als gewijd en ingezegend gebouw blijft het gebruik van een r.k. kerk "*in het algemeen* voorbehouden aan de katholieke eredienst".

[62] Daarop wordt ook in het pastoraal *Directorium* voor het toerisme (1969) van de Congregatie voor de Geestelijkheid, Deel II sub 3Bg gewezen.

[63] In de terminologie van Vaticanum II zijn hiermee steeds bedoeld de van Rome gescheiden christelijke gemeenschappen met uitzondering van de Oosterse Kerken.

[64] Of niet beschikken over de liturgische voorwerpen die nodig zijn om op waardige wijze hun religieuze plechtigheden te vieren, voegt het *Directorium oecumenicum III*(1993) daaraan toe, dan kan – staat in n.137 – de Bisschop (i.p.v. plaatselijke Ordinaris!) toestaan gebruik te maken van een r.k.kerkgebouw en de voor die diensten noodzakelijke voorwerpen lenen. In soortgelijke omstandigheden kan de Bisschop verlof geven om op katholieke kerkhoven de begrafenisplechtigheid of de uitvaartdienst te verrichten.

ders om een geldige reden toegestaan (*OE* n.28); omdat dit zo is, wordt aanbevolen "dat het gebruik van een katholiek gebouw, kerkhof of kerk, met al het nodige, met verlof van de plaatselijke Ordinaris wordt toegestaan aan priesters of gemeenschappen van gescheiden Oosterlingen ten behoeve van hun religieuze plechtigheden, wanneer zij daar zelf om vragen, omdat zij niet beschikken over plaatsen waar zij hun heilige diensten volgens de regels en op een waardige manier kunnen vieren" (n.52)[65].

In genoemde richtlijnen wordt voorts gewezen op het volgende: de huidige maatschappelijke ontwikkelingen, de snelle bevolkingsgroei en de daarmee gelijke tred houdende nieuwbouw alsmede financiële motieven maken, in gevallen waarin er tussen de respectievelijke gemeenschappen goede oecumenische betrekkingen en een goed wederzijds begrip bestaan, het gemeenschappelijk gebruik van cultus-ruimten praktisch interessant, al lijkt het niet mogelijk voor zo'n gebruik een model voor te stellen, omdat het er om gaat in concrete behoeften of dringende noden te voorzien[66].

De bouw van interconfessionele cultus-ruimten moet een uitzondering blijven en beantwoorden aan reële behoeften, waaraan niet op een andere manier kan worden voldaan, bv.in de bouw van een kapel op een luchthaven of van een kerk in een legerplaats; ook zou een uitzonderlijke pastorale situatie dit soort bouw kunnen rechtvaardigen, bv.omdat de bouw van een veelheid van gebedsplaatsen onmogelijk wordt gemaakt door de regering, of door extreme armoede van de christengemeenschap; hetzelfde geldt, wanneer het 'simultaan' gebruik van een kerk wettig aanvaard is[67].

[65] De vertaling van dit nummer ontbreekt in de tekst van *KA* 22(1967)kol.713.

[66] Vgl. *Directorium oecumenicum III* (1993) n.138. In voetnoot 21 van genoemde Richtlijnen wordt er op gewezen, dat er nog geen ruime ervaring is opgedaan met gezamenlijk gebruikte ruimten, met uitzondering van enkele steden in Engeland en zgn. 'geässocieërde' parochies in de Verenigde Staten, waar gezamenlijk gebruikte ruimten hebben geleid tot gemeenschappelijke sociale en pastorale activiteiten met behoud van ieders eigen identiteit.- Dit werd geschreven in 1975. Het vermoeden bestaat, dat op dit moment ook elders, bv. in Nederland, hiermee ervaringen zijn opgedaan. Het bisdom Haarlem heeft als beleid dat nieuwe kerken samen met andere kerkgenootschappen gebouwd worden; het aartsbisdom Utrecht stelt zich terughoudender op en eist dat er zoveel mogelijk eigen ruimten moeten zijn voor de eredienst. Zie *An.Bo.* 32(1992)afl.3, pp.51-52 over interkerkelijk gebruik van kerkgebouwen.

[67] In n.140 van het *Directorium oecumenicum III* (1993) staat letterlijk:"Alvorens plannen te maken voor een gemeenschappelijk gebouw zouden de autoriteiten van de betrokken gemeenschappen tot overeenstemming moeten komen over de wijze waarop hun respectievelijke kerkorde zal worden gerespecteerd, met name wat de sacramenten betreft. Bovendien zou er een schriftelijke overeenkomst moeten worden opgemaakt

Maar welke 'oplossing' men ook kiest voor het gezamenlijk gebruik van dezelfde cultus-ruimten, altijd zal er op een verstandige manier aandacht gegeven moeten worden aan de bewaring van de eucharistische Reserve, nl. op een wijze, die theologisch verantwoord is en tegelijk rekening houdt met de gevoeligheden van hen, die gebruik maken van het gebouw.

Ieder initiatief inzake het gemeenschappelijk gebruik van gebouwen kan alleen ondernomen worden, als het gedekt wordt door het gezag van de Bisschop en plaatsvindt op grond van (eventuele) toepassingsnormen van de bevoegde BC. Alvorens plannen te maken voor een gemeenschappelijk gebouw alsook voor iedere te nemen beslissing over het gemeenschappelijk gebruik ervan, zullen de gezagsdragers van de onderscheiden gemeenschappen het erover eens moeten worden hoe haar verschillende regels, bijzonder wat de sacramenten betreft, zullen worden nagekomen en dat de Rooms-Katholieke discipline inzake de *communicatio in sacris*(deelname aan elkaars liturgie) gerespecteerd wordt. Ter vermijding van ieder gevaar voor indifferentisme is een aangepaste vorming van de katholieke gelovigen op haar plaats, als het gaat om het delen van hetzelfde gebouw door uiteenlopende geloofsgemeenschappen.

Nergens wordt in deze Richtlijnen gesproken over het gebruik van katholieke kerkgebouwen door niet-christelijke gemeenschappen. Het zal in ieder concreet geval verstandig zijn zich daarover te verstaan met de eigen Bisschop of plaatselijke Ordinaris.

Can.827 § 4 verbiedt kerken te gebruiken voor de expositie, verkoop of uitreiking van boeken of andere geschriften, "die vragen van godsdienst of zeden behandelen...tenzij ze uitgegeven zijn met verlof van het bevoegd kerkelijk gezag of door dit laatste achteraf goedgekeurd..."[68].

Tenslotte moet in dit verband iets worden gezegd over het *asielrecht*, dat in het oude Wetboek nog een plaats had[69], maar in de nieuwe wetgeving geschrapt is. Er werden door de al eerder genoemde consultatie-

waarin duidelijk en helder alle kwesties worden behandeld die kunnen ontstaan op het gebied van de financiën en de verplichtingen ten overstaan van de kerkelijke en burgerlijke wetten".

[68] Vgl. Decreet *Ecclesiae Pastorum* van de Congregatie voor de Geloofsleer(1975) art.4 n.4: *AK* 30(1975)523.

[69] *Can.1179 CIC/17*:"De kerken bezitten het asielrecht zodat zij, die zich aan een misdrijf hebben schuldig gemaakt en hun toevlucht hebben genomen tot een kerk, daaruit niet, behoudens in geval van dringende nood, weggevoerd mogen worden zonder toestemming van de Ordinaris of minstens van de rector van de kerk". In het *Schema/77* werd het asielrecht nog opgenomen *(can.14)*.

organen zoveel aanmerkingen op de oude wetsbepaling gemaakt, dat men het beter achtte haar te schrappen op voornamelijk deze beide gronden: de kerk houdt hiermee vast aan een recht, dat feitelijk door de moderne burgerlijke wetgevingen niet meer erkend wordt, ook in Nederland niet; bovendien heeft de Kerk dit recht niet nodig voor haar(voort)bestaan[70].

8. Toegang tot de kerk

Can.1214 definiëert de kerk als een gewijd gebouw, waartoe de gelovigen *recht van toegang* hebben om er vooral de goddelijke eredienst openbaar uit te oefenen. Deze bepaling wordt in **can.1221** geëxpliciteerd door vast te stellen dat de toegang tot de kerk vrij en kosteloos moet zijn *tijdens de liturgische vieringen*. Deze laatste beperking mag niet zó worden uitgelegd, dat op ieder ander moment de toegang van de kerk kan worden ingeperkt tot bepaalde personen (zeg: toeristen) of dat men daarbuiten zonder meer kan laten betalen om de kerk te betreden. Dat zou indruisen tegen het in **can.1214** geformuleerde algemene recht van toegang. Hier moet veeleer gedacht worden aan de mogelijkheid om de eredienst op vastgestelde uren van de dag te onderbreken en dan bv. de bezichtiging door toeristen te laten betalen[71]. Daarbij komt, dat **can.937** bepaalt, dat een kerk waarin het Allerheiligste bewaard wordt, tenminste enkele uren van de dag voor de christengelovigen toegankelijk zou moeten zijn om er te kunnen bidden[72]. De verscherpende clausule "onder afwijzing van iedere tegenstrijdige gewoonte" uit *can.1181 CIC/17*[73], die nog voorkwam in het *Schema/77 (can.15)* is niet overgenomen om

[70] Zie *COMM.* 12(1980)337. **J.Manzanares** wijst in zijn artikel over recente problemen rond het kerkgebouw (*Periodica* 63(1974)97) op het historisch belang van dit asielrecht; een belang dat er vandaag de dag ook nog is, gelet op de mentaliteit van veel moderne staten, die zich vervreemd hebben van de christelijke beschaving; hij vraagt zich af of dit recht niet opnieuw effectief zou kunnen worden binnen het concordataire recht. We wijzen verder op een bijdrage van **I.Riedel-Spangenberger**, *Der Rechtsschutz des Asyls im Kirchenrecht. Zur Motivation des kirchlichen Asylrechts* – in: *Tr.Theol.Zschr.*100 (1991)126-142 en van de **Raad van Kerken** in Nederland, *Overwegingen rond kerkasiel* (Amersfoort 24 mei 1993).

[71] Zie *CDC(P/M)*, p.703.

[72] In de herzieningsfase waren de meeste consultoren van de betreffende studiegroep het niet eens met de suggestie om de zinsnede "tijdens de liturgische vieringen" te schrappen, omdat er nu eenmaal gevallen kunnen zijn, waarin buiten de vieringen om de toegang niet gratis is voor hen, die vanwege kunst of architectuur de kerk willen bezoeken: *COMM.* 12(1980) 338.

[73] *Can.1181*: "De toegang tot de kerk voor de liturgische plechtigheden moet geheel en al gratis zijn, onder afwijzing van iedere tegenstrijdige gewoonte".

de eenvoudige reden dat er geen aanleiding is te denken aan enig misbruik in dit opzicht.

Toch wordt door **can.1221** niet tekort gedaan aan het eigen recht van de rector van de kerk. Want de door enkele consultoren gesuggereerde toevoeging om de vrije toegang alleen te garanderen voor gelovigen "die om de eredienst of uit vroomheid" de kerk bezoeken, werd door anderen overbodig geacht "omdat rectoren van een kerk een dergelijk recht altijd hebben, ook zonder dat dit gezegd wordt".

9. Onderhoud van de kerk, renovatie of restauratie

Het is niet voldoende om verre van kerken te houden al wat strijdig is met de heiligheid van de plaats (**can.1210**; zie boven n.6). Ook zal alles gedaan moeten worden om de kerken schoon en mooi te houden (vgl. **can.1220**). Het gaat bovenal pastoors en rectoren[74] van kerken, maar ook een kerk- of parochiebestuur aan er zorg voor te dragen, dat de kerk er schoon uitziet in de dubbele betekenis van dit woord, nl.dat zij er netjes, verzorgd uitziet (*PO* 5,5), dus regelmatig schoon gemaakt en gehouden wordt, en dat zij er fraai, mooi en waardig uitziet (zie *AIAM* n.253). Maar omdat kerken bestemd zijn voor een gemeenschap, welke daar de eredienst viert, moeten ook de gelovigen aan het uiterlijk fraaie aanzien van kerken hun bijdrage leveren (vgl.**can.222 § 1**) en het financiëel mogelijk maken dat de kerk kan beschikken over liturgische (gebruiks)voorwerpen, die haar cultuele bestemming waardig zijn[75].

Het gaat in **can.1220** om vier dingen:

a) de verzekering, dat kerken er netjes en mooi uitzien;
b) de uitbanning van alles, wat niet strookt met de heiligheid van de plaats (**§ 1**);
c) de gewone zorg voor behoud van gewijde en kostbare goederen;
d) het nemen van de vereiste en gepaste veiligheidsmaatregelen (**§ 2**).

Minder gedetailleerd waren in dit opzicht de voorschriften van het oude algemene recht *(can.1178)*. Wel trad de particuliere wetgeving

[74] Voor rectoren van kerken, die geen parochie- of kapittelkerken zijn en die ook niet verbonden zijn met een religieus instituut of een sociëteit van apostolisch leven, wordt dit uitdrukkelijk bepaald in **can.562**; een soortgelijke bepaling voor pastoors ontbreekt, maar geldt voor hen a fortiori en valt indirect af te leiden uit **can.555 § 1, n.3**, waarin aan de deken opgedragen wordt toe te zien op de naleving van dit voorschrift.

[75] Dit gebeurt o.a. in de vorm van de *gezinsbijdrage*, waarvoor de Bisschop van Den Bosch in 1961 al waardevolle suggesties deed: *An.Bo.* 1(1961)16-17 en 26-27 (in een extra editie); verder pp.80, 82 en 154.

(provinciaal concilie en diocesane synoden) in detail[76], echter niet de conciliaire (*SC* en *PO*) en post-conciliaire documenten [Instructies van de Ritencongregatie *Inter oecumenici*(1964) en *Eucharisticum mysterium*(1967)]. Toch gaat het hier om een belangrijk gegeven, want ook de deken heeft ervoor te zorgen "dat de schoonheid en de luister van de kerken en van de gewijde gebruiksvoorwerpen, vooral in de eucharistieviering en in het bewaren van het allerheiligst sacrament, zorgvuldig in stand gehouden worden" **(can.555 § 1, n.3)**.

Bij de renovatie en/of aanpassing van kerken aan de eisen van de liturgie-hervorming moet er zorgvuldig op worden gelet dat zij geschikt worden gemaakt voor de viering van liturgische plechtigheden, ook zó dat de gelovigen daaraan actief deel kunnen nemen[77]. De *AIAM* bepaalt in n.256, dat voor *restauratie* van een kerk contact moet worden opgenomen met de diocesane commissie voor liturgie en gewijde kunst[78]. Overigens is voor zowel renovatie als restauratie van kerken in het *Algemeen Reglement voor het Bestuur van een Parochie* (1988) voorgeschreven, dat het kerk(parochie-)bestuur een voorafgaande schriftelijke machtiging nodig heeft van de Bisschop o.a.voor het vervreemden, verpanden, in bruikleen geven en op welke wijze ook aan hun bestemming onttrekken van voorwerpen van kunst en wetenschap, geschiedkundige gedenkstukken of andere roerende zaken van bijzondere waarde *(art.53,4)* en voor het oprichten, afbreken, verbouwen of van bestemming veranderen van tot het vermogen van de parochie behorende gebouwen en van kerkmeubelen van bijzondere waarde, alsmede het verrichten van buitengewone herstellingen *(art.53,5)*.

Zoals boven al uiteengezet is, heeft in *België* de parochie geen burgerlijke rechtspersoonlijkheid en worden de goederen, bestemd voor de openbare eredienst, beheerd door de kerkfabriek, die een openbare instelling is. Voorwerpen met een artistieke of historische waarde, die zich in

[76] Maar de laatste keer dat er in het aartsbisdom Utrecht aandacht werd gevraagd voor het onderhoud van de kerk was in 1961: *An.Utr.* 34(1961)109 sub I; zie ook *An.Bo.* 1(1961) 137. Vgl. een notitie van het bisdom Breda over de onderhoudskosten van kerken in: *An.Br.* 7(1993), pp.112-114 en de richtlijnen voor de *liquidatie* van de *inventaris* van een te sluiten kerkgebouw: t.z.p., pp.146-150; in de *An.Rmd.* 63(1982)afl.4 (juli-aug.), pp.15-17 gaat het over de kosten voor groot-onderhoud.

[77] Vgl.Instr.*Inter oecumenici*(1964) n.90, hernomen in de Instr.*Eucharisticum mysterium*(1967) n.24; beide van de Ritencongregatie.

[78] Voor het aartsbisdom is dit de liturgische bouw-advies-commissie (zie Naamlijst *Utrecht* 1993; Richtlijnen van het aartsbisdom Utrecht 1993, p.46); voor het bisdom *Rotterdam*: Bouwinspectie en ad-hoc adviescommissie kerkinterieurwijzigingen (zie Naamlijst Rotterdam 1993); *An.Br.* 8(1963)81-82. Men leze er de naamlijst van ieder bisdom op na om te weten welke diocesane commissie hiervoor verantwoordelijk is.

de kerk bevinden, kunnen slechts na advies van de Koninklijke Commissie voor Monumenten en Landschappen en alleen met goedkeuring door de bevoegde Executieve worden vervreemd, tenzij deze goederen toebehoren aan privé-personen of verenigingen. De kerk zelf van een erkende parochie zal meestal toebehoren aan de gemeente, terwijl het de kerkfabriek is, die dient in te staan voor het onderhoud van het gebouw.

Dit brengt met zich mee, dat de impact van de parochie op herstelwerkzaamheden zowel als op vervreemding zeer beperkt is.

10. Verlies van wijding of zegening van een kerk[79]

Evenals het oude Wetboek onderscheidt het nieuwe een dubbele ontwijding van de kerk: a) door de schending, ontheiliging van de gewijde ruimte *(violatio)*, d.i.door een profanatie, waardoor de kerk haar wijding of zegening weliswaar niet verliest, maar toch niet meer waardig wordt geacht daarin de eredienst uit te oefenen **(can.1211)** en b) door een totale ontwijding *(exsecratio)*, waardoor de kerk ophoudt een 'gewijde plaats' te zijn **(can.1212)**.

De onder a genoemde vorm van ontwijding door schending en aantasting van de heiligheid van de ruimte kan plaatsvinden door "ernstig kwetsende daden" of "zwaar beledigende handelingen"[80]. Anders dan in *can.1172 CIC/17* geeft **can.1211** geen voorbeelden meer van deze daden[81]. Dat hangt ongetwijfeld samen met een andere benadering: de objectieve criteria ("verwijtbare feiten") van vroeger zijn vervangen door twee subjectieve criteria, nl.de (mate van) ergernis van de gelovigen en de beoordeling van die ergernis en van de ernst van de "kwetsende daden" door de plaatselijke Ordinaris[82]. Pas als die daden door hem als

[79] Op verzoek van enkele consultatie-organen is deze tot dan toe bestaande lacune in de wetgeving pas in 1979 opgevuld: *COMM.* 12(1980)328-332.

[80] In de canon worden de woorden *"iniuriosus"* (onrechtmatig, onterecht, wederrechtelijk) en *"violare"* (mishandelen, kwetsen, onteren, schenden, bevlekken, ontwijden) gebruikt, woorden, die – daar wijst *MK* bij **can.1211** terecht op – in het algemeen spraakgebruik eerder op personen dan op plaatsen betrokken worden, al mogen we niet vergeten dat die kwetsende daden niet alleen het gebouw, maar ook en vooral de gelovigen betreffen, die zich daaraan ergeren.

[81] Zoals: moord, onrechtvaardig en ernstig bloedvergieten, goddeloos en onwaardig gebruik van de kerk, begrafenis van een ongelovige of (na gerechtelijke uitspraak) van een geëxcommuniceerde in de kerk(uit *can.1172 § 1 CIC/17*).

[82] De consultoren van de betreffende werkgroep hebben in hun discussie (1979) letterlijk gezegd, dat zij alleen dié schending juridisch onder ogen willen zien "die door de plaatselijke Ordinaris als ernstig en ergernisgevend wordt beschouwd"(*COMM.* 12(1980)331); vgl.*CCL*, p.847; *CDC(P/M)*, p.698; **H.Schwendenwein**, a.w., p.612, noot 28; *NDP*, p.559.

zó ernstig worden gezien, dat zij de uitoefening van de eredienst ongepast maken omdat ze strijdig zijn met de heiligheid van de plaats, treedt deze canon in werking. Er mag daarna weer iets worden gevierd, als door een boeteritus volgens de liturgische boeken de schending of aantasting van de heiligheid van de plaats weer goedgemaakt en daardoor de schending hersteld of "de kerk van alle smetten ontdaan wordt". De pastoor of de rector (zie **can.562**) zullen zelf moeten beslissen of een reeds begonnen viering afgebroken wordt en of nog te houden religieuze diensten worden opgeschort tot de plaatselijke Ordinaris zijn oordeel gegeven heeft.

De hier genoemde boeteritus is tot nu toe nog niet in herziene vorm gepubliceerd. Het ontwerp(1983) voor het *Romeinse Rituaal voor de Zegeningen* bevatte wel een boete(zegenings-) gebed voor de in **can.1211** beoogde situatie, maar dit werd in de eindtekst van 1984 niet opgenomen. De laatste volledige teksten liggen vervat in het *Romeins Pontificaal* (1962), Deel II en het *Romeins Rituaal*(1952), titel IX, cap.9 nn.18 en 23.

Onder b wordt aangegeven dat een kerk haar wijding of zegening op twee manieren kan verliezen:

- doordat zij *voor een groot deel*[83] verwoest is. Er wordt niet gezegd wanneer hiervan sprake is: zeker als het grootste deel van de muren is ingestort, maar bv. niet als dit met het dak gebeurd is. Wanneer het om een omvangrijke restauratie van de kerk gaat, is de vraag of we met een totaal *nieuwe* kerk te maken hebben[84] en zij dus opnieuw gewijd of gezegend zal moeten worden. Belangrijk is in dit opzicht of de uitoefening van de eredienst voortgang vindt gedurende de renovatie of restauratie;
- doordat zij *blijvend tot profaan gebruik* wordt teruggebracht. Dat kan op twee manieren gebeuren. Door een decreet (meer niet!) van de bevoegde Ordinaris (**can.134 § 1**). Deze algemene regel van **can.1212** krijgt een bijzondere toepassing in **can.1222 § 1**. De Ordinaris kan dit doen "als een kerk op geen enkele wijze nog voor de goddelijke eredienst gebruikt kan worden en de mogelijkheid niet bestaat om haar te herstellen". De meeste leden van de betreffende werkgroep stonden er op hieraan toe te voegen, dat een profaanverklaring geen betrekking mag hebben op een *onwaardig (sordidus)* gebruik van de kerk[85]. Deze suggestie werd overgenomen, later[86] echter niet de suggestie om in de

[83] De meeste commentaren en vertalingen spreken over "voor het grootste deel". Maar dat staat er niet, zoals nog wel in de formulering van het oude Wetboek.
[84] Zie hoofdstuk 3 van de *OvD* voor kerk- en altaarwijding.
[85] Zie *COMM*. 12(1980)338.- In *An.Bo*. 29(1989)afl.6, pp. 18-20 worden criteria aangegeven voor de buitengebruikstelling van kerkgebouwen in het bisdom 's-Hertogenbosch.
[86] In 1981: zie *Relatio/1981*, p.274.

wetsbepaling nadrukkelijker aan te geven, dat het voor hergebruik van de kerk zou moeten gaan om zaken als een museum of bibliotheek, die het openbare karakter van het gebouw bewaren. Overigens is het niet zo gemakkelijk aan te geven wat *onwaardig* gebruik van een kerk is; in ieder geval een gebruik, dat strijdig is met de vroegere bestemming van de kerk (de eredienst), maar wat is daarmee echt in strijd en dus ongepast: een bioscoop of markt? en niet: een opslagplaats voor cultus-voorwerpen, museum voor gewijde kunst, vergaderruimte voor broederschappen enz.? Ook als de diocesane Bisschop volgens **can.1222 § 2**[87] om andere ernstige redenen een kerk terugbrengt "tot een profaan en niet onwaardig gebruik", verliest zij haar wijding of zegening, maar dan moet het motief daarvoor ernstig zijn, dient de priesterraad te worden gehoord en dienen zij, die wettig rechten kunnen doen gelden op de kerk, daarin toe te stemmen, en mag het zieleheil van de gelovigen daar geen enkele schade door lijden. – Niet zonder protest werd de bepaling aanvaard, dat een kerk haar wijding of zegening ook kan verliezen, wanneer zij *in feite tot blijvend profaan gebruik* is teruggebracht.

Deze toevoeging aan **can.1212** is nieuw. Sommigen vreesden dat dit gemakkelijk tot misbruiken zou kunnen leiden[88]; anderen verdedigden deze bepaling omdat zij zich niet uitlaat over de al of niet wettigheid van het profane gebruik, maar alleen het juridische gevolg daarvan wil vastleggen[89].

Door het terugbrengen van een kerk tot profaan gebruik, dat een blijvend karakter heeft, verliest dus wel de kerk zelf haar wijding of zegening en zou dus bij hergebruik opnieuw gewijd of gezegend moeten worden, maar vaste of verplaatsbare altaren hebben daarmee hun wijding of zegening nog niet verloren (**can.1238 § 2**).

ARTIKEL II: KAPELLEN EN PRIVÉ (HUIS-)KAPELLEN

Bemerking vooraf

Al in 1971 was de voor dit onderdeel van de Codex-herziening verantwoordelijke studiegroep het eens over de afschaffing van het begrip

[87] Op verzoek van enkele consultatie-organen is deze paragraaf toegevoegd aan deze canon.

[88] Bv. omdat zó het profaan gebruik van een kerk op slimme manier in de hand wordt gewerkt ter bereiking van het ontwijdingseffect: *COMM.* 12(1980)331.

[89] Zie *COMM.* 12(1980)332. Bovendien vergete men niet dat onwettig profaan gebruik ook voorwerp van straf kan zijn: zie **can.1376**.

'openbare' kapel[90]. Gevolg hiervan is geweest dat er nu alleen nog maar gesproken wordt over *kapellen*, zonder onderscheid te maken tussen openbaar en half openbaar, waarbij we kunnen denken aan de (vooral in oudere kerken aanwezige) (zij-)kapellen[91], of aan de kapel, waarover de nieuwe *OvD* voor kerk- en altaarwijding spreekt: de, zo mogelijk, enigermate van de kerkruimte afgescheiden kapel, waar het tabernakel is geplaatst voor het bewaren van het H.Sacrament[92], maar ook aan kapellen van seminaries, religieuze instituten of sociëteiten van apostolisch leven, van religieuze colleges, bejaarden-, zieken-, verzorgings-, verpleeghuizen, spiritualiteitscentra, luchthavens, bus-, trein- of metro-stations[93], kapellen langs autobanen, op schepen[94]; en *privé-of huiskapellen.* Van beide soorten werd toen al een omschrijving gegeven, die sindsdien niet veranderd is. Een ander gevolg was, dat relatief veel bepalingen uit het oude Wetboek konden verdwijnen of (om een andere reden) beter naar elders, bv. Boek V, konden worden overgebracht.

1. Kapel

1.1. *Wat is een kapel(oratorium)?*

In tegenstelling tot een (parochie)kerk, die volgens **can.1214** openstaat voor alle gelovigen, is de kapel naar **can.1223** een plek, een ruimte, een (niet per definitie 'gewijde') plaats, welke met verlof van de Ordinaris de goddelijke eredienst tot bestemming heeft (dat heeft zij gemeen met een kerk), primair echter ten behoeve van één of andere gemeenschap of groep van gelovigen; met toestemming van de bevoegde Overste kan ook voor andere gelovigen de kapel worden opengesteld. Een zgn. *bidkapel*, zoals sommige kleinere religieuze gemeenschappen die bezitten, is geen kapel in de eigenlijke zin. De bestemming van een

[90] *COMM.* 4(1972)161-162.

[91] Die in de *OvD* voor kerk- en altaarwijding de naam *sacellum*(privé- of huiskapel) hebben gekregen.

[92] Als daar een altaar wordt opgericht, kan daaraan op weekdagen ook de eucharistie worden gevierd voor kleine groepen van gelovigen: cap. 4, Inleiding n.7.

[93] Zie *Directorium* voor de pastorale bediening van Bisschoppen(1973) van de Bisschoppencongregatie n.180 inzake de oprichting van (kerken of) kapellen of (desnoods) de aankoop of huur van privé-huizen, die kunnen worden aangepast voor de viering van de eredienst en om eventueel te voldoen aan andere behoeften van de geloofsgemeenschap; in n.90 sub a wordt hun opgedragen ervoor te zorgen dat die kapellen gemakkelijk toegankelijk zijn voor de eucharistievieringen.

[94] In de *Normen* voor de pastorale zorg van zeevarenden van 24 september 1977 (hier p.740) van de Pauselijke Commissie voor de geestelijke zorg van matrozen en zeevarenden wordt aan de plaatselijke Ordinaris de bevoegdheid toegekend een kapel op te richten op een schip en haar in te richten.

kapel tot de goddelijke eredienst maakt haar nog niet tot een 'gewijde plaats'.Dat wordt zij pas door de inzegening volgens **can.1229**.

1.2. *Verlof tot oprichting*

Zoals **can.1215** de toestemming eist van de diocesane Bisschop voor de bouw van een kerk, zo vereist **can.1224 § 1** verlof van de bevoegde Ordinaris voor de oprichting van een kapel, voorzover dit verlof al niet van rechtswege is gegeven. Dit verlof *van rechtswege* een kapel te hebben is bv. gegeven aan sociëteiten van apostolisch leven, en wel tegelijk met de toestemming van de diocesane Bisschop tot oprichting van een eigen huis in een bisdom **(can.733 § 2)**; klerikale religieuze instituten hebben, tegelijk met de toestemming van de diocesane Bisschop tot oprichting van een eigen huis in diens bisdom, zelfs het recht op een kerk **(can.611, n.3** in samenhang met **can.1215 § 3)**. Pas wanneer de bevoegde Ordinaris de voor de kapel beoogde plaats zelf of door een ander (een gevolmachtigde) heeft geïnspecteerd en waardig ingericht bevonden heeft, mag hij het verlof tot oprichting van een kapel geven **(can.1224 § 1)**[95]. Als in de kapel de eucharistie bewaard wordt, moet ook worden nagegaan of het tabernakel aan de schoon- en veiligheidseisen voldoet en of met enige regelmaat, d.i. zo mogelijk minstens tweemaal in de maand, de eucharistie kan worden gevierd **(can.934 § 2)**. Is het verlof tot oprichting eenmaal gegeven, dan mag een kapel, onafhankelijk van het feit of zij al dan niet ingezegend is, niet meer voor profane doeleinden worden gebruikt, tenzij op gezag van de Ordinaris, die verlof gegeven heeft **(can.1224 § 2)** en – uiteraard – afgezien van de vormen van profanatie, die in **can.1212** worden genoemd.

Alle religieuze instituten en sociëteiten van apostolisch leven moeten minstens **(can.608)** een kapel hebben "waarin de eucharistie gevierd en bewaard wordt" (zie **cc.733 § 2, 934 § 1, n.1, 936, 938 § 1, 941-942**) en waarin ook de uitvaart voor de overleden leden kan worden gehouden **(can.1179)**[96].

[95] Het lijkt me onjuist om, zoals het *Commento al Codice* p.701 doet, te zeggen dat de bevoegde Overste het verlof tot bouw van een kapel kan geven. Als in de tekst het woord *Ordinaris* wordt gebruikt, wordt daar lang niet altijd de bevoegde Overste mee bedoeld: zie **can.134**.

[96] In het Document van de Congregatie voor de Religieuzen en de Seculiere Instituten van 12 augustus 1981 wordt sub II n.9 over de centrale rol van deze kapel gesproken, met name in verband met de eucharistie. Gaat het om kapellen, die aan religieuzen zijn toevertrouwd en gewoonlijk door christengelovigen bezocht worden, dan kan de diocesane Bisschop deze kapellen ook visiteren: zie **can.683 § 1** [*AK* 36(1981)986].

1.3. *Gebruik van de kapel*

Wanneer een kapel wettig, d.i. overeenkomstig **can.1224 § 1**, is opgericht, mogen daarin alle liturgische vieringen worden gehouden (**can.1225**), bv. de eucharistieviering (**can.932 § 1**)[97], de verkondiging[98], biechthoren (**can.964 § 1**), huwelijkssluiting (**cc.1115** en **1118 § 1**), om pastorale redenen ook wijdingen (**can.1011 § 1**), de uitvaart van religieuzen (**can.1179**), woorddiensten, sacramentaliën enz., behalve al die vieringen, welke uitgezonderd worden

a) door het recht zelf, bv. de ambtelijke functies van de pastoor, genoemd in **can.530, nn.1-7**, waarbij rekening moet worden gehouden met bijzondere regelingen als in de **cc.857-859** (doopsel), **881** (vormsel), **932, 1003 § 2** (ziekenzalving), **1118 § 1, 1179**; of

b) door een voorschrift van de *plaatselijke* Ordinaris; hij kan het houden van bepaalde ceremonies in een kapel, met het oog op de naburige parochiële vieringen inperken, bv. ter voorkoming van al te veel huwelijkssluitingen in een kapel of omdat die vieringen, vooral op zon- en feestdagen, afbreuk zouden kunnen doen aan de prioritaire parochiële vieringen zó dat kleine niet-klerikale religieuze en soortgelijke gemeenschappen, vooral als zij in de parochie werkzaam zijn, geadviseerd wordt op die dagen deel te nemen aan de parochievieringen[99]; ook mag het H.Sacrament in een kapel, die niet verbonden is aan een religieus instituut of aan een ander religieus huis, niet bewaard worden zonder verlof van de plaatselijke Ordinaris (**cc.934 § 1 n.2** en **936**); of

c) door de liturgische normen onmogelijk of minder wenselijk worden gemaakt, bv. tijdens de laatste drie dagen van de Goede Week[100].

Ook kan in deze kapellen een volle aflaat worden verdiend op de aan het verdienen van aflaten gestelde voorwaarden[101].

Voor kapellen geldt evenals voor kerken, dat zij niet gebruikt mogen worden voor de expositie, verkoop en uitreiking van boeken of andere geschriften over geloof of zeden zonder dat deze kerkelijk zijn goedgekeurd (zie boven sub I n.7).

[97] In deze canon is overigens sprake van een “gewijde ruimte”, waarin die viering plaats *moet* hebben, terwijl de zegening of wijding van een kapel geen absoluut vereiste is volgens **can.1229**; dus had **can.932 § 1** met meer nuances moeten worden geformuleerd.

[98] Waarbij rekening gehouden dient te worden met de **cc. 763** en **765.**

[99] Zie Instr.*Eucharisticum mysterium*(1967) van de Ritencongregatie n.26.

[100] Zie *AIAM*, n.336. In de regel is in kapellen de viering van sommige sacramenten verboden: zie **cc.857-859, 881, 932-944, 1011, 1118 en 1177.**

[101] Zie Apost. Const.*Indulgentiarum doctrina*(1967) van Paus **Paulus VI**, norm 15 en 16 en het *Enchiridion indulgentiarum* (1968; heruitgave in 1986) norm 18 en 25.

Zoals alle "gewijde plaatsen" zijn ook kapellen onderworpen aan de visitatie van de diocesane Bisschop (**can.397 § 1**) in zaken die de openbare eredienst, de zielzorg en andere werken van apostolaat betreffen (**can.738 § 2**). Wat betreft het recht van de plaatselijke Ordinaris om in kapellen bepaalde *collectes* te houden bepaalt **can.1266** dat in kerken en kapellen, "ook die welke toebehoren aan religieuze instituten, die in feite habitueel openstaan voor de christengelovigen" voorgeschreven kan worden "dat voor bepaalde parochiële, diocesane, nationale of universele initiatieven een speciale geldelijke bijdrage ingezameld wordt, die daarna stipt aan de diocesane curie afgedragen moet worden".

1.4. Wijding (zegening) van een kapel

Volgens de oude wetgeving kon een kapel geconsacreerd of ingezegend worden[102], in de nieuwe wetgeving is alleen nog sprake van een benedictie (inzegening), waaronder we dan een constitutieve benedictie (zie boven sub 4.2) moeten verstaan. En zelfs deze benedictie is niet verplicht; zij wordt in **can.1229** *passend* geacht in de dubbele zin van het woord,nl. het is wenselijk, misschien mag men ook zeggen: het is toe te juichen dat kapellen ingezegend worden om zo de status van 'gewijde plaats' te krijgen[103]; en in die zin dat de inzegening karakteristiek is voor kapellen en privé- of huiskapellen; niet dus de dedicatie (wijding), die alleen voor kerken en altaren karakteristiek is[104].

Can.1207 bepaalt, dat iedere Ordinaris een plaats tot 'gewijde plaats' kan maken door de (in)zegening; dus ook iedere Vicaris-generaal of Bisschoppelijke Vicaris en voor hun leden de hogere Oversten van klerikale religieuze instituten en van klerikale sociëteiten van apostolisch leven, beide als ze van pauselijk recht zijn (**can.134 § 1**). Toepassingen van deze algemene regel vinden we in **can.1229** (voor kapellen en privékapellen), **1237 § 1** (voor verplaatsbare altaren) en **1240 § 1** (voor kerkhoven). Ook zonder dat daar een bijzonder motief voor hoeft te bestaan, kunnen de diocesane Bisschop en andere Ordinarissen een andere priester daartoe delegeren: een delegatie, die niet geval voor geval, maar ook algemeen gegeven kan worden. De (in)zegening laat dus gemakkelijker een delegatie toe dan wijding, al is zij, als het om kerken gaat, in beginsel voorbehouden aan de diocesane Bisschop (**can.1207**).

[102] Dit volgt indirect uit *can.1196 § 1 CIC/17*: "*Huis*kapellen kunnen niet geconsacreerd of gebenediceerd worden bij wijze van kerken".

[103] Dit is nieuw tegen de achtergrond van *can.1196 § 1 CIC/17*, waarin ook de inzegening van huiskapellen bij wijze van kerken verboden was.

[104] Zie *CDC (P/M)*, p.706. Vgl.*OvD* voor kerk-en altaarwijding, cap.5, Inleiding n.1.

Aanwijzingen voor en riten van de (in)zegening staan in de nieuwe *OvD* voor kerk- en altaarwijding(1977), *cap.5*. Onafhankelijk echter van de vraag of (huis)kapellen al dan niet (in)gezegend zijn, mogen zij uitsluitend gebruikt worden voor de goddelijke eredienst "en vrij van alle huishoudelijk gebruik" **(can.1229)**; dus mogen zij niet gebruikt worden als woon-, slaap- of opbergruimte.

Het Wetboek spreekt niet afzonderlijk over ontwijding van een kapel, maar als zij ingezegend is en dus een "locus sacer" geworden is, valt zij wat de ontwijding betreft onder de **cc.1211** en **1212**[105].

2. Privé- of huiskapel

Opmerking vooraf

Een commentator[106] vraagt zich af wat voor waarde het heeft om over privé-kapellen **(cc.1226-1229)** te spreken, gegeven het huidige disciplinaire gemak om buiten een gewijde plaats vieringen te houden[107]. Gaat dit niet in tegen het streven van de Codex-herziening om niet in details te treden? Vieringen buiten een gewijde plaats vinden vandaag de dag frequent plaats. Zou het niet beter zijn geweest iets te zeggen over bv. de meest elementaire voorwaarden, waaraan die niet-gewijde plaatsen moeten voldoen?

In de begripsomschrijving van de privé- of huiskapel (*sacellum* = klein heiligdom) staat, dat zij een plaats is "die ten behoeve van één of meerdere fysieke personen met verlof van de plaatselijke Ordinaris voor de goddelijke eredienst bestemd is" **(can.1226)**. In de *CIC/17, can.1188 § 2, n.3* wordt alleen het woord *oratorium*(bidkapel) met de toevoeging *privatum*(privé-kapel) of *domesticum*(huiskapel) gebruikt, wanneer ze opgericht wordt in privé-huizen ten behoeve van een familie of van een enkeling. Wat hierin opvalt is, dat

a) in de **Codex/83** de privé-of huiskapel een eigen woordgebruik krijgt, nl. *sacellum*, terwijl het woord *oratorium* gereserveerd is voor een kapel ten behoeve van een gemeenschap of groep van gelovigen; daardoor wordt de toevoeging *privatum* eigenlijk overbodig[108];

[105] Enkele voorbeelden in *An.Br.* 3(1989)23; 5(1991)21.

[106] **J.Manzanares** in een artikel over recente problemen inzake het 'gewijde gebouw' – in: *Periodica* 63(1974)96.

[107] Hij verwijst daarvoor naar het MP *Pastorale munus* (1963) van Paus **Paulus VI** n.7, de Instr. *Actio pastoralis* (1969) van de Congregatie voor de Eredienst nn.4 en 10a en *AIAM* nn.253 en 260.

[108] Zie *MK* vóór **can.1223**.

b) in tegenstelling met vroeger in de begripsomschrijving van beide soorten kapellen opgenomen is, dat zij bestemd zijn of worden voor de goddelijke eredienst (zie **cc.1223** en **1226**);
c) in de omschrijving van privé-kapel opgenomen is, dat verlof van de plaatselijke Ordinaris nodig, maar ook voldoende is; vroeger was hiervoor een speciaal pauselijk indult nodig *(can.1195 C.I.C./17)*, maar krachtens het MP *Pastorale munus*(1963) van Paus **Paulus VI** kon de Bisschop zichzelf of andere priesters toestaan om thuis, niet echter op een slaapkamer, de eucharistie te vieren, desnoods zittend (I, nn.9 en 10).

Privé- of huiskapellen zijn er in velerlei soort. We kunnen hier denken aan de huiskapellen van (Kardinalen en) Bisschoppen (**can.1227**), die dezelfde rechten genieten als een kapel (*oratorium*; **can.1223**), aan de ruimte, die door de gewone priester tot huiskapel bestemd is; maar ook aan privégrafkapellen[109] of zgn.bidkapellen, welke zonder verlof van enige kerkelijke overheid mogen worden in- of opgericht, omdat zij op geen enkele wijze voor de goddelijke eredienst bestemd zijn, en dus ook niet onder de 'laagste' categorie van kapellen vallen. Met uitzondering van de huiskapellen voor Bisschoppen is voor het bewaren van de eucharistie in een privékapel verlof van de plaatselijke Ordinaris vereist (**can. 1228**).

ARTIKEL III: HEILIGDOMMEN, BEDEVAART(PELGRIMS-) KERKEN OF -PLAATSEN

Inleiding

Geheel nieuw in de **Codex/83** zijn een vijftal bepalingen over heiligdommen *(sanctuaria)*. Al op zijn tweede bijeenkomst in 1972[110] nam de verantwoordelijke werkgroep van de Codexherzieningscommissie zich voor om een aantal (toen 3) bepalingen op te nemen in de komende Codex. Deze ontwerpbepalingen kwamen in het eerste *Schema/77* terecht, werden door de studiegroep in 1979 na de (bijna) unanieme instemming van de consultatieorganen voor de Codex-herziening[111]

[109] De algemene kerkhofkapel valt onder de *oratoria*.
[110] Vgl.*COMM*. 4(1972)165-166 en 5(1973)42; vgl. ook wat er in het *Directorium* voor de pastorale bediening van Bisschoppen (1973) van de Bisschoppencongregatie n.90 sub b en in het pastoraal *Directorium* voor het Toerisme (1969) van de Congregatie voor de Geestelijkheid onder B sub d over de zorg voor heiligdommen gezegd is.
[111] Te weten: het Wereldepiscopaat, de Dicasteries van de Romeinse Curie, de kerkelijke Universiteiten en Faculteiten en de Unie van Algemene Oversten.

onder de loep genomen, gecorrigeerd en uitgebreid tot vijf canones[112], welke via het *totaal-schema/80* onveranderd terechtgekomen zijn in de eindredactie van de Codex. Alleen in 1981[113] werd aan de laatste canon een paragraaf toegevoegd over de zorg voor ex voto's.

Zowel binnen de niet-christelijke religies (Mekka, Jeruzalem) als binnen het Christendom zijn bedevaartplaatsen bekend als plaatsen voor een bijzondere religieuze ontmoeting en ervaring[114]. Om deze plaatsen, die altijd of gedurende lange tijd een voorname plaats hebben ingenomen in het religieuze bewustzijn van veel gelovigen, maar ook in het leven van de Kerk als geheel een grote rol hebben gespeeld, gaat het in dit artikel[115].

1. Wat is een heiligdom?

Can.1230 geeft een definitie van heiligdom, waarin alle voorwaarden worden genoemd om te kunnen spreken van een heiligdom in de *juridische* zin van het woord:

a) een heiligdom is vóór al het andere een gewijde plaats in de zin van **can.1205**; dat zal (meestal) een kerkgebouw zijn (ook al was het oorspronkelijk iets anders), maar het begrip 'gewijde plaats' is veel ruimer, want dit kan ook een kapel, een altaar of een genadebeeld zijn;
b) een tweede kenmerk is dat dit heiligdom grote aantallen gelovigen als pelgrims (dus niet: als toeristen!) trekt, daartoe bewogen door een vroomheidsmotief, zoals: de herinnering aan bijzondere religieuze gebeurtenissen (verschijning of wonder), een daar vereerd heilig beeld of heilige afbeelding, een bijzondere relikwie, bijzondere privileges (zoals het verdienen van een aflaat) enz.[116];

[112] Het verslag hiervan in *COMM.* 12(1980)341-343.

[113] Zie *Relatio/1981*, p.275.

[114] We hoeven hier slechts te denken aan de in het buitenland gelegen heiligdommen van Rome, Jeruzalem, Assisi, Lourdes, Fatima, Santiago de Compostella, Altötting, Kevelaer, Czestochowa, Beauraing, Banneux enz., en voor Nederland aan: Brielle, Dokkum, Heiloo, Wittem.

[115] Zie **L.Carlen**, *Wallfahrt und Recht im Abendland* (Fribourg 1987 – in de serie: Freiburger Veröffentlichungen aus dem Gebiete von Kirche und Staat, Bd.23) en **B.Poschmann**, *Der Begriff des Sanktuariums. Ein Beitrag zum Fragenkreis des Gnadenortes* – in: *Tr.Th.Zschr.* 58(1949)138-148 (voor de ontwikkeling van het begrip 'heiligdom' in de geschiedenis van de Kerk). Nr.4 van *NOT.* 28(1992) handelt (bijna) in zijn geheel over heiligdommen, te weten: pp.233-235, 244-246, 247-260 en 261-169. Zie uitvoeriger *MK* vóór **can.1230**.

[116] Oorspronkelijk werden allerlei motieven opgenomen in de definitie van heiligdom (zie *COMM.* 12(1980)341-342), maar men werd het er over eens die voorbeelden (meer zijn het niet) weg te laten.

c) een derde element is: de goedkeuring van de pelgrimages door de plaatselijke Ordinaris.

Over het tijdstip, waarop en de vorm, waarin deze goedkeuring plaats moet vinden, wordt niets geregeld[117], maar als formele bestuursdaad zal zij ofwel schriftelijk gegeven dienen te worden ofwel – bij indirecte erkenning van een bedevaartplaats – op een andere wijze tot uitdrukking worden gebracht. Overigens is de hier bedoelde goedkeuring nog iets anders dan de goedkeuring van de statuten, waarover **can.1232** handelt.

2. Soorten van heiligdommen

Naar aantal en plaatsen van herkomst van gelovigen, die naar een heiligdom pelgrimeren of op bedevaart gaan, wordt onderscheid gemaakt tussen heiligdommen, die *diocesaan*(**can.1232 § 1**),*nationaal* of *internationaal*(**can.1231**) zijn, al naargelang de gelovigen (pelgrims) hoofdzakelijk uit een bepaald bisdom, natie of uit vele landen afkomstig zijn. Het gaat hierbij echter niet om een loutere naamsaanduiding, maar om een onderscheid, dat juridische consequenties heeft, want de benaming bepaalt wie de bevoegde kerkelijke instantie is die de goedkeuring van **can.1231** verleent, wie de eventuele statuten dient goed te keuren (**can.1232 § 1**) en onder wiens controle een heiligdom staat. Die instantie is respectievelijk: de plaatselijke Ordinaris, de Bisschoppenconferentie en de Apostolische Stoel. Ook als heiligdommen zijn toevertrouwd aan religieuze instituten, vallen zij onder dezelfde voorschriften[118].

Normaal gesproken zal een heiligdom, dat zijn ontstaan in de meeste gevallen dankt aan de volksvroomheid, diocesaan van aard zijn, maar het kan gemakkelijk uitgroeien tot een nationale of internationale bedevaartplaats, al naargelang het pelgrims (bedevaartgangers) trekt van heel het betreffende land of ook van heinde en ver; ook kan een heiligdom van meet af aan nationaal of internationaal zijn, vooral als de bouw ervan te danken is aan gaven van de gelovigen uit heel het land of uit meerdere landen. Naarmate de betekenis van een heiligdom afneemt, kan het ook de omgekeerde weg volgen: van (inter)nationaal naar diocesaan[119].

[117] Men was het er binnen de werkgroep over eens, dat de kerk-ambtelijke goedkeuring in de regel een "achteraf-goedkeuring" is, d.w.z. een goedkeuring is van datgene, wat *feitelijk* al door de gelovigen zelf tot stand gekomen is: *COMM*. 12(1980) 342. Dat gebeurde in het verleden meestal op indirecte wijze, bv. door verlening van bijzondere aflaten of privileges, door officiële kroning van een genadebeeld, door aan een bedevaartkerk de titel van kleine basiliek te geven enz.: *MK* bij can.**1230**.

[118] Zie *COMM*. 12(1980)343-344.

[119] Zie *CDC(P/M)* bij de **cc.1231-1232**, pp.707-708.

Over de goedkeuring is al gesproken (zie boven sub 1). Ter tegemoetkoming aan de grote verscheidenheid van de concrete situaties rond heiligdommen, kan het goed zijn gebruik te maken van een technisch-juridisch instrument, dat soepel genoeg is om in te spelen op en zich aan te passen aan de bijzondere karakteristieken of concrete omstandigheden van de afzonderlijke heiligdommen. Dat instrument vinden we in de statuten (zie **can.94**). Opstelling daarvan is geen absoluut vereiste voor ieder heiligdom[120]. Worden ze wel opgesteld, dan moeten zij ter goedkeuring worden voorgelegd aan de bevoegde kerkelijke instantie al naargelang het 'soort' heiligdom. In de statuten dienen volgens **can.1232 § 2** bepaald te worden: de doelstelling van het heiligdom, de benoemingsprocedure en rechtspositie van de rector, omvang en grenzen van zijn gezag, regeling van de eigendomsverhoudingen, de beschikking over en het beheer van het vermogen enz.[121].

3. Privileges van heiligdommen

Als de plaatselijke omstandigheden, de grote toeloop van bedevaartgangers, maar bovenal het (geestelijk) welzijn van de gelovigen dat raadzaam maken, kunnen aan heiligdommen sommige voorrechten worden toegekend (**can.1233**). In het oudste ontwerp van 1977 werd nog gesproken over sommige *exempties,* d.i. de rechtsfiguur, waardoor een instelling onttrokken wordt aan de jurisdictie van de daarvoor in aanmerking komende kerkelijke instantie. De voorkeur van de **Codex/83** gaat echter niet uit naar exempties als uitzonderingen op de normale hiërarchische verhoudingen binnen de Kerk en spreekt daarom alleen nog over voorrechten (privileges), waarbij we wat de heiligdommen betreft moeten denken aan: het toestaan van eigen liturgische vieringen (ook in de vorm van eigen, bijzondere teksten voor eucharistievieringen), bijzondere bevoegdheden van de biechtvaders, die actief zijn in of bij een heiligdom, verlening van bijzondere aflaten enz.

4. Doelstelling van heiligdommen

Nog in 1979 hebben de leden van de betreffende werkgroep van de Codex-herzieningscommissie geprobeerd om enkele bijzondere doelstellingen op te nemen in de definitie van heiligdom, zoals: vernieu-

[120] Zie *COMM.* 12(1980)343.

[121] In het *Schema/77* was aan **§ 2** nog een clausule toegevoegd, nl."met uitsluiting van iedere schijn van winst of handel". Zij is geschrapt, omdat een dergelijke clausule hier niet paste, al blijft zij haar volle waarde behouden.

wing van het geestelijke leven, inlossing van g(b)eloften, afsmeking van genade-gunsten, het geven van uitdrukking aan de behoefte om boete te doen, maar ook om elkaars vreugde in het geloof te delen[122]. Men heeft gemeend hiervan af te moeten zien op gevaar af anders onvolledig te zijn. Wel wordt in **can.1234 § 1** ingespeeld op deze doelstellingen door te bepalen, dat in heiligdommen meer of rijkelijker dan elders *("abundantius")* het woord Gods verkondigd, de liturgie, vooral de eucharistie, gevierd, het boetesacrament bediend en de erkende vormen van volksvroomheid gecultiveerd dienen te worden. Omwille van dit laatste is ter elfder ure[123] een tweede paragraaf toegevoegd, waarin de aansporing is opgenomen om ex voto's[124](votiefgeschenken) als uiting van volkskunst en andere bewijzen van vroomheid (zoals gebedsverhoringen) zichtbaar te bewaren in het heiligdom zelf of in een aangrenzende ruimte en veilig te bewaken tegen ontering, diefstal, vandalisme enz.

ARTIKEL IV: HET ALTAAR

Inleiding

In 1971 waren de consultoren van de werkgroep het er unaniem over eens, dat alle bepalingen over altaren, zoals die nog voorkwamen in het oude Wetboek, geschrapt zouden kunnen worden omdat het hier om een louter liturgische aangelegenheid gaat, die al voldoende geregeld is in de *AIAM*[125]. Vandaar bevat het oudste ontwerp van normen voor gewijde plaatsen en heilige tijden (1977) geen enkele norm over altaren, zoals we die ook nu nog niet tegenkomen in de **CCEO(1990)**.

In 1980 echter meenden de consultoren van de betreffende werkgroep de door hen als lacune ervaren ruimte te moeten opvullen met enkele normen, die een specifiek disciplinair karakter hebben en niet kunnen worden overgelaten aan de liturgische boeken[126]; een ander argument hiervoor had kunnen zijn en is feitelijk ook geweest, dat het altaar, gods-

[122] Zie *COMM.* 12(1980)342.

[123] In 1981. Zie *Relatio/1981*, p.275; vgl.*COMM.* 12(1980) 344.

[124] Dat zijn voorwerpen (heel vaak genezen lichaamsdelen in zilver), die krachtens g(b)elofte (is: *ex voto*) in een heiligdom of aangrenzende plaats worden opgesteld uit dankbaarheid of als herinnering aan een gebedsverhoring.

[125] Zie *COMM.* 4(1972)162.

[126] Toch blijft dit een vreemd argument omdat de in 1980 opgestelde normen voor het merendeel afkomstig zijn uit twee liturgische boeken: de nieuwe *OvD* voor kerk- en altaarwijding (1977), die op haar beurt de normen ontleende aan de *AIAM* (1970/1975). Zie voor deze lacune-opvulling: *COMM.* 12(1980) 380-383.

diensthistorisch gezien, als een zelfstandige heilige plaats werd beschouwd[127].

In het vervolg wijden we aandacht aan de vragen, wat een altaar is(1), welke soorten altaren er zijn(2), welke zijn samenstelling moet zijn(3), of en hoe een altaar gewijd dan wel gezegend wordt(4), op welke wijze een altaar ontwijd wordt(5) en hoe het 'aangekleed' dient te worden(6).

1. Wat is een altaar?

Het altaar (afkomstig van het Latijnse *"alta ara"*: verhevenheid) duidt in het gewone spraakgebruik het gehele kerkmeubel aan, waaraan de eucharistieviering en ook andere kerkelijke vieringen plaatshebben. Bij het altaar inbegrepen is de opstand (retabel), die in oudere kerken vaak als versiering is aangebracht; in liturgische zin hoort alleen de tafel en de onderbouw *(stipes)*, waarop de tafel rust, tot het altaar.

Het altaar wordt op de eerste plaats "de tafel des Heren, centrum van heel de eucharistie" genoemd[128]. In de nieuwe *OvD* voor kerk- en altaarwijding (cap. 4, Inleiding I, nn.1-4) worden een aantal, aan de oudste kerkelijke schrijvers ontleende, beelden gebruikt, waarvan wij enigermate vervreemd zijn geraakt: Christus zelf wordt "altaar" genoemd (*Hebr.* 13, 10), want Hij verschijnt "als het Lam dat geslacht is" (*Openb.* 5,6)(n.1). Christus zelf is "het ware altaar" en daarom "zijn ook zijn ledematen en leerlingen geestelijke altaren waarop aan God het offer van een heilig leven wordt aangeboden". Volgens een ander beeld zijn de biddende christenen zelf "de levende stenen waarmee de Heer Jezus het altaar van de kerk bouwt" **(Origenes)** (n.2)."Het altaar is...de tafel van het offer en van de maaltijd, waaraan de priester...hetzelfde doet als hetgeen de Heer zelf heeft gedaan..." (n.3).

Het "vaste altaar...is als het ware het teken van Christus"; vandaar de uitdrukking:"Het altaar is Christus". Bijgevolg "is in alle kerken het altaar "het middelpunt van de dankzegging die door de eucharistie gebracht wordt"(n.4).

[127] Zie *MK* vóór **can.1235** en *COMM.* 12(1980)382; een altaar is echter pas een 'gewijde plaats', als het gewijd of gezegend is.

[128] *AIAM*, nn.49 en 259; vgl. de Instr.*Inter oecumenici* (1964) n.91:"Het centrum, waarop de aandacht van alle samengekomen gelovigen vanzelf gericht wordt"; de Instr.*Eucharisticum mysterium*(1967)n.24:"Een teken van Christus zelf, de plaats waar de heilsmysteries worden voltrokken en als het ware het centrum van de samenkomst van de gelovigen" enz.; beide instructies zijn van de Ritencongregatie.

2. Soorten altaren

a. Voor de tafel, waarop het eucharistisch offer wordt gevierd, maakt het kerkelijke Wetboek alleen dit ene onderscheid: het *vaste, niet-verplaatsbare (fixum, immobile)* en het *verplaatsbare (mobile)* altaar. Het eerste is zó vervaardigd, dat het met de vloer één geheel uitmaakt of aan de vloer vastzit en dus niet verwijderd (verplaatst) kan worden; als het altaar verzet of naar een andere plek gebracht kan worden, heet het verplaatsbaar(**can.1235 § 1**)[129].

Het *vaste* altaar bestaat uit de altaartafel (altaarblad) en een onderbouw, die met de tafel of het blad verbonden is. Het *verplaatsbare* altaar kon ofwel een (kleine) altaarsteen zijn[130], die in de altaartafel werd gelegd, ofwel (zoals nu nog), een altaarblad met onderbouw, dat zich gemakkelijk laat verplaatsen.

Het is niet noodzakelijk, maar verdient wel aanbeveling "dat er in elke kerk een vast altaar is[131]; in de overige cultus-ruimten, die bestemd zijn voor de liturgische vieringen, kan het altaar vast of verplaatsbaar zijn"(**can.1235 § 2**). Of een altaar nu vast is of verplaatsbaar, het mag alleen gereserveerd worden voor de goddelijke eredienst onder totale uitsluiting van ieder profaan gebruik, al is dit ook louter provisorisch.

Behoudens dit onderscheid komen we in het oude Wetboek en in de postconciliaire documenten nog andere onderscheidingen tegen als:

b. het *hoofdaltaar(altare maius* of ook *maximum*[132]) en *zijaltaren (altaria minora)*. Oorspronkelijk had iedere kerk slechts één altaar, zoals nu nog het geval is in de Oosterse Kerken. Sinds de 6e eeuw

[129] Zie *AIAM*, n.261, hernomen in de *OvD* voor kerk-en altaarwijding, cap.4 II, n.6 en cap.6,n.1.

[130] In de de vroegste buiten-conciliaire documenten, nl. het MP *Pastorale munus*(1963) van Paus **Paulus VI** I n.7 en het Rescript *Cum admotae*(1964) van de Staatssecretarie I n.4, resp. in *AAS* 56(1964)7 en 59(1967)374, werd nog over de bevoegdheid tot het celebreren van de eucharistie buiten een gewijde plaats boven een *altaarsteen*, waarin relieken van Heiligen opgesloten waren, gesproken; te vergelijken met het in de Oosterse Kerken gebruikelijke *antimensium*: een rechthoekige linnen of zijden doek, waarop relieken van HH. Martelaren zijn bevestigd en die door de Bisschop gewijd is. Nog in 1965 werd aan priesters in diverse bisdommen toegestaan om met verlof van de eigen Bisschop "op plaatsen, waar geen vast altaar aanwezig is (op kamp, in een noodlokaal e.dgl.) zo'n antimensium te gebruiken" ter vervanging van een altaarsteen [*An.Utr.* 38(1965)215; *An.Br.* 10(1965)181; *An.Ro.* 10(1965)223].In *AIAM* n.265 staat echter:"Er bestaat...geen enkele verplichting een gewijde steen te gebruiken in een verplaatsbaar altaar of op een tafel, waarop, buiten een gewijde ruimte, de eucharistie gevierd wordt".

[131] Zie *OvD* voor kerk- en altaarwijding, cap.4, Inl. nn.4 en 6.

[132] Instr. *Inter oecumenici*(1964) n.91 en *Eucharisticum mysterium*(1967) n.24, beide van de Ritencongregatie.

werden meerdere altaren opgericht om daardoor de Heiligen te eren, hun relieken (in de altaarstenen) te bergen en dienst te doen voor de zgn.gelezen of stille HH.Missen, die toen in gebruik kwamen[133]. De Instr. *Inter oecumenici*(1964) van de Ritencongregatie n.91 laat haar voorkeur uitgaan naar een hoofdaltaar, dat los van de wand wordt opgericht zodat men er gemakkelijk omheen kan gaan en de vieringen daar, met het gezicht naar het volk gekeerd, plaats kunnen vinden; het moet zó geplaatst zijn, dat het werkelijk het centrum is, waarop zich vanzelf de aandacht van heel de gemeenschap richt[134]. In *Inter oecumenici* n.93 staat dat zijaltaren gering in aantal moeten zijn, "ja zelfs is het, voorzover de structuur van het gebouw dit toelaat, heel passend dat zij in kapellen, die enigszins van het kerkschip gescheiden zijn, worden geplaatst". Het *Altaarmissaal* neemt deze norm over, maar legt die norm alleen aan voor nieuwe kerken (n.267). Belangrijker is wellicht nog dat de nieuwe *OvD* voor kerk- en altaarwijding (cap.4 II, n.7) een pleidooi houdt voor de oprichting van "slechts één altaar" in nieuwe kerken "zodat het éne altaar in de éne vergadering van gelovigen verwijst naar onze éne Verlosser Jezus Christus en naar de éne eucharistie van de kerk". In ieder geval dient volstrekt vermeden te worden "dat er meer altaren worden opgericht uitsluitend ter verfraaiing van het kerkgebouw". Op dit ene altaar is het begrip 'hoofdaltaar' niet meer van toepassing, tenzij ook een nieuwe kerk een kapel heeft, "zo mogelijk enigermate afgescheiden...van de kerkruimte en waar het tabernakel is geplaatst voor het bewaren van het heilig sacrament; daarin kan een ander altaar worden opgericht, waaraan op weekdagen ook de eucharistie kan worden gevierd voor een kleine groep van gelovigen (t.z.p.).

c. een *geprivilegiëerd* altaar[135] is een altaar, waaraan een volle aflaat verbonden is ten gunste van de overledene (soms ook een levende) voor wie de eucharistieviering geappliceerd wordt door welke priester ook.

d. een *pauselijk(altare papale* of *pontificium)* altaar is een altaar, waaraan niemand zonder pauselijk indult mag celebreren; alle grote (en ook enkele kleine) basilieken hebben een dergelijk altaar.

[133] Zie *LW* II, s.v. zijaltaar.

[134] Bijna letterlijk overgenomen in *AIAM*, n.262, waaraan nog wordt toegevoegd dat het hoofdaltaar als regel een vast en gewijd altaar moet zijn.

[135] Zoals we dat in oudere kerken geschilderd kunnen zien staan op het altaarblad of op de retabel.

3. Samenstelling van een altaar

Volgens het overgeleverd gebruik van de Kerk[136] dient de tafel van een *vast* altaar van steen te zijn en uit een enkel stuk natuursteen te bestaan, maar naar het oordeel van de Bisschoppenconferentie kan ook een ander waardig en stevig materiaal[137] gebruikt worden. De onderbouw of basis kan echter uit elk materiaal vervaardigd worden **(can.1236 § 1)**[138]. Anders dan in *can.1198 § 2 CIC/17*[139] wordt in deze canon gezegd, dat de onderbouw niet per se uit steen, maar uit elk materiaal kan bestaan. Voor het *verplaatsbare* altaar geldt alleen dat het "uit elk stevig materiaal, dat voor liturgisch gebruik passend is" vervaardigd wordt **(can.1236 § 2)**[140]. Maar ten aanzien van het vaste noch het verplaatsbare altaar bestaat er enig voorschrift (zoals vroeger wel het geval was) dat op de vier hoeken van het altaarblad een kruisje moest worden aangebracht, dat een rol speelde bij de wijding van het altaar. Ook is er nergens sprake meer van het aanbrengen van een zgn.graf*(sepulchrum)* op het altaarblad, waarin de relieken van Heiligen werden ingesloten. Dat hangt ongetwijfeld samen met de bepaling van **can.1237 § 1** (zie onder) dat deze relieken niet *in* het altaar, maar onder het altaarblad moeten worden aangebracht.

4. Wijding of zegening van een altaar

Zowel de wijding als de zegening zijn een toewijding van het altaar aan God, en ook alleen aan God "want het eucharistisch offer wordt alleen aan God gebracht". Zij zijn dus geen toewijding aan de martelaren of andere heiligen, wier relieken (eventueel) onder het altaar worden

[136] "En zijn symbolische betekenis" voegt het *Altaarmissaal* daar in n.263 aan toe. Hiermee schijnt bedoeld te zijn de benaming van Christus als rots of steen (1 *Kor.* 10,4): zie *MK* bij **can.1236** onder 2; voor de vraag in hoeverre het materiaalgebruik "overgeleverd" is zie *LfThuK*, dl.1(1957)369-376 s.v.Altar en *LW*, Dl.I(1958-1962) s.v. Altaar, kol.105-115.

[137] "En kunstvaardig bewerkt" voegt het *Altaarmissaal* daar in n.263 aan toe. De Nederlandse BC bepaalde "dat ook andere materialen dan steen, mits stevig en waardig, mogen gebruikt worden voor het vervaardigen van de tafel van vaste altaren": *TB/89* n.20.

[138] **Can. 1236** herneemt (met weglating van enkele begrippen) de voorschriften van *AIAM* nn.263-264, die op hun beurt weer opgenomen zijn in de nieuwe *OvD* voor kerk- en altaarwijding: cap.4 II n.9 en cap.6 n.2.

[139] *Canon 1198*:"Bij een vast altaar moet het stenen altaarblad zich over het gehele altaar uitstrekken en stevig met de onderbouw verbonden zijn; de onderbouw zelf of minstens de (zij-)wanden of kolommen, waarop het altaarblad rust, moeten van steen zijn".

[140] Ten aanzien van de *altaarsteen*, die thans niet meer vereist is, schreef *can.1198 § 1 CIC/17* voor dat hij ook "uit één stuk, niet verbrokkelde (ongeschonden) natuursteen" moest bestaan.

bijgezet. "In deze zin moet men de gewoonte verstaan van de kerk om aan God altaren toe te wijden ter ere van de heiligen": niet voor hen of haar worden altaren opgericht, maar voor de God van de heiligen, zij het dan ook tot hun of haar gedachtenis[141].

Vaste altaren *moeten*, *verplaatsbare* altaren *kunnen* worden gewijd volgens een ritus, die veel omvangrijker en plechtiger is dan de zegeningsritus. Volgens **can.1206** komt de wijding van een vast of verplaatsbaar altaar toe aan de diocesane Bisschop (en aan de rechtens met hem gelijkgestelden); bij diens verhindering aan een andere (onverschillig welke, maar bij voorkeur toch eigen hulp- of wijbisschop) en bij hoge uitzondering aan een speciaal daartoe gemachtigde priester[142]; de zegeningsritus behoort weliswaar toe aan de Ordinaris, maar hij kan iedere andere priester delegeren. Andere verschillen tussen de wijdings- en zegeningsritus zijn dat de eerste een eigen misformulier kent, terwijl de zegeningsritus alleen het misformulier van de dag kent[143]; ook de riten zijn verschillend: voor de wijding zijn het de zalving, bewieroking, bekleding en verlichting van het altaar, bij de zegening zijn het de besprenkeling met wijwater en bewieroking van het altaar en gebed.

Op de bepaling van **can.1237 § 1** dat vaste altaren gewijd moeten worden en verplaatsbare altaren gewijd of gezegend kunnen worden (zoals in n.265 van *AIAM* ook al werd voorgeschreven) hebben enkele leden van de herzieningscommissie in haar laatste bijeenkomst van 1981[144] voorgesteld om voor verplaatsbare altaren alleen over 'zegening' te spreken en niet meer over wijding, waarop het Secretariaat gepleit heeft voor vrijheid en verwezen heeft naar de liturgische normen in dezen.

Het is niet langer noodzakelijk, zoals in het verleden, dat het altaar relikwieën van heiligen bevat (in een verplaatsbaar altaar mag het zelfs niet[145]), maar het is wel passend de traditie als zodanig te handhaven[146], als men maar rekening houdt met de in de liturgische boeken[147] gestelde voorwaarden **(can.1237 § 2)**, nl.

[141] *OvD* voor kerk- en altaarwijding, cap.4, n.10.
[142] Zie *OvD* voor kerk- en altaarwijding, cap.4, Inl. n.12 en cap.6, Inl. n.4.
[143] *OvD* voor kerk- en altaarwijding, cap.4 n.15 en cap.6 n.6.
[144] Zie *Relatio/1981*, p.275.
[145] Hetgeen volgt uit **can.1237 § 2**; vgl.*OvD* voor kerk-en altaarwijding, cap.6, n.3.
[146] *AIAM* n.266. De hier nog voorziene mogelijkheid om relieken van heiligen *in* de altaartafel in te sluiten, is door **can.1237 § 2** niet overgenomen en geldt dus ook niet meer. – Relieken van martelaren komen als eerste in aanmerking vanwege de bijzondere kracht van hun (haar) getuigenis, maar het kunnen ook relieken van andere heiligen zijn.
[147] Nl. de *OvD* voor kerk-en altaarwijding, cap.4, Inl. n.11.

a) dat de relikwieën *groot* zijn zó, dat iedereen ziet en begrijpt dat het om delen van het menselijk lichaam gaat; al te kleine relieken van één of meer heiligen zijn dus niet meer toegestaan;
b) dat de relieken authentiek, echt zijn. Het is beter een altaar zonder relieken te wijden dan een met relieken, waarvan de echtheid niet vaststaat;
c) de reliekhouder mag niet boven het altaar of op het altaarblad[148], alleen daaronder worden geplaatst "als de vorm van het altaar dit toestaat"[149].

Tenslotte verbiedt **can.1239 § 2** een stoffelijk overschot te begraven onder een altaar. Zou dit wel gebeuren, dan is het celebreren van de eucharistie op dat altaar niet toegestaan. Hiermee herhaalt deze canon het voorschrift van *can.1202 § 2 CIC/17* met weglating van het daar nog opgenomen voorschrift, dat bij het altaar begraven lijken minstens één meter daarvan verwijderd moeten zijn, wéér op straffe dat er anders niet gecelebreerd mag worden. **Can.1239 § 2** harmoniëert met **can.1242**, die het begraven van lijken in kerken verbiedt behalve als het gaat over het stoffelijk overschot van de Paus, Kardinalen of diocesane (ook emeriti-) Bisschoppen die in hun eigen kerk begraven worden, mits niet onder een altaar. Wel mag zich onder het altaar een crypte bevinden, door een gewelf of door de vloer gescheiden van het altaar, waar lijken begraven kunnen zijn[150].

5. Verlies van wijding of zegening

De wijding of zegening van iedere gewijde plaats, dus ook van het altaar, gaat volgens **can.1212** verloren, als het altaar voor het grootste deel verwoest is of wanneer het door een decreet van de bevoegde Ordinaris of in feite blijvend tot profaan gebruik is teruggebracht (**can.1238 § 1**), maar niet "doordat de kerk of andere gewijde plaats tot profaan gebruik wordt teruggebracht" (**can.1238 § 2**)[151]. Met deze bepaling zijn alle in *can.1200 CIC/17* genoemde andere oorzaken voor het verlies van wijding of zegening, bv. scheiding van altaartafel en onderbouw bij een

[148] Zoals evenmin in *nieuwe* kerken beelden of afbeeldingen van heiligen boven het altaar geplaatst mogen worden: *OvD* voor kerk- en altaarwijding, cap.4, Inl.n.10.

[149] *OvD* voor kerk- en altaarwijding, cap.4, Inl.nn.10 en 11a, b en c.

[150] Al in 1878 sprak de Ritencongregatie zich in deze zin uit: zie *Decreta authentica Congregationis sacrorum Rituum*, 3e editie, vol.V, Rome 1890, p.11 n.5742 (overgenomen uit *CDC (P/M)*, p.711).

[151] De *OvD* voor kerk- en altaarwijding voorziet er in *cap.5, n.22* inderdaad in, dat een reeds gezegend of gewijd altaar wordt overgebracht naar een nieuwe kerk zonder daar opnieuw (samen met de kerk) gewijd of gezegend te hoeven worden: *CDC(P/M)*, p.711.

vast altaar, belangrijke scheur of breuk van het vaste altaar of van de altaarsteen, verwijdering van relikwieën, komen te vervallen.

De nieuwe *OvD* voor kerk-en altaarwijding bevat geen formulier voor het opnieuw wijden of zegenen van altaren. Dit betekent dus dat de wijding of zegening opnieuw dient te gebeuren als was dit nog nooit eerder gebeurd.

ARTIKEL V: KERK- EN ALTAARBENODIGDHEDEN

Inleiding

Het *Wetboek van 1917* besteedde in een afzonderlijke titel *(cc.1296-1306)* aandacht aan: aanschaffing, materie, vorm, onderhoud, bewaring, gebruik, (ont)wijding, aanraking, wassing, vervreemding van de *sacra supellex*, gewoonlijk vertaald met *gewijde gebruiksvoorwerpen*, maar omvat ook huisraad en meubilair. De **Codex/83** besteedt daaraan niet op déze manier aandacht, d.i. onder een aparte titel, maar verwijst ons telkens weer naar de liturgische documenten en boeken, conform de in **can.2** geformuleerde bepaling. Daarin vinden we, her en der verspreid, voorschriften over de (meeste van de) zaken, die in de *CIC/17* worden genoemd onder een aparte titel.

De belangrijkste liturgische documenten zijn de drie *Instructies*, welke zijn gepubliceerd door de Postconciliaire Raad voor de Liturgie van Vaticanum II ter uitvoering van de liturgieconstitutie, nl.*Inter oecumenici*(1964). *Tres abhinc annos*(1967) en *Liturgicae instaurationes*(1970); tot de belangrijkste liturgische boeken rekenen we het boek bij uitstek, nl. het *Altaarmissaal*(1975) en de *OvD* voor kerk-en altaarwijding(1977); tenslotte noemen we de nieuwe *Orde van Zegeningen*(1984), cap.XXXII. De Codex zelf bevat slechts hier en daar een voorschrift

De nieuwe Codex gebruikt de term *sacra supellex* slechts driemaal: in de **cc.555 § 1, n.3, 555 § 3** en **562**. De term wordt ook nu weer vertaald met 'gewijde' gebruiksvoorwerpen, maar dit wil allerminst zeggen, dat het alleen over 'gewijde' dan wel 'gezegende' gebruiksvoorwerpen gaat. Want heel in het algemeen worden onder 'gebruiksvoorwerpen' niet alleen die zaken verstaan, die voor de eredienst worden gebruikt, maar ook alles wat dient tot versiering (opluistering, verfraaiing) van kerk en altaar. Om deze reden, maar ook omdat de wijding of zegening van met name de voorwerpen, die in de eredienst worden gebruikt, alleen bij wijze van uitzondering verplicht is gesteld, krijgt het woord *sacra* steeds minder betekenis.

In het bijzonder gaat het hier om: kerkelijke of liturgische gewaden of kleding(1), het liturgisch vaatwerk(2) en de verdere 'aankleding' van kerk en altaar(3)[152].

1. Liturgische gewaden

AIAM nn.297-310 bevat gedetailleerde voorschriften[153] over soort, aard, kleur, snit en gebruik van de liturgische gewaden (ook wel *paramenten of parementen, d.i. sieraden* genoemd), nl. amict, albe, singel, stool, manipel[154], kazuifel, dalmatiek, tuniek[155], koorkap en superplie; gewaden, die voor een deel worden aangepast aan de liturgische kleur van de dag. Het gaat hier om kleding, die dient tot opluistering en stilering van de liturgische vieringen; tegelijk echter vindt de verscheidenheid van functies in de eredienst haar uitdrukking in de verscheidenheid van de liturgische kleding (*AIAM* n.297). Voor priesters en diakens, voor wie **can.929** voorschrijft dat zij bij het celebreren van de eucharistie de voorgeschreven gewijde gewaden moeten dragen, pastorale werk(st)ers en lagere assistenten (misdienaar, acoliet) bestaat deze kleding uit:

1.1. De *albe* (van Lat.: *albus* = wit): een lang witlinnen kleed met lange mouwen, waarschijnlijk ontstaan uit de romeinse tuniek, d.i. het wollen onderkleed van mannen en vrouwen. Deze albe kan ook de kleding zijn voor assistenten, lager in rang dan de diaken, maar deze kunnen ook een ander gewaad, dat voor iedere streek afzonderlijk wettig is

[152] Op deze thema's zal zeer gedetailleerd worden ingegaan, omdat we leven in een tijd, dat zeer velen geen weet meer hebben van alles wat met kerk, altaar en liturgie te maken heeft. Bovendien zullen we bij de uitleg over betekenis en vorm van een gebruiksvoorwerp ook de vaak ongebruikelijke Latijnse termen noemen om daardoor de herkenbaarheid ervan (in oude of nieuwe documenten) te vergroten.

[153] Dat zijn de in **can.929** genoemde rubrieken (afkomstig van het Latijnse *ruber*, is: rood), de meestal in rode letters en cijfers gedrukte aanwijzingen voor de uitvoering van liturgische plechtigheden, in dit geval betreffende de kleding, die gedragen dient te worden.

[154] Dat is een smalle strook stof van hetzelfde materiaal en van dezelfde kleur als het kazuifel. Hij werd door de subdiaken, diaken, priester en Bisschop om de linkerarm of -pols gedragen. Na de afschaffing van het subdiaconaat in 1972 werd de manipel een onderscheidingsteken van hen, die een hogere wijding (diaken, priester) hebben ontvangen. Hij mag echter sedert de Instr.*Tres abhinc annos*(1967) n.25 van de Ritencongregatie altijd weggelaten worden, en wordt in het nieuwe Altaarmissaal niet meer genoemd. Zie *LW*, Dl.II s.v. manipel.

[155] Toen het subdiaconaat nog bestond als afzonderlijke wijdingsgraad (tot 1972) was de tuniek (Lat.: *tunica*) het specifieke, aan de subdiaken (of, bij diens afwezigheid, aan lagere *'clerici'*) eigen liturgische gewaad. Het was tot dan toe een *bovenkleed*, maar was in oorsprong (in de Romeinse samenleving) een lang witlinnen *onderkleed*, waaruit in de R.K.Kerk de albe is gegroeid.

toegestaan, dragen (*AIAM* nn.81c en 298). Daaronder kan, indien nodig, een *amict*(schouderdoek; Lat. *amictus*, van *amicire* = omhullen), ontstaan uit de Romeinse kleding, gedragen worden. Het is een linnen doek rond hals en schouder[156] en is vooral op z'n plaats, wanneer de albe de gewone kleding rond de hals niet volkomen bedekt (*AIAM* nn.81c en 298). Meestal wordt de albe om het middel bijeengehouden door een *singel* (van Latijnse *cingulum* = gordel, riem), tenzij de albe van zo'n snit is dat zij ook zonder singel goed zit (*AIAM* n.298)[157].

1.2. Over de albe heen[158] wordt de *stool*(Lat.: *stola*, oorspronkelijk een lang bovengewaad) gedragen: een lange bandstrook; door Bisschop en priester om de hals en de schouders, vóór de borst gedragen; door de diaken vanaf de linkerschouder schuin over de borst naar de rechterheup (*AIAM* nn.81a en b en 302)[159]. Het dragen van de stool is voorbehouden aan priesters en diakens volgens de Instr.*Liturgicae instaurationes*(1970) n.8c.

1.3. Over dit alles heen draagt de priester bij de eucharistieviering het *kazuifel* (van Latijn *casula* = hutje), zo genoemd naar zijn oudste vorm, nl. die van een halfrond model, van allerlei stof gemaakt, dat in de plaats kwam van de aanvankelijk gebruikte liturgische kleding: de *paenula*, d.i. een wijde cape (zonder mouwen met een opening voor het hoofd), die o.a. in de Grieks-Romeinse wereld als bovenkleed (regenmantel?) gedragen werd; ook de naam *planeta* wordt hiervoor gebruikt (*AIAM* n.299)[160].

De Congregatie voor de Eredienst heeft aan de BC's toegestaan om voor het eigen gebied een bijzonder soort kazuifel, nl. het *kovelgewaad*, te gebruiken, d.i. een mantel, die heel het lichaam bedekt, tot op de schoenen reikt en waaroverheen een losse stool gedragen wordt; een "kazuifel zonder albe", want onder dit kledingstuk is het niet nodig een albe te dragen; het kazuifel zelf mag altijd dezelfde kleur hebben, terwijl

[156] Vanwege dit laatste ook wel *humerale* (van Lat.: *umerus* = schouder) genoemd. Zie *LW* Dl.I s.v. amict.

[157] Deze singel is verkrijgbaar in de kleuren van de dag.

[158] Dus niet over het habijt alleen of over de gewone klerikale, laat staan burgerkleding heen: noch bij de eucharistieviering, noch bij andere liturgische handelingen (zoals handoplegging bij wijdingen, sacramentenbediening in het algemeen, verrichten van zegeningen): zie Instr.*Liturgicae instaurationes*(1970) van de Congregatie voor de Eredienst onder 8c.

[159] Zie *LW* Dl.II s.v. stool en *LfThuK*, Dl.9(1964) s.v. stola.

[160] Zie *LW*, Dl.I s.v. kazuifel en *LfThuK*, Dl.6(1961) s.v. Kasel.

de kleur van de stola met de viering kan wisselen; deze viering kan op dezelfde dag verschillen[161].

De diaken draagt over alles heen de *dalmatiek*[162] (*AIAM* n.300), een liturgisch bovenkleed in dezelfde kleur als het kazuifel en alleen in de daarop aangebrachte figuratie verschillend van de (vroeger) door de subdiaken gedragen tuniek[163]. In onze tijd wordt door pastorale werk(st)ers bijna steeds een "soort" dalmatiek, reikend tot op de schoenen, waaroverheen een smalle strook stof (van hetzelfde materiaal) die over het hoofd geslagen wordt en voor en achter puntsgewijs toeloopt.

1.4. Bij sommige liturgische plechtigheden, bv. tijdens het in processie ronddragen van het Allerheiligste, bij de laatste aanbeveling ten afscheid na een uitvaartmis, bij de begrafenis op het kerkhof en het Getijdengebed wordt de *koorkap* (Lat.: *pluviale*) gebruikt, d.i. een lang, tot de voeten reikend, mantelvormig liturgisch gewaad, open aan de voorkant, maar bovenaan voorzien van een grote gesp ter afsluiting, en met aan de achterzijde een schildvormig sierstuk, dat bewerkt is met gouddraad of ander materiaal (*AIAM* n.303). Misschien ligt de oorsprong hiervan in een reis- of regenmantel met kap[164].

1.5. Een veel gebruikt liturgisch gewaad is tenslotte de *superplie*, d.i. een wit, ruim zittend, tot aan de knieën reikend, vaak in vouwen

[161] Op 28 juli 1974 publiceerde *L'Osservatore Romano* een ongedateerde *Verklaring* van de Secretaris van de Congregatie voor de Eredienst hierover: *NOT*.9(1973)96; *AK* 29(1974)898-899. Deze versoepeling van de plicht om altijd gewijde gewaden te gebruiken is ingevoerd om ook op reizen het gebruik van de gewaden te vergemakkelijken, want opgevouwen past de kovel goed in een koffer. Terwijl het gebruik toen nog alleen werd toegestaan op aanvrage van de BC van elk land afzonderlijk en beperkt werd tot gevallen van noodzaak, is de kovel nu algemeen in gebruik zonder dat men zich houdt aan de beperkende voorwaarden voor het gebruik.

[162] Zo genoemd naar het land van herkomst, nl. Dalmatië. Zie *LW* Dl.I s.v. dalmatiek en *LfThuK*, Dl.3(1959) s.v.Dalmatik.

[163] Uit de Instr.*Pontificales ritus*(1968) van de Ritencongregatie blijkt indirect uit n.16 en direct uit n.17, dat de Bisschop bij een plechtige viering de dalmatiek onder het kazuifel draagt, en ook bij een gelezen H.Mis, als het om een aparte viering gaat zoals het toedienen van wijdingen enz.; maar om ieder redelijk motief mag hij er van afzien of, zoals *AIAM* n.81b dit formuleert voor de diaken: hij mag de dalmatiek weglaten "uit noodzaak of vanwege de mindere graad van de plechtigheid". Bij de zegening van een Abt wordt verondersteld dat hij een dalmatiek draagt: zie *OvD*. voor de zegening van een abt en abdis (1977), Inleiding n.6. – Het nieuwe *Romeinse Pontificaal* voor de bisschopswijding zegt, dat de eerstwijdende Bisschop *naar keuze* de dalmatiek draagt, terwijl de wijdeling de dalmatiek *moet* dragen.

[164] Zie *LW*, Dl.II en *LfThuK*, Dl.8(1963) s.v. pluviale.

geplooid[165] koorhemd met wijde mouwen, ontstaan uit een inkorting van de albe. Zij wordt bij voorkeur gedragen door de lagere assistenten (misdienaar, acoliet) bij liturgische vieringen(in onze tijd heel vaak vervangen door kleding, die sterke gelijkenis vertoont met de albe), maar ook door priesters en diakens bij bepaalde liturgische functies, zoals communie-uitreiking of uitstelling van het Allerheiligste; niet echter wanneer zij een kazuifel of dalmatiek moeten dragen (*AIAM* n.298)[166]. Veel gelijkenis met de superplie heeft het *rochet,* een met veel kant afgezette en tot de knieën reikende superplie van linnen of soortgelijk textiel die door hoogwaardigheidsbekleders (en, bij privilege, door sommige kanunniken) gedragen wordt (altijd over de toga) bij kerkelijke diensten[167].

In de in noot 161 genoemde *Verklaring* wordt met evenzoveel woorden gezegd dat de Congregatie voor de Eredienst nog nooit is afgeweken van de norm, dat betrokkenen verplicht zijn de voorgeschreven liturgische gewaden te dragen en daar niet van af te wijken bv. om redenen van praktische aard (b.g.v. reizen, bedevaarten, uitstapjes, kamperen) of vanuit de behoefte zich beter aan te passen aan de concrete situatie, bv. bedrijfsaalmoezeniers in *overall* of jeugdaalmoezeniers in *scouting-uniform.* In zijn brief *Dominicae Cenae*(1980) n.12 verzet de Paus zich tegen het celebreren zonder de voorgeschreven liturgische kleding, afgezien van buitengewone omstandigheden als in concentratiekampen(!). In de Instr.*Liturgicae instaurationes*(1970), richtlijn 8c wordt het achterwege laten van liturgische kleding als misbruik gesignaleerd[168]. Wat de *vorm* van de paramenten betreft kan de BC aanpassingen, die beantwoorden aan de lokale behoeften, aanbrengen, maar besluiten daaromtrent moeten worden voorgelegd aan de Apostolische Stoel (*AIAM* n.304; vgl. *SC* n.128 in samenhang met n.22 par.2). Ook wat de *materie* betreft kan zij toestaan, dat buiten de gebruikelijke stoffen [linnen, katoen, wol,

[165] Vandaar ons woord super*plie* (van het franse woord *pli* voor vouw, plooi)? Of is super*plie* een merkwaardige Nederlandse verkorting van het Latijnse *superpellic(e)um,* een kleed over de huid*(pellis)*?

[166] Zie het *Rituaal* voor de communie-uitreiking enz. (1973) nn.20, 88 en 92 van de Congregatie voor de Eredienst, Instr.*Eucharisticum mysterium*(1967) n.65 van de Ritencongregatie en Algemene Inleiding op het *Getijdengebed*(1971) n.255 van de Congregatie voor de Eredienst.

[167] Zie *LW* II s.v. rochet; vgl.s.v. koorgewaad. Het gebruik van het rochet is gehandhaafd [Instr.*Ut sive sollicite*(1969) van het Staatssecretariaat Deel I, n.11], maar is (voortaan) verboden voor kanunniken en pastoors [*Rondzendschrijven*(1970) van de Congregatie voor de Geestelijkheid n.3].

[168] Zo ook in de Inleiding van de Instr.*Inaestimabile donum*(1980), 4e alinea: *AAS*, t.a.p., p.332 en *AK* 35(1980)963.

(half)zijde, brokaat, leer] andere, ter plaatse gebruikelijke, natuurlijke weefsels en ook kunstweefsels worden aangewend, die met de waardigheid van de liturgische handeling en van de persoon in overeenstemming zijn (*AIAM* nn.305-306). In de oude wetgeving was de wijding (we zouden nu zeggen: zegening) van de paramenten als kazuifel, stola, manipel noodzakelijk en van de overige priesterlijke paramenten(albe, amict enz.) twijfelachtig, maar in ieder geval gewenst. Thans wordt de *zegening* van liturgische gewaden nergens verplicht gesteld; wel is in het *Romeins Rituaal* voor de Zegeningen (1984) een formulier opgenomen voor de zegening van deze gewaden; een zegening, die ook nu wenselijk wordt geacht en die door iedere priester kan gebeuren[169]. De *AIAM* nn.307-308 en 310 handelt over de verscheidenheid en de betekenis van de *kleuren* van de liturgische gewaden. Naarmate deze gewaden rijker uitgevoerd zijn (bv. in goudbrokaat), in die mate mag op hoogfeesten worden afgeweken van de kleur van de dag (t.z.p., n.309). Voor het overige zijn de kleuren traditioneel: wit, rood, paars (in Advent, Veertigdagentijd, vieringen voor overledenen), roze (op de derde Zondag van de Advent en de vierde Zondag van de Veertigdagentijd) en groen. Deze traditie dient gehandhaafd te blijven; eventuele aanpassing van deze kleuren door de BC's (voor te leggen aan de Apostolische Stoel) aan de behoeften en aard van een volk zijn mogelijk (*AIAM* n.308).

2. Liturgisch vaatwerk

2.1. Tot het liturgisch vaatwerk bij uitstek hoort de *kelk* (Lat.: *calix*) en de *pateen*(Lat.: *patena*), beide benodigd voor het aanbieden, consacreren en nuttigen van de eucharistische gaven van brood en wijn[170]. Zij moeten uit stevig en, naar algemene opvatting van ieder land, *edel* materiaal vervaardigd worden. Het oordeel hierover komt toe aan de BC. De voorkeur gaat uit naar materiaal, dat niet gemakkelijk breekt[171] en licht onbruikbaar wordt (*AIAM* n.290). Kelken of ook andere heilige vaten, bestemd voor het Heilig Bloed, "moeten een kom hebben uit materiaal, dat geen vocht opneemt. De voet mag echter uit ander stevig en edel materiaal vervaardigd worden" (*AIAM* n.291) [172].

[169] Zie: *Zegeningen uit het Romeins Rituaal* van de *NRL* (1986), pp.122-123.

[170] Over brood en wijn zal uitvoerig gesproken worden bij de behandeling van de eucharistie als sacrament.

[171] Daarom zal in ieder geval de voorkeur niet uitgaan naar de tegenwoordig veel gebruikte kelken van gebakken en geglazuurde klei.

[172] **H.Wegman** wijst er in zijn *Geschiedenis van de christelijke eredienst in het Westen en in het Oosten* (Hilversum 1976) op dat de geschiedenis van de kelk interessant is,

De *pateen* is een kleine, ronde, diepe of platte schaal, waarop tijdens de eucharistieviering de (grote) hostie voor de celebrant gelegd wordt, maar men kan ook één enkele grote pateen gebruiken, waarop zowel het brood voor de celebrant als dat voor de assistenten en andere gelovigen een plaats krijgt (*AIAM* n.293). Met deze laatste mogelijkheid keert de Kerk terug naar de oorspronkelijke vorm van de pateen, nl. een *grote* schaal, waarop het geconsacreerde brood voor allen ligt[173]. Zij moet, net als de kelk en andere heilige vaten, uit edel materiaal vervaardigd zijn (*AIAM* n.290); dat hoeft echter geen metaal te zijn, doch mag ook materiaal met een grote waarde zijn, zoals ivoor of een harde houtsoort.

De kelk en de pateen moeten met bijzondere eerbied worden behandeld, omdat zij uitsluitend en blijvend bestemd dienen te worden voor de viering van de eucharistie (*AIAM* n.289). Die bestemming wordt voor de gemeenschap van gelovigen kenbaar gemaakt door een bijzondere *zegening*, opgenomen in de nieuwe *OvD* voor kerk- en altaarwijding; een zegening, die door iedere priester kan worden gedaan zo wel tijdens een eucharistieviering (juist daar past zij heel goed in) als daarbuiten, mits het gebruikte materiaal voldoet aan de vereiste voorwaarden[174].

omdat zij de ontwikkeling aangeeft in de beleving van de eucharistie (p.127) en in de heruitgave van dit boek onder de titel *Riten en mythen. Liturgie in de geschiedenis van het christendom* (Kampen 1991) merkt hij op, dat de vormgeving van de kelk per stijlperiode verschillend is. We verwijzen hiervoor naar het *LfThuK*, Dl.6(1961) s.v. Kelch en *LW*, Dl.I s.v. kelk.

173 Hiervan moeten we onderscheiden de – ook nu nog – voorgeschreven pateen, die de gelovigen zelf onder hun kin houden of die door de misdienaars(acolieten) onder de kin van de communicanten gehouden wordt (de communie-pateen). Zie: *Rituaal* voor de communie-uitreiking van de Congregatie voor de Eredienst(1973) n.19: de enige plaats, waar deze pateen wordt aangeduid met de klassiek-latijnse term *patina*: *AIAM* nn.246b, 247b en 251. Deze pateen is in onze streken nooit algemeen gebruik geworden. Zij heeft ongetwijfeld te maken met de angst dat anders deeltjes ("partikels") van de hostie of druppels wijn verloren zouden kunnen gaan. Zie *LW*, Dl.II s.v. pateen en *LfThuK*, Dl.8(1963) s.v. Patene.

174 Zie *OvD* cap.7, Inleiding nn.1-4. Dus ook, als het gebruikte materiaal geen metaal is, moet het gezegend worden, want in de zegeningsritus van kelk en pateen wordt voor ander materiaal dan metaal geen uitzondering gemaakt. Volgens de *oude wetgeving* was voor kelk en pateen de *consecratie* noodzakelijk, welke geldig alleen kon worden verricht door een geconsacreerde Bisschop of een priester, die door het recht of door de Apostolische Stoel daartoe gemachtigd was *(can.1147 § 1)*. In het MP *Pastorale munus*(1963) van Paus **Paulus VI** (I n.27) was deze consecratie nog voorbehouden aan de Bisschop, die echter in bijzondere gevallen of voor een bepaalde tijd de Vicaris-generaal of een andere priester-in-aanzien kon machtigen dit te doen; en in de Instr.*Liturgicae instaurationes* (1970) van de Congregatie voor de Eredienst n.8b blijkt die consecratie ook nog voorbehouden aan de (een) Bisschop, die tevens beoordeelt of het betreffende vaatwerk geschikt is voor zijn doel.

2.2. Andere heilige vaten, bestemd voor hosties, zoals de *pyxis, ciborie, monstrans en lunula*[175], mogen net als de kelk en de pateen van een ander materiaal dan edel metaal zijn; materiaal, dat in een land grote waarde heeft (ivoor of zeer harde houtsoort), als het maar geschikt is voor liturgisch gebruik (*AIAM* n.292). Mochten de heilige vaten vervaardigd zijn uit metaal, dat niet roestvrij is, dan is vergulding van de binnenkant gewoonlijk nodig; niet dus als het gaat om roestvrij metaal of metaal, dat edeler dan goud is (*AIAM* n.294).

Ook in de *vormgeving* van de heilige vaten is er meer mogelijk, nl. een aanpassing aan de gebruiken van iedere streek, steeds onder dezelfde voorwaarde, dat ze geschikt zijn voor het (liturgische) gebruik waarvoor ze bestemd zijn (*AIAM* n.295)[176].

Wat de *zegening* betreft is thans regel, dat al deze heilige vaten gezegend *kunnen* worden volgens het in het *Romeins Rituaal* voor de Zegeningen(1984) opgenomen formulier[177], maar men is er niet toe verplicht.

[175] *Pyxis* (verlatijnsing van het Griekse πύξος, d.i. oorspronkelijk een doosje van buks- of palmhout), is een van allerhande materiaal gemaakt doosje, waarin een grote hostie, gevat in een zilveren of gouden ring, al of niet bezet met diamanten, *lunula*(maantje) geheten, wordt opgeborgen. Deze *'lunula'* wordt bij gelegenheid van de uitstelling van het Allerheiligste aangebracht in de *monstrans*(van het Latijnse *'monstrare'*=tonen, laten zien; in het Latijn echter steeds aangeduid met de naam *ostensorium*, van *'ostendere'*= (ver)tonen), d.i. een in metaal uitgevoerd vaatwerk, in veel gevallen bezet met (half)edelstenen. – De naam pyxis wordt tevens gebruikt voor de busjes, waarin de zieken-, catechumenenolie of het heilig chrisma bewaard worden en voor het doosje, waarin de hosties voor de zieken-communie worden meegenomen. Maar met dit woord wordt heel vaak ook bedoeld: de *ciborie* (afkomstig van het griekse κιβωριον, verlatijnst tot *ciborium*, d.i. eigenlijk het klokhuis van een egyptische boon, overdrachtelijk: een drinkbeker), een uit edele materialen vervaardigd vaatwerk, meestal in de vorm van een (uitgegroeide) kelk, waaarin de geconsacreerde hosties worden bewaard voor het uitreiken van de H.Communie. Wij reserveren tegenwoordig het woord 'pyxis' voor het in het klein uitgevoerde doosje [in *AIAM* n.292 en in het *Rituaal* voor de communieuitreiking(1973) van de Congregatie voor de Eredienst n.20 ook θηκη(doosje) of *vasculum* (bekertje) genoemd]. In de algemene inleiding op dit Rituaal wordt in n.7 nog eens gewezen op de regelmatige vernieuwing van de hostie(s), die in een ciborie, pyxis of lunula bewaard worden. Zie *LW*, Dl.I s.v. ciborium en Dl.II s.v. monstrans en pyxis; *LfThuK*, Dl.10(1965) s.v. Ziborium en Dl.7(1962) s.v.Monstranz en Dl.8(1963) s.v.pyxis.

[176] De grotere vrijheid in materiaalkeuze en vormgeving van paramenten, gewijde vaten en andere gebruiksvoorwerpen is volgens de Instr.*Liturgicae instaurationes*(1970) van de Congregatie voor de Eredienst n.8 alleen gegeven om volkeren en kunstenaars alle ruimte te geven voor de ontplooiing van eigen talent ten bate van de eredienst. In de Appendix van de Instr.*In ecclesiasticam*(1979) van de Congregatie voor het katholieke Onderwijs, die een lijst van vraagstukken beschrijft, welke in het liturgisch onderricht op seminaries aan bod moeten komen, worden we o.m. gewaarschwud tegen hedendaagse misvattingen over de liturgie, waarin bv. het heilig karakter daarvan ontkend wordt en dientengevolge de noodzaak om gewijde voorwerpen en heilig vaatwerk te gebruiken wordt miskend.

[177] Zie: *Zegeningen uit het Romeins Rituaal* van de *NRL* (1986) pp.122-123.

3. Verdere aankleding van kerk en altaar

Voor een deel is hierover al gesproken in ander verband, nl. in Artikel I n.4: Inrichting van de kerk. Hier willen we alleen nog ingaan op wat daar niet ter sprake is gekomen.

3.1. *De kerk.* De verdere aankleding van de kerk moet gekenmerkt worden door eenvoud (*SC* n.124) en echtheid, zodat zij bijdraagt tot de onderrichting van de gelovigen en tot de waardigheid van de gewijde plaats (*AIAM* n.279).

3.1.1. *Ambo*

Omdat de plaats, vanwaar het woord van God verkondigd, gelezen of gezongen wordt zó zal moeten zijn dat de aandacht van de gelovigen er vanzelf naar uitgaat (*AIAM* n.272) moet er een *ambo(n)*(van het Griekse αμβων = verhoog, kansel), in de eerste eeuw vaak in steen uitgevoerd en na de 9e eeuw vaak in tweevoud, d.w.z. aan weerszijden van het altaar[178], zijn voor het uitspreken van de schriftlezingen, de antwoordpsalmen tussen de lezingen en de paasjubelzang. Daarvoor dient de ambo eigenlijk gereserveerd te worden, maar omwille van hun nauwe band met de liturgie van het woord kunnen ook de homilie en de voorbede van daar af gehouden worden, al lijkt het minder passend[179] anderen, zoals de commentator, voorzanger of koordirigent daarvan gebruik te laten maken[180]. De ambo dient zó opgesteld te worden, dat de lector(lectrix) goed gezien en gehoord kan worden[181]. Daarom moet de ambo in het schip van de kerk een verhoogde, vaste, goed opgestelde en behoorlijk voorname plaats innemen[182]. Of het nu om een vaste dan wel

[178] Zie *LW*, Dl.I en *LfThuK*, Dl1(1957) s.v.ambon.

[179] Aldus de *AIAM* n.272 en de nieuwe *Orde voor de Mislezingen*(1981) van de Congregatie voor de Sacramenten en de Eredienst, sectie Eredienst, n.33. Dit laatste document is het meest uitvoerig over de ambo (nn.32-34). In n.34 wordt nog opgemerkt dat de ambo(n) ruim hoort te zijn omdat er vaak meerdere personen tegelijk plaats moeten kunnen nemen.

[180] Alhoewel *AIAM* met zichzelf in strijd lijkt te komen, wanneer zij in n.36 juist de ambo aanwijst als de plaats van waaraf de voorzanger (cantor of psalmist) de psalmverzen voordraagt.

[181] Zie Instr.*Inter oecumenici*(1964) van de Ritencongregatie n.96; over "het lezen in de liturgie" zie *An.Ro.* 30 (1985)B49-B54.

[182] Naar gelang van de structuur van de kerk zal men zich dus moeten toeleggen op een harmonieuze samenhang tussen ambo(n) en altaar, want in de eucharistieviering worden zowel de 'tafel van het woord' als de 'tafel des Heren', d.i. het Lichaam van Christus, aangereikt: *Orde voor de Mislezingen* (1981) van de Congregatie voor de Sacramenten en de Eredienst, sectie Eredienst, n.32. In onze streken zal de ambo echter eerder deel uit-

verplaatsbare ambo gaat, passend is wel dat hij sober is uitgerust(versierd), bv. met een *antependium* (voorhangsel), d.i. een vóór of over de ambo gehangen lezenaarsdoek in de kleur van de dag. Zo'n antependium kan ook voor het altaar worden gehangen[183].

3.1.2. *Kerkklokken*(Lat.: *campana*)

In de inleiding op dit hoofdstuk is er al op gewezen dat de leden van de betreffende werkgroep voor de Codex-herziening het niet belangrijk genoeg achtten om enige bepaling over *klokken* op te nemen in de Codex "omdat over dit onderwerp al meer dan genoeg gezegd wordt in de liturgische boeken"[184]. Gevolg is geweest dat de Codex weliswaar geen enkel voorschrift hierover bevat, maar de liturgische boeken evenmin.

De *Codex/17* sprak nog de wens uit dat iedere kerk over één of meer klokken zou beschikken: om de gelovigen op te roepen tot de godsdienstoefeningen *(can.1169 § 1)*; daarnaast hebben zij tot bestemming kerkelijke feesten in te luiden, doden uit te luiden en op te roepen tot gebed (bv. het Angelus-gebed) of ook om te waarschuwen bij rampen. Maar zij dienen niet gebruikt te worden voor profane doeleinden, bv. bij burgerlijke plechtigheden (tenzij met goedvinden van de Ordinaris); tevens bepaalde *can.1169 § 2* dat kerkklokken gewijd of gezegend moesten worden[185].

Feitelijk beschikken de meeste kerken en kapellen over één of meer klokken. Uit de aard van haar bestemming is het gebruik ervan in beginsel alleen onderworpen aan het kerkelijk gezag. Maar volgens *artikel 10* van de *Wet openbare manifestaties*(1988) zijn klokgelui "ter gelegenheid van godsdienstige en levensbeschouwelijke[186] plechtigheden en lijkplechtigheden, alsmede oproepen tot het belijden van godsdienst of

maken van het priesterkoor dan van het schip van de kerk, omdat wij veel minder bevangen zijn door de angst dat andere personen dan de celebrant en zijn assistenten het priesterkoor betreden.

[183] Een vaste, maar ook een verplaatsbare ambo die sterk in het oog valt en kunstig is uitgevoerd, kan gezegend worden: zie het *Rituaal voor de Zegeningen*(1984) Deel III, cap.XXVI, II, nn.900-901 van de Congregatie voor de Sacramenten en de Eredienst); de ritus zelf in nn.902-918 en Zegeningen uit het Romeins Rituaal(1986), pp.122-123.

[184] Vgl.*COMM*. 12(1980)336.

[185] De Instr.*Inter oecumenici*(1964) van de Ritencongregatie bepaalde in n.77 nog dat de tot nu toe aan de Bisschop gereserveerde zegeningen door iedere priester kunnen worden gedaan met uitzondering echter van een redelijk aantal zegeningen, waaronder ook die van klokken voor een gebenediceerde kerk.

[186] In vergelijking met de *Wet op de Kerkgenootschappen*(1853), die de voorgangster was van deze nieuwe wet, is dit woord toegevoegd vanwege de gelijke behandeling in de wet van andere geloofs- (en levens-)overtuigingen dan de christelijke.

levensovertuiging, toegestaan", maar "de gemeenteraad is bevoegd ter zake regels te stellen met betrekking tot duur en geluidsniveau"[187].

Ofschoon er dus geen enkel bindend voorschrift meer bestaat voor het hebben van klokken, bevat het nieuwe *Rituaal voor de Zegeningen*(1984) wel een vrij uitvoerige ritus voor de zegening van klokken, die door iedere priester kan worden gedaan[188].

M.b.t. kerkklokken geldt voor *België*, dat deze als een deel van het kerkgebouw worden beschouwd zodat zij meestal eigendom zijn van de gemeente. Het is dan ook de gemeente, die voor de aankoop en het groot onderhoud van de kerkklokken instaat. Het gewone onderhoud is gedeeltelijk voor rekening van de kerkfabriek en gedeeltelijk voor rekening van de gemeente.

Het gebruik van de kerkklokken van erkende parochies voor het samenroepen van de gelovigen wordt in overeenstemming tussen de Bisschop en de bestendige deputatie van de provincie geregeld[189]. Het gebruik van kerkklokken buiten de voormelde regeling is onderworpen aan de toelating door de burgemeester. Deze regeling beperkt zich tot de kerkklokken van erkende parochies.

Het gebruik van privé-klokken, bv. die van de kapel van een klooster, is onderworpen aan gemeentelijke voorschriften.

3.1.3. *Afbeeldingen van Heiligen en Relikwieën*

Can.1188 spreekt zich uit voor de handhaving van het gebruik afbeeldingen van Heiligen of van Christus ter verering op te stellen in kerkgebouwen, zij het dat dit met mate dient te gebeuren en met gevoel voor de juiste verhoudingen in een kerk[190].

3.2 *Het altaar*

Behalve wat in het voorafgaande al gezegd is over het liturgisch vaatwerk en de liturgische gewaden, zijn er nog vele andere liturgische benodigdheden, welke zich op of in de nabijheid van het altaar dienen te bevinden.

[187] Eventuele regels hieromtrent bedoelen geen inbreuk te maken op het *recht*, dat in de eerste volzin wordt toegekend, maar wel bedoelen ze excessen te voorkomen.

[188] Zie Romeins Rituaal *De Zegeningen*(1984) Deel III, cap.XXX, nn.1032-1036 en de ritus zelf: nn.1037-1051 van de Congregatie voor de Sacramenten en de Eredienst en *Zegeningen uit het Romeins Rituaal*(1986) pp.103-109 van de *NRL*.

[189] Art.48 van de *Wet van 18 Germinal* X (8 april 1802).

[190] Zie hoofdstuk X titel IV voor nadere bijzonderheden.

3.2.1. Een steeds terugkerend voorschrift in het liturgische boek bij uitstek, het *Altaarmissaal*, is dat er minstens één *dwaal*(Lat.: *tobalea*) op het altaar ligt "die wat vorm, maat en versiering betreft met de vorm van het altaar in overeenstemming is"(*AIAM* nn.79 en 268). Ook als de eucharistieviering buiten een gewijde ruimte aan een daartoe geschikte tafel plaatsvindt, moet deze altijd bedekt zijn met een dwaal[191]. Daarop ligt een in negen vierkantjes gevouwen kleine linnen of damasten doek, het *corporale*[192], waarop de eucharistische gaven worden neergezet. Behalve het uitdrukkelijk voorschrift in *AIAM* n.260 wordt er op veel plaatsen in het Altaarmissaal (nn.80c, 100, 102, 103, 145, 221) van uitgegaan dat een corporale aanwezig is. Het is dus een onmisbaar liturgisch voorwerp.

Vroeger werd het corporale opgeborgen in een zgn.*beurs*, d.i. een vierkant zakje van karton, dat aan de onderkant bekleed is met linnen en aan de bovenkant met geborduurd linnen of andere stof. Sedert Vaticanum II wordt er niet meer over gesproken en is het gebruik van dit voorwerp nergens voorgeschreven.

3.2.2. Zowel uit verering alsook om aan de viering een feestelijk karakter te geven zijn bij elke liturgische plechtigheid *kandelaars*(Lat.: *candelabrum*) vereist. Zij kunnen op het altaar worden gezet[193], naast of ook rondom het altaar: minstens twee, maar het mogen er ook vier of zes of, als de diocesane Bisschop celebreert, zeven zijn met *brandende kaarsen*(Lat.: *cereus*)(*AIAM* n.269). Zij dienen zó te worden opgesteld, dat zij enerzijds een harmonieus geheel vormen met het altaar en anderzijds de gelovigen niet hinderen in hun zicht op het altaar (*AIAM* nn.79 en 269). Op de vraag of deze kaarsen geheel of voor een behoorlijk deel uit bijenwas dan wel uit olijf- of andere plantaardige olie gemaakt moeten worden, geeft het Altaarmissaal geen antwoord.

Dit betekent dat de BC zelf een keuze mag maken uit geschikt materiaal, dat voornaam en waardig en voor heilig gebruik geschikt is[194]. Om de volle betekenis van licht tot uitdrukking te brengen moet *elektrisch licht*, tenminste op of bij het altaar, vermeden worden[195].

[191] Zie *AIAM* n.260 en het *Rituaal* voor de communie-uitreiking(1973)n.19 van de Congregatie voor de Eredienst en **can.932 § 2**.

[192] Zo genoemd omdat dit in contact komt met het *Corpus Christi* (Lichaam des Heren): zie *LW*, Dl.I en *LfThuK*, Dl.3 (1959) s.v. corporale.

[193] Vgl. de Instr.*Inter oecumenici*(1964) van de Ritencongregatie n.94.

[194] Dus geen materiaal, dat een rokende of stinkende vlam geeft of gemakkelijk vlekken doet ontstaan op dwalen of vloeren.

[195] Maar voor priesters, die op zeeschepen liturgie vieren, geldt dat zij, wanneer nodig, elektrisch licht mogen gebruiken: zie Decreet *Apostolatus maris* van de Bisschoppencongregatie(1977), t.a.p., p.745.

Een aparte plaats neemt de *paaskaars* in. In de paastijd tot en met eerste pinksterdag krijgt zij een opvallende plaats op het priesterkoor, dicht bij het altaar; buiten de paastijd staat zij in de doopkapel om er de doopkaarsen aan te ontsteken[196].

3.2.3. Ook moet er op of bij het altaar een *kruis*(Lat.: *crux*) staan, dat voor de gelovigen duidelijk zichtbaar is (*AIAM* nn.79, 143, 236b en 270). Als het om een kruis *bij* het altaar gaat, zijn er meerdere mogelijkheden: een processiekruis, dat bij het altaar wordt geplaatst of "op een andere geschikte plaats"(*AIAM* n.84) wordt neergezet; of: een groot kruis, dat vanuit de gewelven of het plafond (min of meer) boven het altaar hangt; of een kruis dat aangebracht is op de wand van de absis. In al deze gevallen is het niet nodig een ander kruis(-je) op het altaar aan te brengen[197].

3.2.4. Dichtbij het altaar moet een *credens* (van het Italiaanse *credenza*, d.i. buffet, dientafel; Lat.: *abacus*) staan. Daarop worden die benodigdheden voor de eucharistieviering klaargezet, die op het daarvoor geëigende moment naar het altaar worden gebracht door misdienaars of acolieten, tenzij ze bij de offerande door de gelovigen (in processie) daarheen worden gebracht en aangeboden. Over enkele van die benodigdheden is al gesproken, bv. de kelk en de pateen. Ofschoon niet voorgeschreven (*AIAM* nn.80c en 103) kan voor de kelk een *palla* worden gebruikt, d.i. een vierkant stuk karton, dat minstens aan de onderzijde met linnen overtrokken *moet*, maar elders ook met andere stof bekleed *kan* zijn, of ook is het een vierkant stuk stijf linnen, waarmee de kelk bedekt en de wijn voor invliegende insekten afgeschermd wordt[198]. Bij de kelk hoort tevens een *kelkdoekje*(Lat.: *purificatorium* = reinigingsdoekje), dat gebruikt wordt om de rand van de kelk te reinigen nadat iemand daaruit gedronken heeft, maar vooral ook om de kelk in zijn geheel te reinigen aan het einde van de viering of erna[199].

196 Zie *OvD* voor het doopsel van kinderen(1969/1976) en van volwassenen (1972/1977), Algemene Inleiding n.25. Ook bij eucharistievieringen met kinderen kan zij een goede rol spelen: zie *Directorium* voor Missen met kinderen(1973) n.35 van de Congregatie voor de Eredienst.

197 Zie *NOT*. 2(1966)291.

198 Vgl.*LW*, Dl.II en *LfThuK*, Dl.8(1963) s.v.palla.

199 De aanraking, c.q. wassing van corporales, palla's en kelkdoekjes was vóór Vaticanum II nog aan strenge regels gebonden, kon bv. wat de eerste wassing betreft alleen door de 'hogere' geestelijkheid (vanaf het subdiaconaat) gebeuren. Het MP *Pastorale munus*(1963) van Paus **Paulus VI** n.28 heeft voor het eerst dit patroon doorbroken. Nu zijn geen beperkende bepalingen meer bekend.

Ampullen(Lat.: *urceolus* = kruikje) met wijn en water moeten op de credens klaarstaan voor het gereedmaken van de kelk, terwijl de waterampul met een daarbij behorend doekje of ook een grotere kan met doek dienst kan doen bij de handwassing[200].

Tijdens de eucharistieviering worden in veel kerken en kapellen nog steeds, ofschoon nergens voorgeschreven, een of meer *bellen*(Lat.: *campanula*) gebruikt om de gelovigen te attenderen op de consecratie, eventueel ook te gebruiken bij de opheffing van brood en wijn (*AIAM* n.109). Tenslotte zullen alle kerken en kapellen nog beschikken over een *wierookvat* (Lat.: *turibulum*) met een schelp of scheepje (Lat.: *concha* of *navicula*) en een lepeltje (Lat.: *cochlear*) voor het opleggen van de wierookkorrels, soms vervangen door een wierookpan of -schaal, waarin het gloeiende kooltje voor de wierook wordt gebrand; dan nog een *wijwatervat (-emmer)*(Lat.: *vas aquae*) met een *kwispel*(Lat.*aspersorium* = wijwaterkwast); bij grote plechtigheden worden in veel kerken ook de zgn.*(processie)flambouwen*(Lat.: *intorticia* = toortsen) gebruikt, dat zijn op stokken gedragen kaarsen (vaak zes in aantal), welke in processie naar het altaar worden gebracht.

3.2.5. *Liturgische boeken*

Boven is al aangegeven, dat de plaats, van waaraf het woord van God verkondigd, gelezen of gezongen wordt, een opvallende plaats moet zijn, die ruim genoeg en ook geschikt is om daarop de voor de vieringen bestemde boeken te leggen. Voor de eucharistieviering gaat het dan om het *Altaarmissaal* en de *Lectionaria* (de boeken voor de lezingen). Daar, waar deze boeken gebruikt worden op het altaar, kan een *leesstandaard*(Lat.: *legile*) goede diensten bewijzen. Over de ontstaansgeschiedenis van beide soorten boeken zal gehandeld worden bij de bespreking van het sacrament van de eucharistie. Hier past nog een enkel woord over de uitvoering van deze liturgische boeken. Zoals alle liturgische gebruiksvoorwerpen, moeten Altaarmissaal en Lezingenboeken ook een sieraad zijn voor kerk en altaar en ertoe bijdragen dat de vieringen in stijl gebeuren.

Wat de overige liturgische boeken betreft, waarvan het gebruik zich niet beperkt tot kerk of altaar, zij verwezen naar de literatuuropgave onder Nederlandse uitgaven sub I (p. XLV). Daarnaast moeten nog vermeld worden: het *Romeinse Pontificaal*, het *Caeremoniaal* van de Bisschoppen, het *Martyrologium* en het *Romeinse Rituaal voor de Zegeningen.*

[200] In kindermissen moeten een paar kinderen betrokken worden bij het aanreiken van kelk, pateen en ampullen: zie *Directorium* voor eucharistievieringen met kinderen(1973) n.29 (uitgave *NRL*) van de Congregatie voor de Eredienst. Ampullen zijn in allerlei vormen verkrijgbaar; er dient echter op gelet dat zij gemakkelijk afwasbaar en schoon te houden zijn.

ARTIKEL VI: DE KERKELIJKE EREDIENST[201]

Inleiding

Volgens **can.1205** ligt de bestemming van iedere gewijde plaats in de uitoefening van de goddelijke eredienst. Om die reden moet hier, alvorens in volgende hoofdstukken gedetailleerd wordt ingegaan op de belangrijkste uitingsvorm van de (goddelijke) eredienst, nl. de sacramenten, en ook op andere uitingsvormen van de eredienst, nl. de sacramentaliën, het getijdengebed, de kerkelijke uitvaart, heiligen-, beelden- en relikwieënverering, gelofte en eed, gewijde plaatsen[202] en heilige tijden, iets gezegd worden over de eredienst als zodanig of in het algemeen. Het latijnse woord *cultus*, afgeleid van het Lat.*colere* (cultiveren, verzorgen, onderhouden, vereren), is een woord, dat het aandeel van de mens in de *liturgie* (van het griekse λειτος = het volk betreffende en εργον = activiteit, werk) aanduidt, nl. enerzijds het onderhouden van de band met het goddelijke, met God en anderzijds de verering van God via *riten*[203], dit zijn gestereotypeerde religieuze handelingen of gebaren, waarin het goddelijk handelen wordt uitgebeeld, c.q. gereproduceerd. Zó zijn in de christelijke eredienst (liturgie) de sacramenten de wezenlijke riten[204]. Aansluitend bij de op Vaticanum II geijkte manier van spreken, heeft het *vierde Boek* van de nieuwe Codex als titel meegekregen: *de heiligingstaak van de Kerk.* Daarin is (bijna) alles opgenomen wat betrekking heeft op het liturgisch leven (de eredienst) van de Westers-Latijnse Kerk[205]. In de definitie van liturgie, waarmee dit vierde Boek begint **(can.834 § 1)** wordt gesteld, dat daarin *de volledige publieke*

[201] De Bisschoppen van Nederland hebben de radicale liturgievernieuwing van Vaticanum II begeleid met hun schrijven van 26 oktober 1964: o.a. in *An. Utr.* 37 (1964) 293-313; *An. Ro.* 9 (1964) 291-297 (vgl. pp. 3-8 en 49-57); *An. Rmd.* 45 (1964) 165-171; daarover handelde ook de Instructie van diezelfde Bisschoppen, d.d. juni 1967: o.a. in *An. Utr.* 40 (1967) 240-244; *An. Br.* 1967 onder L (van liturgie), pp. 7-10; *An. Rmd.* 48 (1967) 99-103; *An. Ha.* 14 (1967) 151-154; *An. Gr. Bd. III* (1966-1970) 40-43 en hun brief van 18 augustus 1975: o.a. in *An. Utr.* 48 (1975) 461-482; *An. Br.* 1975, pp. B29-B42; *An. Rmd.* 56 (1975) 31-51; *An. Bo.* 15 (1975) N49-N66; 'gestroomlijnde' Analecta van de *overige* bisdommen: zelfde pagina's van hetzelfde jaar.

[202] Die voor het grootste deel in dit hoofdstuk al ter sprake kwamen (kerk, kapel, privékapel, heiligdom, altaar); voorzover niet, m.n. kerkhoven, zal daarover elders worden gesproken.

[203] Uit het sanskriet *riti*, d.i. gebaar, manier van doen, gebruik.

[204] **P.Valdrini e.a.**, *Droit canonique* (Paris 1989), pp.298-299.

[205] **Can.1** beperkt de geldingskracht van de **Codex/83** tot de *Latijnse* Kerk. Niettemin wordt, ook in de Codex zelf, vaak de term *universeeel* (in combinatie met Kerk of recht) gebruikt, terwijl het alleen om de Latijns-Westerse Kerk gaat. Strikt genomen is dit onjuist, omdat dan de Oosterse Kerken, voorzover met Rome geünieerd, daarin niet begrepen zijn. Voor die Kerk geldt een eigen wetboek: de **CCEO**.

eredienst van de Kerk uitgeoefend wordt en dat daardoor de Kerk haar heiligingstaak (maar niet alléén daardoor!) vervult[206]. Het gaat in Boek IV om een groot aantal wetten, die met liturgie te maken hebben[207], zonder daarmee te willen zeggen dat het hier dus om *liturgische* wetten gaat. Deze term zouden we immers beter kunnen reserveren voor de ordening en regeling van de actuele viering van liturgische diensten. Deze ordening en regeling moeten we niet allereerst zoeken in de Codex, maar in de door de bevoegde kerkelijke instanties goedgekeurde *liturgische boeken*. Deze hebben evenzeer kracht van wet als de Codex[208]. Terwijl de Codex er, heel algemeen en globaal gesproken, op uit is vast te leggen wat de canonieke geldigheid of geoorloofdheid van de liturgische vieringen aangaat, bevatten de liturgische boeken de *riten* bij het voltrekken van die vieringen[209]. Een vergelijking van **Boek IV CIC/83** met *Boek III CIC/17* maakt duidelijk, dat er grote vooruitgang is geboekt in de wijze, waarop alles wat betrekking heeft op het liturgische, met name sacramentele leven van de christengelovigen, behandeld wordt.

a) Volgens de in de Middeleeuwen gehanteerde methodiek voor de systematisering van de rechtsstof moesten personen en zaken gescheiden worden behandeld. Mede daarom werd Boek III van het oude Wetboek, dat het *zaken*recht behandelde, een merkwaardige verzameling van zaken, waartoe niet alleen de beneficies en tijdelijke goederen van de Kerk gerekend werden, maar ook: de sacramenten, die in die tijd uitsluitend als heils*middelen* werden gezien, en het kerkelijke leergezag. Van die vreemde systematiek heeft het nieuwe Wetboek radicaal afstand genomen door zich te laten inspireren door Vaticanum II, dat steeds weer heeft gesproken over de drievoudige taak van de christengelovigen en van de Kerk: die van leiding (vooral te vinden in Boek II, Deel II), verkondiging (Boek III) en heiliging (Boek IV).

[206] Met **H.Schwendenwein**, a.w., p.317 kunnen we betreuren dat er in de definitie van **can.834 § 1** geen *sacramentele* fundering van de kerkelijke eredienst wordt gegeven.

[207] Dat zijn er over de hele Codex verspreid nog veel meer. Enkele voorbeelden: **cc.2, 230** en **562**.

[208] Naast deze twee *bronnen*, nl. de liturgische boeken en de Codex samen met de authentieke interpretatie daarvan, moeten als supplementaire bronnen van de liturgische wetgeving nog genoemd worden: de tot 1983 geldende algemene liturgische wetten, voorzover niet afgeschaft of strijdig met de **Codex/ 83** (zie **can.2**), de bepalingen van het hoogste kerkelijke gezag na de promulgatie van de **Codex/83**, het particuliere recht van BC's of van diocesane Bisschoppen en tenslotte het gewoonterecht (zie **cc.5** en **23-28**).

[209] Zie **can.2** *CIC/83* en **can.3 CCEO**. Een verzameling van dit liturgisch recht is, voorzover het de Latijnse Kerk aangaat, bijeengebracht door **R.Kaczynski** (zie literatuuropgave). De door de bevoegde kerkelijke instantie getoetste (gecontroleerde) particuliere wetgeving inzake de publieke eredienst is te vinden in de in diverse volkstalen verschenen liturgische boeken, waarin het *eigen* liturgisch erfgoed is opgenomen.

b) Doordat in de *Codex/17* de sacramenten bijna exclusief gezien werden als heiligings*middelen*, niet als liturgische mysteries en niet als eredienst aan God, moest in de *cc.1255-1321 CIC/17* in een apart deel aandacht worden geschonken aan "de goddelijke eredienst". In het *Schema/75* definiëerde een inleidende canon de sacramenten opnieuw als "de voornaamste heiligings- en heilsmiddelen" en daar vond toen geen enkele referentie plaats naar de sacramenten als eredienst aan God. Pas na 1975 is men zich bewust geworden van wat Vaticanum II ons had geleerd en is de opzet van Boek IV totaal veranderd: in de liturgie als geheel wordt "de volledige publieke eredienst van God" uitgeoefend **(can. 834 § 1)**; uitingen daarvan komen aan bod in de sacramenten (Deel I), in de *overige* (sic!) handelingen van de goddelijke eredienst (Deel II) en in de gewijde plaatsen en heilige tijden(Deel III)[210].

c) Boek IV betekent zowel kwantitatief (van ruim 600 cc. in 1917 teruggebracht tot ruim 400 in 1983) als kwalitatief (inhoudelijk) op z'n minst een verbetering door een sterke vereenvoudiging, maar ook in veel andere opzichten, die bij de bespreking van de afzonderlijke onderdelen van de heiligingstaak aan de orde zullen komen.

De belangrijkste bronnen voor het hele Boek IV, nl. de *Romeinse liturgische boeken*, zijn alle op last van het Tweede Vaticaanse Oecumenische Concilie herzien en vernieuwd, op gezag van Paus **Paulus VI** en **Joannes Paulus II** gepromulgeerd[211], samen met een groot aantal andere postconciliaire pauselijke en curiale documenten. Al deze boeken en documenten zullen bij de bespreking van de afzonderlijke onderdelen van de kerkelijke heiligingstaak met naam en toenaam worden genoemd. In wat nu volgt komen de zes *basisbegrippen en -beginselen*, die in de inleidende **cc.834-839** worden weergegeven, aan de orde. Zij hebben nu eens een *declaratoir*(verklarend), dan weer een *doctrinair*(leerstellig) of ook *normatief*(rechtscheppend) karakter. Voor een deel zijn zij herschrijvingen van de corresponderende *cc.1255-1264* uit het oude recht,

[210] Lees *CCL*, p.595, waar nog dieper wordt ingegaan op deze nieuwe gelukkige opzet. Werd in 1977 nog een 'sectie' afzonderlijk aan de 'goddelijke eredienst' gewijd *(Schema/77 cc.50-53)* en hield de betreffende studiegroep in 1980 aanvankelijk nog rekening met een eigen 'titel' of 'sectie' over de "goddelijke eredienst", zoals de *CIC/17* ook deed, in het *Schema/80* komen we de betrokken canones niet meer tegen, omdat ze opgenomen zijn in de canones, die het sacramentenrecht inleiden. Vgl. *COMM.* 12(1980)368-371.

[211] Behalve het *Martyrologium* (zie *LW* II kol.1674-1679). In een schrijven van 9 februari 1965 spreken de Bisschoppen van Nederland zich uit over de eerste liturgievernieuwingen: o.a. in *An.Utr.* 38(1965)30-33 en *An.Rmd.* 46(1965)43-45.

voor een ander deel zijn de bepalingen van toen ofwel geheel afgeschaft[212] ofwel formeel afgeschaft, terwijl ze moreel blijven verplichten[213] ofwel zijn ze in een nieuw jasje gestoken.

1. Publieke eredienst

Can.834 § 1 geeft de volgende definitie van de heilige liturgie: zij is "de uitoefening van de priesterlijke taak van Jezus Christus, waarin *de heiliging* van de mensen door waarneembare tekenen betekend wordt en op een wijze, die elk ervan eigen is, bewerkt wordt, en waarin...de volledige publieke *eredienst* van God uitgeoefend wordt"[214]. Liturgie is, zeker zoals ze tot uitdrukking komt in de viering van de sacramenten, niet alleen een *heiligingsmiddel*, maar ook *eredienst* (beide zijn in de Codex bedoeld); heiliging in de zin van heilig maken en niet in de zin van God als heilige verheerlijken (dus betrokken op de mens) en eredienst (betrokken op God) zijn dus de beide zijden van één en dezelfde medaille[215]. De wetgever hecht daaraan blijkbaar zoveel waarde, dat hij er een aantal keren op terugkomt **(cc.835 § 2, 840** en **897)**[216]. Om deze reden was het in de systematiek van de nieuwe Codex ook niet nodig om een afzonderlijke reeks canones te wijden aan "de goddelijke eredienst"[217] op zichzelf beschouwd en kon hij na Deel I over de sacramenten in Deel II rustig "de *overige* handelingen van de goddelijke eredienst" bespreken[218]. Liturgie

[212] Bv.*can.1262 § 1*, waarin de wens wordt uitgesproken dat vrouwen in de kerk gescheiden zitten van de mannen; *can. 1262 § 2* over het al (vrouwen) dan niet (mannen) met bedekt hoofd aanwezig zijn bij de liturgische plechtigheden; en *can. 1284 § 2*, waarin aan vrouwelijke religieuzen verboden wordt om in eigen kerk of kapel te zingen vanaf een plaats, waar zij zichtbaar zijn voor de aanwezige bezoekers.

[213] Zoals: het voorkómen van misbruiken in de goddelijke eredienst (*can.1261 § 1 CIC/17*; vgl. echter **can.528 § 2 CIC/83**) en het verbod tot uitvoering van ongepaste muziek in de kerk *(can.1264 § 1 CIC/17).*

[214] Ontleend aan *SC* n.7,3; vgl. de enc.*Mediator Dei*(1947) van Paus **Pius XII** (*AAS* 39(1947)522).

[215] Terecht merkt **R.Paralieu**, a.w., p.277 op dat deze definitie de redacteuren van dictionaires en de auteurs van liturgische handboeken vóór de publikatie van de enc.*Mediator Dei*(1947) van Paus **Pius XII** hogelijk zou hebben verbaasd, omdat voor hen liturgie niet meer was dan "de opeenvolging van ceremonies en gebeden, vastgelegd door het bevoegde kerkelijke gezag".

[216] Vgl. ook *SC* nn.10 en 59; Instr.*Eucharisticum mysterium*(1967) n.8 van de Ritencongregatie (*KA*, t.a.p., kol.759); *AIAM*, hfdst.I, n.1; *AILG* (1971) n.14.

[217] Vgl.*COMM.* 12(1980)321. Zonder dat dit enig verschil uitmaakt gebruikt de Codex door elkaar de termen: eredienst zonder enig adjectief en christelijke, publieke, goddelijke eredienst. Dit laatste adjectief komt het meeste voor.

[218] Met evenzoveel woorden zegt de *Relatio/1981*:"In het begrip eredienst ligt ook de heiliging opgesloten en omgekeerd, want die twee aspecten sluiten elkaar niet uit, maar zijn correlatieve begrippen" (p.273); vgl.*COMM.* 15(1983)248.

en publieke eredienst zijn dus twee identieke begrippen. Minder pregnant echter dan in *can.1256 CIC/17*[219] maakt het nieuwe Wetboek onderscheid tussen publieke en private eredienst. Wel komen we diverse keren de term *publieke* eredienst tegen[220], maar zijn tegenhanger *private* eredienst nergens. **Can.834 § 2** noemt de voorwaarden, wil een liturgische viering als publieke eredienst worden beschouwd. Er is pas dan sprake van, wanneer zij gebracht wordt in naam van de Kerk, door wettig hiertoe afgevaardigde personen en door handelingen, welke door het gezag van de Kerk zijn goedgekeurd [221]. De logische consequentie hiervan is, dat er bij ontbreken van één van deze voorwaarden gesproken zou moeten worden van private eredienst, al komen we die term nergens tegen. Wanneer een priester derhalve persoonlijk (privatim) de eucharistie viert of het verplichte breviergebed bidt, hebben we te maken met publieke eredienst. Tot die eredienst behoren dus alle *liturgische* godsdienstoefeningen, zoals deze in de liturgische boeken vermeld en geregeld zijn, ook wanneer zij niet regelmatig, maar alleen op bepaalde tijden moeten of kunnen worden gehouden, zoals de drie laatste heilige dagen van de Goede Week *(Triduum Sacrum)* of het veertigurengebed. Alle andere heilige handelingen, hetzij binnen hetzij buiten het kerkgebouw, met of zonder ambtsdrager verricht, zijn *vrome oefeningen*, waarover in **can.839**. Zoals blijkt uit **can.839 § 1** put de heiligingstaak van de Kerk zich niet uit in de heilige liturgie, omdat zij ook door andere heiligingsmiddelen die taak volbrengt, nl. door gebeden en werken van boetvaardigheid en liefde.

2. Liturgische ambten en bedieningen

Met uitzondering van de laatste clausule van **can.835 § 4** (deelname van ouders aan de heiligingstaak van de Kerk[222]) is **can.835** in zijn geheel overgenomen uit het *ontwerp Grondwet* van de Kerk *(can.67)*, die nooit geheel van de grond gekomen is. De gehele canon overziende is het duidelijk, dat heel de Kerk *subject* is van haar liturgische activi-

[219] *Can.1256:"Openbaar* wordt die eredienst genoemd, die in naam van de Kerk door wettig daartoe aangestelde personen en door handelingen, krachtens instelling van de Kerk alleen aan God, de Heiligen en Zaligen te betonen, wordt gebracht; anders heet hij *privaat.*"

[220] Zie **cc.298 § 1, 301 § 1, 738 § 2, 1187.**

[221] Let bij vergelijking met de formulering van *can.1256 CIC/17* op de nuance in de formulering van deze canon: in plaats van "krachtens instelling van de Kerk" is gekomen "op gezag van de Kerk".

[222] Op verzoek van de Pauselijke Raad voor het Gezin is deze clausule ter elfder ure toegevoegd, in ieder geval na de vijfde algemene vergadering van de Bisschoppensynode in 1980 over huwelijk en gezin: *NDP*, p.117.

teit, zij het dan voor een ieder volgens haar of zijn plaats binnen die Kerk. Bij lezing van **can.835 §§ 1-3** zouden we deze tekst van *LG* n.28 kunnen herhalen: "Zo wordt het door God ingestelde kerkelijke ambt in verscheidene wijdingsorden uitgeoefend door degenen, die reeds van oudsher als bisschoppen, priesters en diakens bekend staan"[223]. Tegen de achtergrond van de conciliaire documenten *LG* nn.21 en 26, *SC* n.41, *CD* nn.8, 11 en 15 wordt in **can.835 § 1** de *Bisschop* gezien als de voornaamste uitdeler van Gods geheimen, als de leider *(moderator)* van heel het liturgisch leven in zijn bisdom, als de drijvende kracht *(promotor)* daarvan hetzij direct hetzij via commissies of raden, en tenslotte als de bewaker *(custos)*, d.w.z. als degene, die de integriteit en authenticiteit van de liturgie binnen zijn bisdom veiligstelt. De bisschopswijding verleent hem alle volmacht tot de *geldige*(niet altijd geoorloofde) bediening van de sacramenten; slechts in één geval heeft hij een opdracht van de Paus nodig, nl.om geoorloofd een bisschopswijding toe te mogen dienen **(can.1013).** In afhankelijkheid van de Bisschop en op diens gezag,daartoe in staat gesteld door de priesterwijding zijn volgens **can.835 § 2** ook de *priesters* geroepen om door de goddelijke eredienst het gelovige volk te heiligen en God eer te bewijzen[224]. De Bisschop stelt de omvang en de grenzen van hun activiteit in deze vast, die uiteraard ook besloten kan zijn in de overdracht van een door het recht omschreven ambt (bv. van pastoor)(zie *LG* n.28). Het minst geprononceerd drukt **can.835 § 3** zich uit, als het gaat over de *diakens*. Het functioneren, zowel van de permanente, al of niet gehuwde, als van de gehuwde diaken, is op Vaticanum II (*LG* n.29) fors uitgebreid in vergelijking met vroeger, maar de nadere invulling van dit functioneren wordt aan de liturgische boeken overgelaten[225]. De *overige christengelovigen* hebben volgens *SC* n.14 en **can.835 § 4** hun eigen aandeel in de heiligingstaak van de Kerk "door op hun wijze actief deel te nemen aan de liturgische vieringen". Zo vervullen zij allereerst de rol van het biddende volk, maar hun aandeel kan, naar omstandigheden, een nog groter zijn in bijzondere liturgische functies of bedieningen, die zij moeten uitoefenen. Dat geldt niet alleen voor hen, voor wie een liturgische aanstelling vereist is (momenteel alleen dus voor de leke-bedieningen van **can.230 § 1**: voor lector en acoliet), maar ook voor hen(haar), die in **can.230 §§ 2** en **3** genoemd worden of voor wie in de liturgische

[223] *CDVC*, p.78.
[224] Vgl.*AIAM*, n.59.
[225] Op de vraag of een diaken, die priester wil worden, de in *LG* n.29 genoemde functies mag uitoefenen, antwoordde de *PCIV* op 26 maart 1968:"Ja" [*AAS* 60(1968)363].

boeken speciale taken zijn weggelegd[226]. Van de laatste zinsnede van deze canon valt alleen te zeggen, dat hij te maken heeft met de heiligingstaak van de ouders tegenover hun kinderen zowel door het christelijk beleefde huwelijk als door de christelijke opvoeding van de kinderen (vgl.**can.774** § 2). Het is wel zeker, dat deze functieverdeling in de Nederlandse kerkelijke situatie te kort doet aan de inzet van bijzonder gekwalificeerde christengelovigen als onze pastorale werkers en werksters, maar ook van veel van onze vrijwilligers en vrijwilligsters. In ander verband zullen hun (haar) mogelijkheden, zowel binnen de bestaande als binnen een nog te scheppen rechtsorde, moeten worden afgewogen.

3. Relatie tussen christelijke eredienst en geloof

"De liturgische activiteiten van de Kerk, waarin het algemeen priesterschap van de gelovigen uitgeoefend wordt, zijn tekenen van geloof, geven uitdrukking aan het geloof en voeden dat geloof. Daarom vooronderstellen zij het geloof en dient de pastorale activiteit er op gericht te zijn dat het geloof bevorderd en gesterkt wordt". Op deze manier geeft een commentator[227] in andere bewoordingen de eigenlijke stelling weer van **can.836**, die geen enkel precedent heeft in de oude Codex: geen liturgie zonder geloof![228]In het bredere kader van de evangelisatie sprak Paus **Paulus VI** in zijn Apost. Exh. *Evangelii nuntiandi*(1975) uitvoerig over de wijzen, waarop mensen tot geloof gebracht moeten worden[229], omdat het persoonlijke geloof, hoe elementair en zwak ook, een wezenlijk element is. Ofschoon deze canon in wezen vooral een theologische verklaring inhoudt, zijn de pastoraal-juridische consequenties daarvan heel belangrijk:

[226] Vgl. *AIAM*, nn.67-70. Zie ook **can.861 § 2, 910 § 2** en **1112 § 2.**

[227] *NDP*, p.117; vgl. de enc.*Mediator Dei*(1947) van Paus **Pius XII:** *AAS* 39(1947)536, *SC* nn.9 en 11, 33 en 59.

[228] In 1978 deed de rapporteur van de studiegroep voor de sacramenten het voorstel om in de huidige **can.849** de woorden *"sacramentum fidei"* in te voegen. Dit werd afgewezen "omdat deze kwalificatie opgaat voor alle sacramenten": *COMM.* 13 (1981)213.

[229] Uitvoerig aan bod gekomen op de derde algemene vergadering van de Bisschoppensynode in 1974 over de evangelisatie van de hedendaagse wereld (nn.42-48, met name n.47). Toegespitst op het huwelijkssacrament kwam dit opnieuw ter sprake op de vijfde algemene vergadering van de Bisschoppensynode in 1980 over huwelijk en gezin, met name voorstel 12: *AK* 36 (1981)206-207; de echo daarvan vinden we terug in de Apost. Exh. *Familiaris consortio*(1981), n.68 van Paus **Joannes Paulus II**. Ik heb de indruk dat de geloofseis voor het ontvangen van de sacramenten, in dit geval van het huwelijk, tot een minimum is teruggebracht. Dat is begrijpelijk, omdat de geldigheid van de sacramenten in het geding is.

a) uitgaande van het gegeven dat de christelijke eredienst voortkomt uit geloof en op dat geloof steunt, zal opnieuw alle aandacht uit moeten gaan naar dat (traditionele) aspect van het ontvangen van de sacramenten, dat door de posttridentijnse theologie in reactie op de reformatorische *sola fides*-leer teveel buiten beschouwing gebleven is, nl. het geloofsaspect;
b) **can.836** vraagt erom de hele regelgeving inzake de voorbereiding op de sacramenten zeer serieus te nemen;
c) alle aandacht zal gegeven moeten worden aan de verkondiging binnen de viering, waarin iedere vorm van laxisme of rigorisme vermeden zal moeten worden en zwak geloof naar vermogen moet worden gesterkt[230].

4. Regeling van de bevoegdheid inzake Liturgie

Can.838 § 1 maakt in niet mis te verstane woorden duidelijk, waar in de kerkgemeenschap de macht tot leiden en regelen van de liturgie ligt, nl. *bij het gezag van de Kerk*, d.i. bij de Apostolische Stoel en (dat is nieuw) in bescheiden mate ("volgens het recht") bij de diocesane[231] Bisschop. De exclusiviteit van de bevoegdheid van de Apostolische Stoel, zoals verwoord in *can.1257 CIC/17*[232], is hiermee doorbroken. De hierna volgende paragrafen van deze canon gaan in op de vraag hoe de bevoegdheden verdeeld zijn:

a) **§ 2** kent aan de *Apostolische Stoel*, die in deze vertegenwoordigd wordt door de Congregatie voor de Goddelijke Eredienst en voor de discipline van de Sacramenten, toe:
   - de heilige liturgie van de hele Kerk te ordenen[233];
   - de uitvaardiging van voortgaande normen inzake de liturgie, bv. geldigheidsvoorwaarden voor de sacramentenbediening **(can.841)**;
   - invoering, afschaffing, wijziging en authentieke interpretatie van de sacramentaliën **(can.1167 § 1)**;
   - instelling, opheffing of verplaatsing van feest-en boetedagen voor heel de Westers-Latijnse Kerk **(can.1244 § 1)**;

[230] *NDP*, p.118; volgens voorstel 12,3 van de Bisschoppensynode van 1980: *AK* 36(1981)206; *Familiaris consortio*(1981) van Paus **Joannes Paulus II**, n.68.
[231] Met de verhelderende toevoeging 'diocesaan' bij Bisschop schrijft deze canon (bijna) letterlijk *SC* n.22 § 1 over.
[232] *Can.1257*: "Alleen aan de Apostolische Stoel komt het toe zowel de heilige liturgie te regelen als de liturgische boeken goed te keuren".
[233] De Codex gebruikt hier ten onrechte de term "*Ecclesia universa*" (zie *HdBdkKr*, p.637), zoals ook op andere plaatsen bv. **can.1244 § 1**.

– heilig- en zaligverklaringen[234];
– de liturgische boeken uit te geven[235];
– de beoordeling van de vertaling van de liturgische boeken in de volkstalen[236];
– de brede verantwoordelijkheid om toe te zien op de naleving van de liturgische bepalingen.

b) § **3** is een bondige samenvatting van allerlei normen uit de Liturgieconstitutie van Vaticanum II en kent aan de BC (of andere territoriale groeperingen van Bisschoppen) de volgende rechten toe:
– te bepalen of en in welke mate de volkstaal in de liturgische vieringen wordt doorgevoerd; besluiten hieromtrent hebben de goedkeuring *(probatio)*, d.w.z. bekrachtiging nodig van de Apostolische Stoel (*SC* n.36 § 3; vgl. *SC* 22 § 2);
– de goedkeuring van vertalingen van de Latijnse tekst in de landstaal: *SC* n.36 § 4; vgl. *SC* n.22 § 2, waar niet gesproken wordt over een *"recognitio"* (beoordeling, toetsing) door de Apostolische Stoel, welke volgens deze paragraaf wel nodig is;
– het aanbrengen van aanpassingen van de herziene Romeinse liturgie "aan de onderscheidene groeperingen, streken en volkeren, vooral in de missiegebieden"; zij moeten in de rubrieken van de (vertaalde) liturgische boeken worden aangegeven om daardoor zoveel mogelijk "de substantiële eenheid van de romeinse ritus" te handhaven (*SC* n.38); wel moeten die aanpassingen blijven binnen de grenzen "die gesteld zijn in de authentieke uitgave van de liturgische boeken" (de standaardeditie, d.i. de "*editio typica*")

[234] Zie **can.1187** en de Apost.Const. *Divinus perfectionis magister*, d.d. 25 januari 1983, van Paus **Joannes Paulus II**: *AAS* 75(1983)341-355.

[235] De liturgische boeken, die in de decennia na de sluiting van het Concilie van Trente (in 1563) werden uitgegeven, zijn tot voor kort substantiëel gelijk gebleven. **Can.838** § **2** heeft nu direct betrekking op de uitgave van de nieuwe (Latijnse) liturgische boeken, in 1968 begonnen met de nieuwe *Orde van dienst voor de wijding van Diakens, Priesters en Bisschoppen.*

[236] Dit is de bevoegdheid tot *recognitio*, d.i.: beoordeling, controle, toetsing van de door de BC's goedgekeurde vertalingen van de liturgische boeken in de volkstaal. Op deze manier blijft de primaire verantwoordelijkheid van anderen gerespecteerd. Feitelijk echter staat deze "recognitio" gelijk met *"approbatio"* (goedkeuring): aldus **H.Schwendenwein**, a.w., p.584 noot 2; daarom vertaalt **J.Manzanares** in *NDP* dit woord met revisie: net als bij de revisie van een motor, moet ook bij vertalingen wel eens voor nieuwe 'onderdelen' worden gezorgd. Zo ver reikt dus de "recognitio". Zij voegt juridisch en moreel gewicht toe aan een besluit van de BC; toch verandert zij niet het karakter van het bij decreet genomen besluit (is: wet) van de Conferentie; of, zoals **H.Socha** het in *HdBdkKr*, p.637 noot 26 formuleert: de *"recognitio"* is *rechtsbekrachtigend* en het goedkeuringsdecreet van de BC is *rechtsfunderend*. Zie *Acta Synodalia Sacrosancti Concilii Oecumenici Vaticani II*, vol.I, 4:288.

"vooral inzake de bediening van de sacramenten, inzake sacramentalia, processies, liturgische taal, kerkmuziek en kerkelijke kunst" (*SC* n.39). Ook nu wordt hier niet gesproken over bevestiging of goedkeuring door de Apostolische Stoel, al is deze volgens deze paragraaf wel noodzakelijk. In deze lijn moet volgens *SC* n.63b "de bevoegde territoriale kerkelijke autoriteit (van *SC* n.22 § 2)...zo spoedig mogelijk particuliere ritualia" in gereedheid brengen. Nu spreekt *SC* wel over bekrachtiging van de besluiten van de BC door de Apostolische Stoel nog vóórdat deze rituelen mogen worden doorgevoerd. **Can.838 § 3** lijkt de bevoegdheid van de BC's te beperken tot de goedkeuring van de vertalingen van liturgische boeken en tot de in die boeken voorziene aanpassingen aan het lands- of volkseigene. Toch is SC n.22 § 2 reëel in die zin dat *deze* regeling primair toekomt aan de BC's volgens de **cc.447-459**; a fortiori is dit van toepassing op andere groeperingen van particuliere Kerken, zoals concilies, volgens de **cc.439-446**[237].

De herziene liturgische boeken sommen in hun inleidingen (praenotanda) die liturgische aanpassingen op, die vallen binnen de bevoegdheid van de respectievelijke BC's of van de diocesane Bisschop. Maar noch de Vaticaanse Liturgieconstitutie noch de postconciliaire liturgische wetgeving geven verder terreinen aan, waarop de BC's bevoegd zijn.

Toch is die bevoegdheid op veel terreinen, die direct of indirect met de liturgie te maken hebben, aanwezig[238].

Boven dit alles uit zijn BC's ook bevoegd "een dieper ingrijpende aanpassing" van de liturgie, waarop in de liturgische boeken niet geanticipeerd wordt, te initiëren, zij het dat dit "met de nodige omzichtigheid" moet gebeuren (zie *SC* n.40, 1-3). Maar er is in **can.838 § 3** geen sprake van de rol, die BC's of soortgelijke organen zouden kunnen spelen in de ontwikkeling van een nieuwe, *niet-romeinse* ritus, die in de toekomst erkend en benaderd zou kunnen worden als aangegeven is in SC n.4[239].

[237] *CCL*, p.603.

[238] Verwezen zij, zoals *MK* bij **can.838 § 3** doet (enkele aanvullingen mijnerzijds daargelaten), naar de **cc.: 230 § 1; 236 n.2; 276 § 2 n.3; 841; 844 § 4; 851 n.1; 854; 877 § 3; 891; 961 § 2; 964 § 2; 1031 § 3; 1062 § 1; 1067; 1083 § 2; 1112 § 1; 1120; 1121 § 1; 1126; 1127 § 2; 1232 § 1; 1236 § 1; 1246 § 2; 1251; 1253.**

[239] Vgl.*CCL*, p.604 en *Acta Synodalia Sacrosancti Concilii Oecumenici Vaticani II*, vol.I, 3: 121.

c) § **4** vult de vermelding van de *diocesane Bisschop* in § **1** nader in: hij kan binnen de grenzen van zijn bevoegdheid normen op liturgisch gebied geven, die in de hem toevertrouwde particuliere Kerk bindend zijn voor iedereen; een bepaling die nauw aansluit bij die van *LG* n.27:"Krachtens deze (d.i. eigen, gewone en onmiddellijke) macht hebben de bisschoppen het heilig recht en tegenover God de plicht voor hun onderhorigen wetten uit te vaardigen...en alles te ordenen wat tot het gebied van de eredienst en het apostolaat behoort" en die van *CD* n.35,4:"Alle religieuzen, of zij nu exempt zijn of niet, vallen onder de zeggenschap van de plaatselijke bisschoppen in al die zaken die betrekking hebben op de openbare uitoefening van de goddelijke eredienst...". Maar nooit kan hij voorschriften geven, die strijdig zijn met de algemene liturgische wetten. Het is zijn taak "priester van de gewijde eredienst" te zijn (**can. 375** § **1**; vgl. de **cc.835** § **1** en **838** § **1**). Als zodanig oefent hij toezicht uit op heel het "priesterlijk" optreden van zijn gelovigen, onafhankelijk van de vraag of dit ambtelijk of niet-ambtelijk is. Hij is echter niet alleen bewaker *(custos)*, maar ook leider *(moderator)* en voortrekker *(promotor)* van heel het liturgische leven in zijn bisdom[240]. Toepassingen van de bisschoppelijke bevoegdheid vinden we o.a. in de **392** § **2, 826** §§ **2** en **3, 839** §§ **1** en **2, 841, 844** §§ **4** en **5, 860** §§ **1** en **2; 874** § **1, n.2, 935, 943, 944** § **2, 951, 956, 961** § **2, 1002, 1112** § **1, 1248** § **2**[241]. Zijn taak is het "in de persoon van Christus" voor te gaan in de christelijke eredienst"[242].

5. Voorkeursoptie voor gemeenschapsvieringen

SC n.26 is grotendeels letterlijk overgenomen in **can.837** § **1** om duidelijk tot uitdrukking te brengen dat, waar enigszins mogelijk, een gemeenschapsviering "de voorkeur dient te verkrijgen boven de particuliere en quasi-private viering" (*SC* n.27; vgl.*SC* nn.14 en 21,2). Volgens **can.837** § **2** moeten alle liturgische handelingen, voorzover zij zich daartoe lenen, met veel toeloop en met actieve deelname van de christengelovigen worden voltrokken. Die actieve deelname is dus geen

240 *COMM.* 12(1980)300.

241 Zie *HdBdkKr.*, p.638 voetnoot 31.

242 Aldus het *Directorium* voor de pastorale bediening van de Bisschoppen (1973), n.15 (zie ook de nn.75 en 90) van de Bisschoppencongregatie; een gedachte, die we ook tegenkomen in *LG* n.26,2, in de Instr. *Eucharisticum mysterium*(1967) van de Ritencongregatie, n.42 en in het *Directorium* voor het Toerisme(1969) van de Congregatie voor de Geestelijkheid.

modeverschijnsel, maar een *eis*, die voortvloeit uit de aard zelf van de liturgie als handeling van heel de Kerk,want de liturgische handelingen zijn geen private handelingen, maar vieringen van de Kerk zelf (**can.837 § 1**). Niettemin blijft de Kerk ook binnen dit kader een gelede, geordende hiërarchische gemeenschap[243]. Daaruit trekt *SC* nn.28-32 een aantal conclusies, die niet als beginselen opgenomen zijn in deze Codex-bepalingen maar toch blijven gelden:

a) een ieder moet haar of zijn eigen rol spelen (n.28);
b) zij, die een specifieke rol vervullen binnen de liturgische vieringen, zoals misdienaars, acolieten, lectoren, commentatoren[244], koorleden enz. moeten goed worden voorbereid op hun/haar taak (n.29);
c) de actieve deelname van de gelovigen dient via acclamaties, antwoorden, psalmgezang, antifonen, liederen, gebaren en lichaamshoudingen bevorderd te worden (n.30);
d) de liturgische boeken moeten worden aangepast aan dit grotere aandeel van de geloofsgemeenschap (n.31);
e) alle aanzien van persoon of stand moet zowel in de ceremonies als in de uiterlijke praal achterwege blijven(n.32).

Can.837 § 1 geeft net als **can.834 § 1** een verklarende omschrijving van wat liturgische (in de strikte zin van het woord) handelingen zijn: geen private handelingen, maar vieringen van de Kerk zelf, zodat de Kerk "als sacrament van eenheid" in haar geheel draagster is van de liturgie. De kerkrechtelijke consequentie (dus echt normerend voor alle liturgische activiteit van de Kerk) hiervan staat in **can.837 § 2**, waarin de voorkeur wordt uitgesproken om daar, waar dit kan, tot een gemeenschapsviering te komen: "met veel toeloop en met actieve deelneming van de gelovigen". Verder gaat deze canon niet. Dus is het ook niet nodig het publieke en sociale karakter van de zgn. *stille mis*, de oor-

[243] Bevestiging hiervan vinden we in alle liturgische boeken, waarin nooit de rubriek over de onderscheiden ambten en bedieningen en over de actieve deelname van de christengelovigen ontbreekt. Om deze reden zou de volgorde van de canones anders hebben moeten zijn: **can.835** na **can.836**, waarin immers sprake is van het algemeen priesterschap; tevens zou **can.835** dan aan moeten sluiten bij de laatste woorden van **can.837 § 1**: "naar gelang van de verscheidenheid van wijdingen, taken en daadwerkelijke deelneming": *CCL*, p.599.

[244] De functie van commentator is voortgekomen uit de liturgische beweging; zij was vooral zinvol, toen de ambtelijke priestergebeden niet vertaald werden. Zo werd deze functie voor het eerst opgenomen in een Romeins document,nl. de Instructie van de Ritencongregatie van 3 september 1958; zij heeft via deze instructie ook vrij uitvoerige aandacht gekregen in de *AIAM* (Hfdst.III, III n.68). Bij de voortgaande ontwikkeling naar een voor iedereen verstaanbare taal zal er, ook tegen de achtergrond van *SC* n.34, aan deze functie steeds minder behoefte bestaan. Zie **J.Jungmann** – in: *LfThuK, Das Zweite Vatikanische Konzil* I(1966) p.67.

biecht of van het individueel bidden van het Getijdengebed (brevier) te verdedigen[245].

6. Volksvroomheid en volksdevotie

Door de toevoeging van **can.839 § 1** aan wat in het *Schema/80 can.793* opgenomen was, nl. alleen wat nu in **§ 2** staat, is het begrip "heiligingstaak van de Kerk, die naar verluid van **can.834 § 1** "op bijzondere wijze door de heilige liturgie" wordt vervuld, verbreed. Pas in de eindfase van de Codexherziening is deze paragraaf toegevoegd. Blijkbaar is het idee daartoe geboren binnen het Secretariaat van de herzieningscommissie, want op haar laatste bijeenkomst in 1981 is er geen enkele suggestie in die richting gedaan. We komen haar pas tegen in het *Schema/82*. Zij houdt een warme aanbeveling in van wat gewoonlijk *pia exercitia* (vrome oefeningen) genoemd worden: (aflaat)gebeden, werken van boetvaardigheid en liefde, zoals de kruisweg, het rozenkransgebed, driedaagse oefeningen van godsvrucht*(tridua)*, novenen, dat zijn reeksen van negen dagen, waarop ter verkrijging van een gunst op bijzondere (vaak voorgeschreven) wijze tot God gebeden wordt, gezinsgebed(en), privé-bedevaart, Maria-devotie in de mei- en oktobermaand, H.Hartdevotie in de maand juni, het bidden van (goedgekeurde) litanieën, morgen-, middag- en avondoefeningen enz.

Vooral vóór de liturgiehervorming van Vaticanum II bleek de publieke eredienst vaak minder populair dan de vele devotieoefeningen. Deze dreigden de eigenlijke liturgie in de schaduw te stellen. In navolging van de enc.*Mediator Dei*(1947) van Paus **Pius XII** heeft Vaticanum II de "vrome oefeningen" goedgekeurd, mits ze conform de normen van de Kerk zijn (**can. 839 § 2**; vgl.*SC* n.13,3).

Tot de liturgie in strikte zin horen volgens **can.834 § 2** die diensten of vieringen, die in naam van de Kerk gebeuren volgens de door de Apostolische Stoel goedgekeurde boeken en door daartoe gemachtigde personen. Alle andere godsdienstige evenementen, of ze nu in of buiten de kerk plaatsvinden, ook als ze door een priester worden geleid, heten "vrome oefeningen"[246]. Ook door haar "volbrengt de Kerk haar heiligingstaak" **(can.839 § 1)**.

Can.839 § 2 formuleert in positieve bewoordingen, wat de *Codex/17* in *can.1259*[247] in negatieve termen zegt, nl. dat de plaatselijke Ordina-

[245] *CCL*, p.602.

[246] Aldus de Instructie van de Ritencongregatie, d.d.3-91958 (*AAS* 50(1958)633).

[247] *Can.1259*:"Gebeden en oefeningen van godsvrucht mogen in kerken en kapellen niet plaatsvinden zonder goedkeuring en uitdrukkelijk verlof van de plaatselijke Ordi-

rissen dienen te zorgen dat de devotieoefeningen overeenstemmen met de normen van de Kerk (vgl. *SC*n.13 laatste zin). Er wordt in deze paragraaf onderscheid gemaakt tussen *vrome* en *heilige* oefeningen, zoals dit ook gebeurt in *SC* n.13[248].

7. Liturgische zang en muziek[249]

Richtinggevend en normerend voor alle vernieuwingen op liturgisch gebied is de Liturgieconstitutie van Vaticanum II (1963). Zij wijdt een afzonderlijk hoofdstuk aan een onmisbaar onderdeel van die liturgie, nl. de *gewijde muziek* (nn.112-121), waarvan de hoofdpunten aldus kunnen worden samengevat. De liturgische muziek dient:

a) te beantwoorden aan het eigen karakter van de liturgische handelingen, welke zij dient te onderstrepen;
b) de actieve deelname van de gelovigen te bevorderen;
c) van kwalitatief hoog gehalte te zijn, hetgeen met name geldt voor nieuwe composities;
d) met de grootste zorg bewaard en gecultiveerd te worden[250];

naris, die in moeilijkere gevallen heel de materie moet voorleggen aan Apostolische Stoel".

248 We gaan er hier niet nader op in, maar verwijzen naar een kort artikel van **J.Jungmann**, Bisschop en *'sacra exercitia'* – in: *Concilium* 1(1965)n.2, pp.49-55. *CCL*, p.105 geeft een eigen uitleg van dit onderscheid.- Lees de trefzekere oriëntaties van Paus **Paulus VI** in de Apost.Exh.*Evangelii nuntiandi*(1975) n.48 (*AK* 31(1976)207-208) en van **Joannes Paulus II** in *Catechesi tradendae*(1979) nn.53-54.

249 Het gaat hier dus niet over uitvoering van muziek (concerten) in kerkgebouwen, waarover in dit hoofdstuk art.I n.7 al gesproken is. Lees voor dit onderdeel: **I. de Sutter**, *De eigen betekenis van muziek en zang in de liturgie* – in: *Communio* 7(1982)432-439.

250 Ontleend aan de *Beleidsnota 'Kerkmusicus'*, aanvaard door de Nederlandse BC in 1986 en uitgebracht door de SRKK in de serie "Regelingen R.K.Kerkgenootschap" n.4. Deze belangrijke nota wijst in een zestal hoofdstukjes op de veranderde situatie op het terrein van zang(koren)(1), gaat nader in op de vraag wat die veranderde situatie concreet inhoudt(2), wat de liturgische grondslag daarvan is(3), wat de gewenste situatie van de gewijde muziek zou moeten zijn(4), welke plaats daarin de 'kerkmusicus' inneemt(5) en wat diens rechtspositie is(6). In vijf Bijlagen zijn achtereenvolgens opgenomen: de (Inter) Diocesane Regeling voor de aanstelling en salariëring van de kerkmusicus (I), een Model Diocesane Regeling Salariëring (II), het Rechtspositiereglement voor kerkmusici (dirigenten en organisten) in bisdommen van de R.K. Kerkprovincie (III), de Interdiocesane Regeling voor de Kerkmuziek (IV) en de Exameneisen voor het Diploma Kerkmuziek van de NSGV en van de Katholieke Dirigenten- en Organistenvereniging (V). Zie toelichting op deze nota in *An.Utr.* 62(1989)210-212; *An.Gr.* 34(1989)2e kw., pp.53-54; *An.Rmd.* 70(1989)65-67. Over de functie van de gewijde muziek in de liturgie zie: *An.Rmd.* 68(1987)31-32; *An.Br.* 3(1989)48-56; rechtspositie en pensioenregeling 'kerkmusici' in bisdom Rotterdam: *An.Ro.* 34(1989)184-186, 35(1990)166-169; 37(1992)166-168; *An. Gr.* 19(1987) 179-181.

e) uitgevoerd te worden met muziekinstrumenten, die voor gewijd gebruik geschikt zijn.

Mede normerend is de Instr.*Musicam sacram* (1967)[251].

Can.1264 § 1 CIC/17[252] sprak nog over de handhaving van de liturgische wetten, die toen te vinden waren in enkele pauselijke en andere Romeinse documenten[253]. De **Codex/83** bevat echter geen enkele bepaling over de kerkmuziek. Wat de liturgische voorschriften betreft zijn wij nu dus aangewezen op de boven reeds genoemde documenten van 1963 en 1967, en op de aanwijzingen in de herziene liturgische boeken, m.n. het Altaarmissaal.

Onder *gewijde muziek* verstaat de Instr.*Musicam sacram*, n.4b: het gregoriaans, de oude en moderne meerstemmige liturgische muziek in haar verschillende vormen, de liturgische muziek voor orgel en voor alle andere toegestane instrumenten, bovendien de liturgische en religieuze volkszang[254]. De belangrijkste hierop betrekking hebbende beginselen vatten we hier kort samen:

7.1. Alle functionarissen in de liturgie (priester-celebrant, assistenten, acolieten, lectoren[255], commentatoren en zangers)[256] hebben ieder hun eigen aandeel, maar als het om de zang gaat, mag het niet zó zijn dat uitsluitend het zangkoor het hele repertoire zingt met volledige uitsluiting van deelname van het volk aan de zang. Het volk heeft het recht op en de plicht tot een "volledige, bewuste, daadwerkelijke deelneming" (Instr.n.15)[257].

[251] De postconciliaire Raad voor de Liturgie heeft deze instructie mede opgesteld onder verantwoordelijkheid van de Ritencongregatie. Zij is a.h.w. een vervolg en aanvulling op de Instr.*Inter oecumenici*(1964) van dezelfde Congregatie en Raad.

[252] *Can.1264 § 1*:"Alle muziek, waarin òf het orgelspel òf andere instrumentale muziek òf de zang gepaard gaat met iets wekelijks of zinnelijks, dient absoluut uit de kerken te worden geweerd; en de liturgische wetten betreffende de kerkmuziek moeten worden nagekomen".

[253] Zie **Mulder-Eijsink**, a.w., n.58, pp.62-63.

[254] Deze omschrijving is ontleend aan de Instr.*De musica sacra*(1958) n.4 (*AAS*50(1958) 633) van de Ritencongregatie.Voor een dieper inzicht in al deze vormen van gewijde zang en muziek zij gewezen op: **S.Groot(red.)**, *De lof Gods geef ik stem. Inzichten en achtergronden van de vocale muziek in de rooms-katholieke eredienst* (Gooi en Sticht 1993).

[255] De vraag of ook vrouwen in Missen, waaraan alleen vrouwen deelnemen (bv. in kloosters) lectrix zouden kunnen zijn, werd in 1965 nog bruut afgewezen met "nee", maar werd kort daarna toch met "ja" beantwoord: zie *NOT*. 1(1965)139-140 en 188.

[256] *AIAM* n.78 kent voor de viering van de eucharistie als standaardmodel deze functionarissen: priester, acoliet, lector en cantor. Dirigent en organist hebben veelal een contractueel verband met de parochie. De Nederlandse Bisschoppen hebben nadere regels gegeven voor hun mogelijk dienstverband in de nota 'Kerkmusicus".

[257] Zie *Beleidsnota 'Kerkmusicus"*, hoofdstuk 4, pp.14-15 sub 4. "Volledige deelname" betekent: "heel de mens omvattend, rede en emotie, actieve en passieve betrokkenheid, zingen en actief luisteren" (p.15).

7.2. De *gezongen* liturgie-, met name eucharistieviering, maar ook gezongen vieringen van andere sacramenten (vormsel, wijding, huwelijk) en sacramentaliën (wijding of zegening van kerk, kapel en altaar, uitvaart enz.) heeft de voorkeur *boven niet-gezongen* vieringen, want in de zang "vindt het gebed zijn hoogste uitdrukking, wordt ook het mysterie van de heilige liturgie...alsmede het gemeenschapskarakter het duidelijkst waarneembaar, wordt... de eenheid van het hart het best bereikt, wordt...de geest het gemakkelijkst tot het bovenaardse opgetrokken" (Instr., nn.5 en 27; *SC* n.113), wordt zij een voorafbeelding van de "hemelse liturgie".

Het belangrijkste vernieuwende element van beide documenten is dat de liturgische muziek voortaan beschouwd wordt als wezenlijk onderdeel van verkondiging in brede zin (Instr.n.5), zelfs muziek zonder tekst (*SC* n.120).

Fundamenteel is hierbij de overtuiging dat liturgie gevierd wordt door de gemeenschap als geheel, waarbij ook exclusief taken aan de gemeenschap worden toebedeeld (*SC* nn.27, 28 en 30; Instr. nn.5-7). De gelovigen vervullen een liturgische functie (Instr. n.15).

De zang moet niet beschouwd worden als een soort opsmuk (versiering) van de liturgie, als iets dat a.h.w. van buiten af bij het bidden komt; veeleer spruit het voort uit het diepste van de biddende ziel[258]. Door de zang wordt het geloof van de deelnemers gevoed (*SC* n.33). De zang is zó belangrijk, dat de **H.Augustinus** kon zeggen, dat "degene, die liefheeft, zingt" en dat de volksmond ons leert: "Wie goed zingt, dubbel bidt" (*AIAM* n.19).

Dit legt aan de zielzorgers de plicht op naar een zo goed mogelijke vormgeving van de kerkmuziek te streven en allen, die erbij betrokken zijn in alle opzichten (liturgisch, pastoraal en muzikaal) optimaal voor te bereiden op ieders aandeel (Instr.nn.5, 18 en 19)[259].

7.2.1. De *gregoriaanse* zang wordt door de Kerk erkend als eigen aan de Romeinse liturgie[260]. Zij moet, waar mogelijk, als traditioneel erfgoed

[258] Aldus de *AILG* van de Congregatie voor de Eredienst (1971) n.270.

[259] Lees in dit verband: **C.Fictoor**, *Liturgische muziek voor jongeren en spiritualiteit* – in: *An.Utr.* 63(1990)146-152.

[260] Zie *SC* 116; *Kyriale simplex*(1965) van de Ritencongregatie; Instr.*In edicendis normis*(1965) n.9 van dezelfde Congregatie; Pauselijke Brief *Sacrificium laudis*(1966) van Paus **Paulus VI**; Toespraak van dezelfde Paus tot de Postconciliaire Raad voor de Liturgie, d.d. 13 oktober 1966; *KA* 22 (1967)116-122; Instr.*Musicam sacram* (1967) van de Ritencongregatie nn.50a en 51; Algemene Inleiding op het Getijdengebed (1971) n.274 en Decreet *Thesaurum cantus gregoriani*(1972), beide van de Congregatie voor de Ere-

bewaard blijven; moet een onderdeel blijven van het onderricht op seminaries [261]. Er mag geen tekst van de gregoriaanse zang verloren gaan[262]. Voor het *Graduale simplex*(1975) is voor de authentieke gregoriaanse melodieën een keuze gemaakt uit de al bestaande standaardedities en uit de manuscripten, die als bron dienen van de Romeinse ritus of van andere Latijnse ritussen (n.II, 7). Het gregoriaans laat de eenheid in geloof zien en zal een band blijven, die vele volken tot één volk maakt[263].

7.2.2. De *volkszang* moet zoveel mogelijk bevorderd worden, eventueel met gebruikmaking van nieuwe vormen, die beter passen bij de plaatselijke mentaliteit en bij de huidige smaak. Het is de taak van de BC's een lijst op te stellen van gezangen, die door bijzondere groepen, bv. jongeren of kinderen, gebruikt kunnen worden en "waarvan niet alleen de woorden, maar ook de melodie, het ritme en de instrumentatie beantwoorden aan de waardigheid en het gewijde karakter van plaats en eredienst"[264]. De Kerk weert in beginsel geen enkel muziek-genre uit de liturgieviering. Toch is niet alle muziek, niet ieder gezang of instrument in dezelfde mate geschikt: zij moeten alle ondergeschikt zijn aan de eredienst[265].

dienst; Brief van dezelfde Congregatie aan de Bisschoppen bij de aanbieding van het boekje *Jubilate Deo* (1974): *Gregoriusblad* 98(1974)46-47; Decreet *Cantum gregorianum* (1983) van de Congregatie voor de Sacramenten en de Eredienst, sectie Eredienst (1983). Uit de hier genoemde documenten van de Congregatie voor de Eredienst blijkt dat zij de *mogelijkheid* schept om de aan de nieuwe liturgische boeken aangepaste liturgie in het Latijn te vieren. De BC's zijn verantwoordelijk voor uitgaven in de volkstaal. De Nederlandse BC heeft (nog) geen officiële uitgave in de volkstaal gesanctioneerd.- Voor nadere kennismaking met de gregoriaanse zang: zie **A.Turco**, *Il Canto Gregoriano: I. Corso Fondamentale en II. Toni e Modi* (Edizioni Torre d'Orfeo, Roma 1987; vertaald door **A.C.Vernooij**, *Het Gregoriaans: I. Basiscursus en II.Tonen en Modi* (*NSGV* 1993).

[261] Zie Instr. *In ecclesiasticam*(1979) van de Congregatie voor het Katholieke Onderwijs.

[262] Zie Decreet *Cantum gregorianum*(1983) van de Congregatie voor de Sacramenten en de Eredienst, Inleiding. Er moet een gezond evenwicht blijven tussen de zang in de volkstaal en het gregoriaans. Vandaar de suggestie van de Congregatie voor de Eredienst in haar brief van 1974 bij de aanbieding van het boekje *Jubilate Deo* "de gregoriaanse zang te behouden en te gebruiken in kloosters, religieuze huizen en seminaries als de beste vorm van zingen en als element van de hoogste culturele en pedagogische waarde".

[263] Zie Brief van de Congregatie voor de Eredienst van 14 april 1974. Niet iedereen zal zich laten overtuigen door deze argumenten voor de handhaving van of voorkeur voor de gregoriaanse zang, zoals wellicht ook niet door de kanttekeningen, die de Ritencongregatie plaatst bij de Instr.*Musicam sacram* (1967) n.52: terecht wordt hier echter de bestudering van de gregoriaanse zang aanbevolen. Zie *NOT*. 3(1967)108.

[264] Instr.*Liturgicae instaurationes*(1970) van de Congregatie voor de Eredienst n.3c.

[265] Zie Instr.*Liturgicae instaurationes*(1970) van de Congregatie voor de Eredienst, n.3c [*AK* 25(1970)1092]; vgl.*SC* nn. 36 par.2 en 112; *AILG* (1971)n.274; Schrijven van de

In de bewoording van de Instr.*Musicam sacram*(n.9) heet het:"De Kerk wijst voor haar liturgische vieringen geen enkel soort gewijde muziek af, indien zij maar beantwoordt aan de geest van de liturgische vieringen en van hetgeen aan elk van haar onderdelen eigen is, en bovendien als zij de daadwerkelijke deelname van het volk niet hindert". Toch spreekt de Instructie haar voorkeur uit voor handhaving van het gregoriaans (n.52, zoals ook *SC* 116), minstens in die kerken waar voldoende bekwaamheid voorhanden is om dit te zingen.

In haar brief uit 1974 aan de Bisschoppen spoort de Congregatie voor de Eredienst toonkunstenaars en dichters aan hun beste krachten te geven aan tekst en compositie voor de volkszang[266]. De Instr.*Inter oecumenici* (1964) schrijft in n.42 voor dat nieuwe melodieën, die door de celebrant en/of assistenten gezongen worden, door het bevoegde territoriale kerkelijke gezag moeten worden goedgekeurd[267].

7.2.3. Uiteraard speelt het *kerk-of zangkoor*, dat in alle kerken aanwezig hoort te zijn (Instr.n.19), in het bijzonder in kathedrale kerken (*SC* n.114), maar ook in basilieken, andere voorname kerken en kloosters, een belangrijke rol[268]. Voor de koren is, zo stelt de Instructie (n.24) niet alleen een goede muzikale, maar ook liturgische en spirituele toerusting noodzakelijk.

Koren kunnen bestaan uit mannen en/of jongens, mannen en/of vrouwen (*Instr.* n.22). Wat hun *opstelling* in de kerk betreft spreekt de Instructie (n.23) zich er voor uit, dat het koor deel uitmaakt van de gemeenschap van gelovigen, zijn liturgische functie gemakkelijk uit kan voeren en ieder koorlid deel kan nemen aan de liturgieviering; bestaat

postconciliaire Raad voor de Liturgie (1966) aan de Voorzitters van de BC's sub 5, waar staat, dat alles wat te profaan is, uit de kerk geweerd moet worden bv. *jazz* en instrumenten voor zuiver profaan gebruik: *Directorium* voor de pastorale bediening van Bisschoppen(1973) n.90d van de Bisschoppencongregatie. In dit verband is het goed kennis te nemen van een handreiking bij de vraag hoe een parochie om zou kunnen gaan met het nieuwe verschijnsel van *(gast)zanggroepen*, die worden uitgenodigd bij gelegenheidsliturgie als huwelijksviering: *An.Utr.* 65(1992)148-151.

[266] *NOT.* 10(1974)123-126; *Gregoriusblad* 98(1974)46-47.

[267] In de praktijk gebeurt dit niet, omdat het niet effectief is. In Nederland en de ons omringende landen zijn de beoordelingsbevoegde commissies al lang opgeheven. Haar werk wordt echter voortgezet door weloverwogen commissieopdrachten namens de landelijke en diocesane kerkmuzikale instanties en door recensies in de vakbladen. De gezangen van het devotionele circuit hebben zich altijd buiten de interessesfeer van de kerkelijke keur-instanties bewogen.

[268] Zie *Instr.*n.20; *KA* 22(1967)321.- Koren zijn er in veel soorten: zie Beleidsnota Kerkmusicus (1988), hoofdstuk 1, pp.7-8. Vgl. *An.Utr.* 41(1968)114 en 252-254; 44(1971) 280-284 en 53(1980)170-171.

het koor alleen uit meisjes(vrouwen), dan dient het een plaats te krijgen buiten het priesterkoor (Instr.23c)[269]. Waar er geen mogelijkheid is zelfs een klein koor te vormen, moet gezorgd worden voor een goedgeschoolde zanger *(cantor)*, die leiding geeft aan de zang van het volk of deze zang ondersteunt. Ook waar er wel een koor is, kan het aanbevelenswaardig zijn over één of enkele *cantores* te beschikken bij afwezigheid van het koor (*Instr*. n.21 en *AIAM* n.64)[270]. Ofschoon niet verboden, wordt het minder passend geacht dat de *cantor* gebruik maakt van de ambo (*AIAM* n.272). Daar staat echter tegenover, dat de cantor een specifieke, hem toekomende taak vervult in de liturgie, nl. het zingen van de psalm na de lezing, waarbij de gemeenschap een refrein zingt (*AIAM* nn.36 en 67). Hij wordt vanouds daarom ook 'psalmist' genoemd en staat daarbij op of bij de ambo[271].

7.2.4. Wat het gebruik van *muziekinstrumenten* betreft leert de Instructie, dat het *pijporgel* als het traditionele muziekinstrument in hoge ere moet worden gehouden[272].

"Andere instrumenten mogen, naar het oordeel en met toestemming van de bevoegde territoriale overheid, toegang krijgen tot de goddelijke eredienst, voorzover zij voor het gewijd gebruik geschikt zijn of geschikt gemaakt kunnen worden, passen bij de waardigheid van het godshuis en echt tot stichting van de gelovigen strekken" (n.62; *SC* n.120). Wat naar algemeen oordeel en gebruik bij wereldlijke muziek past, moet geweerd worden (n.63). De diocesane commissies voor kerkmuziek bieden hulp bij de uitvoering van deze voorschriften samen met de pastoraal-liturgische commissies[273].

[269] Deze laatste bepaling is wat Nederland betreft achterhaald door de praktijk om in dezen geen onderscheid te maken tussen mannen(jongens) en vrouwen(meisjes).

[270] Zie **G.Broekhuijsen**, *De liturgische functie van de cantor* (z.j.), in de reeks Liturgische handreikingen van de Commissie voor Liturgie in het bisdom Breda, n.12.

[271] *AIAM* n.36 zegt dan ook: de psalmist (voorzanger van de psalm) "draagt de psalmverzen voor op de ambo of op een andere plaats, terwijl de gemeenschap gezeten is en luistert, en gewoonlijk deelneemt door middel van het refrein...". Er is hier een tegenspraak met wat in *AIAM* n.272 staat; sterker nog: in een eeuwenlange traditie is de ambo dè plaats voor de cantor en dat maakt de opmerking van n.272 geheel onbegrijpelijk.

[272] Maar op de vraag of *orgelbegeleiding* bij het reciteren van het eucharistisch gebed toelaatbaar is verwijst de Congregatie voor de Eredienst [zie *NOT*. 13(1977)94-95] naar n. 12 van *AIAM*, waar dit duidelijk afgewezen wordt.

[273] Ieder bisdom heeft een *Diocesaan Pastoraal Dienstencentrum* met een *Diocesane Liturgische Commissie* en een *Diocesane St.Gregoriusvereniging*. Landelijk wordt hulp geboden door de *Nationale Raad voor Liturgie* en de *Nederlandse St.Gregoriusvereniging*. Voor de adressen controlere men de Naamlijsten van de afzonderlijke bisdommen.

De Congregatie voor de Eredienst reageerde in 1977 op een kranteartikel, dat zich lovend uitliet over het gebruik van gramofoonplaten of muziekcassettes in gemeenschappen, die geen instrumenten hebben. Op de vraag of dit mag, wordt geantwoord: de heilige liturgie steunt op tekenen, die authentiek en "echt" moeten zijn; daartoe horen de gewijde muziek en zang, die dus ook authentiek en echt moeten zijn en niet afkomstig van een gefingeerde, maar van een levende en biddende gemeenschap van personen. Al in de Instr.*De musica sacra*(1958) van de Ritencongregatie wordt als beginsel opgesteld dat technische hulpmiddelen uiterst nuttig kunnen zijn om gezangen te leren of te ondersteunen in bv. processies (in de open lucht), maar verboden zijn in vieringen op een gewijde plaats. Sindsdien zijn de normen niet veranderd[274].

Het Bestuur van de Katholieke Klokken- en Orgelraad, sectie Orgels, heeft een voorkeur voor het gebruik van de klassieke orgels boven electro(fo)nische of electrostatische orgels omwille van de starre levenloze klank van "synthetische" orgels, die te weinig steun bieden aan de volks- en koorzang, omdat de klankmogelijkheden in wezen minder bruikbaar zijn voor normaal orgelspel, niet kunnen worden aangepast aan de akoestiek van de kerk en een beperkte levensduur hebben[275].

7.2.5. Even goed als voor de in de liturgie gebruikte teksten krijgen we voor de liturgische zang en muziek te maken met *auteursrechten* en de zgn. *naburige rechten*[276].

[274] *NOT.* 13(1977)94. Alleen in het *Directorium* voor Missen met kinderen(1973) van de Congregatie voor de Eredienst n.32 is sprake van een verstandig gebruik van "artificiële" muziek.

[275] *An.Gr.* Bd.II (1962-1966)299-300; *An.Ha.* 11(1964)195; *An.Utr.* 37(1964)283-284; *An. Rmd.* 46 (1965) 26-27; *An. Bo.* 4 (1964) 125; *An. Br.* 1973, pp. 1-3 onder M (van muziek); *An. Ro.* 9 (1964) 249-250. In maart 1973 wordt opnieuw namens het bestuur van de KKOR gereageerd op het gebruik van electronische instrumenten in de kerk: zie *An.Utr* 46(1973)240-241; *An.Ha.* 20(1973)102-104. Zie ook: **J.Hettema**, *Kerkmuziek en kerkelijke wetgeving* (1961), p.28 sub Orgel I,3; **J.van Laar(red.)**, *Orgelmuziek in historisch en liturgisch kader* (uitgave van NSGV en SLSK; Utrecht 1992), pp.109-110: Het orgel in de liturgie (met literatuuropgave).- Er bestaat een apart wijdingsgebed voor orgels: zie *Zegeningen uit het Romeins rituaal*(1986), pp.110-114; *An.Br.* 1973, pp.1-3 onder de M (van muziek); tenslotte verwijs ik naar *An.Ro.* 29(1984)B250 voor een overeenkomst tussen de Interdiocesane Bouw- en restauratie Commissie en de Vereniging van Orgelbouwers in Nederland.

[276] Vgl.het schrijven van de Nederlandse Commissie voor Liturgie over liturgievernieuwing en auteursrechten: *An. Br.* 1970, pp. 7-8 onder de L (van Liturgie); *An. Gr.* Bd. III (1967-1970) 409-410 en 472-475; *An. Ro.* 15 (1970) 78-79; *An. Rmd.* 51 (1970) 213-214. Wat onder die *naburige rechten* verstaan moet worden zie voetnoot 277.

Art.1 van de Nederlandse *Auteurswet* (1912) bepaalt, dat de makers van een werk van letterkunde, wetenschap of kunst het uitsluitend recht hebben tot openbaarmaking en verveelvoudiging, behoudens de beperkingen bij de wet gesteld; daaronder vallen muziekwerken met of zonder woorden, maar ook de gebruikte teksten (t.z.p., art.10). Dank zij deze Wet worden auteurs (en erfgenamen) in staat gesteld hun leven lang financiële vruchten te plukken van hun werk; erfgenamen bezitten die rechten (in Nederland) tot 50 jaar na de dood van de auteur[277]. Wie van deze werken *in het openbaar* gebruik wil maken, kan zich rechtstreeks wenden tot het *BUMA*, d.i. het Bureau voor Muziekauteursrechten, waaraan sedert 1913 krachtens *art.30a* van de *Auteurswet* alle bemiddeling tussen auteurs en gebruikers van muziek en tekst is opgedragen. Zijn belangrijkste taak is het innen van de auteursgelden bij de gebruikers en het verdelen van die gelden over de auteurs[278]. Sinds 1960 bestaat er een overeenkomst tussen *BUMA* en *NSGV*, waarbij deze laatste bemiddelt tussen uitvoerenden en auteurs; het totale bedrag aan premies en de verzamelde gegevens wordt doorgegeven aan het *BUMA*, dat zorg draagt voor de verdeling onder de rechthebbenden[279].

Al bij de start in 1960 bleek hoe gering de medewerking aan de programmagaring door de *NSGV* was. Dit is aanleiding geworden tot telkens nieuwe methoden voor de geldinning: van programmagaring via steekproeven tot het belasten van iedere parochie, klooster, internaat of ziekenhuis met een bepaald bedrag[280]. Alle bisdommen in Nederland hebben dus al vele jaren gezamenlijk een algemene overeenkomst met het *BUMA*, waarbij dit Bureau aan de r.k.kerkbesturen voor de duur van die overeenkomst licentie verleent voor het uitvoeren van BUMA's repertoire in de r.k. kerken in Nederland vóór, tijdens en na de liturgi-

[277] Daartoe 'gedwongen' door een Richtlijn van de *Raad van de Europese Gemeenschappen* uit 1993 inzake de beschermingstermijn op het gebied van het auteursrecht en van de naburige rechten (waaronder verstaan wordt: de bescherming van de prestaties van uitvoerende kunstenaars, producenten van geluidsdragers, zoals cd's en lp's, en omroeporganisaties) zal de beschermingsduur binnenkort (1995?) 70 jaar worden; dit geldt ook voor films, al zijn deze rechten daar gekoppeld aan bepaalde personen, zoals de hoofdregisseur, scenarioschrijver enz.: Staatscourant n.46 van 7 maart 1994.

[278] O.a.: *An.Utr.* 49(1976)512-513; *An.Rmd.* 57(1976)47-50; *An.Br.* 1976, pp.N65-N67 en de 'gestroomlijnde' Analecta van de overige bisdommen zelfde pagina's van hetzelfde jaar. Het zijn in eerste instantie de auteurs zelf, die zich melden bij de BUMA.

[279] O.a.: *An.Utr.* 33(1960)226; *An.Rmd.* 42(1961)82-83; *An.Ro.* 6(1961)11.

[280] *An.Utr.* 43(1970)57-58 en 49(1976)514; *An.Rmd.* 51 (1970)213-214 en 57(1976)47-50; *An.Ha.* 17(1970)60-61; *An.Gr.* Bd.III(1967-1970)472-475; *An.Bo.* 10(1970)37-38 en 16(1976)N65-N67 en 'gestroomlijnde' Analecta van de de overige bisdommen: zelfde pagina's van hetzelfde jaar); *An.Br.* 15(1970)1-2 onder de M (van Muziek); *Gregoriusblad* 115(1991)169-172; over BUMA-rechten voor kerkkoren zie *An.Ro.* 37(1992)45.

sche diensten, alsmede tijdens bijeenkomsten van r.k.kerkkoren, waarbij geen toehoorders aanwezig zijn. De aan deze overeenkomst verbonden kosten worden door het bisdom betaald, zodat er geen aparte overeenkomst hoeft te worden gesloten. T.a.v. carillonbespelingen geldt eenzelfde regeling[281].

Wat *België* betreft wordt het auteursrecht beschermd door de wet van 22 maart 1886[282] en door de Conventie van Bern, d.d. 26 juni 1948. Conform de wet van 1886 geldt ook voor België een beschermingstermijn van 50 jaar vanaf het overlijden van de auteur.

8. Kerk(gebouw) en kunst

De Kerk draagt de kunst in de breedste zin van het woord een warm hart toe. Het is daarom niet verwonderlijk, dat zij zich zowel op universeel- als op particulier-kerkelijk niveau inzet voor, tegelijk ook regelgevend optreedt t.a.v. alles, wat met Kerk(gebouw) en kunst te maken heeft. Zo dient er ook in de priesteropleidingen alle aandacht aan de gewijde kunst te worden besteed[283].

Daar zijn op *universeel-kerkelijk niveau*:

a) de *Liturgieconstitutie* van Vaticanum II, waarvan het slothoofdstuk (*SC* nn.122-130) in zijn geheel gewijd is aan de *kerkelijke (beter is: sacrale, d.i. gewijde) kunst*, die onder de schone kunsten de hoogste vorm van religieuze kunst genoemd wordt (*SC* n.122; vgl. *GS* n.62,4);
b) enkele *aanwijzingen in AIAM* (nn.253-254 en 256);
c) de *Rondzendbrief 'Opera artis'*(1971) van de Congregatie voor de Geestelijkheid en de al oudere Instructie *Sacrae artis*(1952) van het H.Officie[284];
d) enkele *bepalingen* uit de *Codex/83*, nl. de **cc.638 § 3, 1189** en **1292 § 2**.

Naast algemene opmerkingen over de betekenis van de sacrale kunst (*SC* n.122; *AIAM* n.254), over de acceptatie van de verschillende kunstuitingen (*SC* n.123; vgl. *GS* n.62,4) en de zorg van de Kerk hiervoor, worden ook praktische richtlijnen gegeven voor:

281 Overgenomen uit *"Richtlijnen van het Aartsbisdom Utrecht"* 1993, p.3 sub 1a. Zie ook vergelijkbare richtlijnen of regelingen van de andere bisdommen.

282 De Nederlandse tekst van deze wet werd vastgesteld door de wet van 26 juni 1981.

283 Vgl. Instr. *In ecclesiasticam*(1979) van de Congregatie voor het Katholieke Onderwijs: Appendix, Deel I, art.III n.23: *NOT*. 15(1979)556.

284 Vgl. de Instr. *Inter oecumenici*(1964) n.13c van de Ritencongregatie en de toespraak van Paus **Paulus VI** van 7 mei 1964 tot de beoefenaars van de schone kunsten: *AAS* 56(1964) 439-442; *KA* 19(1964)925-930.

a) de *bouw, restauratie en inrichting van het kerkgebouw*; hiervoor dient de diocesane commissie voor liturgie en gewijde kunst te worden ingeschakeld (*SC* n.126; *AIAM* n.256; *Rondzendbrief* nn.1-2)[285];
b) de *zorg voor het culturele erfgoed*: de BC dient richtlijnen uit te vaardigen voor het beheer van deze goederen; iedere diocesane curie dient er op toe te zien dat er een inventarisatie plaatsheeft van gewijde gebouwen en zaken, er dient een diocesane commissie 'kerkelijke kunst' te worden ingesteld om toezicht te houden op en te adviseren over het beheer (*SC* nn.46 en 126; *Rondzendbrief* nn.4-7).

Voor het *particulier-kerkelijk niveau* zijn de voorschriften van Rome voor de Nederlandse Kerkprovincie vertaald in richtlijnen, welke zijn toegespitst op de eigen situatie hier te lande. Sinds de Bisschoppen van Nederland in 1962 nog bepalingen uitvaardigden voor opdrachten aan beeldende kunstenaars[286], is er veel gebeurd in de kerkgemeenschap. Zoals elders is ook in Nederland het kerkinterieur het slachtoffer geworden van een opruimingswoede door terugdringing van de devoties en door een soms te radicale aanpassing aan de nieuwe liturgische eisen van Vaticanum II. Om deze beide redenen werd gemakkelijk afstand gedaan van veel kunstbezit. Daarom werden tegen het einde van de zestiger jaren plannen ontwikkeld om de zorg voor het *niet-museale kunstbezit*[287] in nieuwe banen te leiden. De Nederlandse BC heeft de Romeinse richtlijnen vastgelegd in:

a) het *A.R.-parochie*, dat in art.53 (van de laatste editie uit 1988; ook in eerdere edities kwam deze bepaling voor) het kerkbestuur de plicht

[285] Zie o.a. *An.Ha.* 38(1991)287 en *An.Rmd.* 70(1989)17-18.

[286] *An.Utr.* 35(1962))141-143; *An.Gr.* Bd.II(1962-1966)66-68; *An.Ha.* 9(1962)115-116; *An.Rmd.* 43(1962)129-130; *An.Ro.* 7(1962)162-163; *An.Br.* 1962, pp.73-74. Hieraan ging in het bisdom Roermond de oproep vooraf "bescherm het bezit van onze kerken": *An.Rmd.* 42(1961) 119; de notities van 1962 werden gevolgd door bepalingen over de vraag, hoe als parochie om te gaan met kunstvoorwerpen, welke men om financiële redenen (nieuwbouw, aanpassing, restauratie) wil afstoten in o.a. *An.Utr.* 39(1966)66, *An.Gr. Bd.II* (1962-1966)429; *An.Bo.* 6(1966)7; *An.Br.* 1966 onder K (van kunst); *An.Rmd.* 47(1966)56; *An.Ro.* 11(1966)65; vgl. 12(1967)226, door de oprichting van de *Stichting Kerkelijke Monumentenzorg* in o.a. *An.Utr.* 40(1967)150; *An.Ro.* 12(1967)226 en door de nieuwe richtlijnen van 1969 in o.a. *An.Utr.* 42(1969) 212-213; *An.Ro.* 15(1967)76-77.

[287] Het *museale* kunstbezit is als volgt veilig gesteld: de bisdommen Breda, 's-Hertogenbosch en Roermond beschikken elk over een Bisschoppelijk Museum; de bisdommen Groningen, Haarlem, Rotterdam en Utrecht hebben hun kunstcollecties in bruikleen afgestaan aan de Stichting *'Het Catharijneconvent'*, die de collecties op haar beurt in bruikleen heeft gegeven aan het Rijksmuseum 'Het Catharijneconvent', dat een beeld wil geven van de geschiedenis van de christelijke cultuur in Nederland (daartoe hebben ook de eerstgenoemde bisdommen bruiklenen afgestaan). Naast de R.K.Kerk participeren ook zes protestantse Kerken, die deel uitmaken van de Stichting Kerkelijk Kunstbezit in Nederland *(SKKN)*, in het Catharijneconvent.

oplegt een voorafgaande schriftelijke machtiging aan de Bisschop te vragen "voor daden, die de grenzen van het gewone beheer te buiten gaan". Daaronder vallen volgens lid 4:"het vervreemden, verpanden, in bruikleen geven en op welke wijze ook aan hun bestemming onttrekken van voorwerpen van kunst en wetenschap, geschiedkundige gedenkstukken of andere roerende zaken van bijzondere waarde" en volgens lid 5:"het oprichten, afbreken, verbouwen of van bestemming veranderen van tot het vermogen van de parochie behorende gebouwen en van kerkmeubelen van bijzondere waarde, alsmede het verrichten van buitengewone herstellingen". Behalve van de machtiging van de diocesane Bisschop **(can.1292 § 2)** of van de bevoegde (religieuze) Overste **(can.638 § 3)** is voor "zaken, die kostbaar zijn vanwege hun artistieke of historische waarde"[288] de geldigheid van een verveemding ook afhankelijk van het verlof van de H.Stoel (vgl. ook **can.1189**).

b) In de *Rondzendbrief*(1971) van de Congregatie voor de Geestelijkheid werd gesproken over ongepaste vervreemding onder het mom van liturgievernieuwing[289], maar ook over diefstal, vernieling, wederrechtelijke inbezitneming van kunstwerken met onschatbare waarde. Met een verwijzing naar *AIAM* n.254 (tweede alinea) en *SC* n.124 (laatste alinea) dringt zij daarom aan op:
   - de *inventarisatie* van alle gewijde gebouwen en zaken[290] en op
   - de *instelling* van een *Diocesane Commissie voor kerkelijke kunst* (*SC* nn.46 en 126)[291], die naar de kerkelijke overheid toe adviserend optreedt.

   In 1969 vaardigden de Nederlandse Bisschoppen nieuwe richtlijnen uit[292] voor het beheer van het kerkelijk kunstbezit, waarin zij hun goedkeuring hechtten aan een plan dat werd uitgewerkt in overleg met het Ministerie van *CRM* en dat in de hele Kerkprovincie werd doorgevoerd, nl.

[288] Voor Nederland zouden we deze omschrijving ook op deze manier kunnen weergeven:"Zaken, die geplaatst zijn op de in opdracht van de Bisschoppen samengestelde inventarislijst van objecten van geschiedenis en kunst van de parochie/kerkelijke instelling". Vgl. *An.Bo.* 29(1989)afl.5, pp.36-37.

[289] Waartegen in het bisdom 's-Hertogenbosch al in 1965 gewaarschuwd werd: *An.Bo.* 5(1965)87-88.

[290] Op te maken in tweevoud (voor de kerk zelf en de diocesane curie), liefst echter in drievoud, waarbij de derde inventarislijst gaat naar de Apostolische Vaticaanse Bibliotheek.

[291] Naast een *Commissie voor Liturgie*(*SC* n.45) en *voor Kerkmuziek* (*SC* n.46).

[292] *An.Utr.* 42(1969)212-213. In 1971 volgt hierop een Instructie van de Bisschoppen van Nederland inzake het Beheer van het Kerkelijk Kunstbezit: *An.Utr.* 44(1971)394-395; *An.Gr.* Bd.IV(1971-1974)B20-B21; *An.Rmd.* 52(1971)156-157; *An.Ro.* 16(1971)133-134.

- in ieder bisdom worden op korte termijn alle monumenten, die eigendom zijn van een parochie of van een andere kerkelijke instelling en die van belang zijn voor geschiedenis en (of) kunst, geïnventariseerd[293].
- in overleg met het kerkbestuur wordt per parochie een lijst samengesteld van beschermde monumenten;
- conform de bepalingen van het A.R.-parochie mogen deze beschermde monumenten op geen enkele wijze worden vervreemd noch gerestaureerd zonder toestemming van de Commissie Kerkelijk Kunstbezit, die in elk bisdom aanwezig hoort te zijn[294];
- voor parochies, die om financiële redenen in verband met nieuwbouw, restauratie of interieuraanpassing overbodig geachte kunstvoorwerpen willen afstoten, gelden nu deze bisschoppelijke richtlijnen: eerst zoeken naar een kerkelijke bestemming, bv. aanbieding (via de Analecta) aan andere parochies; daarna zijn de kerkelijke musea de eerst gegadigden; de overige Nederlandse musea komen eerder in aanmerking dan particuliere personen[295].

De leiding van dit project werd door de Bisschoppen toevertrouwd aan een *landelijk adviseur*.

De plaats en de taak van de Commissies Kerkelijk Kunstbezit werd vanaf 1977 vastgelegd in een *bisschoppelijk reglement*.

Daarin werden taak, bevoegdheid en werkwijze vastgelegd[296].

Vanaf 1970 werkten de diverse Diocesane Commissies samen om landelijk tot één beleid te komen. Dit leidde in 1977 tot de oprichting van de (katholieke) *Landelijke Federatie Kerkelijk Kunstbezit*, die in datzelfde jaar als zelfstandig onderdeel van het R.K.Kerkgenootschap een eigen *reglement* kreeg[297]. Binnen deze Federatie worden alle pro-

293 In de drie zuidelijke bisdommen was men daar al lang mee bezig, in de vier noordelijke alleen incidenteel: zie *An. Utr.* 51(1978)244-246; *An.Rmd.* 59(1978)74-76. In het bisdom Breda werd het Statuut voor de bisschoppelijke Commissie voor inventarisatie van kerkelijk Kunstbezit al op 6 april 1964 goedgekeurd: *An.Br.* 1964, pp.176-177.

294 Waar dat nog niet het geval is, moet ze alsnog in het leven worden geroepen als hulp bij het voltooien en bijhouden van de inventarisatie en ter advisering van de kerk(parochie-) besturen inzake beveiliging en beheer van het kerkelijk kunstbezit. Zie ook brief van de Bisschop van Roermond over verzekering en beveiliging van kunstschatten in het bisdom, d.d. 8 maart 1968: *An.Rmd.* 49(1968)63-64.

295 Deze richtlijnen inzake het beheer kwamen goeddeels overeen met de al eerder (in 1966) gegeven normen: zie voetnoot *286*.

296 Bv. *An.Gr.* 27(1982)B54-B57, waar het reglement van de Diocesane Commissie voor kerkelijk bezit aan kunstvoorwerpen en oudheden opgenomen is; *An.Bo.* 18(1978)27-31; *An.Br.* 7(1993) 145; *An.Ro.* 22(1977)B106-B109.

297 *An.Utr.* 51(1978)247-248; *An.Rmd.* 59(1978)74-76; *An.Bo.* 18(1978)N39-N46; 'gestroomlijnde' Analecta van de andere bisdommen: zelfde pagina's van hetzelfde jaar.

blemen inzake de inventarisatie besproken en worden de adviezen voor het beheer van het kunstbezit voorbereid, hetgeen vaak leidt tot voorstellen aan de BC.
Overleg met het Ministerie van *CRM* (later *WVC* en thans *OWC*) maakte de financiering van de gemaakte plannen mogelijk (Kerk en Staat ieder de helft van de kosten). In overleg met ditzelfde Ministerie benoemde het Nederlands Episcopaat ook de *landelijk adviseur*. In alle bisdommen werden inventarisatoren aangesteld voor een systematische inventarisatie van het kunstbezit van alle kerkelijke instellingen.
Al deze initiatieven vonden weerklank in andere Kerken van Nederland. Zo werd in 1971 door de Commissie voor de Pretiosa van de Oud-Katholieke Kerk van Nederland een beroep gedaan op de landelijke adviseur voor de inventarisatie van haar kunstbezit; en werd in 1974 de Stichting Protestantse Kerkelijke Kunst*(SPKK)* in het leven geroepen door de Doopsgezinde Broederschap, de Evangelisch-Lutherse Kerk, de Nederlandse Hervormde Kerk en de Remonstrantse Broederschap (waarbij in 1976 de Gereformeerde Kerken in Nederland zich aansloten) met als doelstelling: de bevordering van de belangstelling en zorg voor voorwerpen van kunst en godsdienstige praktijk binnen het protestantisme in Nederland, hetgeen een systematische inventarisatie impliceerde. Deze kerken deden een beroep op de landelijk adviseur van de R.K.Kerk en diens bureau. In overleg met het Ministerie van CRM werden de statuten opgesteld voor de in september 1977 opgerichte *Stichting Kerkelijk Kunstbezit in Nederland(SKKN)*, waarin behalve de (katholieke) Landelijke Federatie Kerkelijk Kunstbezit alle participanten van de *SPKK* samenwerken op het terrein van de kerkelijke monumentenzorg[298] met als primaire doel: bevordering van een goed beheer van de monumenten[299] door de besturen daartoe te motiveren, door dienstverlening aan de lokale

[298] Hierbij moet wel worden aangetekend, dat de zeven kerkgenootschappen onderling nog al sterke verschillen vertonen inzake de opzet van die monumentenzorg.- Voor haar activiteiten beschikt de Stichting over een *landelijk bureau* (bijna volledig gesubsidiëerd door *WVC*).

[299] Onder 'monument' in brede zin (in het gewone spraakgebruik meestal: een gebouw!) verstaan we: een overblijfsel van (vroegere) cultuur, kunst, nijverheid of wetenschap, dat zowel profaan als religieus van aard kan zijn, roerend (bv. liturgisch vaatwerk) of onroerend, d.w.z. onlosmakelijk verbonden met een gebouw, zoals reliëfs en wandschilderingen. Maar niet alle kerkelijke monumenten behoren tot het werkterrein van de SKKN: gebouwen als zodanig en archivalia horen er niet toe; 'kerkelijk' betekent in dit verband: beheerd door een kerkelijke instantie. De term 'kunstbezit' is inzoverre misleidend dat het niet alleen om objecten van kunst gaat.

besturen inzake beveiliging, conservering enz. en door het verstrekken van advies bij restauratie of liquidatie. Als een kerkgebouw echter beschermd wordt door de Monumentenwet (1988) en op een lijst is geplaatst, moet men zich houden aan art.11 van deze Wet.

Behoudens aan deze kerkelijke richtlijnen moet men zich inzake het beheer van het culturele erfgoed ook houden aan de voorschriften van de Burgerlijke Overheid, welke zijn vastgelegd in:

c) de *Monumentenwet*(1961), laatstelijk herzien in 1988[300].
Deze wet beschermt *onroerende monumenten*, welke zijn *ingeschreven in de* ingevolge de Monumentenwet vastgestelde *registers* (*art.1d*). Als monumenten gelden in deze wet: alle vóór tenminste vijftig jaar *vervaardigde* zaken welke van algemeen belang zijn wegens hun schoonheid, hun betekenis voor de wetenschap of hun cultuurhistorische waarde, alsmede terreinen welke van algemeen belang zijn wegens de (daarnet genoemde) aanwezige zaken (*art.1b*); *onroerend* in de zin van het nieuwe *BW* zijn de grond, de nog niet gewonnen delfstoffen, de met de grond verenigde beplantingen, alsmede de gebouwen en werken die duurzaam met de grond zijn verenigd, hetzij rechtstreeks, hetzij door vereniging met andere gebouwen en werken (*art.3: 3.1*).
Voor *kerkelijke* monumenten, dat zijn onroerende monumenten welke eigendom zijn van een kerkgenootschap, kerkelijke gemeente of parochie of van een kerkelijke instelling en welke uitsluitend of voor een overwegend deel worden gebruikt voor de uitoefening van de eredienst (*art.1d*), geldt als afzonderlijke bepaling (*art.2, lid 2*) dat er ingevolge deze wet geen beslissing genomen wordt dan na overleg met de eigenaar (*vgl. art.18*).
Is aan voornoemde voorwaarden voor de bescherming van een monument voldaan, dan is *art.11* van toepassing, nl. dat deze monumenten niet beschadigd of vernield mogen worden (*lid 1*); en het is verboden hen zonder of in afwijking van een schriftelijke vergunning af te breken, te verstoren, te verplaatsen of in enig opzicht te wijzigen, te herstellen, te gebruiken of te laten gebruiken op een wijze, waardoor het wordt ontsierd of in gevaar gebracht (*lid 2 a en b*; vgl. *art.56* voor de strafbepalingen).

d) de *Wet tot behoud van cultuurbezit*(1984)[301]. Door deze wet wordt een aantal voorwerpen beschermd, d.w.z. *roerende* zaken van cul-

[300] *Nederlandse Staatswetten*, Editie Schuurman & Jordens n.52, bijgewerkt tot en met juli 1993 (vijfde druk, Tjeenk Willink, Zwolle 1993).
[301] *Nederlandse Staatswetten*, Editie Schuurman & Jordens n.52A (tweede druk, Tjeenk Willink, Zwolle 1990).

tuur-historische of wetenschappelijke betekenis die zelfstandig of als onderdeel van een verzameling (d.i. roerende zaken, die uit cultuur-historisch of wetenschappelijk oogpunt bij elkaar behoren) voor het Nederlandse cultuurbezit behoren te worden behouden en daartoe door de Minister van *WVC*, gehoord de Raad voor het Cultuurbeheer en de eigenaar, op de ingevolge deze wet te houden lijst zijn geplaatst of deel uitmaken van een op deze lijst geplaatste verzameling (*art.1 a-d en art.2 en 3*). Plaatsing op deze lijst houdt tegelijk een verbod in op onrechtmatige invoer, uitvoer of eigendomsoverdracht (*art.6*) en een verbod op het ter veiling brengen, vervreemden, bezwaren, verhuren, in bruikleen geven of aan niet-ingezetenen toe te delen zonder tussenkomst van de inspecteur (*art.7 lid 1*) of zonder toestemming van de Minister voor het brengen van een beschermd voorwerp buiten Nederland (*art.7 lid 3*).

Alle kerkelijke en burgerlijke richtlijnen geven uitdrukking aan de zorg voor:

1. de *bouw, restauratie en inrichting van het kerkgebouw*. In elk bisdom heeft de *Liturgische Bouwadviescommissie*[302] tot taak de plannen van de parochiebesturen te beoordelen en advies uit te brengen aan de Bisschop, die al dan niet toestemming verleent voor de uitvoering van de plannen; bij restauratie en herinrichting van kerkgebouwen, die beschermd monument zijn is men bovendien gebonden aan de bepalingen van de Monumentenwet (zie boven);

2. De *zorg voor het culturele erfgoed*[303]

2.1. T.a.v. de *gebouwen* bestaat deze hierin:
- wanneer een gebouw geplaatst is op de lijst van beschermde monumenten, dan heeft men zich te houden aan de bepalingen van de Monumentenwet (bij Rijksmonumenten) of aan de Gemeentelijke en Provinciale monumentenverordeningen; zo dient ook onderscheid te worden gemaakt tussen de Gemeentelijke, Provinciale en Rijksmonu-

[302] Zoals al eerder opgemerkt, dragen de Commissies met deze adviserende taak niet in alle bisdommen dezelfde naam: zie daarvoor de naamlijst van ieder bisdom.

[303] Dit cultureel erfgoed is in de Nederlandse Kerkprovincie niet toevertrouwd aan een *afzonderlijke* Bisschoppelijke Commissie, maar aan de Bisschoppelijke Commissie voor Liturgie, liturgische Muziek en kerkelijke Kunst. Hierin is de Landelijke Federatie Kerkelijke Kunst vertegenwoordigd.

mentenlijst; het initiatief tot plaatsing op een monumentenlijst kan uitgaan van de parochie zelf, maar ook van derden; het standpunt echter dat de eigenaar gaat innemen in de overlegprocedure, is aan een bisschoppelijke machtiging onderhevig;

- voorts is in Nederland de *Stichting Monumentenwacht* in het leven geroepen (1973). Zij heeft tot doel: het mogelijk verval van historische bouwwerken voorkómen door preventieve maatregelen. Deze stichting heeft provinciale monumentenwachten, die regelmatig inspecties houden t.b.v. abonnees (een abonnement wordt ten zeerste aanbevolen!), waarbij bijzondere aandacht uitgaat naar mogelijke achterstanden in onderhoud; aan de eigenaar wordt een inspectierapport gegeven; kleine herstelwerkzaamheden worden direct uitgevoerd[304].

2.2. T.a.v. de *overige objecten van geschiedenis en kunst* (de inventaris van de gebouwen): met het oog hierop richtte de *kerkelijke overheid* in alle bisdommen *Diocesane Commissies Kerkelijk Kunstbezit* op[305] met ieder een eigen *Reglement*, die tot taak kregen zorg te dragen voor de inventarisatie en advies uit te brengen inzake het beheer van de goederen.

In *België* is de beschermingsproblematiek t.g.v. de federalisering van de staatsstructuur momenteel wel erg complex geworden. Reeds in 1824 werden de eerste beschermingsbepalingen ingevoerd, die stelden dat vervreemding van artistieke voorwerpen, monumenten en zaken van historische waarde slechts mogelijk was met toestemming van de Koning na advies van de Bisschop en de Gemeenteraad. Een verdere basis voor de bescherming van monumenten wordt gevonden in de *Wet op het behoud van Monumenten en Landschappen* (van 7 augustus 1931) en de hieraan in de loop der jaren aangebrachte wijzigingen. T.g.v. de federalisering werd de bevoegdheid over deze materie overgedragen aan de gewesten, die elk voor zich terzake wetgevende initiatieven hebben genomen of in

[304] Zie o.a. *Richtlijnen van het Aartsbisdom Utrecht* (1993), p.45; *An.Bo.* 18(1978)104 (Stichting Monumentenwacht, afd.Noord-Brabant), waar ook (p.105) gezegd wordt dat alle aanvragen voor restauratie van orgels of objecten van kerkelijk kunstbezit bij het Ministerie van CRM in afschrift naar het diocesaan bouwbureau gestuurd moeten worden. Waar het om niet-monumentale kerken gaat in het bisdom Roermond, is de "Kerkenwacht Bisdom Roermond" in 1984 in het leven geroepen: *An.Rmd.* 65(1984)123; zie ook: *A.R.-parochie*, art.24.

[305] Zie *An.Utr.* 54(1981)75-77 en *Richtlijnen van het aartsbisdom Utrecht* 1993, p.45; *An.Gr.* Bd.III(1966-1970)467; nieuwe taakomschrijving in *An.Gr.* Bd.IV(1971-1974)B20-B21 en 20(1975)B20; 27(1982)B54-B57(reglement); *An.Ro.*31(1986)B30-B35 en 32(1987)B36-B37.

voorbereiding hebben. Wat het Vlaamse landsdeel betreft kunnen kunstvoorwerpen pas na advies van de Koninklijke Commissie voor Monumenten en Landschappen en met toestemming van de Vlaamse Executieve vervreemd worden. Omdat in België de parochie als zodanig geen burgerlijke rechtspersoonlijkheid heeft en derhalve geen goederen kan bezitten, die in aanmerking komen voor een dgl. bescherming, wordt hierop niet nader ingegaan.

HOOFDSTUK III: DE PASTOOR

Inleiding

Het patroon van degene(n), die zich in dienst stellen van de parochiegemeenschap, is in de laatste decennia grondig veranderd. Een snelle vergelijking van de oude en de nieuwe wetgeving leert ons twee dingen: de *nomenclatuur* van de parochiële functies is anders geworden en op grond van de opwaardering van het diaconaat en van het laicaat in de Kerk[1] is er *een waaier van nieuwe functies* ontstaan. Wat het eerste betreft: verschillende parochiële functies worden ofwel helemaal niet meer genoemd[2] ofwel zijn ze onder een andere benaming blijven voort leven, zoals de *parochieadministrator* i.p.v. de *vicarius oeconomus* of de *parochievicaris* i.p.v. de *vicarius cooperator* (traditionele benaming van de kapelaan)[3]. Zo goed als in het oude recht heeft ook nu de pastoor een centrale positie in de pastorale zorg voor een parochiegemeenschap. Die functie heeft echter een rijkere inhoud gekregen. Om die redenen wordt een afzonderlijk hoofdstuk gewijd aan deze centrale figuur.

Wat alle oude functies met elkaar gemeen hadden, was dat de pastorale zorg als zodanig (afgezien dus van hulp-functies als die van koster, dirigent, organist, zanger enz.) uitsluitend in handen was van ambtsdragers, die de priesterwijding hadden ontvangen. In dit opzicht is er echter veel veranderd, omdat nu ook aan andere gewijde ambtsdragers, met name de (permanente) diaken, en aan zeer veel niet-gewijden de opdracht (zending) gegeven wordt om een deel van die pastorale zorg op zich te nemen. Wanneer we even afzien van de functie van catechist, zoals we die al tijdenlang tegenkomen in de zgn. missiegebieden, is het fenomeen van de niet-gewijde parochiefunctionaris in de Rooms-Katholieke wereld een vast gegeven geworden en heeft het, wat Nederland betreft, concreet gestalte gekregen in de figuren van de pastoraal werkers en werksters, pastoraal-assistenten, opbouwwerkers en -werksters, (districts-)catecheten enz. Aan al deze nieuwe functies zal in het vervolg aandacht worden geschonken alsmede aan de vraag of wij in hen/haar de

[1] Ongetwijfeld ook samenhangend met een nog steeds toenemend tekort aan gewijde ambtsdragers.

[2] Zie onder n.11 van dit hoofdstuk.

[3] Zie *MK*, *Terminologische Übersicht* vóór **can.515**.

nieuwe ambtsdragers binnen de Kerk mogen begroeten dan wel alleen overgangsfiguren, die de in crisis verkerende Kerk uit de nood helpen[4].

1. Definitie van de pastoor[5]

Wat een pastoor is, wordt omschreven in **can.519**: "De pastoor is de eigen herder van de hem toevertrouwde parochie; hij oefent de pastorale zorg over de hem toevertrouwde gemeenschap uit onder het gezag van de diocesane Bisschop, tot wiens deel aan het dienstwerk van Christus hij geroepen is, om voor die gemeenschap de verkondigingstaak, de heiligingstaak en de bestuurstaak uit te oefenen, ook met medewerking van andere priesters of diakens en met hulp van christengelovigen-leken, volgens het recht"[6].

Benadrukte *can.451 § 1 CIC/17*[7] voornamelijk de juridische aspecten van het pastoorsambt, **can.519** belicht veel meer het ambt in zijn pastorale dimensie. Met het begrip "in titel verleend" werd in het oude recht aangegeven, dat de pastoor niet provisorisch, maar blijvend werd aangesteld; dat hij niet als plaatsvervanger, maar in eigen naam het bestuur in de parochie uitoefende en dat hij de inkomsten genoot van het beneficie, dat aan zijn ambt verbonden was[8]. We zouden ook kunnen zeggen, dat er met het "in titel verlenen" een soort eigendomsoverdracht plaatsvond, die geheel paste binnen het intussen door de **Codex/83** verlaten beneficiale systeem. Zakelijk vinden we hiervan niets terug in het nieuwe Wetboek, ofschoon terminologisch gezien nog wel[9].

De pastoor heet nu de *"eigen herder"* van een parochie, al is niet helder wat daarmee precies gezegd wordt. De term als zodanig komen we in

[4] Het is in Nederland een naar mijn idee onuitroeibare gewoonte geworden om allen, die zich voltijds in dienst stellen van de pastorale zorg aan te spreken met *pastor*, ofschoon de BC van Nederland dat in 1978 al afkeurde en besloot dit woord uitsluitend te reserveren voor priesters, en de diaken aan te spreken met "diaken": zie o.a. *An.Bo.* 28(1988) afl.2, p.32.

[5] Binnen de betreffende studiegroep van de Codexherzieningscommissie kwam de vraag aan de orde of de benaming "pastoor" gehandhaafd zou moeten worden. Besloten werd dit wel te doen, omdat duidelijk moet blijven dat de verantwoordelijkheid neerkomt op één priester, niet op een groep als geheel: *COMM.* 24(1992)109.

[6] Zie *COMM.* 24(1992)139-140 voor de eerste, nog aarzelende formulering van deze definitie.

[7] *Can.451*: "De pastoor is een priester of een rechtspersoon aan wie de parochie 'in titel' verleend is om er onder gezag van de plaatselijke Ordinaris de zielzorg uit te oefenen".

[8] Zie **Mulder-Eijsink**, *Parochie en Parochiegeestelijkheid* (1961), p.168; vgl.**J.-C.Périsset**, a.w., 49-56.

[9] Een restant hiervan is nog te vinden in het woordgebruik van de nieuwe Codex. Daar heet de 'overname' van een parochie door een pastoor nog altijd *captapossessio*, d.i. inbezitneming.

het oude Wetboek ook tegen *(can.216 § 1)*[10], wordt in het conciliaire document *CD* 30,1 hernomen en in de vertaling, die in opdracht van de Duitse BC is gemaakt, weergegeven met de term *"eigenlijke* herder"[11]. **K.Mörsdorf** spreekt in zijn commentaar op dit document bij voorkeur over de *"eigen* herder", een onderscheiding die de pastoor deelt met de diocesane Bisschop (zie *CD* n.11,1 en **can.370**), zij het dan dat de pastoor zijn herderlijke dienst in de parochie moet zien als een *deelname* aan het dienstwerk van Christus, zoals dit in volle omvang gedaan wordt door de Bisschop. Daarom ook wordt de pastoor door de Bisschop gezonden, krijgt hij van hem zijn *mandaat*. Zonder zending of mandaat is een pastoor ondenkbaar. Daarom moet de pastoor ook na zijn benoeming een goede relatie hebben met zijn Bisschop, van wie hij leiding mag verwachten voor zijn pastorale zorg in de parochie. Kortom: de pastoor oefent zijn pastorale zorg uit "onder gezag van de diocesane Bisschop" (**can.519**; vgl. **can.515 § 1**). Al deze elementen zijn impliciet vervat in de door de **Codex/83** gebruikte term van "het *toevertrouwen(committere, concredere)*" van een parochie aan een pastoor en zij passen binnen het al eerder gesignaleerde uitgangspunt[12] voor een goede theologie van de parochie, nl. dat zij hiërarchisch verankerd is in het bisdom. "Toevertrouwen" wil zeggen: wat iemand uit zichzelf niet heeft, wordt hem verleend door degene, bij wie bij uitstek de zorg voor een parochie berust. Dit is de diocesane Bisschop, die per definitie (zie **can.369**) de herder is in een particuliere Kerk van *alle* gelovigen en alle gemeenschappen (van gelovigen) onder medewerking van zijn priestercollege *("presbyterium")*.

Op de vraag wat het woord '*eigen*' betekent, zou men spontaan kunnen antwoorden dat de pastoor zijn ambt niet uitoefent op de wijze, waarop de Vicaris-generaal zijn uitvoerende macht uitoefent in naam van de Bisschop; hij is immers de plaatsvervanger van de Bisschop. Maar is de pastoor dat ook niet? Afgaande op teksten van Vaticanum II (*SC* n.42,1; *LG* n.28,2 en *PO* n.5,1) zou men hem ook plaatsvervanger van de Bisschop kunnen noemen. Wat betekent dan het woord *"eigen" ?* Dat hij naar persoonlijk, verantwoord inzicht kan handelen als leider van de parochie om zo op de vragen en problemen met voldoende macht te kunnen ingaan. Wat de pastoor doet, is hem zo eigen, dat men dit niet kan terugvoeren op

[10] *Can.216 § 1*: "Het gebied van ieder bisdom moet in onderscheiden territoriale delen worden verdeeld; aan ieder deel moet echter een eigen kerk met een bepaalde groep gelovigen toegewezen worden en moet een eigen rector, als haar eigen herder, worden aangesteld voor de noodzakelijke zielzorg".

[11] Zie *LfThuK*, *Das Zweite Vatikanische Konzil II*, p.208. Vgl.**H.Schwendenwein**, a.w., p.231. Dit kan als een tendentieuze vertaling worden opgevat.

[12] Hoofdstuk I, p.5.

de diocesane Bisschop. Maar ook dat hij de *gewone* en *onmiddellijke* herder is, die leiding geeft aan de parochie in naam van de Heer; een opdracht, die hij *kan* uitvoeren krachtens zijn wijding, hetgeen hij *mag* krachtens de bisschoppelijke zending. Het woord *eigen* betekent echter zeker niet, dat de pastoor los staat van de Bisschop[13]. Integendeel! Hij wordt door de Bisschop gezonden om in een concrete situatie (parochie) geestelijk hoofd te zijn door de onzichtbare Heer te vertegenwoordigen en de groep van individuele gelovigen tot een gemeenschap aaneen te smeden op het fundament Jezus Christus[14]. Alle commentatoren zijn het er echter over eens, dat de pastoor niet "de verlengde hand van de Bisschop" is[15].

Wanneer **can.519** stelt dat de pastoor als eigen herder de pastorale zorg uitoefent "met hulp van christengelovigen-leken, volgens het recht"[16], dan is dit volgens een commentator[17] een minder gelukkige term omdat het er daarmee op lijkt dat de christengelovigen-leken alleen maar geroepen zijn om de pastoor behulpzaam te zijn in een zending, die hem (de pastoor) eigen is. In **can.529 § 2** wordt immers gesproken over "het *eigen* aandeel dat de christengelovigen-leken hebben in de zending van de Kerk". Daarin betekent het woord "eigen", dat dit aandeel hun toekomt op grond van doopsel en vormsel, hun dus a.h.w. aangeboren is. Als de pastoor dit aandeel erkent, betekent dit dat hij niet alles zelf doet, maar er voor zorgt dat leken de kans krijgen hun aandeel te hebben, ook in die organen, waarin de onontbeerlijke medewerking van de leken in (nieuwe) structuren is vastgelegd, zoals de parochieraad, c.q.parochiebestuur en -vergadering, de diocesane pastorale raad, de parochiële raad voor financiële aangelegenheden[18]. Canoniekrechtelijke consequenties

[13] Vgl. **F.Coccopalmerio**, a.w., pp.62-64. Ook in de periode van de Codex-herziening voelde men het probleem van het woord *'eigen'*. Toen een consultor opmerkte, dat de Bisschop de "eigen herder" van de parochie is, zei een andere consultor: "Dat klopt, maar de pastoor óók onder het gezag van de Bisschop"; dat doet echter geen afbreuk aan de persoon van de Bisschop: *COMM.* 17(1985)95.

[14] *CCL*, p.420, waar verder nog gewezen wordt op de grote parallelie tussen Bisschop en pastoor.

[15] **K.Mörsdorf** in *LfThuK*, *Das Zweite Vatikanische Konzil II*, p.210. Ofschoon gezonden door de Bisschop en van hem afhankelijk in de uitoefening van zijn zending, is de pastoor niet zuiver een verlengstuk van de Bisschop: *CCL*,p.420.

[16] Ofschoon de vertaling "onder medewerking van christengelovigen-leken" door enkelen geprefereerd wordt boven die van de Codexvertalers, omdat zij beter tot uitdrukking brengt welke positie leken-gelovigen in de parochie hebben. Later (zie n.11 van dit hoofdstuk) zal blijken dat die vertaling toch niet helemaal recht doet aan het zorgvuldig gekozen en genuanceerd woordgebruik van **can.519.**

[17] **F.Coccopalmerio**, a.w. pp.89 vv.

[18] Vgl.**F.Coccopalmerio,** a.w., pp.89-90. Gelet op wat in *AA* n.10,1 gezegd wordt steekt de formulering van **can.519** wel erg mager af tegen de reële mogelijkheden van leken om te werken binnen de kerkgemeenschap. Reden, waarom *CCL*, p.420 van mening is dat de

van de definitie in **can.519** zijn, dat een gelovige door een (quasi-)domicilie zijn eigen pastoor krijgt **(can.107)**, dat met diens verlof een huwelijk buiten de eigen parochie gesloten mag worden **(can.1115 § 1)** en dat de eigen pastoor van de overledene op de hoogte moet worden gesteld van het feit dat de uitvaart niet in de "eigen" kerk plaats zal vinden **(can.1177 § 2)**.

2. Soorten van pastoors

Naar de begripsomschrijving van **can.519** is 'pastoor' hij, die de leiding heeft van een aan hem toevertrouwde parochie. Gemeten naar de bevoegdheden, plichten en rechten, die nodig zijn om de pastorale zorg in een parochie uit te oefenen, zijn er meerdere personen in de kerkgemeenschap, die in dit opzicht gelijkgesteld moeten worden met deze *canonieke* pastoor, al ligt 'gelijkstelling' niet zonder meer besloten in het gebruik van het woord 'pastoor'[19]:

2.1. *De quasi-pastoor*

Dit niet fraaie woord kan in onze taal de gevoelswaarde hebben, dat we niet met een echte pastoor te maken hebben. Het gaat hier echter om de eigen herder van een quasiparochie, d.i. een gemeenschap van gelovigen, die om een of andere (bv. politieke) reden niet tot een canonieke parochie wordt opgericht. In tegenstelling tot het oude recht (vgl. de *cc.451 § 2, n.1, 457, 466*) komen we de term 'quasi-pastoor' in de nieuwe wetgeving niet meer tegen. Wel is daarin sprake van een priester aan wie een quasi-parochie is toevertrouwd. Deze quasi-parochie wordt in **can.516 § 1** gelijkgesteld aan een gewone parochie, zodat ook die priester gelijkstaat met de *canonieke* pastoor.

2.2. *De pastoor, die religieus is*

Al is het in de nieuwe wetgeving niet meer mogelijk, dat een parochie wordt geïncorporeerd bij een klerikaal religieus instituut of bij een klerikale sociëteit van apostolisch leven, toch kan de Bisschop de pastorale zorg van een parochie wel overdragen aan religieuze instituten of sociëteiten **(can. 520 § 1)**. Waar zich dit voordoet, neemt een tot zo'n insti-

theologische visie op de Kerk als werkelijke gemeenschap *(communio)*, die centraal stond in de ecclesiologie van *LG*, in deze en de hiernavolgende canones veel te weinig reliëf krijgt.

[19] Ontleend aan *HdBdkKr*, pp.396-398.

tuut of sociëteit behorende priester-religieus het pastoorsambt over en staat in alles gelijk met de *canonieke* pastoor.

2.3. *De team-pastoor en pastoor-moderator*

Can.517 § 1 voorziet er in, dat één of meer parochies aan een groep van (seculiere of reguliere) priesters kan (kunnen) worden toevertrouwd[20]. De positie, die in 'normale' situaties de *canonieke* pastoor heeft, komt in dit geval toe aan het hele priester-team, d.w.z. iedere van het team deel uitmakende priester is pastoor met dien verstande echter dat één van hen de *moderator* van de pastorale zorg is, d.i. degene, die leiding geeft aan de gemeenschappelijke activiteit, daarover verantwoording aflegt aan de Bisschop en die in alle juridische kwesties en parochiële verplichtingen de parochie naar buiten vertegenwoordigt. De moderator is dus ook een gewone *(canonieke)* pastoor; zelfs de extra verplichtingen, die aan zijn functie verbonden zijn, zijn die van een gewone pastoor[21].

2.4. *De vervangende, reserve-, hulp-'pastoor' of parochieleider*

Bij een tekort aan priesters kan volgens **can.517 § 2** de deelname in de uitoefening van de pastorale zorg in een canoniek opgerichte parochie worden overgedragen aan een diaken of aan andere personen, die niet priester zijn gewijd, of kan zij aan een groep (gemeenschap) van personen worden opgedragen[22]. In al deze gevallen moet een priester, die de pastoor vervangt, "voorzien van de machten en bevoegdheden van de pastoor" worden aangesteld om leiding te geven aan de pastorale zorg. De priester-van-buiten staat gelijk aan de *canonieke* pastoor, behalve dat hij moet erkennen dat één of meerdere anderen de zielzorgopdracht hebben gekregen en hij dus niet ten volle is uitgerust met de driedubbele opdracht tot onderricht, heiliging en leiding van de parochie[23].

[20] Voor de moeizame totstandkoming van deze canon: zie *COMM.* 24(1992)110-111; 138; 25(1993)190-191; 199-200. In ieder geval is tegen de oorspronkelijke opzet in [zie *COMM.* 24(1992) 143-145] de aanstelling van meerdere priesters "*in solidum*" voor één of meer parochies in afzonderlijke canones **(542-544)** opgenomen.

[21] Zie *A.R.-parochie* art.5. – **H.Schmitz**, *Nachkonziliare Rechtsprobleme um Pfarrei, Pfarrer und pastoralen Dienst* – in: *Tr.Th.Zschr.* 88(1979)91-113 is ook van mening dat hij de eigenlijke pastoor is. Daar staat echter tegenover dat zijn bevoegdheden ná het *Schema/77* kleiner zijn geworden. Volgens het huidige concept is niet de moderator de pastoor, want in een team-parochie oefenen de (andere) priesters *hoofdelijk* (in solidum) de functie van pastoor uit.

[22] Het zou onjuist zijn hen 'pastoor' te noemen, omdat zij geen priester zijn.

[23] Zie *A.R.-parochie* art.6.

Ofschoon een aparte categorie, zouden we hiertoe ook kunnen rekenen de *parochie-administrator* van **can.539**, d.i. de priester, die een pastoor vervangt bij vacatie van een parochie of in geval de pastoor gehinderd is in de uitoefening van zijn ambt. Hij heeft volgens **can.540** dezelfde plichten en rechten als een pastoor "tenzij door de diocesane Bisschop anders bepaald wordt" (§ **1**)[24].

2.5. *De militaire pastoor*

Gewoonlijk wordt hij in ons land *aalmoezenier* (Lat." *cappellanus militum*") genoemd. Zijn rechten en plichten worden, zegt **can.569**, door speciale wetten geregeld. Daarvoor kan o.a. verwezen worden naar de Instr.*Sollemne semper*(1951) van de Consistoriaalcongregatie (thans: Congregatie voor de Bisschoppen), waarvan de normen herzien zijn in de Apost.Const. *Spirituali militum curae*(1986)[25] van Paus **Joannes Paulus II** en naar het oprichtingsdecreet van het Legervicariaat Nederland, d.d. 16 april 1957[26] met een latere aanpassing in 1991[27]. In de zojuist genoemde constitutie gaan de vicariaten er in aanzien op vooruit door hun verheffing tot *Militaire of Legerordinariaten*, die juridisch met bisdommen gelijk worden gesteld (I § 1) en waarover een eigen Ordinaris-Bisschop wordt aangesteld met alle rechten en plichten van een diocesane Bisschop, tenzij uit de aard van de zaak of statutair iets anders vaststaat (II § 1)[28]. Deze ordinariaten hebben bv. het recht om in eigen seminaries legeraalmoezeniers op te leiden; belangrijker is dat de geestelijke verzorging naar veel meer personen is uitgebreid dan de militairen[29]. Sedert de oprichting van het Nederlands Legervicariaat bezitten

[24] Zie *A.R.-parochie*, art.7.

[25] *COMM.* 18(1986)12-17; vertaling in *AMO* n.3 (oktober 1992), pp.5-10.

[26] *AAS* 49(1957)742-744. Zie uitvoerige toelichting in *KA* 13(1958)51 vv.; in *KA* 10(1955) staat een *caput selectum* over de geestelijke verzorging in het leger.

[27] De *Statuten van het Ordinariaat* voor de Nederlandse Strijdkrachten van 23 mei 1991 staan in *AMO* n.2 (september 1991) pp.6-10; de pauselijke goedkeuring hiervan stamt van 8 februari 1991, t.z.p. pp.4-5. – De zetel van het Ordinariaat valt in Nederland samen met de zetel van het bisdom, waarvan de Bisschop is aangesteld voor de functie van militair Ordinaris (Statuten art.1 lid 3).

[28] Het woord 'Ordinariaat' drukt uit dat de Ordinaris een *eigen* en niet langer plaatsvervangende (= *vicaria*) bevoegdheid heeft: zie Apost.Const.*Spirituali militum curae*(1986) van Paus **Joannes Paulus II** *art.I § 1 en IV n.3.*

[29] In Deel II van dit boek zal uitvoeriger worden ingegaan op persoon, rechtspositie en werkterrein van de legeraalmoezenier. Dat daar in het nieuwe Wetboek nog niet over gesproken wordt, hangt volgens **J.L. Gutierrez** [*Periodica de re mor., can., lit.* 76 (1987) 192-193] samen met het feit dat er op de laatste bijeenkomst van de Codexherzieningscommissie in 1981 nog twijfels bestonden omtrent het theologische en juridische karakter van deze Ordinariaten: zie *COMM.* 14(1982)201-204, *Relatio/1981*, pp.98-102.

aalmoezeniers van land-, zee- en luchtmacht in actieve dienst dezelfde rechten en plichten als pastoors t.a.v. de aan hun zorgen toevertrouwde militairen en 'aanverwante' personen, maar altijd cumulatief met die van de *canonieke* pastoor.

2.6. *Titulair pastoor*

Wanneer het ergens gebruikelijk is om aan hen, die als priester zijn aangesteld voor de geestelijke verzorging in een ziekenhuis (in Nederland *'rectoren'* genoemd), aan godsdienstleraren, studentenpastores e.a. de naam 'pastoor' te geven, mag men uit die betiteling niet zonder meer conclusies trekken voor gelijkstelling met *canonieke* pastoors inzake rechten en plichten. Hun bevoegdheden zijn omschreven in de benoemingsbrief van de Bisschop.

3. Kan een rechtspersoon pastoor zijn?

Onder het oude rechtsregime was het (al vanaf de 12e eew) toegestaan, dat een parochie volrechtelijk verenigd werd met een klooster. Gebeurde dit, dan werd de instelling als rechtspersoon pastoor van die parochie (ook wel *habituele*[30] pastoor genoemd) en genoot zij de inkomsten ervan. De instelling moest echter tegelijk zorgen, dat iemand daadwerkelijk *("actu")* de pastorale zorg op zich nam (daarom *actuele* pastoor genoemd). Met **can.520 § 1** is aan dit rechtsinstituut "incorporatie" iedere rechtsgrond op het niveau van het algemene recht ontnomen[31]. Nú is het noodzakelijk een fysieke persoon(priester) of fysieke personen (een priesterteam met moderator in het model van **can.517 § 1**) aan te stellen; ook dan als de parochie wordt toevertrouwd aan een (klerikaal) religieus instituut of aan een klerikale sociëteit van apostolisch leven of, sterker nog, de parochie opgericht wordt in een kerk van het instituut of van de sociëteit. Hier kan de diocesane Bisschop dus gebruik maken van de ruime bevoegdheid, hem in **can. 515 § 2** gegeven[32]. In **can.520 § 1**

In de systematiek van het *Schema/80* werden de legervicariaten nog als een soort persoonlijke Prelatuur beschouwd: zie *COMM*. 12(1980)278-281.

[30] Te vertalen met: doorlópend of blijvend.

[31] Vgl.**H.Schwendenwein**, a.w., p.234. Op p.569, noot 12 wijst hij er op, dat dit instituut met het wegvallen van het beneficiaal-systeem zijn betekenis heeft verloren omdat de 'incorporatie' aanknoopte bij het beneficie. Vgl.MP *Ecclesiae sanctae* van Paus **Paulus VI** (I n.21 § 2) en *COMM*. 24(1992)142.

[32] Tegen de achtergrond van een groeiend tekort aan diocesane *clerici* drong Vaticanum II (zie *CD* nn.33-35) aan op medewerking van religieuzen in de diocesane pastoraal, uiteraard met gepast respect voor het eigen karakter van de religieuze instituten. Het MP *Ecclesiae sanctae*(1966) van Paus **Paulus VI**,I n.33 werkte dit nader uit.

wordt geen aanvullend model voor de zielzorgelijke leiding van een parochie gegeven; hij gaat er alleen van uit dat in dit geval het pastorale personeel door instituut of sociëteit geleverd wordt[33]. Het toevertrouwen van een parochie op deze wijze aan een instituut of sociëteit is een zaak, waartoe alleen de diocesane Bisschop en niet de diocesane Administrator bevoegd is; een en ander kan natuurlijk alleen gebeuren met toestemming van de bevoegde Overste.

Can.520 § 2 maakt echter nog twee belangrijke notities: a) het toevertrouwen van een parochie in de zin van **§ 1** kan voor *altijd* gebeuren, zodat de toewijzing onherroepelijk is totdat het bevoegde gezag anders beschikt, of voor een *bepaalde tijd*; b) zowel bij een blijvende als bij een tijdelijke overdracht van een parochie dient er een schriftelijke overeenkomst tussen de diocesane Bisschop en de bevoegde Overste tot stand te komen, waarin uitdrukkelijk wordt vastgelegd, *wat* er gedaan moet worden, *door wie en hoe lang* dit moet gebeuren en *welke financiële consequenties* het een en ander heeft.

4. Essentie van het pastoorsambt

Het pastoraat is een ambt van zuiver kerkelijke oorsprong[34] en is een kerkelijk ambt in de zin van **can.145 § 1**, wezenlijk en primair een ambt met volledige zielzorg (vgl.**can.150**), waaraan bepaalde, door de Codex vastgestelde rechten en plichten verbonden zijn. De pastoor bezit dus *gewone* bestuursmacht **(can.131 § 1)**, en wel in tegenstelling met de verschillende parochievicarissen een gewone *eigen* bestuursmacht **(can.131 § 2)**, omdat hij zijn ambt in eigen naam uitoefent, niet als vertegenwoordiger van een ander, ook niet in naam van de diocesane Bisschop, hoewel onder diens gezag **(canon 519)**[35].

[33] T.z.p., p.233, waar hij op p.569 in noot 13 nog opmerkt dat de wetgever in **can.520 § 1** blijkbaar alleen *priester*gemeenschappen voor ogen heeft en het model van **can. 517 § 2** niet in het vizier heeft. Zou echter een leken-gemeenschap, bv. een communauteit van vrouwelijke religieuzen, een parochie volgens **can.517 § 2** overnemen (zoals al vaak gebeurd is), dan zou in de meeste gevallen een priester van elders aangetrokken moeten worden.

[34] Zie Hoofdstuk I, Artikel II, 1.

[35] Legeraalmoezeniers bezitten gewone *plaatsvervangende* bestuursmacht; hun jurisdictie is verder *persoonlijk*, d.w.z. heeft uitsluitend betrekking op personen, die deel uitmaken van de Nederlandse strijdkrachten, waar deze zich ook mogen bevinden, en altijd is deze jurisdictie *cumulatief* met die van de plaatselijke pastoors, d.w.z. loopt parallel met de bestuursmacht van deze laatsten. Ter voorkoming van ongewenste competentiegeschillen bepaalde de Instructie voor Legervicarissen of -Bisschoppen(1951), dat op zuiver militaire plaatsen de zielzorg *primair* moet worden uitgeoefend door de aalmoezenier en daarbuiten *primair* door de plaatselijke pastoor. De Nederlandse Bisschoppen hebben een

De *wijdingsbevoegdheid* van de pastoor is in zich niet groter dan van een andere priester, maar wel zijn verschillende priesterlijke functies in het bijzonder aan de pastoor toevertrouwd (**can.530**). Ten aanzien van de *bestuursbevoegdheid* van de pastoor dienen we onderscheid te maken. Krachtens zijn ambt bezit de pastoor gewone biechtjurisdictie (**can.968 § 1**). Omdat hij voor zijn parochie echter geen wetten uit kan vaardigen, geen rechterlijke vonnissen kan vellen en geen kerkelijke straffen kan opleggen, bezit hij voor het uitwendig rechtsgebied geen bestuursbevoegdheid in strikte zin, zoals de Bisschoppen, plaatselijke Ordinarissen en hogere Oversten van exempte klerikale kloosterinstellingen.

In ruimere zin kan men de bevoegdheid van de pastoor toch bestuursmacht noemen in zoverre hem rechtens enige *vrijwillig* uit te oefenen bestuursmacht wordt toegekend om te dispenseren in enkele algemene kerkelijke wetten (**can.1245**) en de Kerk ambtelijk te vertegenwoordigen bij huwelijkssluitingen (**can.1109**).

Krachtens zijn wettige aanstelling bezit iedere pastoor de rechten en plichten, die door de Codex aan het pastoraat verbonden zijn. Deze rechten en plichten kunnen *in het algemeen* niet worden beperkt door de Bisschop. Hij kan bv. niet bepalen dat de pastoors sommige rechten, die hun door de Codex gegeven zijn, niet meer bezitten.

Vooreerst is iedere pastoor (ook een pastoor-religieus) in de uitoefening van zijn pastorale functies onderworpen aan het gezag van de diocesane Bisschop (**can.519**). En omdat aan deze Bisschop in zijn bisdom alle gewone, eigen en onmiddellijke bevoegdheid toekomt (**can.381 § 1**), kan hij, ook tegen de wil van de pastoor, *in afzonderlijke gevallen* zelf of door een daartoe gevolmachtigd priester, de pastoorsfuncties uitoefenen. Maar omdat **can.530** niet meer spreekt over een reeks van functies, die aan de pastoor *gereserveerd* zijn, maakt de nieuwe Codex bij die afzonderlijke functies, die volgens deze canon aan de pastoor bijzonder zijn toevertrouwd, geen melding meer van een eventueel ingrijpen van de diocesane Bisschop.

Ook is de diocesane Bisschop bevoegd om in bepaalde gevallen bij wijze van straf de pastoor in de uitoefening van zijn ambt geheel of gedeeltelijk te schorsen of om bij gebleken ongeschiktheid van de pastoor de uitoefening van zijn functies geheel of gedeeltelijk op te dragen aan een andere priester.

aantal richtlijnen uitgevaardigd voor de werkverhoudingen tussen pastoor en aalmoezenier: o.a. in *An. Utr.* 32 (1959) 71-75; *An. Gr. Bd. I* (1956-1961) 287-292; *An. Rmd.* 40 (1959) 107-112; *An. Ro.* 4 (1959) 91-96.

Vervolgens kan de diocesane Bisschop door afscheiding van een gedeelte van diens territorium (door oprichting van een nieuwe parochie of quasi-parochie of grenswijziging) de bevoegdheid van een pastoor beperken; of ook kan hij bepaalde groepen van personen (kloosterlingen of bewoners van bepaalde inrichtingen) geheel of gedeeltelijk onttrekken aan de bevoegdheid van de pastoor. De reden hiervan is, dat de pastoor weliswaar het recht heeft zijn pastoraat uit te oefenen in heel de parochie, maar geen recht kan doen gelden, dat een bepaalde plaats of dat bepaalde personen deel uit blijven maken van zijn parochie[36].

5. Vooronderstellingen voor de pastoorsbenoeming

5.1: **Canon 521 § 1** stelt als eis, dat iemand om *geldig* tot pastoor te kunnen worden benoemd *priester* gewijd moet zijn[37]. Dat is een logische consequentie van **can.150**. Maar ook, als dit het geval is, wordt hij uitgesloten, die geëxcommuniceerd is (**can.1331 § 1 n.3**) of een algemene suspensie, dus een censuur belopen heeft of (in sommige gevallen) getroffen is door een uitboetingsstraf (vgl.**can.1366 § 1 n.2**).

5.2: Behoudens deze éne geldigheidseis stelt **can. 521 § 2** nog een aantal andere voorwaarden aan de te benoemen persoon, nl. dat hij uitmunt in de gezonde leer, er een rechtschapen levenswijze op nahoudt, beschikt over zieleijver en nog andere deugden[38]. Bovendien moet hij al die *eigenschappen* hebben, die algemeen- of particulierrechtelijk vereist

[36] De in dit nummer naar voren gebrachte opmerkingen over het "wezen van het pastoorsambt" zijn een aan het nieuwe Wetboek aangepaste versie van wat in **Mulder-Eijsink**, a.w.,nn. 155 en 156 staat geschreven.

[37] Bij wijze van uitzondering staat **can. 517 § 2** aan (diakens en) niet-gewijden toe om in beperkte mate de pastoorsfunctie uit te oefenen bij een tekort aan priesters, maar op voorwaarde dat een *priester-van-buiten* met alle rechten, plichten en bevoegdheden van een pastoor leiding geeft aan de pastorale zorg. – De norm van **can.521 § 1** zou hebben kunnen volstaan, aldus **J.-C.Périsset**, a.w., p.65; toch is zij nuttig m.b.t. diakens.

[38] Ze worden hier niet met name genoemd. In *CD* n.31 staat dat de Bisschop ook rekening moet houden "met zijn vroomheid, apostolische ijver en met al die andere gaven en kwaliteiten, die voor een goede uitoefening van de zielzorg noodzakelijk zijn". In de parallele *can.453 § 2 CIC/17* werd 'wijsheid' nog apart genoemd en in de voorbereidingsfase van **can.521** werden in het *Schema/77* ook 'missionaire geest en andere, ook menselijke deugden' genoemd [vgl.*COMM*. 24(1992)142-143], maar zij worden in het *Schema/80* en daarna niet meer opgenomen [zie *COMM*. 13(1981)15]. Wat overblijft, is zó algemeen en voor de handliggend, dat het ook van bisschopskandidaten (**can.378 § 1**) of wijdingskandidaten (**cc.1029** en **1051 n.1**) gezegd wordt en dus niets specifieks t.a.v. de pastoor in zich heeft. Een vollediger schets van de vereiste kwaliteiten valt op te maken uit de explicitatie van de drievoudige pastorale zending, verwoord in de **cc.528** en **529** (vgl. *CD* n.30)

zijn voor een goede leiding van en zorg voor deze concrete parochie. Met name het particuliere recht (diocesane of interdiocesane regelingen, wettige gewoonten, civielrechtelijke of concordataire bepalingen) krijgt hier alle ruimte. In dit opzicht herneemt deze canon het algemene voorschrift van **can.149 § 1**. Overigens staan alle in de **cc.273-277** genoemde kwaliteiten van een *clericus* aan de basis van de voor een pastoor vereiste kwaliteiten[39].

5.3: Alvorens het pastoorsambt aan iemand te verlenen,moet het voor de diocesane Bisschop met zekerheid vaststaan dat de persoon-in-kwestie *geschikt* is. Deze regel voegt **can.521 § 3** toe aan de (bijna) integrale overname van de corresponderende *can.453 CIC/17.*

Om zich een juist oordeel te vormen over iemands geschiktheid kan de Bisschop *op de door hem bepaalde wijze* te werk gaan, bv.door de eventuele schriftelijke gegevens uit het bisschoppelijk archief te raadplegen of ook door een examen af te nemen, persoonlijke gesprekken te voeren, inlichtingen in te winnen bij vertrouwde personen enz.

Voor de beoordeling van de vereiste theoretische en praktische kennis *moest* vroeger rekening worden gehouden met de resultaten van het jaarlijkse zgn. *kapelaansexamen (can.130 § 2 CIC/17)* en moest bij de eerste pastoorsbenoeming een *speciaal pastoorsexamen* ten overstaan van de Bisschop en van de zgn.synodale examinatoren worden gemaakt. In plaats hiervan bestond in sommige streken nog een *algemeen examen,* waarbij priesters, die aan bepaalde eisen voldeden bv.leeftijd, eens of meerdere keren per jaar geëxamineerd werden zonder dat dit examen op dat moment enig verband had met een benoeming tot pastoor[40]. Zó ook bestond er in sommige bisdommen, in ons land bv. in de bisdommen Den Bosch en Roermond, een *vergelijkend examen* voor degenen, die solliciteerden naar een vacante parochie. In de overige bisdommen werd dit examen vervangen door het jaarlijkse kapelaansexamen, dat echter niet volgens algemeen voorschrift *(can. 130 § 1 CIC/17)* gedurende de eerste drie, maar gedurende een langere periode (10 jaar) moest worden afgelegd.

Al deze vormen van examen ter voorbereiding op de pastoorsbenoeming zijn in onbruik geraakt of afgeschaft. *CD* n.31, dat in zijn geheel gaat over de benoeming enz. van pastoors, gaat helemaal niet meer in op

[39] **J.-C.Périsset**, a.w., p.68 gaat in op de vraag of al deze kwaliteiten een benoeming ongeldig maken bij het geheel of gedeeltelijk ontbreken daarvan. Het antwoord daarop wordt in **can.149 § 2** gegeven. – Vgl. *PO* nn.12 en 13 inzake de 'spirituele' kwaliteiten.
[40] *An.Bo.* 1(1961)22.

het afleggen van een examen voor de benoeming; in het MP *Ecclesiae sanctae*(1966) wordt het vergelijkend examen afgeschaft (I, n.18 § 1), maar **can. 521 § 3** laat de mogelijkheid om door een examen de geschiktheid vast te stellen nog wel open[41].

Is die geschiktheid hoe dan ook vastgesteld, dan wordt de betrokkene geacht in staat te zijn de sacramenten te bedienen **(cc. 530, 835 § 2** en **843)**, het evangelie te verkondigen **(cc. 762** en **857)** en om als voorzitter van het kerk- of parochiebestuur ook de tijdelijke goederen van de parochie te beheren **(can. 532).**

5.4: Ook de **Codex/83** opteert voor de *stabiliteit* (duurzaamheid, bestendigheid) van het pastoorsambt. Zó wordt het in **can. 522** ook verwoord zonder daarvoor motieven aan te geven: obiectief vraagt de parochie zelf er om (vgl.**can.529 § 1**) en subiectief zal een pastoor niet tot functioneren komen zonder daarvoor echt de tijd te krijgen[42]. Het gegeven dat Vaticanum II het onderscheid tussen verplaatsbare en niet-ver plaatsbare[43] pastoors heeft opgeheven, doet daar niets aan af, want "de pastoors dienen in hun parochies zó'n ambtelijke stabiliteit te bezitten als nodig is voor het heil van de zielen"(*CD* n.31,3)[44].

[41] Deze canon is al, wat er nog overgebleven is van *can. 359 § 2* van het *Schema/77*, die voorzag in een examen, waarvan alleen zij zouden worden gedispenseerd wier capaciteiten langs andere weg waren komen vast te staan: zie *COMM.* 13(1981)151. Maar vandaag de dag lijkt een examen overbodig, wanneer het vervangen wordt door de regelmatige deelname aan bijeenkomsten voor voortgezette pastorale vorming of door een op een betere toerusting gericht sabbat-verlof (vgl.*OT* n.22 en de sanctie daarop van **can.279**). Daarom lijkt controle op het gegeven of betrokkene regelmatig deelgenomen heeft aan conferenties, studiedagen enz. meer op z'n plaats dan een examen. Zie **J.C. Périsset**, a.w., pp.70-71.

[42] Zie **J.-C.Périsset**, a.w., p.72.

[43] Een onderscheid, dat in het verleden samenhing met het beneficiaal-recht, waarin de stabiliteit van het pastoorsambt noodzakelijk was voor zijn financiële zekerheid (vgl.*PO* n.20, 2). In de **Codex/83** staat echter het ambt als dienst aan het geestelijke welzijn van de gelovigen voorop en in functie daarvan staat de duurzaamheid. Daarom kan het MP *Ecclesiae sanctae* I n.20 § 1 dan ook zeggen "dat de bisschop iedere priester op wettige wijze uit een parochie (kan) verwijderen, zo dikwijls zijn bediening, ook buiten ernstige schuld van hemzelf om, schadelijk of minstens onvruchtbaar wordt...". Beschermde het stabililteitsbeginsel vroeger dus de persoon van de pastoor, thans vormt het een bescherming van het geestelijke welzijn van de gelovigen, al mag daarbij het welzijn van de persoon niet uit het oog worden verloren. Vandaar zegt *CD* n.31,3, dat in de eventuele procedure van verplaatsing of verwijdering "de natuurlijke en canonieke billijkheid" in acht genomen dienen te worden.

[44] Pogingen tijdens de Codexherziening om de woorden "die het zieleheil vereist" uit *CD* 31,3 toegevoegd te krijgen aan het begrip "stabiliteit" zijn op niets uitgelopen: zie *Rela*tio/1981, p.124; *COMM.* 8(1976)26 en 14 (1982)223; *CDC (P/M)*, pp.336-337, waar wordt ingegaan op de historische ontwikkeling van de al of niet verplaatsbaarheid van de pastoor. – De geboorte van **can.522** was moeilijk: zie *COMM.* 13(1981)271-272. Aan-

Dit houdt dus in, dat een benoeming als regel voor onbepaalde tijd dient te geschieden, zodat het de pastoor mogelijk wordt gemaakt in te groeien in de aan hem toevertrouwde gemeenschap of – omgekeerd – de gemeenschap in overleg met de pastoor tot ontplooiing van initiatieven kan komen. Conform **can. 193 § 1** is de diocesane Bisschop echter aan twee belangrijke voorwaarden gebonden, alvorens een pastoor uit zijn ambt te verwijderen (te ontslaan), nl.a) er moeten ernstige redenen voor zijn en b) hij dient zich te houden aan de procedureregels van de **cc.1740-1752.**

Deze stabiliteit gaat echter niet op voor pastoors, die lid zijn van een religieus instituut of van een sociëteit van apostolisch leven. Zij zijn onderworpen aan **can.682**; dus kunnen zij uit hun ambt verwijderd worden "bij vrije beslissing hetzij van de overheid, die het verleent (in feite de diocesane Bisschop), na kennisgeving aan de religieuze Overste, hetzij van de Overste, na kennisgeving aan die overheid zonder dat de een de toestemming van de ander behoeft" (vgl.**can.1742 § 2**)[45].

Toch kan, en dat is een nieuw gegeven in de **Codex/83**, een benoeming ook voor een bepaalde tijd plaatsvinden[46], maar alleen als de BC dit bij decreet volgens **can. 455** heeft toegestaan[47]. In navolging van vele BC's[48] heeft de Nederlandse BC bepaald "dat de diocesane Bisschoppen na raadpleging van hun consultorencollege of kapittel, waar dit om bijzondere persoonlijke of plaatselijke redenen nodig of nuttig blijkt te zijn, een pastoor voor een bepaalde, in jaren beperkte tijd mogen benoe-

vankelijk werd zelfs gedacht aan een eerste benoeming voor slechts vijf jaar: *COMM.* 24(1992)143.

[45] Praktisch zal ten aanzien van de overdracht van een parochie aan priesters, die geïncardineerd zijn bij een persoonlijke Prelatuur (bv. *Opus Dei*), een soortgelijke weg te volgen zijn. Zie **H.Schwendenwein**, a.w., p.237 en verder commentaar hieronder in n.9,6. Vgl. *COMM.* 24(1992)144-145.

[46] In de eerste jaren na de sluiting van Vaticanum II zijn dit soort benoemingen op veel plaatsen in de wereld gebruik geworden. In het indult van de Apostolische Stoel, dat daarvoor toen nodig was, was één van de voorwaarden, dat de termijn (slechts éénmaal vernieuwbaar) in ieder geval zes jaar moest zijn en alleen als experiment mocht worden gezien tot aan de eindfase van de Codexherziening (*CCL*, pp.422-423). Deze aanstelling-op-termijn heeft in de periode van de Codexherziening nogal wat discussie opgeroepen: zie *COMM.* 13 (1981)272; vgl. *Relatio/1981*, p.124.

[47] Vgl.*COMM.* 13(1981)272 en 14(1982)223.

[48] Zie bv.*CDC(P/M)*,pp.1296 (Canada: na raadpleging van de priesterraad), 1285 (Frankrijk: al of niet met mogelijkheid tot verlenging van de termijn van 6 jaar zonder dat die verlenging even lang zou moeten zijn) en 1348 (Zwitserland). Toen de nationale BC van de *VS* in 1983 aan de diocesane Bisschoppen toestemming gaf voor een benoeming-optermijn en het aan hen overlieten zelf te bepalen hoe lang die termijn mocht zijn, gaf de Apostolische Stoel opnieuw te kennen dat 6 jaar het minimum moest zijn. Vanaf 1984 werd dit de normale gedragslijn.

men; met dien verstande dat aan deze pastoor geruime tijd gegeven wordt om zijn ambtsuitoefening tot ontplooiing te brengen.

Het minimum van de vastgestelde tijd dient daarom zes jaar te zijn"[49]. Motieven voor dit soort benoemingen-op-termijn kunnen zijn:(van de parochie uit gezien) het wegnemen van de nadelige gevolgen van een benoeming voor onbepaalde tijd bij een minder goede kandidaat en het openen van de weg naar een nieuw fris leiderschap en (van de pastoor uit gezien) kan een beperkte termijn de last van het pastoraat minder zwaar maken en hem de mogelijkheid geven om op een elegante manier uit een moeilijk en ingewikkeld pastoraat te stappen[50].

5.5: Een volgende vooronderstelling volgens **can. 524** is, dat de diocesane Bisschop een vacante parochie toewijst aan diegene "die hij, na overweging van alle omstandigheden, geschikt acht de parochiële zielzorg aldaar te vervullen"[51] en dat die toewijzing gebeurt "zonder aanzien des persoons". Om een zekere bevoorrechting bij de benoeming uit te sluiten bepaalde *can.157 CIC/17*[52], dat het ambt in sommige gevallen niet geldig verleend kan worden aan bepaalde, nauw aan de persoon van de Ordinaris of van de betrokken ambtsdrager geliëerde personen.

Bij overlijden, overplaatsing en waarschijnlijk ook bij gedwongen ontslag golden deze beperkingen niet. Van deze bepalingen is in het nieuwe Wetboek niets terug te vinden, behalve dat de benoemende instantie volgens **can.524** steeds voor ogen moet houden, dat hij altijd te werk gaat "zonder aanzien des persoons".

De aanwijzing van een pastoor mag verder niet "zonder ernstige reden" worden uitgesteld **(can.151)**[53]. Juist omdat het in **can.524** over

[49] Zie *TB/89* n.7 bij **can.522**; *COMM.* 13(1981)272 en 14(1982)223 voor de discussie over deze nieuwe bepaling.

[50] **J.-C.Périsset**, a.w., pp.73-74 gaat uitvoerig in op de voor – en nadelen van dit soort benoemingen.

[51] Ging het in **can.521 § 3** meer over de geschiktheid van de persoon als zodanig, hier gaat het over iemands geschiktheid voor deze concrete parochie. We kunnen deze **can. 524** beschouwen als een aanvulling op wat in **can.521 § 3** gezegd wordt. Hij is een sterke vereenvoudiging van de gecompliceerde discipline van het oude Wetboek *(can.472)*. Zie *COMM.* 13(1981)273-274.

[52] *Can.157*: "Is een ambt vacant geworden doordat de ambtsdrager er (vrijwillig) afstand van gedaan heeft of door een gerechtelijke uitspraak uit zijn ambt ontslagen is, dan kan de Ordinaris, die deze (vrijwillige) afstand aanvaard heeft of de gerechtelijke uitspraak heeft gedaan, het ambt niet geldig verlenen aan zijn eigen huisgenoten of aan die van degene, die afstand deed, noch aan bloed – of aanverwanten tot en met de tweede (thans: vierde) graad". Vgl. hiermee *COMM.*24 (1992)146.

[53] Het zou tegen de geest van de Codex indruisen, als de gewoonte zou worden gehandhaafd om de parochie-administrator van een vacante parochie voor onbepaalde tijd te

de *geschiktheid* van iemand *voor deze concrete parochie* gaat dient de diocesane Bisschop de deken te horen[54], eventueel bepaalde priesters en christengelovigen, al of niet deel uitmakend van parochiële organen (besturen), zo nodig zelfs buiten het bisdom, als de betrokkene daar langere tijd heeft doorgebracht.

5.6: Een laatste vooronderstelling, waarmee de benoemende instantie rekening moet houden is, dat een priester als regel de parochiële *zorg van slechts één parochie* kan en mag hebben. Het pastoraat behoort immers tot de ambten, die onverenigbaar zijn met andere ambten in één en dezelfde persoon (zie **can.152**). Hiermee is, zo gaat **can.526 § 1** verder, niet in strijd, dat vanwege een tekort aan priesters aan dezelfde pastoor de zorg over meerdere naburige parochies toevertrouwd wordt; evenmin is daarmee in strijd, dat één en dezelfde persoon *pastoor* is in één parochie en tegelijk tijdelijk in een andere parochie, welke vacant is of waarvan de eigen pastoor afwezig is, bestuurt.

Can.526 § 2 herneemt de oude rechtsregel, dat in één en dezelfde parochie maar één pastoor mag zijn. Een uitzondering hierop lijkt het parochiemodel van **can.517 § 1**. In dat model immers heeft iedere priester, die deel uitmaakt van het team of van de equipe, de rechten en plichten van een pastoor. Daarom voegt de canon er haastig aan toe, dat er slechts één moderator mag zijn[55]. Iedere hiermee strijdige gewoonte of privilege wordt herroepen. Wanneer het zo is, dat een pastoor de zielzorg alleen niet aan kan, moet daarin voorzien worden door ofwel het model van **can.517 § 1** te kiezen of moeten hem één of meer parochievicarissen worden gegeven (**can.545**).

handhaven. *CDC(S/P)*, pp.323-324 wijst er nog op, dat **can.524** niet uitdrukkelijk rekening houdt met de steeds vaker voorkomende situatie, dat de pastorale zorg van een vacante parochie wordt toevertrouwd aan de dichtstbijzijnde pastoor, die niet de administrator wordt, maar er een parochie bijkrijgt.

[54] Vgl.MP *Ecclesiae sanctae*(1966) I n.19 § 2 van Paus **Paulus VI**. In het *Schema/77* werd in *can.356 § 2* ("De diocesane bisschop benoemt de pastoor in vrijheid...; maar bij hun aanwijzing dient de bisschop rekening te houden met de pastorale noden van de parochie; daarom moet hij de deken, en als hij dat opportuun oordeelt, ook bepaalde priesters, ja zelfs leken, die in wijsheid uitmunten, consulteren over de noden van de parochie en over de bijzondere gaven van de persoon, die vereist zijn voor de uitoefening van de pastorale zorg in de parochie waar het over gaat") nog duidelijker uitgedrukt, dat het bij de beoordeling van de geschiktheid gaat om de situatie van de te bezetten parochie en om de daarmee samenhangende en vereiste bekwaamheden en eigenschappen van kandidaten.

[55] Impliciet wordt hierdoor de moderator als enige in dit model geïdentificeerd met de pastoor.

Deze eenheid van parochie en pastoor sluit niet uit, dat afzonderlijke gelovigen gelijktijdig van meerdere parochies parochiaan zijn, bv. op grond van meerdere domicilies of quasi-domicilies (**can.105**).

6. De aanstelling van een pastoor

In de vergeving of verlening van het pastoorsambt zijn drie handelingen te onderscheiden, nl. de keuze van de kandidaten, de eigenlijke aanstelling of verlening van het ambt en de installatie, d.i. de feitelijke overdracht van een parochie aan de betrokkene. Gewoonlijk gebeuren de eerste twee handelingen ineen door de diocesane Bisschop, als hij nl.het vrije benoemingsrecht heeft; maar in sommige gevallen wordt de kandidaat door anderen gekozen of voorgedragen en dan bevestigt de diocesane Bisschop alleen de keuze of verleent hij de eigenlijke aanstelling[56]. De derde handeling is in tijd van de eerste twee gescheiden alsook wat de persoon aangaat, die deze handeling verricht.

Behalve wat **can.523** zegt over de toewijzing van het ambt zijn we aangewezen op de algemene normen van de **cc.146-156**, waarin staat dat toekenning van een ambt-met-zielzorg niet zonder ernstige reden mag worden uitgesteld (**can.151**), dat rekening moet worden gehouden met de onverenigbaarheid van ambten, gelet op hun aard en de daaraan verbonden verplichtingen, bv. residentieplicht (**can.152**), dat het te vervullen ambt werkelijk vacant is (**can.153 § 1**) en het niet gaat om de belofte van een ander ambt (**can.153 § 3**), want een belofte heeft geen rechtsgevolgen[57].

6.1. *Vrije benoeming door de diocesane Bisschop*

Van fundamentele betekenis inzake de aanstelling van een pastoor is de doorbraak, die in het conciliaire document *CD n.*28,1 in deze alge-

[56] Volgens *can.1446 CIC/1917* ("Als een clericus, die een beneficie heeft, heeft bewezen dat hij volle drie jaren te goeder trouw in het rustige bezit van dat beneficie is geweest, zij het wellicht op een ongeldige titel, dan verkrijgt hij het beneficie krachtens wettige verjaring op voorwaarde dat er geen sprake is van simonie") kon het pastoorsambt ook door verjaring worden verkregen, maar volgens **can.199 n.6** is dat in de nieuwe wetgeving niet meer mogelijk.

[57] Een uitzondering hierop vormt **can.153 § 2** samen met **can.522**: de toekenning van aan een bepaalde termijn gebonden ambt *kan* binnen zes maanden vóór het verstrijken van deze termijn plaatshebben en wordt pas van kracht op het moment dat het ambt werkelijk vacant is; dan pas kan de ambtsopvolger er een rechtsaanspraak op doen gelden. *MK* tekent bij deze canon aan, dat deze uitzondering een zo snel mogelijke nieuwe bezetting van kerkelijke ambten wil waarborgen en aan de ambtsopvolger de gelegenheid tot een gepaste voorbereiding wil geven.

mene termen onder woorden wordt gebracht: "(De Bisschop) dient in het verlenen van ambten of van beneficies over de nodige vrijheid te beschikken, daar hij aldus de heilige diensten beter en billijker onder zijn priesters kan verdelen. Daarom moeten die rechten of privileges worden afgeschaft, die deze vrijheid van de bisschop op enigerlei wijze zouden beperken". In het postconciliaire document MP *Ecclesiae sanctae*(1966) van Paus **Paulus VI** (I, n.18 § 1) wordt hier uitvoeriger op ingegaan en worden de algemene uitspraken van *CD* geconcretiseerd op deze wijze: "Het zieleheil eist, dat de bisschop een behoorlijke vrijheid heeft om officies en beneficies, ook die waaraan geen zielzorg verbonden is, naar recht en billijkheid te vergeven aan de meest geschikte geestelijken. De Apostolische Stoel zelf reserveert de vergeving van officies of beneficies, met of zonder zielzorg, niet langer voor zich, tenzij alleen de consistoriale[58]; in de stichtingsakte van ieder beneficie zijn voortaan die clausules verboden, die de vrijheid van de bisschop met betrekking tot de vergeving daarvan beperken; privileges zonder last, tot nu toe misschien aan natuurlijke of morele rechtspersonen toegekend, die het recht van keuze, benoeming of presentatie voor welk niet-consistoriaal vacant officie of beneficie dan ook meebrengen, worden afgeschaft; zo ook de gewoonten en opgeheven worden de rechten om priesters voor een parochiëel officie of beneficie te benoemen, te kiezen of te presenteren. ... Wat echter de zgn.verkiezingen door het volk betreft[59], is het de taak van de BC van die gebieden, waar deze van kracht zijn, om aan de Apostolische Stoel betere voorstellen te doen, zodat ze, voorzover mogelijk, worden afgeschaft. § 2. Als echter in deze materie de rechten en de privileges zijn vastgesteld krachtens een overeenkomst tussen de Apostolische Stoel en een natie of krachtens een contract dat met natuurlijke of morele rechtspersonen is aangegaan, dan moet over het ophouden daarvan onderhandeld worden met hen die daar belang bij hebben".

In deze bewoordingen spreken de conciliaire en postconciliaire documenten zich dus uit voor een *volledig vrije toekenning (vergeving, verlening)* van het pastoorsambt door de diocesane Bisschop[60] zonder dat hij

[58] Dat zijn ambten of beneficies, die in een consistorie (zie **can.353**) te Rome verleend worden, zoals het kardinalaat of het bisschopsambt.

[59] Deze bestaan krachtens gewoonterecht in enkele landen van Europa en het Midden-Oosten. In Nederland hebben deze verkiezingen nooit enige rol van betekenis gespeeld. Zie echter **H.Schmitz**, *Plädoyer für die Bischofs – und Pfarrerwahl* – in: *Tr.Th.Zschr.* 79(1970)230-249.

[60] Behalve dat hij rekening moet houden met de pastorale behoeften van een parochie *moet* hij de deken raadplegen en *kan* hij, als hij dit opportuun acht, bepaalde andere priesters of ook wijze christengelovigen-leken horen over de behoeften van de betrokken

daarbij enige beperking ondervindt van anderen[61]. **Can.523**[62] (en **157**) doet dat ook, maar voert nietttemin twee beperkingen in: a) het voorschrift van **can. 682 § 1** blijft gelden, d.w.z. het benoemingsrecht van een priester, die lid is van een religieus instituut of van een sociëteit van apostolisch leven, berust wel bij de diocesane Bisschop, maar hij is dan afhankelijk van de voordracht of minstens instemming van de bevoegde Overste; b) "tenzij iemand het recht heeft van voordracht of verkiezing". Tegen de verwachting in[63] accepteert de Codex dus het voortbestaan van het keuze-of presentatierecht[64]. Deze clausule is pas in een laat stadium van de Codexherziening (1980) opgenomen[65].

De corresponderende *can.455 CIC/17* eiste, dat de Vicaris-generaal een speciaal mandaat zou moeten hebben om het pastoorsambt toe te kunnen wijzen. In de nieuwe **can. 523** wordt dit niet meer uitdrukkelijk vermeld. Dat betekent echter niet dat hij bij de bezetting van een parochie door een nieuwe ambtsdrager vrij zou kunnen beschikken. Immers: **can.134 § 3** stelt dat, wanneer in een rechtsbepaling met evenzoveel woorden de diocesane Bisschop genoemd wordt (zoals in **can.523**), hij dan alleen zelf kan handelen, niet echter de Vicaris-generaal of Bisschoppelijke Vicaris. Beide hebben dus een speciaal mandaat nodig[66]. Ook dan moet het religieuzenrecht **(can.682)** en moeten eventueel nog bestaande keuze- of presentatierechten worden gerespecteerd[67].

parochie en de bijzondere gaven van de persoon, die daar de pastorale zorg uit gaat oefenen: *COMM.* 8(1976)26). – In de oude wetgeving *(can.155)* werd nog een termijn van zes maanden vanaf de kennisname van een vacatie genoemd (met een mogelijkheid tot langer uitstel) binnen welke de herbezetting van het ambt plaats zou moeten vinden; over die termijnen wordt nu niet meer gesproken.

61 Juist omdat de Bisschop onder de oude wetgeving nog al eens met handen en voeten gebonden was, vond in de 60-tiger jaren in verschillende Nederlandse bisdommen de praktijk ingang om in het vervolg priesters niet meer te benoemen in de functie van pastoor, maar van *deservitor* om zo meer armslag te geven aan het benoemingenbeleid. In de **Codex/83** is enerzijds niet meer voorzien in de functie van deservitor en heeft anderzijds de Bisschop veel meer ruimte gekregen in zijn benoemingenbeleid. Om die reden is de term *'deservitor'* uit het benoemingsvocabulair verdwenen. Zie *An.Ha.* 36(1989)3-4.

62 Vgl. *COMM.* 13(1981)273-274.

63 In het MP *Ecclesiae sanctae*(1966) van Paus **Paulus VI** lijken immers alle rechten en privileges afgeschaft.

64 Ook de *Codex/17* stond al afwijzend tegenover keuze en/of presentatierechten of tolereerde hen alleen. Zie *cc. 1450-1453.*

65 Zie *COMM.* 13(1981)273. Op deze laatste beperkingen van het vrije benoemingsrecht van de diocesane Bisschop wordt onder 6.2 nader ingegaan.

66 Met **can.134 § 3** is er dus een algemene norm, zodat het niet meer nodig is om in de afzonderlijke canones telkens op het speciale mandaat te wijzen.

67 In de jaren na Vaticanum II is het in Nederland en elders bv. de *VS* (zie *CCL*,p.423) gebruikelijk geworden, dat de diocesane Bisschop in zijn benoemingenbeleid terzijde wordt gestaan door een *benoemingscommissie* voor de selectie van kandidaten voor het pastoraat of voor andere ambten. Ofschoon deze commissies in de herziene wetgeving

In geval de bisschoppelijke zetel verhinderd is in de zin van de **cc.412-415** of vacant is volgens de **cc.416-430** komt aan de diocesane Administrator of aan iemand anders, die het bisdom tussentijds bestuurt bij een *gebonden* toewijzing van het ambt, d.w.z bij bestaande keuze- of presentatierechten, de bevestiging van de gekozene of de aanstelling van de gepresenteerde toe; bij *vrije* ambtstoewijzing mag de diocesane Administrator pastoors pas benoemen, als de vacatie of verhindering van de bisschoppelijke zetel langer dan een jaar duurt **(can. 525)**[68]. Wel kan hij eerder een parochie-administrator aanwijzen[69].

Wanneer **can.156** als toepassing van andere algemene normen **(cc.37** en **51)** bepaalt dat de toekenning van ieder ambt *schriftelijk* vastgelegd dient te worden, dan hangt daarvan op grond van **can.10** niet de geldigheid van de ambtstoekenning af.

6.2. *Recht van voordracht en keuze*

Het recht van *voordracht* bezit allereerst de bevoegde Overste van een religieus instituut of een sociëteit van apostolisch leven, wanneer daaraan een parochie wordt toevertrouwd (zie **can.682 § 1**). Voorts kan dit recht krachtens overeenkomsten, die door de Apostolische Stoel zijn aangegaan met bepaalde naties, of contractueel aan natuurlijke of morele rechtspersonen toekomen. Hoe dit ook zij, altijd "moet over het ophouden daarvan onderhandeld worden" (MP *Ecclesiae sanctae* van Paus **Paulus VI** (I n.18 § 2) met hen die het aangaat[70]. Wie het prensentatierecht heeft, is gebonden aan de regels van de **cc.158-163**. In dit geval

niet worden vermeld, is er geen reden om aan te nemen dat zij in de toekomst niet door zouden kunnen blijven gaan met haar werk. Zij functioneren als adviserende organen. Haar advies bindt de Bisschop uiteindelijk niet, al zal hij dat advies heel serieus moeten nemen.

[68] Dit laatste wordt aldus bepaald op grond van de oude rechtsregel *"sede vacante nihil innovetur"*, d.i.tijdens de sedisvacatie mag er niets veranderd worden. Vgl.*COMM.* 24(1992) 145-146.

[69] Wordt een bisdom vacant, dan houdt het ambt van Vicaris-generaal of van een Bisschoppelijk Vicaris op te bestaan (**can.481 § 1**). Het is belangrijk dit te weten, als één van beide met speciaal mandaat feitelijk de pastoorsbenoemingen deed. – In *can.455 § 1 CIC/17* werd expliciet melding gemaakt van het recht van de Vicaris-generaal om parochievicarissen aan te stellen. De nieuwe Codex kent dit recht niet expliciet toe aan de diocesane Administrator, al moeten we aannemen dat hij dit kan. Hij bezit immers een wettelijk gezag, dat gelijkwaardig is aan dat van de diocesane Bisschop, tenzij de wet dit uitdrukkelijk anders stelt. Dat is in ons geval niet zo (zie *CCL*, p.424).

[70] **F.Coccopalmerio**, a.w.,p.118 reikt een elegante oplossing aan: **can.524** spoort de diocesane Bisschop aan om, alvorens een vacante parochie aan iemand toe te wijzen, diverse personen te horen; zijn er daaronder die het keuze – of presentatierecht hebben, dan zou de Bisschop hun kunnen voorstellen van die rechten af te zien.

behoudt de diocesane Bisschop het recht om de geschiktheid van de voorgedragene te beoordelen; zijn er meerdere voorgedragen die geschikt zijn, dan moet hij de meest geschikte aanstellen. Als deze dit weigert, kan daardoor een procedure langs hiërarchische weg of via de administratieve rechtbank worden uitgelokt.

Het recht van *keuze* kan op titel van verkregen rechten toekomen aan een college of groep van personen. Die keuze moet dan gebeuren volgens de bepalingen van **cc.164-179**. In dit geval komt het aan de diocesane Bisschop toe de geschiktheid te beoordelen en de gekozene te bevestigen in zijn ambt **(can.147)**. Ook nu moet volgens het MP *Ecclesiae sanctae* van Paus **Paulus VI** (I n.18 § 1) naar afschaffing van dit keuzerecht worden gestreefd.

6.3: *Installatie*

Eenmaal benoemd na vrije toekenning of na aanstelling, volgend op een voordracht of na bevestiging van de keuze, is het openstaande pastoorsambt niet langer vacant en kan dus niet meer aan iemand anders gegeven worden. Krachtens de benoeming kan de betrokkene zijn ambt nog niet uitoefenen; hij dient eerst in het bezit te zijn van het parochieambt **(can. 527**; vgl. de **cc.191 § 1, 382 § 1** en **542 n.3)**. Beter dan te spreken over de "inbezitname" zou er gesproken kunnen (m.i. *moeten*) worden over "het begin van de ambtelijke pastorale activiteit door de *intrede* in de parochiegemeenschap"[71].

Bij of vóór de installatie, die diocesaanrechtelijk verschillend geregeld is (investituur door de Bisschop of zijn Vicaris-generaal, introductie in het ambt in het kader van een liturgische viering door de bevoegde deken en de overdracht van de parochie: vgl.**can.527 § 2**)[72], neemt de pastoor alle parochierechten en -plichten over (vgl. **can.527 § 1**). Het is de plaatselijke Ordinaris, die vooraf de termijn bepaalt binnen welke de overdracht van de parochie plaats moet hebben. Maar als die termijn niet

[71] Vgl.**F.Coccopalmerio**, a.w., p.141.

[72] Het formulier is niet overal gelijk: Utrecht[*An*. 33 (1960)225], Groningen (*An. Bd. II* (1962-1966) 433), Breda (*An*. 1961,pp. 125-126, 128-132 (formulier) en 146-149 (toelichting op het formulier) en Roermond (*An*. 44 (1963) 9-15) hebben sedert 1 januari 1961 een nieuw installatieformulier; Haarlem (*An*. 1958, pp.93 vv.) en Rotterdam (*An*. 1958, pp.108 vv. en 252) bezitten sedert 1958 een nieuw ceremoniëel, terwijl dat in Den Bosch (*Communicanda Busc*.1959 n.3) in voorbereiding is. Vgl.*An.Utr*. 36 (1963) 159 voor het tijdstip en de manier, waarop het ceremoniëel zich zou kunnen voltrekken. Lees *An.Br*. 1977, pp.B61-B62, waar modellen voor de aanvaarding van een kerkelijke opdracht (pastoor, kerk- of parochiebestuurs- of parochieraadslid) worden aangereikt.

benut wordt "zonder dat er een rechtmatig beletsel in de weg stond, *kan* hij de parochie vacant verklaren"(**can.527 § 3**).

Het is echter volgens **can.527 § 2** ook mogelijk, dat de plaatselijke Ordinaris om een goede reden dispenseert van de in het particuliere recht vastgestelde installatie-vorm;"in dat geval neemt de mededeling van de dispensatie aan de parochie de plaats in van de inbezitneming".

Ofschoon dit in **can.527** niet uitdrukkelijk vermeld wordt moet de pastoor volgens **can.833 n.6** ten overstaan van de plaatselijke Ordinaris of zijn gedelegeerde de *geloofsbelijdenis* afleggen "volgens de door de Apostolische Stoel goedgekeurde formule[73] en sedert 1 maart 1989 als aanvulling daarop ook de *eed van trouw*[74].

7. Rechten en plichten van de pastoor

Als *clericus* is de pastoor gebonden aan de rechten en plichten van de **cc.273-289**, als gelovige aan die van de **cc.208-223**. Als *pastoor* worden de hem eigen rechten en plichten in algemene bewoordingen al genoemd in **can.519**. Dáár wordt immers gezegd, dat hij voor de hem toever-

[73] Tot aan 1967 moest de lange tridentijnse geloofsbelijdenis, gepubliceerd bij bulle *Iniunctum nobis*, d.d.13-11-1564 (*DS*, a.w., nn.1862-1870), na en naar aanleiding van Vaticanum I in 1877 uitgebreid, nog later gevolgd door de zgn. *antimodernisteneed* uit 1910 (*DS*, a.w., 3537-3550) door een groot aantal kerkelijke ambtsdragers (vgl. *can. 1406 CIC/17*) vóór hun ambtsaanvaarding worden afgelegd. In 1967 koos de Congregatie voor de Geloofsleer voor de niceno-constantinopolitaanse geloofsbelijdenis met daaraan toegevoegd een korte algemene theologische verklaring over de houding tegenover het kerkelijk leergezag [*AAS* 59 (1967) 1058; *An. Utr.* 39 (1966) 263-264 en 40 (1967) 247-248; *An. Ha.* 14 (1967) 80-82; *An. Rmd.* 47 (1966) 141-143 en 48 (1967) 131-132; *An. Gr.* Bd. II (1962-1966) 522-523 en III (1967-1970) 48-49); *An. Bo.* 6 (1966) 144 en 7 (1967) 263-264; *An. Br.* 1967 onder letter G, pp. 1-2; *An. Ro.* 11 (1996) 307-308 en 12 (1967) 322-323]; in 1972 kwam daar voor hen, die diocesaan Bisschop benoemd werden, nog bij: de *eed van trouw* [zie **X. Ochoa**, a.w., *vol. V* (1980) n. 1461]. Vanaf 1 maart 1989 [*AAS* 81 (1989) 104] blijft de geloofsbelijdenis van 1967 weliswaar gelden, maar de daaraan gehechte theologische verklaring wordt anders gestructureerd. Op 8 mei 1980 verklaarde de secretaris van de Codexherzieningscommissie, dat het afleggen van de geloofsbelijdenis wèl een ernstige plicht is, maar geen geldigheidsvoorwaarde voor de "inbezitname": *COMM.* 13 (1981) 277, met welke verklaring de hele studiegroep het eens was. Belangrijker is echter, dat toén het afleggen van de eed van trouw, aanvankelijk alleen bedoeld voor residentiële Bisschoppen, werd opgelegd aan alle in **can. 833 nn. 5-8** genoemde categorieën van personen. Daaronder dus ook de pastoors.

[74] Zoals deze gepromulgeerd is in de *AAS* 81(1989)105-106 [*COMM.* 21(1989)33-34]. Vertalingen hiervan in de volkstaal mogen pas na goedkeuring door de Congregatie voor de Geloofsleer worden gebruikt: *AAS* 81(1989)1169; zie bv. *An.Bo.* 31(1991)afl. 4, pp.19-20 (voor de formule van de geloofsbelijdenis) en op p.21 (voor de eed). Over het ontstaan van de nieuwste formules, haar reikwijdte, de juiste betekenis van de aan de geloofsbelijdenis gehechte verklaring en over de vraag, wie hiertoe verplicht zijn, worden we geïnformeerd door **D.Sattler (red.)**, *Glaubensbekenntnis und Treueid. Klarstellungen zu den "neuen" römischen Formeln für kirchliche Amtsträger* (Mainz 1990) en **P.Knauer**, *Der neue kirchliche Amtseid* in *Stimmen der Zeit* 115 (1990)93-101.

trouwde gemeenschap de verkondigings-, de heiligings- en bestuurstaak uit moet oefenen. Een nadere specificatie van deze plichten en rechten wordt gegeven in de **cc.528-529** (zij het op een wijze, die qua classificatie en tevens inhoudelijk voor verbetering vatbaar is)[75], gevolgd door een reeks van canones, waarin wel hiermee samenhangende, maar toch afzonderlijk te behandelen plichten en rechten worden genoemd, nl.bijzondere aan hem toevertrouwde ambtsplichten (**cc. 530-531**), vertegenwoordigingsrecht en -plicht van de parochie (**can.532**), residentieplicht (**can. 533**), applicatieplicht(**can.534**), plicht tot het bijhouden en bewaren van de parochieboeken (**can.535 § 1**). Al deze rechten en verplichtingen komen in het navolgende ter sprake, voorzover ze niet op een andere plaats beter tot hun recht komen[76].

7.1.: *Verkondigingstaak*

Opvallend is hoezeer Vaticanum II de verkondiging in de breedste zin van het woord (dus ook onderricht en geloofsopvoeding) is gaan rekenen tot de centrale en primaire taken van de priesters in het algemeen en van de pastoor in het bijzonder. Zo is de pastoor volgens **can.528 § 1** verplicht om onverkort het woord Gods in de parochie te laten horen[77]. Om die reden moet hij er voor zorgen, dat de gelovigen vertrouwd raken met de geloofsinhoud vooral door de verkondiging (homilie: **can.767**) op zon-en feestdagen, door catechetisch onderricht (**can.773**) en door die werken te ondersteunen, die de evangelische geest, ook op het terrein van de sociale rechtvaardigheid, bevorderen[78].

Dat hierbij bijzondere zorg uit moet gaan naar de katholieke opvoeding van kinderen en jongeren ligt voor de hand. Ook echter moet de pastoor alles op alles zetten (met inschakeling van toegewijde medegelovigen-leken) om de blijde boodschap te laten doordringen tot hen, die niet meer praktizerend zijn of "het ware geloof niet belijden"[79].

[75] Zie *CDC (P/M)* p.339; vgl.*COMM.* 24(1992)148-151.

[76] Wat betreft de pastoorsfunctie van pasgewijde priesters zie *An.Gr.* 38(1993)70-71.

[77] Wat het 'woord Gods' o.a. inhoudt: zie de **cc.760** en **768**; **F.Coccopalmerio**, a.w., pp.66-78.

[78] Het blijft vreemd, dat, ook nadat daar uitdrukkelijk aanmerking op gemaakt is [zie *COMM.* 13(1981)279], alléén melding wordt gemaakt van de sociale rechtvaardigheid. Hoe belangrijk ook, is zij zeker niet het enige object van een steeds complexer wordend christelijk leven: **F.Coccopalemerio**, a.w., p.71).

[79] Elders is al eens opgemerkt, dat deze zinsnede, oecumenisch gesproken, op z'n minst gezegd niet gelukkig is. We kunnen haar onmogelijk als een *'slip of the pen'* beschouwen. In de plenaire (laatste) zitting van de Codexherzieningscommissie in 1981 (zie *Relatio/1981*, p.125) werd voorgesteld te zeggen: zij, "die het *katholieke* geloof niet belijden", maar dit werd onaanvaardbaar geacht, want, zó kwam het letterlijk naar voren: "het

De Codex geeft op deze wijze uitdrukking aan de *profetische* functie van de pastoor, zoals deze verwoord is in *CD n.*30. Op deze functie (taak, plicht) wordt in de Codex regelmatig teruggekomen. Onder de priesters zijn vooral "de pastoors en anderen aan wie de zielzorg toevertrouwd wordt" aan deze plicht gebonden, zegt **can.757**[80], ook (naar de voorschriften van de diocesane Bisschop) in de vorm van retraites of heilige missies "of andere vormen, die op noden inspelen" **(can.770)**, dus door buitengewone verkondiging[81]; en zij moeten ervoor zorgen "dat het woord van God ook aan die gelovigen verkondigd wordt, die omwille van hun levenssituatie de gemeenschappelijke en gewone herderlijke zorg niet voldoende genieten of deze volledig missen" **(can.771)**.

Volgens **can.776** is de pastoor ambtshalve verplicht te zorgen voor de catechetische vorming van volwassenen, jongeren en kinderen. Daarvoor moet hij een beroep doen op de aan de parochie verbonden *clerici*, op de leden van instituten van gewijd leven en van sociëteiten van apostolisch leven,op de christengelovigen-leken, vooral catechisten, waarbij wij voor Nederland in het bijzonder denken aan de pastorale werkers en werksters, pastoraal-assistenten, (districts-)catecheten en op de ouders voor de gezinscatechese **(can.774 § 2)**[82].

Onder leiding van de pastoor moet een aangepaste catechese worden gegeven aan hen, die de sacramenten ontvangen: aan kinderen met het oog op de eerste biecht, de eerste H.Communie en het Vormsel, gevolgd door een voortgezette catechetische vorming; aan lichamelijk of geestelijk gehandicapten "voorzover hun situatie dit mogelijk maakt" **(cc.777, 843 § 2 en 914)**; aan minderjarigen, jongeren en volwassenen met het oog op het huwelijk **(can.1063)**.

katholieke geloof is het enige ware geloof; de voorgestelde redactie zou zó verstaan kunnen worden als zouden andere geloven ook waar zijn". – Verder wil ik wijzen op het pastoraal beleid bij verscheidenheid in kerkbetrokkenheid in het bisdom Breda: *An.Br.* 3(1989)24-29 met een handleiding voor gesprekken: t.z.p., pp.30-31.

[80] Dus ook de team-priesters van **can.543**, de tijdelijke parochie-administratoren **(can.540)** en parochievicarissen van **can.549.**

[81] Daartoe kan men ook heel het (re)evangelisatieproject binnen het bisdom Roermond rekenen: *An.Rmd.* 69(1988)25-39 (vastenbrief d.d. 2 februari 1988) en 73(1992)77-78.

[82] De Apost. Exh. *Catechesi tradendae* van 16 oktober 1979 [*AAS* 71(1979)1277-1340] geeft de uitzonderlijke functie van de parochies inzake de catechese aan, waarbij rekening wordt gehouden met de veranderingen in het moderne leven, met name door het fenomeen van de urbanisatie, die vragen om aangepaste structuren en een grote verscheidenheid aan modaliteiten om de catechetische zending te vervullen: zie *CDC (P/M)*,p.340. Hierop speelt de parochiecatechese in. – Op een andere plaats zal afzonderlijk worden ingegaan op deze zending, met name in het hoofdstuk over de parochiële instellingen, waaronder de scholen.

7.2.: *Heiligingstaak*

Hieronder valt op de eerste plaats de uiterste zorg, die de pastoor moet besteden aan de eucharistie[83], "middelpunt en hoogtepunt...van heel het leven van de christelijke gemeenschap" (*CD* n.30 en **can.528 § 2**). Zijn eerste plicht is dus, dat de eucharistie werkelijk het middelpunt vormt van de gemeenschapsvieringen en dat de christengelovigen daarop worden voorbereid door het veelvuldig ontvangen van het boetesacrament. Dit betekent dat a) de viering van het offer en het nuttigen van het eucharistisch brood de voornaamste handeling moet zijn zowel van de parochiegemeenschap in haar geheel als van iedere christengelovige individueel (vgl.**cc.899** en **912-923**); b) de blijvende tegenwoordigheid van de Heer wordt geaccentueerd "in een gedeelte van kerk of kapel op een voorname plaats, die zichtbaar, smaakvol versierd is en geschikt voor gebed"(**can.938 § 2**); c) het gebed voor het Allerheiligste voor iedere gelovige (vgl.**can.937**) gewoon wordt met alle andere vormen van verering, zoals uitstelling (**cc.941-942**), zegening (vgl.**can.943**) en processies (**can. 944**); en d) misbruiken worden voorkomen (**can.528 § 2**).

Voor een gedetailleerd overzicht van en inzicht in de kerkelijke bepalingen omtrent de eucharistie en andere sacramentele vieringen en omtrent de rechten en plichten van de pastoor kan verwezen worden naar wat daarover gezegd gaat worden in de hiernavolgende hoofdstukken. In het hoofdstuk "overige uitingsvormen van de goddelijke eredienst", waartoe m.n. ook het sacramentale van uitvaart en begrafenis hoort, wanneer het plaatsvindt zonder eucharistieviering, zullen nog andere heiligingstaken ter sprake komen.

Voor enkele ondergeschikte rechten en plichten in dit verband kunnen we verwijzen naar het recht van de pastoor om dispensatie te verlenen in de verplichting van een feest-of boetedag volgens **can.1245**; naar de plicht van de pastoor zijn parochianen in te lichten over de betekenis van de eerstesteenlegging volgens de *OvD* voor kerk- en altaarwijding. Tenslotte schrijft **can.528 § 2** voor, dat de pastoor zich er voor in moet spannen, dat de gezinnen (weer) leren bidden[84] en dat zij bewust en actief deelnemen aan de H.Liturgie.

[83] I.p.v. te spreken over eucharistieviering werd met opzet gekozen voor het woord 'eucharistie', dat niet enkel de viering ervan, maar ook de verering omvat: zie *COMM.* 13(1981) 279.

[84] In een van de vele vormen, die in de Codex vermeld worden: schriftlezing, meditatie, inwendig gebed, gebed voor het Allerheiligste, rozenkrans- en getijdengebed. Zie: **F.Coccopalmerio**, a.w., p.83.

7.3.: *Plicht tot algemene pastorale zorg of leiding*

Can.529, die geen enkel precedent heeft in de *Codex/17*, heeft een meer pastorale (spirituele) dan juridische inhoud, die ontleend is aan *CD* n.30.

In § **1** wordt de pastoor gewezen op zijn plicht om zijn parochianen naar best vermogen te leren kennen. Het middel daartoe is het *huisbezoek*[85], waarin het er om gaat "te delen in de zorgen van de gelovigen, in hun angsten en droefheid vooral, en hen te bemoedigen alsook, indien zij in een of ander tekortgeschoten zijn, met wijsheid terecht te wijzen". Niemand zal betwijfelen, dat huisbezoek om genoemde en andere redenen van groot belang kan zijn, maar iedereen weet hoe moeilijk realiseerbaar dit hulpmiddel voor de pastorale zorg geworden is. Er zijn her en der pogingen gedaan tot wat wel het *groot-huisbezoek* genoemd wordt. Dit loopt via wijken en wijkjes, waarin de parochie is opgedeeld en waarin contactpersonen zorgen voor het doen samenkomen van de genodigden[86]. Als bijzonder aanbevolen geldt de aandacht voor de *zieken*[87], thuis of in een zieken-, bejaarden-, verzorgings- of ver-pleeghuis, aan wie hij de ziekencommunie, het *viaticum* (teerspijze) of de ziekenzalving kan geven; ook wordt de aandacht van de pastoor gevraagd voor armen, moedelozen, eenzamen, vluchtelingen, verdrevenen en bijzondere zorg voor de jeugd en de jongeren. Tenslotte krijgt de *huwelijks-en gezinspastoraal* in deze zelfde canon een bijzonder accent.

Can.529 § **2** legt de pastoor een aantal verplichtingen op, die nog al disparaat lijken, maar in werkelijkheid het welzijn van de parochie op zich en als onderdeel van de particuliere Kerk (het bisdom) en van de gehele Kerk beogen. In dienst van dit grootse program staat, als ik de

[85] Pas in de eindredactie van de Codex zijn de woorden "hij(de pastoor) moet dus de *huizen* bezoeken" vervangen door "hij dient derhalve de *gezinnen* te bezoeken".

[86] Interessant is kennis te nemen van pogingen tot groothuisbezoek in het Aartsbisdom: *An.Utr.* 50(1977)316-320 en 457-459. Zie ook: **R.Kaptein**, *Het huisbezoek. Achtergrond, problematiek en methode in de veranderende gemeente* (Amsterdam 1965). Van nog oudere datum zijn: **L.Baas/J.H.A.Vermeulen**, *Huisbezoek* (Pastorale cahiers 1962) en de artikelen van **J.v.d. Rijdt**, *De praktijk van het huisbezoek* – in: *N.K.S.* 58(1962) 223-236 en van **W.v.d.Ende**, *Huisbezoek en het huidige wonen,* t.z.p., pp.357-362. Door het D.P.C. van het bisdom 's-Hertogenbosch werd eind zeventiger jaren een cursus 'huisbezoek' aangeboden: *An.Bo.* 9(1969)96-98 en 257; criteria bij de structurering van het pastorale huisbezoek: *An.Bo.* 10(1970)138-145. Over praedisposities voor en vorm van huisbezoek, gepraktizeerd door het Instituut Milieu-apostolaat in het bisdom Breda: *An.Br.* 1965, pp.117-130. Veel parochies kennen een werkgroep 'huisbezoek' of een parochiële bezoekgroep; betreffende de laatste verscheen in het bisdom Breda een brochure en werd een cursus samengesteld: zie *An.Br.* 4(1990)169-170.

[87] "Vooral hen, die de dood nabij zijn" werd er in 1981 aan toegevoegd: zie *Relatio/1981*, pp.125-126.

tekst goed begrijp a) de erkenning en bevordering van *het eigen aandeel van* de leken in de Kerk als individueel gelovige en als lid van adviserende lichamen zoals de diocesane pastorale raad of de raad voor economische aangelegenheden; b) de samenwerking met de eigen Bisschop en met het presbyterium (priestercollege) van het bisdom; en c) bewustmaking van de verbondenheid met het bisdom en met heel de Kerk.

7.4: *Bijzondere aan de pastoor toevertrouwde ambtsplichten*

De bijzondere ambtsplichten van de pastoor worden opgesomd in **can.530**[88]. Anders dan in *can.462 CIC/17*, waarin gesproken werd over *reservering* van bepaalde ambtsplichten aan de pastoor[89], is er in het nieuwe Wetboek slechts sprake van een bijzonder *toevertrouwen* van bepaalde taken, omdat zij geacht worden te behoren tot de verantwoordelijkheid van de pastoor. Men kan zich afvragen, waarom deze lijst van taken nog is opgenomen. Het nieuwe Wetboek onderscheidt zich weliswaar van het oude door een wezenlijk andere opstelling tegenover bepaalde parochiële taken. Toch is, afgezien van noodzakelijke textuele wijzigingen en taken, die toegevoegd, c.q. vervallen zijn, de hele lijst onvolledig en ademt zij toch nog de geest van het verleden, toen de reservatie van functies aan de pastoor vóór alles een zaak van financiëel belang was[90].

Niet meer opgenomen in deze lijst zijn: het publiek brengen van de ziekencommunie[91], de voorgeschreven afkondiging van te ontvangen wijdingen en van huwelijkssluitingen[92] en de huiszegen op paaszaterdag

[88] De meest oorspronkelijke lijst staat in *COMM*. 24(1992) 151-152.

[89] Hetgeen nog sterk herinnert aan de oude "parochie-dwang". Toch heeft het nog lang geduurd alvorens de desbetreffende studiegroep zich los kon maken van het oude reservatie-denken. Pas tijdens de discussie van de verantwoordelijke studiegroep van de Codexherzieningscommissie in 1980 (en dus ook in het *Schema/80*) is sprake van 'toevertrouwen' i.p.v. 'reserveren', terwijl in het *Schema/77 (can.363)* de herziene tekst nog luidde: "Taken, die door de pastoor zelf moeten worden uitgevoerd en die door anderen echter niet dan met zijn toestemming mogen worden uitgeoefend, zijn, behoudens andere door het particuliere recht vastgestelde, de volgende ...": *COMM*. 13(1981) 281-183.

[90] Dit element komt onmiddellijk om de hoek kijken in **can.531**, die in zijn geheel handelt over de bestemming van de giften, wanneer een ander een parochiële taak verricht heeft.

[91] Vgl.*CIC/17 (can.462 n.2)*; *Schema/77 (can.363 n.2)* en *Schema/80 (can.469 n.2)*; in 1981 (zie *Relatio/1981*) werd het geschrapt, omdat hier geen melding meer van gemaakt wordt in de *OvD* voor de pastorale zorg rond de zieken en de ziekenzalving(1972).

[92] Aldus het *Schema/77 can.363 n.5*. In het *HdBdkKr*, p.399 noot 7 wordt verondersteld dat het wegvallen van de afkondiging van huwelijkssluitingen wellicht te maken heeft met de bevoegdheid van de BC om nadere regelingen te treffen voor de huwelijksafkondigingen (vgl.**can.1067**); iets dergelijks is voor wijdingen niet voorzien.

of, naar plaatselijk gebruik, op een andere dag volgens de normen van de liturgische boeken[93]. Anderzijds is de toediening van het sacrament van het vormsel aan hen, die in stervensgevaar verkeren, opgenomen in de reeks van bijzondere plichten. Achtereenvolgens worden als bijzondere aan de pastoor toevertrouwde ambtsplichten in **can.530** dus genoemd:

n.**1**: de toediening van het *doopsel*; hierbij is de in de *CIC/17* opgenomen bijstelling *"sollemniter"* (plechtig) en "in plechtigere vorm" van het *Schema/77* geschrapt;

n.**2**: de toediening van het sacrament van het *vormsel* aan degenen, die in stervensgevaar verkeren, is wel als bijzondere plicht opgenomen, alhoewel dit vanuit **can. 833 n.3** niet zo duidelijk is: de pastoor wordt hier wel als eerste genoemd, maar op gelijk niveau "iedere (andere) priester";

n.**3**: de toediening van het *viaticum* alsook van de *ziekenzalving*, onverminderd het voorschrift van **can.1003 §§ 2-3** (alhoewel hierin de functie van de pastoor niet zo uitdrukkelijk naar voren komt; bovendien: hier is de clausule "behoudens de voor de Instituten van gewijd leven goedgekeurde normen" uit het *Schema/77 can.363 n.4* weggelaten in 1980)[94], en de verlening van de *apostolische zegen*;

n.**4**: de *assistentie* bij *huwelijken* en het geven van de *huwelijkszegen*;

n.**5**: het verrichten van *uitvaarten*[95];

n.**6**: de *zegening* van de *doopvont* in de paastijd, het leiden van *processies* buiten de kerk alsook de plechtige zegeningen buiten de kerk[96];

n.**7**: de meer *plechtige celebratie* van de *eucharistie* op zondagen en geboden feestdagen (waarin de woorden "met homilie" uit het *Schema/77 can.363 n.9* in 1980 zijn weggelaten).

De lijst is onvolledig, omdat er nog andere parochiële taken zijn, die op een bijzondere wijze toekomen aan de pastoor, zoals de bevoegdheid ambtshalve biecht te horen (**can.968 § 1**), bij dreigend stervensgevaar of een andere noodsituatie te dispenseren in sommige huwelijksbeletselen (**cc. 1079-1080**), te dispenseren in private geloften (**can.1196 n.1**), opschorting, dispensatie of omzetting van een eed, waardoor iets beloofd

[93] Vgl.*CIC/17 can.462, n.6* en *Schema/77 can.363 n.7.*

[94] Alsmede de aankondiging van wijdingen en de huwelijksafkondigingen: *COMM.* 13(1981)282.

[95] Dit werd in 1980 nog onzeker geacht: *COMM.* 13(1981) 282.

[96] De *huiszegen* werd geschrapt, omdat het hier niet gaat om een universele norm: *COMM.* 13(1981)282.

wordt, te verlenen **(can.1203)**, dispensatie, c.q. omzetting van verplichte feest- of boetedagen te geven **(can. 1245)**. We zouden hier echter ook de verkondiging van het woord Gods, liturgische vieringen in het algemeen, het bijhouden en bewaren van parochieboeken en archief enz. kunnen noemen omdat de pastoor er allereerst verantwoordelijk voor is en er toezicht op heeft[97].

De rector van een kerk **(cc. 556-563)** mag de bovengenoemde functies **1-6** alleen uitoefenen met toestemming van de pastoor of, als de zaak dit vereist, met diens delegatie **(can.558** en vgl.**can.1219)**.

Opvallend is hoe in relatie met het voorafgaande **can.531** onmiddellijk spreekt over vrijwillige giften bij gelegenheid van de vervulling van een parochiële functie door iemand anders dan de pastoor[98]. Conform de opheffing van het beneficiaal-systeem (en de toepassing daarvan in **can.1272**) worden die giften omdat ze vrijwillig zijn, in de **cc.531** en **1264 n.2** met opzet geen taksen genoemd en komen zij in de parochiekas terecht. Zij worden door de diocesane Bisschop, na overleg met de priesterraad, bestemd voor doeleinden, die door hem worden voorgeschreven; meestal dus ten bate van de drie instituties, waarover **can.1274** spreekt (tenzij het duidelijk om een persoonlijke gift gaat): levensonderhoud en sociale voorzieningen van de *clerus* of de gemeenschappelijke kas van het bisdom om te voldoen aan verplichtingen tegenover andere personen in dienst van de Kerk, tegemoet te komen aan de noden van het bisdom, armere bisdommen te helpen. De presumptie van **can.1267**, dat vrijwillige giften, behoudens tegenbewijs, naar de rechtspersoon gaan en niet naar de titularis, vindt hier haar volle toepassing[99].

7.5.: *Vertegenwoordigingsrecht en -plicht en zorgplicht voor de parochiegoederen*

Iedere wettig opgerichte parochie bezit van rechtswege rechtspersoonlijkheid **(can.515 § 3),** zowel kerk- als civielrechtelijk, in Nederland ten-

[97] Zie **F.Coccopalmerio**, a.w., pp.98-99.

[98] Giften, die volgens **can. 1264 n.2** door de BC kunnen worden vastgesteld bij gelegenheid van de bediening van sommige sacramenten of sacramentaliën. Voor de eucharistieviering is het recht op een geldelijke bijdrage al geformuleerd in **can. 945 § 1**, maar de hoogte daarvan kan bepaald worden door een provinciaal concilie, de BC of door lokale gewoontes. Vroeger (*can.463 § 1 CIC/17*) had de pastoor recht op alle wettige giften voor door hemzelf of anderen verrichte diensten.

[99] Vgl.*CDC (P/M)*, pp.342-343. We komen op deze **can. 531** terug bij de behandeling van het "beheer van de kerkelijke goederen". Deze canon weerspiegelt de geest van Vaticanum II, dat sterk het accent legde op een billijke vergoeding voor de priesters, zodat zij minder afhankelijk zouden zijn van vrijwillige giften (zie *PO* nn.20-21).

minste. Als zodanig kan de parochie deelnemen aan het maatschappelijk verkeer en is zij subject van rechten en plichten. **Can.532**, afgeleid van het algemene beginsel in **can.118** (vgl. **can.543 § 2 n.3**), bepaalt nu dat de pastoor in alle juridische aangelegenheden de parochie vertegenwoordigt volgens het recht[100]. Daarom kon het, zoals we elders uitvoeriger zullen bespreken, volgens het huidige recht niet anders dan dat de pastoor voorzitter zou moeten zijn van het kerk-, c.q. parochiebestuur. **Can.532** is immers de toepassing van het in **can.1279 § 1** uitgesproken algemene beginsel, dat het beheer van de kerkelijke goederen toekomt aan de fysieke persoon (pastoor), die rechtstreeks de leiding heeft over de rechtspersoon (parochie), waaraan die goederen toebehoren. Die vertegenwoordiging zal het vaakst geëffectueerd worden op het terrein van het beheer van de parochiegoederen. Vandaar wordt hem in één adem met het voorgaande de zorgplicht voor dat beheer opgelegd overeenkomstig de **cc.1281-1289**[101]. In dat beheer zullen echter niet alleen deze algemene kerkrechtelijke, maar ook de (eventuele) civielrechtelijke bepalingen over het kerkelijk vermogensbeheer in acht genomen moeten worden.

In *België*, waar de parochie geen civielrechtelijke rechtspersoonlijkheid bezit, is de pastoor van rechtswege lid van de raad van de kerkfabriek en van het bureau van kerkmeesters.

7.6.: *Residentieplicht*[102]

Als noodzakelijke voorwaarde voor de persoonlijke vervulling van zijn herderlijke taak heeft de pastoor vanouds de residentieplicht (**can.533 § 1**), d.w.z. de plicht om in zijn parochie metterdaad woonachtig te zijn in een pastorie, dichtbij de kerk[103], tenzij de plaatselijke

[100] De precisering van **can.532** geldt niet uitsluitend het pastoorsambt; vgl. daarom met de **cc.393** (Bisschop), **238 § 2** (seminarierector). – Tijdens de plenaire bijeenkomst van de Codexherzieningscommissie in 1981 werd het voorstel gedaan aan de laatste drie woorden toe te voegen "en volgens de normen van het particuliere recht". Dit werd overbodig geacht, omdat in de algemene bewoordingen "volgens het recht" ook het particuliere recht begrepen is en bovendien in de canones, waarheen verwezen wordt, dit recht een paar keer (**cc.1286 § 3** en **1287 § 2**) genoemd wordt. Er zij nog op gewezen dat de betreffende studiegroep in 1980 het voorstel van een consultatie-orgaan om aan het particuliere recht de mogelijkheid te geven aan de pastoor het juridische vertegenwoordigingsrecht te ontnemen niet heeft overgenomen (zonder dat dit beargumenteerd wordt): zie *COMM.* 13(1981)284.

[101] In het commentaar op deze canones zal er op worden teruggekomen.

[102] Zie *COMM.* 24(1992)153-155.

[103] Zie *A.R.-parochie* art.22 lid 1. In Nederland was het bijna overal gebruikelijk dat de pastoor zó resideerde. Door de sterk veranderde leefomstandigheden zijn vele van die

Ordinaris *om een goede reden* toestaat dat hij elders woont. Als het bv. gaat om een huis (buiten de parochie of niet zo dichtbij de kerk), waarin de pastoor met andere priesters een gemeenschapsleven kan leiden[104], is dit zonder meer al een goede reden om elders te wonen. Of "elders" binnen dan wel buiten de parochiegrenzen is, is niet zo belangrijk, mits een goede vervulling van de parochiële taken er maar niet onder lijdt[105].

Of deze residentieplicht een *persoonlijke* verplichting is voor de pastoor, wordt in deze canon niet met evenveel woorden gezegd[106], maar het ligt wel voor de hand; het is ook een *continue* (doorlopende, voortdurende) verplichting, behoudens wettige afwezigheid; tenslotte is het een *actieve* (passieve aanwezigheid volstaat niet) en *ernstige* verplichting, want er wordt zoveel waarde aan gehecht, dat ernstige nalatigheid "met een rechtvaardige straf gestraft (dient) te worden, ontneming van het ambt, na vermaning, niet uitgesloten" **(can.1396)**. Deze canon beschouwt iedere inbreuk op deze plicht als een mogelijk delict, ofschoon de oude "procedure tegen *clerici*, die niet resideren" *(cc.2168-2175 CIC/17)* vervallen is.

Uiteraard kan een pastoor om vele redenen korter of langer afwezig zijn uit de parochie:

a) *wegens vakantie*[107]. De duur van de vakantie werd in de oude wetgeving[108] op twee maanden[109] per jaar gesteld, maar wordt in **can.533 § 2** teruggebracht tot "ten hoogste één maand, aaneengesloten of

pastorieën onbruikbaar geworden, alleen al vanwege de grootte. Een interessante, op deze situatie inspelende notitie over het gebruik van pastorieën in *An.Ha.* 33(1986)267-271, over de verhuur daarvan in: *An.Br.* 5(1991)130 en over de inrichting in *An.Gr.* 23(1978)B50-B52.

104 Een woonvorm, die in **can.280** sterk wordt aanbevolen aan *clerici* in het algemeen en in **can.550 § 1** aan parochie-vicarissen in het bijzonder. De plaatselijke Ordinaris moet er ook voor zorgen, dat, waar mogelijk, een vorm van gemeenschapsleven in de pastorie bevorderd wordt **(can.550 § 2)**.

105 Een parochievicaris is volgens **can.550 § 1** verplicht *in* de parochie te wonen.

106 Zoals wel voor een diocesane Bisschop volgens **can.395 § 1**; in zijn geval kan dus geen beroep worden gedaan op de oude rechtsregel: "wie door een ander iets doet, lijkt dit van zichzelf uit te doen".

107 Zie *A.R.-parochie* art.22 lid 2. – Als in **can.281 § 1** gesproken wordt over een passende vergoeding voor *clerici*, die zich aan een kerkelijke bediening wijden, om te kunnen voorzien in hun eigen levensbehoeften, hoort vakantie daar vandaag de dag ook bij.

108 *Can.465 § 2 CIC/1917*: "Hem (de pastoor) wordt toegestaan hoogstens gedurende twee maanden per jaar aan één stuk of onderbroken afwezig te zijn, tenzij een naar het oordeel van de Ordinaris ernstige reden een langere afwezigheid vereist is of alleen een kortere wordt toegestaan".

109 Verondersteld wordt, dat dit o.a. samenhing met de (gewoonlijk) lange reistijd: *CCL*, p.429.

onderbroken"[110], dus:ineens of bij gedeelten. Daarmee is deze canon een van de zeldzame bepalingen in de **Codex/83**, die de voorgaande discipline strenger maakt. Om een ernstige reden, bv.ziekte, kan ook nu de plaatselijke Ordinaris een langere afwezigheid toestaan of een kortere, bv. als de situatie van de parochie daarom vraagt. In deze vakantietijd zijn niet begrepen de dagen, waarop een pastoor zijn jaarlijkse retraite maakt en men kan zich afvragen of hieronder ook niet de dagen vallen, waarop priesters studiebijeenkomsten bijwonen, waartoe zij krachtens **can.279 § 2** ook min of meer verplicht zijn. Het antwoord moet m.i. affirmatief zijn.

b) *wegens een sabbatperiode*. Vanuit de overweging dat de werklast van de basispastores[111] steeds toeneemt, is de idee van de sabbatperiode geboren, die hun/haar wordt toegekend: niet als een gunst, maar als recht. In het woord klinkt een religieuze dimensie door (zie *Gen*. 2, 2-3; *Ex*. 20, 8-11; 23, 12; 31, 13-17; *Deut*. 5, 12-15); het werkwoord '*sjabat*' betekent volgens kenners: staken, ophouden met iets en betekent in dit verband: stoppen met de dagelijkse werkzaamheden om tijd vrij te maken voor drie facetten van het leven als pastor: *verdieping*, d.i. bezinning op eigen spiritualiteit naast andere vormen als een dertigdaagse retraite, gebedspractica, meditatieweken, kort verblijf in een klooster, bedevaart enz.; *vorming*, waarbij het gaat om bijzondere aandacht voor het pastorale beroep, zoals het aanleren van vaardigheden in het leiding geven of in het omgaan met groepen, met nieuwe ethische vraagstukken in de verkondiging, met nieuwe technologische ontwikkelingen, waarvoor een sabbatperiode meer ruimte biedt dan via trainingen en cursussen mogelijk is en *studie* van onderwerpen uit de vakgebieden van theologie en pastoraat met een grote verscheidenheid aan mogelijkheden zowel op het theoretisch als op het praktische (praktijkgerichte) vlak. Wat de *duur* betreft is in Utrecht[112] gekozen

[110] Als nadere specificatie van **can.283 § 2.** Zie *CD* n.28. Dat het maar één maand is, komt ook wel door de huidige gewoonte in veel bisdommen dat veel priesters iedere week een vrije dag hebben. Bij elkaar geteld zou een aaneengesloten periode van vakantie en vrije dagen plus minus twee en een halve maand vrij per jaar betekenen. Zie *CCL*, p.429. Oorspronkelijk (nog in 1971) stelde men voor de kwestie van de vrije dag op te nemen in de Codex: *COMM*. 24(1992)153-154, maar het voorstel verdween in 1976: *COMM*. 25(1993)193-194.

[111] Naar de pastores, die in parochies werken, gaat de aandacht op de eerste plaats uit. "Pastores in het categoriaal pastoraat kennen soms al bijzondere verlofregelingen of kunnen beter met hun eigen bestuur over de mogelijkheden overleggen". Zo staat het in de brochure van het aartsbisdom Utrecht *Sabbatperiode*(1988), p.13.

[112] Ook in andere bisdommen, zoals Groningen [*An.Gr*. 35 (1990)76-79] en Haarlem [*An.Ha*. 38(1991)233-243], is hiervoor gekozen; in Rotterdam werd bij bisschoppelijke brief van 14 juli 1989 dit thema aan de orde gesteld ter bespreking in de dekenale pasto-

voor minimaal een maand en maximaal drie maanden[113], eens in de vijf jaar, hetzij aaneengesloten hetzij gespreid over een aantal samenhangende kortere perioden, bv. bij de zgn. 'gebroken' klinische pastorale vorming. De programma's voor deze periode zijn nog volop in ontwikkeling. Voor een goede organisatie van de sabbatperiode is het samenspel tussen parochies, dekenaten en bisdom noodzakelijk. In het aartsbisdom (en elders) is een *Begeleidingscommissie Sabbatperiode* ingesteld. Zij adviseert de (diocesane, dekenale en parochiële) beleidsinstanties, inventariseert de programma's en beoordeelt de voorstellen van individuele pastores en evalueert hen[114].

c) *wegens een reeks andere motieven*, maar als dit betekent dat de pastoor meer dan één week uit de parochie afwezig is, is hij verplicht de plaatselijke Ordinaris hiervan op de hoog te te stellen **(can.533 § 2)**[115]. Behalve het schriftelijke verlof van de plaatselijke Ordinaris in dit geval of toestemming van de eigen Overste regelde de oude wetgeving *(can.465 §§ 4-6)* ook minutieus de manier, waarop de vervanging van de pastoor diende plaats te vinden. Veel daarbij werd overgelaten aan de particuliere wetgeving (provinciaal concilie of diocesane synode). In de nieuwe Codex vinden we hiervan (bijna) niets terug. **Can.533 § 3** volstaat ermee te bepalen dat de diocesane Bisschop moet voorzien in een goede vervanging en daarvoor een priester uit moet rusten met de vereiste bevoegdheden. Daar, waar een of meer parochievicarissen zijn, ligt het uit een vergelijking met de **cc.541 § 1** en **549** voor de hand dat één van hen (de oudste in benoeming?) aangewezen wordt; in parochies, waar geen vicarissen zijn, zou de pastoor zelf zijn vervanger kunnen aanwijzen of dit overlaten aan de deken; bij afwezigheid van langere duur of van blijvende aard biedt **can.539** uitkomst door de aanstelling van een parochie-

resberaden: *An.Ro.* 34 (1989) 151-153; in 1995 is een definitieve regeling voor het opnemen van een sabbat-periode tot stand gekomen; *An. Br.* 8 (1994) 150-155; *An. Bo.* 30 (1990) afl. 2, pp. 20-26.

113 Zie *An.Utr.* 61(1988)195-196; zo ook in het bisdom 's-Hertogenbosch.

114 Voor de praktische regelingen inzake vervanging, achterwacht, centrale contactpersoon enz. verwijzen we naar de reeds genoemde brochure, waaraan ook alle genoemde gegevens voor dit onderdeel ontleend zijn. – Voorts zij verwezen naar *An.Utr.* 64(1991)85-90: "Sabbatperiode: een middel dat het doel heiligt" en naar een "terugblik op vijf jaar sabbat-mogelijkheid" in het Aartsbisdom: *An.Utr.* 67(1994)310-314.

115 Er staat in de canon niet "*als* de pastoor meer dan één week afwezig is...", maar "*om*(ut) meer dan één week afwezig te zijn...", waarmee gezegd wil worden dat de pastoor dan niet enkel kan volstaan met een mededeling aan de Ordinaris, maar die mededeling moet doen om *verlof* te krijgen. Zie **F.Coccopalmerio**, a.w., pp.153-154. Overigens valt dit ook af te leiden uit de opmerking bij *can.472 § 2 Schem./1980*: *Relatio/1981*, p.127.

administrator; en analoog **(can.19)** aan **can.541 § 1** kan een oplossing worden gevonden voor parochies met een priester-team; gaat het om de moderator, dan zou de oudst aangestelde priester zijn functie over kunnen nemen[116].

7.7.: *Applicatieplicht*

Over de applicatieplicht van de pastoor **(can.534)** wordt in ander verband uitvoerig gesproken[117]: vanaf het moment dat hem de zorg voor een parochie overgedragen is, is hij verplicht om op alle zondagen en op de in zijn bisdom verplichte feestdagen de eucharistie te vieren tot intentie van de parochiegemeenschap (de zgn.*Missa pro populo*), al is er geen plicht om dit in de eigen parochiekerk te doen; ook kan het op een andere dag gebeuren zonder daarvoor een machtiging van de plaatselijke Ordinaris nodig te hebben: iedere goede reden is voldoende. Deze bepaling is substantiëel gelijk aan die van de oude wetgeving *(can.466)*, al is het voorschrift van toen door een decreet van de Congregatie voor de Geestelijkheid van 25 juli 1970[118] beperkt tot de zondagen en ter plaatse verplichte feestdagen.

Een team van priesters, dat volgens het model van **can.517 § 1** wordt aangesteld onder leiding van een moderator, zal het onderling eens moeten worden over wie deze verplichting vervult. Maar **can.534** is niet van toepassing op rectoren, *cappellani*, parochievicarissen of Oversten van religieuze gemeenschappen, wel op quasi-pastoors. De pastoor is wettig geëxcuseerd in geval van gevangenschap, ballingschap, verbanning enz.**(can.539)**; dan is de parochie-administrator van **can.540 § 1** daartoe verplicht.

7.8.: *Plicht tot bijhouden en bewaren van de parochieboeken*

Over de ernstige plicht van iedere pastoor om de parochieboeken bij te houden en te bewaren (zie **can.535**) zal vanwege hun uitzonderlijk belang en tegelijk omwille van de veronachtzaming hiervan in onze tijd, alsmede over het (eventueel) bijhouden van een cartotheek, parochie-

[116] Bij mijn weten is het in geen enkel bisdom gebruikelijk om de Ordinaris op de hoogte te stellen van een afwezigheid wegens vakantie of afwezigheid om een andere reden voor langer dan één week, laat staan hiervoor verlof te vragen, zoals voorgeschreven in de *Codex/17*; ook is mij niets bekend over concrete normen van de afzonderlijke Bisschoppen. Vermoedelijk zal er ook geen bezwaar worden gemaakt mits de pastoor maar zorgt voor een goede vervanging.

[117] Zie hoofdstuk VI: sacrament van de eucharistie.

[118] *AAS* 63(1971)943-944.

kroniek en over alles, wat in onze wegwerpmaatschappij (en kerk?) te maken heeft met het archief in een afzonderlijk hoofdstuk XI worden gehandeld.

8. Pastoorsinkomen

8.1.: *Oude stituatie*

Tot aan 1972 was het pastoorsinkomen opgebouwd uit de meest uiteenlopende elementen:

a) Daar, waar het pastoorsambt tegelijk een beneficie was (in Nederland niet!), genoot de pastoor vanaf zijn installatie het recht op de inkomsten van dit beneficie *(can. 1472 CIC/17).*

b) Het recht op de *taksen*, die wettelijk of door het gewoonterecht waren vastgesteld *(can.1463 § 1 CIC/17)*, mits in de oprichtingsakte van de parochie uitdrukkelijk bepaald was dat zij deel uitmaakten van het pastoorsinkomen. Onder *taksen in strikte zin* verstond men de bedragen, die verschuldigd waren bij gelegenheid van de uitoefening van de kerkelijke rechtsmacht alsmede de rechten *(leges)* voor het uitreiken van kerkelijke oorkonden; *taksen in wijdere zin* waren die, welke bij gelegenheid van een functie van de wijdingsmacht verschuldigd waren, bv. de geldelijke bijdragen voor de applicatie van de eucharistie tot een bepaalde intentie en voor de toediening van sommige sacramenten en sacramentaliën; ook wel *stoolrechten* genoemd. Ze konden of wel *verplicht* zijn (bij het celebreren van eucharistievieringen, huwelijken, uitvaarten en begrafenissen) ofwel *vrijwillig* gegeven bij gelegenheid van sommige andere kerkelijke functies, zoals: doop, plechtige kindercommunie, huisinwijding, huiszegen enz.[119].

c) Het recht op vrij wonen in de pastorie en (eventueel) het vruchtgebruik van een daarbij behorende tuin.

d) De inkomsten van landerijen of andere vaste goederen, die althans kerkrechtelijk tot het pastoorsbeneficie behoorden.

e) Het zgn.*traktement*, d.i. een beloning (bezoldiging) van Rijkswege aan een groot aantal pastoors.

f) Het vaste *salaris* uit de kerkekas en de vergoedingen, die hij volgens de diocesane regeling uit de kerkekas ontving voor bv. personele belasting, telefoon, ziekteverzekering, pensioenfonds, kapelaansvergoeding, verhuizing, A.O.W. premie enz.

[119] De identificatie van vrijwillige giften en stoolrechten zoals gemaakt in *CCL*, p.427 lijkt me onjuist en verwarrend.

g) De opbrengst van devotiekaarsen, tenzij deze aan de kerk toekwam.
h) De vaste, door de Ordinaris goedgekeurde of krachtens gewoonterecht bestaande *pastoorscollecte* en de hier en daar in gebruik zijnde (min of meer vaste) *giften "in natura"*.

8.2.: *Nieuwe situatie*

Door de afschaffing van het prebende-wezen (het beneficiaalsysteem)[120] moest er een nieuwe regeling komen voor het pastoorsinkomen. De eerste algemene aanzet daartoe gaf het conciliaire dokument *PO* n.20,1, waarin staat dat "de priesters in de vervulling van het hun toevertrouwde ambt een billijke vergoeding (verdienen)", indachtig de schriftwoorden "de arbeider is zijn loon waard"(*Lk.* 10,7) en "dat zij van het evangelie moeten leven"(*1 Kor.* 9,14). De gelovigen moeten dan ook zorg dragen voor een fatsoenlijk en passend levensonderhoud. Daarop moeten de Bisschoppen wijzen "en zij moeten ervoor zorgen, ofwel ieder voor eigen bisdom of beter met meerderen samen voor een gemeenschappelijk gebied, dat er richtlijnen worden vastgesteld waardoor naar behoren wordt voorzien in een fatsoenlijk levensonderhoud voor hen...De vergoeding...moet echter, rekening houdend zowel met de aard van het ambt als met de omstandigheden van plaats en tijd, voor iedereen, die in dezelfde situatie verkeert, fundamenteel gelijk zijn...". Verder wordt hier ook gezegd, dat de vergoeding de mogelijkheid moet scheppen een tegemoetkoming te geven aan "hen, die zich ten dienste van de priesters stellen", de armen te helpen en "ieder jaar een behoorlijke en toereikende vakantie te kunnen houden".

In het MP *Ecclesiae sanctae*(1966) van Paus **Paulus VI** (I n.8) wordt deze algemene aanzet geconcretiseerd in zoverre, dat aangedrongen wordt op een hervorming van het beneficiaal-systeem; dat de Bisschoppen samen met hun priesterraden moeten zorgen voor een billijke verdeling van de goederen, ook voorzover ze uit beneficies voortvloeien, en ervoor zorgen dat dáár, waar het onderhoud van de geestelijkheid geheel of voor het grootste deel afhankelijk is van de bijdragen van de gelovigen, een speciaal instituut bestaat dat de goederen (geldelijke middelen) bijeenbrengt; dat de BC's er tenslotte voor zorgen dat in ieder land diocesane en interdiocesane instituten in het leven worden geroepen, waardoor in voldoende mate voorzien wordt in een passende gezondheidszorg en medische hulp alsmede in een behoorlijk levensonderhoud van de geestelijken, die ziek, invalide of oud zijn (vgl.**can.1274**).

[120] Zie *PO* n.20,2.

In 1971 zijn er in het Aartsbisdom nadere richtlijnen gegeven aan de kerkbesturen inzake de inkomens van pastoors (en kapelaans). Hieruit is in Nederland het systeem voortgevloeid dat het pastoorsinkomen in zijn geheel betaald wordt uit de kerkekas en dat kerkbesturen een beroep op de gemeenschap kunnen doen, wanneer zij niet bij machte zijn het gehele pastoorsinkomen uit de kerkekas te betalen[121]. In dat geval kunnen zij in de meeste bisdommen een beroep doen op het zgn. *solidariteitsfonds*. Dit fonds wordt in de meeste gevallen gevoed door bijdragen van pastores met een hoger inkomen en door bijdragen van parochies uit overschotten. Ook al omdat de stichting van dit fonds met moeite geaccepteerd werd door de kerkbesturen, werd in 1968 volstaan met *voorlopige regelingen*, maar werd tegelijk een begin gemaakt met de stichting van het solidariteitsfonds. Vanaf 1969 werden die voorlopige regelingen definitief en tegelijk geïndexeerd[122].

Tegenover deze nieuwe vorm van pastoorsinkomen staat echter dat *neveninkomsten* van de pastoor, bv. uit lessen, geldelijke bijdragen voor eucharistievieringen enz., in de kerkekas moeten worden gestort[123]. Op deze wijze is naar de wensen van Vaticanum II het pastoorsinkomen "fundamenteel gelijk" geworden, in welke parochie iemand ook staat. Wanneer we daarbij bedenken, dat alle priesters [en pastorale werk(st)ers en pastorale assistenten] in Nederland de mogelijkheid hebben zich aan te sluiten bij een ziekteverzekering en vanaf 1 januari 1973 beschikken over een eigen pensioenfonds enz., dan is ook in andere opzichten voldaan aan de wensen van Vaticanum II[124].

De situatie in *België* is radicaal verschillend. In *art.181* van de *Grondwet* wordt bepaald, dat de wedden en pensioenen van de bedienaren der erediensten komen ten laste van de staat; de daartoe vereiste bedragen worden jaarlijks op de begroting uitgetrokken.

Uit de parlementaire voorbereiding van dit artikel blijkt, dat door de toenmalige katholieke parlementairen werd voorgehouden, dat dit als

[121] Zie *A.R.-parochie* art.21 lid 1. Het leeuwedeel van de kerkekas zal afkomstig zijn uit de overal ingevoerde *gezinsbijdrage* als nieuwe methode van inkomstenverwerving.

[122] Waarschijnlijk hebben de nieuwe methoden van inkomstenverwerving, met name via de *gezinsbijdrage*, eraan meegewerkt, dat vrij snel de nieuwe vorm van pastoorsinkomen in de parochies geaccepteerd is. Vgl.*An.Br.* 1977, pp.B49-B50; 1 (1987)73-75; 3(1989) 39 en 92; 7(1993)60-62.

[123] Zie *A.R.-parochie* art.21, lid 2.; bv. *An.Utr.* 40(1967) 27; 41(1968)18-22; 42(1969) 82-84; 180-181.

[124] Dit door de gezamenlijke bisdommen in het leven geroepen fonds heet officiëel *"Stichting Pensioenfonds van de Nederlandse Bisdommen"*. Zie bv. *An.Gr. Bd.IV*(1971-1974)157, 166, 172-173.

een compensatie diende te worden gezien voor de inbeslagname van de kerkelijke goederen tijdens de Franse overheersing, terwijl parlementairen van liberale strekking hierin een vergoeding zagen van het sociaal nut van de Kerk. Uit de parlementaire stukken kan men niet afleiden welke motivering uiteindelijk werd aangehouden. De rechtspraak heeft echter duidelijk gekozen voor het liberale standpunt, omdat voor het toekennen van een bezoldiging door de rechtbanken een effectieve uitoefening van de bezoldigde functie werd vereist. Een dgl. koppeling is alleen begrijpbaar, wanneer men inderdaad aanvaardt dat het om een vergoeding gaat voor een sociaal nut en niet om een vergoeding voor in beslag genomen goederen.

De facto betekent dit, dat de pastoors van erkende parochies via de afdeling Erediensten van het Ministerie van Justitie worden bezoldigd. Dit voordeel wordt niet enkel genoten door de bedienaars van de katholieke eredienst, maar ook door de bedienaars van alle in België wettelijk erkende erediensten, te weten: de protestantse, anglicaanse, joodse, orthodoxe en islamitische[125].

9. Beëindiging van het pastoorsambt

Zoals men canoniekrechtelijk *ieder* kerkelijk ambt, behalve door de dood, kan verliezen

a) door het verstrijken van de vooraf bepaalde termijn
b) door het bereiken van de rechtens bepaalde leeftijd
c) door er *afstand* van te doen of door *vrijwillige ontslagname* (Lat.: *renuntiatio*)
d) door *(o)verplaatsing* naar een ander of soortgelijk ambt (Lat.: *translatio*)
e) door *gedwongen ontslag* (Lat.: *amotio*) uit het ambt en
f) door *strafrechtelijke ontzetting*(Lat.: *privatio*)**(can.184 § 1)**, zo bevat het canonieke recht ook afzonderlijke bepalingen over de beëindiging van het pastoorsambt. Het verlies van het ambt kan zich automatisch voltrekken (a en soms b), vrij (c en soms d) of gedwongen (f en soms d) plaatshebben. Zo goed als de aanstelling van een pastoor in handen ligt van de diocesane Bisschop, zo behoeft de beëindiging van de ambtsbediening op een of andere wijze de tussenkomst van de Bisschop **(can.538 § 1)**.

[125] Wat de bedienaren van de islamitische eredienst betreft is deze bezoldiging nog niet in werking getreden. De islamitische eredienst is immers de laatst erkende en er is nog geen voldoende duidelijk criterium om uit te maken wie in welke mate als bedienaar kan worden aangemerkt.

9.1. *Beëindiging van het ambt door overlijden*

Een enkele opmerking over het verlies van het ambt bij overlijden van de pastoor is op z'n plaats. Iedere pastoor dient vóór zijn overlijden niet alleen orde te stellen en te houden op eigen (geestelijke) zaken, maar ook op die van de parochie en van de kerk (parochieboeken, administratie van geldelijke bijdragen voor eucharistievieringen, archief enz.). Vandaar ook de aanbeveling om via een *testament* (altijd door de notaris op te stellen) te zorgen dat eigen bedoelingen over de dood heen gerealiseerd worden, onenigheid tussen nabestaande belanghebbenden vermeden wordt, soms ook de positie van een huisgeno(o)t(e) verstevigd wordt, of via een zgn.*codicil* (eigenhandig geschreven door de erflater, door hem ondertekend en gedagtekend) voor schikkingen omtrent bepaalde *roerende* zaken, na overlijden af te geven aan bepaalde met name genoemde personen[126]. Bij beide (testament en codicil) kan een executeur-testamentair worden aangewezen, hetgeen heel belangrijk is. Particulier-kerkrechtelijk is er weinig geregeld; alleen in de zgn. diocesane regelingen voor honorering en salariëring van ieder bisdom wordt iets gezegd over het (subsidiair) bekostigen van alles wat met uitvaart, begrafenis of crematie te maken heeft[127].

Van het overlijden van de pastoor moet degene, op wie volgens **can.541** onmiddellijk het bestuur van de parochie overgaat, de plaatselijke Ordinaris in kennis stellen alsmede de deken, die er op moet toezien dat bij overlijden van de pastoor "geen boeken, documenten, gewijde gebruiksvoorwerpen en andere zaken, die de Kerk toebehoren, verloren gaan of weggenomen worden" (**can.555 § 3**).

9.2. *Beëindiging door het verstrijken van de vooraf bepaalde termijn.*

Hierboven (sub 5.4) hebben we gezien dat de pastoor een duurzaam ambt bezit en daarom normaal gesproken voor onbepaalde tijd benoemd moet worden, maar uitzonderingen zijn mogelijk. Is de vooraf bepaalde

[126] Zie *An.Utr.* 64(1991)342, waar ook aanbevolen wordt het bisdom te informeren over het bestaan van een testament of codicil; *An.Bo.* 29(1989)afl.1, pp.12-15. T.a.v. het codicil zij voor de duidelijkheid nog opgemerkt, dat een getypt of door een ander geschreven tekst het codicil ongeldig maakt en dat daarin slechts een beperkt aantal zaken te regelen valt, zoals de benoeming van een executeur-testamentair, de uitdrukking van de wens om begraven of gecremeerd te worden, het legateren van kleren, sieraden en meubelen, die met name omschreven dienen te worden, d.i. per voorwerp, beschikbaarstelling van organen voor transplantatiedoeleinden (een zgn. *donorcodicil*, dat iemand bij zich moet dragen). – Merkwaardig is dat de Codex in dezen geen enkel voorschrift of aanbeveling bevat, tenzij voor hen(haar), die de professie voor het leven afleggen (**can.668 § 1**). Vroeger werden deze zaken geregeld door een Provinciaal Concilie of door diocesane Synoden.

[127] Bv. *Richtlijnen voor het a.b.Utrecht* 1993 sub 10d; zie verder hoofdstuk X; gelijkwaardige richtlijnen in de diocesane regelingen van de andere bisdommen.

termijn eenmaal verstreken, dan verliest men volgens **can.186** het ambt niet onmiddellijk, maar op het moment, waarop door de bevoegde overheid schriftelijk aan de titularis kenbaar wordt gemaakt dat de ambtstermijn verstreken is. Dit in tegenstelling tot een voor de hand liggende conclusie uit de formulering van **can.538 § 1**.

9.3. *Beëindiging door het bereiken van de rechtens bepaalde leeftijd*

Geheel nieuw is, wat **can.538 § 3** bepaalt, nl. dat een pastoor bij de voltooiing van zijn 75ste levensjaar verzocht[128] wordt het ontslag uit zijn ambt aan te bieden aan de diocesane Bisschop, die over aanvaarding of uitstel beslist[129]. Wordt het ontslag aanvaard, dan moet de Bisschop zorgen voor een passend levensonderhoud (en voor onderdak, voegt het MP *Ecclesiae sanctae* in I n.20 § 3 hieraan toe)[130]. De Bisschop is echter niet verplicht het ontslag te aanvaarden; hij zal naar de persoonlijke, bv. gezondheid, animo, en plaatselijke omstandigheden (bv. raakt een parochie voorgoed een pastoor kwijt? is de parochie klein en dus minder bewerkelijk? zijn er in de parochie nog andere priesters, op wie een beroep kan worden gedaan? enz.) moeten kijken[131]. Wil de Bisschop

[128] De straffe formulering van *can.370 § 3 Schem./77*, dat een pastoor van 75 zijn ontslag aan de diocesane Bisschop *moet* aanbieden, ontmoette binnen de betreffende studiegroep in 1980 nog al weerstand [zie *COMM.* 13(1981)288], maar dat leidde toen niet tot een wijziging; wel in 1981 toen het in 1980 al gedane voorstel "wordt verzocht het ontslag ... aan te bieden" werd overgenomen. Hieruit blijkt dus dat de ontslagaanbieding voor niemand een verplichting is, maar wel een (dringend) verzoek of aansporing. Op de vraag van een lid van de Codexherzieningscommissie in 1981 of de BC of de diocesane Bisschop de door de burgerlijke wet vastgestelde pensioengerechtigde leeftijd van 65 aan mag houden (en van een ander lid of de leeftijd van 75 voor tropische landen niet erg hoog is) wordt in het antwoord verwezen naar (nu) **can. 401 § 1**. Daaruit valt m.i. af te leiden dat de Bisschop in deze zelf beslist. Zie *Relatio/1981*, pp.128-129 bij *can.477*.

[129] Zie *A.R.-parochie* art.23 lid 2. – Om deze bepaling is dringend gevraagd in *CD* n.31,4, ofschoon daar alleen nog maar gesproken wordt over "vergevorderde leeftijd" of "een andere ernstige reden". Pas in het MP *Ecclesiae sanctae*(1966) van Paus **Paulus VI**,I n.20 § 3 wordt de leeftijd van 75 genoemd (iets dergelijks gebeurde voor Bisschoppen: zie *CD* n.21 en MP *Ecclesiae sanctae* I n.11). Het MP *Ingravescentem aetatem*(1970) van Paus **Paulus VI** herinnert ons nog eens aan dit verzoek, gedaan aan Bisschoppen en pastoors, alvorens iets soortgelijks te bepalen voor Kardinalen.

[130] Men bedenke dat het Pensioenfonds ingaat met 65 jaar. In het aartsbisdom Utrecht wordt aan iedereen, die met emeritaat gaat (op 65-jarige leeftijd of later), een brochure toegezonden, waarin een aantal financiële consequenties van zijn ontslag bijeen zijn gezet; over allerlei zaken, die 'emeriti' aangaan: zie *An.Br.* 1982, pp.B1-B2 en 6(1992)137-145; gedragsregel in het aartsbisdom Utrecht wat betreft de leeftijdsgrens: *An.Utr.* 67(1994)85. Wat een passend onderhoud en onderdak betreft: zie **H.Schmitz**, *Die Weisungen des Vaticanum II zur Altersversorgung der Presbyter* – in: *Festschrift Panzram*, pp.139-158.

[131] Zie **F.Coccopalmerio**, a.w., pp.145-148.

graag uitstel, dan kan hij nu heel handig gebruik maken van de aanstelling voor een bepaalde tijd volgens **can.522**[132].

Wie op deze wijze vrijwillig ontslag genomen heeft, dat door de Bisschop aanvaard is, kan volgens **can.185** de titel *emeritus* krijgen. Ook nu heeft de ontslagname pas rechtsgevolgen "vanaf het moment, waarop het door de bevoegde overheid schriftelijk betekend wordt" **(can.186)**. Is de pastoor lid van een religieus instituut of geïncardineerd in een sociëteit van apostolisch leven, dan dient de ambtsontheffing plaats te vinden volgens **can.682 § 2**.

Op de vraag of de diocesane Bisschop bij weigering van een pastoor om bij zijn 75ste levensjaar zijn ontslag aan te bieden een procedure in gang moet zetten, waarover gesproken wordt in het MP *Ecclesiae sanctae*(1966) van Paus **Paulus VI** sub I n.20 § 1 (thans de **cc.1740-1747**), antwoordde de *PCIV*: "Ja"[133].

9.4. *Beëindiging door vrijwillig ontslag ofwel aanvaarde afstand*

Volgens de **cc.184 § 1, 187-189** en **538 § 1** kan iedere kerkelijke ambtsdrager en dus ook de pastoor, behalve door de dood, zijn ambt ook verliezen door vrijwillige ontslagneming. In tegenstelling tot het gedwongen ontslag en de strafrechtelijke ontzetting uit het pastoraat, die uitgaan van de bevoegde overheid, is het vrijwillig ontslag een wilsakt van de pastoor zelf.Bovendien moet bij gedwongen ontslag of strafrechtelijke ontzetting van een seculiere pastoor altijd een bepaalde procedure worden gevolgd, terwijl het vrijwillig ontslag zonder enige vorm van proces geschiedt. Zo geeft **can.187** aan "ieder, die voor zichzelf verantwoordelijk kan zijn", de mogelijkheid om afstand te doen van zijn ambt "om een goede reden". Een goede reden is altijd het feit, dat iemand 75 jaar geworden is (zie boven onder 9.3). Of een reden goed is, staat ter beoordeling van de plaatselijke Ordinaris. Natuurrechtelijk wordt voor de *geldigheid* vereist, dat de pastoor beschikt over het

[132] De tijd, waarop parochiefunctionarissen met emeritaat gaan, is in de diverse bisdommen niet op dezelfde wijze geregeld. Voor het bisdom Groningen is 75 jaar de uiterste termijn, maar op voorstel van de Bisschop zou het algemeen gebruik moeten worden dat zij met 65 jaar ontslag aanvragen; op verzoek echter van de Bisschop zou de betrokkene langer aan kunnen blijven, maar niet langer dan tot 70 jaar: zie *An.Gr.* Bd.III(1967-1970)338-339 en Bd.IV(1971-1974)10. Praktijk op dit ogenblik is: wie met 65 jaar weg wil, krijgt daarvoor eigenlijk zonder meer toestemming; zie aanpassing van de regeling voor '*emeriti*' in: An.Gr.35(1990)73; regeling voor het a.b. Utrecht: *An.Utr.* 64(1991)13-14 en 341.

[133] Hij mag dus niet onmiddellijk uit zijn ambt ontslagen worden. De uitspraak van de *PCIV* is van 7 juli 1978: *AAS* 70 (1978)534.

gebruik van zijn verstandelijke vermogens (**can.187**) en niet door fysiek geweld gedwongen wordt tot ontslagname (**can.125 § 1**). Kerkrechtelijk is zij bovendien ongeldig, als zij gedaan wordt onder ernstige en onrechtmatige pressie, bedrog (bv. de Ordinaris spiegelt eervol ontslag voor, maar geeft dit niet), wezenlijke dwaling (de pastoor ondertekent een ontslagaanvrage, terwijl hij dit voor een verzoek om overplaatsing houdt) of op grond van simonie bv. de Ordinaris 'koopt' het ontslag (**can.188**). Om geldig te zijn moet de afstand schriftelijk of mondeling (in aanwezigheid van twee getuigen) gedaan worden bij de overheid aan wie de verlening van het ambt toekomt (**can.189 § 1**). Voor de *geldigheid* is nodig, dat de Bisschop de afstand aanvaardt (**can.538 § 1**); hij mag haar niet eens aanvaarden, als zij "niet berust op een goede en verhoudingsgewijs voldoende reden"(**can.189 § 2**). Tenslotte moet het ingediende ontslag binnen drie maanden geaccepteerd of verworpen worden, tenzij het ondertussen herroepen is en deze herroeping betekend is aan de Ordinaris (**can.189 §§ 3** en **4**). Het ontslag verkrijgt dus rechtsingang door de aanvaarding en betekening daarvan aan de pastoor.

9.5. *Beëindiging door ontheffing of verwijdering uit het ambt of gedwongen ontslag*

Ofschoon **can.184 § 1** zowel de strafrechtelijke ontzetting(Lat.: *privatio*) als het gedwongen ontslag(Lat.:*amotio*) in één adem noemt, beperkt het parochierecht zich tot het gedwongen ontslag van de pastoor. Reden hiervan is vooral, dat de strafrechtelijke ontzetting een straf is in directe zin en een daaraan corresponderend strafproces veronderstelt (vgl. **can.1336**); bij gedwongen ontslag gaat het er om "dat een pastoor op grond van het algemeen welzijn, nl. in het belang van een vruchtbare zielzorg" door een behoorlijk rechtsproces uit zijn ambt kan worden verwijderd. Het gedwongen ontslag beoogt het welzijn van de parochie, terwijl het bij de strafrechtelijke ontzetting gaat om de strafrechtelijke gevolgen van een delict.

Het in de *CIC/17* gemaakte onderscheid tussen verplaatsbare en niet-verplaatsbare pastoors en een aan dat onderscheid beantwoordend verschillend administratief proces bij het gedwongen ontslag is door Vaticanum II[134] afgeschaft. Nu moet de procedure van de **cc.1740-1747** in werking worden gezet; en is de pastoor een religieus, dan treedt **can.682 § 2** in werking. In eerstgenoemde procedure moet door de diocesane

[134] *CD* n.31,3 en het MP *Ecclesiae sanctae*(1966) van Paus **Paulus VI**, I n.20 § 1.

Bisschop of door iemand, die met hem gelijk is gesteld[135], worden doorgevoerd[136]. De procedure gaat uit van de vooronderstelling, dat de activiteit van een pastoor om een of andere reden als nadelig of ineffectief moet worden beschouwd. Altijd moet het om een *ernstig motief* gaan (vgl.**can.193**), een eigenlijk delict (zie **cc.1311, 1321**) is niet vereist. Voldoende is een gedraging van de pastoor, die hoe dan ook afbreuk doet aan de doeltreffendheid van de pastorale zorg[137]. De schuldvraag is iets dat pas in tweede instantie aan de orde komt. Daarom zegt **can.1740**: "zelfs buiten diens zware schuld"; en worden in **can.1741** bij wijze van voorbeeld enkele redenen genoemd[138] (vandaar het woordje "vooral"). De formulering van deze canon verschilt in enkele opzichten van de corresponderende *can.2147 CIC/17* door enkele elementen, die zijn weggelaten[139]; omgekeerd voert **can.1741** twee motieven in, die in de *Codex/17* niet worden genoemd, nl. de **nn. 1** en **4**. Dit is te danken aan het verdwijnen van vier oude bepalingen *(Codex/17 cc.2182-2185)*, die in een andere titel (XXXII) over de procedure tegen een pastoor, die zijn parochiële verplichtingen niet nakomt, stonden.

Can.1742 §§ 1 en **2** bevat de essentiële elementen van de procedure voor gedwongen ontslag. Als uit de instructie naar voren komt, dat zich één van de motieven uit **can.1740** voordoet of een andere soortgelijke reden, die naar het oordeel van de diocesane Bisschop het functioneren van de pastoor schadelijk of althans vruchteloos maakt, moet de Bisschop alvorens een decreet van ontslag uit te vaardigen, als volgt te werk gaan: houdt de Bisschop na een bespreking van de kwestie met twee pastoors, die hiervoor op voorstel van de Bisschop door de priesterraad duurzaam gekozen zijn, vast aan het ontslag, dan moet hij de pastoor als een vader adviseren om binnen 15 dagen afstand te doen, na hem voor de geldigheid het motief en de argumenten voor het ontslag te hebben aangeduid. Hierbij is de opvatting van de beide pastoors-consultoren, ook wanneer zij het samen eens zijn, niet bindend voor de Bisschop: het gaat hier immers niet om een collegiale beslissing, maar alleen om het

[135] Territoriale Prelaat, Abt, Apostolisch Vicaris, Prefect, Administrator: **cc.381 § 2** en **368**.

[136] De Vicaris-generaal of Bisschoppelijk Vicaris hebben daartoe een speciaal mandaat nodig. Zie **can.134 § 3**.

[137] *Commento al Codice*, p.1001.

[138] Wellicht kan *"imperitia"* in **n.2** beter vertaald worden met "onervarenheid" en *"infirmitas"* met "zwakheid.

[139] Weggelaten zijn "afkeer van het volk" (omdat dit motief impliciet besloten ligt in "het verlies van de goede naam" (**n.3**) en "een waarschijnlijk geheim delict"(§ 2 n.4), omdat dit voor het uitwendig rechtsbereik niet kan worden bewezen: *Commento al Codice* p.1001.

oordeel van verstandige mensen. Het niet-nakomen van één dezer essentiële verplichtingen maakt de procedure onwettig. Dan staat de eventueel genomen bisschoppelijke beslissing open voor een zgn. hiërarchisch beroep (vgl. de **cc.1734-1749**) of ook voor een gerechtelijk beroep op een administratieve rechtbank (**can.1445 § 2**).

Deze procedure geldt niet voor pastoors, die lid zijn van een religieus instituut of van een sociëteit van apostolisch leven, omdat zij immers *ad nutum*, d.i. op een wenk, ontslagen kunnen worden hetzij door de diocesane Bisschop hetzij door de eigen Overste. In dit geval zijn ook de motieven van de **cc.1740-1741** niet vereist; ook bestaat er voor hen geen administratieve of gerechtelijke procedure (zie **can.682 § 2**)[140]. Van de pastoor uit gezien, kan het afstand-doen van het ambt volgens **can.1743** op een zuivere en eenvoudige wijze plaatsvinden, d.w.z. zonder enige reserve, maar ook onder voorwaarde "mits deze door de Bisschop wettig aanvaard kan worden en in feite aanvaard wordt". De pastoor kan bv. een passend pensioen eisen of overplaatsing naar een ander ambt; ook zou hij kunnen eisen dat de tegen hem genomen maatregel niet gepubliceerd wordt in een officiëel orgaan van het bisdom ter bescherming van zijn goede naam.

Heeft de pastoor binnen de vooraf door de Bisschop bepaalde dagen, waarbinnen hij afstand moet doen, niet gereageerd, dan dient de Bisschop volgens **can.1744 § 1** de uitnodiging daartoe te herhalen met, uiteraard, een verlenging van de zgn."nuttige tijd"[141]. Weet de Bisschop zeker, aldus **§ 2**, dat de pastoor de tweede uitnodiging ontvangen heeft, maar niet geantwoord heeft ofschoon hij daar alle kans voor had, of als de pastoor blijft bij zijn weigering om afstand te doen zonder daarvoor een doorslaggevend motief aan te voeren, "dient de Bisschop een decreet van verwijdering uit te vaardigen".

Als de pastoor het aangevoerde motief tot ontslag en de argumenten daarvoor bestrijdt om redenen "die de Bisschop ontoereikend voorkomen", heeft – zo gaat **can.1745** verder – de Bisschop zich "om geldig te handelen" aan enkele procedurenormen te houden, nl.

[140] Dit neemt niet weg, dat het ontslag van een religieus op déze wijze verlies van goede naam mee kan brengen. Daarom moet, uit overwegingen van natuurlijke billijkheid, de maatregel met behoedzaamheid en wijsheid worden genomen. Zie: *Commento al Codice*, p.1002.

[141] De Codex legt de duur hiervan niet vast, maar laat dit over aan het verstandige oordeel van de Bisschop. Zowel bij de eerste uitnodiging als bij verlenging moet de duur zodanig zijn, dat de pastoor voldoende tijd heeft om na te denken en zijn antwoord te formuleren.

a) de pastoor “uit te nodigen om, na inzage van de akten, zijn tegenwerpingen in een schriftelijk verslag bijeen te brengen, en bovendien de bewijzen voor het tegendeel aan te voeren indien hij er heeft” (**n.1**);

b) “vervolgens na het vervolledigen van het onderzoek indien nodig, de zaak af te wegen, samen met dezelfde pastoors over wie in **can.1742 § 1**, tenzij andere omwille van hun niet-beschikbaar-zijn aangewezen moeten worden”, bv. wegens ziekte (**n.2**);

c) “tenslotte te bepalen of de pastoor verwijderd moet worden of niet, en kort daarna een decreet over de zaak uit te vaardigen” (**n.3**).

In de **cc.1746** en **1747** preciseert de wetgever een dubbele plicht van de Bisschop: één van rechtvaardigheid en liefde tegenover de pastoor en een pastorale plicht tegenover de parochianen. Aan de eerste kan hij voldoen door aan de pastoor een ander ambt te geven (uiteraard is dat afhankelijk van de geschiktheid van de persoon-in-kwestie) of door hem een pensioen te geven (afhankelijk van de voorwaarden en van de omstandigheden, die van geval tot geval kunnen variëren). Aan de tweede plicht voldoet de Bisschop door daadwerkelijk uitvoering te geven aan het ontslag van de pastoor. Deze moet zich naar **can.1747 § 1** daarom verder onthouden van de uitoefening van zijn ambt[142], de pastorie zo spoedig mogelijk ontruimen en alles, wat de parochie toebehoort, overdragen aan degene, aan wie de Bisschop de parochie heeft toevertrouwd; is de pastoor echter zó ziek, dat hij niet zonder bezwaar naar elders kan worden overgebracht, dan dient de Bisschop hem het zelfs exclusieve gebruik ervan te laten, zolang deze noodzaak voortduurt (**§ 2**). Hangende het beroep tegen het *administratieve* decreet van ontslag (dat is iets anders dan een *algemeen* decreet, waarover in **can.1353** gesproken wordt), waartegen men òf langs hiërarchische weg (bij de bevoegde Romeinse Congregatie) binnen 15 dagen, lopende vanaf de datum, waarop het ontslagdecreet is aangezegd (vgl.**can.1737 § 2**) en dat betrekking kan hebben op de wettigheid of op de hoofdzaak van de maatregel (vgl.**can.1739**)) òf langs gerechtelijke weg (vgl.**can.1734**) in beroep kan gaan, d.i. bij een administratieve rechtbank binnen 30 dagen, lopende vanaf de aanzegging van de beslissing en alleen betrekking hebbende op de *wettigheid* van de maatregel: vgl.**can.1445 § 2** en *Normae speciales Supremi Tribunalis Signaturae Apostolicae*, art.105). In deze

[142] **H.Heinemann**, *HdBdkKr*, p.407 noemt deze formulering juridisch minder scherp. Zij betekent niets anders dan dat de ontslagen pastoor ongeschikt is rechtshandelingen te stellen, die alleen door de pastoor rechtmatig en rechtsgeldig kunnen worden uitgevoerd, bv. huwelijksassistentie.

gevallen wordt de uitvoering van het decreet opgeschort t.a.v. het hoofd-effect van het ontslag, nl. de benoeming van een opvolger. Bijgevolg blijft de ontslagen pastoor nog titularis van het ambt, dat *feitelijk*, maar *rechtens* niet vacant wordt. De Bisschop kan dit probleem oplossen door de aanstelling van een parochie-administrator[143].

9.6. *Beëindiging door (o)verplaatsing*

CD n.31,3 houdt een pleidooi voor de herziening en vereenvoudiging van heel de procedure rond de verplaatsing van pastoors zó, dat de Bisschop met inachtneming van de natuurlijke en canonieke billijkheid beter kan voorzien in de noden van het heil der zielen. Hierop aansluitend gaf het MP *Ecclesiae sanctae* I n.20 § 2 aan de plaatselijke Bisschop het recht om, als het zieleheil, de nood of het nut van de Kerk dit vraagt, een pastoor van zijn parochie, waaraan hij goed leiding geeft, over te plaatsen naar een andere parochie of naar welke andere kerkelijke dienst dan ook. Maar als de pastoor weigert in te gaan op het bisschoppelijk verzoek, moet de Bisschop, wil de (o)verplaatsing *geldig* zijn, de procedure volgen van de **cc.1748-1752**, die voor een deel parallel loopt met die van gedwongen ontslag[144]. Het voorstel van het MP *Ecclesiae sanctae* (t.a.p.) was dan ook slechts een tussenoplossing. Het kerkelijk Wetboek gaat er nu van uit, dat een parochie door (o)verplaatsing van de ambtsdrager vacant wordt, als zij volgens genoemde rechtsnormen gebeurt.

Met een woordelijk citaat uit *CD* n.31,3 leidt het Wetboek de procedure-bepalingen in (**can.1748**). Wil de pastoor niet ingaan op het advies van de Bisschop tot verplaatsing, dan moet hij schriftelijk de redenen daarvoor uiteenzetten (**can.1749**). Blijft de Bisschop bij zijn wens tot overplaatsing, dan moet hij **can.1750** in acht nemen, nl. met de gekozen pastoors-consultoren de motieven ten voor- of ten nadele van de verplaatsing afwegen en daarna opnieuw zijn voornemen als een vader kenbaar maken tegenover de betrokkene[145]. Dit voornemen van de Bisschop

[143] Wat de wordingsgeschiedenis van deze bepalingen betreft: zie *COMM.* 11(1979)286-294.

[144] In de *Codex/17* werd de procedure voor verplaatsing en voor ontzetting uit het ambt gelijkgesteld. Canoniekrechtelijk was dit op z'n minst onbevredigend. Vandaar dat **H.Schmitz** in een artikel: *Amtsenthebung und Versetzung der Pfarrer. Verbesserungsvorschläge* [*AfkKr* 146(1977)129-140] daartegen bezwaren heeft ingebracht.

[145] Analoog aan wat in **can.1742 § 1** gezegd wordt inzake ontslag, schrijft deze canon een gesprek met de beide pastoors-consultoren voor. Een dergelijk voorschrift is wel belangrijk, want als de pastoor zich blijft verzetten, zou een (o)verplaatsingsdecreet naar **can.190 § 2** een ernstige reden vereisen: *Commento al Codice* p.1006.

moet overigens zó kenbaar worden gemaakt, dat het *in het uitwendig rechtsbereik* getoetst kan worden; als het *mondeling* gebeurt, moet het ten overstaan van een curieambtenaar of twee getuigen of ook door een aangetekende brief met ontvangstbewijs kenbaar worden gemaakt.

De procedure voor de uitvaardiging van het verplaatsingsdecreet is vrijwel identiek aan die voor ontslag. Eigenlijk is er maar één verschil: de Bisschop is niet verplicht de bewijzen ter rechtvaardiging van de (o)verplaatsing te produceren, omdat wordt vóórondersteld, dat de betrokken pastoor de parochie, waar hij vandaan komt goed geleid heeft. In zijn decreet, waarvan de inhoud een *bevel voor afzonderlijke gevallen*(**can.49**) is, moet de Bisschop volgens **can.1751 § 1** verklaren, dat de parochie na het verstrijken van de vooraf bepaalde tijd vacant zal zijn en aan de verplaatste pastoor de opdracht te geven bezit te nemen van zijn nieuwe ambt. Het vacant-zijn van de parochie, waar de pastoor vandaan komt, kan dus op twee manieren tot stand komen: eenvoudig door het verstrijken van de tijd of door de effectieve overdracht van het nieuwe ambt (vgl. **can.191 § 1**). De verklaring van **can.1751 § 2**, nl. dat de Bisschop bij het ongebruikt verstrijken van de 'nuttige tijd', de parochie vacant moet verklaren, is nodig met het oog op **can.54**, d.w.z. om officiëel te weten, wanneer en òf het pastoorsambt *rechtens* vacant is.

Terwijl de corresponderende *can.2163 CIC/17* bepaalde, dat een pastoor niet gedwongen verplaatst mocht worden naar een duidelijk *mindere* parochie, zwijgt de **Codex/83** hierover. Niettemin dient de Bisschop rekening te houden met de canonieke billijkheid en het zieleheil, *dat in de Kerk altijd de hoogste wet moet zijn.*(**can.1752**).

Een speciaal geval betreft de pastoor, die lid is van een religieus instituut of van een sociëteit van apostolisch leven. Voor hem geldt volgens **can.538 § 2** de bepaling van **can.682 § 2**, d.w.z. dat hij, zoals eerder gezegd, *ad nutum*, d.i. op een wenk van de overheid, die het ambt verleent of van de religieuze Overste uit zijn ambt verwijderd, dus ook verplaatst kan worden na kennisgeving over en weer, maar zonder elkaars toestemming nodig te hebben[146].

9.7. *Beëindiging door strafrechtelijke ontzetting*

Ambtsverlies is tenslotte ook mogelijk op grond van een canoniekrechtelijk strafbaar feit (**cc.184 § 1** en **196**). Voor deze ontneming van

[146] Over de vraag hoe deze bepalingen tot stand gekomen zijn in de voorbereidingsfase van de Codex: zie *COMM.* 11(1979) 294-296.

het ambt is een regulier strafproces noodzakelijk. Daarvoor zijn we aangewezen op de **cc.1717-1731** uit het strafrecht.

Onder strafrechtelijke ontzetting uit of ontneming van het (pastoors-) ambt verstaan we het ontslag, dat als straf wordt opgelegd voor bepaalde delicten[147]. Voorwerp van een strafproces zijn echter alleen delicten, die in het uitwendig rechtsbereik bewezen kunnen worden, onafhankelijk van hun algemene bekendheid.

In de oude wetgeving was deze straf in sommige gevallen rechtens verbonden met bepaalde feiten, zodat iemand ophield pastoor te zijn zonder speciale tussenkomst van de overheid, bv. bij de aanvaarding van twee met elkaar onverenigbare ambten *(can.2396 CIC/17).* In de **Codex/83** wordt dit niet meer genoemd; alleen als een pastoor de klerikale staat volgens het recht verliest, worden hem door dit feit alleen alle ambten, taken en gedelegeerde bevoegdheden ontnomen **(can.292)**. Voorts verliest een pastoor zijn ambt alleen door een veroordelend vonnis na een voorafgaand proces en de ambtsontneming vindt pas plaats nadat het vonnis in kracht van gewijsde is overgegaan.

Aan zo'n proces gaat volgens **can.1717 § 1** een behoedzaam onderzoek vooraf, dat door de Ordinaris zelf of door een ander geschikt persoon[148] wordt ingesteld "betreffende de feiten en omstandigheden en betreffende de toerekenbaarheid, tenzij dit onderzoek volstrekt overbodig lijkt" omdat het zonneklaar is dat de betrokkene zich aan een delict heeft schuldig gemaakt; door dit onderzoek mag iemands goede naam, aldus **§ 2**, niet in discrediet worden gebracht (vgl.**can.220**). Dit onderzoek heeft een louter administratief karakter en is er op gericht onnodige of schadelijke processen te vermijden.

Alvorens echter op grond van dit onderzoek een beslissing te nemen overeenkomstig **can.1718** dient de Ordinaris volgens **§ 4** van deze canon te bekijken "of het, om nutteloze gedingen te vermijden, aanbeveling verdient dat, met toestemming van de partijen, ofwel hijzelf ofwel degene die het onderzoek verricht, de kwestie van de schade naar recht en billijkheid beslecht". Altijd echter behouden de benadeelden het recht in het strafproces zelf een twistgeding tot herstel of vergoeding van de geleden schade te beginnen **(can.1729 § 1)** overeenkomstig de **cc.1729-1731**.

Vóórdat de Ordinaris beslist of er een gerechtelijk proces wordt aangespannen tot het opleggen of verklaren van de straf "ambtsontneming"

[147] Een canoniek delict is een uiterlijke schending van een wet of voorschrift, dat iemand in hoge mate wegens opzet of schuld kan worden aangerekend **(can.1321 § 1)**.

[148] Merkwaardig en ook nieuw in de **Codex/83** is dat de zgn. promotor van het recht niet participeert in dit voorafgaande onderzoek: *CDC(P/M)* p.1003.

of bij buitengerechtelijk decreet de straf van ambtsontneming wordt opgelegd (tenzij de wet dit verbiedt) (**can.1718 § 1**), moet hij tot het inzicht gekomen zijn "dat noch door broederlijke terechtwijzing noch door berisping noch langs andere wegen van pastorale bezorgdheid de ergernis voldoende weggenomen, de rechtvaardigheid hersteld en de schuldige tot verbetering gebracht kan worden" (**can.1341**)[149]. Vaardigt de Ordinaris een decreet uit, dan moet hij dit herroepen of wijzigen al naar gelang daar op grond van eventuele nieuwe elementen aanleiding voor is (**can.1718 § 2**), dient hij "als hij dit wijselijk oordeelt, twee rechters of andere deskundigen in het recht te horen" (**§ 3**) en dient hij zich te houden aan de voorschriften van **can.1720**: betekening van aanklacht en bewijzen aan de betrokkene, die de kans moet krijgen zich te verdedigen, tenzij hij na een correcte oproep niet verschenen is; nauwkeurige afweging van alle bewijzen en argumenten met de twee bijzitters (pastoors-consultoren) en uitvaardiging van een decreet volgens de **cc.1342-1350** met een (minstens) beknopte uiteenzetting van motieven in rechte en in feite, als het delict met zekerheid vaststaat en de strafvordering niet teniet is gegaan.

Is er besloten tot een strafproces, dan dient de Ordinaris de onderzoeksakten voor te leggen aan de promotor van het recht (is: officier van justitie), die een schriftelijke aanklacht volgens de **cc.1502** en **1504** voor moet leggen aan de rechter (**can.1721 § 1**). Ter voorkoming van ergernis, ter bescherming van de vrijheid van getuigen en ter veiligstelling van het rechtsverloop kan de Ordinaris, na het horen van de promotor van het recht en na dagvaarding van de betrokkene, in iedere fase van het proces allerlei prudentiële of disciplinaire maatregelen nemen (betrokkene afhouden van de gewijde bediening of van het kerkelijke ambt of een kerkelijke taak, hem verbieden in een plaats of gebied te verblijven of opleggen ergens anders te verblijven, publieke deelname aan de eucharistie verbieden); alle maatregelen worden herroepen als er geen motieven meer voor zijn en van rechtswege komt er een eind aan bij het ophouden van het strafproces[150].

De overige bepalingen (**cc.1722-1728**) gaan gedetailleerd in op het verdere verloop van het strafproces. We laten haar hier onbesproken,

[149] Deze maatregelen van vermaning, berisping, boetedoening en verbetering (zie **cc.1339-1340**) vallen geheel buiten de eigenlijke strafprocedure.

[150] Tegen dgl. disciplinaire maatregelen staat geen beroep open 1) omdat een dgl. decreet niet *buitengerechtelijk* is (vgl.**can.1732**), 2) omdat een dgl.beroep de procesgang stil zou kunnen leggen en 3) omdat de hieraan corresponderende *can.1958 CIC/17* uitdrukkelijk bepaalde dat tegen een dgl. decreet geen rechtsmiddel openstaat en bijgevolg **can.6 § 2 CIC/83** moet worden toegepast: *CDC(P/M)*, p.1004.

maar willen alleen nog wijzen op de vele gevallen, waarin een pastoor d.m.v. een regulier strafproces uit zijn ambt *kan* of *moet* worden gezet, nl.

a) bij delicten tegen de *godsdienst*: **cc.1364 § 1** en **1367**;
b) bij delicten tegen kerkelijke gezagsdragers:**can.1370 § 1**;
c) bij delicten tegen de uitoefening van kerkelijke taken: **can.1387** en **1389 § 1**;
d) bij delicten tegen bijzondere verplichtingen: **cc.1394 § 1**, **1395 §§ 1** en **2**, **1396**;
e) bij delicten tegen het leven: **can.1397.**

10. De team-pastoor en de pastoor-moderator[151]

Niettegenstaande het beginsel van **can.526 § 2**, dat er in één en dezelfde parochie slechts één pastoor mag zijn, schept en biedt **can.517 § 1** naar omstandigheden[152] de mogelijkheid om de pastorale zorg van één of meer parochies aan meerdere (seculiere of reguliere: vgl.**can.520 § 1**) priesters (minstens twee) *hoofdelijk* als team of equipe[153] toe te vertrouwen. *Historisch* gaat een dergelijk collegiaal optreden terug op het oude *'presbyterium'*, d.i. het college van priesters dat de Bisschop ten dienste stond en dat inzetbaar was voor alles, wat de Bisschop nodig achtte. *Institutioneel* vinden we *sporen* van dit collegiaal optreden nog terug in het kardinalencollege en in de kathedrale kapittels en *liturgisch* herkennen we het in de handoplegging door de aanwezige priesters bij de wijdingen en in de concelebratie[154].

Met deze voorziening wordt in wettelijke vorm het al in vele uitgestrekte en volkrijke parochies bestaande gebruik gecanoniseerd om één of meer parochies aan een team toe te vertrouwen. Deze geheel nieuwe voorziening in de pastorale zorg is ingegeven door pastorale overwegingen of eisen, door een tekort aan priesters alsook opgezet vanuit de

[151] Zie *A.R.-parochie* art.5.

[152] **H.Schwendenwein**, a.w., p.232 leidt uit deze woorden af dat deze nieuwe rechtsfiguur niet ter vrije beschikking van de Bisschop staat, doch alleen is toegestaan "waar de omstandigheden er om vragen". Het oordeel daarover komt toe aan de Bisschop.

[153] Vgl. *COMM.* 8(1976)29 en 24(1992)137-139 voor de eerste aanzetten tot deze canon.

[154] *CCL*, p.417. Tegen de idee van team-parochies zijn theologische bezwaren ingebracht. Vgl.**H.Schmitz**, *Pfarrei und Gemeinde* in: *AfkKr.* 148(1979)48-71; hij benadrukt dat deze parochies zich *niet* op essentiële punten onderscheiden van de – theologisch – niet meer te rechtvaarduigen en nu ook ontoelaatbaar geachte parochies, die in een rechtspersoon geïncorporeerd zijn. Verder wijst hij op de verduistering van de onderlinge betrekkingen tussen parochianen en voorganger in zoverre de parochianen niet tegenover één ambtsdrager-in-persoon (de pastoor), maar tegenover een "groepspastoor", die uit meerdere personen bestaat, staan.

behoefte om met elkaar in gemeenschap te leven (zie *CD* n.30, al.4). Deze voorziening raakt niet de organisatie van de parochies als zodanig, maar de ontwikkeling van de pastorale functies in die zin, dat de priesters, die lid zijn van het team, vrijwillig gezag en verantwoordelijkheid delen: zij stellen samen een pastoraal plan op en met wederkerige instemming stellen zij ook de individuele terreinen van de pastorale bediening vast. In ieder geval moet het pastoraal leiderschap in dit model minstens zó voorzien in de pastorale zorg van een parochie of parochies, dat zij niet opgeheven hoeft (hoeven) te worden. Dit teampastoraat verschilt van het traditionele pastoraat vooral door de gelijke verdeling van gezag[155]. Niettemin heeft de wetgever duidelijk een uitzonderingssituatie op het oog[156].

We moeten deze voorziening niet verwarren met de parochie van de *cc.476-478 CIC/17*, waarin het gaat om parochies, die zijn toevertrouwd aan één pastoor met één of meerdere kapelaans (parochievicarissen). Nu immers gaat het om één of meerdere parochies, waarin *alle* priesters, die deel uitmaken van het team (zonder overigens als geheel een rechtspersoon te vormen), dezelfde bevoegdheden hebben als een pastoor, die als eigen pastor verbonden is aan één parochie, c.q.meerdere parochies. We kunnen hen dus allemaal pastoor noemen. Maar één onder hen heeft de functie van *moderator*; dat is degene, die de pastorale zorg coördineert en daaraan leiding geeft en daarover verantwoording schuldig is aan de Bisschop; hij is het, die in alle juridische aangelegenheden de parochie of parochies, aan de groep toevertrouwd, vertegenwoordigt (zie **can.543 § 2 n.3**)[157]. Coördinatie en leiding van de pastorale functies roept vanzelf de gedachte aan spreiding van die functies over het team op en alle aan pastoors gegeven bevoegdheden moeten in deze uitzonderingsgevallen worden uitgeoefend onder verantwoordelijkheid van de moderator volgens **can.543 § 1**.

Wanneer we letten op de vooronderstellingen voor de aanstelling van een priesterteam, de aanstelling zelf, rechten en plichten van het priesterteam, dan is de parallelie tussen de **cc.542** en **543** en de bepalingen, die een individuele pastoorsbenoeming betreffen **(cc.521-523)** overduidelijk: alle vooronderstellingen betreffende geschiktheid, stabiliteit, wijze van benoeming, residentieplicht, aan de pastoor bijzonder toevertrouwde taken en

[155] *CCL*, pp.417-418.

[156] De Bisschop kan niet zomaar, doch alleen "naar omstandigheden" dit type van pastorale zorg in het leven roepen. Zie *Relatio/1981* bij de *cc.454-491*, pp.121-122.

[157] Dit hoeft nog niet te betekenen, dat de moderator heel de administratieve verantwoordelijkheid voor de parochie(s) op z'n schouders moet nemen: *CDC(P/M)*, p.349.

functies, de applicatie van de Mis voor het volk, alle rechten en plichten van de **cc.528-529**, zijn volkomen gelijk zoals ook de afzonderlijke bevoegdheden en volmachten van de pastoor (huwelijksassistentie of dispensatievolmacht van kerkelijke wetten in voorkomende gevallen[158]). Al degene, die deel uitmaken van een priester-team, moeten de geloofsbelijdenis afleggen (vgl.**can.833 n.6**).[159] Ieder lid van het priesterteam is volgens **can.543** verplicht om overeenkomstig de door het team zelf afgesproken (volg)orde alle functies, die eigen zijn aan de pastoor, te vervullen. M.a.w.: door het team zelf zal onder leiding van de moderator vastgesteld moeten worden, wie, wanneer, welke functie uitoefent. De moderator is in deze "de eerste onder gelijken", maar hij alleen vertegenwoordigt de parochie in alle juridische aangelegenheden. Ideëel gezien zal de moderator het pastorale team werkelijk vertegenwoordigen, maar in enige formele zaak nooit optreden zonder dat het team tot overeenstemming is gekomen.

Can.544 tenslotte regelt de kwestie, wat er moet gebeuren als het ambt van een priester uit het team of van de moderator ophoudt of wanneer een van hen onbekwaam wordt de uitoefening van zijn ambt voort te zetten[160]. Door geen van deze oorzaken wordt de parochie vacant, maar: de diocesane Bisschop *kan* dan een andere priester deel uit laten maken van het team, maar *moet* in voorkomende gevallen een andere moderator benoemen. Zolang dit niet gebeurd is, moet "de naar benoeming oudste priester van de groep deze taak vervullen".

We mogen de voorziening van **can.517 § 1** absoluut niet verwarren met het in onze tijd opkomende fenomeen van de *pastoraatsgroep*, waarop in het tweede Deel nader zal worden ingegaan.

11. Vervangende, reserve- of hulp-'pastoor'[161]

Wat er gedaan kan worden, wanneer een parochie geheel zonder priesters komt te zitten, wordt door **can.517 § 2** onder ogen gezien. De

[158] In een vroeger stadium van de Codexherziening [*COMM*.8 (1976)30-31] werd er omwille van heldere verhoudingen nog vanuit gegaan dat *alléén de moderator* die bevoegdheid en volmacht zou bezitten, al werd eraan toegevoegd dat hij er voor zou moeten zorgen (via delegaties) dat zij tot welzijn van de mensen zouden kunnen worden uitgeoefend.

[159] Of het wel juist is dat alléén de moderator de installatie-ceremonie ondergaat op grond van **can.542 n.3**, vermoedelijk om aan te geven dat hij de rest van het team vertegenwoordigt, is een veronderstelling van *CCL* p.436, die m.i.op niets gebaseerd is.

[160] De canon heeft niet de volgende gevallen op het oog: dat alle leden van het team van hun ambt afzien op dezelfde tijd, hetgeen zou kunnen gebeuren bij aanstelling voor een bepaalde termijn; dat alle team-leden op hetzelfde moment onbekwaam zijn om de pastorale verplichtingen na te komen. In deze gevallen zou(den) de parochie(s) inderdaad vacant zijn en moet dit probleem via **can.541** of langs particulierrechtelijke weg worden opgelost.

[161] Zie hiervoor **F.Coccopalmerio**, a.w., pp.107-110 en de monografie van **M.Böhnke**.

diocesane Bisschop kan dan "*deelname* in de uitoefening van de pastorale zorg over een parochie" toevertrouwen aan één of meerdere personen, die geen priester zijn (diakens, religieuzen of leken) of aan een groep van personen (werkgroep liturgie, kloostergemeenschap)[162]. *Canoniekrechtelijk* sluit die pastorale zorg *alle* terreinen van de zielzorg in met uitzondering van die welke voorbehouden zijn aan een gewijde ambtsdrager. M.a.w. zou aan niet-gewijden de verkondiging opgedragen kunnen worden (**cc.230 § 3, 758-759** en **765-766**), de doopbediening (**can.230 § 3** en **861** § **2**), de huwelijksassistentie (**can.1112**)[163]. Niet-gewijden hebben deel aan de zending van Christus als gedoopten en gevormden. **Can.519** markeert het onderscheid met gewijden door te spreken over christengelovigen-leken, die *de helpende hand* bieden zonder daarbij, zoals voor gewijden, te spreken over *medewerking* aan de pastorale opdracht van de pastoor. Voor beiden wordt in **can.517 § 2** de generieke term "deelname" gebruikt[164]. Omdat verschillende pastorale functies voorbehouden zijn aan priesters, dient de Bisschop in dit geval altijd "een priester aan te stellen, die, voorzien van de machten en bevoegdheden van een pastoor leiding geeft aan de pastorale zorg"[165]. Vermoedelijk zal hij niet in de parochie resideren, maar hij moet wel periodiek beschikbaar zijn voor de bediening van de eucharistie en (eventueel) andere sacramenten. Niet duidelijk is of alleen hij verantwoording schuldig is aan de diocesane Bisschop of die taak toekomt aan de diaken, religieus, leek of groep van leken of aan beide samen.

Het zou irreëel zijn om voor de situaties, die de Codex op het oog heeft, alleen te denken aan zgn. missiegebieden, waarin bijna per defini-

162 Naast een krachtige verdediging [*COMM*.8(1976)24] ontmoet deze nieuwe structuur ook de nodige weerstand [*COMM*. 14(1982)221-222]. Zie voor de genese van deze paragraaf: *COMM*. 8(1976)24 en 13(1981)147, 149, 306; *Schema/77 (can.349 § 3)*; *Schema/80 (can.456 § 2)*; *Relatio/1981*, p.123; *Schema/82 (can.517 § 2*, waarin voor het eerst de diaken afzonderlijk genoemd wordt).

163 **F.Coccopalmerio**, a.w., p.109 stelt: **can.517** § **2** geeft geen antwoord op de vraag wat zij kunnen doen; hij noemt ook nog: catechese geven, voorgaan in liturgische of niet-liturgische gebedsdiensten, verzorgen van uitvaarten en begrafenissen en beheren van kerkelijke goederen.

164 Zie **J.-C.Périsset**, a.w., p.66.

165 En is in die kwaliteit vergelijkbaar met de *moderator* van § **1**. Een eigen naam voor deze priester-"invaller" ontbreekt. Zie echter het *A.R.-parochie* art.6, waar hij *parochieleider* wordt genoemd. Vanwege zijn belangrijke leidersrol zou de naam *administrator* goed bij hem passen, maar die naam wordt gereserveerd voor de figuur van **can.540**. – De benaming "parochieleider" drukt niet de specifieke functie van deze priester-invaller uit; daar komt bij dat de *leiding* van een parochie juist niet door hem wordt waargenomen. Beter past de naam *procurator* bij hem, mits we aan dat woord de brede betekenis van waarnemer (niet alleen van zakelijke, c.q. materiële aangelegenheden geven).

tie een tekort aan priesters is. Bijna overal ter wereld doet zich een tekort aan priesters voor en kunnen veel parochies niet meer beschikken over een eigen priester als pastoor. In die gevallen dienen zich volgens **can.517 § 2** meerdere mogelijkheden aan. Altijd echter zal een priester-van-buiten aangetrokken moeten worden, die met de volmachten van een pastoor (ofschoon hij in strikte zin geen pastoor is) leiding geeft aan de pastorale zorg.

Deze normering is conform de **cc. 150** en **521 § 1** en wat de leken betreft conform **can.274 § 1**, die bepaalt dat alleen *clerici* (dus ook diakens!) ambten kunnen vervullen, die wijdingsmacht of kerkelijke bestuursmacht vereisen. Maar ook de diakens kunnen niet volledig in de plaats van de pastoor treden, omdat zij geen priester zijn. Zij delen in de zending van Christus, niet inzoverre Hij herder, maar dienaar is. Daarom is het woordgebruik van **can.517 § 2** heel zorgvuldig gekozen door alleen te spreken over *deelname in de uitoefening van de pastorale zorg*. Verder dan deze deelname kan geen enkele van de alternatieven bij gebrek aan een voor de parochie aan te stellen pastoor gaan binnen de huidige regelingen van het kerkelijke recht. Expliciet zal dan ook in de benoemingsbrief vermeld moeten worden of en zo ja welke bevoegdheid aan hen, die geen priester zijn, maar deelhebben aan de pastorale taak binnen een parochie, wordt toegekend. T.a.v. diakens is dat voor een deel gebeurd in de **cc.1108 § 1** (huwelijksassistentie), **1079 § 1** (dispensatie van huwelijksbeletselen in stervensgevaar), **1116 § 2** (eventuele dispensatie bij huwelijkssluiting in de buitengewone vorm), **LG n.29** (uitvaart- en begrafenisritus zonder eucharistieviering)[166]. Daarom doet men de huidige Codexbepalingen naar mijn gevoel onrecht aan, wanneer gezegd of geschreven wordt dat een niet-priester (man of vrouw) of een gemeenschap van personen *pastoor* van een parochie kan zijn. Dat is strikt genomen onjuist. Voor een geldige pastoorsbenoeming is volgens **can.521 § 1** vereist, dat de persoon-in-kwestie de priesterwijding ontvangen heeft; alleen de priester, die van elders aangetrokken wordt, kan met recht *pastoor* worden genoemd, omdat hij als *priester* uitgerust kan en moet worden met alle bevoegdheden van een pastoor.

Als de parochie op een of andere wijze vacant geworden is of de pastoor gehinderd wordt in de uitoefening van zijn ambt bv. wegens gevangenschap, ballingschap of verbanning, (geestelijk) onvermogen of zwakke gezondheid of om een andere reden (verlof, ziekenhuisverblijf, reis), voorziet het kerkelijke recht in **can.539** in de aanstelling door de diocesane Bisschop van een *parochie-administrator*, d.i. een priester, die

[166] Zie **J.-C.Périsset**, a.w., p.66.

de pastoor vervangt (een "invaller"). Hij heeft volgens **can.540** dezelfde rechten en plichten als een pastoor "tenzij door de diocesane Bisschop anders bepaald wordt"(§ **1**). Op basis van het beginsel "*sede vacante nihil innovetur*" ("bij sedisvacatie mag er niets veranderd worden": **can.428** § **1**) mag deze administrator in de uitoefening van zijn ambt "niets doen wat afbreuk doet aan de rechten van de pastoor of schade kan berokkenen aan de parochiegoederen" (§ **2**); en na beëindiging van zijn taak is hij verantwoording schuldig aan de (opvolger-)pastoor(§ **3**).

De aanstelling van een parochie-administrator met een in beginsel uitgebreide, onbeperkte volmacht betekent een ingrijpende vereenvoudiging van de oude wetgeving, waarin onderscheid werd gemaakt tussen (minstens) vier soorten vervangers van de pastoor, nl. de *vicarius oeconomus* (in ons land vaak, zij het ten onrechte, *deservitor* genoemd[167]), die werd aangewezen als de parochie vacant geworden was door het overlijden, de (o)verplaatsing, afzetting, vrijwillig ontslag van de pastoor; de *vicarius substitutus*, die de pastoor verving bij diens afwezigheid van meer dan een week of bij schorsing in of ontzetting bij rechterlijk vonnis uit het ambt; de *vicarius supplens*, die de pastoor verving bij diens onvoorziene afwezigheid van meer dan één week; de *vicarius adiutor*, die aan een pastoor werd toegevoegd, wanneer hij wegens ouderdom, geesteszwakte, onbekwaamheid of onervarenheid, blindheid en andere blijvende oorzaken ongeschikt werd geacht om zijn ambt naar behoren uit te oefenen[168].

Na op de hoogte te zijn gekomen van de vacatie van een parochie of van het feit, dat de pastoor verhinderd is zijn pastorale taak uit te oefenen, dient volgens **can.539** de diocesane Bisschop zo spoedig mogelijk een *parochie-administrator* aan te wijzen. Zolang dit echter nog niet gebeurd is, moet de *parochievicaris* (eertijds *vicarius cooperator*, d.i. kapelaan genoemd) tussentijds het bestuur van de parochie op zich nemen (zijn er meerdere, dan de oudste in benoeming)[169], en als er geen is, de (buurt-)pastoor, die door het particuliere recht aangewezen is. Op die wijze voorziet **can.541** § **1** in de vervanging van een pastoor.

[167] Zie *An.Ha.* 36(1989)3-4 over de afschaffing van deze titel op grond van de nieuwe Codex.

[168] Al deze functie-aanduidingen zijn samen met die van de *parochus habitualis* en *actualis* (zie voor de betekenis van deze begrippen n.3 van dit hoofdstuk) verdwenen, al moet er aan worden toegevoegd, dat de nieuwe wetgeving op andere wijze voorziet in situaties, welke de oude wetgeving met de diverse *vicarii* op het oog had: vgl. de **cc.541** § **1** en **549**.

[169] In alle gevallen is deze vicaris volgens **can.549** gebonden aan de verplichtingen van de pastoor met uitzondering van de applicatie van de "mis voor het volk". Hieruit valt af te leiden, dat de parochie-administrator daartoe wel verplicht is.

HOOFDSTUK IV: SACRAMENT VAN HET DOOPSEL

INLEIDING

Can.849 noemt het doopsel de toegangspoort tot de sacramenten. Dit houdt in dat iemand, die niet gedoopt is, niet geldig kan worden toegelaten tot de overige sacramenten, zoals **can.842 § 1** letterlijk formuleert.

Om vijf redenen is deze doctrinaire[1] canon *juridisch* van belang:

a) samen met nog enkele andere canones **(96, 204, 205)** geeft hij weer dat de *juridische* plaatsbepaling van de mens in de Kerk zich voltrekt door het doopsel; dit maakt dat iemand tot *persoon* wordt met alle rechten, bv. op het ontvangen van andere sacramenten (**cc. 879, 889 § 1, 912, 1024, 1055, 1061**) of op een christelijke opvoeding, en met alle plichten, zoals de verbreiding van de heilsboodschap **(can.211)**

b) de daarin uitgedrukte heilsnoodzakelijkheid van het doopsel is een fundamenteel criterium voor de canoniekrechtelijke bespreking van dit sacrament en voor een correcte interpretatie van alle bepalingen, die gaan over dopen in geval van nood **(cc.853, 857, 860, 861, 862, 867, 871)**;

c) vanwege de essentiële elementen voor de geldige bediening van het doopsel, die hier nog maar summier worden aangegeven, maar welke we in uitgebreidere vorm zullen ontmoeten in het officiële dooprituee[2];

d) uit het doopsel vloeit "de ware gelijkheid in waardigheid en handelen" van alle christengelovigen voort **(can.208)**;

e) door het doopsel wordt de katholiek gedoopte *ipso facto* subject van de zuiver kerkelijke wetten **(can.11)**[3].

[1] In *COMM.* 7(1975)28 wordt gezegd dat theologische definities en beschouwingen *meestal* ontbreken "omdat het niet op de weg van een Codex ligt de leer uiteen te zetten, maar de kerkelijke discipline weer te geven. Ofschoon de theologische leer het fundament legt voor de canonieke wetgeving, moet zij niet in deze wetgeving worden opgenomen, tenzij voorzover dit opportuun lijkt om de betekenis van de normen beter te begrijpen of het belang van de normen op een speciale manier te onderstrepen".

[2] Zie *CDC (P/M)*, p.509.

[3] *NDP*, pp.131-132. – Voor een totaal inzicht in het verloop van de codificering van dit sacrament zij verwezen naar *COMM.* 3(1971)198-202; 6(1974)35-36; 7(1975)29-30; 13(1981)26-41 en 212-233.

1. Viering van het doopsel

Can.530 rekent de bediening van de doop tot de functies,die in het bijzonder aan de pastoor zijn toevertrouwd. In tegenstelling echter tot de oude wetgeving*(can.462 n.1)*[4] wordt niet meer gesproken over de *plechtige* toediening, want het onderscheid *plechtige en private* bediening van de doop *(vgl.can.737 § 2 CIC/17)*[5] is niet meer opgenomen in de nieuwe wetgeving of, liever gezegd, vervangen door de begrippen: gewone volledige en korte ritus[6]. **Can.850** stelt alleen dat het doopsel bediend wordt "volgens de in de goedgekeurde liturgische boeken voorgeschreven orde" met als uitzondering "het dringende geval van nood, waarin alleen dat in acht genomen moet worden wat voor de geldigheid van het sacrament vereist is".

1.1. Het voorgeschreven ritueel

Volgens de besluiten van Vaticanum II (*SC* n.67) werd bij decreet *Ordinem baptismi parvulorum* van de Congregatie voor de Eredienst (1969) de nieuwe doopritus voor kinderen gepromulgeerd en na enige correcties op 29 augustus 1973 opnieuw gepubliceerd[7]. Los hiervan promulgeerde dezelfde Congregatie bij decreet *Ordinis Baptismi adultorum*(1972) het ritueel voor de volwassenendoop[8], dat in 1976 in Nederlandse vertaling uitkwam en ongewijzigd herdrukt werd in 1993. Tot volwassene wordt volgens **can.852 § 1** iedereen gerekend "die, de kinderleeftijd ontgroeid, tot het gebruik van het verstand gekomen" dus in de regel zeven jaar of ouder is. Op hen zijn alle voor het doopsel van een

[4] *Can.462 n.1*: "Tenzij in het recht anders wordt beschikt, zijn de aan de pastoor voorbehouden functies: 1. de p*lechtige* toediening van het doopsel...".

[5] *Can.737 § 2*: "Wanneer het doopsel wordt toegediend met inachtneming van alle in het ritueel opgenomen riten en ceremonies, wordt het *plechtig* genoemd; anders heet het *niet-plechtig* of *privaat*".

[6] De motivering voor de afschaffing van dit onderscheid, nl. dat leken (catechisten e.a.) dan wettig kunnen dopen volgens de vastgestelde ritus in bepaalde omstandigheden (aldus *NDP*, p.135), lijkt ons niet correct.

[7] Zie *NOT*. 9(1973)269-272. De herdruk van de Nederlandse uitgave van 1976 in 1993 is tegelijk een bewerking met een toevoeging van alternatieven, nl. het dopen van kinderen tijdens de paaswake, en (in een aanhangsel) gebeden bij de voorbereiding op het doopsel van kinderen, orden van dienst voor de zegening van een nog niet gedoopt kind en voor de zegening van een vrouw vóór of na de bevalling, welke twee laatste zegeningen ook door een pastoraal werk(st)er kunnen worden gedaan. – Men bedenke, dat het ritueel tot nu toe stamde uit het *Rituale Romanum* van 1614, dat in feite een verkorte vorm van de volwassenendoop was en alleen daarom al moest worden herzien.

[8] Al op 16 april 1962 (*AAS* 54(1962)310-315) wijzigde de Ritencongregatie het ritueel voor de volwassenendoop gedeeltelijk; een beschouwing naar aanleiding daarvan in: *An. Utr*. 36(1963)88-92.

volwassene geldende voorschriften toepasbaar. En met een kind niet ouder dan zeven jaar wordt volgens **can.852 § 2** "gelijkgesteld, ook wat het doopsel betreft, wie niet voor zichzelf verantwoordelijk kan zijn"[9].

Can.846 § 1 schrijft voor, dat de door de bevoegde overheid (zie **can.838**) goedgekeurde liturgische boeken in acht genomen dienen te worden en dat daarom niemand hierin uit eigen beweging ook maar iets mag toevoegen, weglaten of veranderen. De strengheid van deze regel, al ingegeven door *SC* n.22,3, wordt gemilderd door het feit, dat beide orden van dienst vele mogelijkheden bevatten om de ritus af te stemmen op de situatie ter plaatse[10]. Uit **can.846 § 2** spreekt het respect voor de eigen ritus van de bedienaar (Romeinse, Byzantijnse met zijn diversificatie enz.): de sacramenten dienen te worden bediend volgens de ritus, waartoe men zelf behoort.

Nood breekt wet! Volgens **can.850** wil dat zeggen, dat in geval van dringende nood geen enkel ritueel verplichtend is en alleen dat gedaan moet worden, wat voor de geldigheid van het doopsel noodzakelijk is. Wat dit is, wordt al in **can.849** aangegeven: een wassing met echt water onder het uitspreken van de doopformule. Gevallen van dringende nood zijn: levensgevaar, een periode van godsdienstvervolging en andere omstandigheden, die het onmogelijk maken om het voorgeschreven ritueel in alle volledigheid te gebruiken.

Het volledige ritueel voor *de doop van volwassenen*, waarvan alle andere rituelen afgeleid zijn, staat in hoofdstuk 1 van de *OvD*. De orde van dienst voor het catechumenaat is verdeeld over diverse trappen met de viering van de sacramenten (doopsel, vormsel, eucharistie) als laatste trap. De vier, op het basisritueel volgende orden van dienst zijn daarop varianten. In dit deel van het rituaal is ook de *OvD* opgenomen voor kinderen, die in staat zijn catechetisch onderricht te ontvangen. Voor het doopsel van kinderen vormt de *OvD* voor het dopen van *meerdere* kinderen het basisritueel; derhalve: een gemeenschapsviering volgens **can.837 § 2**. Alle andere orden van dienst zijn tot en met "de presentatie aan de kerkgemeenschap van een kind dat al eerder gedoopt is" daarvan afhankelijk.

Oorspronkelijk werd ook geregeld in welke ritus een dopeling (volwassene of kind) gedoopt zou moeten worden (zie *Schema/75, can.20*),

[9] Beide paragrafen zijn pas in 1978 ingevoerd op verzoek van de rapporteur van de betreffende studiecommissie: zie *COMM.* 13(1981)215.

[10] Vgl. de Algemene Inleiding op beide dooprituelen nn.34-35; Inleiding doopritueel voor kinderen nn.23-26 (aanpassingsmogelijkheden voor de BC's) en nn.27-31 (ruimte voor de bedienaar).

maar in het *Schema/82* is dit verdwenen, ofschoon in 1981 – na een uitvoerige discussie – geen voorstel werd gedaan om de genoemde canon te schrappen: zie *Relatio*/1981, pp.197-198.

1.2. Voorbereiding op de doopviering

Can.851, die geen precedent heeft in de *Codex/17*[11], behandelt de catechetische voorbereiding van *volwassenen*. In *SC* nn.64-66 en *AG* n.14 werd nauwkeurig vastgelegd, dat een volwassene, die de bedoeling heeft het doopsel te ontvangen, toegelaten moet worden tot het *catechumenaat*, officiëel erkend en ingevoerd in 1962, en, indien mogelijk, langs verschillende trappen naar de christelijke initiatie gevoerd moet worden op een wijze, die door de BC is aangepast en volgens de bijzondere normen, die door haar uitgevaardigd zijn. De Nederlandse BC heeft gemeend geen gebruik te hoeven maken van de in *SC* nn.39 en 63b en in **can.851 n.1** gegeven faciliteiten, omdat zij de voorbereiding op de complete initiatie voldoende geregeld acht in de officiële Romeinse rituelen[12].

De duur van het catechumenaat is door de algemene wetgeving niet vastgelegd en kan dus een zaak zijn van de particuliere wetgeving. In ieder geval gaat het ritueel ervan uit, dat de initiatieperiode van langere duur is; ook bij de initiatie van kinderen, die de leeftijd hebben om catechese te krijgen, wordt gesproken over een periode, die “zelfs gedurende verscheidene jaren” kan duren, voordat zij tot de sacramenten naderen (*Rituaal* n.307). Anders dan **can.788** maakt deze **can.851 n.1** alleen melding van het instituut van het catechumenaat, terwijl elders (**cc.206** en **1170**) aandacht wordt geschonken aan de *status* van catechumenen volgens *LG* n.14 en *AG n*.14. De bepaling van **can.851 n.1** moeten we wel voortdurend zien in het licht van de clausule “voorzover mogelijk”. Daarom is in de *OvD* ook een eenvoudige orde opgenomen (nn.240-277), die door de plaatselijke Ordinaris in bepaalde omstandigheden kan worden toegestaan (n.240).

De ouders en peetouders dienen, als het gaat over het dopen van hele jonge kinderen of babies, goed te worden geïnstrueerd over de betekenis

[11] En pas in 1978 op verzoek van de rapporteur van de betreffende studiegroep opgenomen werd: *COMM*. 13(1981)214.

[12] Ook in het voorwoord op het ritueel van de kinderdoop, dat in de herziene druk van 1993 is uitgebreid met het onderdeel “voorbereiding op het doopsel”, hebben de Nederlandse Bisschoppen met geen woord gerept over aanpassing of nieuwe normering. Dit in tegenstelling tot wat andere BC’s hebben gedaan; in *CDC (P/M)* wordt een aantal voorbeelden gegeven van Frans sprekende conferenties op p.1324 (Rwanda) en op pp.1350-1351 (Zwitserland).

van dit sacrament en de daaraan verbonden verplichtingen. Dit wordt uitvoeriger toegelicht in de Inleiding op het rituaal (n.5). De plicht tot doopcatechese rust op priesters, diakens en leken (nn.4 en 7), waarvoor ook verwezen kan worden naar de **cc.774 § 2** en **835 § 4**. De pastoor zelf of diens plaatsvervanger draagt verantwoordelijkheid voor deze voorbereiding, die of door hen zelf gebeurt of middels hun opdracht door parochiële groepen of personen. Die voorbereiding kan bestaan in een doopgesprek, waarin nagegaan wordt of de vooronderstellingen voor een geoorloofde bediening (vgl.**can.868 § 1**) aanwezig zijn of wellicht door een reeks van doopgesprekken met ouders en peetouders gecreëerd kunnen worden. Ofschoon de kinderdoop vaak controversiëel was en nog is, is het duidelijk dat de eeuwenlange traditie in deze gehandhaafd wordt[13].

Wie als volwassene en als kind beschouwd dient te worden, leert **can.852**: iedereen, die de kinderleeftijd is ontgroeid, wordt als volwassene beschouwd met het oog op de doop. Dat wil volgens **can.97 § 2** dus zeggen: wie ouder is dan zeven jaar en geacht mag worden te beschikken over het verstandsgebruik. Kinderen, ouder dan zeven jaar, zouden dus volgens het ritueel van de volwassenen gedoopt moeten worden, maar de eigen *OvD* voor deze kinderen is in belangrijke mate aangepast[14]. Voor hen, die volwassen zijn of minstens het veertiende levensjaar hebben voltooid, geldt in het bijzonder nog **can.863**, die voorschrijft, dat hun doop wordt gemeld bij de diocesane Bisschop. Hij kan dan naar eigen goeddunken het doopsel zelf toedienen[15]. Hiernaast bestaat in Nederland de regel dat voor de volwassenendoop *verlof* van de eigen Bisschop nodig is. Dit verlof gaat vergezeld van het mandaat om deze dopeling tegelijk te vormen (**can.883 n.2**). Voor kinderen beneden de zeven jaar en voor hen, die met hen gelijk worden gesteld (**can.852 § 2**), nl. degene, die (nog) niet voor zichzelf verantwoordelijk kunnen zijn (vgl.**can.99**), moet het rituaal voor het doopsel van kinderen worden gebruikt.

1.3. Doophandeling, doopbenodigdheden en -ceremonies

De essentiële elementen van de doopbediening, reeds aangegeven in **can.849**, worden in de **cc.853** en **854** en in de dooprituelen nader gespe-

[13] *Rituaal* n.2, maar vooral ook de Instr.*Pastoralis actio*(1980) van de Congregatie voor de Geloofsleer. Daar wordt ingegaan op de wettigheid van de kinderdoop, ook in onze tijd (I), wordt een antwoord gegeven op de problemen inzake de kinderdoop (II), gevolgd door enkele pastorale richtlijnen (III). Zie ook *GE* n.3 en *An.Utr*. 64(1991)44-45; *An.Rmd*. 61(1980)afl.3 (juli-okt.1981)27-42.

[14] Zie *Rituaal* voor de volwassenendoop hoofdstuk 5.

[15] Voor deze aanmelding bestaan in de Nederlandse bisdommen aparte formulieren; besteladres achterin.

cificeerd. Buiten het geval van nood, waarin gewoon water voldoende is, moet het doopwater *gezegend* worden; alleen in de paastijd wordt het water gebruikt, dat in de paaswake gezegend is. Dit water moet dus, voorzover mogelijk, in de paastijd worden bewaard en gebruikt, juist om de band van dit sacrament en het paasmysterie te belichten.

Voor dopen buiten de paastijd wordt ten zeerste aanbevolen in iedere doopviering het water te zegenen. De zegeningsformule is in het rituaal zelf opgenomen[16]. Heeft men in de doopkapel de beschikking over stromend water, dan wordt daarover de zegening uitgesproken[17]. Een bedienaar van de doop, die zelf geen water kan zegenen (een catechist kan dat wel!) moet buiten het geval van nood reeds gezegend water gebruiken.

Volgens het oude recht kon de eigenlijke doophandeling, die in **can.849** *lavacrum* (waterbad) genoemd wordt, op drie manieren gebeuren: door begieting, onderdompeling of besprenkeling *(can.758 CIC/17)*. Deze laatste vorm van dopen, die veelvuldig in gebruik geweest lijkt te zijn in diverse reformatorische kerken, is in de nieuwe wetgeving **(can.854)** niet meer opgenomen, omdat zij te weinig recht doet aan de symboliek van het doopsel als bad van wedergeboorte. Dit wil overigens niet zeggen, dat het dopen-door-besprenkeling zonder meer een ongeldige doopbediening betekent[18]. Zorgvuldig onderzoek (zie **can.869 § 1**) zal dit uit moeten wijzen. Vanwege de symboliek gaat de voorkeur uit naar onderdompeling[19]. Zoals ook de begieting, wordt de onderdompeling tot driemaal herhaald onder het uitspreken van de woorden: "N.,ik doop u in de naam van de Vader en de Zoon en de heilige Geest".

In de gewone doopritus van kinderen heeft tot tweemaal toe een *zalving* plaats; bij volwassenen vervalt de zalving na het doopsel in verband met het vormsel, tenzij er geen vormsel is. T.a.v. de zalving met catechumenen-olie stelt het dooprituaal, dat de BC om een goede reden kan besluiten de zalving vóór de eigenlijke doop weg te laten[20], niet

[16] Voor kinderen: nn.54, 117, 141; voor volwassenen: nn. 215, 258, 349.

[17] Zie Algemene Inleiding n.21. In de Latijns-Westerse Kerk heeft er geen waterzegening meer plaats op de vigilie van Pinksteren, zoals tot voor kort gebruikelijk was.

[18] In het *Directorium oecumenicum* I (1967) n.12 noot 2 staat dan ook: "Met betrekking tot alle christenen moet rekening worden gehouden met het gevaar van ongeldigheid van een doopsel door besprenkeling, vooral wanneer het collectief gebeurt". In het *Directorium oecumenicum* III (1993) komt een soortgelijke opmerking niet terug, ofschoon daarin uitvoerig over het doopsel en de manier van dopen gesproken wordt: nn.92-101.

[19] Enkele Frans sprekende BC's beschouwen deze beide vormen (onderdompeling en begieting) van dopen als gelijkwaardig, zoals die van België (*CDC(P/M)*, p.1242), of geven de voorkeur aan begieting, zoals die van Zwitserland(*CDC (P/M)*, p.1351).

[20] In Nederland wordt dit aan de bedienaar overgelaten.

echter de zalving met chrisma op de kruin na de doopbebediening zelf. Als een catechist of een pastoraal werker of werkster doopt, vervallen alle zalvingen; wel wordt het gebed uitgesproken.

Can.847 § 1 bevat het voorschrift olijf-of plantenolie te gebruiken, die door de Bisschop is gewijd of gezegend en wel in recente tijd, zodat oude olie alleen in geval van nood gebruikt mag worden. Praktisch betekent dit dus, dat de olie niet ouder dan een jaar mag zijn. In **§ 2** wordt de pastoor erop gewezen, dat hij moet zorgen voor een passende plaats om er de olie te bewaren.

De overreiking van het *doopkleed* en de *doopkaars* gebeure, waar mogelijk, in alle plechtigheden, terwijl de handhaving van de *effetaritus* geheel afhankelijk is van de beslissing van de celebrant.

1.4. *Naamgeving*

De oude wetgeving *(can.761 CIC/19)*[21] stond er op, dat aan de dopeling een *christelijke naam* gegeven werd, minstens toe te voegen aan een andere, door de ouders gegeven, naam. In onze tijd gaat het geven van de naam in de meeste gevallen vooraf aan het doopsel. Die naamgeving heeft een sterke seculiere karaktertrek gekregen. Gekozen wordt voor namen van sportkampioenen, acteurs en actrices, romanfiguren, die veelal weinig te maken hebben met het christendom en diens Heiligen. Soms (bv.in Zaire) is het geven van heiligennamen door de regering verboden.

Op deze situatie speelt **can.855** voor een deel in. Bij de opname in de geloofsgemeenschap door het bad der wedergeboorte, die aan de betrokkenen rechtspersoonlijkheid in de Kerk verleent, past een naam, die daar enig verband mee heeft. Vandaar wordt er in de canon mee volstaan te zeggen dat ouders, peetouders en pastoor ervoor moeten zorgen dat de naam op z'n minst niet vreemd is aan het christelijke levensgevoel, d.w.z. niet onchristelijk mag zijn of sterker nog: vijandig aan het christendom. Het doopritueel voor volwassenen (nn.88 en 203) stelt zich niet tevreden met deze begrenzing vanuit het negatieve: de naam moet ofwel een christelijke voornaam zijn (als ideaal) of een naam, die in de plaatselijke burgerlijke samenleving gebruikelijk is, mits daaraan een christelijke betekenis kan worden gegeven of, bij behoud van de reeds

[21] *Can.761*: "De pastoors moeten ervoor zorgen, dat aan de dopeling een *christelijke* naam gegeven wordt. Kunnen zij dit niet gedaan krijgen, dan moeten zij aan de door de ouders gegeven naam nog de naam van een Heilige toevoegen en beide namen in het doopboek schrijven".

ontvangen naam, een verklaring van de christelijke betekenis kan krijgen. Wil men van deze rubriek zeggen, dat de Codex in strijd is met de liturgische voorschriften, dan zal men in voorkomende gevallen krachtens **can.2** de wetgeving van de Codex moeten laten prevaleren boven de liturgische[22].

1.5. Tijdstip van de doopbediening[23]

Aan het tijdstip, waarop het doopsel gevierd kan worden, is in principe geen enkele beperking gesteld en dus, zegt **can.856**, mag het op iedere dag gevierd worden[24]. Toch zijn er twee factoren, waarmee rekening gehouden zal moeten worden, voorzover dat mogelijk is, nl. het verband tussen het doopsel en het paasmysterie enerzijds en anderzijds het gemeenschapskarakter van de viering. Om deze beide factoren samen gaat daarom de voorkeur uit naar de paaswake als het meest geëigende tijdstip, maar ook naar de zondag als de dag van de verrezen Heer. In beide gevallen zal het feit, dat de geloofsgemeenschap zich in de parochiekerk verzamelt en dat de doop aan meerdere kinderen tegelijk (het basisritueel!) bediend wordt, het gemeenschapsaspect helderder laten uitkomen[25].

1.6. Plaats van de doopbediening

Met enige breedsprakigheid zegt de Codex in de **cc. 857-860**, welke de meest geschikte plaats is voor de doopbediening. Was de oude wetgeving er op uit de parochierechten te beschermen, de nieuwe wetgeving toont zich bezorgd om het doopsel a*ls intrede in de parochiegemeenschap*. Daarom is buiten het geval van nood een kerk of een kapel, waar bovendien de registratie van de doopbediening verzekerd is, de meest

[22] Weliswaar zijn de liturgische boeken in overeenstemming gebracht met de bepalingen van de nieuwe Codex (zie Decreet van de Congregatie voor de Sacramenten en de Eredienst, sectie Eredienst, van 12 september 1983), maar feitelijk is er in het Rituaal in dit opzicht niets veranderd.

[23] Hier wordt niet gedacht aan de tijdspanne tussen de geboorte en het moment, waarop de doop wordt toegediend. Hierover wordt verderop gesproken.

[24] Aanvankelijk (zie *Schema/75, can.31*) luidde de tekst: "Hoewel het doopsel op gelijk welke dag gevierd mag worden, dienen hiertoe de door de Bisschoppen of Bisschoppenconferenties vastgestelde voorschriften onderhouden te worden". Na de consultatieronde in 1977 kreeg de canon echter de huidige redactie: *COMM.* 13(1981)217.

[25] Men leze er de Inleidingen op de doopritualen op na om te weten hoe juist dit aspect een grote rol zou moeten spelen in de viering. Van een nog striktere voorkeur voor de paaswake heeft men uiteindelijk afgezien omwille van de actuele praktijk en van een mogelijk conflict met **can.867.**

geëigende plaats (**can.857 § 1**). In de regel zal de eigen parochiekerk in aanmerking komen (**can.857 § 2**), d.w.z. de kerk van de parochie, waar de volwassene zelf of de ouders van het kind domicilie of quasi-domicilie hebben (zie **can.104**). In ieder geval moet een parochiekerk om deze reden een doopvont hebben (**can.858 § 1**). Omgekeerd betekent de bepaling van **can.858 § 2**, dat het doopsel niet toegediend mag worden

a) in privé-huizen (**can.860 § 1**) zowel omdat het dopen in eerste instantie geen gezins-, maar gemeenschapsviering is, die preferentiëel in de parochiekerk plaatsvindt, alsook omdat de huisdoop gemakkelijk kan leiden tot bevoorrechting van bepaalde personen(families); en
b) ook niet in verzorgingsinstellingen of ziekenhuizen, waar de behoefte om te dopen ontstaan is uit de gewoonte een kind zo snel mogelijk na de geboorte te laten dopen; daarom bleef de parochiekerk in veel gevallen buitengesloten[26].

Vanzelfsprekend zijn er uitzonderingen mogelijk op deze algemene regel:

a) een geval van nood wettigt iedere plaats[27], bv. bij, ook van buiten komend, levensgevaar voor kind of ouders;
b) een doopviering in de kathedrale kerk onder voorzitterschap van de Bisschop in het geval van **can.863**;
c) als een goede reden iets anders wenselijk maakt (**can.857 § 2**), bv. een te grote afstand of andere omstandigheden, die het bezwaarlijk maken om de viering te doen plaatsvinden in de parochiekerk of een andere kerk of kapel binnen de grenzen van de parochie, die het (cumulatief) recht[28] op een doopvont bezitten (**can.858**); in dit geval moet de doop worden toegediend in een andere, meer nabije kerk of kapel of ook op een andere passende plaats (**can.859**);
d) als de plaatselijke Ordinaris om een ernstige pastorale reden toestemming verleent om de doop in een privé-huis te bedienen of de diocesane Bisschop (dus niet algemeen: de plaatselijke Ordinaris!) vastgesteld heeft, dat het doopsel wel in een verzorgingsinstelling plaats mag vinden, bv. omdat anders de gezondheid van het kind te zwaar belast wordt

[26] Vgl. de Inleiding op het Rituaal van de kinderdoop n.13. In het verleden werd daartoe echter vaak algemeen verlof gegeven en kreeg de betrokken instelling het recht op een eigen doopvont: zie bv. *An.Bo.* 4(1964)47.

[27] **Can.857 § 1** en Inleiding op het Rituaal voor de kinderdoop nn.12 en 13.

[28] Onder 'cumulatief' recht (hier en nergens anders gebruikt de Codex deze term) wordt verstaan, dat naast de parochiekerk, die over een doopvont *moet* beschikken, ook andere kerken (of kapellen) een doopvont *kunnen* hebben. Is dit laatste het geval, dan is het recht van de parochiekerk niet een anderen uitsluitend recht, maar een recht dat door anderen gedeeld wordt met de parochiekerk.

of de moeder (wier aanwezigheid bij het doopsel zozeer op prijs wordt gesteld) het ziekenhuis voorlopig niet mag verlaten enz. Sterker nog: de diocesane Bisschop kan de *ziekenhuisdoop* zowel algemeen als in bijzondere gevallen toestaan; bij een algemeen verlof ligt het dan zeker voor de hand, dat de parochiegemeenschap toegang heeft tot de doopviering en dat bovendien voorkomen wordt, dat de doopviering zich helemaal vanuit de parochie verlegt naar een andere plaats.

1.7. Doopvont

Iedere parochiekerk dient te beschikken over een doopvont, maar zij kan dit recht delen met andere kerken(of kapellen)[29] binnen de grenzen van de parochie (cumulatief recht van **can.858 § 1**). Dit is afhankelijk van de lokale behoeften en van het verlof, ja zelfs de opdracht van de plaatselijke Ordinaris. Hij moet dan wel eerst de pastoor van de parochiekerk hebben gehoord, alvorens het recht op een doopvont toe te kennen aan een andere kerk of kapel binnen de grenzen van de parochie **(can.858 § 2)**.

De doopvont (in voorkomende gevallen: de doopschaal) moet er schoon en stijlvol uitzien en in een waardige ruimte staan, “aangepast aan de viering van de wedergeboorte uit het water en de heilige Geest”, en moet tenslotte voor veel mensen zichtbaar zijn[30].

2. Bedienaar van het doopsel

Dat in **can.530 n.1** de toediening van het doopsel speciaal aan de pastoor wordt toevertrouwd, betekent niet dat hij de enige *gewone* bedienaar is. Ook een Bisschop, een andere priester en een diaken zijn volgens **can.861 § 1** *gewone bedienaren*. Zij zijn het, die in normale gevallen binnen hun eigen gebied het doopsel geoorloofd bedienen; treden zij buiten hun eigen gebied, dan hebben zij, behalve in noodgevallen, verlof nodig[31] van de rechthebbende bedienaar, ook als het gaat om het doopsel van iemand, die tot hun eigen gebied behoort. Een diaken kan m.i. geen verlof krijgen om een volwassene te dopen, omdat hij het vormsel niet kan toedienen[32].

[29] Ook in ziekenhuizen en kraamklinieken: zie bv.*An.* Bo. 4(1964)47; *An.Br.* 9(1964)3-4; *An.Ro.* 9(1964)63-64.
[30] Algemene Inleiding op de dooprituelen nn.19 en 25.
[31] Het lijkt minder juist hier te spreken van *toestemming* (zie **J.Hendriks**, *Parochierecht*, p.32; *Kerkelijk Recht*, p. 43) omdat dit woord in het juridisch spraakgebruik heel vaak met geldigheidseisen verbonden wordt.
[32] Vgl. de Inleiding op het Rituaal.

Voor *uitzonderingsgevallen* treft de Codex andere regelingen:

2.1. Is de gewone bedienaar afwezig of verhinderd (**can.861 § 2**), dan kan een catechist of iemand anders, die door de plaatselijke Ordinaris voor deze taak is aangewezen, geoorloofd het doopsel toedienen. Met **can.785** (en *AG* n.17) kunnen we het begrip catechist(e) omschrijven als een goedopgeleide, autochtone lekemedewerk(st)er bij de uitvoering van het missiewerk; zijn of haar taak is "de leer van het Evangelie voor te houden en liturgische diensten en charitatief werk te organiseren" o.l.v. een missionaris. Tot voor kort was dit begrip onlosmakelijk verbonden met missie, maar blijkbaar wil de nieuwe Codex dit begrip in bredere zin toepassen voor iedereen, die wordt ingezet voor de catechetische vorming van volwassenen, jongeren en kinderen (**can.776**); volgens **can.230 § 3** ook voor andere functies: bediening van het woord, voorgaan in liturgische gebeden, communie-uitreiking, doopbediening[33]. Het functioneren van leken wordt echter duidelijk geclausuleerd door de nood van de Kerk, welke hun optreden wenselijk maakt, en door een tekort aan gewijde bedienaren[34]. Wanneer in **can.861 § 2** het eerst gedacht wordt aan een catechist(e) voor de bediening van het doopsel als *buitengewoon* bedienaar is ook dit functioneren geclausuleerd, maar veel zwakker of gematigder dan in **can.230 § 3**, waarin gezegd wordt: "Waar de nood van de Kerk dit wenselijk maakt, kunnen bij gebrek aan bedienaren ook leken, al zijn zij geen lector of acoliet, sommige van hun taken waarnemen, namelijk de bediening van het woord uitoefenen, in liturgische gebeden voorgaan, het doopsel toedienen en de heilige Communie uitreiken, volgens de voorschriften van het recht", waartegenover **can.861 § 2** eenvoudig bepaalt: "Als de gewone bedienaar afwezig of verhinderd is, dient een catechist...geoorloofd het doopsel toe...".

Op dezelfde voorwaarden kan *iemand anders* het doopsel geoorloofd toedienen. Hierbij gaan in Nederland de gedachten onmiddellijk uit naar de pastorale werkers en werksters. Een feit is, dat zij in verschillende bisdommen van Nederland een doop-mandaat hebben gekregen in sommige situaties. Maar onduidelijkheid over hun/haar functioneren heeft de Bisschop van 's-Hertogenbosch op 15 juni 1986 doen besluiten aan de *PCI* de vraag voor te leggen, hoe wij **can.861 § 2** moeten interpreteren en toepassen, m.n. de clausule daarin "als de gewone bedienaar afwezig is of verhinderd"; dit met het oog op de eventuele verlening van doopvolmacht aan buitengewone bedienaren. Een tweede vraag betrof de

[33] Catechisten worden in **can.230 § 3** niet genoemd, maar wel bedoeld: **H.Schwendenwein**, a.w., p.584 noot 10.

[34] Een dergelijke clausulering vindt bij de catechese niet plaats.

vorm, welke zij dan bij de doopbediening zouden moeten gebruiken. In het van de Sacramentencongregatie komende antwoord van 30 juli 1986 werd allereerst de voorkeur uitgesproken voor een gemeenschappelijke viering, d.i. voor meerdere dopelingen tesamen. Vervolgens stelde zij, dat voor gevallen buiten stervensgevaar buitengewone bedienaren (catechisten of andere leken) moeten voldoen aan twee voorwaarden voor de *geoorloofde* bediening:

a) de afwezigheid van de gewone bedienaar (priester of diaken) moet *werkelijk* zijn, d.w.z. de afwezigheid of verhindering moet een wettige en werkelijke oorzaak hebben, waarvan men kan voorzien dat zij een redelijke tijd (minstens een maand) duurt en het in die tijd niet mogelijk is een andere, naburige en beschikbare gewone bedienaar aan te trekken (de Congregatie kan zich dat voor Nederland niet voorstellen!); alleen de plaatselijke Ordinaris mag hierover oordelen[35];

b) bij vervulling van deze voorwaarde is er een tweede voorwaarde, dat behalve bij stervensgevaar een buitengewone bedienaar zich op geen enkele titel (ook niet omdat hij de dopeling of zijn familie op het doopsel heeft voorbereid) gerechtigd kan achten tot dopen zonder het genoemde mandaat van de plaatselijke bisschop, aan wie, zoals gezegd, het oordeel toekomt of alle omstandigheden het geven van volmacht rechtvaardigen. Eenmaal gegeven, kan een buitengewone bedienaar de doop alleen bedienen in de korte vorm[36].

2.2. een tweede uitzondering is de doopbediening in geval van (dringende) nood **(cc.850** en **861 § 2)**, waarin de zgn. *nooddoop* door wie dan ook geoorloofd kan plaatsvinden[37]. Hierbij beperkt de feitelijke bedienaar zich tot die ceremonies, die voor de geldigheid absoluut noodzakelijk zijn: een nog niet gedoopte **(can.864)** wordt ondergedompeld in of

[35] Zie *An.Bo.* 29(1989)afl.3, p.10.

[36] *Rituaal* voor de kinderdoop nn.132-156; Inleiding daarop n.20. In de originele tekst staat echter ook nog (zonder dat dit in de vertaling is opgenomen) een bijzonder restrictieve clausule, nl. dat de buitengewone bedienaar niet kan dopen "zonder de zending (machtiging) *ad hoc*". Dat zou dus inhouden, dat hij voor ieder voorkomend geval gemachtigd zou moeten zijn. – We moeten niet vergeten, dat in sommige situaties pastorale werk(st)ers een doopmandaat hebben ontvangen zonder de hier genoemde strenge beperking. – Dit antwoord van de Sacramentencongregatie is nergens gepubliceerd, maar toegestuurd aan alle Bisschoppen van Nederland en aan mij in kopie ter beschikking gesteld door het bisdom.

[37] Het bestaan van deze nooddoop in de R.K.Kerk vormde één van de obstakels voor de wederzijdse dooperkenning met de Ned.-Hervormde Kerk, waarover verderop.

begoten met water, dat niet per se gezegend hoeft te zijn[38], onder het uitspreken van de doopformule (*Mt.* 28,19), mits dit uiterlijk waarneembare teken gedragen wordt door de intentie van de bedienaar te willen dopen, dat is te doen wat de Kerk doet. Hierom is het nodig, dat alle christengelovigen op de hoogte zijn van de juiste wijze, waarop de doop bediend moet worden. Daarvoor moeten de zielzorgers, vooral de pastoor volgens **can.861 § 2** zorg dragen. Deze plicht geldt in het bijzonder tegenover hen, die beroepshalve met noodsituaties te maken kunnen krijgen, zoals: artsen, verplegers, vroedvrouwen, kraamverzorg(st)ers enz. Een geval van dringende nood doet zich voor, als het wachten op de gelegenheid om het doopsel volgens het volledig liturgisch ritueel te vieren de toediening zelf in gevaar zou brengen of als er niet genoeg tijd is het hele ritueel te voltrekken. De oorzaak van de noodsituatie hoeft niet alleen gelegen te zijn in acuut stervensgevaar vanwege een ziekte, een ongeval, op handen zijnde medische ingreep, directe oorlogsdreiging voor de dopeling[39], maar kan bv. ook bestaan in een niet meer uit te stellen reis naar een gebied, waarin geen gewone bedienaar beschikbaar is.

In de oude wetgeving*(can.759 § 3)*[40] werd bij een nooddoop nog voorzien in de aanvulling van ontbrekende ceremonies. Het nieuwe recht zwijgt hierover. Wel is in de *OvD* voorzien in een model voor de presentatie aan de kerkgemeenschap van kinderen, die buiten de kerk ge doopt zijn[41]. Een ander verschil met de oude wetgeving *(can.742 § 2)* is, dat bij een nooddoop niet meer gesproken wordt over de vraag, aan wie bij de bediening van de doop voorrang moet worden gegeven[42].

2.3. Eigenlijk formuleert **can.863** nog een uitzondering op de gewone gang van zaken in die zin, dat "het doopsel van volwassenen, tenminste van hen die het veertiende levensjaar voltooid hebben, bij de diocesane Bisschop gemeld dient te worden opdat het, indien hij dit opportuun oordeelt, door hem zelf toegediend wordt" om langs deze weg als

[38] **Can.853** en het dooprituaal voor kinderen n.157.

[39] In dit geval voorziet het *rituaal* voor de kinderdoop in een verkorte *OvD*, nl. nn.157-164.

[40] *Can.759 § 3*: "De ceremonies echter, die bij de toediening van de doop om wat voor reden dan ook achterwege zijn gebleven, moeten in de kerk zo spoedig mogelijk worden aangevuld..." (behoudens in een bepaald geval).

[41] Zie *Rituaal* voor de kinderdoop nn.165-185; vgl.*COMM.* 3(1971)201.

[42] *Can.742 § 2*: als er meerdere personen zijn, die kunnen dopen, dan moet de volgende rangorde in acht genomen worden: "Is er een priester, dan moet hem de voorrang worden gegeven boven een diaken, een diaken boven een subdiaken, een 'clericus' boven een leek en een man boven een vrouw...". Op het bezwaar van reformatorische Kerken tegen de nooddoop komen we verderop nog terug.

Bisschop zelf of door een afgevaardigde toezicht te houden op de toediening van het doopsel[43].

3. Dopelingen

Met opzet wordt in de nieuwe wetgeving niet meer gesproken over *het subject van het doopsel* of over *de ontvanger*, omdat dit spreken te weinig recht doet aan de actieve rol van met name volwassenen, die vragen om gedoopt te worden. De oude terminologie is daarom vervangen door: *zij, die gedoopt willen worden.* In de acht canones, die aan hen worden gewijd, gaat het over de volgende vragen:

3.1. Wie kan gedoopt worden?

Can.864 verklaart, dat *iedere mens*, die nog niet eerder gedoopt is, in aanmerking komt gedoopt te worden, inclusief dus kinderen, ook al zijn zij nog in de moederschoot. Deze universele bekwaamheid berust op de goddelijke wil *alle* mensen te redden. Daarvoor heeft God het heilsmiddel van de wedergeboorte uit water en Geest (*Joh.* 3,5) aan de Kerk geschonken.

3.2. Aan welke eisen moet bij een volwassenendoop worden voldaan?

Een volwassene in de zin van **can.852 § 1**, dus ouder dan zeven jaar en tot het gebruik van het verstand gekomen, moet volgens **can.865 § 1** allereerst de wil(intentie) hebben gedoopt te worden. Dit is een *geldigheids*vereiste[44]. Voor de *geoorloofde* toediening zijn nodig: voldoende onderricht in de geloofswaarheden en in de aan het doopsel verbonden verplichtingen, het catechumenaat, dat iemands christelijke levenswandel beproeft, en de aansporing om eigen zonden te betreuren; voor kinderen boven de zeven jaar is toestemming van de ouders en melding aan de Bisschop (zie boven onder 2.3) vereist[45].

Het ligt voor de hand, dat in de gang door het catechumenaat de geloofswaarheden en doopplichten uitgebreid aan de orde komen.

[43] Zie in combinatie met elkaar: n.12 uit de Algemene Inleiding betreffende de christelijke initiatie en n.44 van de Inleiding op de *OvD* voor de doop van volwassenen. – Gelet op de bemerkingen van de consultatie-organen stelde de rapporteur van de betreffende studiegroep voor de leeftijd op 16 jaar te stellen [zie *COMM.* 13(1981)221]; dit werd als zodanig in het *Schema/80 (can.817)* opgenomen, werd in 1981 niet gewijzigd, maar is in het *Schema/82* veranderd in 14 jaar en zó in de eindredactie terechtgekomen.

[44] Zie **J.Ratzinger**, *Doopsel, geloof en kerkverbondenheid* – in: *Communio* 1(1976)205-224.

[45] Zie de *OvD.* voor het doopsel van volwassenen n.308b.

Anders wordt dit, als de volwassene in stervensgevaar verkeert (**can.865 § 2**). Dan is enige kennis en uiting (op een of andere manier) van de intentie om gedoopt te worden toereikend.

De bepaling van **can.866** hangt samen met die van **can.842 § 2**. Daarin wordt gesteld, dat de drie initiatiesacramenten voor de volledige christelijke initiatie vereist zijn. Vormsel en eucharistie moeten dan ook, buitengewone omstandigheden daargelaten, onmiddellijk na het doopsel worden toegediend, zoals in het doopritueel staat aangegeven. Dit kan nu ook, omdat de priester, die ambtshalve of krachtens een mandaat van de diocesane Bisschop de doop bedient, het vormsel kan en mag toedienen (**can.883 n.2**). Alleen om een ernstige reden kunnen de drie initiatiesacramenten van elkaar gescheiden worden.

In normale gevallen worden volwassenen gedoopt tijdens de paaswake. Zijn er dan ook mensen, die al gedoopt zijn maar nu in de volledige gemeenschap van de R.K.Kerk worden opgenomen, dan moet een duidelijk onderscheid tussen de al en nog niet gedoopten zichtbaar worden gemaakt[46].

3.3. Aan welke eisen moet bij de kinderdoop worden voldaan?

In **can.867** is de formule *"quam primum"*[47], d.i. "zo spoedig mogelijk" uit *can.770 CIC/17*[48], d.w.z. binnen enkele dagen, vervangen door de verplichting een kind *binnen enkele weken* te laten dopen[49]. Er is volgens het doopritueel van kinderen[50] een aantal factoren, waarmee rekening gehouden dient te worden voor het vaststellen van het juiste tijdstip: de gezondheid van het kind zelf en van de moeder en de tijd, die nodig is om de betrokkenen voor te bereiden op de doopdienst. Er ligt dus enerzijds een spanning tussen de (middeleeuwse) gewoonte *"quam primum"*, d.i. zo snel mogelijk, over te gaan tot het dopen van een baby, ongetwijfeld samenhangend met het grote sterftecijfer onder kinderen en

[46] *Directorium oecumenicum III*(1993) n.100.

[47] Deze formule is afkomstig van het Concilie van Florence, en wel uit het *Decretum pro Armenis*(1442): zie *DS*, a.w., n.1349.

[48] *Can.770*: "Kinderen moeten zo spoedig mogelijk gedoopt worden; en pastoors en predikanten behoren de gelovigen dikwijls op deze zware verplichting aan te spreken".

[49] Al in de instructie voor de priesters over het dopen van kinderen, d.d. 15 juli 1966, hebben de Nederlandse Bisschoppen, daarbij gesteund door *SC* n.67, de formule *"quam primum"* losgelaten door toe te staan dat het doopsel wordt uitgesteld "tot beide ouders er bij tegenwoordig kunnen zijn": *An. Utr.* 39 (1966) 145-146; *An. Ha.* 13 (1966) 126-127; *An. Gr.* Bd. II (1962-1966) 480; *An. Bo.* 6 (1966) 93-94; *An. Br.* 11 (1966) 1; *An. Rmd.* 47 (1966) 82-83; vgl. 62 (1981) 27-42; *An. Ro.* 11 (1996) 222-223. De formulering "binnen enkele weken" stamt uit 1978: *COMM.* 13(1981)223.

[50] Vgl. Inleiding nn.8 en 25.

de toen heersende theologische opvattingen over de heilsnoodzakelijkheid van het doopsel, en anderzijds het belang, dat wordt gehecht aan de aanwezigheid van beide ouders bij de doopbediening, de vereiste voorbereiding daarop en zekerheid omtrent de christelijke opvoeding[51]. Duidelijk is, dat in stervensgevaar geen enkel uitstel kan worden geduld (**can.867** § **2**).

De *geoorloofde* bediening van het doopsel aan kinderen is volgens **can.868** § **1** afhankelijk van de toestemming van de ouders, minstens van één van hen, of van hun plaatsvervanger(s), en van de gegronde hoop op een katholieke godsdienstige opvoeding. Alleen wanneer deze laatste volkomen ontbreekt, dient het doopsel te worden *uitgesteld* (niet: geweigerd). Via een betere voorbereiding van de ouders kan dan in een later stadium nog tot dopen worden overgegaan[52].

Can.868 § **2** laat de noodzaak van het doopsel prevaleren boven de wil van de ouders, zodat in stervensgevaar kinderen, ook tegen de wil van de katholieke, zelfs ook niet-katholieke ouders mogen worden gedoopt[53]. Als herformulering van *can.750 § 1 CIC/17*[54] en *751 CIC/17*[55] heeft de huidige bepaling in verschillende versies deel uitgemaakt van de codificering[56].

[51] Vgl.**can.868** §§ **1** en **2**; Instr.*Pastoralis actio*(1980) van de Congregatie voor de Geloofsleer n.5.

[52] Vgl. **J.Hendriks**, *Parochierecht*, pp.33 vv. en *Kerkelijk Recht*, pp.44-45, die een genuanceerd oordeel geeft over het *uitstel* van het doopsel. Overigens wordt in de Instr.*Pastoralis actio*(1980) van de Congregatie voor de Geloofsleer gesteld, dat, als in werkelijkheid de waarborgen niet serieus zijn, het doopsel kan worden *uitgesteld* of zelfs *geweigerd*, als er zeker geen waarborgen zijn voor een katholieke godsdienstige opvoeding (n.28). Nog altijd waardevol is het *KASKI*-rapport inzake de doop-praktijk in Nederland: o.a. *An.Utr.* 50 (1977)216-225.

[53] Zie hiervoor de Instr.*Pastoralis actio*(1980) van de Congregatie voor de Geloofsleer, waaraan al een particulier antwoord van dezelfde Congregatie van 13 juli 1970 voorafging over de bediening van het doopsel aan kinderen van niet-katholieke ouders: **X.Ochoa**, a.w., *vol.IV* n.3884. Onnodig te zeggen dat deze canon nogal wat kritiek krijgt vanuit oecumenisch standpunt gezien. Al in het Schrijven van de Generale Synode van de Ned.Herv.Kerk, d.d. 2 februari 1966, aan de Nederlandse Bisschoppen over de voorwaarden voor de dooperkenning staat letterlijk: "Een nooddoop, bediend zonder een redelijkerwijs te veronderstellen wens van de ouders of tegen de wens van de ouders, kan moeilijk als geldig worden erkend" (*Oecumenisch Vademecum* 1991, D5).

[54] *Can.750 § 1*: "Een kind van ongelovigen mag, ook tegen de wil van de ouders, gedoopt worden wanneer het in zodanig levensgevaar verkeert dat wijselijk te voorzien is dat het zal sterven alvorens het verstandsgebruik te bereiken".

[55] *Can.751*: "Met betrekking tot het doopsel van kinderen van twee ketters of schismatieken of van twee katholieken, die vervallen zijn in geloofsafval of ketterij dan wel schisma, moeten in het algemeen de normen, in voorgaande canon (= 750) vastgelegd, worden onderhouden".

[56] De allereerste versie van *Schema/75 (can.16 § 2)* luidt aldus: "Een kind van ofwel katholieke ofwel ook niet-katholieke ouders, dat in zodanig levensgevaar verkeert dat

3.4. Bijzondere situaties, met name bij dopen buiten de R.K. Kerk.

In aansluiting op **can.845 § 2** bepaalt **can.869**, dat alleen bij een redelijke twijfel over de *geldige* toediening van het doopsel, die na een ernstig onderzoek nog blijft bestaan (**§ 1**), *dopen-onder-voorwaarde* is toegestaan[57]. Het *Directorium Oecumenicum I* (1967) geeft in de nn.9-20 in detail de beoordelingscriteria aan. Volgens die criteria kan de geldigheid van het doopsel in de van Rome gescheiden Oosterse Kerken niet in twijfel worden getrokken. Andere kerken of kerkelijke gemeenschappen worden niet met name genoemd, maar er zal ook geen twijfel hoeven te bestaan over de geldigheid van het doopsel, toegediend in de Anglicaanse Kerken, de Oud-Katholieke Kerk en de grote Reformatorische Kerken[58]; onder de vrije kerken dopen de Baptisten (zij het alleen volwassenen), Methodisten, Mennonieten, Hernhutters en Zevendedagadventisten geldig. Er zou alleen twijfel kunnen rijzen over de vraag, of de bedienaar zich gehouden heeft aan de eigen *OvD* in zijn gemeenschap[59]. **Can.869 § 1** noemt twee gevallen, waarin onder voorwaarde mag worden gedoopt, nl. bij twijfel of iemand echt gedoopt is (iedere herinnering daaraan of getuigen ontbreken) en bij twijfel of de doop wel geldig bediend is (bij twijfel dus aan de vraag of voldaan is aan datgene, wat naar Rooms-Katholieke opvatting essentieëel wordt geacht). Dit laatste heeft **can.869 § 2** op het oog door vast te leggen, dat zij, die gedoopt zijn in een niet-katholieke

men wijselijk voorziet dat het zal gaan sterven vóórdat het het verstandsgebruik bereikt, mag gedoopt worden, mits beide ouders of zij, die wettig hun plaats innemen, er niet uitdrukkelijk tegen zijn". In 1978 wordt de laatste zinsnede aldus gewijzigd: het mag gedoopt worden "tenzij beide ouders er uitdrukkelijk tegen zijn en er gevaar bestaat voor afkeer van de religie" [*COMM.* 13(1981)224]. In deze bewoordingen komt de canon in het *Schema/80* terecht. Tijdens de discussies in 1981 (zie *Relatio/1981*, p.201) worden de woorden "(tenzij) er gevaar bestaat voor afkeer van de religie" geschrapt op deze grond: "die voorziene reactie zou nog het minste kwaad zijn" (zegt een Concilievader!). Ná het *Schema/82* verdwijnt uit de tekst de zinsnede dat "in zodanig levensgevaar verkeert dat men wijselijk voorziet dat het zal gaan sterven vóórdat het het verstandsgebruik bereikt" en blijft de huidige formulering over.

[57] In tegenstelling tot *can.732 § 2 CIC/17* ["Bij redelijke twijfel evenwel of ze (d.i.: de sacramenten van doopsel, vormsel en wijding) geldig zijn toegediend, moeten zij onder voorwaarde opnieuw *(iterum)* worden toegediend"] is het woordje *"iterum"* met opzet weggelaten om niet de indruk te wekken dat er een herhaling van de doop plaatsvindt, want een doop-onder-voorwaarde is per definitie nooit een tweede toediening van de doop; vgl. het *dooprituaal* voor volwassenen, appendix n.7.

[58] Hierbij zij alvast verwezen naar de dooperkenning tussen de R.K.Kerk en de grotere Reformatorische Kerken in Nederland en België, waarover in het vervolg nog gesproken zal worden. Het *Directorium Oecumenicum III*(1993) heeft als stelregel: "Het doopsel dat is toegediend door onderdompeling of begieting met gebruik van de trinitaire doopformule *is per se geldig*" (n.95a).

[59] *MK* bij **can.869**.

kerkelijke gemeenschap bij overgang naar de Katholieke Kerk niet onder voorwaarde gedoopt mogen worden, of het moet zijn dat de materie (water) en de vorm van de doopwoorden wezenlijk anders zijn dan vereist is of dat de intentie van de volwassen gedoopte of van de dopende bedienaar alle reden geven te twijfelen aan de geldigheid van de doop[60]. De pastorale norm van **can.869 § 3** is een getrouwe weergave van wat in het rituaal voor de volwassenendoop staat[61], nl. in alle in de §§ **2** en **3** genoemde gevallen moet aan de (ouders van de) dopeling worden uitgelegd, waarom er twijfel bestaat aan de geldigheid van het al eerder toegediende doopsel, en moet de leer over het doopselsacrament worden uitgelegd[62].

Een tweede bijzondere situatie is die van een te vondeling gelegd of gevonden kind **(can.870)**. Voorzag het oude recht *(can.749)*[63] in dit geval nog in een doopsel-onder-voorwaarde, nu wordt uitgegaan van het niet-gedoopt-zijn, tenzij na een zorgvuldig onderzoek het tegendeel blijkt.

Een laatste bijzondere situatie is die van een via spontane of opgewekte abortus nog levende foetus. Uitgaande van de leer dat de foetus vanaf het moment van de conceptie bezield is, moet volgens **can.871** de levende foetus, voorzover dit kan, onvoorwaardelijk worden gedoopt.

4. Peter en/of Meterschap

Behoudens in het aantal bepalingen (drie in plaats van acht) verschilt de nieuwe wetgeving van de oude *(cc.762-769)* ook hierin, dat geen onderscheid meer wordt gemaakt tussen een (on)geldig en (on)geoorloofd peter- of meterschap. Dat is immers van geen enkele betekenis meer sedert de afschaffing van het huwelijksbeletsel van geestelijke verwantschap[64].

[60] Zij, die binnen de zgn. *Christengemeenschap* (anthroposofisch) gedoopt zijn, zijn niet geldig gedoopt; evenmin zij die gedoopt zijn in de zgn. *Nieuwe Kerk*(van Ds.E.Swedenborg): zie uitspraak van de Congregatie voor de Geloofsleer op 20 november 1992: *AAS* 85(1993)179.

[61] Appendix n.7. Het *Directorium Oecumenicum I*(1967) is de bron voor deze norm van het *Rituaal*, zoals dit weer de bron is voor **can.869 § 3**.

[62] Zie *Directorium Oecumenicum III*(1993) n.99 sub d, waar ook wordt gezegd dat "de ritus van het doopsel onder voorwaarde in besloten kring en niet in het openbaar" moet worden voltrokken. – In de huidige formulering van **can.869**, vooral van **§ 2**, zijn de adviezen van de consultatie-organen verwerkt: zie *COMM.* 13(1981)225-227.

[63] *Can.749*: "Vondelingen moeten, tenzij na ernstig onderzoek geen twijfel bestaat over hun doopsel, onder voorwaarde worden gedoopt."

[64] *Can.768 CIC/17*: "Krachtens het doopsel worden met de dopeling geestelijk verwant niet alleen de bedienaar, maar ook de p(m)eter", een verwantschap, die volgens *can.1079 CIC/17* het huwelijk zelfs ongeldig maakt. Zie *COMM.* 13(1981)229-230.

4.1. Aantal peetouders en hun taak

Het is al een oud gebruik om, waar mogelijk, aan de dopeling een peter en/of meter te geven[65], maar in de nieuwste wetgeving (ook in de Ritualia) wordt de betekenis en daarmee de noodzaak van het hebben van peetouders afgezwakt vanwege de grotere nadruk op de rol van de ouders zelf. Dit gebruik heeft niets uit te staan met de geldig- of geoorloofdheid van het doopsel. Dat blijkt alleen al uit de formulering van **can.872**: het hebben van peetouders is een vereiste *voorzover het kan*. Niettemin is het hebben van een dooppeet een voorschrift, waarvan men alleen af kan wijken, als er geen persoon is, die deze taak op zich wil nemen.

Eén dooppeet is voldoende, maar volgens **can.873** mogen er ook twee zijn: één peter of meter, c.q. één peter en meter, in ieder geval niet meer dan twee. Zijn/haar of beider namen moeten worden ingeschreven in het doopboek met weglating van (eventueel) nog andere namen van personen, die in de familiekring nog als dooppeten worden aangemerkt. Wie eenmaal als zodanig aangewezen is (zijn), kan (kunnen) later niet door een ander of door anderen vervangen worden. De hier en daar bestaande gewoonte dit wel te doen[66] is op voorstel van de Codexherzieningscommissie als pure fictie afgewezen[67], ook al omdat het niet duidelijk is wanneer er sprake is van het "wegvallen" van een dooppeet: bij overlijden? bij verhuizing naar een andere streek of naar een ander land? bij verwaarlozing van zijn/haar taak? na incestverhoudingen binnen een gezin? bij scheiding?

Can.872 vat kort samen, wat in de liturgische boeken wordt aangegeven als de *taak* van de dooppeten: behulpzaam zijn bij de invoering in het christelijke leven en er mede borg voor staan, dat de doopkandidaat op een goede manier wordt voorbereid. In wezen verschilt die taak niet voor de doop van een volwassene of van een kind. In beide gevallen begeleiden zij de dopeling naar het sacrament, daarmee uiting gevend aan hun medeverantwoordelijkheid voor de christelijke levenswandel van de dopeling.

[65] **Tertullianus**, *De baptismo* 1.18, c.11 (*PL* I, 1221) spreekt al over *sponsores* (doopborgen). Vraag hierbij is of doopborgen wel op één lijn kunnen worden gesteld met peetouders.

[66] Het *Schema/75 (can.26 § 2)* en het *Schema/80 (can.827 § 2)* hielden daar nog rekening mee; vgl. *COMM*. 22(1990)31.

[67] Zie *Relatio/1981* bij can.827, p.203.

4.2. Aanwijzing en kwaliteiten van de peetouder(s)

Can.874 bepaalt allereerst op welke wijze de dooppeten worden aangewezen. Dit gebeurt door de dopeling zelf(volwassene) en, als het om een kind gaat, door de ouders of degenen, die hun plaats innemen en, als deze ontbreken, door de pastoor of door de feitelijke bedienaar. Wie ook aangewezen mogen worden, zij moeten de geschiktheid en de intentie hebben om de bovenomschreven taak goed uit te voeren. Daarna noemt deze canon een aantal kwaliteiten, ter beoordeling van de pastoor[68], waaraan doopouders moeten voldoen:

a) hij en/of zij moet de leeftijd van zestien jaar hebben bereikt[69], tenzij de diocesane Bisschop een andere leeftijd heeft vastgesteld of de pastoor, c.q. de feitelijke bedienaar een uitzondering op die leeftijdsgrens toelaatbaar acht, bv. wanneer er anders geen dooppeet zou zijn of er een tweede dooppeet is, die wel de vereiste leeftijd bezit[70];
b) hij en/of zij moet katholiek zijn, gedoopt en gevormd en zelf al de eerste H.Communie hebben gedaan. M.a.w.: hij en/of zij moet de drie christelijke initiatiesacramenten hebben ontvangen (**can.842 § 2**);
c) tenslotte moeten de dooppeten er een levenswandel op na houden, die in overeenstemming is met het geloof en met de te aanvaarden taak. Volgens de oude wetgeving waren gescheidenen, die een ander kerkelijk niet-erkend huwelijk hadden gesloten, als bigamisten ongeschikt voor het p(m)eterschap. Nu zal de al of niet toelaatbaarheid beoordeeld moeten worden naar bovenstaande criteria. Dit voert, ook ten aanzien van allen die in een irreguliere huwelijksverhouding leven, tot deze conclusies[71]:
   - vragen beide ouders of minstens één van hen om de doop en kunnen zij een echte christelijke opvoeding garanderen, dan is er geen reden om het doopsel te weigeren of uit te stellen;
   - kunnen de ouders zelf de christelijke opvoeding niet garanderen, dan kunnen hun kinderen ook tot de doop worden toegelaten, wanneer zij die opvoedingstaak in veilige handen weten van de peetouders of naaste verwanten;

[68] Zie Algemene Inleiding op de christelijke initiatie n.10.

[69] Dit is een precisering van de Algemene Inleiding op de christelijke initiatie n.10, waar uitsluitend gesproken werd over de *geschikte* leeftijd. In de herdruk van 1993 echter is in n.10 de tekst in deze zin aangepast.

[70] Op de prosynode van 1960 wees de Aartsbisschop van Utrecht er op, dat de toenemende gewoonte *jongeren* tot peter en meter te kiezen valt toe te juichen "omdat uiteraard de kans groter is dat ze langer hun petekind zullen begeleiden ...": *An.Utr.* 34(1961)6.

[71] *NDP*, pp.137-138.

- vragen alleen burgerlijk gehuwde ouders, die hun huwelijk gemakkelijk zouden kunnen laten wettigen, maar dit niet doen, om het doopsel van hun kinderen, dan heeft de verantwoordelijke pastor hun te wijzen op de discrepantie tussen hun vraag en hun gedrag, maar extreme houdingen, zoals een te rigide strengheid en een al te grote toegevendheid moeten worden vermeden, zolang er enige hoop is op een christelijke opvoeding;
- deze laatste criteria zullen naar mijn gevoel ook moeten worden aangelegd ten aanzien van hen, die alleen samenwonen en samenleven.

4.3. Obstakels voor het p(m)eterschap

In **can.874 § 1 nn.3-5** en **§ 2** worden een aantal feiten genoemd, die iemand tegenhouden om de taak van peetouder op zich te (mogen) nemen:

a) een canoniek wettig opgelegde of verklaarde straf; dus niet een straf, die iemand door het stellen van een bepaalde daad automatisch beloopt, maar een straf, die door het bevoegde kerkelijke gezag is vastgesteld of als belopen is verklaard;
b) het (natuurlijke) vader- en/of moederschap;
c) een gedoopte, die lid is van een niet-katholieke kerkelijke gemeenschap[72], mag niet worden toegelaten tot het p(m)eterschap, tenzij samen met een katholieke peetouder, maar dan niet als peetouder, doch als *doopgetuige*[73]; als zodanig kan hij/zij worden ingeschreven in het doopboek. Welke rol de katholieke familie hem/haar toekent in de mede-zorg voor de dopeling, moet, voorzover de plicht tot het doorgeven van het katholieke geloof niet tekort gedaan wordt, aan die familie worden overgelaten[74]. Over een christen, die lid is van een van Rome gescheiden Oosters-Orthodoxe Kerk, zwijgt de Codex, gezien de formulering van **can.874 § 2**[75].

[72] Hiermee worden in het kerkelijk spraakgebruik na Vaticanum II de leden van de Reformatorische Kerken bedoeld ter onderscheiding van bv. de leden van de Oosters-Orthodoxe Kerken.

[73] De Algemene Inleiding op de christelijke initiatie geeft in n.10 meer ruimte. Daar wordt van een niet-katholiek gelovig christen gezegd: "deze kan samen met een katholieke peter worden toegelaten als peter(meter) *of* als christelijke getuige van het doopsel, wanneer de ouders dit wensen. Men moet echter wel rekening houden met de oecumenische situatie ter plaatse en de daar geldende regels".

[74] Aldus *MK* bij **can.874**.

[75] Volgens het *Directorium Oecumenicum I*(1967) n.48 kan hij/zij samen met een katholieke peetouder wel peetouder (dus niet alleen doopgetuige) zijn, maar niet als enige peetouder: zie *HdBdkKr*, p.646. Het *Directorium Oecumenicum III* (1993) stelt echter duide-

5. Bewijs en registratie van de toediening van het doopsel

Voor alles, wat betrekking heeft op de registratie van het doopsel en te maken heeft met het doopcertificaat (-bewijs), verwijzen we naar hoofdstuk XI, waarin o.a. gesproken wordt over de parochieboeken.

6. Wederzijdse dooperkenning[76]

In het kader van het zoeken naar toenadering en naar grotere eenheid tussen de kerken heeft een door de Nederlands Hervormde Kerk en de R.K.Kerk ingestelde commissie van theologen in 1965 een rapport uitgebracht over de mogelijkheid en de voorwaarden voor een wederzijdse dooperkenning. Op basis van dit rapport richtte de Generale Synode van de N.H.Kerk zich op 2 februari 1966 tot (de voorzitter van) het Nederlands Episcopaat met een brief, waarin zij haar conclusies uit genoemd rapport trekt en de voorwaarden formuleert op grond waarvan zij tot erkenning van de doop binnen de R.K.Kerk zou kunnen overgaan. Omgekeerd richtte het Nederlandse Episcopaat zich in de persoon van zijn voorzitter op 3 september 1966 tot het Moderamen van de Generale Synode met een brief, waarin het Episcopaat de voorwaarden voor erkenning van r.k.zijde formuleerde. Al op 17 juli 1966 echter liet dit Episcopaat aan de geestelijkheid van de Nederlandse Kerkprovincie weten, dat de dooperkenning op grond van wederzijds overleg een feit was ondanks de verschillen van opvatting over bv. de *nooddoop*. In een uitvoerig beraad over de vraag of deze doop wel erkend zou kunnen worden gezien de ernstige theologische bezwaren daartegen, met name het losmaken van de onlosmakelijke verbinding van geloof en doop, zouden die bezwaren naar het oordeel van de Synode ondervangen kunnen worden op twee voorwaarden, nl. a) de nooddoop geschiedt op wens van de ouders en b) de nooddoop wordt in een liturgische handeling door de Kerk geconfirmeerd. Hierop hebben de Bisschoppen in hun brief van 3 september 1966 geschreven, dat zij voorzichtig aan zullen sturen

lijk: "Evenwel kan een gedoopte die tot een andere kerkelijke gemeenschap hoort, op grond van het gemeenschappelijk doopsel en vanwege familie- of vriendschapsbanden, als *getuige* bij het doopsel worden toegelaten, maar alleen samen met een katholieke peetouder. Een katholiek kan dezelfde rol vervullen bij iemand die gedoopt zal worden in een andere kerkelijke gemeenschap" (n.98a). Een lid echter van de orthodoxe Oosterse Kerken kan om een goede reden wel als *peetouder* samen met een katholieke peetouder worden toegelaten bij de doop van een katholiek kind of katholieke volwassene (t.z.p., n.98b).

[76] Sterk aanbevolen in het *Directorium oecumenicum III* (1993) nn.94 en 95.

op een verdwijnen van de praktijk van de *privé-of nooddoop* van kinderen uit niet-christelijke of uit christelijke niet rooms-katholieke ouders, wanneer de instemming van de ouders ontbreekt of niet verondersteld kan worden[77]. Een ander verschil van mening betrof de *privé-viering* van de doopbediening binnen de R.K.Kerk. Al op 15 juli 1966 hebben de Bisschoppen van Nederland een instructie uitgegeven, waarin zij enerzijds tegemoetkomen aan het verzoek van ouders om *beide* bij de doop van hun kind aanwezig te zijn en zij anderzijds aan de doopbediening *in de gemeenschap van gelovigen d*e voorkeur geven boven de frequenter wordende praxis om kinderen in kraamklinieken en ziekenhuizen te laten dopen[78].

Op 20 juli 1967 liet het Moderamen van de N.H.Kerk aan kerkeraden en predikanten weten, dat er op fundamentele punten overeenstemming is over: de vorm van de doopbediening[79], de doopformule en de samenhang tussen doop en kerkelijke gemeenschap[80].

Een soortgelijke dooperkening werd op 23 januari 1968 onderschreven door de Generale Synode van de Gereformeerde Kerken en het Nederlandse Episcopaat[81] en in datzelfde jaar ook tussen de R.K.Kerk en de Evangelisch-Lutherse Kerk[82].

In België kwam op 23 november 1971 een verklaring over interkerkelijke erkenning van de doop uit, ondertekend door de vertegenwoordigers van de Deutschsprachige Evangelische Gemeinde in Belgien, de Gereformeerde Kerken, Hervormde, Protestantse Kerk van België en de Rooms-katholieke Kerk in België[83].

[77] Zie *Oecumenisch Vademecum* D5 en D9 en o.a. *An.Utr.* 40 (1967)199 en 203.

[78] O.a. in *An.Utr.* 39(1966)145-146; *An.Bo.* 6(1966)93-94 en 126-127; *An.Ha.* 13 (1966) 126-127; *An.Gr.Bd.II*(1962-1966)480; *An.Br.* 1966, p.1.

[79] Een simpele bevochtiging van het voorhoofd wordt minder juist geacht (zonder daarmee de geldigheid van de doop in twijfel te trekken). Wat Rooms-Katholieken *begieting* noemen, wordt door Protestanten veelal *besprenkeling* genoemd.

[80] De teksten van de briefwisseling zijn te vinden in een apart uitgegeven brochure (z.j.): Dooperkenning tussen de R.K. Kerk in Nederland en de Nederlandse Hervormde Kerk; zie ook *Oecumenisch Vademecum* (Uitgave van de Willibrordvereniging, lopend vanaf 1991) pp. D1-D17 en o.a. *An. Utr.* 40 (1967) 195-209; *An. Rmd.* 48 (1967) 104-117; *An. Br.* 1968, onder D (van dooperkenning), pp.1-4 en 13-15; *An. Ro.* 12 (1967) 253-266.

[81] In *An.Utr.* 41(1968)33-36, alwaar ook de toespraak van Bern.Kard.Alfrink: pp.36-38; *An.Rmd.* 49(1968)53-57. Zie ook de *Kerkorde* van de Gereformeerde Kerken in Nederland (Uitgave 1991, Kampen), Uitvoeringsbepaling 74.2, pp.167-170 en *Oecumenisch Vademecum* pp.D20-D24.

[82] In *An.Utr.* 41(1968)247-249; *An.Rmd.* 49(1968)192-194 en *Oecumenisch Vademecum* pp.D25-D27.

[83] Zie *AK* 26(1971)1158-1162.

Het overleg met de Remonstrantse Broederschap in Nederland heef op 23 augustus 1974 geleid tot een *voorwaardelijke*[84] dooperkenning door de Nederlandse Bisschoppen, nl.in al die gevallen, waarin iemand "in de traditie van de christelijke doop in de naam van de Vader, de Zoon en de heilige Geest" is gedoopt[85].

7. Interkerkelijke doopbediening

In verband met het voorgaande moet iets gezegd worden over de zgn.interkerkelijke doopbediening, speciaal met betrekking tot kinderen, geboren uit gemengde huwelijken tussen Nederlands Hervormden, Gereformeerden, Evangelisch-Luthersen en Rooms-Katholieken. De Bisschoppen van Nederland hebben zich op 10 maart 1970[86] akkoord verklaard met de richtlijnen van de N.H.Kerk aan haar kerkeraden en predikanten: er is theologisch gezien geen enkele noodzaak voor interkerkelijke doopdiensten. Op grond van de doopovereenkomsten wordt de geldigheid van de op de juiste wijze toegediende doop over en weer erkend. Daarom komt de oecumenische strekking van deze consensus het meest tot haar recht, indien het doopsel plaatsvindt onder verantwoordelijkheid van één van de Kerken. Maar mocht het, zeggen de Nederlandse Bisschoppen, op pastorale gronden gewenst zijn om aan de doopdienst in een katholieke kerk een interkerkelijk karakter te geven, dan zijn er twee mogelijkheden:

a. de doop geschiedt door de priester met gebruikmaking van de doopliturgie van de Katholieke Kerk; de andere Kerk laat zich vertegenwoordigen door officiëel door de kerkeraad aangewezen vertegenwoordigers, die bij de doopbediening niet handelend optreden, maar door hun aanwezigheid het interkerkelijk karakter van de dienst onderstrepen of
b. de doop wordt bediend door de priester met gebruikmaking van de doopliturgie van de Katholieke Kerk en een officieel door de andere Kerk afgevaardigde ambtsdrager kan aan de dienst meewerken door bepaalde onderdelen van de liturugie te verzorgen met uitzondering van de doophandeling,die door de priester geschiedt.

[84] Voorwaardelijk, omdat de desbetreffende geschriften van de Broederschap niet imperatief, maar directief van aard en bedoeling zijn.

[85] *AK* 29(1974)1104 en *Oecumenisch Vademecum* p. D28.

[86] Zie *Oecumenisch Vademecum* pp. D18-D19 en o.a. *An.Utr.* 43(1970)73-74; *An.Gr.* Bd.III(1967-1970), pp.411-412; *An.Br.* 1970, onder de D (van doopsel) pp.1-2; *An.Rmd.* 51((1970)65-66; *An.Ro.* 15(1970)139-140.

Deze aanwijzingen lopen parallel met die van de Hervormde Synode aan haar gemeenten betreffende een interkerkelijke doopdienst in een hervormde kerk[87].

[87] Ook het *Directorium Oecumenicum III*(1993) spreekt hierover in n.97: de inlijving bij de kerk van Christus gebeurt in concreto binnen een bepaalde kerk of kerkelijke gemeenschap. Een gezamenlijke doopbediening door twee bedienaren, die tot verschillende kerken of kerkelijke gemeenschappen behoren is dus ongeoorloofd, maar om pastorale redenen kan de plaatselijke Ordinaris *in uitzonderlijke omstandigheden* verlof geven "dat een bedienaar van een kerk of kerkelijke gemeenschap aan de doopviering deelneemt door een lezing te verrichten of een gebed uit te spreken, of anderszins. Wederkerigheid is slechts mogelijk als het binnen een andere gemeenschap gevierde doopsel niet in strijd is met de katholieke beginselen en kerkorde".

HOOFDSTUK V: HET SACRAMENT VAN HET VORMSEL

Inleiding

Kerkrechtelijk is de theologische plaatsbepaling van het vormsel[1] in **can.879** daarom van belang, omdat ook dit initiatiesacrament een onuitwisbaar merkteken inprent en dus onherhaalbaar is (zie **can.845 § 1**)[2].

Door aan dit sacrament in het kerkelijke Wetboek een plaats te geven onmiddellijk na het doopsel en vóór de eucharistie wordt weliswaar de *ideale* volgorde van de drie initiatiesacramenten aangegeven, maar wordt tegelijk het onopgeloste probleem van de meest juiste vormselpraktijk opgeroepen. Sinds de toediening van het vormsel in de Latijns-Westerse Kerk los is komen te staan van de doopbediening, anders dan in de Oosters-Katholieke Kerken (vgl.**CCEO can.694**), is ook die ideale volgorde in het geding. De nauwe samenhang tussen de drie sacramenten wijst er op, dat zij als het ware in elkaars verlengde liggen en met het oog op de invoeging in de volle gemeenschap van de Kerk in successie worden toegediend[3]. Toch is dit alleen het geval,wanneer een volwassene[4] door het doopsel wordt opgenomen in de Kerk, onmiddellijk daarna het vormsel ontvangt en dan toegelaten wordt tot de volle kerkelijke gemeenschap in de eucharistie (vgl. **can.883 n.2**). Maar meestal wordt de kinderdoop eerst gevolgd door de (biecht en) deelname aan de eucharistie (gevolg van de invoering van de kindercommmunie rond het zevende jaar) alvorens te worden toegelaten tot het vormsel. De leeftijd, waarop dit moet worden toegediend, wordt in **can.891** gesteld op: "rond het bereiken van de jaren van het verstand"[5].

[1] Welke ontbrak in de *CIC/17 (cc.780 vv.)*; zij is ontleend aan *can.68 § 1* van het *ontwerp-grondwet*, dat uiteindelijk nooit van de grond gekomen is: vgl.*COMM*. 3(1971)203.

[2] In de herzieningsfase van de nieuwe Codex is er door de betrokken werkgroep nogal gediscussiëerd over de vraag of melding gemaakt zou moeten worden van het "merkteken". Omdat weglating hiervan een doctrinaire positiebepaling inzake dit sacrament in zou houden, is het gehandhaafd: *COMM*. 10(1978)75.

[3] Vgl. *CCL*, p.632.

[4] Dat geldt al voor een kind vanaf zeven jaar!

[5] Wordt dus niet opengelaten, zoals *MK* bij **can.879** suggereert; wel kan men zeggen dat de in **can.891** gekozen leeftijdsbepaling de nodige ruimte geeft. Vgl. ook het hieronder gestelde in n. 4, alinea 2.

1. Wat is het vormsel?

Anders dan de oude Codex begint het nieuwe Wetboek met een omschrijving (theologische definitie) te geven van het vormsel. In aansluiting op *LG* n.11,1 is volgens **can.879** het vormsel een sacrament, waardoor een merkteken wordt ingeprent[6] en waardoor reeds gedoopten voortgang maken op de weg van de christelijke initiatie in die zin, dat zij hen verrijkt met de gave van de H.Geest zodat zij nog hechter of nog nadrukkelijker dan bij het doopsel met de Kerk verbonden worden en opgeroepen worden om getuigen en verdedigers van het geloof te zijn. Juist dáárom is het vormsel een integrerend onderdeel van de christelijke initiatie[7]. Dit sacrament "vereeuwigt als het ware de pinkstergenade in de Kerk"[8]. Het moet ons dan ook niet verbazen, dat van dooppeten **(can.874)** en van kandidaat-wijdelingen **(can.1033)** gevraagd wordt dat zij gevormd zijn. Doopsel en vormsel vormen de grondslag voor het algemeen apostolaat van alle gelovigen. Daartoe worden zij door beide sacramenten uitgerust en bekwaam gemaakt[9]. Een commentator wijst er nog op, dat deze canon er niet op uit is om de komst van de Geest te ontkennen of tot een minimum te reduceren voor hen, die alléén gedoopt zijn; evenmin om iemands toewijding aan het evangelie te ontkennen of te verminderen[10]. Gevolg van het merkteken is, dat dit sacrament niet herhaald kan worden **(can.845 § 1)**. Het gevolg daarvan is weer, dat bij twijfel over de vraag of dit sacrament eigenlijk wel is toegediend, de toediening ervan alsnog onder voorwaarde dient te gebeuren **(can.845 § 2)**. Deze voorwaarde maakt duidelijk, dat het niet om een al eerder toegediend sacrament gaat.

De **CCEO** bevat geen afzonderlijke titel, waaronder het vormsel besproken wordt; dat gebeurt in aansluiting op de behandeling van het doopsel. **Can.692 CCEO** bepaalt alleen: "Zij, die gedoopt zijn, moeten met gewijde olie gezalfd worden om, getekend door het zegel van de H.Geest, geschiktere getuigen en mede(op)bouwers van het Rijk van Christus te worden".

[6] Enkele voorstellen in 1981 om deze definitie uit te breiden met een aantal begrippen werden afgewezen: zie *Relatio 1981*, p.205 bij can.833 van het *Schema/80*.
[7] *Commento al Codice*, p.538.
[8] Apost.Const.*Divinae consortium naturae*(1971): *AK* 26(1971)kol.991.
[9] *HdBdkKr.*, p.671.
[10] Zie *CCL*, p.632. Vgl. *Pastoral-kommission der deutschen Bischofskonferenz, Sakramentenpastoral im Wandel. Überlegungen zur gegenwärtigen Praxis der Feier der Sakramente am Beispeil von Taufe, Erstkommunion und Firmung* (Herausg. Sekretariat der DBK, Bonn 1993).

2. De viering van het vormsel

De volgens *SC* n.71 herziene liturgische teksten van het vormsel maken deel uit van het *Pontificale Romanum*, maar ook van het *Rituale Romanum*, als zodanig gepromulgeerd bij decreet *Peculiare Spiritus Sancti* van de Congregatie voor de Eredienst (1971)[11].

Aan deze nieuwe *OvD* voor het Vormsel ging de publikatie vooraf van de Apost.Const. *Divinae consortium naturae*(1971), waarin de innerlijke samenhang van dit sacrament met heel de christelijke initiatie tot uitdrukking komt. Zij gaat daarom, evenals het rituaal zelf, uit van de toediening van het vormsel vóór de deelname aan de eucharistie. De handeling van de zalving wordt daarin beschreven als een leggen van de hand op het voorhoofd van de vormeling[12] en wordt de traditionele romeinse formule: "Ik teken u met het teken van het kruis[13] en ik vorm u met de zalf van het heil" vervangen door de overoude formule uit de Byzantijnse ritus: "Ontvang het stempel van de gave van de heilige Geest", die in het Nederlandse ritueel werd omgevormd tot: "Ontvang het zegel van de heilige Geest, de gave Gods"[14].

De toediening van het vormsel moet volgens **can.880 § 1** gebeuren in de door de goedgekeurde liturgische boeken voorgeschreven ritus: zalving met chrisma (op het voorhoofd), dat door de Bisschop gewijd moet zijn[15], ook dan wanneer het sacrament door een priester wordt toegediend[16]. Over de samenstelling van het chrisma (vroeger bestaande uit

[11] Zie ook *An.Utr*. 44(1971)321-326. Aan dit vanaf 23 februari 1977 voorgeschreven rituaal ging 'de goedkeuring bij wijze van proeve' vooraf van de eerste, door de *NRL* voorbereide, vertaling, die op een aantal plaatsen in ieder bisdom werd gebruikt : zie bv. *An.Gr*. Bd.IV(1971-1974)101; *An.Br*.17 (1992)1 s.v. Liturgie.

[12] Op 9 juni 1972 gaf de *PCIV* een antwoord op de vraag of de bedienaar van het vormsel volgens genoemde Constitutie de uitgestoken hand moet leggen op het voorhoofd van de vormeling en dan de chrisma-zalving moet voltrekken dan wel of de zalving met de duim voldoende is; het eerste wordt ontkend, het tweede bevestigd omdat de zó voltrokken zalving voldoende duidelijk de handoplegging laat zien: *AAS* 63(1972)526; *COMM*.4 (1972)117; de betrokken werkgroep van de Codexherzieningscommissie besliste in 1977 deze authentieke interpretatie niet op te nemen in de tekst van de Codex: *COMM*. 10(1978)76.

[13] In de Constitutie wordt over de kruis-vorm niet meer gesproken, maar nog wel in de rubrieken van het vorm-ritueel, n.27.

[14] Vgl. de discussie in 1981: *Relatio/1981*, p.205 bij *can.834 § 1*.

[15] Ook de **CCEO** houdt in **can.693** hieraan strikt vast.

[16] De *OvD*. n.10 reserveert deze wijding exclusief aan de Bisschop; die reservatie is een teken van de *communio* binnen een particuliere kerk; om diezelfde reden wordt in de **CCEO can.693** de zegening van het *sanctum myrum* voorbehouden aan de Bisschop, volgens het particuliere recht soms aan de Patriarch. Niettemin is in het verleden de zegeningsbevoegdheid ook aan niet-bisschoppen verleend door bv. de Congregatie voor de Evangelisatie van de Volken op 17-2-1973 (**X.Ochoa**, a.w., *vol. V*,n.4172). Over de gel-

olijfolie, waar doorheen een hoeveelheid balsem werd gemengd) laat de Westerse Codex zich nu niet uit i.t.t. de Oosterse, die in **can.693** voorschrijft, dat het uit olijfolie of andere plantaardige olie en welriekende kruiden moet bestaan. Een soortgelijke omschrijving staat in de herziene *OvD* voor de wijding van chrisma(1970) van de Congregatie voor de Eredienst[17] (vgl. **can.847 § 1**).

Zo goed als bij het doopsel wordt ook bij de toediening van het vormsel alle nadruk gelegd op een viering *in* en *voor* de gemeenschap. Vandaar bepaalt **can.881**, dat de eigen plaats voor de viering een, ook *exempte* (vgl. **can.888**), kerk is, en wel tijdens een eucharistieviering. Deze bepaling heeft niet enkel betrekking op het gemeenschapskarakter van dit sacrament, maar evenzeer op de nauwe band tussen vormsel en eucharistie. Valt de toediening van het vormsel samen met de doopbediening, dan gelden, wat de plaats betreft, dezelfde normen als voor het dopen (**cc.857-860**). Om een goede en verantwoorde reden kan de viering van het vormsel ook buiten een eucharistieviering plaatshebben *op gelijk welke waardige plaats*; in dit geval voorziet de vormritus (nn.34 vv.) in een zuivere woordliturgie.

Over het geven van een aparte (heiligen-)naam bij de toediening van het vormsel wordt noch in de *OvD* noch in de Codex gerept. Daarmee lijkt een einde gekomen aan een al oud gebruik.

Wat de tijd voor de toediening van het vormsel betreft verdiende vroeger de week na Pinksteren, toen dit feest nog een octaaf-viering kende, de voorkeur (vgl.*can.790 CIC/1917)*[18], maar de frequentie, waarmee dit sacrament in ons land wordt toegediend[19], en de veelheid van plaatsen, waar het op gezette tijden wordt bediend, maken dit onmogelijk. Om die reden zwijgt het nieuwe Wetboek hierover[20], maar algemeen wordt thans

digheid van het sacrament, toegediend door een priester in stervensgevaar met niet-gezegend chrisma laat de Codex zich niet uit, ofschoon gewijd chrisma vroeger als wezenlijk, dus als geldigheidseis, werd gezien. – De wijding, aldus het *Altaarmissaal* (p.306), heeft *gewoonlijk* plaats op Witte Donderdag in de Goede Week, en wel in de zgn. *chrisma-mis* in de morgenuren. Voor deze viering is in Nederland gezocht naar alternatieven zó dat er ook gelovigen in kerk of kapel bij kunnen zijn. Zie bv. *An.Br.* 4(1990)58-59; *An.Ro.* 29 (1984)B119-B121; *An.Utr.* 51(1978)82-83.

[17] P.711 sub II, I, n.4: vervaardigd uit olie en welriekende kruiden of reukwerk.

[18] *Can.790*: "Het sacrament kan ten allen tijde worden toegediend; het is echter hoogst passend het in de Pinksterweek toe te dienen".

[19] Zo is in het aartsbisdom Utrecht afgesproken, dat er minstens om de twee jaar, op veel plaatsen zelfs elk jaar, gevormd wordt, praktisch in alle parochiekerken (en enkele instellingen), zodat er geen combinatie van meerdere parochies plaatsvindt; zo goed als steeds gebeurt dit in de weekends: *An.Utr.* 46(1973)395. In het bisdom *Groningen* wordt aan ouderen het vormsel om de 2 à 3 jaar, aan (circa) 12-jarigen: wisselend al naargelang van het aantal.

[20] *CCL*, pp.632-634.

als ideale tijd gezien: de paastijd, omdat de veertigdagentijd gezien wordt als de directe voorbereidingstijd op het ontvangen van de initiatie-sacramenten[21].

3. De bedienaar van het vormsel

Het meest opvallende in de nieuwe wetgeving is, dat de tendens van de laatste decennia om de bevoegdheid tot toediening van het vormsel uit te breiden naar andere personen dan de Bisschop bevestigd is. Ofschoon de Bisschop in *LG* n.26,2 alsook in het ontwerp-grondwet nog de *oorspronkelijke* bedienaar genoemd wordt en in navolging daarvan ook in de Apost. Const. *Divinae consortium naturae*(1971) n.7 van Paus **Paulus VI** noemt de Codex hem in **can.882** *gewone* bedienaar: een meer juridische dan theologische term, die aan wil geven dat de Bisschop die bevoegdheid krachtens zijn ambt en wijding[22] bezit, terwijl andere priesters altijd een aanvullende volmacht nodig hebben[23].

Bisschop in de zin van **can.882** is een ieder, die de bisschopswijding ontvangen heeft, dus ook een wij- of hulpbisschop. Voor de *geldige*[24] bediening van dit sacrament worden geen andere voorwaarden gesteld; anders ligt dit, wanneer het gaat over de *geoorloofde* bediening.

Andere priesters dan Bisschoppen kunnen als *buitengewone* bedienaren de vormsel-bevoegdheid op een dubbele manier krijgen: krachtens het universeel recht of krachtens een bijzondere toekenning door de bevoegde overheid **(can.882)**. Krachtens *universeel recht* komt die bevoegdheid volgens **can.883** toe:

a) aan hen, die door het recht met de diocesane Bisschop zijn gelijkgesteld, maar alleen *binnen de grenzen van hun gebied* voorzover zij geen bisschopswijding hebben ontvangen (hebben zij dat wel, dan is **can.886** van toepassing). Volgens **can.368** zijn dat: de territoriale Prelaat of Abt, de Apost. Vicaris en Prefect, de Apost. Administrator; volgens **can. 427 § 1** hoort hiertoe ook de wettig gekozen diocesaan Administrator (vroeger: kapittelvicaris)[25]. Hun bevoegdheid is terri-

[21] Zie *OvD* voor het doopsel van volwassenen, n.310.

[22] De term "oorspronkelijk" heeft een meer theologische dan juridische betekenis: zie *COMM*. 3(1971)204; *Relatio/1981*, p.205 bij can.836; vgl.ook de discussie in 1977: *COMM*. 10 (1978)77.

[23] Noch in deze noch in een volgende **can.887** wordt ingegaan op de vraag of een priester, die geen aanvullende volmacht heeft, *geldig* het sacrament bedient.

[24] Over de motieven, waarom dit woord "geldig" gehandhaafd is: zie *COMM*. 10(1978)77.

[25] Zie *OvD* n.7a.

toriaal begrensd, hetgeen daarom belangrijk is omdat **can.887** de territoriale begrenzing tot een geldigheidsvoorwaarde maakt. Wie geen ambt in die zin bekleedt, bevindt zich bij wijze van spreken altijd *buiten zijn ambtsterrein* en behoeft dus steeds verlof van de diocesane Bisschop[26];

b) aan priesters, die krachtens hun ambt of een mandaat van de diocesane Bisschop personen, die de kinderleeftijd ontgroeid zijn (vgl. **can.97 § 2**), dopen. Dit is een consequentie van de interne samenhang tussen de christelijke initiatiesacramenten (zie **can.866**), die het aanbevelenswaardig maakt zonder uitstel het vormsel toe te dienen. Het *ambt* van priester wordt hier niet nader gespecificeerd. In het algemeen worden bedoeld: de pastoor, de parochievicaris, de rector van een kerk of een aalmoezenier; dus iedere priester, die een pastorale functie vervult[27]. In dit geval is een afzonderlijk mandaat om te vormen niet nodig; het wordt door de wet zelf gegeven en de betrokken priester is volgens **can.885 § 2** verplicht die bevoegdheid te gebruiken. Wie niet één van genoemde functies vervult, behoeft altijd een mandaat van de diocesane Bisschop[28];

c) aan priesters, die een reeds gedoopte, die de kinderleeftijd ontgroeid is, d.w.z. volwassenen of al diegenen, die geen kinderen meer zijn en die het gebruik van het verstand hebben bereikt, opnemen in de volle gemeenschap van de katholieke Kerk. De doop van volwassenen, tenminste van hen die het veertiende levensjaar voltooid hebben, dient volgens **can.863** gemeld te worden bij de diocesane Bisschop zodat hij hem/haar, indien gewenst, kan opnemen in de Kerk en dan ook zal vormen. Doet de Bisschop dit niet, dan heeft de betrokken priester van rechtswege de volmacht om te vormen[29]. Het gaat hier om personen:
– die buiten de Katholieke Kerk gedoopt en opgegroeid zijn;

[26] *MK* bij **can.886 § 2**.

[27] Wat *MK* bij **can.883**,1 zegt, nl. dat de pastoor als enige recht heeft op dopen, daarbij verwijzend naar **can.530 n.1**, is onjuist. Op 14 maart 1972 deelde het secretariaat van de Nederl.BC mee, dat de Bisschoppen op grond van de *OvD* n.7b aan priesters, die krachtens hun wettig toevertrouwd ambt een volwassene dopen of een kind, dat catechetisch onderricht heeft gehad, verlof geven om in aansluiting op het doopsel de betrokkene te vormen (*An.Utr.* 45(1972)183; *An.Rmd.* 53(1972) 49). Aan volwassenen moet wel de keuze worden gelaten dit sacrament van een priester dan wel van de Bisschop te ontvangen.

[28] Zoals *CCL*, p.635 terecht opmerkt.

[29] In 1972 werd het verlof daartoe nog gegeven door de Nederlandse BC: zie bv. *An.Gr.Bd.IV* (1971-1974)101. – De vraag is opgekomen of een Bisschop (in afwijking van het algemene recht) de uitoefening van deze bevoegdheid kan verbieden. De oplossing lijkt te zijn, dat de Bisschop het doopsel van volwassenen aan zichzelf reserveert: *CCL*, p.636.

- wier doop buiten de Katholieke Kerk twijfelachtig is (ten aanzien van het feit als zodanig of de geldigheid van dat feit), zodat het vormsel kan worden toegediend in aansluiting op het doopsel-onder-voorwaarde **(can.869)**;
- die in de Katholieke Kerk gedoopt, nog niet gevormd zijn, maar van het geloof zijn afgevallen en opnieuw worden opgenomen in de Kerk[30];
- die door een daartoe door de Bisschop gemachtigd priester als geldig in de Katholieke Kerk gedoopten weer tot de volle gemeenschap van de Katholieke Kerk worden toegelaten, nadat zij zonder schuld in een niet-katholieke religie zijn onderricht of zich daarbij hebben aangesloten; niet echter voor hen, die als volwassene in de Katholieke Kerk gedoopt zijn en later zonder schuld het geloof nooit in praktijk hebben gebracht[31].

d) aan iedere priester ten aanzien van hen, die in stervensgevaar verkeren; in deze situatie, dus: altijd, als de kans om dood te gaan aanwezig is, moeten ook kinderen gevormd worden **(can.889 § 2)**, maar niet door een diaken of pastoraal werk(st)er[32].

Krachtens *een bijzondere toekenning door de bevoegde overheid* kan volgens **can.884**

a) een diocesane Bisschop in geval van nood, bv. parochies blijven te lang verstoken van de vormselbediening of de Bisschop is voor een langere periode afwezig of het aantal parochies is groot enz., aan één of meer *bepaalde* priesters[33] de bevoegdheid geven dit sacrament toe te dienen[34]. Blijft echter volgens deze zelfde canon staan, dat de Bisschop de eigenlijke bedienaar van het vormsel is, want op hem rust de plicht dit sacrament in eigen persoon toe te dienen of minstens te zorgen dat dit door een andere Bisschop (sic!) gebeurt. Feitelijk bevat deze canon geen enkele restrictie m.b.t. tot de aan te stellen priesters;

[30] Vgl. *PCIV*, d.d.25 april 1975: *AAS* 67(1975)348.

[31] Vgl. *PCIV*, d.d.21 december 1979: *AAS* 72(1980)105.

[32] De aanzet voor deze bevoegdheid vindt zijn oorsprong in een decreet van de Sacramentencongregatie, d.d. 14 september 1946: *AAS* 38(1946)349.

[33] Al eerder heeft de Bisschoppencongregatie die gunst verleend aan Bisschoppen van Latijns-Amerika en van de Philippijnen (*AAS* 62(1970)121) met de beperking, dat de bevoegd verklaarde priesters een of andere kerkelijke waardigheid bezitten. Verzet tegen het feit, dat de bevoegdheid tot toediening van het vormsel aan priesters anders dan in stervensgevaar gegeven werd, werd binnen de betreffende studiegroep gebroken: zie *COMM*. 10(1978)78.

[34] Dat dit *schriftelijk* zou moeten gebeuren, werd tijdens de Codexherziening als een te grote beperking van de bisschoppelijke macht afgewezen: zie *Relatio/1981*, p.206 bij can. 838 § 1 van het Schema/80.

het moeten alleen *bepaalde* priesters zijn. Dit 'bepaald' slaat niet op bijzondere functies of opdrachten, maar op de toewijzing van het gebied, waarbinnen zij hun opdracht uitvoeren: het hele bisdom, een regio of dekenaat[35].

b) een Bisschop, maar ook een van rechtswege of krachtens een bijzondere toekenning bevoegde priester kan om een andere ernstige reden[36] bv.een zó groot aantal vormelingen in één liturgische viering (zie *OvD.* n.8) dat het raadzaam is de hulp van priesters-ad-hoc, dus in afzonderlijke gevallen, in te roepen, bij de toediening van dit sacrament betrekken[37]. Het gaat in dit geval om een soort concelebratie van de vormselbediening: de hoofdcelebrant (Bisschop of priester) krijgt er *'ad hoc'* één of meer priesters bij[38].

Vaticanum II heeft het eeuwenoude gebruik van de Oosterse Katholieke Kerken, dat alle priesters het vormsel ofwel samen met het doopsel of afzonderlijk kunnen toedienen (zie **CCEO can.694**), met klem bekrachtigd en daaraan interrituele normen verbonden, met name dat zij dit kunnen doen ten aanzien van alle gelovigen van iedere ritus, de Latijnse niet uitgezonderd; hierbij blijven, wat de geoorloofdheid betreft, de bepalingen van zowel het algemene als particuliere recht gelden. Al naargelang van hun bevoegdheid mogen priesters van de latijnse ritus dit sacrament ook toedienen aan gelovigen van een Oosterse ritus (Decreet *OE* n.14). Toch is een betreffende bepaling niet in de **Codex/83** opgenomen, omdat men op de codificatie van het Oosters kerkrecht niet vooruit wilde lopen[39].

[35] Met het oog op **can.887** zal met een al te grote beperking rekening moeten worden gehouden, omdat toediening van het vormsel buiten het eigen toegewezen gebied ongeldig is. – In de Nederlandse bisdommen wordt deze bevoegdheid gewoonlijk gegeven aan de vicaris(sen) van de Bisschop en soms aan de dekens. Bij de oprichting van de *Bisdomraad* in het aartsbisdom in 1993 werd vastgelegd, dat als bedienaar van het Vormsel achtereenvolgens in aanmerking komen: de Bisschop, Hulpbisschop(pen), Vicaris-generaal, Emeritus-Vicaris-generaal **(can. 884 § 1)**. Zijn zij verhinderd, dan delegeert de Bisschop krachtens **can.884 § 1**: de Dekens (voor zover mogelijk alleen in eigen dekenaat) of andere priesters: *An.Utr.* 66(1993)311. Voor de regeling in het bisdom 's-Hertogenbosch: zie *An.Bo.* 27(1987)afl.6, p.8.

[36] De woorden "om een ernstige reden" laten zich moeilijk combineren met n.8 van de *OvD* voor het vormsel; ze zijn echter in de canontekst opgenomen omdat tijdens de consultatieronde gevraagd werd deze bevoegdheid enigermate binnen de perken te houden: zie *Relatio/1981*, p.207 bij *can.838* van het *Schema/80.*

[37] Achtergrond hiervan is ook, dat de bediening van het vormsel door haar lange duur de eucharistieviering niet in de schaduw mag stellen.

[38] Volgens *NDP*, p.161 zou ook bij een kleinere groep vormelingen van deze situatie gesproken kunnen worden, nl. dan als het de Bisschop of priester vanwege ziekte of ouderdom moeilijk valt het vormsel alleen toe te dienen.

[39] *Schema/80 can.839* bevatte nog wel zo'n bepaling: zie *Relatio/1981*, p.207. – **Can.696 § 1** van de **CCEO** bepaalt: "Alle priesters van de oosterse Kerken kunnen de zalving met

Eerstverantwoordelijke voor de toediening van het vormsel blijft, zoals ook blijkt uit de formulering van **can.884 § 1**, de diocesane Bisschop. **Can.885 § 1** concretiseert de algemene bepaling van **can.843 § 1** en ook van **can.213**. Daarin wordt het beginsel opgesteld, dat christengelovigen recht hebben op het vragen en ontvangen van de sacramenten. Het verzoek daartoe moet uiteraard redelijk en verantwoord zijn, zoals weigering van de sacramenten dat ook moet zijn. Wat voor de Bisschop geldt, geldt ook voor de priester m.b.t. die personen, voor wie hij bevoegd is (**can.885 § 2**).

Opmerkelijk is het verschil tussen de *gewone* bevoegdheid van de Bisschop en de *afgeleide* bevoegdheid van een priester, wanneer het gaat over de *geldige* toediening van het vormsel. *In* of *buiten* zijn eigen gebied dient een Bisschop, d.i. iedereen, die de bisschopswijding ontvangen heeft en aan wie de toediening niet uitdrukkelijk ontzegd is[40], dit sacrament altijd geldig toe, een priester daarentegen alleen in stervensgevaar en verder uitsluitend binnen de grenzen van het gebied, dat hem is toegewezen. Wat de *geoorloofdheid* betreft is een Bisschop afhankelijk van de opstelling van de eigen Ordinaris van mensen, die niet zijn eigen onderdanen zijn. Buiten zijn eigen bisdom heeft hij, waar het om eigen onderdanen gaat, minstens het redelijkerwijze gepresumeerde verlof van de diocesane Bisschop nodig. Een priester dient binnen het hem toegewezen gebied aan vreemden geoorloofd het sacrament toe, tenzij er een duidelijk verbod van de eigen Ordinaris voorligt (**cc.886** en **887**). Binnen het gebied, waar iemand geldig en geoorloofd het vormsel toe kan dienen, zijn *exempte*, d.i. aan de jurisdictie van de Bisschop onttrokken plaatsen niet onttrokken aan de bevoegdheid om te vormen (**can.888**). Overigens bedenke men, dat bij iedere twijfel over de vraag of men tot vormen bevoegd is, **can.144 § 2** toepasbaar is.

4. De vormelingen

Alleen gedoopten, die nog niet gevormd zijn, kunnen *geldig* dit sacrament ontvangen. Aan deze bepaling van **can.889 § 1** doen de in de **cc.889 § 2** en **891** gestelde voorwaarden niets af, want daarin gaat het uitsluitend over de *geoorloofde* bediening van het vormsel, nl. het ver-

gewijde zalf ofwel samen met het doopsel ofwel afzonderlijk geldig toedienen aan alle christengelovigen van iedere zelfstandige, ook Latijnse, Kerk." Omgekeerd kunnen volgens **§ 2** de christengelovigen van de Oosterse Kerken de zalving met gewijde zalf geldig ontvangen van priesters van de Latijnse Kerk overeenkomstig de bevoegdheden, waarmee zij zijn uitgerust.

[40] *MK* bij **can.886**.

standsgebruik, een behoorlijk onderricht, de juiste gesteltenis en bekwaamheid de doopbeloften te hernieuwen (motivering hiervan wordt gegeven in *SC* n.71); voorwaarden, waaraan voldaan moet worden als iemand het zevende levensjaar voltooid heeft, maar die uiteraard niet gelden als de betrokkene jonger of geestesziek (vgl.**can.852** § **2**) is of zich in stervensgevaar bevindt of als volwassene gedoopt is en direct daarna het vormsel ontvangen heeft[41].

De Codex legt in harmonie met het oude recht *(can.788 CIC/17)*[42] vast, dat de toediening van het vormsel "rond het bereiken van de jaren van verstand" gebeurt **(can.891)**[43], maar de BC kan een andere leeftijd vaststellen. In Nederland heeft zij als algemene norm de leeftijd rond het twaalfde levensjaar gekozen, waarmee ruimte gelaten wordt om het vormsel aan het einde van het basisonderwijs dan wel aan het begin van het voortgezette onderwijs toe te dienen[44].

[41] Zie *Relatio/1981*, p.207 bij *can.843* van het *Schema/80*.

[42] *Can.788*: "Ofschoon de toediening van het sacrament van het vormsel in de latijnse Kerk gepast wordt uitgesteld tot ongeveer het zevende levensjaar, kan het niettemin ook daarvóór worden bediend, als het kind in levensgevaar is of de bedienaar dit om gerechtvaardigde en ernstige redenen beter acht".

[43] Zie *Relatio/1981*, p.208 bij *can.845*; echter ook: *An.Br*. 1963, p.78 en 1968 onder letter V (van Vormsel).

[44] Zie *TB/89* n.13 en *OvD* n.11. Deze pragmatische keuze ligt in de lijn van het schrijven van 8 oktober 1968, waarin de Nederlandse Bisschoppen inzake de leeftijd een keuze doen uit diverse voorstellen: enerzijds herstel van de band tussen doopsel en vormsel (ter beklemtoning van de éne initiatie),anderzijds uitstel tot de volwassen leeftijd (met het oog op een hernieuwde, persoonlijke keuze) of toediening na het vijfde, c.q. zesde (thans: achtste) jaar van de basisschool (vanwege optimale voorbereidingsmogelijkheden en de daaraan beantwoordende openheid). Zij besluiten tot dit laatste, maar laten het aan de ouders over om samen met hun kind te bepalen of het vormsel nú dan wel pas op latere leeftijd ontvangen wordt: o.a. *An. Utr*. 41 (1968) 294; *An. Gr*. Bd. III (1967-1970) 223; *An.Rmd*.49 (1968)195; *An.Bo*. 8(1968)249 en 10(1970)190-191. De Bisschop van Groningen ondersteunt parochies, die het vormsel willen vieren ter afsluiting van de jongerencatechese, wanneer de jongeren ongeveer 16 jaar oud zijn: *An.Gr*.32(1987)B30; *An.Br*. 1968 onder de letter V (van Vormsel). We wijzen hier op een verhelderend artikel van **T.Peters**, *De leeftijd, waarop het vormsel bediend wordt*: *An.Utr*. 52(1979) 143-152; op het boekje van **S.Regli**, *Het sacrament van het vormsel*, en op een reeks artikelen, die in de Analecta van Utrecht verschenen zijn: **J.v.d.Eijnden/P.Rentinck**, *Het Vormsel. Vragen bij een sacrament*: 52 (1979) 13-19; **D. Kuiper**, *Parochie, ouders en school bij het vormsel*: 52 (1979) 206-211 (-213); **B. Halma**, *Het vormsel in het teken van kerkopbouw*: 52 (1979) 354-359; **H. Berflo**, *Bezinning over Geest en Kerk in verband met het vormsel*: 53 (1980) 46-52; **H. v. Munster**, *Het vormsel en zijn bedienaar*: 53 (1980) 105-109; **F.Haarsma**, *Enkele pastoraal-theologische kanttekeningen bij het vormsel*: 53(1980)137-143; en tenslotte op een brief van de Aartsbisschop aan priesters, diakens en pastorale werk(st)ers met enkele suggesties voor de toediening van dit sacrament: 58(1985)3-6. Vgl. *An.Bo*. 7(1967)92-94 (over de herwaardering van het vormsel), *An.Bo*. 18(1978)71-80 (nota over het vormsel met een brief van de Bisschop, d.d. 6-9-1978), *An.Bo*. 23(1983)23-24 en 27(1987) afl.1, pp.28-29 (brief van de Bisschop over voorbe-

Het ontvangen van dit sacrament is volgens **can.890** niet alleen een recht, maar ook een plicht van de christengelovigen. Ofschoon het vormsel niet heilsnoodzakelijk is, eist of wenst de Kerk in bepaalde gevallen dat men dit sacrament ontvangen heeft:

- vóór het op zich nemen van de taak van peetouder bij het doopsel en vormsel (**cc.874 § 1 n.3** en **893**);
- bij de intrede in het noviciaat (**can.645 § 1**);
- bij de ontvangst van wijdingen (**can.1033**);
- vóór de huwelijkssluiting (**can.1065 § 1**).

De verantwoordelijkheid van de zielzorgers, vooral van de pastoors, en van de hele christelijke gemeenschap (*OvD* n.3)inzake de voorbereiding op een tijdig ontvangen van dit sacrament is ondergeschikt aan de verantwoordelijkheid van de ouders.

Het is gebruik dat de vormelingen zich door middel van een vormbriefje opgeven om dit sacrament te ontvangen. Het wordt gewoonlijk door de ouders ingevuld. Daarin wordt ook vermeld, waar en wanneer de vormeling gedoopt is. Deze verklaring van de ouders is voldoende, d.w.z. er hoeft dan geen doopbewijs te worden aangevraagd, tenzij er serieuze redenen tot twijfel zouden zijn. Op deze manier is ook duidelijk in welke parochie de vormeling gedoopt is zodat het vormbriefje naar de doopparochie kan worden doorgestuurd, nadat het vormsel is toegediend[45].

5. Peetouders

Naast de in Nederland op veel plaatsen in gebruik gekomen gewoonte, dat de ouders hun kind presenteren voor het vormsel[46] spreekt het kerkelijk Wetboek in **can.892** over de plicht een peetouder te hebben, *voorzover dit kan*. Uit die laatste clausule volgt dat er geen strikte plicht bestaat (vgl.*OvD n*.5). Is er wel een peetouder (man of vrouw), dan gaat in afwijking van het oude recht *(can.796 CIC/17)*[47] de voorkeur uit naar een peter en/of meter, die dezelfde is als bij het doopsel (**can.893** § **2**)[48].

reiding op het vormsel). Voorts zij gewezen op enkele artikelen in *Communio* 7(1982) van **Coffy, Camelot, van Calster, de Smet, Radl** en **Hofkens.**

45 Bij deze praktische wenken van **J.Hendriks**, *Parochierecht* (1987), pp.42-43 en *Kerkelijk Recht*(1992) p.56 sluit ik mij graag aan.

46 Vgl.**J.Hendriks**, *Parochierecht*(1987), p.43 en *Kerkelijk* Recht(1992) pp.55-56.

47 *Can.796*: "Om op geoorloofde wijze als peter te worden toegelaten, moet hij een ander zijn dan de dooppeter....".

48 Vgl.*COMM*. 6(1974)36. Het huwelijksbeletsel van geestelijke verwantschap (vgl.*can.797 CIC/17*) is al in een vroeg stadium van de Codexherziening afgeschaft: *COMM*. 3(1971)205.

Aan hem of haar worden dan ook dezelfde voorwaarden gesteld (zie **c.893 § 1**) als in **can.874** voor het doopsel. Toch levert dit een conflict op, want volgens **can.874 §1 n.5** mag de peetouder niet de vader en/of moeder zijn,terwijl dit volgens de *OvD*. n.5 wel mag. Dit conflict is de herzieningscommissie ook opgevallen. Toch achtte zij de uitsluiting van de ouders passend "omdat de functie een toegevoegde en quasi-aanvullende is, nl. de ouders bij te staan in de christelijke opvoeding van hun kinderen". De ouders kunnen wel hun kinderen presenteren, maar dan is het beter te zeggen dat de peetouders ontbreken[49]. In ieder geval wordt met **can.893 § 2** de relatie tussen beide initiatiesacramenten helder aangegeven, zoals eerder al in **can.889 § 2**, die veronderstelt dat men in staat is de doopbeloften te hernieuwen.

6.Registratie en bewijs van het vormsel

Het publieke welzijn van de Kerk en de vereiste garantie van de rechten van personen vragen er om dat het ontvangen van dit sacrament duidelijk vastligt[50].

Voor het *bewijs*, dat iemand gevormd is, gelden, aldus **can. 894**, de voorschriften, die bij het doopsel gegeven zijn in **can.876.** Toch is er een enkele afwijking: gewoonlijk wordt het vormsel toegediend op (zgn.) volwassen leeftijd, d.i. na voltooiing van het zevende levensjaar; vandaar is een bewijs door een verklaring-onder-ede van de vormeling in de regel mogelijk[51].

Wat de *registratie* van de toegediende vormsels betreft, verwijzen we naar Hoofdstuk XI over de parochieregisters.

[49] Vgl.*Relatio/1981*, p.209 bij *can.847*; *CCL*, p.641.

[50] Tot die rechten hoort o.a., dat men in sommige landen niet kerkelijk kan trouwen zonder vormbewijs. Overigens is er al eens op gewezen dat de praktijk van de berichtgeving aan de dopparochies omtrent het toegediende vormsel steeds moeilijker wordt door de toegenomen migratie en door opheffing (fusie) van parochies en wijziging van parochiegrenzen; daarom bracht het aartsbisdom Utrecht er begrip voor op, dat kennisgeving aan de doopparochies niet in alle perfectie gehandhaafd kan worden: *An.Utr*. 49(1976)350.

[51] *MK* bij **can.894**. Een andere afwijking, die in dit commentaar genoemd wordt, nl. dat niet is in te zien hoe het bewijs van het vormsel de rechten van derden kan schenden zodat de voor deze situatie geldende hogere eisen niet toepasbaar zijn, gaat gezien de opmerking in voetnoot 50 waarschijnlijk niet op.

HOOFDSTUK VI: SACRAMENT VAN DE EUCHARISTIE EN GELDELIJKE BIJDRAGE VOOR DE EUCHARISTIEVIERING[1]

INLEIDING

Over het derde initiatiesacrament handelt de Codex in niet minder dan 62 bepalingen, verdeeld over drie hoofdstukken: I. de viering van de eucharistie; II. bewaring en verering van de eucharistie; III. geldelijke bijdrage voor de eucharistieviering. I.v.m. de oude wetgeving, die de eucharistie besprak onder de beide aspecten van offer en sacrament afzonderlijk heeft de Codex met deze nieuwe indeling een grote sprong vooruit gemaakt. In hoofdstuk I wordt nu duidelijker weergegeven dat er een eenheid is tussen eucharistie als offer en als sacrament door daarin tegelijk te spreken over de viering van het eucharistisch offer en de deelname daaraan door de H.Communie[2]. In aansluiting daarop en niet meer op een andere plaats, zoals in de *Codex/17 cc.1265 vv.*, wordt in hoofdstuk II over bewaring en verering gesproken. En de gedachte, ook tijdens de Codexherziening aanwezig, om alles wat met geldelijke bijdragen te maken heeft een plaats te geven in Boek V over de "tijdelijke goederen van de Kerk"[3] heeft men losgelaten door daaraan in hoofdstuk III aandacht te schenken vanwege de onlosmakelijke band met de eucharistie.

[1] Over het eerste ontwerp (in *Schema/75*) spraken de Consultatieorganen zich behoorlijk negatief uit zowel wat betreft de systematiek als de inhoud van de bepalingen: een grondige herziening achtte men noodzakelijk. Zie *COMM.* 13(1981)233-245. – Zie **A.Blijlevens**, *Literatuur over de Eucharistie: An.Utr.* 53(1980)292-298.

[2] Deze eenheidsvisie werd al duidelijk verwoord in de Enc. *Mysterium fidei*(1965) van Paus **Paulus VI** en *Redemptor hominis*(1979) van Paus **Joannes Paulus II**, die echter in zijn Brief *Dominicae Cenae*(1980) n.11 spreekt over de eucharistie als *maaltijd* zonder direct verband te leggen met de eucharistie als *offer*(n.9). Vgl. de conferentie van **Kard. Alfrink**, al in 1958 gehouden maar in 1989 opnieuw gepubliceerd (*An.Utr.* 62 (1989)17-35), waarin hij alle eenzijdigheid in de visie op de eucharistie als ware zij alleen een maaltijd doorbreekt en benadrukt dat zij primair een offer is, d.i. vernieuwing van Gods verbond met de mens en pas daarna een maaltijd, die deelname aan het offer betekent. Vgl. ook het herderlijk schrijven van de Bisschoppen van Nederland over de eucharistie, d.d. 27 april 1965: *An.Utr.* 38(1965)113-118; *An.Gr.* Bd. II(1962-1966)388-391; *An.Bo.* 5(1965)103-107 en 125-143 (toespraak van de Bisschop over de eucharistie) en 15(1975) 108-112 (pastoraal rond de drie initiatiesacramenten); *An.Ro.* 10(1965)161-165. Lees: **W.Kasper**, *De ene Eucharistie en haar vele aspecten*: *Communio* 10(1985)336-358.

[3] Vgl.*COMM.* 4(1972)51-52; *Schema/75*, Praenotanda p.8.

ARTIKEL I: VIERING VAN DE EUCHARISTIE

In theologische termen leggen de **cc.897**[4] en **899** §§ **1** en **2**, die als zodanig geen *juridische* betekenis hebben[5], de grondslag voor de disciplinaire bepalingen, die in algemene bewoordingen al zijn vastgelegd in **can.898**. Daarin worden de christengelovigen opgeroepen tot de hoogste eerbied voor dit sacrament, tot een actieve deelname die tot uiting komt in een frequent ontvangen, en tot een intense verering ervan[6]. Hiermee grijpt de Codex vooruit op wat in dit en in het volgende artikel aan de orde zal komen. Daarenboven wordt in **899** § **3** gesproken over een zodanige ordening van de eucharistieviering, dat alle deelnemers er zoveel mogelijk vruchten van plukken. Dit zullen we moeten interpreteren in de geest van de Instr. *Inaestimabile donum*(1980) van de Congregatie voor de Sacramenten en de Eredienst, sectie Eredienst, zodat deze woorden geen uitnodiging zijn tot vindingrijke nieuwigheden, maar tot een ordening, die in het teken blijft van trouw aan Christus en zijn Kerk; we mogen er uitsluitend een regeling in zien van die zaken, die in de liturgische boeken als *ad libitum* (naar keuze) staan aangegeven. Het keuzecriterium is niet de persoonlijke voorkeur, maar het nut van de gelovigen. Naast deze verplichting dienen de zielzorgers ook via een goede verkondiging en catechese de christengelovigen in te voeren in de leer omtrent de eucharistie[7]. Meer specifieke richtlijnen hierover staan in de **cc.528** § **2, 777 n.2** en **914**[8].

1. Bedienaar van de eucharistieviering[9]

Nadat in **can.899** § **1** gezegd is wat de eucharistieviering precies is, nl. een handeling van Christus zelf en van de Kerk door de bediening van de priester, en in **can.899** § **2** de grondstructuur van de eucharistie is aangegeven, nl. de bijeenroeping van het volk Gods onder voorzitterschap van de Bisschop of van een priester, die Christus vertegenwoordigt, en in **can.899** § **3** de concrete vormgeving van de eucharistie is

[4] Uiteindelijk werd deze canon, m.u.v. de laatste zin, overgenomen uit het *ontwerp-grondwet*: *COMM.* 13(1981)235-237.

[5] Behoudens de vermelding in beide paragrafen dat de bediening van de eucharistie alleen kan gebeuren door een *sacerdos*, d.i. òf een Bisschop òf een priester.

[6] *COMM.* 13(1981)409-410 laat zien hoe moeilijk het was te komen tot een bevredigende formulering van deze canon.

[7] Vgl.**can.843** § **2**, waar ditzelfde gezegd wordt voor de sacramenten in het algemeen.

[8] De ontstaansgeschiedenis van de **cc.897-899** is heel complex: zie *CCL* p.644.

[9] Lees **J.Ambaum**, *De taak van de priester bij het eucharistisch offer*: *Communio* 10(1985)359-379.

aangeduid, wordt in **can.900 § 1** consequent gesteld, dat alleen de *geldig gewijde priester*, een man dus, die door het wijdingssacrament daartoe volmacht ontvangt (**can.1009 § 2**), de bedienaar kan zijn[10]. Diakens en leken, die deze liturgische handeling wagen te verrichten, belopen volgens **can. 1378 § 2** van rechtswege respectievelijk de straf van suspensie en interdict.

Een geldig gewijde priester kan, ook al is hij geëxcommuniceerd of ketter geworden (**can.1364 § 1**) dit sacrament altijd *geldig* voltrekken; *geoorloofd* doet hij dit volgens **can. 900 § 2** alleen dan, wanneer een canonieke bepaling hem dit niet ontzegt, zoals bij: excommunicatie (**can.1331 § 1**), interdict (**can.1332**), suspensie (**can.1333 § 1 n.1**), verbod tot uitoefening van de wijdingsmacht (**can.1338 § 2**), verlies van de klerikale staat (**can.292** en **1336 § 1 n.5**). Nog andere vereisten staan een geoorloofde viering in de weg, zoals in **cc.905 § 1, 908** en **1044 §§ 1** en **2** wordt verwoord.

1.1. *Applicatie*

Nergens definiëert de Codex het begrip applicatie. We kunnen het als volgt omschrijven: het is het celebreren van de H.Mis door een priester voor een bepaalde groep van personen of voor een nader aangeduide intentie (voor een overledene, zieke enz.). Dat is de liturgisch-theologische inhoud van het juridische begrip 'applicatie'. Kerkrechtelijk betekent dit, dat een priester in bepaalde gevallen *moet* celebreren voor een intentie (is: appliceren), omdat hij een bepaalde positie bekleedt (Bisschop, pastoor) of omdat hij voor die intentie een geldelijke bijdrage heeft ontvangen en heeft aanvaard; in andere gevallen is hij vrij. Dat neemt niet weg, dat de priester dringend aanbevolen wordt te celebreren tot intentie van de christengelovigen, vooral de behoeftigen, ook als hij daarvoor geen geldelijke bijdrage heeft ontvangen (**can.945 § 2**).

[10] Bij herhaling heeft het kerkelijke leergezag hieraan herinnerd: zie *DS*, a.w., nn.794, 802 en 1752. Overbekend is de *Verklaring* aangaande de vraag over het "toelaten van vrouwen tot het ambtelijk priesterschap" van de Congr.voor de Geloofsleer (1976); vgl.ook het rapport van de Pauselijke Bijbelcommissie: *AK* 31(1976)918-944. In de Brief *Sacerdotium ministeriale* (1983) van dezelfde Congregatie [zie o.a. *An.Utr.* 56 (1983) 194-201, *An.Rmd.* 64(1983)122-128] over "enige kwesties, die de bedienaar van de eucharistie betreffen" wordt dit nog eens bevestigd en worden allerlei dwalingen hieromtrent afgewezen, en tenslotte nog eens in krachtige taal bevestigd door de Apostolische Brief *Ordinatio sacerdotalis*(1994) van Paus **Joannes Paulus II**, d.d. 22 mei 1994 (*COMM*. 26(1994)9-12. – In diens Brief *Dominicae Cenae*(1980) n.2 stelt dezelfde Paus, dat het minsteriële of hiërarchische priesterschap zijn voornaamste en hoogste bestaansreden vindt in het sacrament van de eucharistie. Vgl. ook de rescripten van Paus **Paulus VI** (1975 en 1976) aan de Aartsbisschop van Canterbury.

Op de vraag, voor wie een priester kan en mag appliceren, wordt het antwoord gegeven door **can.901**: per se voor iedereen, levend of overleden, gedoopt of niet-gedoopt, zondaar of heilige[11]. Op zich genomen is iedere priester vrij om al of niet te appliceren en om te appliceren voor wie hij wil. Toch kan er op verschillende titels een verplichting tot celebreren en appliceren voor een bepaalde intentie bestaan:

a) *op grond van het herderlijk ambt.* Op die manier is de diocesane Bisschop (**can.388 § 1**), de diocesane Administrator (**can.429**), de pastoor (**can.534 § 1**), de quasi-pastoor (**can.516 § 1**) en de parochie-administrator (**can.540 § 1**) verplicht tot celebratie en applicatie voor de hun toe vertrouwde gelovigen, dus voor alle diocesanen en parochianen gezamenlijk en ook uitsluitend voor hen.Zijn meerdere bisdommen, c.q.parochies aan één persoon toevertrouwd, dan kan worden volstaan met één H.Mis tot intentie van allen (**cc.388 § 3** en **534 § 2**). Zij moeten *persoonlijk* aan deze verplichting voldoen op vastgestelde dagen, d.i. op zondagen en op de in hun gebied verplichte feestdagen[12]; bij wettige verhindering kunnen zij er of persoonlijk aan voldoen op andere dagen of aan een ander daartoe opdracht geven (**cc.388 § 4** en **534 § 3**). Voor alle duidelijkheid:aan deze plicht zijn de parochievicaris (**can.548 § 2**) en evenmin de rectoren van kerken, over wie in de **cc.556-559** gesproken wordt, gebonden omdat zij niet de volle pastoorsrechten en -plichten hebben (**can.558**).

b) *op grond van een ontvangen en aanvaarde geldelijke bijdrage* voor het celebreren en appliceren van een H.Mis. In dit geval is iedere priester vanwege de rechtvaardigheid daartoe verplicht; ook kan hij *op titel van een belofte of gelofte* daartoe verplicht zijn op grond van het gegeven woord of ook uit rechtvaardigheid, al naargelang hij zich heeft willen binden.

c) *op grond van een voorschrift van de wettige overheid.* Op deze wijze zijn de diocesane Bisschoppen verplicht een jaargetijde te celebreren en te appliceren voor hun voorganger[13] en is iedere priester-religieus verplicht te appliceren volgens de intentie van de Oversten.

[11] Deze canon was tijdens de Codexherziening nog al omstreden, omdat hij eigenlijk niets regelt, geen verbod of uitzondering op een verbod bevat en dus geen kerkordelijk karakter heeft. Daarom werd deze canon, die wel opgenomen was in het *Schema/75* [*can.69*; vgl. *COMM.* 13(1981)244], geschrapt in het *Schema/80*. Daarna (zie *Relatio/1981*, p.209) werd hij hernomen omdat hij een zekere grondslag biedt voor de bepalingen over de geldelijke bijdragen voor het opdragen van een H.Mis (**cc.945-958**). **Can.1185** vormt geen uitzondering op **can.901**, omdat het daarin alleen gaat over de weigering van een *uitvaartmis*.

[12] Vgl. Decreet *Litteris Apostolicis* van de Congregatie voor de Geestelijkheid (1970).

[13] Vgl.*Caeremoniale Episcoporum*, Pars VII, Cap.IX, n. 1168.

Reeds enkele malen werd in het voorgaande gewezen op de *aard van de celebratie- en applicatieplicht.* Het is doorgaans een verplichting, waaraan men krachtens de deugd van rechtvaardigheid gehouden is vanwege de contractuele verhouding tussen de Bisschop of de pastoor en de aan hen toevertrouwde gelovigen. Daarom blijft de verplichting ook dan gelden, als zij er te goeder trouw of uit fysieke of morele onmogelijkheid niet aan hebben kunnen voldoen. Zij gaat dan over op erfgenamen. Ook kan die verplichting niet ophouden door verjaring (**can.199 n.5**). Armoede, tegenstrijdige gewoonte of welke andere reden kan van deze verplichting niet excuseren. Alleen door een gehele of gedeeltelijke kwijtschelding van de Apostolische Stoel zou de verzuimde plicht kunnen ophouden.

Ofschoon de verplichting voor een Bisschop of pastoor strikt persoonlijk is, zijn er allerlei excuserende motieven aan te geven, waardoor zij zich door anderen kunnen laten vervangen, bv. bij ziekte of rechtmatige afwezigheid. In dit laatste voorbeeld kan de betrokkene zelf buiten het eigen gebied appliceren of zich in het bisdom of in de parochie laten vervangen. Ofschoon niet uitdrukkelijk voorgeschreven, ligt het voor de hand dat deze H.Mis in bisdom of parochie wordt gecelebreerd.

Anders wordt het als de applicatie een *publiek* gegeven is. Zij is dan verboden, wanneer dit leidt tot ergernis of indifferentisme, bv. in het geval dat iemand van een kerkelijke begrafenis is uitgesloten (**can.1185**). Voor niet-katholieke christenen, voor wie familieleden, vrienden, kennissen of ondergeschikten bij overlijden vanuit oprecht religieuze beweegredenen uitdrukkelijk vragen om applicatie van een H.Mis, vooral dan als de betrokken overledene het katholieke geloof een warm hart toedroeg of dat ook op een of andere manier liet blijken of openbare functies vervulde ten dienste van heel de burgerlijke samenleving, is er t.a.v. *privé*-missen geen enkel probleem en zijn er vele titels, waarop men dit kan doen: eerbied, vriendschap, dankbaarheid. Wat de *publieke* vieringen betreft: is er een uitdrukkelijk verzoek van de familie enz. vanuit een oprecht religieus motief en wordt er, naar het oordeel van de Ordinaris, geen ergernis gegeven aan de gelovigen, dan is ook deze toegestaan, maar de naam van de overledenen mag in het eucharistisch gebed niet genoemd worden[14]. Wat de deelneming aan elkaars eredienst (*"communicatio in sacris"*) betreft moet men zich houden aan de officiële bepalingen[15].

[14] Decreet *Accidit in diversis* van de Congregatie voor de Geloofsleer (1976); zie *An.Utr.*49(1976)470; *An.Gr.* 21(1976) W17-W18; 'gestroomlijnde' Analecta van de andere bisdommen: zelfde pagina's van hetzelfde jaar.

[15] Zie *UR* n.9, *OE* n.26 en *Directorium Oecumenicum I* (1967), *II*(1970) en *III*(1993).

1.2. *Concelebratie*

Afgaande op de woordbetekenis, is concelebratie het gezamenlijk voltrekken van liturgische handelingen, bv. sacramentenvieringen, maar wordt met name gebruikt voor het met meerdere priesters in gezamenlijkheid vieren van de eucharistie (ook wel co-celebratie genoemd). Zij heeft in de Kerken van de Latijnse en Byzantijnse ritus minstens vanaf de derde eeuw bestaan, werd in het oude kerkrecht beperkt tot de bisschops- en priesterwijding[16], maar dank zij de impuls van *SC* n.57 van Vaticanum II, waardoor *can.803 CIC/17* gedeeltelijk werd afgeschaft, vond zij een veel ruimere toepassing. Al in 1964 bereidde een studiegroep van de Postconciliaire Raad voor de Liturgie een schema voor over concelebratie, dat na goedkeuring door de Paus in de jaren 1964-1965 op veel plaatsen en in veel kloosters bij wijze van experiment werd gebruikt[17]. Thans komt men in de literatuur weer een zekere reserve tegenover de concelebratie tegen, die samenhangt met een veranderde visie op Kerk, liturgie en ambt in het algemeen[18].

Iedere priester heeft volgens **can.902**[19] de keuze tussen de concelebratie en een individuele eucharistieviering, behalve als dit laatste gebeurt in een kerk of kapel, waar tegelijkertijd een concelebratie gehouden wordt en als de individuele misviering geëist of aanbevolen wordt door het nut van de christengelovigen.

De frequentie, waarmee een concelebratie kan worden gevierd op één en dezelfde dag, is afhankelijk van de frequentie, waarmee het rechtens is toegestaan op één en dezelfde dag de eucharistie te vieren (**can.905 § 1**). Verder verbiedt **can.908** aan katholieke priesters te concelebreren met priesters of bedienaren van Kerken, die niet in volle gemeenschap staan met de Rooms-Katholieke Kerk[20].

[16] *Can.803 CIC/17*; vgl.*LW*, Dl I, s.v. concelebratie en *LfThuK*, Dl.6(1961) s.v. Konzelebration.

[17] Zie *NOT*. 1(1965)102.

[18] Vgl.*LWS*, pp.41-43.

[19] Het eerste deel van deze canon is substantiëel gebaseerd op de Instr. *Eucharisticum mysterium*(1967) van de Ritencongregatie n.47; het tweede deel op *SC* n.57,2 n.2. Wat de theologie en de discipline van de concelebratie betreft zij, behalve naar de al genoemde documenten, ook verwezen naar het Decreet *UR*, n.15 en *PO* n.7, de Brief van de Postconciliaire Raad voor de Liturgie van 30 juni 1965 [*NOT*. 1(1965)348-354], de Instr. *Pontificales ritus*(1968) van de Ritencongregatie – in: *AAS* 60(1968)407 en de Verklaring *In celebratione Missae* (1972) van de Congregatie voor de Eredienst, waarin de juiste interpretatie van *AIAM* nn.76 en 158 wordt gegeven.

[20] Vgl. **CCEO can.702** en het *Directorium Oecumenicum III*(1993) n.104e. Interessant is in dit verband het communiqué van de Nederlandse Bisschoppen uit 1970: zie o.a. *An.Utr.43* (1970)110-111. – Heel iets anders is de zgn. *agapè-viering* (christelijke zuster- en broedermaaltijd), die in de 60-er jaren nogal opgeld deed als uiting van het ver-

Voor het al of niet kunnen aanvaarden van een geldelijke bijdrage b.g.v. een concelebratie door de afzonderlijke participanten zij verwezen naar de bepalingen over de geldelijke bijdragen (**cc.945 § 1** en **951 § 2**).

SC n.58 schreef een nieuwe *concelebratieritus* voor, die al bij Decreet *Ecclesiae semper* (1965) van de Ritencongregatie uitkwam[21], maar de liturgische wetgeving inzake concelebratie is hoofdzakelijk te vinden in *AIAM* nn.153-208[22]. Genoemde postconciliaire Raad voor de Liturgie schreef op 30 juni 1965 in een brief aan de Voorzitters van de BC's onder meer over de concelebratie, die volgens dat schrijven niet alleen praktische problemen, zoals een veelvoud van afzonderlijke vieringen, wil overstijgen, maar ook gezien moet worden als "manifestatie van de eenheid tussen offer en priesterschap van heel het volk van God, van vermeerdering van de waarachtige liefde, vrucht van de eucharistie, tussen hen die dit unieke offer vieren"[23].

De conciliaire tekst somt taxatief de gevallen op, waarın concelebratie is toegestaan. Daarnaast noemt hij nog enkele gevallen, waarin de Ordinaris "aan wie het toekomt over de wenselijkheid van concelebratie te oordelen" daartoe verlof geeft. De Instr.*Eucharisticum mysterium*(1967) van de Ritencongregatie werkt de ideeën van *SC* n.57 verder uit en spreekt niet alleen over *toestaan*, maar ook *aanbevelen* van de concelebratie, tenzij het nut van de christengelovigen dit ontraadt. Zij vraagt aan de Oversten de concelebratie te vergemakkelijken en te bevorderen. De *AIAM* nn.76,153 en 157-158 systematiseert al het voorgaande en breidt tegelijk de mogelijke gevallen voor concelebratie uit. De *Verklaring* van de Congregatie voor de Eredienst *In celebratione Missae*(1972) verruimt opnieuw de mogelijkheden voor hen, die deelnemen aan een conventsmis en geeft een extensieve interpretatie aan het Decreet *Ecclesiae semper*(1965) van de Ritencongregatie, dat expliciet voorzag in de mogelijkheid om diverse keren op dezelfde dag te (con)celebreren, zij het

langen naar eenheid onder de christenen. Op 15 maart 1965 gaven de Bisschoppen van Nederland hiervoor enkele richtlijnen uit: *An. Utr*. 38(1965)78-83; *An.Gr*. Bd.II(1962-1966)354-358; *An.Bo*. 5(1965)77-82; *An.Br*. 1965, pp.109-113; *An.Ha*. 12(1965)64-67; *An.Rmd*. 46(1965)77-80; *An.Ro*. 10(1965)166-169.

[21] Ook als afzonderlijke brochure uitgegeven onder de titel *Ritus servandus in concelebratione et Ritus communionis sub utraque specie* (Typ.Pol.Vat.1965). Op 13 april 1965 schreven de Bisschoppen van Nederland een brief aan de priesters over concelebratie en communie onder twee gedaanten: *An.Utr*. 38(1965)89-93; *An.Gr*. Bd.II(1962-1966)382-385; *An.Bo*. 5(1965)107-111; *An.Br*. 1965, pp.99-103; *An.Ha*. 12(1965) 86-88; *An.Rmd*. 46(1965)77-80; *An.Ro*. 10(1965)166-169.

[22] Gepubliceerd onder de titel *Altaarmissaal voor de Nederlandse Kerkprovincie* in 1978. Over de concelebratie heeft de *NRL* een aparte uitgave verzorgd: *De concelebratie*(1980).

[23] Zie *NOT*. 1(1965)261.

steeds met verlof van de Ordinaris[24]. De laatste stap in dit proces van liberalisering van deze discipline is te vinden in de nieuwe Codex, die enkele variaties aanbrengt in de liturgische boeken[25].

Onder handhaving van de vrijheid voor iedere priester de eucharistie afzonderlijk te vieren, zij het niet op het moment waarop in dezelfde kerk of kapel een concelebratie plaatsvindt, kan hij volgens **can.902** dagelijks concelebreren zonder daartoe speciaal verlof van de Ordinaris nodig te hebben[26], behalve wanneer het nut van de christengelovigen een afzonderlijke viering eist of minstens aanbeveelt. De Codex brengt dus een verruiming aan in de *AIAM*, die verder voorschriften bevat over de gevallen, waarin concelebratie is toegestaan(n.153) of aanbeveling verdient (n.157). Blijft ook staan dat de diocesane Bisschop de praktijk van de concelebratie in zijn bisdom, ook in kerken of kapellen van exempten, kan regelen (n.155), echter niet beperken[27].

1.3. *Celebret*

Om elders dan in de eigen kerk of kapel te kunnen celebreren moet een priester zich kunnen legitimeren door middel van het zgn. *celebret.* Dit is een aanbevelingsbrief van de eigen Ordinaris of Overste; een brief, die zeker niet ouder mag zijn dan een jaar. Absoluut noodzakelijk is een dergelijk 'celebret' echter niet, want – aldus **can.903** – als men wijselijk mag veronderstellen, dat aan een priester de bevoegdheid tot celebreren niet ontzegd is, mag hij door de rector van de kerk, aan wie hij onbekend is, niet geweigerd worden. Met *rector* wordt hier niet alleen de in **can.556** genoemde bedoeld, maar iedereen, die de zorg heeft voor een kerk of kapel (pastoor, religieuze Overste enz.)[28].

1.4. *Frequentie van de eucharistieviering*

De **cc.904** en **905** bespreken de frequentie, waarmee de eucharistie op één en dezelfde dag[29] kan worden gevierd.De *dagelijkse* viering is zeker

[24] Vgl. *Altaarmissaal* nn.153 en 155.

[25] Vgl.*NOT*. 19(1983)540-555 met een kort commentaar van **P.Gy**, pp.556-561.

[26] Zoals dit in *AIAM* nn.153 en 155 nog geëist wordt.

[27] Zie *NDP*, p.191.

[28] Aanvankelijk lag het in de bedoeling om in een tweede paragraaf aan de plaatselijke Ordinaris de bevoegdheid toe te kennen om normen inzake dit *celebret* uit te vaardigen, maar men zag hier van af omdat dit volkomen overbodig is: de Ordinaris kan dit altijd doen, als hij dat wil. Zie *COMM*. 13(1981) 240.

[29] De Codex geeft in **can.202 § 1** een omschrijving van het begrip 'dag'. Daaronder wordt in het recht verstaan een tijdsduur, bestaande uit en te berekenen als 24 doorlopende uren. Deze begint om middernacht, tenzij iets anders uitdrukkelijk voorzien wordt, zoals gebeurt in de liturgische wetgeving.

niet van oudsher praktijk geweest en werd door de algemene wetgeving dan ook nooit geëist, ook niet toen de dagelijkse viering *feitelijk* algemeen werd. Vandaar het misverstand dat iedere priester tot die dagelijkse viering verplicht zou zijn. De *Codex/17* verplichtte priesters alleen *meerdere keren* per jaar te celebreren. Wel werd de Bisschop en de religieuze Overste op het hart gedrukt ervoor te zorgen, dat hun priesters minstens op iedere zondag en verplichte feestdag zouden celebreren.

De nieuwe wetgeving wijkt in wezen hier niet van af, wanneer zij in **can.904** bepaalt, dat priesters *dikwijls* dienen te (con)celebreren; de *dagelijkse* viering wordt ten zeerste aanbevolen, ook als er geen gelovigen aanwezig zijn[30]. De eucharistieviering is en blijft immers "een handeling van Christus zelf en van de Kerk" (**can.899 § 1**) en is de voornaamste taak van de priester. Ook **can.276 § 2** nodigt priesters dringend uit dagelijks het eucharistisch offer op te dragen, afgezien nog van de *ambtelijke* plicht, die een priester kan hebben, bv. op grond van de **cc.388, 534 § 2** en **843 § 1**.

Can.905 § 1 bevat echter het verbod om meer dan eens per dag te (con)celebreren, behalve wanneer dit door het (liturgisch) recht wordt toegestaan. De Codex gaat op dit laatste niet gedetailleerd in; wel gebeurt dit in *AIAM* n.158. Daar worden bijzondere gelegenheden genoemd om meer dan eens per dag te (con)celebreren, nl.op Witte Donderdag, in de Paasnacht, op Pasen en Kerstmis, bij gelegenheid van een synode of bisschoppelijke visitatie, op bijeenkomsten van priesters en religieuzen. Vervolgens staat **can.905 § 2** toe om meerdere keren per dag te celebreren *bij gebrek aan priesters*.

In het MP *Pastorale munus*(1963) I 2 van Paus **Paulus VI** ontvingen de residentiële Bisschoppen de bevoegdheid aan priesters verlof te geven om "vanwege gebrek aan priesters en om een goede reden" (zoals tegemoetkoming aan de behoeften van de gelovigen, aan hun devotie of vanwege een uitvaart of huwelijk) op weekdagen twee keer *(binatie)* te celebreren of zelfs drie keer *(trinatie)* op zondagen en verplichte feestdagen[31], wanneer dit pastoraal *echt* noodzakelijk is. Dat woordje *'echt'* is in **can.905 § 2** weggevallen. Daaruit zouden we mogen afleiden dat het begrip "pastoraal noodzakelijk" ruim mag worden geïnterpreteerd[32]. In ieder geval heeft **can.905 § 2** de door Paus **Paulus VI** gege-

[30] Vgl. *PO* n.13 of ook de enc.*Mediator Dei*(1948) van Paus **Pius XII** in: *AAS* 39 (1948)552 en *Mysterium fidei*(1965) van Paus **Paulus VI**: *AAS* 57(1965)761-762.

[31] Voordien werd dit verlof periodiek gegeven door de Sacramentencongregatie: zie bv.*An.Bo.* 1(1961)45; *An.Br.* 1961, p.83 en 1962, pp.30-31; *An.Gr. Bd.I* (1956-1961)490-491; vgl. ook *Bd.II* (1962-1966)214.

[32] Aldus *CDC(P/M)*, p.531.

ven bevoegdheid tot algemene wet gemaakt en tevens uitgebreid naar alle plaatselijke Ordinarissen zonder beperking tot residentiële Bisschoppen. *Bineren* is derhalve toegestaan "om een goede reden", zelfs *trineren* "als de pastorale nood dit vereist", bv. als een priester de zorg heeft voor meer dan één kerk of als een kerk te klein is om alle gelovigen te bevatten, maar niet als het er om gaat de gelovigen te gerieven, of het zou moeten zijn dat zij anders geen eucharistie mee kunnen vieren. De Apostolische Stoel moedigt de verveelvoudiging van vieringen niet aan[33], wanneer een kerk groot genoeg is om de gelovigen met een kleiner aantal vieringen te kunnen herbergen[34]. Voor het mogen ontvangen van een geldelijke bijdrage in gevallen van binatie of trinatie verwijzen we naar de bespreking van **can.951**.

De vraag is opgekomen[35] of de diocesane Bisschop in deze materie gebruik mag maken van de dispensatiebevoegdheid van **can.87 § 1**. Gezien het feit, dat we hier te maken hebben met een disciplinaire norm, die inzake dispensatie nergens is gereserveerd aan de Paus of aan een andere gezagsinstantie, moet het antwoord affirmatief zijn, mits het gaat om particuliere gevallen, waarin het echt noodzakelijk is t.b.v. de christengelovigen. Krachtens de in **can.87 § 1** gegeven bevoegdheid kan de Bisschop niet *duurzaam* een wet buiten werking stellen, temeer omdat de algemene wet al rekening houdt met wat regelmatig voorkomt. Bovendien zal ook een beroep kunnen worden gedaan op **can.1248 § 2**, die de christengelovigen in voorkomende gevallen aanbeveelt om op een andere wijze dan door deelname aan een eucharistieviering uiting te geven aan het bijzondere karakter van de zon- of feestdag[36].

1.5. *Moet er iemand bij een viering aanwezig zijn?*

De eucharistieviering is per definitie een gemeenschapsaangelegenheid[37]; daarom is een viering zonder dat er iemand bij aanwezig is minstens sedert Paus **Alexander III** (12e eeuw) verboden. Volgens *can.813 CIC/17* mocht de eucharistie niet gevierd worden zonder een *misdie-*

[33] Vgl.**A.Jungmann**, a.w., *Dl.I*, pp.149-150 over de opeenhoping van Missen in de Middeleeuwen.

[34] Zie Instr.*Eucharisticum mysterium*(1967) van de Ritencongregatie n.26: daardoor verzwakt de pastorale inspanning en de priesters raken overwerkt.

[35] Zie *NDP*, p.191.

[36] Hiervoor zij verwezen naar *"Modellen voor Gebedsdiensten, Woorddiensten, Communiediensten"* , een uitgave van de *NRL* (1986) in de reeks Pastoraal-liturgische handreikingen.

[37] *SC* nn.27 en 48; *LG* n.11; *PO* n.2,5; Enc.*Mediator Dei* van Paus **Pius XII** in *AAS* 39(1947)552 en *Mysterium fidei*(1965) van Paus **Paulus VI** in *AAS* 57(1965)761; Instr. *Eucharisticum mysterium*(1967) van de Ritencongregatie n.3c: *AAS* 59(1967) 541-542.

naar, die de priester behulpzaam moest zijn en antwoorden moest geven. Als regel mocht uitsluitend een *mannelijke* persoon misdienaar zijn; om een goede reden ook een vrouw, maar zij mocht dan niet op het priesterkoor komen[38].

Het nieuwe recht stelt zich niet primair in op de misdienaar, maar op het gemeenschapskarakter van de eucharistie. De gemeenschap van gelovigen moet minstens door één persoon vertegenwoordigd worden, ook al is het alleen-celebreren om een goede reden geoorloofd. Toch moet dit uitzondering blijven[39]. De *AIAM* bepaalt in n.70 dat alle functies onder die van diaken door *mannelijke* leken kunnen worden vervuld en voorzover het gaat om functies *buiten het priesterkoor* mogen ook vrouwen die functies vervullen overeenkomstig het verstandig oordeel van de voor de kerk verantwoordelijke priester. De BC kan er evenwel in toestemmen, dat een vrouw, die daarvoor geschikt is, de lezingen, welke aan het evangelie voorafgaan, voorleest en bij de voorbede de gebedsintenties leest; ook kan de Conferentie nader de *plaats* bepalen, vanwaar een vrouw het Woord van God in de liturgie verkondigt[40]. **Can.906** wijzigt deze discipline in twee opzichten: niet langer is de aanwezigheid van een misdienaar vereist, maar de participatie van minstens één gelovige[41], door wie de antwoorden gegeven kunnen worden; bovendien werd de eis van een *ernstige noodzaak* voor de priester om alleen te celebreren vervangen door *een goede en verantwoorde reden*, bv. als er geen gelovigen beschikbaar zijn of de priester niet in staat is (vanwege ziekte, zwakheid, reis) deel te nemen aan een gemeenschapsviering, of niet af wil zien van zijn persoonlijke devotie tegenover de eucharistie.

1.6. *Vrouw als misdienaar en/of acoliet?*[42]

Het nieuwe Wetboek bevat niet, zoals het oude *(can.813 § 2)*[43], een verbod voor vrouwen om de H.Mis te dienen. In zijn brief van 27 janu-

[38] Om te weten hoe streng de regels hieromtrent in een recent verleden nog waren leze men de Instr. *Quamprimum* van de Sacramentencongregatie, d.d. 1 oktober 1949: *AAS* 41(1949) 507.

[39] Vgl. de enc.*Mysterium fidei*(1965) van Paus **Paulus VI**: *AAS* 57(1965)761 en *KA* 20(1965)1009.

[40] Ook deze laatste zinsnede is letterlijk overgenomen uit *AIAM* n.70.

[41] Zie *AIAM* n.747 v.

[42] Het vernederlandste griekse woord "acoliet" (van ακολουϑος = dienaar, dienares) betekent een volwassen misdienaar, terwijl in de liturgische boeken dit woord alleen gebruikt wordt voor de volgens **can.230 § 1** aangestelde persoon.

[43] *Can.813 § 2*: "Een vrouw mag geen misdienaar zijn, tenzij bij ontbreken van een man, om een goede reden en met dien verstande dat een vrouw vanaf een afstand antwoordt en onder geen beding bij het altaar komt."

ari 1966[44] aan de Voorzitters van de BC's erkent de postconciliaire Raad voor de Liturgie het recht van het christenvolk om krachtens het doopsel volledig, bewust en actief deel te nemen aan de liturgievieringen (*SC* n.14), maar tot hoever meisjes en vrouwen liturgisch kunnen functioneren, zal nog, schrijft de Raad, aan een nadere studie worden onderworpen. Op dit moment mogen zij echter nog geen diensten rond het altaar vervullen en wel op deze grond: dit soort bediening is afhankelijk van de wil van de Kerk en de R.K.Kerk heeft nog nooit de liturgische dienst toevertrouwd aan vrouwen. Daarom moet iedere willekeurige vernieuwing in deze beschouwd worden als een *ernstige* inbreuk op de kerkelijke discipline en moet zij met kracht worden uitgebannen.

De bepaling van het Altaarmissaal n.70 en ook van de Instr. *Liturgicae instaurationes*(1970) van de Congregatie voor de Eredienst, nog eens bevestigd door een particulier antwoord van dezelfde Congregatie(1980)[45] dat vrouwen alleen *buiten het priesterkoor* functies kunnen vervullen, is impliciet achterhaald door de daaropvolgende wetgeving en door de praktijk. Toen deze kwestie binnen de studiegroep voor de sacramenten in 1978 ter sprake kwam, wezen de consultoren een dgl. bepaling als "enigszins verouderd" af om de onmiddellijk hierna te noemen redenen[46]. Het nieuwe recht zet de weg voort, die in de Instr. *Immensae caritatis*(1973) van de Sacramentencongregatie is uitgezet: aan vrouwen evengoed als aan mannen staat zij toe de H.Communie uit te reiken. Vrouwen kunnen van de Bisschop de aanstelling tot buitengewoon bedienaar ontvangen. Al blijven vrouwen dan ook uitgesloten van de aanstelling tot lector en acoliet (**can.230 § 1**), toch staat **can.230 § 2** toe, dat ook vrouwen tijdelijk worden aangesteld voor liturgische functies zonder enige plaatsbeperking. Dit wordt bevestigd door de authentieke interpretatie van **can.230 § 2** van de *PCI* op 11 juli 1992[47]. Dit volgde indirect ook uit **can.930 § 2** voor de

[44] *NOT.* 2(1996)161.

[45] D.d. 22 februari 1980: **X.Ochoa**, a.w.,*vol.VI* n.4759.

[46] *COMM.* 13(1981)242.

[47] Op de vraag of "tot de liturgische taken, die leken, mannen of vrouwen, volgens **can.230 § 2** uit *kunnen* oefenen, ook de dienst aan het altaar gerekend moet worden", gaf zij het antwoord: "Ja", maar "volgens de instructies die door de Apostolische Stoel (nog) moeten worden gegeven". Deze instructies werden op 15 maart 1994 aan de BC's gegeven door de Congregatie voor de Eredienst en de discipline van de Sacramenten. Daarin wordt er op gewezen, dat a) het gaat om wat leken *kunnen*; dus is, wat de ene Bisschop toestaat, nooit bindend voor anderen; b) de traditie om voor de altaardienst jongens aan te trekken moet worden voortgezet, alleen al met het oog op eventuele priesterroepingen; c) de bisschoppelijke beslissing duidelijk aan de gelovigen wordt uitgelegd, en wel in het bredere kader van wat een vrouw toch al kon doen als lectrix of buitengewoon bedienaar van de H.Communie; d) het altijd gaat om een *tijdelijke aanstelling* zonder dat, wie dan ook, enig recht kan doen gelden.

assistentie van een blinde of zieke priester, die door een goed geïnstrueerde leek (man of vrouw) mag gebeuren; tevens kon dit volgen uit n.70 van de tweede standaardeditie van het Altaarmissaal(1975): aan de BC wordt toegestaan een geschikte plaats aan te wijzen voor de vrouw in de kerk[48]. Vandaar was er en is er thans geen soliede basis meer voor de uitsluiting van vrouwen als misdienaar of acoliet[49].

1.7. *Het aandeel van diakens en dat van leken in de vieringen*

AIAM nn.61 en 62 geeft gedetailleerd aan, welke functies en taken zijn weggelegd voor diakens en welke voor leken-gelovigen. **Can.907** preciseert wat in *SC* n.28 al in algemene termen wordt gezegd, nl. dat bij liturgische vieringen iedereen, hetzij bedienaar hetzij gelovige, bij de vervulling van zijn functie uitsluitend en volledig datgene moet doen, wat hem krachtens de aard van de zaak en de liturgische richtlijnen toekomt. Concreet betekent dit, dat in het bijzonder het eucharistisch gebed exclusief en integraal is voorbehouden aan de celebrerende priester[50]. Dit wordt ook nog eens verwoord in de Instr. *Liturgicae instaurationes*(1970) van de Congregatie voor de Eredienst n.4; over de andere gebeden handelt *AIAM* n.10. In de lijn van de Joodse rituele maaltijden en van het Laatste Avondmaal zijn bepaalde functies voorbehouden geweest aan een voorganger, die als leider van de gemeenschsap bidt en optreedt in haar naam[51].

1.8. *Bedienaar van de H.Communie*

Can.910 § 1 wijst als *gewone* bedienaren van de H.Communie de Bisschop, priester en diaken aan. Voor wat de Bisschop en de priester betreft is dit vanzelfsprekend. In het oude recht gold de diaken nog als

[48] Vgl. *COMM.* 13(1981)242.

[49] De Instr. *Liturgicae instaurationes*(1970) van de Congregatie voor de Eredienst n.7 en *Inaestimabile donum*(1980) van de Congregatie voor de Sacramenten en de Eredienst, sectie Eredienst, n.18 herbevestigen weliswaar het verbod van vrouwelijke misdienaars, maar geen van beide documenten bezit enige kracht van wet buiten die van de latere wetgeving. Zie *CCL*, p.48 en *MK* bij **can.906**.

[50] Echter met deze kanttekening, die *AIAM* n.55b maakt: één van de voornaamste elementen van het eucharistisch gebed is de acclamatie door het volk, een wezenlijk onderdeel van dat gebed. Zie ook de Instr.*Musicam sacram*(1967) van de Ritencongregatie, nn.13-15. - Lees echter ook de toespraak van Paus **Joannes Paulus II** tot de deelnemers aan de bijeenkomst, welke door de Congregatie voor de Geestelijkheid werd belegd en handelde over "de deelname van lekengelovigen aan de priesterlijke bediening", - in: *COMM.* 26(1994)24-28

[51] *CCL*, p.648.

buitengewoon bedienaar *(can.845 § 2)*: hij had verlof nodig van de plaatselijke Ordinaris of van de pastoor, die dit verlof alleen konden geven om een ernstige reden; in een noodgeval mocht het worden verondersteld. In de conciliaire (*LG* n.29) en postconciliaire documenten[52] wordt hij tot de *gewone* bedienaren gerekend. Tevens echter worden in die postconciliaire documenten "de acoliet alsook een andere christengelovige, die volgens **can.230 § 3** daartoe is aangesteld" door **can.910 § 2** genoemd als *buitengewone* bedienaren[53]. Lettend op de alledaagse praktijk in Nederland is er slechts in enkele gevallen sprake van een officiële aanstelling; de gewoonte is ontstaan dat telkens opnieuw, jongens en meisjes, mannen en vrouwen worden gevraagd om behulpzaam te zijn bij het uitreiken van de H.Communie; blijkbaar heeft men de officiële bepalingen te omslachtig gevonden en in de praktijk nauwelijks uitvoerbaar. Ook op deze manier is er gestalte gegeven aan de actieve betrokkenheid van leken bij de viering.

De *NRL* heeft in 1981 een handzame brochure uitgegeven, waarin "de richtlijnen voor het uitreiken van de Communie door leken", met name op basis van de Instr.*Immensae caritatis* (1973) van de Congregatie voor de Sacramenten en de Eredienst, sectie Eredienst, helder staan geformuleerd. Wat daarin gezegd wordt over het communiceren op de hand (n.9), wordt nog eens onderstreept door de Brief *Dominicae Cenae* (1980) van Paus **Joannes Paulus II** n.11 en door de officiële *Verklaring* van de zojuist genoemde Congregatie, d.d. 3 april 1985[54]. Behalve hierover gaat het in de vermelde brochure ook over de *ziekencommunie* door leken en over modellen voor de viering daarvan (pp.10-25), waarin rekening is gehouden met het Decreet *Eucharistiae sacramentum*(1973) van de Congregatie voor de Eredienst over de ritus voor het uitreiken van de Communie en over de verering van de eucharistie buiten de H.Mis. Ten-

[52] Zoals het MP *Sacrum diaconatus ordinem*(1967) van Paus **Paulus VI**, de Instr. *Eucharisticum mysterium*(1967) n.31 van de Ritencongregatie, *Liturgicae instaurationes*(1970) n.6d van de Congregatie voor de Eredienst, *Immensae caritatis*(1973) van de Congregatie voor de Sacramenten en de Eredienst, sectie Eredienst, n.1 en *AIAM* nn.61 en 137.

[53] Hierbij dient ook rekening te worden gehouden met de authentieke interpretatie van de **cc.230 § 3** en **can.910 § 2** van 1 juni 1988 door de *PCI*. Daarin wordt gesteld, dat een *buitengewoon* bedienaar niet mag functioneren als er in de kerk *gewone* bedienaren aanwezig zijn, ook al hebben zij geen functie in de eucharistieviering zelf op dat moment: *AAS* 80(1988) 1373 en o.a. *An.Utr.* 61(1988)63-64. De buitengewone bedienaren kunnen habitueel of voor een concreet geval worden aangesteld volgens de Instr. *Immensae caritatis*(1973) van de Congregatie voor de Sacramenten en de Eredienst, sectie Eredienst 1, I.

[54] **X.Ochoa**, a.w., *vol.VI*, n.5116; *NOT.* 21(1985)259-261 en o.a. *An.Utr.* 58(1985)151-152.

slotte gaat het hierin over een bijzondere vorm van ziekencommunie, nl.het *viaticum* (de teerspijze; p.12)[55].

Volgens **can.530 n.3** is het brengen van het *viaticum* naar zieken in het bijzonder toevertrouwd aan de pastoor. Niettemin hebben volgens **can.911 § 1** ook de parochievicarissen, de *cappellani* (rectoren, aalmoezeniers enz.), de Oversten van een communauteit van klerikale religieuze instituten of sociëteiten van apostolisch leven voor allen, die in huis zijn, de plicht en het recht dit te doen. Alleen in noodgevallen of met minstens verondersteld verlof van genoemde functionarissen mag volgens **can.911 § 2** iedere priester of *andere bedienaar* dit doen op voorwaarde, dat de eerstbetrokkenen op de hoogte worden gebracht[56].

2. Deelname aan de allerheiligste eucharistie[57]

2.1. *Wie kan tot de H.Communie worden toegelaten?*

Van de ontvanger uit gezien heeft alleen de gedoopte (**can.912**; vgl.**can.842 § 1**) recht op het ontvangen van de H.Communie. Dit recht is in algemene zin reeds geformuleerd in de **cc.213** en **843 § 1**, maar wordt in **can.912** geconcretiseerd m.b.t. de deelname aan de eucharistieviering in de vorm van de Communie. *Iedere* gedoopte heeft dit recht, voorzover hij/zij daarvan niet door het recht uitgesloten wordt, nl. wanneer de ontvanger zich bewust is van zware zonde: hij/zij mag dan niet zonder voorafgaande sacramentele belijdenis de Mis celeberen of het Lichaam van de Heer ontvangen, tenzij een ernstige reden aanwezig is en een gelegenheid tot belijdenis ontbreekt: dan is een akte van volmaakt berouw met het voornemen zo spoedig mogelijk te biechten noodzakelijk (**can.916**). Met zijn laatste clausule herhaalt **can.912** wat al in **can.96** opgenomen is: door het doopsel wordt men weliswaar ingelijfd in de Kerk van Christus, maar de uitoefening van de daaraan verbonden rechten en plichten kan beperkt worden door het feit, dat men niet in de gemeenschap van de R.K.Kerk staat of wanneer iemand een wettig opgelegde sanctie heeft belopen. Naast deze rechtsbeperkingen t.a.v. het

[55] Hiervoor zij verwezen naar de brochure *"Bidden met stervenden"*, uitgave van de *NRL* in 1993.

[56] Men blijve gewaarschuwd voor ongewenste praktijken i.v.m. de *huiscommunie*: zie o.a. *An.Utr.* 50(1977)162; vgl.*An. Rmd.* 57(1976)122-126; tegelijk zal men oog moeten hebben voor de betekenis van de formule bij het communie-uitreiken, die bij Decreet *Quo actuosius* van de Ritencongregatie(1964) officiëel werd ingevoerd: op de door de bedienaar uitgesproken woorden "Lichaam van Christus" antwoordt de ontvanger: "Amen". Zie o.a. in *An.Utr.* 41(1968)112-113; *An.Gr. Bd.II* (1962-1966) 282; *An.Rmd.* 45(1964)78-79.

[57] Over de betekenis van het communiceren zie *An.Rmd.* 70(1989)21-22; vgl. 65(1984) 168-170.

geoorloofd ontvangen van de Communie zijn er nog andere, die hierna ter sprake komen:

a) *m.b.t. hen, die niet in volledige gemeenschap staan met de R.K.Kerk:* volgens **can.844 § 1** mag een katholieke bedienaar de sacramenten in beginsel alleen geoorloofd bedienen aan katholieke christengelovigen "volgens iedere katholieke ritus" **(can.923)**; aan andere gedoopten mag hij de H.Communie alleen in de volgende situaties geoorloofd geven: aan leden van de (niet-geüniëerde) Oosterse Kerken[58] alsook van andere Kerken, die volgens het oordeel van de Apostolische Stoel inzake de sacramenten in een soortgelijke situatie verkeren als voornoemde Oosterse Kerken **(can.844 § 3)**, wanneer zij er eigener beweging om vragen en over de juiste dispositie beschikken. Praktisch gaat het hier om leden van de Oudkatholieke Kerk[59]. In stervensgevaar of in een andere, naar het oordeel van de diocesane Bisschop of van de BC, ernstige nood mogen katholieke bedienaren ook aan andere christenen, die zich niet tot de eigen bedienaar kunnen wenden en uit eigen beweging vragen om de H.Communie, deze geven, mits zij hieromtrent blijk geven van het katholieke geloof[60] en de juiste gesteltenis bezitten **(can.844 § 4)**. Men houde er rekening mee, dat het niet gaat om rechtsbepalingen over andere christenen, maar over de katholieke bedienaren. In reactie op de Instr.*In quibus*(1972) van het Secretariaat voor de Eenheid der Christenen heeft de Nederlandse BC de deelname aan de eucharistie, m.n. aan de H.Communie aan dezelfde beperkingen gebonden als **can.844** (gedoopt, instemming met het geloof van de R.K.Kerk t.a.v. de eucharistie en goede dispositie)[61]. Volgens het *Directorium oecu-*

[58] Het *Directorium oecumenicum III*(1993) van de Pauselijke Raad voor de Bevordering van de Eenheid der Christenen wijst er in n.125 op, dat ook in deze gevallen gelet dient te worden op de kerkorde van de Oosterse Kerken voor haar eigen gelovigen en dat men er voor dient te zorgen dat er geen verdenking van proselitisme kan ontstaan.

[59] Hetgeen overigens niet door de Romeinse instanties verklaard is.

[60] Dat is: de eucharistie aanvaarden, zoals deze door Christus ingesteld en door de R.K.Kerk overgeleverd is. Zie Instr.*In quibus*(1972) van het Secretariaat voor de Eenheid der Christenen n.5, waarin ook staat dat het *Directorium oecumenicum I*(1967) van hetzelfde Secretariaat n.55 bij wijze van voorbeeld nog twee gevallen buiten stervensgevaar noemt: hen, die gevangen zitten en vervolgd worden; tevens wordt melding gemaakt van andere soortgelijke gevallen van urgente nood, zoals een diaspora-situatie, waarin men zich niet kan wenden tot de eigen geloofsgemeenschap.

[61] Zie o.a. *An.Utr.* 46 (1973) 98, *An.Bo.* 8 (1968) 41-42. Over *intercommunie* en *ambt*: zie *An.Utr.* 50 (1977) 356-367; *An.Rmd.* 58 (1977) 118-130; *An.Bo.* 17 (1977) N69-N76, 'gestroomlijnde' Analecta van de overige bisdommen: zelfde pagina's van hetzelfde jaar. In *An.Ha.* 21 (1974) pp. H10-H12 staat een korte interpretatie door **P. van Leeuwen** op de bisschoppelijke nota over de eucharistische communie.

menicum I(1967) is toelating van reformatorische christenen niet zonder meer uitgesloten, mits er voldoende redenen voor zijn (n.55). Daarom hebben de Nederlandse Bisschoppen al in 1968, mede op grond van het Decreet *UR* n.8 van Vaticanum II, bepaald, dat de niet-katholieke partner in een gemengde huwelijkssluiting mag communiceren, als hij/zij gedoopt is, zich kan verenigen met het geloof van de R.K. Kerk en in eigen Kerk toegang heeft tot de viering van het Avondmaal (t.z.p.). De Bisschoppen hernamen deze bepaling nog eens in hun schrijven over de *Open Communie* van 8 januari 1973[62]. Van wederkerigheid, d.w.z. deelname aan het Avondmaal door katholiek gedoopten, kan naar omstandigheden(d.i. als de nood het vereist of echt geestelijk nut het wenselijk maakt en mits elk gevaar voor dwaling of indifferentisme afwezig is en tegelijk de fysieke of morele onmogelijkheid aanwezig is om dit sacrament van een katholieke bedienaar te ontvangen) alleen sprake zijn, wanneer zij het ontvangen van een niet-katholieke bedienaar, in wiens Kerk dit sacrament geldig bestaat en dus het sacrament van de wijding en van de apostolische successie zijn bewaard **(can.844 § 2)**[63].

b) *zij, die een wettig opgelegde straf hebben belopen*, mogen volgens **can.915** niet worden toegelaten tot de H.Communie na het opleggen of verklaren van die straffen. Dat zijn dus zij, die geëxcommuniceerd **(can.1331)** of door een interdict getroffen zijn **(can.1332)**. Het gaat hier om publieke, d.i. bekende, voor het uitwendig rechtsbereik bewijsbare situaties (vgl.**can.1074**). Gaat het daarentegen om automatisch *(latae sententiae)* belopen straffen voor daden, die geheim zijn, dan mogen betrokkenen dit sacrament niet ontvangen, maar kunnen

[62] Het is niet zo zeker als **J.Hendriks**, *Parochierecht* p.48 noot 17 en *Kerkelijk Recht* p.63 noot 33 stelt dat de Nederlandse Bisschoppen in hun *Brief "Onze oecumenische opdracht, een prioriteit"* (1987)(Bisschoppelijke brieven n.23) de eerder genomen beslissing in deze hebben ingetrokken. Wel is daartoe een voorstel gedaan door één van de leden van het Episcopaat, op grond waarvan de *NRL* de mogelijkheid tot communiceren van de niet-katholieke partner in een huwelijksviering niet meer vermeldt in het directorium. Voor het *Schrijven* over de *'Open communie'*, d.d. 8 januari 1973: zie *An.Utr.* 46 (1973) 95-98; *An.Gr. Bd. IV* (1971-1974) 158-161; *An.Ha.* 20 (1973) 22-26; *An.Rmd.* 54 (1973) 4-8; *An.Bo.* 13 (1973) 14-16; *An. Br.* 1973, pp.1-5 onder O (van Oecumene) *An.Ro.* 18 (1973) 28-31. – Al op 8 april 1970 beval het (Nederlandse) Pastoraal Concilie de 'open communie' aan: zie o.a. *An.Utr.* 43 (1970) 97; *An.Ro.* 15 (1970) 193.

[63] Vgl. *Brief* van het Secretariaat voor de Eenheid der Christenen, d.d. 7 januari 1970 (*NOT.* 6(1970)90-95) over de houding van de R.K.Kerk inzake de gemeenschappelijke eucharistie tussen christenen van diverse confessies. Wat betreft de deelneming aan het sacramentele leven met de lidmaten van de verschillende Oosterse Kerken: zie *Directorium oecumenicum III*(1993) van de Pauselijke Raad voor de Bevordering van de Eenheid der Christenen, nn.122-124.

daarom niet in het openbaar geweigerd worden, zolang de straf niet voor het uitwendig rechtsbereik door een decreet is opgelegd of procesrechtelijk is uitgesproken (verklaard).

c) *zij, die halsstarrig verharden in een zware zonde,die openlijk bekend is*, mogen niet communiceren. Drie elementen zijn hierbij wezenlijk: de ernst (zwaarte) van het kwaad, hardnekkige volharding in het kwaad en openbaarheid. Van de bedienaar uit gezien bepaalt **can.915**, dat verschillende categorieën van personen *niet toegelaten* (*"ne admittantur"*) mogen worden, terwijl het oude Wetboek *(can.855 § 1)* nog zei, dat zij *geweerd, uitgesloten* moesten worden (*"arcendi sunt"*). Terecht is op dit verschil in woordgebruik gewezen en wordt daaruit de juiste conclusie getrokken, dat de bedienaar niet altijd verplicht is te verhinderen dat zij te communie gaan[64]. Ofschoon in **can.915** niet genoemd, wordt op deze tekst vaak teruggegrepen, als het gaat om gescheiden katholieken, die niet kerkelijk hertrouwd zijn[65]. Of dit kerkrechtelijk terecht is, wordt verschillend beoordeeld. Gezaghebbend is de uitspraak in *Familiaris consortio*(1981) n.84[66]. Aan deze Exhortatie is in diverse landen een diepgaande discussie voorafgegaan, gevolgd door een debat op de 5e algemene vergadering van de Bisschoppensynode in 1980 over huwelijk en gezin[67].

[64] **J.Hendriks**, *Parochierecht*, pp.58-59.

[65] Ofschoon door enkele consultatie-organen gevraagd werd in de tekst de mogelijkheid tot communiceren voor deze categorie op te nemen, wezen *alle* consultoren van de betreffende studiegroep dit af met als argument: niet de Codexherzieningscommissie, maar de H.Stoel heeft het recht daarover een besluit te nemen: *COMM.* 13(1981)412 en 15(1983)194.Zie verder: *Relatio/1981*, p.214; vgl. het *Rondzendschrijven* van de Congregatie voor de Geloofsleer van 11 april 1973 (**X.Ochoa**, a.w., vol.V, n.4187 en de Apost.Exh. *Familiaris consortio* (1981) van Paus **Joannes Paulus II**, n.82.

[66] "De Kerk bevestigt echter haar praktijk, gebaseerd op de H.Schrift, de hertrouwde gescheidenen niet tot de communie toe te laten. Zij zijn er zelf de oorzaak van dat zij niet toegelaten kunnen worden, aangezien hun levensstaat en conditie objectief in tegenspraak zijn met de liefdesgemeenschap tussen Christus en de Kerk, die door de eucharistie betekend en verwerkelijkt wordt. Er is bovendien nog een andere speciaal pastorale reden: als men deze personen tot de communie toeliet, zouden de gelovigen in dwaling en verwarring gebracht worden omtrent de leer van de Kerk over de onontbindbaarheid van het huwelijk"; en: "Het respect dat verschuldigd is aan het sacrament van het huwelijk alsmede aan de echtgenoten zelf, aan hun gezinsleden en ook aan de gemeenschap van de gelovigen, verbiedt eveneens aan de herders, om welk motief of om welke pastorale reden ook, voor gescheidenen, die hertrouwen, plechtigheden van welke aard dan ook te organiseren" (n. 84). Vgl. de Postsyn.Apost.Exh. *Reconciliatio et paenitentia* (1984) van Paus **Joannes Paulus II** n.34.

[67] Een goede samenvatting hiervan is te vinden bij **J.Enichlmayr**, a.w., pp.77-125, alwaar (pp.191-196) ook de literatuur vanaf het begin der 70-er jaren staat vermeld. Daaraan zou kunnen worden toegevoegd: **H.Socha**, *Kirchenrechtliche Überlegungen zum Kommunionempfang ungültig Verheirateter* in: *Tr.Th.Z.* 81(1972)289-309; **K.Hörmann**, *Kirche und zweite Ehe. Um die Zulassung wiederverheirateter Geschiedener zu den*

Vroegere openingen naar een liberalere houding[68] vinden we in de Exhortatie niet terug, ook niet waar deze in n.84 bijzondere situaties bespreekt. Opvallend is dat noch in de slottoespraak van de Paus op 25 oktober 1980[69] noch in de Exhortatie zelf uitdrukkelijk gerefereerd wordt aan de praktijk van de Oosterse Kerken, ofschoon daar in enkele taalgroepen met opzet om gevraagd werd. Deze referentie had mogelijk kunnen leiden tot een mildere afwijzende houding[70]. De vraag blijft of in het licht van *Familiaris consortio*(1981) n.84, *Reconciliatio et paenitentia*(1984) n.34 en de in voetnoot 68 genoemde brief van de Congregatie voor de Geloofsleer(1994) de praktijk nog verdedigbaar is uitzonderingen op de daar gestelde regel toelaatbaar te achten[71]. **Can.915** beperkt het publiek ontvangen van de H.Communie alleen op grond van publiek bewijsbare feiten. In die zin is het criterium, dat de Paus noemt, nl. volledige sexuele onthouding, niet bruikbaar omdat die zich aan de openbaarheid onttrekt, en de dispositie voor het ontvangen van de eucharistie is afhankelijk van een moraaltheologische beoordeling van de vraag wat onder "hals-

Sakramenten (Innsbruck 1973); **F.Rekkinger**, *Wiederverheiratete Geschiedene eucharistieunfähig?*: *M.Th.Z.* 24(1973)36-54; **H.Heinemann**, *Die Teilnahme wiederverheirateter Geschiedener an der eucharistischen Tischgemeinschaft als Frage an das kanonische Recht*: *ThuGl.* 67(1977)444-453; **J.Provost**, *Intolerable Marriage Situations Revisited*: *The Jurist* 40(1980)155; **J.Zwack**, *Annulment: Your Chance to Remarry within the Catholic Church* (New York 1983); **B.Brunsman**, *New Hope for Divorced Catholics* (San Francisco 1985), in de tekst geciteerd in de Duitse vertaling: *"...das darf der Mensch nicht trennen? Neue Hoffnung für geschiedene Katholiken"* (Zürich/Einsiedeln/Köln 1986).

68 Bv. in een *Brief* van de Congregatie voor de Geloofsleer, d.d. 11-4-1973 in: **X.Ochoa**, a.w., vol.V, n.4187 of een in het Engels geschreven brief aan de Voorzitter van de Noord-Amerikaanse BC, d.d. 21-3-1975, geciteerd door **J.Enichlmayr**, a.w., p.86 en **A.Zirkel**, *Schlieszt das Kirchenrecht alle wiederverheiratete Geschiedene von den Sakramenten aus?* (Mainz 1977), p.43. Vgl.**O.Saier/K.Lehmann/W.Kasper**, *Grundsätze für eine seelsorgliche Begleitung von Menschen aus zerbrochenen Ehen und von wiederverheirateten Geschiedenen in der Oberrheinischen Kirchenprovinz*: *Herder Korrespondenz* 47(1993) Heft 9, pp.460-467; hierop speelt **H.Degen**, *Meer ruimte voor pastorale opvang van gescheidenen binnen de r.k.kerk*, in: *Informatiebulletin 1-2-1* van het *SRKK* 21 (1993)n.17, pp.25-28 (hier: pp.27-28). Misschien in reactie daarop schreef de Congregatie voor de Geloofsleer op 15 oktober 1994 een brief "over het ontvangen van de heilige communie door hertrouwde gescheiden gelovigen", die alle deuren dichtgeslagen lijkt te hebben; vgl. echter reacties hierop in: *Informatiebulletin 1-2-1* van het *SRKK* 22(1994) n.18, pp.11-12.

69 Zie *AK* 36(1981)138-144.

70 In de Oosterse Kerken is een tweede *sacramentele* huwelijkssluiting na scheiding niet mogelijk (al wordt dat door sommigen betwijfeld), maar met een beroep op het oeconomiebeginsel wordt een tweede huwelijk minstens getolereerd na voorafgaande boetedoening: zie **J.Enichlmayr**, a.w., pp. 117-118.

71 **J.Enichlmayr**, a.w., pp.183-186 meent net als **B.Brunsman**, a.w., pp.13-14, 164-166 en 178 van wel.

starrig volharden in een publieke zware zonde" moet worden verstaan. *Familiaris consortio* spreekt niet over subjectief zware zonde, maar over een *objectieve* tegenspraak[72].

d) *zij, die over te weinig kennis beschikken en onvoldoende voorbereid zijn om enig begrip te hebben van het mysterie van Christus en om het Lichaam van de Heer gelovig en vroom te ontvangen*, mogen niet communiceren. Zó formuleert **can. 913 § 1** zijn eis aan kinderen, waaronder ook de in **can.99** genoemde ouderen vallen, die het habitueel (doorlopend) gebruik van het verstand missen. Wanneer zij in stervensgevaar verkeren, is het volgens **can.913 § 2** voldoende, dat zij het Lichaam van Christus kunnen onderscheiden van gewoon voedsel en bovendien in staat zijn de H.Communie met eerbied te ontvangen[73].

e) *zij, die de H.Communie al hebben ontvangen*, mogen op de zelfde dag alleen opnieuw communiceren binnen de viering van de eucharistie **(can.917)** of in levensgevaar verkeren **(can.921 § 1)**, zij het niet onbeperkt (zie hieronder 2.3).

f) *zij, die niet één uur vóór de H.Communie zich hebben onthouden van elke spijs of drank, m.u.v. water en geneesmiddelen***(can.919 § 1)**, mogen niet ter Communie gaan.

Het besef van de ontvanger een zware zonde te hebben begaan en niet te hebben gebiecht, waardoor hem/haar het ontvangen van de sacramenten verboden wordt **(can.916)**, is geen beperking van het in **can.912** genoemde grondrecht, want over het inwendig rechtsgebied kan de bedienaar niet oordelen[74].

Samenvattend kunnen we zeggen, dat de grenzen van het grondrecht berusten op uiteenlopende gezichtspunten: op algemeen-theologische

[72] Vgl. *Reconciliatio et paenitentia*(1984) n.34 in: *AK* 40(1984)217. – Terecht heeft **B.Dufour**, *La pénitence et l'onction des malades* (1989) p.20 niet alleen gedacht aan irreguliere samenlevingssituaties van gescheidenen, van priesters en religieuzen, die onwettig gebroken hebben met de verplichtingen van staat, maar ook aan activiteiten, waardoor ernstige inbreuken op de rechtvaardigheid worden gepleegd (zwaar ongeoorloofd handeldrijven, participatie in de schending van fundamentele mensenrechten, ernstige en publieke minachting van christelijke verplichtingen). Graag wijs ik nog op een conferentie van **J.Wissink**, *Weigering van de Communie* in: *TvL* 74 (1990)289-298 en (lichtelijk bijgewerkt) in *An.Utr.* 64(1991) 114-123; vgl. ook **F.Verhaar**, Het geven van de Communie: t.z.p. pp.195-199.

[73] In hetgeen hierna onmiddellijk volgt, zal nader worden ingegaan op de preciese betekenis van **can.913**.

[74] Op het verzoek van enkele BC's deze canon te schrappen, omdat de biecht immers alleen een voorwaarde is voor de Communie en alleen het inwendig rechtsgebied raakt (het *"forum internum"*), werd niet ingegaan: *COMM.* 13(1981)413.

beginselen (**cc.912** en **914**), op kerkelijke gescheidenheid, ook zonder schuld (**can.844**), op een schuldige uitsluiting (**cc.915** en **916**) of op beginselen van orde (**can. 917**). Alle rechtsbeperkingen zijn volgens **can.18** strikt te interpreteren. Dat houdt dus in, dat het grondrecht van **can. 912** alleen in zoverre kan worden beperkt als de letterlijke tekst van de afzonderlijke bepalingen dat toelaat[75].

2.2. *Eerste H.Communie*[76]

Vanaf 1910 is het in de Latijns-Westerse Kerk praktijk geworden om kinderen tot de eerste H.Communie toe te laten vanaf het zevende levensjaar[77]. Het al veel oudere gebruik dit te doen is in het Westen sinds de twaalfde eeuw verdwenen, maar in de Oosterse Kerken blijven voortbestaan. Het Concilie van Trente[78] stelde, dat het niet noodzakelijk is de Communie aan kinderen te geven vóór de jaren "des onderscheids", maar veroordeelde de tegengestelde praktijk niet. Dit is thans ook nog mogelijk.

Voor toelating tot de eerste H.Communie van kinderen moet allereerst vaststaan, dat zij gedoopt zijn (**can.842 § 1**). Omdat het allerminst zeker meer is in onze tijd, dat kinderen vroegtijdig gedoopt worden, is bijzondere voorzichtigheid geboden. Verder legt **can.913 § 1** de voorwaarde vast, dat zij, naar hun bevattingsvermogen, voldoende kennis hebben en zorgvuldig zijn voorbereid. Het woord *"puer"* voor kind duidt geen bepaalde leeftijd aan, maar wordt in algemene zin gebruikt[79] zodat ook kinderen boven de zeven jaar (daaronder heten zij *"infans"*) daartoe behoren. Niettemin blijft de presumptie van **can.97 § 2** overeind, dat men na het zevende levensjaar geacht wordt over het gebruik van het verstand te beschikken. Op die manier kan het zevende levensjaar als de

[75] Aldus *MK* bij **can.912**.

[76] Vooraf zij alvast gewezen op een brochure van de *Pastoralkommission der Deutschen Bischofskonferenz: Sakramentenpastoral im Wandel. Überlegungen zur gegenwärtigen Praxis der Feier der Sakramente am Beispiel von Taufe, Erstkommunion und Firmung* (Hrg. Sekretariat der DBK 1993) en op een bijdrage van het *KASKI* over *"een pastoraal beleid inzake de eerste communie" : An.Bo.* 20(1980)15-28. Zie ook **L.G.M. Spruit**, *Aan de tafel van de Heer; de eerste communiepraktijk in Nederlandse parochies. Een onderzoeksverslag van het KASKI* (Amersfoort, De Horstink 1979 ; Horstink-boek n.6; ook verschenen als KASKI-rapport n.353); zie ook *An.Utr.* 53(1980) 241-250 en 251-255 (werkmateriaal).

[77] Aldus het Decreet *Quam singulari* van de Sacramentencongregatie, d.d. 8 augustus 1910: *DS*, a.w., n.3530.

[78] *Sess.XI*, decr. de communione euchar., can.4: *DS*, a.w., n.1734.

[79] **K.Mörsdorf**, *Rechtssprache*, pp.115-116.

adequate leeftijd voor de eerste H.Communie worden beschouwd[80]. Dit volgt indirect ook uit **can.914**. Alles hangt tenslotte af van de geestelijke ontwikkeling, die een kind heeft doorgemaakt.

Buiten levensgevaar moet ieder kind voldoen aan minimale eisen: enig besef hebben van het mysterie van Christus en het Lichaam van de Heer gelovig en vroom kunnen ontvangen. In stervensgevaar worden geringere eisen gesteld: het is voldoende het Lichaam van Christus te kunnen onderscheiden van gewoon voedsel en in staat te zijn de H.Communie met eerbied te ontvangen (**can.913 § 2**). De formulering "met eerbied ontvangen" is een zorgvuldige wijziging van *can.854 § 2 CIC/17*[81], waar over "eerbiedige aanbidding" gesproken werd. De wijziging maakt duidelijk, dat de primaire intentie van bewaring van het eucharistisch brood niet de aanbidding, maar de nuttiging is[82].

Onder de open formulering van **can.913** vallen ook de in **can.99** genoemde mensen, die een verminderd gebruik van het verstand hebben. Traditioneel wordt het verstandsgebruik gezien in termen van abstracte kennis, maar het kerkelijke Wetboek sluit een ruimere definitie in de zin van intuitieve kennis niet uit. Geestelijk gehandicapten mogen dan niet in staat zijn het onderscheid tussen het Lichaam van Christus en gewoon voedsel in begrippen te vatten, wel kan het zijn, dat zij de heiligheid van het eucharistisch voedsel op waarde schatten in de context van de eerbied tegenover dit sacrament in hun gezinnen en in de christelijke gemeenschap. In ieder geval mogen pastoors tegen de achtergrond van wat in de laatste zinsnede van **can.914** staat, geestelijk gehandicapten niet weigeren voor de H.Communie, wanneer zij "overeenkomstig hun bevattingsvermogen" passend zijn voorbereid en goed gedisponeerd zijn[83]. In het licht van **can.912** prevaleert bij iedere twijfel daarover het grondrecht.

Can.914 is een logische gevolgtrekking uit de **cc.777 n.2** en **898**, maar kent aan de ouders of hun plaatsvervangers een grotere verantwoordelijkheid toe inzake de voorbereiding op de H.Communie dan de

[80] Het *Directorium Catechisticum Generale*(1971) van de Congregatie voor de Geestelijkheid, Addendum I stelt zich op het standpunt van de eerste H.Communie *rond* het zevende levensjaar, waaruit ook blijkt dat niet de leeftijd, maar de rijpheid doorslaggevend is. Een kind kan dus al vóór het zevende voldoen aan de vooronderstellingen van **can.913 § 1**. Vgl. *An.Bo.* 6(1966)92.

[81] *Can.854 § 2*: "In stervensgevaar is het, om de allerheiligste eucharistie aan kinderen te kunnen en te moeten bedienen voldoende dat zij (de kinderen) het Lichaam van Christus kunnen onderscheiden van gewoon voedsel en *eerbiedig kunnen aanbidden*".

[82] Vgl.de Instr.*Eucharisticum mysterium*(1967) van de Ritencongregatie n.49 en het Decreet *Eucharistiae sacramentum*(1973) van de Congregatie voor de Eredienst n.5.

[83] Vgl.*CCL*, p.653.

Codex/17 deed (vgl.*can.854 § 5*)[84]; daarin werd zij primair gezien als een plicht van de pastoor. Men mag uit deze canon ook afleiden, dat zij het op de eerste plaats zijn, die moeten oordelen over de toereikende kennis en vereiste dispositie[85]. Zoals in veel andere opzichten kunnen de ouders de hulp inroepen van andere personen, bv. leerkrachten of centra, die zich op die voorbereiding richten. Cumulatief verantwoordelijk is de pastoor, door wie met name de catechetische voorbereiding (zie **can.777 n.2**) verzorgd zal moeten worden.

Uitdrukkelijk is in het laatste stadium van de Codexherziening in **can.914** de bepaling opgenomen, dat de eerste H. Communie voorafgegaan dient te worden door het sacrament van boete en verzoening. Deze bepaling doorbreekt de in **can.842** § **2** opgestelde volgorde van de initiatiesacramenten[86]. Deze canon vormt de eindbeslissing in een langdurige polemiek na Vaticanum II over het uitstellen van de eerste biecht. Al in het *Catechetisch Directorium*(1971) Addendum 1-5 werd stelling genomen tegen deze andersoortige praktijk. Hierop grijpt een *Verklaring*(1973) van de Sacramentencongregatie en die van de Geestelijkheid[87] terug door te zeggen, dat er een einde moet komen aan alle experimenten en dat men zich moet houden aan het Decreet *Quam singulari*(1910) van Paus **Pius X**. Dit wordt nog eens bevestigd door de Congregatie van de Eredienst in een brief aan de Voorzitters van de BC's(1977)[88] en door een *Rondzendbrief* van de Congregatie voor de Sacramenten en de Eredienst, sectie Sacramenten(1977), en van de Congregatie voor de Geestelijkheid(1976)[89], waarin antwoord wordt gegeven op de vraag of het na de Verklaring van 1973 nog geoorloofd is om bij wijze van algemene regel, de eerste H.Communie te laten voorafgaan aan het sacrament van boete en verzoening in die parochies, waar in de

[84] Zie het *Directorium* voor Missen met kinderen(1973) van de Congregatie voor de Eredienst, vertaald door de *NRL* en uitgegeven in 1979; zie ook de beleidsaanbevelingen van de *DPR* van het bisdom Breda: *An.Br.* 1977, pp.B85-B86 (of ook: *An.Br.* 1963, pp.5-7 en 1965, pp.2-4). Voor richtlijnen inzake de *kindercommunie* in het bisdom Roermond: *An.Rmd.* 45(1964)77-78 en 85-95; 55(1974)25-40 en 56(1975)25-40; een verzameling en ordening van "Romeinse" uitspraken over de Eerste H.Communie: *An.Rmd.* 59 (1978) 167-196.

[85] De biechtvader wordt niet meer genoemd als beoordelaar van de juiste dispositie, zoals in *can.854 § 4 CIC/17*.

[86] Zie *An.Rmd.* 45(1964)77-78 en 85-95.

[87] Van 24 mei 1973 in *AAS* 65(1973)410; Nederl.vertaling in *An.Rmd.* 66(1985)25-26; vgl.55(1978)169 en het *antwoord* van de Congregatie voor de Sacramenten en de Eredienst, d.d. 20 mei 1977: *AAS* 69(1977)427; zie verzameling en ordening van pauselijke uitspraken in *An.Rmd.* 59(1978)167-198.

[88] Zie **X.Ochoa**, a.w., *vol.V*, n.4507.

[89] Over het laten voorafgaan van het sacrament voor boete en verzoening aan de eerste H.Communie, d.d. 31 maart 1977; vertaling in *An.Rmd.* 66(1985)29-32.

laatste jaren deze praktijk gegolden heeft. Dat antwoord was uiteraard negatief. Desondanks blijft het probleem bestaan. In 1986 heeft Paus **Joannes Paulus II** in zijn toespraak tot de plenaria van de Sacramentencongregatie[90] incorrecte interpretaties rechtgezet en opnieuw aangedrongen op het onderhouden van de traditionele regel. Niettemin, zegt de Paus, moet *met zorg* de indruk worden vermeden, dat de biecht absoluut noodzakelijk is voor het ontvangen van de eucharistie[91], behoudens in het geval van zware zonde.

2.3. *Hoe vaak mag men communiceren?*

De Instr.*Eucharisticum mysterium*(1967) van de Ritencongregatie nn.36 vv. spreekt de wens uit dat men vaak, ja dagelijks, de H.Communie ontvangt. Tot voor kort gold dat gelovigen, die in de paas- of kerstnachtmis reeds gecommuniceerd hadden, dit in een tweede viering nogmaals mochten doen[92]. In de Instr.*Tres abhinc annos* (1967) van dezelfde Congregatie n.14 wordt dit ook toegestaan voor Witte Donderdag en de Instr.*Eucharisticum mysterium*(1967) van deze Congregatie geeft in n.28 de gelovigen, die 's morgens al gecommuniceerd hebben, verlof om dit ook in de Avondmis te doen. Tenslotte wordt in de Instr.*Immensae caritatis*(1973) n.II van de Congregatie voor de Eredienst en de Sacramenten, sectie Eredienst, hiervoor een fundering gegeven en worden objectieve motieven verbonden aan de frequentie van communiceren, zoals bij huwelijks- en uitvaartmissen[93].

Het kerkelijk Wetboek stelt als algemene regel, dat men slechts één keer *op dezelfde dag* mag communiceren en dat men het op die dag *opnieuw* mag doen binnen de viering van de eucharistie, waaraan men deelneemt (**can.917**). Het woordje "opnieuw" gaf aanleiding tot uiteenlopende interpretaties: wordt ermee bedoeld 'nog één keer' of zelfs 'meerdere keren'?[94]. Op 26 juni 1984 maakte de *PCI* aan deze twijfel een einde door te stellen, dat men op dezelfde dag nog eens (nog een keer) mag communiceren, maar niet alle keren dat men op dezelfde dag

[90] Van 17 april 1986 in: *L'Osservatore Romano* van 18 april 1986; *COMM.* 18(1986)39-42.

[91] Zie *NDP*, p.197. Lees in dit verband de genuanceerde standpuntbepaling in het *Directorium voor de Nederlandse Kerkprovincie* s.v. kinderbiecht.

[92] Vgl. de Instr.*Inter oecumenici*(1964) van de Ritencongregatie n.60.

[93] Vgl.*An.Utr.* 46(1973)435-442; *An.Rmd.* 54(1973)41-47; *An.Ha.* 20(1973)37-42.

[94] Vgl.**H.Schwendenwein**, a.w., p.331; **N.Ruf**, a.w., p.221; **A.Mayer** in *HdBdkKr*, par.75, p.682 noot 44; *CDC(P/M)*, p.537 bij **can.917.**

deelneemt aan een eucharistieviering[95]. Verder is in **can.917** iedere specificatie t.a.v. het soort eucharistievieringen, waaraan men deelneemt, komen te vervallen[96].

Er is echter één uitzondering op de regel van **can.917**, nl. de aanbeveling aan hen, die in levensgevaar gekomen zijn, om opnieuw te communiceren, ook al zijn zij op dezelfde dag al eerder door de H.Communie gesterkt **(can.921 § 2).**

2.4. *Communiceren alléén binnen een eucharistieviering?*

De oude wetgeving *(can.846 § 2* en *867 § 4)*[97] stond een ruim beleid voor inzake het ontvangen van de H.Communie *buiten* het kader van een eucharistieviering. Dit beleid is sedert Vaticanum II veel restrictiever geworden. Spreekt *SC* n.55 nog over een *bijzondere* aanbeveling ten aanzien van communiceren binnen een eucharistieviering als "de meer volmaakte deelneming", in de Instr.*Eucharisticum mysterium*(1967) van de Ritencongregatie n.31 is al sprake van een *sterke* aanbeveling *("valde commendatur")*: men moet de gelovigen daaraan laten wennen (b.33a) en ervoor zorgen, dat zij een hostie ontvangen, die in de viering, waaraan zij deelnemen, geconsacreerd is; **can.918** beveelt deze praktijk *ten zeerste* aan *("maxime commendatur")*[98].

Dit neemt niet weg, dat de H.Communie ook buiten de Mis gegeven kan worden, maar alleen om een goede reden, bv. omdat iemand ziek of bejaard is of omdat men vanwege de afwezigheid van een priester niet aan een eucharistieviering kan deelnemen[99], maar ook heel gewoon om te voldoen aan de devotie dagelijks te communiceren, een praktijk, die door de Kerk wordt aanbevolen[100]. De liturgische boeken verplichten pastoors erop toe te zien, dat zieken en bejaarden alle gelegenheid krijgen om vaak, vooral in de paastijd, te communiceren[101]. De H.Commu-

[95] *AAS* 76(1984))746.

[96] Zie *COMM.* 13(1981)414-415.

[97] *Can.846 § 2*: "Ook buiten de H.Mis heeft iedere priester dezelfde bevoegdheid (nl.om de Communie uit te reiken) krachtens minstens verondersteld verlof van de rector van de kerk, wanneer hij een buitenstaander is"; *can.867 § 4*: "De H.Communie mag alleen op die uren worden uitgereikt, waarop men het H.Misoffer mag opdragen, behalve als een rechtmatige reden iets anders raadzaam maakt".

[98] Op verzoek van een BC [zie *COMM.* 13(1981)415-416] is deze canon, aansluitend op de Instr.*Eucharisticum mysterium* (1967) van de Ritencongregatie n.33, in de Codex opgenomen.

[99] Zie *CCL*, p.654.

[100] Als er op een geschikt moment om gevraagd wordt, heeft de bedienaar de *plicht* aan die vraag te voldoen: *CDC (P/M)*, p.537 bij **can.918**.

[101] Vgl. bv. het *Romeinse Rituaal*. De ziekenzalving en de pastorale zorg rond de zieken n.46.

nie buiten de Mis mag op iedere dag en op ieder uur gegeven worden, met dien verstande dat dit op Witte Donderdag en Goede Vrijdag alleen voor zieken geldt, op welk uur dan ook, en op paaszaterdag alleen als *viaticum*(teerspijze)[102].

2.5. *Is er een communie-plicht?*

Vanouds heeft voor de christengelovigen de verplichting bestaan om met grote regelmaat te communiceren. Al vroeg werd deze verplichting niet meer zo nauw genomen. Vandaar scherpten vele concilies sedert de zesde eeuw deze verplichting in, waaraan met name op de hoogfeesten zou moeten worden voldaan. Het vierde Lateraans Concilie(1215) stelde in cap.21[103] als algemene eis dat zij, die tot de jaren van het verstand gekomen waren, minstens op het paasfeest de H.Communie moesten ontvangen, tenzij men op advies van de *eigen* priester (pastoor of biechtvader) om een verantwoorde reden tijdelijk van dit voorschrift af zou moeten zien; zo men aan die eis niet voldeed, zou men van het betreden van de kerk moeten worden afgehouden en, eenmaal gestorven, zou men de christelijke begrafenis moeten ontberen. Dit voorschrift werd zonder strafsanctie op het Concilie van Trente herhaald[104] en is ook opgenomen in de *Codex/17 (can.859 § 1)*[105].

De **Codex/83** houdt hier fundamenteel aan vast in **can.920**, maar brengt tegelijk enkele belangrijke wijzigingen aan. Aan de verplichting kan gedurende het hele jaar worden voldaan door hen, die tot de eerste H.Communie[106] zijn toegelaten (**§ 1**). Toch wil de Codex niet afwijken van een eeuwenlange traditie en schrijft daarom voor, dat men daaraan moet voldoen in de paastijd, al mag het *om iedere goede reden*[107] ook in een andere tijd van het jaar gebeuren (**§ 2**). Onder paastijd moet volgens de Romeinse Kalender verstaan worden: de vijftig dagen vanaf de Zon-

[102] Vgl. het Decreet *Eucharistiae sacramentum*(1973) van de Congregatie voor de Eredienst n.16.

[103] Zie *DS*, a.w.,n.812.

[104] *Sess.XIII*, de euchar., can.9: DS, a.w., n.1659.

[105] *Can.859 § 1*: "Alle gelovigen van beide sexen, die tot de jaren des onderscheids, d.i. tot de jaren van het verstandsgebruik gekomen zijn, moeten eenmaal in het jaar, tenminste in de paastijd, het eucharistisch sacrament ontvangen, tenzij zij zich op advies van een eigen priester om een verantwoorde reden tijdelijk van het ontvangen menen te moeten onthouden".

[106] In 1978 werd de oorspronkelijke formulering "na tot de jaren van het verstand gekomen te zijn" uit het *Schema/75 (can.80)* in deze vorm gewijzigd: *COMM.* 13(1981)417-418.

[107] *NDP*, pp.199-200 noemt hier: een groter gemak om te biechten, een betere voorbereiding bv. tijdens een volksmissie, profijt van het bezoek aan een heiligdom, gunstigere gezins- of familie-omstandigheden.

dag van de Verrijzenis tot en met Pinksterzondag[108], maar gelet op het feit dat het hier om een voor de christengelovigen gunstige bepaling gaat, moeten we ook die tijd ruim nemen, d.w.z. als paascyclus, die niet alleen de Goede Week, maar ook de voorbereiding daarop van de Veertigdagentijd insluit[109]. Bovendien is er niet meer, zoals in het verleden, sprake van een, in overleg met de eigen priester, mogelijk uitstel in individuele gevallen. Verder hoeft, anders dan in de *Codex/17 (can.859 § 3)*[110], de pastoor van de eigen parochie niet meer op de hoogte te worden gebracht van het feit dat men elders aan die verplichting heeft voldaan. Tenslotte is het ontvangen van de H.Communie in iedere katholieke ritus mogelijk **(can.923)**. Iedere verwijzing naar de eigen parochiekerk of naar de eigen ritus ontbreekt. Toch had met die verwijzing het besef te behoren tot een bepaalde geloofsgemeenschap kunnen worden onderstreept[111].

Ook bestaat er een verplichting tot communiceren voor hen, die uit welke oorzaak dan ook (intrinsiek: ziekte, ouderdom of extrinsiek: brand, schipbreuk, doodstraf) in stervensgevaar verkeren, in de vorm van het *viaticum*(teerspijze)**(can.921 § 1)**. Mocht de betrokkene op dezelfde dag al hebben gecommuniceerd, dan wordt opnieuw communiceren aanbevolen **(can.921 § 2)**. In deze laatste paragraaf gaat het dus niet meer over een verplichting, zoals deze ook niet bestaat voor het "meermalen, op onderscheiden dagen" ontvangen van de H.Communie bij voortduring van het stervensgevaar **(can.921 § 3)**.

2.6. *Het Viaticum of de Teerspijze*

Bij de bespreking van de **cc.530 n.3, 911, 913 § 2, 917, 918** en **921** kwam het *viaticum* als laatste sacrament voor hen, die dicht bij de dood staan, al ter sprake. Het moet alleen ontvangen worden door hen(haar), die in reëel stervensgevaar verkeren door intrinsieke (ernstige ziekte) of extrinsieke (bv. terechtstelling) oorzaken[112]. Dit *viaticum* is de uit de heidense cultuur in het christendom overgenomen reis-

[108] Zie *Calendarium Romanum* n.22, p.14, de *Algemene normen* voor het liturgisch jaar en de Algemene Romeinse Kalender in *Altaarmissaal*, p.127.
[109] *NDP*, p.200.
[110] *Can.859 § 3*: "De gelovigen wordt aangeraden aan dit gebod van de paascommunie te voldoen in hun eigen parochie; en zij, die er aan hebben voldaan in een andere parochie, moeten de eigen pastoor op de hoogte brengen van het feit, dat zij aan dit gebod hebben voldaan".
[111] *HdBdkKr*, par.75, p.682 noot 45.
[112] Zie *CCL*, p.656.

penning voor de overtocht over de Styx en terecht vertaald met: teerspijze of leeftocht.

Wie **can.921** goed leest, ontdekt dat het daarin meer gaat om de zorg van de bedienaren (**can.911**), familieleden en ziekenverzorgers, die er op toe moeten zien dat zij, die in stervensgevaar verkeren, de H.Communie ontvangen dan om de plicht zelf tot communiceren. Om die reden ook is in **can.921 § 1** de redactie van *can.864 § 1 CIC/17*[113], die alle nadruk legde op de plicht tot communiceren[114], opzettelijk gewijzigd; niettemin gebeurt dit toch nog in het Rituaal voor de Ziekenzalving n.27.

Geheel in de lijn van wat **can.918** bepaalt, voorziet dit herziene *Rituaal* n.26 in het geven van de teerspijze tijdens een eucharistieviering "zodat de zieke onder twee gedaanten kan communiceren", indien dit al mogelijk is. Waar er bezwaar bestaat tegen het ontvangen van de H.Communie onder de gedaante van brood, kan dit eventueel ook onder de gedaante van wijn alleen (**can.925**).

Het geven van de teerspijze aan zieken (wat ernstig zieke kinderen aangaat: zie **can.913 § 2**) mag in ieder geval niet te lang worden uitgesteld uit vrees dat zij anders niet meer bij kennis zijn of sterven (**can.922**). Bij voortduring van het stervensgevaar beveelt **can.921 § 3** de herhaalde toediening van de *H.Communie* op onderscheiden dagen aan; dit i.t.t. *can. 864 § 3 CIC/17*[115], waar de herhaalde toediening van de *teerspijze* genoemd wordt. Deze lichte verandering wijst erop, dat zij, die volgens **can.911 § 1** verplicht zijn de teerspijze toe te dienen, aan die plicht voldoen door dit slechts eenmaal te doen.

De *gewone* bedienaars van de teerspijze zijn de pastoor[116], de parochie-vicarissen, rectoren en de Overste van een communauteit in instituten van priesterreligieuzen en in sociëteiten van apostolisch leven m.b.t. allen, die in het huis verblijven. In geval van nood kan iedere priester of diaken de teerspijze toedienen met veronderstelde toestemming van de rechtmatige bedienaar. Is er echter geen gewijde bedienaar, dan kan elke gelovige, die daartoe is aangesteld, dit doen. De diaken gebruikt de ritus, die het rituaal (nn.101-114) voor de priester beschrijft. De anderen volgen de ritus, die het *Rituaal* "de heilige communie en de

[113] *Can.864 § 1*: "In stervensgevaar, uit welk motief dit dan ook voortkomt, moeten de gelovigen voldoen aan de plicht om de H.Communie te ontvangen".

[114] Dit gebeurde ook nog in het *Schema/75 (can.82)*.

[115] *Can.864 § 3*: "Zolang het stervensgevaar voortduurt, is het geoorloofd en passend om naar het advies van een verstandige biechtvader het heilig *viaticum* meer dan eens op onderscheiden dagen toe te dienen".

[116] Aan wie deze taak volgens **can.530 n.3** in het bijzonder is toevertrouwd.

verering van de eucharistie buiten de Mis"(nn.68-78) voor de buitengewone bedienaar van de communie beschrijft[117].

2.7. *Wijze van communiceren*

De eerste vraag in deze betreft het communiceren *onder één of onder beide gedaanten*[118]. Deze vraag wordt beantwoord in **can.925**: het communiceren kan gebeuren onder de gedaante van brood alleen of onder beide gedaanten, maar dan volgens de regels van de liturgische wetgeving; in geval van nood echter ook onder de gedaante van wijn alleen. Met de H.Communie onder beide gedaanten herstelde de Kerk op Vaticanum II (*SC* n.55) een praktijk, die in de eerste twaalf eeuwen algemeen was.

Sedert de dertiende eeuw is het communiceren onder de gedaante van brood alléén traditioneel geworden in de Westers-Latijnse Kerk. Deze vorm van communiceren is gebaseerd op de dogmatische stelling[119] dat Christus volledig tegenwoordig is in ieder van de beide sacramentele gedaanten. De Kerk sprak zich dáárom voor deze vorm uit omdat het gevaar voor morsen met de wijn groot is, hygiënische motieven daarvoor pleiten en er een natuurlijke weerstand kan bestaan tegen het drinken uit dezelfde kelk. Dat neemt niet weg, dat de tekenwaarde van de H.Communie onder beide gedaanten volmaakter is. Ondanks déze aanbeveling van het *Altaarmissaal* n.240 is het communiceren onder beide gedaanten slechts in beperkte mate mogelijk: a) in alle gevallen, die uitdrukkelijk vermeld worden in *AIAM* n.242, waaraan nog eens herinnerd wordt in de Appendix van de Instr.*Sacramentali communione*(1970) van de Congregatie voor de Eredienst n.1, en b) in al die andere gevallen van groot belang voor het geestelijke leven van een gemeenschap of groep van gelovigen, waarin de BC bepaalt in hoeverre, volgens welke regels en op welke voorwaarden Ordinarissen de H.Communie onder beide gedaanten kunnen toestaan. Binnen die grenzen kunnen Ordinarissen bijzondere gevallen aangeven, echter niet zó dat de bevoegdheid zonder enig onderscheid verleend wordt: de vieringen, waarom het gaat, moeten goed omschreven worden en gelegenheden met een grote toeloop van com-

[117] Aldus verdeelt de *OvD* voor de pastorale zorg rond de zieken en de ziekenzalving n.29 de taken inzake de toediening van de teerspijze; vgl. **can.911**. Deze ritus is ook opgenomen in het boekje van de *NRL "Bidden met stervenden"* (1993).

[118] Vgl. de *Instructie* van de Bisschoppen van Nederland, d.d. 13 april 1965: *An.Utr.* 38(1965)89-93; *An.Rmd.* 46(1965)77-80; *An.Ha.* 12(1965)88-89; *An.Gr.Bd.II*(1967-1970)384-385; *An.Bo.* 5(1965)107-111.

[119] *Concilie van Trente*, sess.XIII, decr. de euchar., can.3, *DS*, a.w., n.1653; zie *An.Rmd.* 56(1975)66-69.

municanten moeten vermeden worden. Deze bevoegdheid kan de plaatselijke Ordinaris geven aan alle kerken en kapellen in zijn rechtsgebied en de Overste van religieuzen voor zijn huizen[120].

In geval van nood, dus bij wijze van uitzondering, kan ook gecommuniceerd worden onder de gedaante van wijn alleen, nl.in die gevallen, waarin degene, die ter Communie gaat, geen vaste spijs kan verdragen[121] en als er onverwacht niet voldoende geconsacreerd brood is[122]. In de late vijftiger, begin zestiger jaren heeft het, toen nog zo geheten, H.Officie indulten verleend voor het ontvangen van de H.Communie onder de gedaante van wijn alleen[123]. De Instr.*Eucharisticum mysterium*(1967) van de Ritencongregatie n.41 schafte *can.852 CIC/17*[124] gedeeltelijk af voor hen, die geen vast voedsel kunnen gebruiken, dit ter beoordeling van de Bisschop[125]. In **can.925** gaat het alleen om een geval van nood, waarin de persoon-in-kwestie fysiek of psychisch niet in staat is het eucharistisch brood te nuttigen.

[120] Vgl.Instr.*Sacramentali communione*(1970) nn.2-4 van de Congregatie voor de Eredienst; verder de Instr.*Eucharisticum mysterium*(1967) n.32 van de Ritencongregatie en *In ecclesiasticam futurorum*(1979) van de Congregatie voor het Katholiek Onderwijs n.24; *NOT.* 15(1979)549-565. Voor de vraag hoe men concreet gestalte zou kunnen geven aan de Communie onder beide gedaanten, vergelijke men *AIAM* nn.244-252. De Nederlandse Bisschoppen hebben in hun *Brief* van november 1978 (in de serie Bisschoppelijke Brieven n.10), Deel II gesproken over de Communie onder beide gedaanten, maar ook al in 1965: zie voetnoot 118. In de *Rondzendbrief* van de Congregatie voor de Eredienst over de "Voorbereiding en viering van het Paasfeest" wordt in n.92 uitdrukkelijk de wenselijkheid van de Communie onder beide gedaanten in de paasnacht aanbevolen. In de mededeling over vieringen met neo-catechumenale groepen wordt de mogelijkheid gegeven in deze huisvieringen onder beide gedaanten te communiceren. Voor de regelingen van de Noord-Amerikaanse en Duitse BC's: zie *CCL* p.658 en *MK* bij **can.925**; vgl. *An.Br.* 1966 onder H 1.

[121] Vgl. de Instr.*Eucharisticum mysterium*(1967) van de Ritencongregatie n.41 en het *Antwoord* van de Congregatie voor de Geloofsleer van 29 oktober 1982: *AAS* 74(1982)1298-1299.

[122] Zie *MK* bij **can.925.**

[123] Er is zelfs al eens permissie gegeven om te communiceren via een buis naar de maag: vgl.**F.Bouscaren/J.O'connor**, *Canon Law Digest*, dl.5, p.434; dl.6, pp.562-565. Het communiceren onder de gedaante van wijn wordt ook aanbevolen aan *coeliakie-patiënten.* In een niet helder particulier *Antwoord* van de Congregatie voor de Geloofsleer aan de secretaris van de Religieuzencongregatie van 22 september 1981 (**X.Ochoa**, a.w., *vol.VI*, n.4863) wordt nog eens benadrukt, dat de Sacramentencongregatie alleen bevoegd is indulten te verlenen, als in voorkomende gevallen de zaken *leerstellig* bevredigend zijn opgelost door de Geloofscongregatie, bv. of priesters, die alcoholist zijn, *most* mogen gebruiken i.p.v. gegiste wijn; zij is echter niet bevoegd, wanneer het gaat om een indultverlening bij uiteenlopende motieven van alcoholisme of bij de vraag of druivesap, dat i.p.v. verse most geconserveerd is, mag worden gebruikt.

[124] *Can.852*: "De allerheiligste eucharistie mag alleen onder de gedaante van brood worden uitgereikt".

[125] Sedert de publikatie van het nieuwe *Rituaal* voor de ziekenzalving is het oordeel van de Bisschop niet meer nodig.

Voor het communiceren onder de gedaante van wijn geeft *AIAM* verschillende methoden aan, nl. a) door indopen van de hostie in de wijn (nn.246-247); b) m.b.v. een buisje (Lat.: "*calamus*") (nn.248-250) en c) m.b.v. een lepeltje (Lat.: "*cochlear*) (nn.251-252).

Een priester, die vanwege alcoholisme of een andere ziekte geen wijn mag drinken, mag bij concelebratie communiceren door het indopen van de hostie in de wijn *(per intinctionem)*; celebreert hij alleen, dan is deze wijze van communiceren met goedkeuring van de plaatselijke Ordinaris ook mogelijk, mits een gelovige, bij de viering aanwezig, de wijn nuttigt. De plaatselijke Ordinaris kan in individuele gevallen aan hen, die geen alcohol kunnen verdragen, ook het gebruik van druivesap (alcoholvrije miswijn) toestaan[126].

Al is het naar omstandigheden mogelijk om onder beide gedaanten of slechts één gedaante te communiceren, nooit echter is het, zelfs niet in geval van uiterste nood, toegestaan "de ene materie zonder de andere of ook buiten een eucharistieviering te consacreren **(can.927)**[127].

De tweede vraag in dezen betreft het communiceren *op de tong of op de hand*. Noch het nieuwe Wetboek noch de *AIAM* houdt zich met die vraag bezig. Beide gaan er vanuit, dat de eeuwenlange traditie van communiceren op de tong gehandhaafd blijft[128]. Toch bracht ook deze vorm van communiceren sedert Vaticanum II problemen met zich mee, niet uit gebrek aan devotie, maar wel omdat er anders tegenaan gekeken werd: de Communie op de hand leek een volwassener en menselijker gebaar dan het traditionele. Een consultatie van de BC's, opgezet met de vraag of de bestaande praktijk beter veranderd zou kunnen worden, leverde een negatief resultaat op[129]. Tegelijk echter werd aan de BC's, in wier gebieden de praktijk van de Communie op de hand al ingeburgerd mocht zijn, de mogelijkheid geboden om na intensief overleg met een tweederde meerderheid daartoe te besluiten en dit besluit beargumen-

[126] Vgl. het *Rescript* van het H.Officie, d.d. 16 juni 1964, aan de BC van Fulda, geciteerd door **N.Ruf**, a.w.,p.222; het *Antwoord* van de Congregatie voor de Geloofsleer, d.d. 29 oktober 1982 op voorgelegde vragen – in: **X.Ochoa**, a.w., vol. VI, n.4932 en *AfkKr* 150(1981)556-557.

[127] Vgl. *AIAM* n.286, waar gezegd wordt wat te doen, als er per ongeluk alleen water in de kelk is.

[128] Vgl.**A.Jungmann**, a.w., *dl.II*, pp.291-295.

[129] Zie de Instr.*Memoriale Domini*(1969) van de Congregatie voor de Eredienst. Uitgangspunt is een zo waardig mogelijk ontvangen van de H.Communie [*AAS* 61(1969)541]. Daarom moet de traditionele vorm van communiceren gehandhaafd blijven (t.z.p. p.542). Niettemin bestaat hier en daar het verlangen terug te keren naar het gebruik de hostie te leggen in de hand van de gelovigen (t.z.p., p.542). Vgl. de brief *Dominicae Cenae*(1980) van Paus **Joannes Paulus II** n.11.

teerd voor te leggen aan de Romeinse instanties[130]. In een "brief aan de priesters over de liturgie" van 23 november 1969[131] deelden de Nederlandse Bisschoppen mee: "Tevens kunnen wij U meedelen, dat de Romeinse Congregatie voor de Eredienst op ons verzoek heeft toegestaan, dat in onze kerkprovincie de communie – behalve op de gebruikelijke wijze – ook op de hand kan worden uitgereikt."

2.8. *Regels betreffende het eucharistisch vasten*

Het gebruik om zich voor de deelname aan de eucharistie te onthouden van spijs en drank kwam in de Kerk pas op na de derde eeuw en werd door de oudste concilies voorgeschreven. Dit vasten heeft sindsdien buitensporige vormen aangenomen. De Kerk beschouwde het als een middel om de eerbied tegenover dit sacrament tot uitdrukking te brengen en als een soort geesteljke voorbereiding op de H.Communie.

De strenge discipline in de wetgeving van 1917 werd het eerst doorbroken door de Apost.Const.*Christus Dominus*(1953)[132] van Paus **Pius XII**, welke een nadere concretisatie kreeg in de Instr. *Constitutio Apostolica* van dezelfde datum[133] en in een voortgaande verruiming van het MP *Sacram communionem*[134], het *Rescript* van Paus

[130] Vgl. de Instr.*Memoriale Domini*(1969), waarin aan de BC's het indult wordt gegeven om de H.Communie op de hand te geven, wanneer alle voorwaarden vervuld zijn, nl. dat dit niet wordt òpgelegd, met de nodige terughoudenheid gebeurt en vermeden wordt dat men de hostie als gewoon brood of iets anders beschouwt, dat de gelovigen de keuze hebben tussen het leggen op de hand zelf of zelf nemen van de hostie en het gevaar voor verloren gaan van deeltjes (partikels) vermeden wordt; dat de handen schoon zijn, spreekt voor zichzelf, en voorafgaande catechese is belangrijk. Zie ook de Instr.*Immensae caritatis*(1973) van de Sacramentencongregatie n.IV en het *Rituaal* voor 'de heilige communie en de verering van de eucharistie buiten de Mis' n.21 van de Congregatie voor de Sacramenten en de Eredienst(1973); uitgegeven door de *NRL* in de reeks 'Liturgie van de sacramenten en andere kerkelijke vieringen' in 1976; *Richtlijnen voor het uitreiken van de communie*, in 1981 uitgegeven door de *NRL*, pp.34-40. Vgl. verder een *Verklaring* van de Congregatie voor de Eredienst van 3 april 1985, waarin aangedrongen wordt op het "Amen" als antwoord op de formule "Lichaam van Christus"; op het nuttigen van de hostie alvorens naar z'n plaats terug te keren; op het niet zelf nemen van de hostie uit mand of schaal, maar op het ontvangen daarvan op de uitgestoken hand; gelovigen moeten tenslotte vrij zijn om ook op andere wijze te communiceren: *NOT*. 21(1985)259-261 en in **X.Ochoa**, a.w., *vol. VI*, n.5116; *An.Utr*. 58(1985)151-152; *An.Gr*. 30(1985)B7-B8; *An.Bo*. 25(1985)14; *An.Ro*. 30(1985)B260-B261.

[131] O.a. in *An.Utr*. 42(1969)315; *An.Ro*. 15(1970)14-15; *An.Gr.Bd.III*(1967-1970) 371-372.

[132] Van 6 juni 1953: *AAS* 45(1953)15-24; *KA* 8(1983)105-110.

[133] Van de Congregatie van het H.Officie: *AAS* 45(1953)47-51; *KA* 8(1953)110-113.

[134] Van Paus **Pius XII**, d.d. 19 maart 1957: *AAS* 49(1957) 177-178; *KA* 12(1957)401-402. Zo werd aan de Nederl.Bisschoppen in 1962 voor de duur van twee jaar toegestaan om zieken in ziekenhuizen en herstellingsoorden te ontslaan van de plicht zich te onthou-

Paulus VI[135], waarvan de bepalingen de grondslag vormen voor de regeling van het nieuwe Wetboek, de Instr.*Eucharisticum mysterium*(1967)n.35 van de Ritencongregatie en de Instr.*Immensae caritatis*(1973) van de Congregatie voor de Eredienst.

Algemene regel voor iedereen, die ter Communie gaat, is dat hij zich tenminste één uur daarvoor onthoudt van elke spijs en drank; daaronder vallen niet water en medicijnen (**can.919 § 1**). Het moment van communiceren is dus bepalend, niet dat van het begin van de eucharistieviering[136]. In meerdere commentaren[137] wordt er bovendien op gewezen, dat we dat uur vóór de H.Communie ruim mogen interpreteren, want de nieuwe wetgeving is er op uit het communiceren gemakkelijker te maken. Anderzijds stelt de wetgever, dat men *tenminste* één uur vóór de H.Communie nuchter moet blijven, en hij suggereert daarmee dat het ook langer mag zijn, als men dat wil. Er wordt geen onderscheid meer gemaakt tussen het gebruik van alcoholische of niet-alcoholische dranken; wel wordt steeds een matig gebruik verondersteld.

Speciale regels gelden voor *priesters*, die op dezelfde dag twee of drie keer (con)celebreren: zij kunnen – aldus **can.919 § 2** – "iets" nemen vóór de tweede of derde viering, ook al ligt daar geen tijd van een uur tussen. Dat "iets" slaat dus op vast voedsel of drank, alcoholisch of niet, zij het steeds met mate[138]. Priesters hoeven dus alleen één uur voor de eerste viering nuchter te blijven; ook als de volgende viering op dezelfde dag later, bv. een avondmis, plaatsvindt, zijn zij niet gebonden aan het voorschrift van § **1**, d.i. van één uur[139].

Voor een tweede categorie van personen geldt de uitzonderingsbepaling van **can.919 § 3**[140], nl. *zieken*, die, ook al zijn zij niet bedlegerig, aan huis gebonden zijn, en *bejaarden* (zij, die het zestigste levensjaar zijn ingegaan: **can.1252**), hun *begeleiders of verzorgers*: zij mogen communiceren, ook al hebben zij binnen het voorafgaande uur "iets" (vast voedsel of drank) gebruikt. Door deze bepaling is de eerder gel-

den van vast voedsel tot één uur voor de communie: zie bv. *An.Utr.* 35(1962)141; *An.Bo.* 2(1962)158; *An.Gr.Bd. II*(1962-1966)64; *An.Rmd.* 43(1962)122; (voor priesters) *An.Rmd.* 45(1964)11; (voor iedereen) *An.Rmd.* 45(1964)211.

135 Van 21 november 1964: *AAS* 57(1965)186; *KA* 20(1965) 221.

136 Aldus het Decreet *In Apostolica* (1964) van het H.Officie.

137 *NDP*, p.207; *MK* bij **can.919** en *CDC(P/M)*, pp.537-538.

138 Een verruiming van wat al in het MP *Pastorale munus*(1963) van Paus **Paulus VI**, I,3 was toegestaan.

139 Aldus *CCL* p.655.

140 Welke pas in 1978 deze – later enigermate aangepaste – formulering kreeg: *COMM.* 13(1981)416.

dende norm[141] van een kwartier nuchter blijven vóór de H.Communie verruimd, zowel wat de tijd betreft (er is geen enkele tijdslimiet meer[142]) als de betrokken personen (gevorderde leeftijd als zodanig is voldoende zonder de eis, dat men het huis of de instelling niet uit kan) en de verzorgers (voor wie de clausule "altijd, als zij zonder bezwaar het zichonthouden van één uur niet kunnen onderhouden" is komen te vervallen[143]; tenslotte ook wat betreft datgene, wat men mag gebruiken (vast voedsel, alcoholische of niet-alcoholische drank), steeds uitgaande van een gematigd gebruik[144].

3. Benodigdheden voor de Eucharistieviering

3.1. *Het voorgeschreven Misritueel*

Vier eeuwen lang is het *Missale Romanum*, dat Paus **Pius V** met de Apost.Const. *Quo primum* in 1570 afkondigde, "de norm geweest voor de viering van het eucharistisch offer door de priesters van de Latijnse ritus"[145]. De vereenvoudiging en aanpassing van dit misritueel, waartoe Vaticanum II besloot (zie *SC* n.50), resulteerde uiteindelijk in de publikatie van het volledige Missaal op 26 maart 1970 met het Decreet *Celebrationis eucharisticae* van de Congregatie voor de Eredienst[146]. Hieraan vooraf ging het Decreet *Nuper edita* (1965) van de Ritencongregatie (zie literatuuropgave), dat nog al wat deining veroorzaakte en eigenlijk het begin markeerde van de overgang naar een nieuwe Romeinse liturgie[147].

Dit nieuwe *Altaarmissaal* is een belangrijke stap geweest in de liturgische traditie (*AIAM* n.10), maar staat "ondanks een tijdsverschil van vier eeuwen" toch in één en dezelfde traditie (*AIAM* n.6); het wil een getuigenis en versterking zijn van de onderlinge eenheid ondanks de in

[141] Vgl.het Decreet *Eucharistiae sacramentum*(1973) van de Congregatie voor de Eredienst over de heilige communie en de verering van het eucharistisch mysterie buiten de mis, n.24, en de Instr.*Immensae caritatis*(1973) van de Congregatie voor de Sacramenten n.3.

[142] Van het in de liturgische boeken genoemde kwartier wordt geen melding meer gemaakt, maar bij deelname aan de eucharistieviering zal deze tijdslimiet zich vanzelf voordoen.

[143] Uit heel de formulering blijkt, dat men de termen "gevorderde leeftijd", "ziekte", "verzorging" ruim mag nemen, zodat ook bezoekers en familieleden daar onder vallen: *CCL*, p.655.

[144] Inzake de 'pastoraal rond de eucharistie': zie o.a. *An.Gr.* Bd.III(1967-1970)55-63 (reactie op het Decreet *Eucharisticum mysterium*(1973).

[145] Genomen uit de Apostolische Constitutie *Missale Romanum*(1969) van Paus **Paulus VI** [vertaling in het *Altaarmissaal*(1978), p.9]; zie o.a. *An.Utr.* 42(1969)256-276.

[146] Zie de uitvoerige toelichting hierbij van de *NCL*: bv. in *An.Gr.* Bd.III(1967-1970)339-360; ook bij de nieuwe liturgische kalender: t.z.p., pp.361-369.

[147] Zie *KA* 21(1966)1261-1262.

het Missaal opgenomen "wettige verschillen en aanpassingen"[148]. De eerste standaardeditie (1970) werd op 27 maart 1975 gevolgd door een tweede[149]. Een door de Nederlandse BC goedgekeurde en door de Romeinse instanties goed beoordeelde uitgave hiervan in de volkstaal verscheen in 1978 onder de titel *Altaarmissaal* voor de Nederlandse Kerkprovincie, waarvan het gebruik is voorgeschreven vanaf 28 februari 1979[150].

Deze herziening, verbetering, versobering en verrijking, die vooral tot uitdrukking komt in een schat aan gebeden en prefaties, kenmerkt(e) zich vooral ook in de uitbreiding van het aantal eucharistische gebeden, aanvankelijk vier i.p.v. het ene traditionele Romeinse gebed *(Canon)*[151], maar in de Nederlandse uitgave zijn al elf goedgekeurde eucharistische gebeden opgenomen[152]. Daaraan werd in 1987 een twaalfde toege-

[148] Vgl. *SC* nn.37-40 en Apost. Const.*Missale Romanum*(1969) van Paus **Paulus VI** naar de vertaling in het *Altaarmissaal*(1978) p.13.

[149] *NOT.*11(1975)297-337. In een *Mededeling* van 14 juni 1971 [*AAS* 63(1971)712-715] had de Congregatie voor de Eredienst aan de BC's opgedragen zo snel mogelijk te zorgen voor vertalingen van het Missaal, Getijdengebed en Kalender in de volkstaal. Wat het Missaal betreft werd er aanvankelijk op aangedrongen om in de vertaalde uitgaven ook de Latijnse tekst op te nemen: òf op één pagina in kolommen naast elkaar òf op twee pagina's naast elkaar (zie Instr.*Inter oecumenici*(1964) n.57 en het Decreet *Cum nostra aetate* (1966) van de Postconciliaire Raad voor de Liturgie n.5 [*AAS* 58(1966)169-171], maar in een *Schrijven* van de Congregatie voor de Eredienst van 10 november 1969 [*NOT.* 5(1969)442] gebeurt dit niet meer; wel worden er enkele suggesties gegeven om het vaste gedeelte van de H.Mis, enkele prefaties, de (4) eucharistische gebeden en enkele misformulieren in het Latijn op te nemen (bv. in een Appendix van het Missaal) of te zorgen dat er in alle kerken een exemplaar van het Romeinse Missaal in het Latijn aanwezig is.

[150] Op 2 november 1978 stuurden de Bisschoppen van Nederland een *Brief* aan alle priesters, diakens en pastorale werkers ter begeleiding van deze publikatie, waarin zij het gebruik van dit Missaal met ingang van die datum voorschreven: *An.Utr.* 52(1979)54-56; *An.Rmd.*60(1979)1-3; vgl.59(1978)79-86 en 138-142; *An.Gr.* 24(1979)N85-N87; 'gestroomlijnde' Analecta van de andere bisdommen: zelfde pagina's van hetzelfde jaar. Tevens zonden zij aan genoemde betrokkenen een brochure, die dienst doet als handleiding voor een juist gebruik van dit Missaal (vgl.*An.Br.* 1979, N88-N118 en 'gestroom lijnde' Analecta van de andere bisdommen: zelfde pagina's van hetzelfde jaar). Op de vraag vanuit het pastorale veld of en in hoeverre het gebruik van dit Missaal *normatief* geacht moet worden, wordt uitvoerig ingegaan in: *An.Utr.* 52(1979)57-60.

[151] Zie de hiervoor geciteerde *Brief* van de Nederlandse Bisschoppen: *An.Utr.* 41 (1968) 108-112; *An.Bo.* 8 (1968) 37-40; *An.Ha.* 15 (1968) 75-78; *An.Ro.* 13 (1968) 53-57.

[152] Om een eensluidende praktijk veilig te stellen vond de Congregatie voor de Eredienst het in 1973 (nog) niet opportuun meer eucharistische gebeden te laten samenstellen door de BC's ondanks een herhaald verzoek daartoe; eventuele uitbreiding van het aantal bleef een zaak van de Apostolische Stoel: zie Rondzendschrijven *Eucharistiae participationem* (1973) van de Congregatie voor de Eredienst (voor de vertaling zie literatuurlijst). Hierop hebben de Nederlandse Bisschoppen op 11 december 1973 een *Verklaring* uitgegeven. waarin o.a. gewezen wordt op de vele aanpassingsmogelijkheden van het huidige Missaal; m.n. in de variëteit van gebeden, van de vele veranderlijke prefaties, in welkomstwoord, homilie en voorbeden. Tegelijk spreken zij zich uit voor de onaanvaardbaarheid

voegd[153]; op 6 augustus 1991 werd de zgn. Zwitserse Canon ingevoerd voor heel de Kerk, te gebruiken bij misformulieren voor bijzondere omstandigheden[154]; en in 1988 is daaraan het dertiende, afkomstig uit Canada, toegevoegd, en bestemd voor een huwelijkssluiting[155].

Het Altaarmissaal zelf[156] geeft enkele mogelijkheden tot aanpassing aan de behoeften van de tijd en biedt een zekere speelruimte in de vormgeving, maar deze mogen nooit afbreuk doen aan het voorschrift dat niemand op eigen gezag iets mag veranderen, weglaten of toevoegen **(can.846 § 1)**[157]. Ook zijn er aanpassingsmogelijkheden voor vieringen in kleinere gemeenschappen en met kinderen[158]. Tenslotte zij er nog op gewezen, dat de Paus zelf via de Congregatie voor de Eredienst aan de Voorzitters van de BC's heeft laten weten[159], dat groepen in de Kerk die

van sommige eucharistische gebeden, die op eigen particulier initiatief ontstaan zijn; voorzover zij echter aanvaardbaar zijn, willen zij zich inzetten voor de goedkeuring ervan: zie *An.Utr.* 47(1974)14-17; *An.Rmd.* 56(1975)18-21; *An.Gr.Bd.IV* (1971-1974) N1-N4; 'gestroomlijnde' Analecta van de andere bisdommen: zelfde pagina's van hetzelfde jaar (1974). **Kard.Alfrink** gaf op 5 februari 1974 [*An.Utr.* 49(1974)126-129] een voorbeeld van een onaanvaardbaar eucharistisch gebed, dat we volgens hem bovendien eerder een offer- dan een tafelgebed zouden moeten noemen [vgl.*An.Utr.* 62(1989)26]. Zonder zich te beperken tot het eucharistisch gebed gaat **H.Wegman**, *Liturgie aan de oppervlakte* [*An.Utr.* 51(1978)91-100] in op de wijze, waarop de liturgie vaak gevierd wordt. Tot op vandaag is het naar mijn idee nog altijd zéér behartenswaardig, wat hij schrijft. Van het in 1982 door Gooi en Sticht uitgegeven 'Klein Dienstboek' heeft de Nederlandse BC zich bij monde van haar voorzitter gedistancieërd en er haar goedkeuring aan onthouden: [*An.Utr.* 56(1983) 44]. Op 1 november 1974 stelde de Congregatie voor de Eredienst al enkele nieuwe eucharistische gebeden voor vieringen met kinderen en voor het thema 'verzoening' beschikbaar: zie *NOT.* 11(1975)4-12; *An.Utr.* 48(1975)47-48. Voor een beschouwing over eucharist. gebed XI zie *An.Bo.* 27(1987) afl.6, pp.43-48. In de *Verklaring* van 21 maart 1988 heeft dezelfde Congregatie zich opnieuw achter het rondzendschrijven van 1973 geschaard: *An.Rmd.* 69(1988)53-55. Lezenswaardig zijn: **M.Thurian**, *Creativiteit en spontaneiteit in de liturgie*, genomen uit *Tradition et renouveau dans l'Esprit*, vertaald door **A.Hollaardt**: *An.Rmd.* 60 (1979) 4-9 en de beide bundels *"Goed of niet goed" ?*, samengesteld door Nederlandse liturgisten onder redactie van **H.A.J.Wegman** (Gooi en Sticht, Hilversum 1976 (deel 1) en 1978 (deel 2).

[153] Uitgave van de *NRL* in 1987.

[154] Bij die gelegenheid is de oorspronkelijke tekst aangepast en gewijzigd.

[155] Zie *An.Ro.* 33(1988)15.

[156] Zie *AIAM*, Voorwoord nn.10-15 en hoofdstuk III, nn. 314-325; het *Rondzendschrijven* van de Congregatie voor de Eredienst *Eucharistiae participationem*(1973).

[157] Vgl. de Instr.*Actio pastoralis*(1969) van de Congregatie voor de Eredienst en de Brief *Dominicae Cenae*(1980) n.12 van Paus **Joannes Paulus II**.

[158] Zie de Instr.*Actio Pastoralis*(1969) van de Congregatie voor de Eredienst en het *Directorium* voor Missen met kinderen (1973) van dezelfde Congregatie. Vgl. **J.Hermans**, *Eucharistie vieren met kinderen. Mogelijkheden en grenzen van een recent liturgisch verschijnsel* in: *Communio* 10(1985)380-395; en *An.Utr.* 53(1980) 209-210. Wat de zgn. *thema-missen* betreft: zie *An.Rmd.* 57(1976)127-130

[159] Op 3 oktober 1984: *AAS* 76(1984)1088-1089; vgl.*COMM.* 17(1985)3-4. Op 19 juni 1980 ging hieraan al een soort enquête van dezelfde Congregatie onder de plaatselijke

hechten aan het Romeins Missaal van Trente (in het Latijn) van de diocesane Bisschop het indult kunnen krijgen om op een aantal voorwaarden[160] dat Missaal te mogen gebruiken.

In 1970 publiceerde de Congregatie voor de Eredienst (zie literatuuropgave) het zgn. *kleine Missaal*, waarin ten behoeve van priesters-op-reis die misformulieren zijn opgenomen, die eigenlijk een plaats zouden moeten krijgen in bv. een appendix van het Altaarmissaal in de volkstaal, zó dat die priesters daaruit dàt formulier kunnen kiezen, dat het beste past bij de (liturgische) dag of tijd. Bij de publikatie van het gewone (vertaalde) *Altaarmissaal* in 1978 gaf de *NRL* de aanbeveling mee, dat iedere parochie zou moeten kunnen beschikken over een dgl. klein Missaal.

Tot de voorgeschreven teksten horen ook de nieuwe ordening van het *Kerkelijke Jaar*[161] en van de *Lezingen*[162]. Vanaf februari 1977 was in Nederland de volledige uitgave van de *lectionaria*(boeken met de in de eucharistieviering te gebruiken lezingen) in vertaling beschikbaar: drie

Ordinarissen vooraf met vragen als: worden er in uw bisdom HH.Missen in het Latijn gevierd en, zo ja, neemt de vraag daarnaar eerder toe dan af? zou u dit soort vieringen wensen, zijn er in uw bisdom personen of speciale groepen, die er op staan de H.Mis in het Latijn volgens de oude (tridentijnse) ritus te vieren, hoe groot zijn die groepen en wat zit er achter hun wensen? Zie: **X.Ochoa**, a.w., *vol.VI* n.4781; *NOT.* 17(1981)590 en 591-611. Ik wijs nog op enkele gedachten over eucharistievieringen in het Latijn: *An.Rmd.* 62(1981)afl.1(jan.-febr.), pp.28-30.

[160] O.a. moet het onomstotelijk vaststaan dat het niet gaat om groepen die de legitimiteit van het in 1970 gepromulgeerde Missaal in twijfel trekken en moet men gebruik maken van de laatste standaardeditie uit 1962. – Het geven van zo'n indult lijkt een uiterste tegemoetkoming aan de sympathisanten van **Mgr.Lefebvre**, die in de 70-er en 80-er jaren tegendraads optrad in de Kerk. Vgl.de *Mededeling* van de Congregatie voor de Eredienst van 14 juni 1971 [*AAS* 63(1971)712-715] voor hen, "die wegens gevorderde leeftijd of ziekte (zwakheid) ernstige problemen ondervinden met zich te houden aan het nieuwe Altaarmissaal, het Lezingenboek of het Getijdengebed". Met toestemming van hun Ordinaris en alleen bij een viering zonder dat er gelovigen bij aanwezig zijn, mogen zij het Romeins Missaal van 1962 (aangepast door decreten van 1965 en 1967) of het Romeinse Brevier, zoals dat vroeger in gebruik was, in hun geheel of voor een deel blijven gebruiken. Zie ook de *Verklaring* van dezelfde Congregatie, d.d. 28 oktober 1974 [*Not.* 10(1974)353; vertaling in *An.Utr.* 48(1975)73] en *AAS* 82(1990) 533-534, waar aan de Pauselijke Commissie *Ecclesia Dei* in oktober 1988 de faculteit verleend wordt om aan ieder, die daarom vraagt, het gebruik van het Missaal van 1962 toe te staan.

[161] Vgl. MP *Mysterii Paschalis* van Paus **Paulus VI**; vertaling is opgenomen in het *Altaarmissaal*(1978)115-119. De nieuwe *Romeinse Kalender* werd bij Decreet *Anni Liturgici* (1969) van de Ritencongregatie gepromulgeerd. De algemene normen voor het liturgisch jaar en de algemene Romeinse Kalender met het supplement voor de Nederlandse Kerkprovincie en voor de afzonderlijke bisdommen zijn eveneens opgenomen in het *Altaarmissaal*(1978), resp. pp.121-130 en 131-152. De Nieuwe Kalender is o.a. gepubliceerd in: *An.Utr.* 42(1969)244-253 en een commentaar daarop: t.z.p., pp.253-256, en *An.Ro.* 14(1969)245-280).

[162] Bij Decreet *Ordinem lectionum*(1969) van de Congregatie voor de Eredienst. Van deze lezingen-orde verscheen een tweede standaardeditie op 21 januari 1981 bij Decreet *Ordo lectionum Missae* van de Congregatie voor de Sacramenten en de Eredienst, sectie Eredienst,

delen voor de zondagen (voor het jaar A, B en C)[163], vier delen voor de weekdagen: dl.I (voor advent, kerst-, veertigdagen- en paastijd), dl.II (voor de oneven jaren), dl.III(voor de even jaren), dl.IV [voor (het gemeenschappelijke van) de heiligenfeesten, inclusief die van de Nederlandse bisdommen, voor bijzondere gelegenheden en voor de toediening van de sacramenten][164]. Verder zijn er *'lectionaria'* voor de liturgie van de overledenen en voor het huwelijk en een algemene inleiding op de *Ordo lectionum Missae*[165]. In het Decreet *Ordo lectionum Missae*(1981) van de Congregatie voor de Sacramenten en de Eredienst, sectie Eredienst, wordt in n.36 een vurig pleidooi gehouden voor de aanschaf van een van de overige lezingenboeken onderscheiden evangelieboek *(evangeliarium)*, dat met nog groter zorg gedrukt en verlucht is.

3.2. *Materie*

Volgens de aloude traditie van de Westers-Latijnse Kerk wordt de eucharistieviering voltrokken met *ongedesemd*[166] brood van *zuiver*[167] *tarwemeel*[168], dat als voedsel herkenbaar moet zijn[169] en gemakkelijk in delen breekbaar[170], en met *natuurlijke rode of witte, druiven-*

met als belangrijke wijzigingen: de uitbreiding van de algemene inleiding, aanpassing aan de intussen verschenen rituelen voor de sacramenten en voor enkele feesten een volledige driejarige cyclus – in: *NOT.* 17 (1981)358-359; vertaling in *TvL* 66(1982)188-189.

[163] Uitgegeven in opdracht van de *KBS, ICLZ, NCL* en *VBS.*

[164] Uitgegeven in opdracht van de *ICLZ* en de *NCL*; vgl. *An.Utr.* 48(1975)48.

[165] Waarvan een Nederlandse vertaling is verschenen in *TvL* 66(1982)190-294. Alle *lectionaria* zijn voor Nederland verkrijgbaar bij de Administratie van de *NRL* te Utrecht.

[166] Vgl.de Instr.*Actio pastoralis*(1969) n.10d van de Congregatie voor de Eredienst. De traditie mag dan eerbiedwaardig heten, toch gaat zij "slechts" terug op het begin van het tweede millennium: vgl.**A.Jungmann**, a.w., *Dl.II* pp.26-28. Rekening houdend met de vaak zeer heftige discussies tussen Latijnen en Oosterlingen in de voorbije eeuwen waren de consultoren van de betreffende studiegroep voor de sacramenten het er over eens om het gebruik van *ongedesemd* brood te beperken tot de Latijns-Westerse Kerk: *COMM.* 13 (1981)420. De **CCEO (can.706)** schrijft alleen het gebruik van zuiver tarwebrood voor.

[167] Tijdens de Codexherziening pleitte men voor weglating van het woordje *mere* in navolging van het *Decretum pro Armenis* (1439) en van *AIAM* n.282 om op die manier iedere twijfel m.b.t. de geldigheid weg te nemen: zie *COMM.* 13(1981)420.

[168] Vgl. het *Decretum pro Armenis*(1439) – in: *DS*, a.w., n.1320 en de **cc.924 §§ 1** en **2** en **926.**

[169] In *An.Utr.* 65(1992)211 is de mogelijkheid geopperd om aan hen, die glutenvrij voedsel moeten gebruiken, glutenvrije hosties aan te bieden, maar in *An.Utr.* 66(1993)178 wordt er op gewezen dat de Congregatie voor de Geloofsleer al op 20 mei 1983 aan *kard.Willebrands* heeft laten weten, dat dit niet is toegestaan. Zij geeft aan *coeliakie*-patienten (want om hen gaat het) het advies de H.Communie te ontvangen onder de gedaante van wijn. Zie echter het *Schrijven* van deze Congregatie, d.d. 19-6-1965, mij ter hand gesteld door de secretatis van de NRL.

[170] Zie *AIAM* nn.281-283 en de Instr.*Eucharisticum mysterium*(1967) n.48 van de Ritencongregatie, *Liturgicae instaurationes*(1970) n.5 van de Congregatie voor de Eredienst en *Inaestimabile donum*(1980) n.8 van de Congregatie voor de Sacramenten en de Eredienst, sectie Eredienst.

wijn[171] waaraan een weinig[172] water is toegevoegd **(can.924 § 1)**[173]. Bij brood en wijn zal bederf moeten worden voorkomen; daarom moet het brood *recent*[174] gebakken zijn en de wijn moet onder meer een voldoende alcoholgehalte bezitten[175].

3.3. *Taal*

Aan de vooravond van Vaticanum II was het thema van de liturgische taal hevig in discussie[176]. Aanvankelijk werd de problematiek opgelost

[171] Dit mag volgens een *Rescript* van de Congregatie voor de Sacramenten en de Eredienst, d.d. 13-10-1978 ook *most* zijn; alcoholische priesters mogen bij concelebratie alleen onder de gedaante van brood communiceren – in: **X.Ochoa**, a.w., *vol V*, n.4588. In een particuliere *Brief* van 22 september 1981 deelt de Congregatie voor de Geloofsleer aan een Bisschop mee, dat de Congregatie voor de Sacramenten en de Eredienst de enige instantie is voor het verlenen van indulten aan alcoholische priesters nadat eventueel daarmee verbonden leerstellige vragen zijn onderzocht door de Congregatie voor de Geloofsleer – in: **X.Ochoa**, a.w., vol.VI, n.4863. Vgl. *An.Utr*. 50(1977)336. Een voorbeeld hiervan is o.a. het in voetnoot 169 genoemde *Schrijven* van 19-6-1965.

[172] In het Latijn wordt het woord *modica* in plaats van m*odicissima (can.814 CIC/17)* gebruikt om alle scrupulositeit in deze te voorkomen.

[173] De wetgever blijft hierin trouw aan het voorbeeld van de Heer (*Matth*. 26,26; *Mk*. 14,22; *Lk*. 22,19; *1 Kor*. 11, 23-24; *Matth*. 26, 27-29; *Mk*. 14, 23-25; *Lk*. 22, 18) en aan de traditie van de Kerk niettegenstaande pogingen tot verandering binnen bepaalde, vooral Afrikaanse culturen, die verdedigd worden op grond van het inculturatiebeginsel; zo zou men palm- of suikerrietwijn willen gebruiken. Maar de Congregatie voor de Geloofsleer houdt er aan vast dat de wijn "vrucht van de wijnstok" moet zijn (*AIAM* n.284); wel zou het mogelijk zijn droge druiven te wellen in water en daarna het sap eruit te halen. Zie: **X.Ochoa**, a.w., vol.V n.4196; **L.A.Mpongo**, *Pain et vin pour l'Eucharistie en Afrique* – in: *NRTh* 108(1986)517-531.

[174] Wat *recent* is, is mede afhankelijk van klimatologische en andere omstandigheden en daarom moeilijk in bepaalde tijdslimieten vast te leggen. Op 7 december 1918 verwierp de Sacramentencongregatie het gebruik om zich voor minstens twee maanden zeker te stellen van voldoende hosties. Dientengevolge hield men zich algemeen aan een maand als uiterste grens tussen aanmaak en nuttiging. Het *Caeremoniale Episcoporum* suggereert de nuttiging van geconsacreerde hosties binnen acht dagen, maar op zijn beurt vraagt **can.934 § 2** dat hosties in een kerk of kapel alleen bewaard mogen worden, wanneer een priester ten minste tweemaal in de maand ter plaatse celebreert. Daardoor lijken twee weken de uiterste tijdslimiet; vgl.*CDC(P/M)* p.540 bij **can.924.**

[175] Juist hierom heeft de Bisschoppelijke Commissie voor de Liturgie zich tot de pastores gewend met de mededeling, dat zij – met het oog op de houdbaarheid – uitsluitend miswijn met tenminste 14% alcohol gebruiken: o.a. *An. Utr*. 61 (1988) 229-230; *An. Bo*. 28 (1988) afl. 5, pp. 46-47; *An. Br*. 2 (1988) 179-180; *An. Rmd*. 69 (1988) 75; *An. Ha*. 35 (1988) 234-235; *An. Ro*. 33 (1988) 247-248. Al eerder hebben de Nederl.Bisschoppen via de *NCL* laten weten, dat deze wijn ter waarborging van echtheid en degelijkheid alleen betrokken moet worden van de R.K.Vereniging van Nederl. Miswijnhandelaren, die op iedere fles een speciale loodcapsule of schroefdop aanbrengen met daarop vermeld: Nationale Raad voor Liturgie. Deze Raad is immers na de opheffing van de Federatie van Liturgische Verenigingen in Nederland belast met de controle op de echtheid en degelijkheid van de wijn: zie *An.Utr*. 50(1977)336; vgl.34(1961)205; 36(1963)223; *An.Gr*. 22 (1977)N81; 'gestroomlijnde' Analecta van de andere bisdommen: zelfde pagina van hetzelfde jaar; *An.Gr*. Bd.I(1956-1961)492; *An.Br*. 1961, p.87; *An.Bo*. 1(1961)106.

[176] Vgl.**H.Schmidt**, *Introductio in Liturgiam occidentalem* (Rome, Freiburg i/Br, Barcelona 1962), pp.209-227.

door een voorzichtige discipline, die het evenwicht zocht tussen gebruik van latijn en volkstaal (zie:*SC* nn.36, 54, 63, 101)[177]; steeds meer echter kwam de volkstaal omwille van het didactische en pastorale karakter van de liturgie (zie *SC* nn. 33-36) en de eis tot actieve deelname van de gelovigen (zie *SC* nn.14, 19, 26-31, 48, 63, 100) in gebruik[178] totdat middels een officiële *Verklaring* van de Congregatie voor de Eredienst[179] iedere beperking voor het gebruik van de volkstaal werd opgeheven. Dit wordt weerspiegeld in **can.928**. De enige voorwaarde voor het gebruik van de volkstaal is, dat de vertaling wettig is goedgekeurd door de BC (**can.838 § 3**) en door de Apostolische Stoel is beoordeeld (**can.838 § 2**). De normen voor het hele vertaalproces zijn te vinden in een Brief *Decem iam annos* (1976) van de Congregatie voor de Sacramenten en de Eredienst, Sectie Eredienst[180], die werd voorafgegaan door een rondzendbrief *Dum toto* over de in acht te nemen normen voor uitgaven in de volkstaal[181].

3.4. *Liturgische gewaden en vaatwerk*

Over beide is reeds uitvoerig gesproken in hoofdstuk II over de parochiekerk, met name daar, waar de kerk- en altaar-benodigdheden ter sprake kwamen. Daarheen zij verwezen.

4. Eucharistieviering door gehandicapte priesters en deelname door gehandicapte gelovigen

Can.930 heeft twee situaties op het oog, waarin vroeger alleen via een speciale bevoegdheid[182], maar thans krachtens het algemene recht een priester, die *ziek* of *bejaard* is en daarom niet kan blijven staan, zittend de eucharistie mag vieren, met dien verstande dat hij de liturgische regels in acht neemt (hij mag geen onderdelen van de viering achterwege laten, alleen datgene, waartoe hij niet in staat is, bv. knielen) en dat hij niet celebreert in aanwezigheid van het volk (om geen

[177] Gewezen kan ook worden op de *Brief* van de Voorzitter van de Postconciliaire Raad voor Liturgie, d.d.27 januari 1966 aan de Voorzitters van de BC's: *NOT*. 2(1966)157-161.

[178] Vgl. de Instr.*Inter oecumenici*(1964) nn.30, 41, 57v, 61, 82, 85-89, *In edicendis normis*(1965) en *Tres abhinc annos*(1967) n.28, alle van de Ritencongregatie.

[179] Van 14 juli 1971 – in: *AAS* 63(1971)712-715.

[180] Vgl.*NOT*. 15(1979)385-520 voor wat betreft de feitelijk gebruikte talen. Aan genoemde *Brief* ging een Instructie van 25 januari 1969 vooraf: zie *NOT*. 5(1969)3-12.

[181] Zie *AAS* 66(1974)98-99.

[182] Vgl.MP *Pastorale munus*(1963) van Paus **Paulus VI** (I, nn.5 en 10); *Rescript* van de Staatsecretarie van 6 november 1964 I, nn.2-3 – in: *AAS* 56(1964)374-375; *Decreet* van de Ritencongregatie van 31 mei 1966 – in: *AAS* 59(1967)362-364.

verbazing te wekken), tenzij hij dit doet met verlof van de plaatselijke Ordinaris.

De andere situatie betreft een priester, die *blind* is of een andere handicap heeft, zoals stotteren, beperkt gezichtsvermogen, waardoor hij moeilijk de gewone liturgische kalender kan volgen. Hij mag dan een goedgekeurde mistekst naar keuze gebruiken[183], terwijl een andere priester, diaken of goed-geïnstrueerde leek (man of vrouw), als dit nodig is, naast hem staat om te helpen. Deze assistentie is, onafhankelijk van wat in **can.906** staat, niet absoluut[184].

Voor christengelovigen, die *doof* zijn, mag de eucharistie in gebarentaal worden gevierd, d.w.z. de celebrant geeft in woord en gebaar weer, wat hij alleen behoort te doen. Waar *gezamenlijk* gebeden wordt, volgen de gelovigen via gebaren de tekens van de celebrant[185].

5. Tijd en plaats van de eucharistieviering

5.1. *Tijd van de viering*

Volgens de oude wetgeving*(can.821 § 1)*[186] diende de viering van de eucharistie plaats te vinden tussen één uur vóór de morgenschemering en één uur na de middag. Al veel eerder dan de wijzigingen in de nieuwe wetgeving werd deze strakke regel doorbroken. In de Apost. Const. *Christus Dominus* van 6 januari 1953[187] gaf Paus **Pius XII** aan de plaatselijke Ordinarissen al toestemming om de eucharistie onder bepaalde voorwaarden en op bepaalde dagen ook in de namiddaguren, maar niet vóór 16.00 uur, of in de avonduren te vieren. In het MP *Sacram communionem* van Paus **Pius XII**,d.d. 19 maart 1957[188] wordt een dagelijkse viering op deze uren toegestaan; in het MP *Pastorale munus*(1963) I, n.4 van Paus **Paulus VI** konden en mochten de Bisschoppen verlof geven om op ieder uur van de dag

[183] Een *Instructie* van de Ritencongregatie van 15 april 1961 beperkte het gebruik van votiefteksten nog: zie **X.Ochoa**, a.w., *vol. III*, n.2980; vgl. de *Verklaring* van de Congregatie voor de Eredienst, d.d. 28 oktober 1974: o.a. *An.Utr.* 48(1975) 73-74; *An.Bo.* 15(1975)W23; 'gestroomlijnde' Analecta van de andere bisdommen: zelfde pagina van hetzelfde jaar.

[184] In de oude discipline was de blinde priester zeer ernstig verplicht tot assistentie van een priester of diaken.

[185] *NOT.* 2(1966)30-31.

[186] *Can.821 § 1*: "Men mag de misviering niet eerder beginnen dan één uur voor de morgenschemering of niet later dan één uur na de middag".

[187] *AAS* 45(1953)15-24.

[188] *AAS* 49(1957)177-178.

te celebreren[189]. Deze bepaling is thans in de algemene wet (**can.931**) opgenomen: "De viering en uitreiking van de eucharistie mag plaatshebben op alle dagen en uren". Door de liturgische voorschriften worden hierop slechts enkele uitzonderingen gemaakt:

a) De H.Mis op de dagen, die voorafgaan aan een zon- of feestdag mag alleen *in de avond* gevierd worden (**can.1248 § 1**)[190]. Op veel plaatsen rekent men daartoe ook de late namiddag, dus vanaf 16.00 uur ongeveer; vaak neemt men als norm de eerste Vespers, want dan begint immers de zon- of feestdag.

b) De dagen van het *paastriduum*: op Witte Donderdag dient de viering te gebeuren in de *avonduren*, eventueel, met verlof van de plaatselijke Ordinaris, ook een tweede viering op die dag en *in de morgenuren* alleen voor hen, die in de volstrekte onmogelijkheid verkeren aan de avondviering deel te nemen; de communie-uitreiking mag alleen tijdens die viering(en) gebeuren, aan zieken daarentegen op ieder uur van de dag. Op Goede Vrijdag wordt op grond van een aloude traditie geen eucharistie gevierd, maar vindt er na het middaguur (rond drie uur) een herdenking van het lijden en sterven van de Heer plaats; alleen tijdens die herdenking kan de H.Communie worden uitgereikt, aan zieken daarentegen op alle uren van die dag. Ook op paaszaterdag onthoudt de Kerk zich van de eucharistie tot aan de viering van de paaswake in de avond of de nacht, d.i. na het invallen van de duisternis; op deze dag kan de H.Communie alleen bij wijze van *viaticum* (teerspijze) gegeven worden[191].

5.2. *Plaats van de viering*

Normaal gesproken dient volgens **can.932 § 1** de eucharistieviering plaats te vinden in een gewijde ruimte (*AIAM* n.260), dus in een kerk of kapel. Een privé-kapel van Bisschoppen bezit volgens **can.1227**

[189] In 1963 zijn ook alle beperkingen met betrekking tot de dagen "waarop" opgeheven: *An.Rmd.* 41(1963)29.

[190] In 1966 werd dit voor het eerst toegestaan aan de Bisschoppen van Nederland; zie hun verklaring van 1 juli 1966 daarover: *An.Utr.* 39(1966)179; *An.Ha.* 13(1966)127; *An.Gr.*Bd.II (1962-1966)466; *An.Br.*1966 onder letter L(van liturgie); *An. Bo.* 6(1966) 96; *An.Rmd.* 47(1966)83-84: over het verloop van de zaterdagavondviering en de waarde van de zondagviering: t.z.p., resp.pp.97-103, 151156 en 104-106.

[191] Zie *Altaarmissaal*, resp. pp.312, 321 en 340. Op de dagen van het paastriduum zijn vieringen zonder gelovigen verboden. Vgl. ook de *Rondzendbrief* van de Congregatie voor de Eredienst, d.d. 16 januari 1988, over de voorbereiding en viering van het paasfeest; vertaling in *KD* 1-2-1 Jrg. 17 (1989) afl.3. – In het *Rituaal* voor de pastorale zorg rond de zieken en de ziekenzalving wordt aanbevolen het *viaticum* tijdens de eucharistieviering te geven: zie bv. Inleiding n.26. Dit veronderstelt een huisviering.

dezelfde rechten als een kapel, andere privé-kapellen daarentegen niet; daarin mogen alléén met verlof van de plaatselijke Ordinaris eucharistie of andere heilige vieringen plaatshebben (**can.1228**). In geval van nood mag het ook daarbuiten gebeuren, maar altijd moet het om een passende ruimte en plaats gaan. Specifieke verboden uit de oude wetgeving, zoals het celebreren in slaapkamers[192], eetkamers, op zee, rivieren of in de cultus-ruimte van niet-katholieke kerkelijke gemeenschappen[193], worden in het nieuwe Wetboek niet meer vermeld; ook is in voorkomende gevallen geen verlof of toestemming meer vereist van de plaatselijke Bisschop of Ordinaris[194]. Wel moet men zich in alle gevallen houden aan de norm van het *Altaarmissaal*[195] en ook kunnen diocesane Bisschoppen richtlijnen geven voor een eucharistieviering *sub dio*(onder de blote hemel) of in feestzalen (-tenten), waaraan men zich dan dient te houden[196]. Zijn die richtlijnen er niet, dan zal er op gelet dienen te worden, dat de plaats of de ruimte voor de viering in harmonie is met de waardigheid van dit sacrament en dat op zuiver pastorale gronden zulk soort vieringen uitzondering blijven. Inzake vieringen voor particuliere groepen moet men zich houden aan de Instr.*Actio pastoralis*(1969) van de Congregatie voor de Eredienst, nn.2-4. Behoudens het algemene voorschrift van een gewijde ruimte bevat **can.932 § 2** ook nog de bepaling dat de viering plaatsvindt op een gewijd of gezegend altaar; al eerder (hfdst.II) is opgemerkt, dat dit geen strikte noodzaak kan zijn; daarbuiten is een geschikte tafel (met dwaal en corporale) voldoende[197].

[192] Vgl.*can.822 § 4 CIC/17*: "De plaatselijke Ordinaris ... of hogere Overste kan verlof geven om buiten kerk of kapel op een altaarsteen te celebreren, maar nooit op een slaapkamer..."; het MP *Pastorale munus*(1963) van Paus **Paulus VI**, I, nn.7 en 10; *Rescript* van de Staatssecretarie *Cum admotae* (1964) I, n.4; de Instr.*Actio pastoralis*(1969) van de Congregatie voor de Eredienst n.4, waarop een aanvulling gekomen is in de vorm van een *Verklaring* van dezelfde Congregatie en de Regeling van de Sacramenten, d.d. 19 december 1988 en *Liturgicae instaurarationes*(1970) n.9 van de gelijknamige Congregatie; vooral echter ook het *Rituaal* voor de pastorale zorg rond zieken en de ziekenzalving cap.2 n.80, waar gezegd wordt dat de ziekenzalving tijdens een eucharistieviering kan geschieden "bij de zieke thuis of in het ziekenhuis, in een geschikte ruimte". De slaapkamer wordt niet met name uitgezonderd.

[193] Vgl.*can.823 § 1 CIC/17*: "Het is niet geoorloofd om de Mis te celebreren in de tempel van ketters of schismatieken, ook al was hij vroeger geconsacreerd of gebenediceerd".

[194] Een voorstel om dat wel te eisen werd als te ingewikkeld van de hand gewezen: *COMM*. 15(1983)197.

[195] *AIAM* nn.260 en 268: "minstens één dwaal...".

[196] In het *Directorium voor het Toerisme*(1969) van de Congregatie voor de Geestelijkheid wordt in B sub c gezegd, dat op feestdagen de viering van de H.Mis in tenten of "verplaatsbare kapellen" veilig moet worden gesteld.

[197] *AIAM* n.260 vv.; een altaarsteen wordt niet meer geëist.

Can.933 heeft een bijzondere situatie op het oog: het celebreren van een katholieke bedienaar in de cultusruimte van kerken of kerkelijke gemeenschappen, die niet in volle gemeenschap staan met de R.K.Kerk. Op drie voorwaarden (een goede reden, uitdrukkelijk verlof van de plaatselijke Ordinaris en vermijding van ergernis) mag dit gebeuren[198]. Deze canon spreekt niet over een eucharistieviering in niet-christelijke kerken. Dit zou zonder verlof van de plaatselijke Ordinaris met name daar mogen gebeuren, waar interdenominationele kapellen zijn, bv.in ziekenhuizen, op luchthavens, in metrostations, op universiteiten, militaire bases en dergelijke, mits de kans op ergernis gering is[199].

ARTIKEL II: BEWAREN EN VEREREN VAN DE EUCHARISTIE

Zoals in de inleiding van dit hoofdstuk al werd opgemerkt, heeft de nieuwe Codex duidelijker het directe verband met de eucharistie als offer en sacrament aan willen geven door dit onderdeel hier een plaats te geven[200].

1. Bewaring

Om de allerheiligste eucharistie te bewaren in een kerk of kapel[201] moet daar, indien mogelijk[202], minstens tweemaal per maand de H.Mis worden gecelebreerd[203], en moet altijd iemand (gewijd of niet-gewijd) doorlopend de zorg hebben voor die gewijde ruimten, al was het alleen al om ontheiliging of profanatie te voorkomen **(can.934 § 2)**.

[198] Tegen de achtergrond van **can.844**, die de omgekeerde situatie op het oog heeft, is er voor een viering in niet-katholieke kerkelijke gemeenschappen een zwaarder motief vereist dan in kerken van de Oosters-Orthodoxen. – Het verlof van de Ordinaris werd toegevoegd in 1978: *COMM.* 13(1981)425.

[199] Vgl.*CCL*, p.662.

[200] In hun vastenbrief van 5 februari 1962 wijzen de Bisschoppen van Nederland ook op dat verband: *An.Utr.* 35(1962) 33-37; *An.Bo.* 2(1962)73-76; *An.Gr.* Bd.II(1962-1966)21-26; *An. Rmd.* 43(1962)1-5; *An.Br.* 1962, pp.1-5; *An.Ha.* 9(1962)22-26; *An.Ro.* 7 (1962) 49-53; **E.Schillebeeckx**, *De aanbidding van het Allerheiligste*: *An.Utr.* 35(1962)49-56; *An.Bo.* 2(1962)91-97; *An.Rmd.* 43(1962)54-60; *An.Ro.* 7(1962)81-86. – **Kard.Alfrink** heeft behartenswaardige woorden geschreven over onze houding tegenover de H.Reserve en over de bijbels-theologische betekenis daarvan: *An.Utr.* 62(1989)30-32 (herdruk van een artikel uit 1959). Vgl. een niet gesigneerd artikel over de "aanbidding van het Allerheiligste" in *An.Br.* 1962, pp.8-14.

[201] Indien nodig en gewenst onder beide gedaanten: zie *COMM.* 13(1981)425.

[202] Dit laat dus een ruimere interpretatie van deze norm toe.

[203] Alleen al om te voldoen aan de norm van **can.939** betreffende de regelmatige vernieuwing van de hosties, maar ook om de hechte band tussen de eucharistie als liturgische handeling en de H.Reserve te benadrukken.

Onder vervulling van deze voorwaarden *moet* het eucharistisch brood bewaard worden in gewijde ruimten, vanwaaruit gewoonlijk de zielzorg wordt uitgeoefend en waarin er behoefte is aan het uitreiken van de H.Communie, ook buiten de H.Mis, bv. aan zieken, al of niet bij wijze van teerspijze, in woord- en communie-diensten; vandaar dus in de kathedrale of daarmee gelijkgestelde (**vgl.cc.368** en **381 § 2**) kerk, in iedere parochiekerk, ook, ofschoon hier niet genoemd, in de kerk van een quasi-parochie (**can.516 § 1**) en in de kerk of (hoofd-) kapel, die verbonden is aan een huis van een religieus instituut of van een societeit van apostolisch leven (**cc.934 § 1 n.1** en **608**). Bewaring dient hier ook om de verering en aanbidding mogelijk te maken[204].

Krachtens algemeen recht *kan* de eucharistie bewaard worden in de privé-kapel van een Bisschop en, met verlof van de plaatselijke Ordinaris, ook in andere kerken, kapellen of privé-kapellen van een religieus instituut of van een ander religieus huis (**cc.934 § 1 n. 2** en **936**)[205]. Achtergrond van deze bepaling is voorkóming van de verdubbeling van plaatsen, waar de eucharistie in eenzelfde huis bewaard wordt; daardoor zou ook heel gemakkelijk de nauwe band tussen de eucharistie als viering en de H.Reserve verloren gaan.

Daar, waar de eucharistie bewaard moet of kan worden, dient volgens **can.937**[206] de gewijde ruimte dagelijks tenminste enkele uren toegankelijk te zijn voor gebed[207], maar om een ernstig motief, bv. gevaar voor inbraak of vandalisme, kan dit achterwege blijven.

Can.938 herhaalt oude voorschriften[208]: de eucharistie moet bewaard worden in het *tabernakel* en wel in één tabernakel; *"gewoonlijk"*, voegt **§ 1** daaraan toe, zodat uitzonderingen mogelijk zijn bv. in een kerk of kapel met eeuwigdurende aanbidding of ook bij het *tijdelijk* bewaren op

[204] Vgl. de Enc.*Mysterium fidei*(1965) n.49 van Paus **Paulus VI** en de Instr.*Eucharisticum mysterium*(1967) n.49 van de Ritencongregatie.

[205] Van enig pauselijk indult hiervoor of bij niet-vervulling van genoemde voorwaarden is geen sprake meer, zoals nog wel in *can.1265 § 2 CIC/17*: "Om in andere kerken of kapellen het H.Sacrament te mogen bewaren is een apostolisch indult nodig. De plaatselijke Ordinaris kan alleen voor een kerk of een openbare kapel toestemming daartoe geven om een goede reden en bij gelegenheid". Het MP *Pastorale munus*(1963) van Paus **Paulus VI** sub II,5 stond de Bisschop al toe de eucharistie te bewaren in zijn privé-kapel.

[206] Deze bepaling geldt alleen voor *kerken* in de strikte zin van **can.1214**, dus niet voor kapellen of privé-kapellen.

[207] Daarop legt de Instr.*Eucharisticum mysterium*(1967) van de Ritencongregatie nogal de nadruk; vgl.het Decreet *Eucharistiae sacramentum*(1973) van de Congregatie voor de Eredienst, Praenotanda n.8.

[208] Zie *AIAM* en het Decreet *Eucharistiae sacramentum*(1973) van de Congregatie voor de Eredienst, nn.6, 9 en 10.

meerdere plaatsen met het oog op de communie-uitreiking tijdens de H.Mis op zon- of feestdagen of ten behoeve van de uitstelling. Dit tabernakel, het liefst in een aparte(dag-)kapel[209], aangebracht op een in het oog lopende plaats[210], dient onverplaatsbaar te zijn, van stevig en niet-doorschijnend materiaal[211], en zodanig te sluiten dat het gevaar voor profanatie zo goed mogelijk vermeden wordt; vandaar moet de sleutel met de grootst mogelijke zorgvuldigheid worden bewaard. Om een ernstige reden mag de eucharistie, vooral tijdens de nacht, op een andere en nog veiligere plaats worden bewaard (**§§ 2-5**).

Uit eerbied voor de eucharistie is het onder geen beding iemand toegestaan het Allerheiligste bij zich te bewaren of mee te nemen op reis, of het moet zijn dat dit uit pastorale overwegingen[212] noodzakelijk is; hier-

[209] De polemiek [zie *Brieven* van de Postconciliaire Raad voor de Liturgie van 30 juni 1965, n.7 en van 25 januari 1966: *NOT*. 1(1965)262-263 en 2(1966)160-161)] van de afgelopen decennia over de plaatsing van het tabernakel heeft geresulteerd in de door **can.938** geformuleerde discipline (vgl.*AIAM* nn. 276-277, de Instr.*Eucharisticum mysterium*(1967) van de Ritencongregatie, n.53). Het *Romeinse Rituaal* n.9 voegt hier nog aan toe, dat de (sacraments-)kapel gescheiden zou moeten zijn van de rest van de kerk, bijzonder in kerken, waar vaak huwelijken en uitvaarten plaatsvinden of welke veel bezocht worden vanwege pelgrimages of om haar artistieke dan wel historische waarde. In 1983 liet de Congregatie voor de Sacramenten en de Eredienst in haar Decreet *Promulgato Codice* [*NOT*. 20(1983)543] de uitdrukkelijke vermelding van het altaar als de mogelijke plaats voor het tabernakel weg, zoals dat ook in **can.938 § 2** gebeurt, ofschoon *AIAM* n.276 nog wel melding maakt van het altaar.

[210] Zie Instr.*Eucharisticum mysterium*(1967) n.53 van de Ritencongregatie, herhaald in het Decreet *Eucharistiae sacramentum*(1973) van de Congregatie voor de Eredienst n.9.

[211] Hout, marmer en metaal zijn traditioneel acceptabele materialen, maar ieder ander stevig, niet-doorzichtig materiaal (ook plastics?) kan worden gebruikt. Net als deze canon laat de liturgische wetgeving alle ruimte voor het bepalen van vorm, grootte en versiering van het tabernakel; wel spreekt het *Romeinse Rituaal* n.11 zich ervoor uit, dat de aanwezigheid van het eucharistisch brood wordt aangeduid door een *velum* (doek) vóór het tabernakel of ook door het tabernakel te omgeven met een *conopeum* (d.i. een gordijntje van bij voorkeur zijde of goudbrokaat, altijd in de kleur wit of de kleur van de dag, ook bedoeld als versiering); zie de Instr.*Inter oecumenici*(1964) n.95 van de Ritencongregatie; zie ook de Instr. *Sanctissimam Eucharistiam*(1957), waarin nog steeds het beste en volledigste "commentaar" op **can.938** te vinden is: *AAS* 49 (1957)425-426; de Latijnse tekst is ook opgenomen in *An.Gr. Bd.I*(1956-1961)107-109; vgl. de Instr. *Eucharisticum mysterium*(1967)n.57 en het Decreet *Eucharistiae sacramentum*(1973) met de daarbij horende riten n.11 en de Instr.*Inaestimabile donum*(1980) nn.24 en 25, alle van de Ritencongregatie, c.q. Congregatie voor de Eredienst.

[212] Zoals bij overstroming, brand, profanatiegevaar, maar niet bv. persoonlijke devotie. Er kunnen omstandigheden zijn, zoals in afgelegen gebieden, waar geen gewijde ruimte beschikbaar is voor reservering. Dan kan met toestemming van de diocesane Bisschop de eucharistie bewaard worden in iemand's huis of op een andere plaats. Deze canon heeft overigens alleen betrekking op een *blijvend* bewaren van de eucharistie bv. met het oog op de ziekencommunie. In oude tijden was het, vooral in perioden van vervolging, algemeen het eucharistisch brood mee naar huis te nemen, welke praktijk in de 5e-6e eeuw verdween.

bij moeten eventuele voorschriften van de diocesane Bisschop in acht genomen worden **(can.935)**.

2. Verering

In de 18e-20e eeuw nemen de eucharistische devoties zo'n grote vlucht, dat daardoor de centrale plaats van de eucharistie als liturgische handeling in de schaduw raakt. Nú staan die devoties veel meer binnen het geheel van het eucharistisch mysterie[213].

Het tabernakel is dus de plaats, waar de geconsacreerde hosties bewaard blijven in een pyxis of ciborie. Een eerste teken van verering is de regelmatige vernieuwing van de hosties door de oude op de voorgeschreven wijze te (laten) nuttigen **(can.939)**. Om aan te geven, dat er in het tabernakel geconsacreerde hosties zijn, waarin o.a. ook Christus' tegenwoordigheid kan worden vereerd[214], moet dichtbij het tabernakel onafgebroken een speciale lamp *(godslamp)* branden **(can. 940)**. De nieuwe Codex bevat hieromtrent geen bijzondere voorschriften, zoals de *Codex/17 in can.1271*[215], maar in de liturgische wetgeving gaat de voorkeur uit naar een olielamp of een lamp met een waskaars[216]; alle soorten olie zijn in principe toegestaan, maar plantaardige, m.n. olijfolie, lijkt het meest gewenst.

De **cc.941-944** spreken over enkele speciale vormen van verering met name de *uitstelling* en de *sacramentsprocessie*. Over sacramentsbroederschappen en daarmee gelijk te stellen verenigingen en over speciale godsdienstoefeningen, zoals de oefening ter bevordering van de veelvuldige H.Communie, het sacramentslof, de eeuwigdurende aanbidding wordt in de nieuwe wetgeving met geen woord gerept, zoals nog wel in

213 *NDP*, p.231; vgl.de Instr.*Eucharisticum mysterium* (1967) van de Ritencongregatie en het *Rituaal* voor het communie-uitreiken en de verering van het eucharistisch mysterie buiten de H.Mis(1973), uitgegeven door de *NRL* in de reeks 'Liturgie van de sacramenten en andere kerkelijke vieringen'(1976). *An.Rmd.* 48(1967)154-155 geeft enkele praktische richtlijnen betreffende de Communie. Zie ook de Vastenbrief van 1962 van de Nederlandse Bisschoppen (reeds vermeld in voetnoot 200).

214 Wat de rooms-katholieke en reformatorische visie op deze verering betreft: zie Eindrapport van de Commissie Maaltijd des Heren en Kerkelijk Ambt, De aard van Christus' aanwezigheid bij de viering van de maaltijd: *KD* 17(1989)n.1, pp.69-74.

215 *Can.1271*: "Voor het tabernakel, waarin het allerheiligst Sacrament wordt bewaard, hoort onafgebroken, dag en nacht, minstens één lamp, die met olijfolie of bijenwas brandend moet worden gehouden, licht te geven. Waar men echter geen olijfolie kan krijgen, wordt het aan de wijsheid van de plaatselijke Ordinaris overgelaten de olijfolie door andere, als het kan, plantaardige olieën te vervangen".

216 Let op *AIAM* n.285 en het Decreet *Eucharistiae sacramentum*(1973) met de daarbij horende Riten n.11.

de oude wetgeving; indirect echter spreekt **can.942** nog wel over het veertigurengebed, zij het anders dan in *can.1275 CIC/17*[217].

2.1. *Uitstelling*

Hieronder is te verstaan: het *tijdelijk* plaatsen van de H.Reserve buiten het tabernakel, in de regel in een monstrans, maar het kan ook in een pyxis (ciborie). **Can.941** bepaalt, dat zij is toegestaan in kerken of kapellen, waar de eucharistie bewaard mag worden, maar *nooit* tijdens een eucharistieviering. In het Decreet *Eucharistiae sacramentum*(1973) van de Congregatie voor de Eredienst met de daarbij behorende riten wordt onderscheid gemaakt tussen een *kortere* en een *langere uitstelling* en de *adoratie* in religieuze gemeenschappen. Volgens de liturgische wetgeving, die ervan uitgaat dat elke uitstelling een vorm van liturgie vieren is, onderscheiden van andere liturgische vieringen, geldt voor de kortere uitstelling dat er vóór de zegen met het Allerheiligste voldoende tijd wordt ingeruimd voor schriftlezingen[218], gezangen en gebeden en voor een vrij lang gebed-in-stilte (n.89)[219]; jaarlijks wordt een langere plechtige uitstelling gedurende één of meerdere dagen in kerken en kapellen aanbevolen. Daarbij is het niet nodig dat zij ononderbroken is. Een intensere overweging en aanbidding van de eucharistie wordt hiermee beoogd. Verondersteld wordt de toeloop van een redelijk groot aantal gelovigen(nn.86-88). Op deze vorm van uitstelling heeft **can.942** betrek-

[217] *Can.1275*: "In alle parochiekerken alsook in andere kerken, waarin het allerheiligst Sacrament doorlopend bewaard wordt, moet op dagen, welke met toestemming van de plaatselijke Ordinaris zijn vastgesteld, met zo groot mogelijke plechtigheid jaarlijks het veertigurengebed gehouden worden ...". Onder de vele vormen van eucharistische vroomheid noemt Paus **Joannes Paulus II** in zijn Brief *Dominicae Cenae*(1980) n. 3: het persoonlijk gebed voor het Allerheiligste, de aanbiddingsuren, de uitstelling voor kortere of langere tijd, het jaarlijkse veertigurengebed, het eucharistisch Lof, de sacramentsprocessie, het eucharistisch congres en heel bijzonder Sacramentsdag. In het *Rituaal* "De heilige communie en de verering van de eucharistie buiten de Mis" (uitgave van de *NRL* in de serie 'Liturgie van de Sacramenten en andere kerkelijke vieringen'(1976) worden alle vormen van verering beschreven, pp.41-50.

[218] Omdat de liturgische wetgeving de uitstelling als een eigen liturgische plechtigheid ziet, is er sprake van schriftlezing, want er kan geen liturgische viering zonder schriftlezing zijn. Daarom mag men ook niet overgaan tot het uitstellen van de eucharistie vóór de vespers, zodat dan na de vespers de zegen gegeven wordt. Men zal eerst de vespers moeten afmaken en daarna de nieuwe liturgische viering houden [*NOT*. 4(1968) 134]. Hiervan is onderscheiden dat gedurende een lange uitstelling de gebedsuren gewoon gehouden kunnen worden tijdens de uitstelling, echter niet de eucharistieviering.

[219] In ieder geval is uitstelling, onmiddellijk na de H.Mis, alleen maar om de eucharistische zegen te geven, verboden: zie Enc.*Mysterium fidei*(1965) van Paus **Paulus VI** [*AAS* 57(1965)769-770] en de Instr.*Eucharisticum mysterium*(1967) van de Ritencongregatie n.66.

king. Tenslotte wordt de eeuwigdurende aanbidding of de aanbidding gedurende langere tijd in religieuze gemeenschappen ten sterkste aanbevolen, ook in de vorm, waarin de leden afzonderlijk of twee aan twee elkaar opvolgen(n.90).

Can.943 handelt over de *bedienaar* van de uitstelling. Als *gewone* bedienaar gelden de priester en diaken; zij alleen mogen na afloop de zegen geven met het Allerheiligste[220]; als *buitengewone* bedienaren kunnen in bijzondere omstandigheden ook aangestelde acolieten en andere, door de plaatselijke Ordinaris aangewezen, bedienaren worden gevraagd: zij mogen de ciborie/pyxis uit het tabernakel halen, op het altaar of op een andere plaats neerzetten en weer terugplaatsen in het tabernakel zonder de zegen te mogen geven.

Gebed en privé-aanbidding van het Allerheiligste wordt op diverse plaatsen in de nieuwe wetgeving gestimuleerd, ook buiten iedere uitstelling om: zie **cc.663 § 2, 898** en **937**, zoals ook in bovengenoemd Decreet nn.79-81.

2.2. *Processie*

De nieuwe wetgeving besteedt veel minder aandacht aan processies dan de oude*(cc.1290-1295)* deed. **Can.944** is de enige bepaling, die gaat over processies en dan nog alleen over de zgn. *sacramentsprocessie* op het feest van Sacramentsdag[221] of op de eerstvolgende Zondag. Hieraan gingen de bepalingen van de Instr. *Eucharisticum mysterium*(1967) n.59 van de Ritencongregatie vooraf, waarin de plaatselijke Ordinaris mocht beslissen over de opportuniteit; zo ook in het *Rituaal* over de verering van het eucharistisch mysterie buiten de Mis(1973) n.101[222]. In dit opzicht is de nieuwe Codex strenger geworden omdat het oordeel over de opportuniteit, de manier waarop en de plaats waar toegekend wordt aan de diocesane Bisschop.

Pas in 1264 schreef Paus **Urbanus IV** het feest van Sacramentsdag voor heel de Latijns-Westerse Kerk voor. De sacramentsprocessie werd rond het jaar 1320 algemeen[223]. Uit contra-reformatorische overwegin-

[220] Vgl.het MP *Sacrum diaconatus ordinem*(1967) n.3 van Paus **Paulus VI** en het MP *Ministeria quaedam*(1972) n.VI van dezelfde Paus.

[221] Voor de *Brief* van de Nederlandse Bisschoppen, d.d.14 april 1981, zie o.a. *An.Rmd.* 62(1981)afl.2 (maart-juni), pp. 28-30; *An.Br.* 1981, pp.N9-N11; 'gestroomlijnde' Analecta van de andere bisdommen: zelfde pagina's van hetzelfde jaar. Lees: **P.Nissen**, *De wortels van het Feest van Sacramentsdag* in: *An. Bo.* 33(1993)afl.2, pp.3-9.

[222] Vgl. *Eucharistiae celebratio* nn.101-108; Brief *Dominicae Cenae*(1980) van Paus **Joannes Paulus II**, n.3; vgl. ook *COMM.* 13(1981)429-430.

[223] Zie *LW, Dl.II*, pp.2494 vv.

gen hechtte het Concilie van Trente grote waarde aan deze vorm van verering[224].

Het zojuist genoemde *Rituaal* nn.101-108 wil dit soort processies aanmoedigen in die gebieden van de Kerk, waar zij nog in gebruik zijn en de huidige levensomstandigheden het houden van die processies als waarachtig teken van gemeenschappelijk geloof en aanbidding mogelijk maken (n.102). Daarom bevat het uitvoerige bepalingen, die overigens veel ruimte laten voor lokale gebruiken, mits deze in harmonie zijn met de richtlijnen van de bevoegde kerkelijke overheid. **Can.530 n.6** rekent het leiden van deze processies tot de taken, die in het bijzonder zijn toevertrouwd aan de pastoor.

In verband hiermee moet nog iets worden gezegd over het zgn.*processieverbod* in Nederland. Uit het feit, dat de eredienst een zuiver geestelijke zaak is, volgt dat de bedienaren daarvan alleen van de kerkelijke overheid afhankelijk zijn. Bijgevolg kan de burgerlijke overheid de uitoefening van de eredienst niet regelen of beperken,behoudens de nodige maatregelen ter bescherming van de gezondheid, in het belang van het verkeer en ter bestrijding of voorkoming van wanordelijkheden. Zo wordt het geformuleerd in de uit 1983 stammende grondwetsherziening. In *art.6* van de *Grondwet*[225] wordt de vrijheid van godsdienst gewaarborgd. In de *Wet Openbare Manifestaties*, die op 27 april 1988 in werking trad, maakt de wetgever gebruik van het tweede lid van artikel 6. Daarmee is aan het processieverbod, afkomstig uit de *Wet op de Kerkgenootschappen* van 1853, een einde gekomen. Feitelijk wordt de regeling van samenkomsten tot het belijden van godsdienst of levensovertuiging op openbare plaatsen overgelaten aan de gemeenten, die alleen een kennisgeving vooraf kunnen eisen en binnen dat kader regelingen kunnen treffen ten behoeve van gezondheid, orde en verkeer. Als de gemeente een systeem van kennisgeving kent, kan het kerkgenootschap of een zelfstandig onderdeel daarvan volstaan met een eenmalige kennisgeving[226].

In *België* kunnen processies, zoals trouwens alle manifestaties op de openbare weg, door de gemeentelijke overheid verboden worden, wan-

[224] Zie *DS*, a.w., nn.1644 en 1656.

[225] De tekst luidt als volgt: 1. Ieder heeft het recht zijn godsdienst of levensovertuiging, individueel of in gemeenschap met anderen, vrij te belijden, behoudens ieders verantwoordelijkheid volgens de wet. 2. De wet kan ter zake van de uitoefening van dit recht buiten gebouwen en besloten plaatsen regels stellen ter bescherming van de gezondheid, in het belang van het verkeer en ter bestrijding of voorkoming van wanordelijkheden. Uit: *Nederlandse Staatswetten*, Editie Schuurman & Jordens n.1 I (14e druk 1988).

[226] Zie *Informatiebulletin 1-2-1* Jrg.16(1988)816-818.

neer zij een gevaar opleveren voor de openbare orde. Gelet op *art.19* van de *Grondwet* wordt van een dergelijk verbod slechts uitzonderlijk gebruik gemaakt.

ARTIKEL III: GELDELIJKE BIJDRAGE VOOR HET CELEBREREN VAN DE H.MIS

Opmerkingen vooraf

1. Kreeg dit thema in de oude wetgeving nog een plaats in het zakenrecht, nu wordt het besproken in onmiddellijke aansluiting op de andere aspecten (offer, maaltijd, bewaring en verering) van de eucharistie, zodat de band met de viering helderder wordt weergegeven. We staan hiermee voor een traditie, waarvan de leerstellige (theologische en juridische) interpretatie verre van eensluidend is[227].

Van tijd tot tijd wordt gevraagd om een herziening of zelfs vervanging van dit instituut en om op een andere wijze te voorzien in o.a. een passend levensonderhoud van de geestelijkheid.

2. De keuze van een ander woordgebruik in de nieuwe wetgeving dáár, waar het gaat over het geven en aanvaarden van een geldelijke gave voor het celebreren van een H.Mis, is niet ongegrond. Het traditionele woord *stipendium* (soldij, belasting) heeft de connotatie van beloning, betaling, schadeloosstelling, die vreemd is aan het eigen karakter van de offergave, waar het hier over gaat. Daarom koos men voor *stips* (geldelijke bijdrage, gift, fooi, aalmoes), dat naar zijn historische oorsprong de inhoud heeft van: een bijdrage ten gunste van een publiek werk, een gave ter ere van God of hulp aan behoeftigen. Dit komt veel dichter bij de eigenlijke intentie achter de geldelijke bijdrage voor een H.Mis[228], zoals ook verwoord in **can.946**, waarin een praktische basis aan de geldelijke bijdrage wordt gegeven. Aan dit nieuwe woord wordt het adjectief *oblata* toegevoegd om te kennen te geven, dat het om een *offer*gave gaat, dat is een gave, waardoor men zich op een specifieke wijze aansluit bij de eucharistie als offer. Daarin ligt dan ook de theolo-

[227] Telkens terugkerende zorg bestaat er rond vragen als deze: is het opdragen van een H.Mis voor een geldelijke bijdrage tot intentie van de gever wel gewettigd zonder afbreuk te doen aan de universaliteit van de eucharistie als offer? Is het geven van een geldelijke bijdrage wel vrij te pleiten van simonie? Welke relatie bestaat er tussen de priester en de stipendium-gever, een vraag van vooral canonisten: zie bv. **Z.Varalta**, *Natura giuridica del rapporto di offerta e accettazione di 'stipendium Missae'*, Rome 1942.

[228] Vgl. *COMM.* 4(1972)57-58.

gische legitimatie van deze geldelijke gave. Nu al vast zij opgemerkt, dat de traditionele theorie over speciale vruchten van de H.Mis ten voordele van de intentiegever onder de eigentijdse theologen geen aanhang meer vindt en evenmin steun vindt in de recente kerkelijke documenten[229]. Om deze redenen lijkt de vertaling van *stips oblata* door *stipendium-gave* (vertaling van de nieuwe Codex) minder gelukkig, omdat men daarmee blijft hinken op twee gedachten en voorbijgaat aan de met zorg en opzet gekozen nieuwe term[230]. Daarom geven wij de voorkeur aan *geldelijke bijdrage* boven *offergave-in-geld*, ofschoon deze laatste vertaling het meeste recht doet aan het nieuwe woordgebruik, maar in de praktijk op een zekere huiver of zelfs weerstand zal stoten.

3. Het aanbieden van een offergave aan de priester b.g.v. een eucharistieviering, nog zonder de verbinding met een bepaalde intentie, heeft al een lange traditie achter zich. De oorsprong daarvan lijkt te liggen in het oude gebruik dat de christengelovigen, die aan de viering deelnamen, bij de offerande de voor de viering benodigde elementen, met name brood en wijn, maar ook andere gaven-in-natura naar het altaar brachten en aanboden voor het levensonderhoud van de priesters en voor hulp aan de armen. Op deze manier werd die gave verbonden met de viering van het eucharistisch offer. Daarvan bleef naar algemene opvatting van de auteurs[231], die over de aard van deze gave spreken, welke eerst in natura, later in geld[232] buiten de eucharistieviering gegeven werd aan de priesters, die zich met aanvaarding van die gave verplichtte om de viering te voltrekken tot intentie van de gever, met uitsluiting van andere bijdragen. Daarna zijn andere overwegingen een rol gaan spelen bij de rechtvaardiging van deze, intussen geldelijke, bijdrage, zoals het levenson-

[229] We verwijzen hier naar *COMM.* 4(1972)58 en het MP *Firma in traditione*(1974) van Paus **Paulus VI**, waarin alleen terloops over overvloediger vruchten gesproken wordt.

[230] Met uitzondering van de Duitse en Spaanse vertalingen, die de term *stipendium* handhaven, vindt men in alle andere moderne talen (Frans, Italiaans, Engels, Amerikaans, Portugees) een woord, dat met 'offer' te maken heeft, resp.: *offrande, offerta, offering, esportula ofericida* (= geofferde fooi). Het gebruik van het woord 'fooi' of 'aalmoes' was overigens niet helemaal vreemd aan de oude Codex: de titel boven het artikel in de *CIC/17*, dat hierover gaat, luidt: *"Aalmoezen voor Missen of stipendia"*.

[231] **E.J.Kilmartin**, *Geld en de bediening van de sacramenten* – in: *Concilium* 14(1978) n.7, pp.103-111; **W.v.d.Marck**, *"Stipendium" of "Oblatio"? De klassieke "auctoritas" voor de misintenties* – in: *Tijdschr.voor Theol.*3(1963)65-73; **A.Mayer**, *Triebkräfte und Grundlinien der Entstehung des Mesz-stipendiums* (Serie: Münchener Theol.Studien III, Kanonist.Abt., vol.34, St.Ottilien 1976); **K.Rahner**/**A.Haussling**, *Die vielen Messen und das eine Opfer* (Serie: Quaest.disp. n.31, Freiburg/Basel/Wien 1962).

[232] Die bijdrage-in-geld krijgt haar huidige vorm al vanaf de 8e eeuw en wordt minstens vanaf de 12e eeuw algemeen gebruik.

derhoud van de priesters of een bijzonder deelhebben aan de genadewerkingen van het offer[233]. Samenvattend zou men mogen zeggen: de geldelijke bijdrage van de gelovige is een bijzonder teken, waarmee hij zich aansluit bij het eucharistisch offer, die óók kan bijdragen tot bv. het levensonderhoud van de priester[234]. Inderdaad zijn in niet weinig streken deze geldelijke bijdragen bijna de enige bron om hieraan tegemoet te komen[235].

4. Paus **Paulus VI** heeft een andere toon gezet inzake de geldelijke bijdrage voor het celebreren en appliceren van een H.Mis. Al heel lang waren er problemen rond deze geldelijke bijdragen en daarom was de vraag naar een grondige herziening van heel het systeem onontkoombaar.

Op 29 november 1971 deelde de Staatssecretarie mee[236], dat de Paus alle discussie over een systeem-wijziging helemaal, zij het slechts *tijdelijk*, aan zich wilde trekken en tevens met ingang van 1 februari 1972 *alle* faculteiten (wanneer, om wat voor reden, in welke vorm, aan wie en door wie ook gegeven), met uitzondering van de in de nn.11 en 12 door het MP *Pastorale munus* (1963) en in het MP *De Episcoporum muneribus*(1966) aan de Bisschoppen gegeven faculteiten (beide MP's zijn van Paus **Paulus VI**). De motieven voor deze reservatie waren:
- onderzoek naar een betere ordening van heel de materie rond de viering en applicatie van HH.Missen, van de kwijtschelding of mutatie van misverplichtingen;
- de opstelling van criteria voor de zorgvuldige behandeling van de vele verzoeken om reductie, kwijtschelding of mutatie van misverplichtingen.

Met het MP *Firma in traditione*(1974)[237] van Paus **Paulus VI** kwam er een eind aan deze reservatie. Het *MP* was bepaald geen doorbraak in de tot dan toe gevolgde praktijk, betekende ook geen systeemverandering, maar wel een verandering van visie op de geldelijke bijdragen, die minder zakelijk-contractueel dan gelovig-religieus, d.w.z. meer op God

[233] **H.Schwendenwein**, a.w., pp.334-335.
[234] **N.Ruf**, a.w., p.224.
[235] *COMM*. 4(1972)57-58.
[236] *AAS* 63(1971)841.
[237] Op dit *MP* volgden nog een reeks normen van de Staatssecretarie, d.d. 17 juni 1974: **X.Ochoa**, a.w., *vol.V* n.4304, gericht aan de Kardinaalprefecten van de Curiedicasteries, waarin nader wordt ingegaan op de manier, waarop in sommige Congregaties de in het MP *Firma in traditione* gegeven faculteiten inzake de misverplichtingen moeten worden gebruikt.

dan op de mens en zijn noden betrokken werden gezien. Concreet houdt dit in:

a) de geldelijke bijdrage heeft haar waarde als *teken van het persoonlijke offer,* dat gelovigen als het ware toevoegen aan het eucharistisch offer[238];
b) de geldelijke bijdrage is *teken van de verbintenis van de gedoopte mens met Christus* en van de gelovige met de priester, die ten zijnen dienste staat;
c) de geldelijke bijdrage is een *uiting van geloof in de kerkelijke bemiddeling*;
d) de geldelijke bijdrage is een *uiting van zorg voor zichzelf, de noden van de Kerk en vooral het onderhoud van haar bedienaren* (in deze geest laat zich **can.946** ook uit).

5. Niettegenstaande alle nobele motieven en prachtige symbolen, die schuil kunnen gaan achter de geldelijke bijdrage als zichtbare participatie aan het eucharistisch offer en die ertoe hebben geleid, dat de praktijk hiervan mag worden voortgezet, mag ons dit de ogen niet doen sluiten voor het feit, dat de Kerk in de loop der eeuwen vaak met harde hand deze materie heeft moeten regelen. Want, alle goede intenties ten spijt, lag er in dit kerkrechtelijk instituut, een breed veld open voor veelsoortige misbruiken[239]. Ook tegen deze achtergrond moeten we de nieuwe wetgeving lezen.

1. Wettigheid van de geldelijke bijdragen

De gewoonte om de H.Mis te appliceren voor de particuliere intentie van degene, die daarvoor een geldelijke bijdrage geeft aan de priester,

[238] Terecht zegt de *'Conseil Permanent'* van het Franse Episcopaat in zijn *'Note sur les offrandes de Messes'*, d.d. 25 mei 1981, hierover: "De christen, die zijn offer aan de priester aanbiedt voor de viering van de mis, maakt een materiëel gebaar door geld te geven, waarmee hij geen enkele dienst betaalt, niets koopt, nog minder de mis. Door die geste geeft hij een deel van wat hij bezit en geeft daarvoor het offer van zichzelf te kennen, van zijn vereniging met het offer van Christus, dat in de christengemeenschap wordt gevierd" [in *Doc.Cath.* 78(1981)653].

[239] Verveelvoudiging van de dagelijks te lezen missen om te voldoen aan de ontvangen bijdragen, ook voor de zgn. *"missae bi- en trifaciatae"* en de *"missae siccae"*, de opeenhoping van meerdere bijdragen voor één H.Mis enz.: zie **A.Jungmann**, a.w., I, pp.149-151 en 235-237. – *MK* merkt bij **can.945**, Rdn. 5 en 6, nog op dat het niet geoorloofd is om in afwachting van een desbetreffend verzoek een H.Mis te celebreren en daarvoor later een geldelijke bijdrage in ontvangst te nemen, laat staan die op te gaan eisen. Duidelijk is dat de priester zijn dienstwerk niet mag maken tot een prestatie, die van betaling afhankelijk wordt.

wordt door **can.945 § 1** erkend als een wettig gebruik. De (con)celebrant *mag* een geldelijke bijdrage ontvangen[240], maar is daartoe geenszins verplicht; vandaar de dringende aanbeveling in **§ 2** om ook zonder die bijdrage de H.Mis te celebreren tot intentie van de christengelovigen, vooral van hen, die behoeftig zijn. Vele keren heeft de Kerk de wettigheid van de geldelijke bijdrage met kracht verdedigd: tegenover Wyclif(1330-1384), Hus (1370-1415), de Synode van Pistoia (1786)[241] en tegenover de eigentijdse bestrijders door de herbevestiging ervan in **can.945 § 1**.

Op het recht om (geldelijke) offergaven aan te nemen meent de Kerk aanspraak te mogen maken op grond van de uitspraak van Jezus, dat de arbeider zijn loon waard is (*Lk.* 10,7;vgl.*1 Tim.* 5,18) en **Paulus** schrijft: "Weet gij niet...dat zij, die het altaar bedienen hun deel ontvangen van het altaar?"(*1 Kor.* 9, 13).In het MP *Firma in traditione* moedigt Paus **Paulus VI** dit gebruik aan, niettegenstaande de sterke stroming binnen de Kerk, die dit instituut in de huidige vorm wil opheffen, d.w.z. los wil zien van de ministeriële, vooral sacramentele liturgische handelingen[242]. In **can.945 § 2** blijft deze gedachte niet helemaal buiten beschouwing, maar sterker dan in het Westers recht opteert het Oosters recht, met erkenning van de wettigheid van de door de Bisschop vastgestelde bedragen, voor de praktijk van uitsluitend *vrijwillige* gaven bij gelegenheid van de viering van de Goddelijke Liturgie[243].

Realiteit is, dat het praktisch onmogelijk lijkt af te zien van geldelijke bijdragen, wanneer nog zovele priesters daardoor in hun levensonderhoud moeten voorzien of bepaalde apostolische werken daardoor in stand gehouden moeten worden. Toch staat niets in de weg om o.l.v. de Bisschoppen een nieuwe praktijk in te voeren daar, waar de omstandigheden zich daartoe lenen[244]. De huidige wetgeving is er vooral op gericht om

240 Waarmee het beginsel dat er geen sprake van simonie is, wordt beaamd: *COMM.* 13(1981)430.

241 Respectievelijk *DS*, a.w., nn.1169, 1175, 1225, 2630 en 2654.

242 In haar *Verklaring* over het ministeriële priesterschap van 30 november 1971 sprak de Bisschoppensynode dan ook uit: "Het lijkt zeer te wensen, dat een geleidelijke vorming van het christenvolk het mogelijk maakt om de inkomsten van de priester van zijn ambtelijke, met name van zijn sacramentele bediening, te scheiden": *AAS* 63(1971)921; *AK* 27(1972)84.

243 **CCEO(1990) cc.715-716.**

244 Zie *NDP*, pp.243-244. Met veel van wat hier gezegd wordt, zal men het gemakkelijk eens zijn. Alleen al het feit, dat aan de viering van de eucharistie voor een bepaalde intentie geld verbonden is, zou ons èn vanwege de vroegere misbruiken èn vanwege de verdenking van simonie op een ander spoor moeten zetten: voorlopig dat van een volkomen vrijwillige bijdrage. Daar, waar het gaat om bijdragen, die bedoeld zijn voor het levensonderhoud van priesters, laat staan voor de uitvoering van apostolische werken, staan

misbruiken, die in de latere Middeleeuwen veelvuldig voorkwamen en ook in onze tijd niet geheel uitgesloten zijn, te voorkomen[245].

2. Classificatie van de geldelijke bijdragen

Ofschoon de nieuwe wetgeving daarover niet meer spreekt (vgl. *can. 826 CIC/17)*[246], is het voor een goed begrip wenselijk inzicht te krijgen in de verschillende soorten van geldelijke bijdragen, die her en der in de Codex worden genoemd, al is het niet steeds met evenzoveel woorden. Zo onderscheiden we:

a. *manuele bijdragen*: vrijwillig door de gelovigen uit eigen devotie aan de priester *ter hand gestelde* bijdragen voor het celebreren en appliceren van een H.Mis voor een bepaalde intentie; hiervan is ook sprake, wanneer erfgenamen(natuurlijke of rechtspersonen) krachtens testamentaire beschikking bepaalde bedragen uitkeren aan de kerk (parochie of priester);
b. *gefundeerde bijdragen*; dat zijn de jaarlijkse *revenuen* uit fundaties(stichtingen), welke overeenkomstig **can.1300** in het leven zijn geroepen en die besteed moeten worden voor het celebreren en appliceren van HH.Missen (vgl.**can.1308 § 3**); van deze zogenaamde fundatiemissen is dus alleen sprake wanneer aan een kerkelijke rechtspersoon een bepaald bedrag-in-geld geschonken of vermaakt is en de inkomsten daarvan geheel of gedeeltelijk, voor geldelijke bijdragen ten behoeve van het celebreren van HH.Missen voor een bepaalde intentie bestemd zijn; wordt *een som geld zelf*, die vermaakt is, in haar geheel of worden door de erfgenamen de jaarlijkse inkomsten uit een nalatenschap gedeeltelijk voor HH.Missen bestemd, dan is er weer sprake van manuele geldelijke bijdragen;

andere wegen open. In Nederland is het levensonderhoud van pastores onafhankelijk gemaakt van deze geldelijke bijdragen, maar dit betekent niet dat parochiebesturen, die verantwoordelijk worden geacht voor het levensonderhoud van allen, die in dienst van de parochie staan, onverschillig staan tegenover de afschaffing van deze geldelijke bijdragen als bron van inkomsten.

[245] We wijzen hier op *TB/89* n.22. De Nederl.situatie staat goed beschreven in de brochure *"Kerk in balans. Handleiding voor de Actie Kerkbalans in parochies"*, uitgave van de Interdiocesane Commissie Geldwerving (Zeist 1993).

[246] *Can.826 § 1*: "De stipendia die de gelovigen de priester ter hand stellen voor het opdragen van Missen of uit persoonlijke godsvrucht of krachtens een testamentaire beschikking, worden *handstipendia* genoemd". § *2*: "Stipendia *bij wijze van handstipendia* zijn stipendia voor gefundeerde Missen, die niet op de eigen plaats kunnen worden geappliceerd...en aan andere priesters moeten worden overgedragen om aan de verplichtingen te voldoen". § *3*: "Stipendia, die ontvangen worden uit de opbrengsten van stichtingen, worden *gefundeerde* stipendia of *gefundeerde Missen* genoemd".

c. *quasi-manuele bijdragen* zijn de bijdragen uit revenuen van fundaties; wanneer daarin enerzijds is vastgelegd in welke kerk en soms ook door wie de gefundeerde HH.Missen moeten worden gecelebreerd en men anderzijds aan die verplichtingen niet kan voldoen en daarom de gefundeerde HH.Missen aan andere priesters ter applicatie worden doorgegeven, spreekt men van *gefundeerde bijdragen bij wijze van manuele.*

3. Rechtsverhouding tussen de gever van de geldelijke bijdrage en de priester

Zonder uitvoerig in te gaan op de klassieke canonieke vraag betreffende het soort *juridische* relatie tussen de priester en de aalmoesgever, is het toch goed een antwoord te formuleren op de vraag of – gezien de nieuwe religieuze oriëntatie van de geldelijke bijdrage – de vanouds bestaande norm, die verplichtte tot restitutie van die geldelijke bijdrage bij niet-vervulling van de aanvaarde opdracht – haar waarde heeft verloren.

Er is in dit opzicht niets veranderd: de religieuze dimensie van de geldelijke bijdrage doet niets af aan de rechtsverplichting, die daaruit voortvloeit. Integendeel: die dimensie versterkt de rechtsverplichting op grond van de deugd van religie. De leerstellige opvatting, dat het hier gaat om een ernstige rechtsplicht van de priester, die de geldelijke bijdrage ontvangen heeft met het oog op een viering van de eucharistie en applicatie, blijft op grond daarvan overeind, tenminste als het gaat om een bijdrage in geld, die op zichzelf een zware materie is; hij is dan tot restitutie verplicht[247].

4. Bestemming van de geldelijke bijdragen

In zijn MP *Firma in traditione*(1974) gaf Paus **Paulus VI** te kennen dat de gelovigen met hun geldelijke bijdragen zorg dragen voor zichzelf, de noden van de Kerk en vooral het onderhoud van de bedienaren. Dit vinden we terug in **can.946**, waarin aan de geldelijke bijdragen een brede bestemming wordt gegeven: het welzijn van de Kerk en onder-

[247] *NDP*, p.245. Het jongste Decreet *Mos iugiter* van de Congregatie voor de Geestelijkheid, d.d. 22 januari 1991 [*COMM.* 23(1991)16-19], over het celebreren van zgn. *collectieve* HH.Missen (bedoeld zijn: HH.Missen met meerdere, in één viering samengevoegde intenties) stelt zich op het standpunt dat er een relatie op basis van (de deugd van) *rechtvaardigheid* tot stand komt tussen de priester, die een geldelijke bijdrage aanvaardt met het oog op de applicatie en hem/haar, die de bijdrage geeft voor een bepaalde intentie (art.1, par.1).

steuning van haar bedienaren en werken[248]. Hiermee wordt de bestemming uit een al te individuele sfeer (levensonderhoud van de bedienaren) gehaald. Mede daarom zal de eerste praktisch-pastorale bepaling zich dan ook richten tegen iedere vorm van handel of winstbejag, die door individuele bedienaren van de Kerk bedreven zou kunnen worden.

5. Verbod van handel of winstbejag

Na de verdediging van de wettigheid van de geldelijke bijdragen en na het aangeven van een brede bestemming daarvan gaat de eerste zorg van de wetgever uit naar het veel voorkomend misbruik van handel of winstbejag. **Can.947** wijst deze *volstrekt* af; ook alle schijn daarvan moet vermeden worden. Deze canon herinnert aan de talrijke disciplinaire maatregelen die in de loop der eeuwen genomen zijn tot en met de hervormingsdecreten van het Concilie van Trente[249]; een canon, die de beschuldiging van simonie wil bezweren, zoals ook **can.1385** dat doet.

Handel kan op veel manieren worden bedreven, bv. iemand brengt zoveel mogelijk afzonderlijke geldelijke bijdragen bijeen of neemt deze in ontvangst, maar draagt de daardoor aanvaarde verplichtingen op aan een ander voor een geringere bijdrage dan diocesaan (eventueel) is vastgesteld; of: men draagt de geldelijke bijdragen met de daaraan gekoppelde verplichtingen op aan een ander, maar het geld dat men verdient met het wisselen in andere valuta, houdt men voor zichzelf; of: als men met één H.Mis te vieren probeert te voldoen aan meerdere offergaven-in-geld met de daaraan gekoppelde afzonderlijke verplichtingen (vgl.**can.948**). Bij dit laatste voorbeeld dient echter te worden opgemerkt, dat de Apost.Penitentiarie in een particuliere instructie van 15 juli 1984[250] aan alle diocesane en reguliere Ordinarissen heeft laten weten, dat het is toegestaan om meerdere intenties van de gelovigen in één viering samen te voegen, wanneer deze gewoonte met toestemming van de Ordinarissen is ingevoerd en de gevers van de intentie daarop opmerkzaam zijn gemaakt en daarmee instemmen[251]. Tegelijk echter wordt ervoor gewaarschuwd, dat de priesters zich soms heel gemakkelijk ontdoen van de aangegane verplichtingen door de offergaven-in-geld te besteden aan goede doelen zonder de HH.Missen te appliceren voor de door de gevers bedoelde intentie. De schijn van handel

[248] Vgl.*COMM.* 13(1981)431-432.

[249] *Sess.XXII* – in: **J.Alberigo e.a.**, *Conciliorum Oecumenicorum Decreta*(1962) p.712.

[250] Zie **X.Ochoa**, a.w., *vol.VI* n.5070.

[251] Zie hierover ook het jongste Decreet *Mos iugiter* van de Congregatie voor de Geestelijkheid, d.d. 22 februari 1991: *COMM.* 23(1991)16-19.

en winstbejag is aanwezig, wanneer de offergaven-in-geld worden gegeven aan handelaren met de bedoeling er winst uit te slaan.

Aan de ernst van deze canon correspondeert **can.1385**: "Wie op onwettige wijze winst maakt uit een geldelijke bijdrage, dient met een censuur of met een andere rechtvaardige straf gestraft te worden". Hiermee is de oude strenge discipline uit het Decreet *Ut debita* van 4 mei 1904, die we deels terugvinden in *can.2324 CIC/17*, gemitigeerd en is vandaag de dag bv. het versturen van geldelijke bijdragen tegen een equivalent in dingen (boeken, tijdschriften enz.) niet ongeoorloofd; evenmin het gebruik van een H.Mis voor een maaltijd of intentieruil, ofschoon de geldelijke bijdragen niet gelijk zijn, mits de beide priesters daarmee instemmen en iedere schijn van handel geweerd wordt[252].

6. Accumulatie van geldelijke bijdragen

Can.948 stelt vast, dat voor iedere afzonderlijke geldelijke bijdrage, die men ontvangen en aanvaard heeft, hoe groot of klein ook, een H.Mis moet worden gevierd voor de opgegeven intentie. Deze canon keert zich dus tegen een accumulatie van geldelijke bijdragen in één H.Mis. Sedert Vaticanum II is om niet altijd identieke redenen, bv. bevordering van een betere participatie van de gelovigen, sterkere beklemtoning van de universele waarde van de eucharistie, antwoord op de talrijke vragen van de gelovigen zelf, vooral daar waar er een priestertekort is, soms ook vanuit een zekere afkeer van het traditionele systeem, op veel plaatsen de gewoonte ontstaan om intenties in één viering samen te voegen. Ofschoon aanvankelijk begrip[253] werd opgebracht voor deze gewoonte, heeft men toch het zwijgen ertoe gedaan tijdens de Codexherziening. Dit zwijgen heeft de expansie van deze gewoonte niet tegengehouden. Daarom zag de Apost.Stoel zich genoodzaakt hieraan aandacht te schenken. Behoudens de sub 5 genoemde *Particuliere Instructie* van de Penitentiarie kunnen we ook wijzen op een vertrouwelijke *Mededeling* van de Congregatie voor de Geestelijkheid[254] en op het sinds februari 1991

[252] Zie *NDP* pp.246-247.

[253] In het *Schema/75 (can.114 § 2)* werd de oude regel "zoveel missen als er geldelijke bijdragen zijn" herhaald, maar er werd aan toegevoegd: "Het is echter geoorloofd één en dezelfde mis te celebreren en te appliceren tot intentie van meerderen, die met het oog op de viering en applicatie van de mis hebben bijgedragen tot de gemeenschappelijke offergave." Uit angst voor het aanwakkeren van misbruiken in deze heeft men deze bepaling in 1978 laten vallen en keert zij dus niet meer terug in het *Schema/80*: *COMM.* 13(1981)434.

[254] Van 22 februari 1986. Deze was gericht aan de Voorzitters van de BC's met de vraag haar mening uit te spreken over een ontwerp-decreet; de weg daartoe was gebaand door

door deze Congregatie gepubliceerde Decreet *Mos iugiter* over het celebreren van zgn. *collectieve* Missen[255]. Terwijl **can.948** dus eigenlijk zegt dat een geldelijke bijdrage voor een bepaalde misintentie iedere andere geldelijke bijdrage voor dezelfde H.Mis uitsluit, is dit toch niet in strijd met wat in deze genoemde officiële standpuntbepalingen wordt gezegd. In de gevallen, die zij op het oog hebben, gaat het immers in wezen om *vrijwillige*, dus niet opgelegde bijdragen van de gelovigen aan de viering van de H.Mis en haar applicatie. Met deze praktijk wordt die, welke gebruikelijk is in de Oosterse geüniëerde Kerken, benaderd.

Strikt genomen is volgens **can.948** het accepteren van twee of meer geldelijke bijdragen voor één H.Mis ook dan niet geoorloofd, als men het volle bedrag besteedt aan kerkelijke of andere goede doelen, tenzij de gelovigen daarmee instemmen. Er is niets op tegen, dat de priester zelf meerdere intenties, met name van dezelfde gever, zó bijeenbrengt dat ter plaatse één H.Mis wordt gevierd, de andere daarentegen met eenzelfde meervoudige intentie verstuurd worden, zodat in ieder geval het aantal HH.Missen gevierd wordt. Aan de pastorale behoeften in deze zal men vaak al kunnen voldoen door intenties, die voor dezelfde dag gevraagd worden, op te nemen in de voorbede zonder dat zij in de applicatie ingesloten zijn[256].

T.a.v. de vraag of het ontvangen en aanvaarden van een geldelijke bijdrage voor een eucharistieviering, die men op andere titel al verplicht is te appliceren, herhaalt de Codex het verbod van *can.825 n.2 CIC/17*[257] niet. Men mag daaruit echter niet concluderen, dat dit verbod niet meer van kracht is: gezien bv. de zwaarte van de verplichting om een *mis tot intentie van het volk* te celebreren (vgl. de **cc.388 § 1, 429, 534 § 1, 543 § 2**) en de constante traditie daarvoor geen geldelijke bijdrage te ontvangen, moeten we mede op grond van **can.948** besluiten dat dit verbod nog bestaat.

De plicht tot celebreren van HH.Missen, waarvoor men geldelijke bijdragen heeft ontvangen en aanvaard, blijft volgens **can.949** altijd bestaan, ook al zijn de ontvangen bedragen buiten de schuld van de ontvangers om bv. door diefstal, verlies verloren gegaan. Ook zijn de aan-

de Bisschoppen zelf, die voor hun bisdom deze kwestie wilden regelen. Zie *NDP* pp.255-257.

255 Bedoeld zijn: HH.Missen met binnen één viering een verzameling van intenties. Iets soortgelijks gebeurde in het verleden ook doordat alle fundatie-intenties van een parochie werden samengevoegd: zie *An.Utr.* 45(1972)328.

256 Vgl. *HdBdkKr.* p.690 noot 97.

257 *Can.825 n.2*: "Nooit is het geoorloofd een aalmoes aan te nemen voor een Mis, die men reeds op een andere titel verschuldigd is en appliceert".

gegane misverplichtingen niet onderhevig aan verjaring (**can.199 n.5**). In extreme situaties, bv. als aan de verplichtingen niet voldaan is door een priester, die in uiterste armoede gestorven is, bij fysieke of morele onmogelijkheid om de aanvaarde verplichtingen uit te voeren, niet-schuldig verlies van de geldelijke bijdragen bij een brand, aardbeving, scheepsramp enz., moet men zich wenden tot de Apostolische Stoel[258].

Het boven reeds genoemde Decreet *Mos iugiter*(1991) van de Congregatie voor de Geestelijkheid zet systematisch bijeen, hoe wij in het kader van de bestaande wetgeving moeten denken over HH.Missen, waarvoor meerdere geldelijke bijdragen zijn samengevoegd en meerdere bijzondere intenties in één viering bijeen zijn gebracht: zgn.*collectieve* Missen, d.w.z. Missen voor meerdere intenties tegelijk. Een priester, die een geldelijke bijdrage ontvangt voor het celebreren tot een bijzondere (particuliere) intentie, is krachtens de (deugd van) rechtvaardigheid verplicht dit ofwel zelf te doen (vgl.**can.949**) ofwel te laten doen door een andere priester met inachtneming van de rechtens bepaalde voorwaarden (vgl. de **cc.954-955**)*(art. 1 § 1)*. Deze norm wordt overtreden door die priesters, die "zo maar, door elkaar heen geldelijke bijdragen samenvoegen voor het celebreren van Missen, waarvoor bijzondere intenties opgegeven zijn, en die geldelijke bijdragen buiten weten van de gevers om tot één geheel samenvoegen en daarvoor slechts één H.Mis celebreren met, zoals dat heet, een *collectieve* intentie". In dit geval mag de celebrant alleen het in het bisdom vastgestelde bedrag houden en wat daarboven uitgaat moet aan de Ordinaris worden gestuurd *(art.1 § 2 en art.3 §§ 1 en 2)*. Alleen wanneer de gevers vooraf en met evenzoveel woorden gewaarschuwd zijn en wanneer zij in volle vrijheid ermee instemmen dat hun geldelijke bijdrage met die van anderen tot één geheel worden samengevoegd voor het celebreren van één H.Mis, is het aanvaardbaar een H.Mis met een *collectieve* intentie te celebreren[259]. Dan is men echter wel wettelijk verplicht dag, plaats en uur van die H.Mis, die gecelebreerd gaat worden (hoogstens twee keer per week)[260] publiek bekend te

[258] Zie de door Paus **Paulus VI** aan diverse Romeinse Congregaties gegeven bevoegdheden als aanvulling op het MP *Firma in traditione* – in: **X.Ochoa**, a.w., *vol.V* n.4302.

[259] De Bisschop van Breda heeft zich al in 1971 (zie *An. Br.* 1971, pp.9-10 s.v. Liturgie/Stipendia) in deze geest uitgelaten; vgl. *An.Br.* 1982, pp.B11-B12.

[260] Niet duidelijk is wat hieronder verstaan moet worden: is dat "b.g.v. twee eucharistievieringen" of "op twee dagen van de week"? De commentator in *An.Rmd.* 72(1991)39-40 geeft de voorkeur aan de laatste interpretatie. Ik kan daar wel mee instemmen, maar het Decreet *Mos iugiter* gaat nog altijd uit van de veronderstelling, die in Nederland al lang niet meer opgaat nl. dat de geldelijke bijdragen door de priester zelf kunnen worden behouden; bij een (vermoedelijk) tegengestelde praktijk, die onomkeerbaar lijkt, mag niemand verontrust worden.

maken *(art.2 §§ 1 en 2)*. Maar in die bisdommen, waarin dit soort gevallen zich voordoet, moeten de Bisschoppen zorgvuldig bij zichzelf nagaan, dat genoemd gebruik als uitzondering op de algemene rechtsnormen bij een al te sterke verbreiding (ook al vanwege foutieve opvattingen over de juiste betekenis van de geldelijke bijdragen voor het celebreren van HH.Missen) tot misbruik moet worden bestempeld; misbruik, dat er op is aangelegd gelovigen geleidelijk aan ertoe te brengen helemaal geen bijdragen meer te geven voor het celebreren van evenzovele HH. Missen voor evenzoveel bijzondere intenties. Zó raakt een voor de afzonderlijke gelovigen en voor de Kerk heilzame gewoonte in onbruik *(art.2 § 3)*.

7. Vaststelling van een niet nader aangeduid aantal HH.Missen

Wanneer degene, die een bepaald geldbedrag gegeven heeft, niet heeft aangegeven hoeveel HH.Missen gecelebreerd moeten worden voor een bepaalde intentie, moet volgens **can.950** dat aantal berekend worden naar de ter plaatse van de gever (domicilie, quasi-domicilie, verblijf van minstens een maand) geldende norm, tenzij wettig verondersteld moet worden dat zijn intentie anders is geweest, bv. als hij tevoren gevraagd heeft hoe hoog de diocesane norm voor een geldelijke bijdrage is of andere keren wel gezegd heeft hoeveel HH.Missen hij/zij wenst of als men wettig mag veronderstellen, dat hij/zij een schenking wilde doen. Heeft de gever bij het aanbieden van een bepaald bedrag gevraagd daarvoor *enkele* HH.Missen te vieren, terwijl dit bedrag groot genoeg is voor een groot aantal, dan zou men aan de intentie van de gever al voldoen door het bedrag volgens de geldende norm in drieën te delen en daarvoor HH.Missen te celebreren.

8. Geldelijke bijdrage voor meer dan één H.Mis op dezelfde dag?

Het tekort aan priesters brengt met zich mee, dat zij vaak meer dan eens op dezelfde dag de eucharistie moeten vieren. Dit roept de vraag op of zij voor iedere H.Mis, opgedragen tot een bepaalde intentie, een geldelijke bijdrage mogen ontvangen. **Can.951** geeft hierop een affirmatief antwoord met dien verstande, dat zij slechts de geldelijke bijdrage voor één H. Mis voor zichzelf mogen behouden[261], behalve op Kerstmis; de andere moeten zij afstaan voor de doeleinden, door de Ordinaris voorge-

[261] In het bisdom Groningen werd dit in 1967 toegestaan voor binatiemissen, waarbij de geldelijke bijdrage in de kerkekas moest worden gestort: *An.Gr. Bd.III*(1967-1970)23.

schreven, waarbij een of andere vergoeding op een andere (extrinsieke) titel, bv. zang, preek, lange afstand, weliswaar toegestaan blijft. De (eventueel) op Kerstmis te celebreren drie HH.Missen vormen dus een uitzondering, die er ook is als een *mis voor het volk*(zie boven) of op een andere titel van rechtvaardigheid, gehoorzaamheid enz. gevierd moet worden. De nieuwigheid tegenover de oude Codex *(can.824 § 2)* bestaat hierin, dat men toen bij het vieren van meerdere HH. Missen op één dag, waarvan er één op titel van rechtvaardigheid geappliceerd moest worden, voor een andere H.Mis geen geldelijke bijdrage mocht ontvangen behalve op Kerstmis en op een extrinsieke titel. Dit mag volgens **can.951 § 1** dus wel, al mogen zij er maar één voor zichzelf behouden, de andere in ontvangst genomen en aanvaarde geldelijke bijdragen moeten voor de door de Ordinaris[262] voorgeschreven doelen (onderhoud seminarie, caritas enz.) worden bestemd. Het gaat hier over zowel de plaatselijke als religieuze Ordinaris. De tekst van de canon geeft dit eigenlijk al aan, maar dit is ten overvloede nog eens duidelijk gemaakt in een antwoord van de *PCI*[263]. Zijn de pastoors of parochievicarissen leden van een religieus instituut, dan berust de beslissing exclusief bij de plaatselijke Ordinaris.

De nieuwe wetgeving is de concelebratie welgezind, ook als de priester al gecelebreerd heeft of dit alsnog gaat doen tot nut van de christengelovigen. Hiermee geeft de wetgever reliëf aan de diepere motieven, die in het concelebreren gelegen zijn, en tegelijk begunstigt hij de spiritualiteit van de priesters. Om echter te voorkomen, dat die diepere motieven verduisterd worden door minder edele motivaties, wordt in **can.951 § 2** verboden om op welke titel dan ook een geldelijke bijdrage te ontvangen voor een tweede concelebratie op dezelfde dag[264]. Op geen enkele manier wordt hiermee aan de geldelijke bijdrage voor een eerste geconcelebreerde H.Mis (vgl.**can.945 § 1**) getornd.

9. Reductie van misverplichtingen

Vaak worden fundaties, dat zijn wilsbeschikkingen hetzij onder levenden hetzij bij overlijden **(can.1299 § 1)**, in het leven geroepen om ervan

[262] Waarmee de eigen Ordinaris van de celebrant bedoeld is; voor parochies dus de plaatselijke Ordinaris: *AAS* 79(1987) 1132 en *COMM*. 19(1987)149.
[263] Vgl. *AAS* 79(1987)1132 en *COMM*. 15(1983)200-201.
[264] Dat bleek al uit de *Verklaring* van de Congregatie voor de Eredienst van 7 augustus 1972: *AAS* 64(1972)561-563 n.3b en het MP *Firma in traditione* van Paus **Paulus VI**(1974): *AK* 29(1974)896 sub IIIa. Vgl. voor het omslachtig antwoord op de vraag of voor de concelebratie van een "gebineerde" H.Mis een geldelijke bijdrage mag worden ontvangen *NOT*. 11 (1975)287-288 en *KE* II, n.2876.

verzekerd te zijn dat met (grote) regelmaat HH.Missen worden opgedragen voor een particuliere intentie en voor een bepaalde periode. Die fundaties bestaan uit gehelen van tijdelijke goederen, uit de opbrengst waarvan aan die misverplichtingen moet worden voldaan. Eenmaal gesticht, kan er van alles gebeuren: of de opbrengst wordt om welke reden ook hoger of hij wordt lager of op een andere manier minder geschikt voor de uitvoering van de daaraan verbonden verplichtingen. In beide laatste gevallen kan er dan sprake zijn van reductie, d.i. vermindering van de aangegane verplichtingen.

Uitgangspunt in deze materie is **can.1300**, die voorschrijft dat wilsbeschikkingen van de gelovigen na wettige aanvaarding met de grootst mogelijke zorgvuldigheid moeten worden uitgevoerd. Hierop zijn echter uitzonderingen mogelijk, als er een wanverhouding ontstaat tussen de kosten van de verplichtingen en de som van de inkomsten, waarmee aan die verplichtingen voldaan moet worden. Op drie manieren is een wijziging van de verplichtingen mogelijk, nl. door *reductie* d.i. vermindering van het aantal prestaties, dat geleverd moet worden, door *beperking van de kosten* om op die manier meer financiële armslag te krijgen en door *wijziging of omzetting (commutatie)* van de verplichtingen: de ene prestatie wordt door een andere vervangen. Reductie van misverplichtingen kan alleen plaatshebben om een goede en noodzakelijke reden; zuiver ongemak is in ieder geval nooit een voldoende reden voor reductie. Zij kan ook niet worden overgelaten aan particuliere personen; steeds is de tussenkomst van het kerkelijk gezag nodig als garantie voor het handhaven van de wil van de stichter.

Can.1308 § 1 stelt als algemene regel, dat reductie van misverplichtingen is voorbehouden aan de Apost.Stoel, zowel als het gaat om reductie van manuele als om reductie van hoe dan ook gefundeerde geldelijke bijdragen[265]. Uitzonderingen op deze algemene regel worden in de volgende paragrafen van dezelfde canon genoemd:

[265] Voor deze herziene versie van *can.1551 § 1 CIC/17* ("Het reduceren van de verplichtingen van een fundatie is aan de H.Stoel gereserveerd, tenzij in de stichtingsakte uitdrukkelijk anders bepaald is...") verwijst de bronnenuitgave van de **Codex/83** naar een reeks uitspraken van de Romeinse Curie. Op de vraag van Bisschoppen of zij krachtens de hun in het MP *Pastorale munus*(1963) van Paus **Paulus VI** verleende faculteiten misverplichtingen kunnen reduceren, c.q. vernietigen, wanneer daaraan in het verleden op schuldige wijze niet is voldaan, antwoordde de *PCIV* op 1 juli 1971 (*AAS* 63(1971)860): ja, als het gaat om reductie van gefundeerde HH.Missen met, indien mogelijk, behoud van de wilsbeschikking van de stichters; nee, waar het gaat om vernietiging van die verplichtingen. Daartoe is alleen de betrokken Congregatie van de Romeinse Curie bevoegd. Wanneer het gaat om misverplichtingen, aangegaan door vrome verenigingen, vallen alle beslissingen omtrent reductie, wijziging enz. onder de competentie van de Congregatie

a) de (vrome) stichter kan zelf in de stichtingsakte bepalen, dat de (plaatselijke of religieuze) Ordinaris de bevoegdheid heeft om bij vermindering van de opbrengsten uit een fundatie de misverplichtingen te reduceren (§ **2**). Reeds geruime tijd geldt in de Nederl.bisdommen het voorschrift voor stichters van fundaties en voor notarissen een dergelijke clausule in de akte op te (laten) nemen;
b) ook als dit laatste niet gebeurd is, kan de diocesane Bisschop (en wie met hem gelijk is gesteld) Missen van zelfstandige legaten (of hoe dan ook gesticht) reduceren tot de in zijn bisdom geldende geldelijke bijdrage, als de inkomsten ontoereikend zijn geworden, maar alleen zolang dit duurt en op voorwaarde dat er niemand is, die verplicht is of gedwongen kan worden de inkomsten alsnog te verhogen (§ **3**)[266];
c) ook kan de diocesane Bisschop misverplichtingen uit niet autonome (niet-zelfstandige) legaten (of anderszins), die drukken op kerkelijke instellingen, reduceren als de inkomsten ontoereikend zijn geworden voor een passende vervulling van de aan de instellingen eigen doelstelling (§ **4**)[267];
d) ook de hoogste Overste van een klerikaal religieus instituut van pauselijk recht, maar bv., niet de Overste van een sociëteit van apost. leven[268], bezit dezelfde bevoegdheden als de diocesane Bisschop (§ **5**).

Can.1309 staat tenslotte aan alle bovengenoemde gezagsdragers toe om verdere specifieke misverplichtingen t.a.v. de plaats 'waar', het altaar 'waaraan' en de kerk 'waarin', verschillend van die, welke in de fundaties zijn vastgelegd, om een passende reden, minder zwaar dan die vereist is voor de reductie van misverplichtingen als zodanig, te veranderen.

voor de Geestelijkheid en niet die van de Pauselijke Raad voor de Leken; aldus een uitspraak van de Apostolische Signatuur, d.d. 3 mei 1982: *COMM.* 15(1983)42-44; **X.Ochoa**, a.w., *vol.VI*, n. 4904. In concreto gaat het er steeds om de continuiteit van de fundatie te sauveren door de daaraan verbonden verplichtingen af te meten aan de actuele opbrengst van de gedoteerde goederen. – Over *hoe* bisdommen zijn omgegaan met de mogelijkheden tot reductie: zie bv. *An.Bo.* 7(1967)166.

266 Vgl. MP *Pastorale munus*(1963) van Paus **Paulus VI** n.11. Tijdens de Codexherziening werd de suggestie gedaan hem ook de volmacht te geven tot reductie van manuele geldelijke bijdragen. Daar werd niet op ingegaan, omdat men het – ter voorkoming van misbruiken – beter achtte verhaal op de Apost. Stoel te handhaven. Vgl. *COMM.* 5(1973)102-103; 12(1980)434.

267 Vgl. MP *Pastorale munus*(1963) van Paus **Paulus VI** n.12. De onder b en c genoemde volmachten zijn nog eens bevestigd in het MP *Firma in traditione*(1974) van dezelfde Paus onder IIIb en IIIc.

268 *COMM.* 16(1984)37.

10. Complementaire normen

10.1. Wie bepaalt de hoogte van de geldelijke bijdrage?

De grootte van de geldelijke bijdrage kan niet willekeurig door de individuele priester worden bepaald. Dat is de taak van de gezamenlijke Bisschoppen van een Kerkprovincie, die op een Provinciaal Concilie of in een gewone vergadering bijeen zijn. Zij leggen volgens **can.952 § 1** de grootte van de geldelijke bijdrage per decreet vast. Uit deze canon blijkt dat de wetgever wil, dat een dergelijke beslissing binnen zo groot mogelijke jurisdictionele eenheden plaatsvindt[269]. Ontbreekt zo'n decreet, dan moet men de in het bisdom geldende gewoonte in acht nemen (**can.952 § 2**)[270]. Volgens **can.952 § 3** moeten zowel de diocesane als reguliere priesters zich aan de gedecreteerde norm of de plaatselijke gewoonte houden. Niemand mag een hoger bedrag *eisen* (**§ 1**), tenzij op extrinsieke titel (ongelegen uur, grote afstand, gevaarlijke of moeilijke weg enz.). Vanzelfsprekend mag een hoger bedrag worden aanvaard, als het *spontaan* gegeven wordt, zoals men uiteraard ook een lager bedrag mag aanvaarden[271].

10.2. Hoeveel geldelijke bijdragen mag een priester aanvaarden?

Can.953 wil alle schijn van handel of winstbejag, alle gevaar voor hebzucht tegengaan, alsmede het gevaar keren dat men aangegane verplichtingen vergeet of niet nakomt. Daarom luidt de norm, dat niemand méér geldelijke bijdragen mag aanvaarden voor door hemzelf op te dragen HH.Missen dan waaraan hij binnen het jaar kan voldoen. Dat jaar moet berekend worden vanaf de aanvaarding (vgl. **can.202 § 1**).

Hiermee hangt direct de kwestie van de *overdracht* van geldelijke bijdragen aan anderen samen. Mocht men meer bijdragen ontvangen dan waaraan men binnen een jaar kan voldoen, dan moeten zij naar anderen

[269] Pas vanaf het *Schema/1982* is het vaststellen van de hoogte van de geldelijke bijdrage een zaak geworden van de BC; daarvóór was het altijd nog zaak van de diocesane Bisschop, zij het dan na overleg met de Bisschoppen van de regio: zie *COMM.* 13(1981)435, *Schema/80 (can.901)* en *Relatio/1981* bij can.901. Vandaar is onjuist, wat **H.Schwendenwein**, a.w., p.335 hierover zegt.

[270] Hierop sluit aan, wat in de meeste bisdommen praktijk is. Er zijn geen algemene normen voor alle bisdommen; wel zijn sommige bisdommen bezig uniforme regels in te voeren. Men leze er de jaarlijks door ieder bisdom gepubliceerde Richtlijnen (Utrecht) of Diocesane Regelingen (andere bisdommen) op na.

[271] Iedere verwijzing naar een eventueel verbod van de plaatselijke Ordinaris om een geringer (lager) bedrag te aanvaarden, zoals in *can.832 CIC/17* ("Een priester mag een hogere geldelijke bijdrage voor de applicatie van de Mis aanvaarden; en ook een geringere, tenzij de plaatselijke Ordinaris dit verboden heeft") ontbreekt hier.

worden gestuurd of aan de eigen Ordinaris worden overgedragen. Er wordt weliswaar van uitgegaan, dat de gever van een intentie de applicatie van de H.Mis gevraagd heeft zonder een nadere bepaling van de plaats, waar dit gebeurt, maar zijn wil moet wel steeds worden gerespecteerd. In bepaalde kerken of kapellen, zegt **can.954**, m.n. in de grote heiligdommen en bedevaartsoorden, worden vaak meer Missen aangevraagd dan ter plaatse gecelebreerd kunnen worden. Zij mogen dan elders worden opgedragen, tenzij de gevers uitdrukkelijk het tegendeel te kennen hebben gegeven of het bevoegde kerkelijke gezag volgens **can.1309** in verplaaatsing heeft toegestemd. De *Codex/17* sprak in *can.836* in dit geval nog over het aanbrengen van een publiek, goed zichtbaar plakkaat voor het geval de HH.Missen elders werden gevierd. Nú wordt daarover niet meer gesproken. De overdracht van de misintenties dient te geschieden volgens de regels van **can. 955**: zij kunnen worden overgedragen aan priesters naar eigen keuze, die volstrekt betrouwbaar zijn; de overdracht van de geldelijke bijdrage moet integraal zijn, tenzij met zekerheid vaststaat, dat hetgeen de lokaal geldende som overstijgt, gegeven is met het oog op de persoon van de priester, hetgeen uitzondering is (men mag dit niet presumeren, maar het moet met zekerheid vaststaan). In ieder geval is het geoorloofd zich schadeloos te stellen voor de kosten van de overdracht. Tenslotte moet degene, die de verplichtingen aanvaard heeft, blijven zorgen voor het celebreren, totdat hij mondeling (maar beter schriftelijk) bericht ontvangen heeft dat een ander de verplichting aanvaard en de geldelijke bijdrage ontvangen heeft (**§ 1**). Voor deze andere priester begint de plicht tot celebreren op de dag, waarop hij de intentie ontvangen heeft (**§ 2**). **Can.956** stelt, dat alle beheerders van goederen met een vrome bestemming en iedere beheerder afzonderlijk en dat zij, die hoe dan ook verplicht zijn voor het celebreren van HH.Missen zorg te dragen, geestelijken of leken, de misverplichtingen, waaraan binnen een jaar nog niet voldaan is, moeten overdragen aan hun Ordinarissen[272].

10.3. Controlenormen[273]

De priester, die persoonlijk misverplichtingen aanvaard heeft, moet daarvan nauwkeurig aantekening houden zowel van die, welke hij aan-

[272] In het Decreet *Mos iugiter*(1991) van de Congregatie voor de Geestelijkheid wordt in de artikelen 4 en 5 nog eens uitdrukkelijk gewezen op het nakomen van juist deze normen (**cc.954-956**), zowel waar het bedevaartsoorden enz. betreft als waar het gaat om individuele priesters, die veel applicatiegelden ontvangen.

[273] Er vindt geen controle op de priester plaats, maar op de parochieboekhouding. Zie *A.R.-parochie* art.56.

vaard heeft, als waaraan hij al voldaan heeft (**can.955 § 4**); ook degene, die het celebreren van HH. Missen aan anderen toevertrouwen, moeten zonder uitstel in een boek aantekenen zowel de HH.Missen, die zij aanvaard hebben, als die welke zij aan anderen doorgegeven hebben, inclusief vermelding van de daarvoor ontvangen geldelijke bijdragen (**can.955 § 3**). Ofschoon hier niet gezinspeeld wordt op een speciaal register voor misintenties, moet het wel zó zijn dat op ieder moment iemand anders de aantekeningen kan controleren. Het gaat immers om rechtsverplichtingen op basis van de aanvaarding. Een dergelijk speciaal register moet volgens **can.958** wel worden aangelegd door de pastoor en de rector van een kerk of van een andere godsdienstige plaats, waar gewoonlijk geldelijke bijdragen in ontvangst worden genomen. Daarin dient nauwkeurig aangetekend te worden: het aantal te celebreren HH.Missen, de intentie, de grootte van de geldelijke bijdrage en de uitvoering ervan. Opvallend is, dat de Nederlandse Bisschoppen in hun toepassingsbesluiten bij de CIC dit speciale register (misintentieboek) niet expliciet voorschrijven.

De plaatselijke Ordinaris in kerken van seculieren en de eigen Overste in kerken van religieuzen zijn verplicht ieder jaar deze registers of boeken te controleren, hetzij persoonlijk hetzij door anderen (**can.958 § 2**). De algemene wetgeving zegt niets over de controle van de registers, die iedere priester individueel moet bijhouden; dit zou in het particuliere recht gedaan kunnen worden. Deze register- of boekencontrole zal, algemeen gesproken, de manier zijn om te voldoen aan het voorschrift van **can.957**: "De plicht en het recht om erover te waken dat aan de misverplichtingen voldaan wordt, komt in kerken van de seculiere clerus toe aan de plaatselijke Ordinaris en in kerken van religieuze instituten of sociëteiten van apostolisch leven aan hun Oversten".

Corollarium

Dit toevoegsel betreft de devotie van de zgn. *Gregoriaanse Missen*. Zo wordt de reeks HH.Missen genoemd, die worden geappliceerd voor een overledene gedurende dertig dagen zonder enige onderbreking. Deze devotie vindt haar oorsprong in een episode van een verhaal, dat Paus **Gregorius de Grote** vertelt[274]. Waarschijnlijk heeft hij daarin alleen de leer van de Kerk omtrent de smeekbeden, die op de doden kunnen worden toegepast, willen voorhouden, maar de ingenue mentaliteit van de

[274] *Dialogen* IV, 55: PL 77, 420-421.

Middeleeuwen heeft het accent gelegd op de onschatbare waarde van de ononderbroken opeenvolging van HH.Missen.

De Kerk houdt hier en daar nog vast aan deze praktijk, maar zij heeft de verplichting tot een ononderbroken successie gemilderd in de Verklaring *Tricenario gregoriano* van 24 februari 1967[275] in deze zin: als door een onvoorzien beletsel, bv. ziekte, of om een ander redelijk motief, bv. de viering van een uitvaart of huwelijksmis, een priester het dertigtal zou moeten onderbreken, werpt het *tricenarium* toch zijn vruchten af door de beschikking van de Kerk, op voorwaarde dat men het dertigtal zo vlug mogelijk volmaakt[276].

[275] *AAS* 59(1967)229-230.
[276] Zie *NDP*, pp.254-255; *CDC (P/M)* p.555.

HOOFDSTUK VII: HET SACRAMENT VAN BOETE EN VERZOENING[1]

Inleiding

Onder de vele vormen van boete en zondenvergeving (gebed, schriftlezing, gelovig luisteren naar Gods woord, eucharistieviering, werken van barmhartigheid, versterving, verzoening in interpersoonlijke relaties[2]) neemt de *sacramentele* zondenvergeving in het doopsel en in het sacrament van boete en verzoening een heel bijzondere plaats in. In de loop van de geschiedenis heeft de structuur van het sacrament van boete en verzoening diverse aanpassingen aan de behoeften van de christengemeenschap ondergaan "maar telkens met behoud van de essentiële elementen"[3]. De belangrijkste aanpassingen kunnen als volgt worden samengevat:

1. overgang van de publieke boete (uit de mediterrane traditie) naar de private boetepraktijk (uit de iers-schotse traditie); zij bracht een overgang met zich mee in de volgorde van de boetehandelingen: de verzoening met God en met de Kerk vindt niet meer plaats ná, doch vóór het voldoen aan de opgelegde penitentie; de absolutie wordt direct na de belijdenis gegeven;
2. overgang van een discipline, die bepaalde onvergeeflijke zonden kent met als gevolg een levenslange boete naar een discipline, waarin *alle* zonden worden vergeven;
3. overgang van de vergeving, die slechts éénmaal in het leven gegeven wordt, naar een vergeving die bij herhaling plaats kan vinden;
4. overgang van zeer strenge en langdurige straffen naar veel lichtere straffen;
5. overgang van de aan de Bisschop voorbehouden verzoening naar een door iedere priester gegeven absolutie;

[1] Met deze titel nemen wij het liturgisch spraakgebruik over, dat helaas niet is opgenomen in de vertaling van de nieuwe Codex.

[2] Vormen, die weer een eigen gestalte kunnen krijgen in bv. Afrika: zie *Concilium* 23(1987)n.2, pp.69-75 en die daar het probleem van de 'inculturatie' oproepen; vormen, die ook in het christelijke Oosten al in de eerste eeuwen van het christendom gangbaar lijken te zijn geweest: t.z.p., pp.86-92. Lees **J.Ambaum**, *Sacramentele en buitensacramentele vergeving van de zonden. Over de eigenheid van het boetesacrament* – in: *Communio* 3(1978)321-336.

[3] Decreet *Reconciliationem* van de Congregatie voor de Eredienst(1973). Met de vertaling hiervan opent de nieuwe *OvD* voor boete en verzoening(1976).

6. overgang van de deprecatieve naar de indicatieve absolutieformule (sinds het vierde Lateraans Concilie van 1215), die nu beide opgenomen zijn in de absolutieformule;
7. overgang van alle nadruk op het berouw naar de beklemtoning van de belijdenis[4].

De aanzet tot hervorming en aanpassing van het *Rituaal* voor het sacrament van boete en verzoening in onze dagen werd gegeven door de Liturgieconstitutie van Vaticanum II: *SC* n.72. Tegen de achtergrond van de ernstige crisis, waarin het sacrament in onze tijd verkeert, is de vraag gerechtvaardigd of die hervorming geleid heeft tot een werkelijk aan onze tijd aangepaste boetediscipline.

Omdat in de oude, tot voor enkele decennia algemeen verspreide praktijk van dit sacrament alle nadruk kwam te liggen op de *belijdenis* van de zonden werd ook algemeen gesproken over het sacrament van de *biecht*. Op die manier leek slechts één element een hoofdrol te spelen, terwijl het oude Wetboek toch al de terminologie *sacrament van boetvaardigheid of van boete* gebruikte[5]. In de nieuwe wetgeving werd deze terminologie onveranderd overgenomen, maar in de nieuwe *OvD*[6], die vanaf 1973 van kracht is, wordt gesproken over het sacrament van *boete en verzoening*, waarmee de oudste elementen[7] van dit sacrament worden aangegeven.

Zoals voor alle liturgische functies (*SC* n.27) wijst de Liturgieconstitutie in n.109 ook op de *ecclesiale* dimensie van het verzoeningssacrament. Toch schenkt het nieuwe Wetboek alleen maar terloops aandacht aan die dimensie, nl. in **can. 959,** of het zou moeten zijn dat het met de absolutie aan meerdere boetelingen tegelijk **(can.961)** deze dimensie op

[4] **B.Dufour**,a.w.,pp.21-22; zie ook het standaardwerk van **B.Poschmann**, *Poenitentia secunda*(Bonn 1940) en *Busze und letzte Ölung* – in: *Handbuch der Dogmengeschichte IV/3* (Frankfurt 1951); **J.Bommer**, a.w.,pp.33-47, **P.Pas**, a.w, pp.70-80 en **L.Orsy**, a.w.,pp.28-51.

[5] Niet echter in de titel van het betreffende hoofdstuk (Boek III, Titel IV), waarboven uitsluitend *de poenitentia* staat. Om verwarring met de deugd van boetvaardigheid te voorkomen spreekt de **Codex/83** al in de titel zelf over het sacrament van de boete of van boetvaardigheid: *CDC(P/M)*, p.555; *COMM.* 10(1978)47.

[6] Gepromulgeerd bij Decreet *Reconciliationem* van de Congregatie voor de Eredienst (1973). Zie ook de *Brief* van de Bisschoppen van Nederland van 9 november 1976 bij de Nederlandse vertaling van de nieuwe *OvD* voor boete en verzoening: *An.Utr.* 49(1976)519-527; *An.Rmd.* 57(1976)113-121; *An.Bo.* 16(1976)N123-N131; 'gestroomlijnde' Analecta van de andere bisdommen: zelfde pagina's van hetzelfde jaar. Gelet dient te worden op de wijzigingen, die bij Decreet *Promulgato Codice*(1983) van de Congregatie voor de Sacramenten en de Eredienst werden gepubliceerd in **X.Ochoa**, a.w., *vol.VI*, n.4997.

[7] Zie *LW* I, s.v.biecht, pp.263 vv.

het oog had. Dat is echter niet waarschijnlijk, omdat het in die canon gaat over noodsituaties en niet over wat normaal gesproken een aspect van dit sacrament zou moeten zijn. Ook hieruit blijkt, dat het nieuwe Wetboek zich, evenals het voorgaande, vóór alles zorgen maakt over de individuele, persoonlijke belijdenis en absolutie, niet zozeer over de ecclesiale dimensie[8], welke uiteraard in de privé- of oorbiecht minder sterk naar voren kan komen dan in de andere sacramenten.

Over het algemeen is de oude wetgeving bewaard gebleven en is er in die zin geen sprake van een breuk met het verleden; er is dus geen overgang naar nieuwe opvattingen over dit sacrament. Hoogstens zouden we kunnen spreken over de overgang van een onpersoonlijke bediening van het sacrament naar een persoonlijke zorg, getuige het feit dat de biecht, ook in zijn individuele vorm, een echte viering is geworden, waarin gebed, het woord Gods en de dialoog tussen biechtvader en boeteling een rol spelen. Niettemin zijn er toch enkele, niet onbelangrijke verschillen met het recente verleden aan te wijzen:

1. voor het eerst bevatten de nieuwe normen voorschriften over de *algemene sacramentele absolutie* zonder dat hieraan een individuele belijdenis voorafgaat;
2. de *reservatie van zonden*, waarover de *CIC/17* nog uitvoerig *(cc.893-900)* sprak, is op verzoek van de Apostolische Penitentiarie uit de nieuwe Codex verdwenen, omdat dit canonieke instituut minder zinvol werd geacht en omdat hetgeen hiermee bedoeld was voldoende zou kunnen worden opgevangen door de *reservatie van censuren*[9].

Een groot verschil tussen beide wetgevingen had het voorstel kunnen zijn, dat in de laatste fase van de Codexherziening werd gedaan, nl. dat priesters door het feit van de wijding als zodanig algemeen gevolmachtigd zouden zijn om dit sacrament te bedienen. Met de verwerping van dit voorstel[10] werd vastgehouden aan de noodzaak van een afzonderlijke, daartoe te geven faculteit, die de wijding overstijgt. Wel is die faculteit in **can.967** fors verruimd, waarmee de accentverschuiving van het jurisdictionele naar het pastorale aspect een feit geworden is.

Op de ernstige crisis, waarin dit sacrament in ons land en elders verkeert, hebben de Nederlandse Bisschoppen onder meer gewezen in hun *Brief* over *boete en vergeving*(1965) en in hun Advents(en voorlees-) brief over *bekering en vergeving* (1973) met als bijlage een instructie

[8] Hoezeer daar ook op aangedrongen is door de consultatieorganen: vgl.*COMM.* 10(1978)48 IV.
[9] Zie *COMM.* 10(1978)49 sub VIII; *Relatio/1981*, pp.230-231.
[10] Vgl.*COMM.* 10(1978)56.

over boetevieringen en privé-biecht. In beide brieven klinkt de waarschuwing door dat de individuele biecht en de gemeenschappelijke boetediensten niet tegen elkaar mogen worden uitgespeeld, maar dat zij ieder voor zich een eigen, onvervangbare waarde hebben. Bijzonder in de laatste brief wordt uitdrukkelijk ingegaan op de betekenis van de privé-biecht in relatie tot de gemeenschappelijke boetediensten[11].

Met het oog op de Bisschoppensynode van 1983 heeft de *Internationale Commissie van Theologen (CTI)* op verzoek een analyse gegeven van de anthropologische situatie van de boete in relatie tot de huidige crisis van de mens en heeft zij een onderzoek ingesteld naar de bijbels-historische en dogmatische fundamenten van de kerkelijke leer over de boete en enkele overwegingen aangedragen met betrekking tot belangrijke problemen inzake de leer en de praktijk van de boete[12].

Tenslotte wijzen we in deze inleiding op het bestaan van dit sacrament in de van de Catholica gescheiden kerken; we verwijzen daarvoor naar de in de voetnoot[13] vermelde publicaties.

1. Wat is het boetesacrament?

Can.959 geldt als preambule voor alle daaropvolgende juridische bepalingen. Hij wil geen uitputtende theologische definitie van het sacrament geven, maar alleen de belangrijkste elementen noemen[14]: de

[11] Resp. in *An.Utr.* 38(1965)65-69 en 47(1974)18-47; *An. Ha.* 12(1965)17-21; *An.Gr. Bd.II* (1962-1966)368-373; *An.Br.* 1965, pp. 69-75. *An.Rmd.* 46(1965)37-40; *An.Ro.* 10(1965)97-101. Op 16 maart 1965 gaven de Bisschoppen tevens een instructie uit over boetevieringen en privé-biecht: *An.Utr.* 38(1965)70-71; *An.Rmd.* 46(1965)40-42; *An.Ha.* 12 (1965) 22-23; *An.Gr. Bd.II* (1962-1966) 374-375; *An.Bo.* 5 (1965) 55-56; *An.Ro.* 10 (1965) 101-102; vgl. 13 (1968) 11-12 en 14 (1969) 151-152. Vgl. ook de enc.*Redemptor hominis* (1979) van Paus **Joannes Paulus II n**.20. Onder de auteurs, die pogen een analyse te geven van de factoren, die hebben geleid tot een forse achteruitgang van de privé-biecht, noemt **P.Pas**, a.w., pp.20-35: het oecumenisch klimaat, waarin we leven; een ander Godsbesef; gewijzigde opvattingen inzake de moraal; minder goede herinneringen aan het verleden en de opkomst van de boetevieringen (t.z.p., p.91). Het is nog altijd nuttig kennis te nemen van de resultaten van de zgn.pastorale gesprekken (uit 1963) in het bisdom 's-Hertogenbosch: *An.Bo.* 4(1964)3-26 (extra uitgave van de Analecta). Vgl.**W.Kasper**, *De boodschap van de vergeving der zonden*, in: *Communio* 14 (1989) 26-36 en **K.Baumgartner**, *"Wie gij de zonden vergeeft..."* (Joh. 20,23): *Communio* 14 (1989) 37-49.

[12] In *CTI, Documenta. Documenti*(1969-1985)(Libreria Editrice Vaticana 1988), pp.352-419: *De reconciliatione et paenitentia*(1982). Zie *Communio* 9(1984)458-480; vgl. pp.383-393.

[13] **M.Thurian**, *De biecht in de evangelische kerken* in: *Concilium* 3(1967)25-31; **P.Pas**, a.w., pp.83-90 en **F.Senn**, *De zondebelijdenis in de reformatorische kerken* – in: *Concilium* 23(1987)n.2, pp.93-102.

[14] Zie *Relatio/1981*, p.225. De penitentie, "de laatste handeling, die het sacramentele teken van de boete bekroont" [Apost.Exh. *Reconciliatio et paenitentia*(1984) n.31 III], komt afzonderlijk ter sprake in **can.981.** Vgl.**M.Gitton**, *De biecht, een geestelijk avon-*

hoofdrolspelers (gelovige, wettige bedienaar, God en Kerk), de vereiste handelingen (berouw, belijdenis, voornemen tot levensverbetering van de zijde van de boeteling en absolutie van de zijde van de Kerk), de vruchten (vergeving van de zonden, verzoening met God en met de Kerk). Deze canon is geïnspireerd door *LG* n.11[15]. Ofschoon hij geen *wezenlijke* verschillen vertoont met *can.870 CIC/17*[16] zijn er behoudens een ander woordgebruik, bv. *venia*(vergeving) in plaats van *remissio* (kwijtschelding), en het vervallen van het woord *iudicialem*(gerechtelijk) vóór *absolutionem*[17], zijn er toch enkele belangrijke veranderingen aan te wijzen. Sterker dan in de oude wetgeving wordt de *instrumentele* functie van de absolverende bedienaar naar voren gehaald, omdat het God is, die vergeving schenkt *door* de bediening van de Kerk[18]; tegelijk wordt daarmee de *ecclesiale* dimensie van de vergeving aangeduid, omdat de canon spreekt over de verzoening met God en met de Kerk[19]. Zeker is dat het *Concilie van Trente*[20] eenzijdig de nadruk legt op de verzoening met God, waardoor de verzoening met de Kerk minstens in de schaduw komt te staan. Toch was de gedachte aan een verzoening met de Kerk zeer levendig in de eerste eeuwen van het christendom. **Can.959** overstijgt in ieder geval een al te individualistische benadering van het sacrament, als zou het daarin alleen gaan om een zaak, die zich

tuur: *Communio* 3(1978)346-354 en **P.Henrici**, *Zoals ook wij aan anderen hun schuld vergeven...Wijsgerige kanttekeningen bij het sacrament van de biecht*: *Communio* 9(1984)321-336.

15 Het mag op z'n minst vreemd heten, dat de bronnenuitgave van de Codex niet verwijst naar deze passage; dat gebeurde nog wel in het *Schema/75(can.130)*, sindsdien niet meer.

16 *Can.870*: "In het boetesacrament worden door de gerechtelijke absolutie, gegeven door een wettige bedienaar, aan de gelovige, die de vereiste gesteltenis bezit, de na het doopsel bedreven zonden vergeven".

17 Tijdens de discussie in 1981 werd een poging gedaan om dit woord weer op te nemen in de tekst, maar tevergeefs omdat het *gerechtelijk* aspect niet alleen betrekking heeft op de absolutie, maar op heel de sacramentele handeling: zie *Relatio*/1981, p.224; vgl.*COMM.* 10(1978)50 en **B.Dufour**, a.w., pp.81-83. Vele andere, minder belangrijke wijzigingsvoorstellen in 1981 (alle tenderend in de richting van een nauwere aansluiting bij de formulering van de *OvD* voor boete en verzoening) werden afgewezen, bv. het voorstel om consequent te spreken over "het sacrament van boete en verzoening". Vgl.**W.Löser**, *"Ego te absolvo..". De vrijspraak van de zonde in de biecht*: *Communio* 3(1978)337-345.

18 Zie de absolutieformule in de *OvD* n.46.

19 Zonder overigens aan te geven hoe deze twee zich tot elkaar verhouden. Dit is een theologische kwestie, waaraan we hier voorbijgaan. **K.Mörsdorf**, *Kirchenrecht II*, p.63 merkt op, dat de *pax cum Ecclesia* werkoorzaak is voor de *pax cum Deo*; de juxtapositie van beide elementen in **can.959** laat dit in het midden.

20 *Conc.Trid., Sess.XIV* de paenit.,cap.3 – in: *DS*, a.w., n.1674. De *CTI* gaat op pp.391-397 uitvoerig in op de leer van Trente, zoals ook: **D.Borobio** in: *Concilium* 23(1987)26-40.

afspeelt tussen God en de individuele mens; zonde is immers altijd ook een beschadiging van de kerkgemeenschap[21].

Voor een *vruchtbaar* ontvangen van dit sacrament geeft **can.959** nauwkeurig de eisen aan: bekentenis van de zonden tegenover een gevolmachtigd priester, die gepaard gaat met berouw en het voornemen tot levensverbetering. Daarover spreekt de priester de vergeving uit en komt de verzoening met God en met de Kerk tot stand. Op de afzonderlijke elementen wordt in het volgende teruggekomen.

2. Viering van het boetesacrament

A. *Gewone viering*

Helemaal in de lijn van **can.2**, die bepaalt dat het Wetboek meestal niet de riten bij het voltrekken van liturgische handelingen bespreekt, zijn we voor de *liturgische vormgeving* van het sacrament voor boete en verzoening aangewezen op de *OvD* voor boete en verzoening(1973) en de *Variationes*(1983)[22]. Daarin worden drie rituelen onderscheiden:

a. voor de verzoening van één boeteling: nn.41-47; dit basisritueel, bestaande uit een persoonlijke belijdenis en absolutie (het enige ritueel, dat in de *CIC/17* ter sprake komt) vormt het uitgangspunt voor de andere rituelen en is ook nu nog de voornaamste zorg van de wetgever;
b. voor de verzoening van meerdere boetelingen tegelijk:nn.48-59, waarin de persoonlijke belijdenis en absolutie opgenomen is in het geheel van de viering;
c. voor de verzoening van meerdere boetelingen tegelijk met alleen een algemene belijdenis en generale absolutie:nn.60-66; in deze viering wordt de persoonlijke belijdenis en absolutie uitgesteld tot een later moment[23].

[21] Vgl.de Enc. *Redemptor hominis*(1979) van Paus **Joannes Paulus II** n.20: *AAS* 71(1979)314-315; *AK* 34(1979)399-400, waar de Paus benadrukt, dat de sociale dimensie van dit sacrament niet ten koste mag gaan van de individuele, dus van de privé-biecht; vooral echter ook de Postsyn. Apost. Exh. *Reconciliatio et paenitentia*(1985) van deze Paus (vrucht van de vierde algemene vergadering van de Bisschoppensynode in 1984) in de nn.6 en 31.

[22] Zie literatuuropgave onder Romeinse Congregaties VIIIk. Zie ook de *Brief* van de Bisschoppen van Nederland bij de Nederlandse vertaling van de nieuwe *OvD*, d.d. 9 november 1976 (vindplaatsen: zie voetnoot 6); vgl. brief van de Bisschop van Breda: *An.Br.* (april)1977, pp.B45-B47.

[23] Hier zij gewezen op de analyse van de boeterituelen door **E.P. de Jong**, *Boete en verzoening* – in: *An.Utr.* 50(1977) 417-422; *An.Gr.* 22(1977)B33-B39.

Volgens **can.960** zijn de rituelen onder a en b de *enige, gewone wijze*[24] voor de viering van dit sacrament, omdat het in beide gaat over de individuele, volledige belijdenis en absolutie van zware zonden[25]. Beide rituelen verschillen alleen in zoverre van elkaar, dat ritueel a een sterk individueel karakter heeft, terwijl ritueel b meer de gemeenschaps- en kerkelijke aspecten van de vergeving en verzoening onderstreept in die zin, dat de individuele vergeving en verzoening is ingebed in een gemeenschappelijke viering[26].

Bijna woordelijk is **can.960** terug te vinden in de *Pastorale Normen betreffende de generale absolutie* I van de Congregatie voor de Geloofsleer(1972)[27]. Deze normen houden onverkort vast aan de leer van het Concilie van Trente over de betekenis van de individuele belijdenis[28], waarvan alleen *fysieke of morele (ook: psychologische)* onmogelijkheid kan ontslaan. Volgens beproefde auteurs[29] moeten we daaronder verstaan: een extreem ernstige ziekte, gebrek aan tijd om te biechten vanwege een dreigend gevaar (bv.brand), niet kunnen spreken, niet-schuldige onwetendheid of vergeetachtigheid betreffende één of meer ernstige fouten (fysiek); gevaar voor verbreking van het biechtgeheim, bv. biechten t.o.v. slechts één enkele beschikbare biechtvader, ernstige gewetensscrupels, gevaar voor (waarschijnlijk te belopen) ernstig dreigend nadeel of slechte naam, dat geheel extrinsiek is aan de belijdenis als zodanig (moreel/psychologisch). Met deze clausule van **can.960** wordt al een voorschot genomen op **can.961**. In alle genoemde gevallen is of zijn de betrokken boeteling(en) verplicht om datgene, wat achterwege werd gelaten, alsnog aan te vullen zodra de uitzonderlijke situatie zich norma-

[24] Vgl. Apost.Exh. *Reconciliatio et paenitentia*(1985) van Paus **Joannes Paulus II**, n.31.

[25] Ofschoon niet beperkt tot zware zonden: vgl.**can.988 § 2**. Veeleer wordt hiermee benadrukt, dat de andere in de postconciliaire theologie herontdekte vormen van zondenvergeving als zodanig geen *sacramentele* vergeving betekenen en niet de geëigende weg zijn tot vergeving van zware zonden: zie *MK* bij **can.960**.

[26] Vgl. Apost.Exh. *Reconciliatio et paenitentia*(1985) van Paus **Joannes Paulus II**, n.32.

[27] Gepubliceerd op verzoek van meerdere Bisschoppen, die problemen kregen met de privé-biecht vanwege het priestergebrek, en tevens omdat zich enkele verkeerde theorieën aan het ontwikkelen waren rond het sacrament voor boete en verzoening en een ongegronde toename van de praktijk van de generale absolutie. Zie ook de Inleiding op de *OvD* voor boete en verzoening, n.31.

[28] *Sessio XIV*, can.de paenit.4, 6-9 – in: *DS*, a.w.,nn. 1704 en 1706-1709. In can.6 wordt gezegd dat de individuele belijdenis *krachtens goddelijk recht* noodzakelijk is [vgl. *An.Rmd.* 63(1982)11-16]. Een poging om deze kwalificatie in **can.960** in te voegen werd al in een vroeg stadium van de Codexherziening [zie *COMM.* 10(1978)51] afgewezen; zo ook in 1981 (zie *Relatio/1981*, p.225) met als argument: deze kwalificatie moet aan theologen worden overgelaten. Uitvoeriger hierover: **B.Dufour**, a.w., pp.33-37.

[29] *CDC(P/M)* p.557 en *Commento al Codice* p.575.

liseert en men via een persoonlijke belijdenis vergeving kan ontvangen. Om **can.960** correct te interpreteren in samenhang met **can.961** moeten we voor ogen houden, dat de Kerk trouw wil blijven aan een al eeuwen bestaande praxis, waarin zij het recht verdedigt op een meer persoonlijke ontmoeting met de gekruisigde Heer, die vergeeft[30], dus: aan de praktijk van de individuele biecht met uiteraard berouw, voornemen tot levensverbetering en penitentie.

Het onder b genoemde ritueel betekent de inkadering van de individuele biecht en absolutie in een gemeenschappelijke viering. Precies als zodanig is deze viering iets nieuws, al grijpt zij terug op een ritueel uit 1596, opgenomen in het *Pontificale Romanum*, voor de verzoening van meerdere boetelingen op Witte Donderdag door de Bisschop; hieraan ging de privé-belijdenis en absolutie aan het begin van de Vastentijd vooraf. Dit in onbruik geraakte ritueel werd in de nieuwe *OvD* (1973) hersteld. Paus **Paulus VI** sprak in 1974 de hoop uit, dat deze viering de normale vorm zou worden voor homogene groepen van boetelingen zoals: kinderen, jongeren, arbeiders, zieken, pelgrims enz.; binnen zo'n viering kan immers een betere voorbereiding op de individuele biecht plaatsvinden[31]. Overigens verwijzen de op het sacrament voor boete en verzoening betrekking hebbende bepalingen van het nieuwe Wetboek niet naar dit ritueel, omdat het alleen qua vormgeving, maar in wezen niet verschilt van het ritueel onder a.

In de nieuwe *OvD* wordt ook nog gesproken over een ander type van vieringen van de boete: de zgn.*boetevieringen*[32]. In Appendix II wordt een reeks *seizoengebonden* (Veertigdagentijd, Advent), *thematische*

[30] Vgl.Enc. *Redemptor hominis*(1979) van Paus **Joannes Paulus II**, n.20.

[31] Deze uitspraken van **Paulus VI** zijn niet in de *AAS* verschenen; zie *NOT*. 10 (1974) 225-227.

[32] Of: biechtcelebraties: *An. Utr.* 37 (1964) 137; *An. Bo.* 4 (1964) 58-59; *An. Rmd.* 45 (1964) 96. **P. Pas**, a.w., pp. 93-94 maakt bezwaar tegen deze benaming, omdat boete nu eenmaal niet gevierd wordt; beter zouden we kunnen spreken van "gemeenschappelijke boetedienst". Hij houdt een vurig pleidooi voor de waarde van deze diensten (pp.91-108) zonder daarbij afbreuk te willen doen aan de waarde van de privé-biecht (pp.108-120); vgl.**E.J. Marijnissen**, *Het sacrament van boetvaardigheid* – in *An.Gr., Bd.III* (1967-1970)247-251. In 1965 werden door Gooi en Sticht een aantal schema's voor boetevieringen uitgegeven volgens de richtlijnen van het Nederlands Episcopaat van 16 maart 1965 (zie o.a. *An.Ha.* 12(1965)17-21; *An.Rmd.* 46(1965)37-40; vgl. de *instructie* van de Nederlandse Bisschoppen aan de priesters over boetevieringen en privé-biecht (vindplaatsen zie voetnoot 11); ook **P.Pas**, a.w., pp.121-135 doet dat. **H.Schwendenwein**, a.w., p.338 stelt dat zij er zijn voor de gewetensvorming van de gelovigen en dat zij hen bewust moeten maken van de sociale dimensie van de zonde; sacramenteel zijn ze echter niet. Zie verder: *Geimeinsame Synode der Bistümer in der Bundesrepublik Deutschland. Offizielle Gesamtausgabe I*(Freiburg/Basel/Wien 1976), p.262 en **Chr.v.Schönborn**, *Boetesacrament, boeteviering en evangelisering* in: *Communio* 3(1978) 355-368.

(zonde en bekering; terugkeer van de verloren zoon naar de vader; de zaligsprekingen) vieringen genoemd en vieringen voor kinderen, jongeren en zieken. Deze vieringen zijn in geen enkel opzicht gelijk te stellen met bovengenoemde sacramentele vieringen, al kunnen deze laatste wel opgenomen zijn in de boetevieringen.

In de Inleiding op de *OvD* n.37 wordt ingegaan op aard en structuur van deze vieringen, die van groot nut zijn bij de bevordering van de bekering en de zuivering van het hart[33]. Niettemin wordt er bij herhaling op gewezen, dat deze vieringen niet mogen worden verward met de sacramentele viering[34]. Dat zal ook wel de reden zijn, waarom deze boetevieringen niet de officiële status van opname in de Codex hebben gekregen, al komt in deze vieringen dan ook sterk de *ecclesiale* dimensie naar voren.

B. *Buitengewone viering*

Wel, en dat is geheel nieuw voor de **Codex/83**, worden de bepalingen voor ritueel c, d.i. voor de verzoening van meerdere boetelingen tegelijk met een algemene belijdenis en algemene absolutie opgenomen in de **cc.961-963**.

a. *Ontstaansgeschiedenis*

Can.961 geeft aan in welke situaties gebruik mag worden gemaakt van de algemene absolutie[35]. De mogelijkheid daartoe is van recente datum en de aanleiding tot een reeks van documenten hierover werd gegeven door de beide wereldoorlogen van de twintigste eeuw. Te weten: een *Verklaring* van de Apost.Penitentiarie tijdens de eerste wereldoorlog[36], volgens welke gemobiliseerde militairen gebruik zouden mogen maken van een algemene absolutie zonder nog in stervensgevaar te zijn. Tijdens de tweede wereldoorlog kreeg deze *Verklaring* opnieuw toepassing doordat de Penitentiarie aan Duitse priesters de faculteit toekende om tot de strijd opgeroepen soldaten algemeen te absolveren zonder voorafgaande privé-belijdenis op voorwaarde dat zij een teken van

[33] Zoals uitgesproken in de *Pastorale Normen X*(1972) van de Congregatie voor de Geloofsleer.

[34] Bv. in de *Pastorale Normen X*(1972) van de Congregatie voor de Geloofsleer en in de *OvD* voor boete en verzoening n.37. Ook **Kard.Alfrink** wijst een generale absolutie bij een boeteviering (hetgeen hij een betere benaming vindt dan biecht-celebratie) af: zie *An.Utr.40* (1967)323-324.

[35] In 1679 nog veroordeeld door Paus **Innocentius XI**: *DS*, a.w.,n.2159.

[36] Van 6 februari 1915: *AAS* 7(1915)72.

berouw hadden gegeven en hun aantal zo groot was, dat zij niet afzonderlijk konden biechten[37]. In een *Decreet* van de Consistoriaal-(thans Bisschoppen)congregatie[38] werd in 1939 de zojuist genoemde particuliere faculteit gegeven aan Legervicarissen in alle oorlogsgebieden of in gebieden, waar soldaten konden of zouden worden opgeroepen; een faculteit, die habitueel kon worden gedelegeerd aan legeraalmoezeniers en, als zij dat wilden, aan andere (seculiere of reguliere) priesters. Een jaar daarop verleende de Sacramentencongregatie de faculteit om een algemene absolutie te geven aan alle burgers, die betrokken waren in de oorlogsindustrie, in gevangenkampen zaten enz., ook al waren zij niet in levensgevaar, maar op voorwaarde dat het hun niet mogelijk was afzonderlijk te gaan biechten[39]. Deze reeks werd tenslotte gevolgd door de Instr. *Ut dubia* van de Penitentiarie in 1944, waarin buiten de gevallen van stervensgevaar de volmacht tot het geven van een algemene absolutie werd uitgebreid tot andere ernstige noodgevallen[40].

Sedert deze instructie is er nauwelijks enige progressie in de normgeving te bespeuren, ofschoon het klimaat voor het boetesacrament thans hemelsbreed verschilt van dat in 1944. Op deze instructie zijn de *Pastorale Normen betreffende de generale absolutie* van de Congregatie voor de Geloofsleer in 1972 gebaseerd[41] alsmede wat in de *OvD* voor boete en verzoening nn.31-35 over de algemene absolutie is opgenomen. De **cc. 961-963** zijn in hun geheel terug te vinden in de zojuist genoemde *Pastorale Normen* II-IV, die op haar beurt weer deel uitmaken van de *OvD* voor boete en verzoening, nn.31-32.

Vanwege een minder correcte interpretatie en dientengevolge onjuiste toepassing van de *Pastorale Normen* zag het kerkelijk Leergezag zich meer dan eens genoodzaakt het werkelijk exceptionele karakter van de algemene absolutie naar voren te brengen[42].

Ook de herziening van het Wetboek werpt licht op de ontstaansgeschiedenis van **can.961,** met name op de restrictieve interpretatie van de moge-

[37] Van 30 augustus 1939 – in: **X.Ochoa**,a.w., *vol.I*,n. 1494.

[38] Van 8 december 1939: *AAS* 31(1939)712 sub 14b.

[39] Van 22 april 1940 – in: **X.Ochoa**, a.w., *vol.I*, n.1532.

[40] *AAS* 36(1944)155-156.

[41] Zie voetnoot 33. De vertaling van deze Normen is achter in de *OvD* opgenomen, pp.179-184.

[42] *Particuliere brief* van de Congregatie voor de Geloofsleer aan de Voorzitter van de Noordamerikaanse BC van 14 januari 1977 – in: **X.Ochoa**, a.w., *vol.V*, n.4487; *Antwoord* van dezelfde Congregatie van 20 januari 1978 in: t.z.p., n.4555; *NOT*. 14(1978)6-7; *Toespraak* van Paus **Paulus VI** op 20 april 1978: *AAS* 70(1978)328-332 en van Paus **Joannes Paulus II** op 30 januari 1981: *AAS* 73(1981)201-204; hier 203-204.

lijkheden tot een algemene absolutie. In het eerste herzieningsschema (1975) wordt de huidige **can. 961** nog positief geformuleerd: "...de absolutie aan meerdere penitenten tegelijk, zonder een voorafgaande individuele belijdenis, *kan*, ja zelfs *moet* algemeen gegeven worden..."; daarvoor komt in de plaats: "de absolutie aan meerdere boetelingen tegelijk, zonder een voorafgaande individuele belijdenis, *mag niet* op algemene wijze verleend worden, *tenzij*...". Met opzet werd voor deze formulering gekozen om mogelijke interpretatiemisbruiken te voorkomen[43].

Wat **can.961 § 2** betreft: zowel in de *Pastorale Normen* V als in de *OvD* n.32 alsook in het herzienings*schema/75 (can.* 132 § 3)[44] werd het aan het oordeel van de biechtvader overgelaten te bepalen of er een andere ernstige noodzaak bestaat, maar alleen wanneer het hem onmogelijk is zich vooraf te wenden tot de plaatselijke Ordinaris. In het *Schema/80 i*s deze tekst, ofschoon dan nog wel aanwezig in de *OvD* n.32, niet meer opgenomen. Op de daarnet genoemde discrepantie wordt in de discussie van 1981[45] gewezen. Laconiek wijst het Secretariaat opmerkingen dienaangaande af met de woorden: "Het oordeel komt in dit geval niet toe aan de biechtvader, maar aan de plaatselijke Ordinaris tot wie men zich moet wenden. Bij onmogelijkheid hiervan worden de beginselen van de moraaltheologie toegepast. Hoe dit ook zij, die norm hoort in de Codex niet thuis". In de huidige redactie van **can.961 § 2** is de suggestie[46] verworpen, dat de Bisschop de gevallen van noodsituaties ook door een algemene verordening kan vaststellen.

b. *Inhoudelijke betekenis van* **canon 961**

De positieve formulering van **can.960** dat de individuele belijdenis en absolutie de enige *gewone* wijze is voor de verzoening met God en met de Kerk, wordt in **can.961** als het ware in negatief voorgehouden, nl. een algemene belijdenis en absolutie zijn alleen toegestaan bij een uitzonderlijke samenloop van omstandigheden, die zich zowel *in* als *buiten* stervensgevaar kunnen voordoen.

Het *dreigend* stervensgevaar moet samengaan met een gebrek aan tijd van de aanwezige priesters om de belijdenis van iedere boeteling afzonderlijk te (aan)horen. Dat kan zich voordoen in tijden van oorlog, bij brand, een scheepsramp of aardbeving.

43 Zie resp.*Schema/75 can.132 § 1*; *Schema/80 can.915 § 1* en *Relatio/1981* p.227.
44 *COMM*. 10(1978)53-54.
45 Zie *Relatio/1981*,pp.227-228.
46 Nog opgenomen in alle schemata tot en met dat van 1982, maar in de *Variationes*(1983) geschrapt.

Buiten stervensgevaar is een algemene belijdenis en absolutie in geval van *ernstige noodzaak* toegestaan. Deze doet zich voor als er 1) een groot aantal boetelingen is, er 2) te weinig biechtvaders zijn om naar behoren de belijdenis van iedere afzonderlijke boeteling binnen een redelijke tijd te (aan)horen en 3) de boetelingen buiten hun schuld het gevaar lopen gedwongen te worden tot het ontberen van de sacramentele genade van de biecht en van de H.Communie gedurende een langere tijd (minstens een jaar). Deze bijzondere samenloop van omstandigheden kan zich gemakkelijk voordoen in missiegebieden, maar ook elders en voor groepen van personen, binnen welke zich die noodzaak voordoet[47].

Uit dit laatste concluderen, dat er dus alle ruimte is voor een algemene belijdenis en absolutie bij een grote toeloop van christengelovigen bij gelegenheid van een grote festiviteit of bedevaart, is al te voorbarig. De genoemde voorwaarden moeten immers alle tegelijk vervuld worden. Als het niet mogelijk is, dat de boetelingen tijdens zo'n festiviteit of bedevaart individueel biechten, kunnen zij op de gewone wijze het sacrament ontvangen vóór of na genoemde samenkomsten. Ziet men zulke samenkomsten aankomen, dan zal er tijdig moeten worden gezorgd voor voldoende biechtvaders[48]. Uit de reeds genoemde documenten van 1977 en 1978[49] valt af te leiden, dat het nooit zó kan zijn dat een grote groep van christengelovigen wordt opgeroepen om bv. deel te nemen aan een boeteviering ter verkrijging van een algemene absolutie. Bovendien mag men bij dit alles niet vergeten, dat in de *Pastorale Normen* VI de expliciete eis wordt gesteld dat de boeteling, ook bij een algemene absolutie, de oprechte intentie heeft om binnen redelijke tijd zijn zonden individueel te belijden en dat dit een *geldigheids*voorwaarde is. Dit wordt dan ook met evenzoveel woorden gezegd in **can.962 § 1**.

Can.961 § 2 bepaalt daarbij nog, dat het aan de diocesane Bisschop toekomt te oordelen over de vraag of er sprake is van een ernstige noodzaak aan de hand van criteria die daarvoor (eventueel) zijn opgesteld door de Bisschoppenconferentie[50]. Hij is dus niet gerechtigd om de vereiste voorwaarden te wijzigen of die voorwaarden te vervangen door andere of volgens persoonlijke criteria uit te maken of er een ernstige noodzaak bestaat[51]. In de definitieve redactie van deze paragraaf is de

[47] Zie *Pastorale Normen*(1972) van de Congregatie voor de Geloofsleer n.III.

[48] Zie *Antwoord* van de Congregatie voor de Geloofsleer van 20 januari 1978 n.2 in relatie met de *Pastorale Normen n.*IV.

[49] Zie voetnoot 42.

[50] In Nederland is dat niet gebeurd, elders wel: zie *MK* bij **can.961** Rdn.6; *Commento al Codice* p.576 en *CDC(P/M)*, pp. 1288-1290.

[51] Vgl.Paus **Paulus VI** in zijn toespraak van 20 april 1978: *AAS* 70(1978)330.

zinsnede, dat de Bisschop de gevallen van ernstige noodzaak kan vastleggen door een algemene verordening komen te vervallen[52].

De **cc.962-963** bespreken de eisen, waaraan voldaan moet worden bij het ontvangen van een algemene absolutie zonder voorafgaande individuele belijdenis, en wel in **can.962 § 1**: een goede gesteltenis, zoals in elke vorm van belijdenis(**can. 987**), die voorwaarde is voor het vruchtbaar ontvangen van dit sacrament[53], en tegelijk het voornemen de zware zonden, die nog niet door de sleutelmacht van de Kerk rechtstreeks vergeven zijn noch in een persoonlijke biecht beleden (**can.988**), individueel te belijden op de gepaste tijd. Het gaat hier om vereisten voor een *geldig* ontvangen van het sacrament.

Can.962 § 2 vloeit logisch hieruit voort: zij, die in aanmerking komen voor een algemene absolutie, moeten op de hoogte worden gebracht van deze eisen, zelfs in stervensgevaar "als de tijd het toelaat", dus niet als bv. de verkorte ritus van het boeteritueel(n.21) wordt gebruikt[54].

Met "gepaste tijd" wordt volgens **can.963** bedoeld: het individueel belijden van zware zonden "zodra er gelegenheid is", zodra het mogelijk is. Daarbij dient rekening te worden gehouden met **can.989,** die de plicht oplegt minstens eens per jaar zware zonden te belijden, en met het feit dat dit gebeurt "vooraleer een tweede algemene absolutie te ontvangen"[55],tenzij een goede reden hiervan excuseert. Deze "goede reden" kan dezelfde zijn als die, welke de algemene absolutie rechtvaardigt, ook als de ter beschikking staande biechtvader bij de boeteling op niet te overwinnen problemen stuit bv. omdat hij een goede kennis of naaste familie is. Dat zal in n.34 van de *OvD* bedoeld zijn met "morele onmacht". Met dit voorschrift voegt **can.963** zich in de gebruikelijke canonieke discipline van **can.988 § 1**[56].

[52] Wat **H.Schwendenwein**, a.w.,p.337 zegt, is dus onjuist. Lees de interessante beschouwing van de Bisschop van Groningen, d.d. 30 oktober 1983, n.a.v. het bijwonen van de Bisschoppensynode over *"Verzoening en boete in de zending van de* Kerk": *An.Gr.* 29(1984)B63-B70.

[53] Terecht wordt er in een commentaar op gewezen dat het voldoen aan deze eisen *pro foro externo*, d.i. voor het uitwendig rechtsbereik, en zelfs voor de biechtvader niet verifiëerbaar is en dus niet beoordeeld kan worden of de algemeen gegeven absolutie geldig is. Zie *MK* bij deze canon.

[54] Dit betekent in ieder geval niet dat de gelegenheid hiervoor moet worden gezocht, vooral niet wanneer dit onkosten mee zou brengen; wel dat er een afbakening plaatsheeft, nl. vóór de volgende algemene absolutie: zie *NDP*, pp.268-269; vgl. ook de toespraak van Paus **Joannes Paulus II** op 17 april 1986 – in: *L'Osservatore Romano* van 18 april 1986, p.3.

[55] Zie *Pastorale Normen*(1972) n. VII van de Congregatie voor de Geloofsleer.

[56] Over blijft nog de vraag, of er na de algemene absolutie, die toch een sacramenteel gebeuren is, een nieuwe absolutie vereist is bij de individuele biecht. Het antwoord moet

3. Plaats voor de bediening van dit sacrament

Omdat dit sacrament een liturgische viering is, wordt ook nu in **can.964 § 1**, evenals in de oude wetgeving *(can.908)* een kerk of kapel aangewezen als de eigen, zij het niet exclusieve, plaats voor de viering, al heeft de privé-biecht dan ook zijn zichtbare samenhang met de kerkgemeenschap verloren. De overige bepalingen uit de *Codex/17(cc.909-910)* leken teveel ingegeven door de obsessie om het biechthoren van vrouwen veilig te stellen. Met het oog daarop werd gesproken over het aanbrengen van biechtstoelen op een open en vrij toegankelijke plaats, voorzien van een vast vlechtwerk (van hout of metaal) tussen de boeteling en de biechtvader; mannen konden ook in private gebouwen (huis, spreekkamer, sacristie) biechten.

In **can.964 § 2** krijgt de BC de taak om normen betreffende de biechtstoel[57] vast te stellen in die zin, dat zij ervoor moet zorgen dat er steeds biechtstoelen voorhanden zijn, die aan de zojuist genoemde eisen voldoen[58], maar zonder dat dit enig verband heeft met het biechthoren van vrouwen. Het gebruik van een biechtstoel blijft weliswaar voorgeschreven, maar om een geringer motief dan noodzaak (zoals vroeger voor vrouwen gold) mag de biecht ook elders plaatshebben[59].

"ja" zijn, wanneer we uitgaan van de in de theologie aanvaarde stelling dat ook reeds vergeven zonden materie van het sacrament zijn; maar gaan we uit van een sterk individualistisch perspectief, dan is het moeilijk de sacramentele act te rechtvaardigen. Juister is het uit te gaan van een *ecclesiaal* perspectief: de belijdenis is ecclesiaal, omdat zij in handen wordt gelegd van het oordeel van de Kerk en juist daarin realiseert zich de verzoening. Aldus: **B.Dufour**, a.w., pp. 47-48. **L.Orsy**, a.w., pp.174-176 pleit voor een uitbreiding van de mogelijkheden tot een algemene absolutie, als daartegen doctrinair niets is in te brengen bv. voor kinderen van dezelfde leeftijd (daardoor zou ook het dilemma van de kinderbiecht vóór de eerste H.Communie kunnen worden opgelost), maar ook voor communauteiten van religieuzen enz. Hierdoor zou het boetebesef in de Kerk levend worden gehouden en zou de weg naar de individuele belijdenis kunnen worden teruggevonden.

57 Hoe deze er uitziet, is een kwestie van particulier recht. Het gebruik van de biechtstoel werd gesanctioneerd door het Concilie van Trente: zie *LW* I s.v.biechtstoel, pp.267-268 **P.Pas**, a.w., pp.80-81. In de Westers-Latijnse Kerk was hij wijdverspreid, in de Oosterse Kerken niet. In het nieuwe Oosters (-katholieke) Wetboek, de **CCEO(1990)** zoekt men ook nu nog tevergeefs naar enige bepaling daaromtrent; vgl.**can.736**.

58 Bedoeling is de anonimiteit van de boeteling te waarborgen, als hij of zij dit wenst.

59 Dit voorschrift van **can.964 § 2** was dan ook het enige, waarmee het *Schema/75 (can.157 § 2)* volstond. Blijkbaar wilde men toen al iedere voor vrouwen discriminerende bepaling zorgvuldig vermijden. Pas in het *Schema/80 (can.918 § 3)* werd hieraan toegevoegd, dat de biecht van vrouwen alleen in het geval van ziekte of van een andere noodsituatie buiten de biechtstoel mocht worden gehoord *(vgl.can.910 § 1 CIC/17)*. Deze bepaling werd onveranderd overgenomen in het *Schema/82*, maar verdween weer uit de eindredactie van 1983.

Zonder enige verwijzing naar of beperking tot vrouwen wordt in **can.964 § 3** gezegd, dat noch voor mannen noch voor vrouwen "buiten de biechtstoel biecht mag worden gehoord, tenzij om een goede reden". Op de keper beschouwd maakt deze bepaling de bestaande discipline voor mannen strenger. Toch is alleen de bedoeling het oude onderscheid tussen vrouwen en mannen op te heffen. Juist daarom is die "goede reden" voor een ruime interpretatie vatbaar en lijkt alleen de wens van de boeteling al voldoende om buiten de biechtstoel de belijdenis uit te spreken met alle voorzorgen, die de pastorale prudentie vereist[60].

Het herziene boeteritueel laat aan de BC's alle ruimte voor het vaststellen van de plaats voor de viering in n.38b; ook de bedienaren zelf hebben deze ruimte, zij het dan wel overeenkomstig de richtlijnen van de BC (zie n.42). Voor Nederland betekent dit, dat elke kerk dient te beschikken over een bruikbare biechtstoel of -kamer[61].

4. Bedienaar van het sacrament

In tegenstelling tot de *OvD* voor boete en verzoening n.9 wordt in het nieuwe Wetboek een onevenredig groot aantal canones[62] gewijd aan de bedienaar.

4.1. *Wie kan bevoegd worden verklaard?*

Eenmaal gesteld, dat alleen een *sacerdos*(Bisschop of priester) dit sacrament kan bedienen **(can.965)**[63], voegt **can. 966 § 1** daar een belangrijk gegeven aan toe: de *geldigheid* van de absolutie is niet alleen geworteld in en dus afhankelijk van de wijding, maar tegelijk van de onlosmakelijk daaraan te verbinden bevoegdheid(faculteit)[64] tot uitoefe-

[60] Zie *NDP*, pp.270-271; vgl.*COMM*. 10(1978)68-69 en *Relatio/1981*, pp.228-229, waaruit blijkt dat juist t.a.v. vrouwen de discipline in de allerlaatste herzieningsfase (na 1982) nog verzacht is.

[61] Zie *TB/89* van de Nederlandse BC bij deze canon; vgl. *CCL*, p.681; *CDC(P/M)*, pp.1254, 1275-1276, 1290-1291, 1324-1325; *CDC(S/P)*, pp.474 en 535.

[62] 31 in de *CIC/17*, 22 van de in totaal 33 van **CIC/83** en 14 in de **CCEO(1990)**.

[63] Hierin sluit de **Codex/83** zich aan bij het Concilie van Trente, dat zich krachtig verzette tegen de reformatorische opvatting dat de teksten van *Matth.* 18,18 en *Joh.* 20,23 gericht zouden zijn tot iedere christengelovige; vgl.*DS*, a.w., nn.1684 en 1710. – De kwestie van de *lekenbiecht* als niet-sacramentele vorm van verzoening is op de in oktober 1987 gehouden Bisschoppensynode "over de roeping en zending van de leken in de Kerk en in deze wereld" wel besproken, maar in algemene termen (aanbeveling 19) afgewezen. Zie: *Concilium* 3(1967)n.4, pp.34-36 over de lekenbiecht.

[64] Vaticanum II was er op uit om het onderscheid tussen wijdings- en jurisdictiemacht (nu bij voorkeur 'bestuursmacht' genoemd: zie **can.129 § 1**) achterwege te laten. Daarom wordt nu de term "bevoegdheid/faculteit" gebruikt omdat het geven van de absolutie niet

ning van de fundamenteel door de wijding gegeven macht over de gelovigen, aan wie de absolutie gegeven wordt[65]. Er is hierop slechts één uitzondering: ook zonder deze bevoegdheid kan en mag iedere priester (ook een gehuwde priester) geldig en geoorloofd iedere boeteling, die in stervensgevaar verkeert, van iedere zonde en censuur absolveren, zelfs als een bevoegd priester aanwezig is (**can.976**). Het *"salus animarum"* (zieleheil; zie **can.1752**) gaat dus boven alles.

Buiten de vrijspraak van (zware en dagelijkse) zonden kan de *sacerdos* in de biecht ook ontslaan van censuren (kerkelijke straffen), doch alleen *in foro interno*, d.w.z. dat de vrijspraak alleen effect heeft voor het geweten van de boeteling en dus geen aanspraak kan maken op erkenning in het uiterlijke rechtsleven van de Kerk. Het gaat echter alleen om straffen, die van rechtswege (automatisch) belopen zijn en niet door een gerechtelijke uitspraak van de Kerk zijn vastgesteld of opgelegd. Voorwaarde is slechts, dat het de boeteling moeilijk valt om ondanks de zondenvergeving gebonden te blijven aan die censuren met haar veelsoortige verboden (zie **cc.1331** en **1332**), alvorens zich te wenden tot de instanties, die ook *pro foro externo* kunnen ontslaan van die censuren (**cc.1354-1356**); en dat de biechtvader de boeteling de verplichting oplegt zich binnen een maand tot de bevoegde instanties te wenden. De kanunnik-penitencier of een andere door de diocesane Bisschop aangestelde priester kan evenzo in de biecht ontslaan van nietambtelijk vastgestelde straffen, die van rechtswege belopen zijn; zij zijn niet gebonden aan de zojuist genoemde voorwaarden voor de gewone biechtvader. In beide gevallen echter zijn de aan de Apostolische Stoel voorbehouden straffen (**cc.1367, 1370 § 1, 1378, 1382** en **1388**) uitgezonderd. Voldoende voor het ontslaan van censuren is de intentie ervan te ontslaan; ook kan men gebruik maken van de in Appendix I van de *OvD* voor boete en verzoening gegeven formule (p.106)[66].

direct een act van bestuursmacht is en de term "jurisdictie" dus minder geschikt is om de aard van de absolutiebevoegdheid uit te drukken; vgl.*COMM.* 10(1978)56; *CDC (P/M)*, p.562; **B.Dufour**, a.w., pp.60-61. Ondanks het feit dat het geven van de absolutie niet direct een act van bestuursmacht is, is **can.144 § 1** van toepassing op de biechtfaculteit. Hiermee is het voorstel om de bevoegdheid af te laten hangen van de wijding alléén komen te vervallen: zie Inleiding van dit hoofdstuk.

[65] Hiermee is ook het onderscheid tussen gewone en gedelegeerde jurisdictie komen te vervallen en vervangen door de van rechtswege en door verlening gegeven bevoegdheid. **R.Weigand** blijft in zijn commentaar (*HdBdkKr* pp.699-700) niettemin in de oude termen spreken.

[66] Zie **J.Hendriks**, *Parochierecht*, pp.62-66; *Kerkelijk* Recht, pp.85-87.

4.2. *Hoe kan iemand bevoegd worden?*

Can.966 § 2 stelt dat een *sacerdos* op twee manieren de bevoegdheid tot biechthoren kan ontvangen:

a) *Van rechtswege* zijn de Paus, de Kardinalen en de Bisschoppen[67] bevoegd *overal* biecht te horen, maar ten aanzien van Bisschoppen kan dit recht beperkt worden door een verbod van de diocesane Bisschop[68] in een bijzonder geval; dan oefenen zij hun functie alleen *ongeoorloofd* uit (**can.967 § 1**). Verder zijn *krachtens hun ambt*, ieder voor hun eigen gebied, bevoegd (**can.968 § 1**): de plaatselijke Ordinaris (**can.134 § 2**), de kanunnik-penitencier (**can.508 § 1**), de pastoor (**can.519**) en anderen, die zijn plaats innemen, zoals de parochieadministrator (**can.540**), de parochievicaris (van **can.541 § 1**), priesters aan wie *in solidum* (hoofdelijk) de pastorale zorg is toevertrouwd (**can.543 § 1**), de moderator (van **can.517**), de *cappellanus* (van **can.566 § 1**), de quasi-pastoor (**can.516**); niet echter de rector van **can.556**. Zij kunnen deze bevoegdheid *overal* tegenover *iedere gelovige* uitoefenen[69], behalve als in een bijzonder geval[70] de plaatselijke Ordinaris dit verboden heeft (**can.967 § 2**); in dat geval is de absolutie ongeldig[71]. Ook bezitten de Oversten van een religieus instituut of van een sociëteit van apostolisch leven, wanneer zij klerikaal en van pauselijk recht zijn, krachtens hun ambt de bevoegdheid om biecht te horen van hun onderdanen en van anderen, die dag en nacht

[67] Deze uitbreiding naar *alle* Bisschoppen, die geheel nieuw is voor de Codex, vond plaats op grond van de dubbele oriëntatie van het bisschopsambt, nl. naar de particuliere en naar de universele Kerk.

[68] Pas in een laat stadium van de herziening van de Codex is de term "*diocesane* Bisschop" in de plaats gekomen van de term "plaatselijke Ordinaris". In dit laatste geval zou het immers mogelijk zijn geweest, dat iemand zonder bisschopswijding het verbod tot biechthoren op zou kunnen leggen aan iemand, die die wijding wel ontvangen heeft:zie *COMM.* 10(1978) 57 en *Relatio/1981*, p.230. Om die reden is, wat **R.Weigand** in *HdBdkKr*.,p.700 zegt over de *Ortsordinarius* onjuist.

[69] De uitdrukking "ieder voor zijn gebied" uit **can.968 § 1** doet dus geen afbreuk aan het beginsel van **can.967** om overal biecht te horen, maar wil in dit kader zeggen, dat genoemde personen voor hun gebied de bevoegdheid *ambtshalve* bezitten.

[70] Dit betekent niet, dat een plaatselijke Ordinaris alle priesters van andere bisdommen of priesters in het algemeen het verbod op mag leggen om hun bevoegdheid uit te oefenen; alleen om een goede reden mag hij dit weigeren aan een individuele priester of voor een individuele gelegenheid.

[71] Eigenlijk wordt hierover in **can.967 § 2** niets gezegd. Volgens **can.10** zou dit uitdrukkelijk vermeld hebben moeten worden. Dit zou dus betekenen, dat de priester in casu ongeoorloofd te werk gaat. Maar in **can. 967 § 2** wordt verwezen naar **can.974 §§ 2-3,** waar sprake is van herroeping van de bevoegdheid. Blijkbaar wordt het in **can.967 § 2** bepaalde met herroeping gelijkgesteld; dus zou de absolutie ongeldig zijn. Vgl.*COMM.* 10(1978)59; *CCL*, p.684 en *CDC(P/M)* p.564.

in hun huis verblijven, rekening houdend met **can.630 § 4** (geen eigen onderdanen, tenzij zij er om vragen) **(can.968 § 2)**. Zij kunnen t.a.v. genoemde personen hun bevoegdheid *overal* uitoefenen, tenzij een hogere Overste dit in een bijzonder geval t.a.v. zijn onderdanen weigert **(can.967 § 3)**; in zo'n geval is de uitoefening van de bevoegdheid *ongeoorloofd*.

b) *Door verlening of toekenning van de bevoegde kerkelijke overheid.* Op deze wijze kunnen alle priesters de bevoegdheid overal biecht te horen ontvangen van de Ordinaris van de plaats van incardinatie of van de plaats, waar zij domicilie hebben **(can.967 § 2)**[72]; een andere plaatselijke Ordinaris dan die van incardinatie of domicilie kan iedere priester bevoegdheid verlenen om de biecht van iedere gelovige te horen in zijn ambtsgebied; priester-leden van religieuze instituten mogen van die bevoegdheid alleen gebruik maken met minstens verondersteld verlof van hun Overste **(can.969 § 1)**, maar de plaatselijke Ordinaris kan dit in een bijzonder geval verbieden; dan is de absolutie *ongeldig* **(can.967 § 2)**. Tenslotte kan de Overste van een religieus instituut of van een sociëteit van apostolisch leven iedere priester bevoegdheid verlenen om de biecht te horen van zijn onderdanen en van anderen, die dag en nacht in zijn huis verblijven **(can.969 § 2)**; zij mogen dit t.a.v. die personen overal geoorloofd doen, tenzij een hogere Overste dit in een bijzonder geval t.a.v. zijn eigen onderdanen geweigerd heeft **(can.967 § 3)**[73].

De **cc.967-969** maken geen melding van de priesterleden van een *persoonlijke Prelatuur*, zoals *"Opus Dei"*. Welnu: de eigen Ordinaris van zo'n Prelatuur **(can.295 § 1)** kan de bevoegdheid tot biechthoren geven aan priesters, die geïncardineerd zijn in de Prelatuur op de manier van de Oversten van **can.967 § 3**. – Evenmin is er in deze canones sprake van priester-leden van *seculiere instituten*. Indien zij geïncardineerd zijn op de wijze van **can.266 § 3**, dan is op hen **can.967 § 2** van toepassing, want zij zijn dan volgens **can.715 § 1** afhankelijk van de diocesane Bisschop. Zijn zij geïncardineerd in een seculier instituut van pauselijk recht, dan geldt hetzelfde, want het recht kent aan de leiders niet de bevoegdheid toe "krachtens het ambt", en ook niet de macht om de

[72] Het *Schema/80* maakte nog melding van het quasi-domicilie *(can.921 § 2)*, maar dit werd in 1981 geschrapt, omdat de verblijfplaats van een priester met een quasi-domicilie te onbestemd is voor het ontvangen van deze bevoegdheid. Zie *Relatio/1981*, p.230.

[73] De **cc.967-969** zijn concretisaties van de richtlijnen, die op 14 mei 1978 door de Bisschoppen- en de Religieuzencongregatie werden uitgevaardigd voor de wederzijdse betrekkingen tussen de Bisschoppen en de Religieuzen in de Kerk: *AAS* 70 (1978)473-506; *AK* 34(1979)97-124.

bevoegdheid te verlenen. Zijn zij geïncardineerd in het instituut en bestemd voor de eigen werken of voor het bestuur van het instituut, dan zijn zij volgens **can.715 § 2** afhankelijk van de Bisschop op de wijze van religieuzen[74].

Zonder de terminologie van *can.872 CIC/17*[75] nog te gebruiken heeft de Codex met het maken van het onderscheid tussen bevoegdheid, die van rechtswege en die door verlening gegeven wordt, het traditionele onderscheid tussen gewone en gedelegeerde jurisdictie laten vervallen. Tenslotte is opvallend dat de priesters een status hebben gekregen, die parallel is aan die van de Bisschoppen uit **can.967 § 1**[76].

4.3. *Beperking van de bevoegdheid om biecht te horen*

Uit het onder 4.2 gezegde blijkt, dat de bevoegdheid om biecht te horen, waarvan de acticradius in het algemeen heel de Kerk is en alle christengelovigen omvat, op diverse manieren kan worden beperkt:

- op grond van *plaats*(**can.967 § 2**): bij een verbod van de plaatselijke Ordinaris;
- op grond van *personen*(**can.967 § 3)** bij een verbod van een hogere Overste t.a.v. zijn eigen onderdanen; dit blijkt ook uit **can.985**, die aan de novicenmeester en zijn *socius* en aan de rector van een seminarie of van een ander opleidingsinstituut de plicht oplegt om geen leerlingen uit het eigen huis biecht te horen, tenzij deze er spontaan om vragen; deze bepaling tast op geen enkele wijze de geldigheid aan, zoals dit wel het geval is met **can.977**: de absolutie van een medeplichtige in een zonde tegen het zesde gebod van de Decaloog is, behalve in stervensgevaar, ongeldig;

[74] Zie **B.Dufour**, a.w.,pp.70-71.

[75] *Can.872*: "Behalve de wijdingsmacht heeft hij (=de bedienaar) gewone of gedelegeerde jurisdictiemacht over de boeteling nodig om geldig te kunnen absolveren van zonden".

[76] Het is duidelijk, dat de in de Codex vastgelegde verruiming van de bevoegdheid om biecht te horen grote pastorale en praktische voordelen heeft. De toekenning van afzonderlijke faculteiten aan bv. jeugdaalmoezeniers zijn overbodig [zie bv. *An.Br.* 1964, pp.57-58; *An.Gr. Bd.II*(1962-1966)381 en 461-462] en ook de tot voor kort gebruikelijke "jurisdictieregelingen" tussen verschillende grensbisdommen (de Benelux en Duitsland) zijn niet meer nodig [zie bv.*An.Utr.* 47(1974)263-265; *An.Rmd.* 44(1974)151-152; *An.Br.* 1974, pp.N100-N102; de 'gestroomlijnde' Analecta van de overige bisdommen: zelfde pagina's van hetzelfde jaar]; een eenmaal rechtmatig verkregen bevoegdheid hoeft niet meer door de Ordinaris van een ander gebied te worden bekrachtigd, al kan de uitoefening ervan in een bijzonder geval door hem verboden worden. Zie **N.Ruf**, a.w., p.227. Wat Nederland en België betreft zijn dus de bijzondere jurisdictieregelingen uit de zestiger en zeventiger jaren overbodig geworden. Onderliggend motief voor de bevoegdheidsverruiming op dit moment is de erkenning van de *communio* tussen de particuliere kerken: *CCL*, p.687.

– op grond van *tijd*, zoals uitgedrukt in **can.972**, die vaststelt dat de bevoegdheid om biecht te horen voor een bepaalde of onbepaalde tijd kan worden gegeven; een tijdsbeperking van bv. een paar maanden of van een jaar kan zich gemakkelijk voordoen voor priesters, die niet geïncardineerd zijn in het betreffende bisdom of voor religieuzen, die niet voor onbepaalde tijd in een bisdom werkzaam zijn; zo'n beperking kan ook in termen van "zolang als je in het bisdom blijft" plaatsvinden; wordt een soortgelijke tijdsbeperking niet uitgesproken, dan wordt de toekenning geacht onbepaald te zijn, zoals gebruikelijk voor diocesane priesters, wier incardinatie onbepaald is[77].

Het spreken over bevoegdheid voor bepaalde of onbepaalde tijd verschilt van het begrip "habitueel" biechthoren, zoals verwoord in **can.967 § 2** en **can.972**: de toekenning van de bevoegdheid voor een langere, maar beperkte tijd, mag beschouwd worden als een habituele bevoegdheid, dus niet als gegeven voor een bepaalde gelegenheid of voor bijzondere omstandigheden[78].

4.4. *Vereisten voor de verlening van de bevoegdheid*

De tot nu toe genoemde basisregels worden gecompleteerd door andere, die betrekking hebben op de manier, waarop de bevoegdheid zelf moet worden gegeven:

a) Zij mag alleen verleend worden aan priesters, die hoe dan ook geschikt zijn bevonden voor het geven van geestelijke leiding aan de boetelingen (**can.970**), d.w.z. die kwaliteiten bezitten, welke hen tot een goede biechtvader maken[79]. Dit kan komen vast te staan via een examen, dat noch naar inhoud noch naar vorm omschreven wordt, maar waarvoor wellicht het in **can.1051** verplichte onderzoek in verband met de wijdingen kan volstaan. Een dergelijk examen is niet voorgeschreven, want **can.970** zegt dat ook anderszins de geschiktheid vast kan staan.
b) De plaatselijke Ordinaris mag de bevoegdheid om habitueel biecht te horen niet verlenen aan een priester (ook al heeft hij zijn domicilie of quasi-domicilie in diens gebied) tenzij hij vooraf, in zover dit mogelijk is, de *eigen* Ordinaris van deze priester heeft gehoord (**can. 971**).

[77] Er zijn dus meer beperkingen dan die van **can.972**. In die zin is, wat **R.Weigand** in *HdBdkKr*. p.700 zegt, niet geheel juist; ook *MK* bij deze canon drukt zich in Rdn.2 minder correct uit.

[78] Vgl.**B.Dufour**, a.w., pp.62-63 en *CCL*, p.687.

[79] Zie Postsyn.Apost.Exh. *Reconciliatio et paenitentia* (1984) van Paus **Joannes Paulus II** n.29.

De reden hiervan is een prudentiële (want de eigen Ordinaris kent de priester beter), maar is ook de omzeiling van het probleem, dat de eigen Ordinaris de bevoegdheid in een bijzonder geval op goede gronden geweigerd heeft (bij verlening van een habituele volmacht); een nog ander motief is de consequentie, die de bevoegdheidsverklaring heeft voor de universele Kerk, en de noodzaak, dat de geschiktheid van de betrokkene absoluut vaststaat.

c) In de lijn van **can. 37** dient de bevoegdheid om habitueel biecht te horen *schriftelijk* te worden verleend (**can. 973**)[80]. Er wordt niet meer, zoals in *can. 879 § 1 CIC/17*[81], over een schriftelijke of mondelinge toekenning voor de *geldigheid* van het biechthoren gesproken, maar alleen van een schriftelijke toekenning, al is deze niet meer noodzakelijk voor de geldigheid van de handeling[82].

4.5. *Verlies van de bevoegdheid*

Iemand kan om velerlei redenen de bevoegdheid om biecht te horen kwijtraken; redenen, die we gemakshalve in twee categorieën verdelen:

a) Door tussenkomst van de plaatselijke Ordinaris of bevoegde Overste, die – aldus **can. 974 § 1** – de door hen verleende bevoegdheid om habitueel biecht te horen alleen om een ernstige reden mogen herroepen[83]. Een ernstige reden kan zijn de overtreding van **can. 977** (absolutie van een medeplichtige) of overtreding van de leer van het leergezag of het verlies van de in **can. 970** genoemde en vereiste kwaliteiten. Gebeurt de herroeping door de plaatselijke Ordinaris van **can. 967 § 2**, dan verliest men de bevoegdheid *overal*; gebeurt het door een andere Ordinaris (dan die van incardinatie of domicilie), dan beperkt het verlies zich alleen tot het ambtsgebied van deze Ordinaris (**can. 974 § 2**); mutatis mutandis geldt volgens **can. 974 § 4** hetzelfde voor religieuze hogere en andere Oversten (zie **can. 620**). **Can. 974 § 3** vloeit logisch voort uit de voorgaande bepalingen: in alle gevallen dient bij herroeping van de bevoegdheid de eigen Ordinaris op grond

[80] Het *Schema/80* bevatte in *can. 927* een iets ruimere bepaling, nl. de verlening moet schriftelijk gebeuren "in zoverre dit kan", maar deze clausule werd in 1981 geschrapt om op die manier een betere controle mogelijk te maken.

[81] *Can. 879 § 1*: "Voor het geldig biechthoren is nodig, dat de jurisdictie uitdrukkelijk, schriftelijk of mondeling, is verleend".

[82] Aldus *CCL*, p. 687 en *MK* bij deze canon; **B. Dufour**, a.w., p. 77 lijkt een andere mening toegedaan.

[83] Het gaat dus om een *verleende* bevoegdheid, niet om die welke aan het ambt verbonden is. Wanneer dit ambt binnen zijn grenzen wordt uitgeoefend, kan de bevoegdheid niet herroepen worden. Anders: *CDC(P/M)*, p. 565 en *Commento al Codice* p. 584.

van incardinatie of, als de priester lid is van een religieus instituut, diens bevoegde Overste op de hoogte te worden gesteld van de herroeping[84]. Tegen een vermeend onwettige herroeping (dus zonder ernstig motief!) staat beroep open volgens de **cc. 1736-1739**; lopend dit beroep is de herroeping opgeschort.

b) Door verlies van het ambt, door excardinatie of verlies van domicilie. Hiermee past **can. 975** de in **can. 967 § 2** genoemde clausule toe, dat de plaatselijke Ordinaris in een bijzonder geval de bevoegdheid kan weigeren. Als de bedienaar habitueel bevoegd is op basis van zijn ambt, incardinatie of domicilie, zal de betrokkene die bevoegdheid vanzelf verliezen bij het teloor gaan van een van deze drie factoren. Overigens bedenke men, dat de opsomming van **can. 975** niet taxatief is. De bevoegdheid kan nl. ook ophouden door het verstrijken van de tijd, waarvoor ze gegeven is (**can. 972**) of door een opgelegde censuur: excommunicatie (**can. 1331 § 1 n. 2**), interdict (**can. 1332**) of suspensie (**can. 1333 § 1 n. 1**); steeds echter met behoud van het in **can. 1335** bepaalde.

Al mist een *sacerdos* de bevoegdheid, bv. op grond van de **cc. 974-975** of omdat hij de klerikale staat is kwijtgeraakt, toch absolveert hij volgens **can. 976** geoorloofd en geldig *iedere* boeteling, die in stervensgevaar verkeert, van *ieder* soort zonde of censuur (inclusief die van **can. 977**), zelfs als een bevoegd priester aanwezig is. Ook is de boeteling vrij zich op de voorwaarden van **can. 844 § 2** te wenden tot een niet-katholieke bedienaar, in wiens kerk dit sacrament geldig bestaat. Wel is de boeteling, die in stervensgevaar geabsolveerd is van een opgelegde of verklaarde of aan de Apostolische Stoel voorbehouden censuur, verplicht zich na herstel binnen een maand te wenden tot de eigen Overste of tot een *sacerdos*, die bevoegd is te ontslaan van die censuur op gevaar van terugval in de straf (**can. 1357 §§ 2** en **3**).

Behoudens in stervensgevaar is de absolutie van een medeplichtige in een zonde tegen het zesde gebod van de Decaloog ongeldig; wie dit buiten stervensgevaar doet, beloopt de straf van **can. 1378 § 1**: de aan de Apostolische Stoel voorbehouden automatische excommunicatie[85].

Het nieuwe recht heeft twee kwesties onbeslist gelaten, nl. is de medeschuldige priester voor *altijd* onbekwaam om de boeteling te absolveren,

[84] Het voorstel tot een vijfde paragraaf over het verlies van de bevoegdheid door ontzetting uit het ambt enz., die we in het *Schema/75* nog tegenkomen, is daarna niet weer opgenomen.

[85] Met deze bepaling is de verwijzing naar de Constitutie van Paus **Benedictus XIV**, d.d. 1 juni 1741, opgenomen als Document III in de *Codex/17*, komen te vervallen.

ook als de gemeenschappelijke zonde door een andere biechtvader vergeven is, en: strekt zich de onbekwaamheid tot absolveren alleen uit tot de gemeenschappelijke zonde of ook tot andere zonden? Met **can. 18** voor ogen, die stelt dat rechtsbeperkende bepalingen strikt moeten worden geinterpreteerd, kan **can. 977** niet worden toegepast boven datgene, wat hierin woordelijk wordt gezegd, nl. absolutie van de medeplichtige van de gemeenschappelijke zonde[86].

4.6. *Pastorale uitoefening van de bevoegdheid tot biechthoren*

Met **can. 978 § 1**, die letterlijk *can. 888 § 1 CIC/17* weergeeft, wordt aan de *sacerdos* tegelijk de rol van rechter en geneesheer toegekend, d.w.z. de rol van bedienaar van de goddelijke gerechtigheid en barmhartigheid[87], die naar omstandigheden ook de weigering van de absolutie kan betekenen. Uit de laatste rol vloeit **can. 981** over de sacramentele penitentie voort. De tweede paragraaf van deze canon, die geen enkel precedent heeft in de oude wetgeving, legt de biechtvader de plicht op zich te houden aan de leer van Paus en Bisschoppen (het Leergezag) en aan de door de bevoegde overheid (diocesane Bisschop en/of BC) uitgevaardigde normen. Hiermee wordt de toepassing van zuivere privé-criteria bij de verzoening met de Kerk, die toch een publiek feit is, tegengegaan: onderwerping aan het publieke oordeel van de Kerk is dus een vereiste.

De aanbevelingen van **can. 979** inzake de dialoog tijdens een biechtgesprek zijn noodzakelijkerwijze algemeen en horen in een Wetboek niet thuis. Er zijn nog zoveel andere[88] aanbevelingen te geven dan die van voorzichtigheid en discretie, welke rekening moeten houden met situatie en leeftijd van de boeteling.

Can. 980 tenslotte gaat er van uit dat een boeteling, die haar of zijn zonden beleden heeft en die vraagt om de absolutie, dit doet in de vereiste gesteldheid. Om die reden mag hem of haar die absolutie niet worden geweigerd of uitgesteld. Dit doet natuurlijk niets af aan de verantwoordelijkheid van de priester om zich een oordeel te vormen over iemands berouw of voornemen tot levensverbetering.

86 Zie *MK* bij **can. 977**.

87 Zie Postsyn. Apost. Exh. *Reconciliatio et paenitentia* (1984) van Paus **Joannes Paulus II** n. 31.

88 Zie *Instructie* van de Congregatie van het H. Officie (thans: Geloofsleer), d.d. 16 mei 1943 – in: **X. Ochoa**, a.w., *vol. II*, n. 1749; Postsyn. Apost. Exh. *Reconciliatio et paenitentia* (1984) van Paus **Poannes Paulus II** n. 29.

4.7. *Penitentie*

De handeling van de boeteling, die genoegdoening *(satisfactio)* of gewoonlijk penitentie wordt genoemd, moest in de oudere boetepraktijk en in geval van ernstige en publieke zonden worden voltrokken in de periode tussen de belijdenis en de latere absolutie en verzoening. Zij is een essentiëel element, dat in verhouding moet staan tot de aard en het aantal bedreven zonden en van de situatie, waarin de boeteling verkeert, opgelegd door de biechtvader en na de sacramentele absolutie persoonlijk door de boeteling te volbrengen (**can. 981**); zij is thans echter geen voorwaarde meer voor de absolutie in de *OvD* voor boete en verzoening n. 6c; de keuze ligt bij de bedienaar van het sacrament, al of niet in overleg met de boeteling. De biechtvader kan, aangepast aan de situatie van de boeteling, velerlei vorm aan de penitentie geven: gebed, vasten, aalmoes of welk ander liefdadigheidswerk dan ook[89].

4.8. *Valse aanklacht tegen de biechtvader*

Een directe reservatie van zonden kent de Codex niet meer (zie Inleiding). Er is slechts één uitzondering, die in **can. 982** aan bod komt. Deze canon keert zich tegen het feit, dat een biechtvader, die niet schuldig is, ten onrechte bij de kerkelijke overheid wordt aangeklaagd wegens het aanzetten tot een zonde tegen het zesde gebod van de Decaloog. Wie deze zonde belijdt, mag niet geabsolveerd worden tenzij hij/zij vooraf de valse aanklacht *formeel* heeft ingetrokken, d.w.z. door een schriftelijke verklaring tegenover de bevoegde instanties of door een verklaring ten overstaan van twee getuigen bij de kerkelijke overheid, en bereid is eventuele schade te herstellen. Beide misdrijven, nl. het aanzetten tot een zonde in de biecht en de valse beschuldiging dienen gestraft te worden overeenkomstig resp. **can.1387** en **can.1390 § 1** met een interdict van rechtswege en bij een boeteling, die *clericus* is, tevens met een suspensie.

De nieuwe wetgeving geeft in dezen een duidelijk veranderd beeld. Vroeger was de absolutie van een valse aanklacht voorbehouden aan de Apostolische Stoel[90], maar deze reservatie van zonden heeft opgehouden

[89] Zie Apost. Const. *Poenitemini* (1966) van Paus **Paulus VI**, I en II; *OvD* voor boete en verzoening n. 18; Postsyn. Apost. Exh. *Reconciliatio et paenitentia* (1984) van Paus **Joannes Paulus II** n. 31 III en **B. Dufour**, a.w., pp. 87-88.

[90] Vgl.*can.894 CIC/17*: "De enige zonde, die om haar zelfs wil gereserveerd is aan de H.Stoel, is de valse aanklacht, waarmee een onschuldige priester aangeklaagd wordt bij de kerkelijke rechters vanwege het misdrijf van sollicitatie".

te bestaan. Ook de in *can.904* CIC/17[91] geformuleerde verplichting om een valse aanklacht aan te brengen bij de plaatselijke Ordinaris of bij de Congregatie van het H.Officie (thans: van de Geloofsleer) is met de daarop betrekking hebbende Constitutie van **Benedictus XIV**[92] uit de nieuwe wetgeving verdwenen. Dat alles doet echter geen afbreuk aan de ernst van de zonde, waar het hier over gaat.

4.9. *Biechtgeheim*[93]

De pastorale efficiency van het sacrament voor boete en verzoening berust voor een belangrijk deel op de zekerheid of het vertrouwen dat de boeteling heeft niet te worden verraden. Daarom opent de nieuwe Codex zijn bepalingen over het biechtgeheim en over alles, wat daar, ook zijdelings, mee te maken heeft met de krachtige uitspraak in **can.983 § 1**, dat het biechtgeheim onschendbaar is. Het verplicht ook als er geen absolutie gegeven is, verondersteld dat een sacramentele biecht bedoeld was, en ook na het overlijden van de boeteling.

Het woordgebruik voor dit geheim variëert in die zin, dat voor de bedienaar de term *sigillum sacramentale* gebruikt wordt, terwijl voor tolken en voor alle anderen, die hoe dan ook iets uit de belijdenis te weten zijn gekomen de term *secretum* zonder enige toevoeging gebezigd wordt[94]. Daarmee zal het zgn. natuurlijke geheim bedoeld zijn. Het eerste houdt in, dat de bedienaar noch met woorden noch op enigerlei andere wijze iets over de boeteling bekend mag maken zonder hierbij onderscheid te maken tussen beleden zonden, bijkomende omstandigheden, opgelegde boetes; het tweede houdt ook een geheimhouding in, maar betreft alleen kennis omtrent de beleden zonden, die men hoe dan ook verkregen heeft en wat bij bekendmaking voor de boeteling onaangenaam of belastend is.

Dat er een groot verschil is tussen dit uiteenlopend woordgebruik, blijkt uit de strafbepalingen. **Can.1388 § 1** legt bij rechtstreekse schen-

[91] *Can.904*: "Volgens de apostolische constituties, met name die van Benedictus XIV *Sacramentum Poenitentiae* van 1 juni 1741, moet de boeteling een priester, schuldig aan het misdrijf van sollicitatie in de biecht, binnen een maand aanbrengen bij de plaatselijke Ordinaris of de Congregatie van het H.Officie; en de biechtvader moet, en dat drukt als een zware last op zijn geweten, de boeteling aangaande die verplichting vermanen."

[92] *Sacramentum Poenitentiae* van 1 juni 1741, als Document III opgenomen in de *Codex/17*.

[93] Inhoudelijk voor het eerst geformuleerd op het Vierde Lateraans Concilie(1215): *DS*, a.w.,n.814.

[94] *Can.889 § 2 CIC/17* gebruikt ook voor hen de term *sigillum sacramentale*.

ding van het biechtgeheim de bedienaar een van rechtswege belopen excommunicatie op, die voorbehouden is aan de Apostolische Stoel, bij onrechtstreekse schending een straf al naargelang van de ernst van het misdrijf. **Can.1388 § 2** heeft betrekking op tolken en anderen, die de geheimhouding schenden en die daarom een rechtvaardige straf, excommunicatie niet uitgesloten, verdienen.In de context van de sancties wordt dus onderscheid gemaakt tussen d*irecte* en *indirecte* schending van het biechtgeheim. De directe schending doet zich voor bij een open verhaal over de biecht, waarin de identiteit van de boeteling openbaar wordt of gemakkelijk openbaar zal worden, bv. vanuit de beschreven omstandigheden; de indirecte schending heeft betrekking op onverstandige uitlatingen, waaruit anderen iets te weten zouden kunnen komen uit de biecht zelf of de identiteit van de boeteling zouden kunnen vaststellen. Beide vormen worden door **can.983 § 1** ondubbelzinnig veroordeeld, niettegenstaande eventuele tegenstrijdige beschikkingen van de burgerlijke wet, die mededelingen, aan een priester gedaan, hetzij in hetzij buiten de sacramentsbediening, niet als geprivilegiëerd beschouwt. In *België* daarentegen is er een civielrechtelijke erkenning van het biechtgeheim in die mate dat priesters geacht worden tot die personen te behoren, die op basis van hun beroepsgeheim niet gedwongen kunnen worden tot getuigenis voor de rechter[95] betreffende feiten, waarvan zij van beroepswege kennis hebben en die zelfs strafrechtelijk kunnen vervolgd worden wegens schending van hun beroepsgeheim[96]. In ieder geval verbiedt de kerkelijke wet in **can.240 § 2** aan priesters om bij beslissingen over toelating van studenten tot de wijdingen of over wegzending van het seminarie te vragen naar het oordeel van de geestelijke directeur en van de biechtvaders; en **can.1550 § 2** verbiedt aan priesters om in een proces getuige te zijn inzake alles, wat zij weten uit de biecht, ook al heeft de boeteling er zelf om gevraagd[97].

Can.984 § 1 drukt zijn zorgen uit over gebruikmaking van kennis uit de biecht "op een wijze die bezwarend is voor de boeteling, ook al is elk gevaar van bekendmaking uitgesloten". De formulering is van dien aard,

[95] *Cass.* nr.690 van 23 september 1986.

[96] Zie in deze context art.458 *S.W.*

[97] Op 23 januari 1988 vaardigde de Congregatie voor de Geloofsleer een *Decreet* uit, waarin zij, met behoud van het voorschrift van **can.1388**, bepaalt dat een ieder, die met welk technisch hulpmiddel ook datgene wat in een echte of gefingeerde sacramentele belijdenis, door hem zelf of door iemand anders uitgesproken, gezegd wordt door de biechtvader of de boeteling probeert op te vangen of via de communicatiekanalen verspreidt, automatisch een excommunicatie beloopt: *AAS* 80 (1988)1367; vgl.de *Verklaring* van dezelfde Congregatie, d.d. 23 maart 1973: *AAS* 65(1973)678.

dat gebruikmaking van kennis uit de biecht, welke de bedienaar ook langs incidentele weg kan bereiken, niet in alle gevallen uitgesloten is, maar er moet (ook in preken) voorzichtig mee worden omgesprongen. Deze bepaling heeft geen betrekking op datgene wat aan een bedienaar buiten de biecht is toevertrouwd, al wil dit niet zeggen dat hij dit niet met grote vertrouwelijkheid zou moeten behandelen.

Can.984 § 2 spitst het verbod van **§ 1** nog eens toe op gezagsdragers die "op geen enkele wijze voor het uitwendig bestuur gebruik (mogen) maken van kennis over zonden, die zij, wanneer ook, uit een belijdenis hebben verkregen"[98].

Can.985, reeds besproken in verband met de beperking van de bevoegdheid om biecht te horen, heeft inzoverre met **can. 984** te maken, dat het in beide canones gaat over een mogelijk misbruik van kennis uit de biecht bij de beoordeling van leerlingen. Tegelijk wil hij in overeenstemming met **can.991** de vrijheid van de boetelingen beschermen, omdat biechten bij de eigen overheidsinstanties beangstigend en belastend kan zijn voor die boetelingen. Een soortgelijke bepaling vinden we in **can.630 § 4**. Deze **can.985** zwakt *can.891 CIC/17* af door niet meer te spreken over "een ernstige en dringende reden", die de boeteling zou moeten hebben om bij genoemde instanties te biechten.

4.10. *Biechtgelegenheid voor iedereen*

Can.986 insisteert bij al diegenen, die ambtshalve in het pastoraat werkzaam zijn, op het scheppen van royale mogelijkheden voor het uitspreken van een individuele biecht door hen, die daar redelijkerwijze om vragen, en wel "op vastgestelde dagen en uren, die hun schikken". Dit is een plicht van rechtvaardigheid, die besloten ligt in het quasi-contract dat iemand aangaat bij de aanvaarding van zijn ambt. In de visie van Paus **Joannes Paulus II** betekent dit de verdediging van ieders bijzondere recht op een meer persoonlijke ontmoeting met de gekruisigde en vergevende Christus[99]. De canon is een concretisering van wat in de *OvD* voor boete en verzoening n.10b staat.

Met enige regelmaat wordt in de Romeinse documenten gewezen op prioriteiten, die priesters moeten aanbrengen in hun dienstwerk om, behalve in geval van dringende noodzaak of in stervensgevaar (zie **§ 2**),

[98] De biechtvader moet – om een voorbeeld te noemen – bij een huwelijk assisteren ook dan, als hij uit de biecht weet dat er een ongeldigmakend beletsel is: *MK* bij deze canon.
[99] Enc. *Redemptor hominis*(1979) n.20; vgl.de Postsyn. Apost. Exh. *Reconciliatio et paenitentia*(1984) n.33,3. Beide documenten zijn van Paus **Joannes Paulus II**.

iedere christengelovige de gelegenheid tot een persoonlijke biecht te geven, ook op andere tijden dan die zijn vastgesteld[100].

5. Boetelingen

De eerste twee canones van deze titel in dit hoofdstuk gaan in op wat van de kant van de boeteling vereist is voor een vruchtbaar en/of geldig ontvangen van het sacrament voor boete en verzoening: a) bekering, die berouw, het vaste voornemen tot levensverbetering en de bereidheid om eventuele schade te herstellen insluit **(can.987)**; b) de integrale belijdenis van alle *zware* zonden naar aard en aantal, die een zorgvuldig gewetensonderzoek veronderstelt en die volgens het Concilie van Trente een verplichting *iure divino* ("krachtens goddelijk recht") is **(can.988)**. Een belangrijk verschil met de oude wetgeving *(can.901)* is de clausule "nog niet in een persoonlijke biecht beleden"; zij is hier toegevoegd in verband met **can.961**, die een algemene absolutie zonder individuele persoonlijke belijdenis mogelijk maakt[101].

In de *Pastorale Normen* VI omschreef de Congregatie voor de Geloofsleer wat nodig is voor een *geldig* ontvangen van het sacrament, nl.: berouw, vast voornemen tot levensverbetering, besluit om ergernis en schade te herstellen. De wetgever beperkt zich tot die elementen, die voor een *vruchtbaar* ontvangen nodig zijn. Als over deze elementen geen twijfel bestaat bij de bedienaar, mag de absolutie niet geweigerd worden noch worden uitgesteld **(can.980)**. Het vaste voornemen tot levensverbetering stuit op bijna onoverkomenlijke moeilijkheden bij gescheidenen, die hertrouwd zijn, bij hen, die zonder huwelijk samenleven en bij priesters, die zich in irreguliere situaties bevinden. Zij worden in de Apost. Exh.*Familiaris consortio* (1981)n.84 en de Postsyn. Apost. Exh. *Reconciliatio et paenitentia*(1984), beide van Paus **Joannes Paulus II**, alleen maar uitgenodigd "de goddelijke barmhartigheid te benaderen langs andere wegen" dan die van het sacrament voor boete en verzoening "zolang zij niet aan de noodzakelijke voorwaarden voldoen"(n.34).

[100] Zie Instr.*Eucharisticum mysterium*(1967) van de Ritencongregatie n.35; *Pastorale Normen*(1972) IV, IX en XII van de Congregatie voor de Geloofsleer; *OvD* voor boete en verzoening(1973) n.13; *Toespraak* van Paus **Paulus VI** (1978): AAS 70 (1978)328-332; Postsyn. Apost. Exh. *Reconciliatio et paenitentia*(1984) van Paus **Joannes Paulus II** n.32.

[101] Over deze clausule werd tijdens de Codexherziening in 1977 stevig gedebatteerd; het *Schema/75* bevatte deze clausule nog niet. Zij is uiteindelijk toegevoegd omwille van de helderheid en ook in verband met **can.961**; vgl.*COMM.* 10(1978) 70.

Met het woord *christifidelis*, waarmee dit hoofdstuk begint, wordt *iedere* gelovige bedoeld, welke ook zijn levensstaat is. In een reeks van canones, elders in de Codex, worden onderscheiden categorieën van christengelovigen opgeroepen tot een frequent ontvangen van dit sacrament: seminaristen (**can. 246 § 4**), *clerici* (**can.276 § 2 n.5**), religieuzen (**can.664**) en leden van seculiere instituten (**can.719 § 3**). Een soortgelijke oproep aan het adres van de leken-gelovigen is in de Codex niet voorhanden.

Can.988 maakt het traditionele onderscheid tussen zware zonden, tot de belijdenis waarvan men volgens **can.960** en **962 § 1** *verplicht* is, en dagelijkse zonden, waarvan de belijdenis slechts *aanbevolen* wordt[102]. De verplichting bestaat alleen t.a.v. na het doopsel bedreven zonden, die "nog niet door de sleutelmacht van de Kerk rechtstreeks vergeven noch in een persoonlijke biecht" beleden zijn. De belijdenis van zware zonden, waartoe **can.989** iedere gelovige, gekomen tot de jaren van verstand (zeven jaar)[103], verplicht (volgens **can.963** ook na een algemene absolutie), kan uiteraard op elk moment in het jaar gebeuren; zeker echter in samenhang met de jaarlijkse Communie, waartoe **can.920 § 1** iedere gelovige verplicht, bij voorkeur in de paastijd (**§ 2**).

De Codex formuleert tot slot enkele *rechten* van de boeteling, nl.het recht om gebruik te maken van een tolk en het recht op keuze van een biechtvader. **Can.990** geeft de mogelijkheid, maar legt niet de plicht op een tolk te nemen, wanneer iemand de taal van de biechtvader niet spreekt[104]. Vanzelfsprekend zal de keuze van een tolk met de nodige

[102] In de zgn.devotiebiecht. – Tijdens de Codexherziening is vaak gesproken over de terminologie *doodzonde* en *dagelijkse zonde*. De nieuwe Codex gebruikt consequent de term *zware* zonde. Zakelijk is er geen verschil met het woord doodzonde: de eerste term (doodzonde) legt alle nadruk op de gevolgen van de breuk met God, nl. de geestelijke dood, terwijl de tweede term (zwaar) de ernst van de objectieve inhoud van de handeling (iets doen of nalaten) onderstreept. Vgl.**B.Dufour**,a.w., p.121. Paus **Joannes Paulus II** gaat in *Reconciliatio et paenitentia*(1984) n.17 uitvoerig in op het onderscheid tussen beide, terwijl hij in n.32 de aanbeveling tot de belijdenis van de dagelijkse zonden nog eens benadrukt. Vgl.ook de *toespraak* van deze Paus op 31 januari 1981: *AAS* 73 (1981)204 en de *CTI* in haar rapport "*de reconciliatione et paenitentia*", pp.409-415.

[103] Tegen deze leeftijdsbepaling maakt **L.Orsy**, a.w., p.174 noot 3 nogal bezwaar, want de hele herziening van de boeteliturgie heeft nauwelijks enige progressie gemaakt in theologisch opzicht; er is bv. geen sprake van een nieuwe theologie van de zonde. Daarom is hij van mening, dat juist voor kinderen de algemene absolutie de meest geëigende weg is. – Een andere, maar hiermee niet strijdige aanpak heeft **N.Mette**, *De kinderbiecht. Pleidooi voor een praxis van boete en verzoening voor kinderen* – in: *Concilium* 23(1987)n.2, pp.60-68.

[104] Door het laten vervallen van de clausule uit *can.903 CIC/17* "wie niet op een andere manier kunnen biechten" is men dus ook niet verplicht een biechtvader te nemen, wiens taal men wel spreekt, ook al zou dit gemakkelijk kunnen. Daarmee wordt het recht van **can.991** dus volledig gesauveerd.

omzichtigheid gepaard moeten gaan, wetend dat ook hij/zij gehouden is tot het bewaren van het geheim van **can.983 § 2.**

Can.991 verzekert de boeteling van het recht op een biechtvader naar eigen keuze, ook als deze van een andere ritus is, mits in zijn Kerk dit sacrament geldig bestaat en voldaan is aan de voorwaarden van **can.844** § 2.

6. Aflaten[105]

Inleiding

De reductie van het aantal bepalingen[106] over aflaten suggereert op z'n minst een ander denken over dit eeuwenoude instituut van de Kerk. Tijdens de laatste bijeenkomst van de Codexherzieningscommissie in 1981[107] werden langs twee wegen pogingen gedaan tot een nog sterkere reductie[108] te komen, nl. door de bepalingen te beperken tot twee algemene en voor het overige te verwijzen naar de bijzondere wetgeving hierover of door te vragen, dat eerst een hernieuwde theologische reflectie op de leer, die aan het aflatensysteem ten grondslag ligt, plaatsvindt, waaruit dan andere en nieuwe normen zouden kunnen ontstaan. Beide suggesties werden door het Secretariaat afgewezen: de eerste in zoverre dit al te drastisch zou zijn, omdat daardoor de aflaten uit het zicht zouden verdwijnen,maar het wordt inzoverre gehonoreerd dat voor de verlening en gebruikmaking van aflaten verwezen wordt naar de bijzondere wetgeving; de tweede suggestie met de opmerking: vóórdat het zover is, zijn enkele normen noodzakelijk.

Paus **Paulus VI** heeft in de Apost. Const. *Indulgentiarum doctrina*(1967) de aflatenpraktijk gedeeltelijk herzien; veel daarvan is terug te vinden in de huidige bepalingen van de Codex. Op basis van deze Constitutie kwam de Apost. Penitentiarie anderhalf jaar later[109] uit met een totale reorganisatie en herziening van de aflaten in de door haar gepubliceerde index (=lijst) van aflaten, die in 1986 werd gevolgd door

[105] Enkele gedachten hierover in *An.Utr*. 56(1983)145-148.

[106] 26 in de *CIC/17* tegenover 6 in de **Codex/83**; de **CCEO** bevat geen enkele bepaling over de aflaten; sterker nog: het woord komt daarin zelfs niet voor.

[107] Zie *Relatio/1981*, p.235.

[108] Omdat de meeste bepalingen geen juridisch karakter hebben en omdat het in het licht van de oecumene niet goed lijkt om hierop in detail in te gaan.

[109] 29 juni 1968, waarmee Norm 13 van *Indulgentiarum doctrina* werd vervuld. De standaardeditie is uitgegeven onder de titel *Enchiridion indulgentiarum. Normae et concessiones*, Typ.Pol.Vat. met twee edities in 1968.

een herziene editie[110]. In het vervolg bespreken we summier de bestaande bepalingen, waarin de Codex de vorengenoemde documenten verwerkt heeft.

6.1. *Definitie van de aflaat*

Can.992, een (bijna) letterlijke weergave van Norm 1 uit de Apostolische Constitutie(1967) van Paus **Paulus VI** geeft een definitie van de aflaat: de kwijtschelding voor God van tijdelijke straf voor zonden, die – wat hun schuld betreft – al zijn uitgewist, hetzij gedeeltelijk hetzij volledig (**can. 993**). De uitwissing van de tijdelijke straffen vindt plaats door de ministeriële bediening van de Kerk, die put uit haar "schat(kamer)" van genoegdoeningen van Christus en de Heiligen, welke door haar gezagvol worden beheerd en aangewend. Van de zijde van de christengelovigen is vereist dat zij in de goede gesteltenis zijn, d.w.z. vrij van elke zondeschuld, en dat zij voldoen aan de welomschreven voorwaarden, verbonden aan het verdienen van een aflaat.

6.2. *Applicatie van een aflaat*

Volgens **can.994** kan iemand welk soort aflaat ook alleen verdienen voor zichzelf, dus niet aanwenden voor andere *levenden*. Dit berust op het beginsel, dat niemand het persoonlijk engagement of de boetedoening van een ander kan vervangen. Natuurlijk blijft de *voorspraak* van christengelovigen voor elkaar zijn waarde behouden.

Bij wijze van smeekbede kan elke aflaat worden aangewend voor de overledenen. Er is een belangrijk verschil tussen beide vormen van toepassing: voor de levenden is de jurisdictionele macht van de Kerk in het geding, want de Kerk bidt niet alleen dat de straf vergeven mag worden, maar zij vergeeft die ook; voor de overledenen is er echter slechts sprake van een bemiddeling, die hopelijk ten goede komt aan de overledenen, met wie wij door "de gemeenschap van de heiligen" verbonden blijven[111].

[110] In deze derde editie van het *Enchiridion indulgentiarum* van 18 mei 1986 (Libreria Editrice Vaticana) wordt in een begeleidend schrijven gewezen op de noodzaak het *Enchiridion* te herzien om te kunnen verwijzen naar de bepalingen van de nieuwe Codex en naar de vernieuwde liturgische boeken; tegelijk greep men deze gelegenheid aan enkele wijzigingen aan te brengen in de manier van spreken van de Const.*Indulgentiarum doctrina* en nieuwe aflaatverleningen van Paus **Joannes Paulus II** op te nemen.

[111] Vgl. **B. Dufour**, a.w., pp. 139-140. Voor de applicatie van aflaten op levenden gebruikt de *CIC/17* de uitdrukking "bij wijze van absolutie", maar deze uitdrukking keert in de **Codex/83** niet terug en is ook niet door een andere vervangen.

6.3. *Verlening van een aflaat*

Alleen het hoogste gezag van de Kerk, d.i. de Paus (**can. 331**) en het Bisschoppencollege (**can.336**) en zij, aan wie deze macht door het recht of door de Apostolische Stoel is toegekend, kan aflaten verlenen (**can.995**). Rechtens kunnen de Apost.Penitentiarie[112],diocesane Bisschoppen, Metropolieten, Patriarchen, Groot-Aartsbisschoppen en Kardinalen bepaalde aflaten verlenen[113]. Voor het op welke manier dan ook op-schrift-stellen van de verlening van aflaten is verlof nodig van de plaatselijke Ordinaris; voor de uitgave van een standaardeditie van aflaten is uitdrukkelijk verlof van de Apostolische Stoel vereist[114].

6.4. *Voorwaarden voor het verdienen van een aflaat*

Wil iemand een aflaat kunnen verdienen, dan moet hij/zij volgens **can.996 § 1** gedoopt zijn, niet geëxcommuniceerd en in staat van genade, ten minste bij het beëindigen van de voorgeschreven werken. Om daadwerkelijk een aflaat te verdienen is bovendien vereist dat hij/zij de algemene[115] bedoeling heeft de hulp van de Kerk te aanvaarden en de opgelegde werken op de gestelde tijd en op de vereiste wijze te voldoen; voor het verdienen van een volle aflaat komt daarbij: de sacramentele belijdenis, de eucharistische Communie en een gebed tot intentie van de Paus (**can.996 § 2** en *Enchiridion*, normen 20 en 23).

6.5. *Bijzondere wetgeving inzake aflaten*

Inzake verlening en gebruikmaking van aflaten moeten volgens **can.997** tenslotte ook de overige voorschriften, die vervat zijn in de bijzondere wetten van de Kerk, worden onderhouden. Tot die bijzondere wetten horen het *Enchiridion indulgentiarum* van 1986[116], maar ook de officiële decreten die uitgaan van de Apostolische Penitentiarie,

[112] Zie Apost. Const. *Pastor Bonus*, d.d.28 juni 1988, van Paus **Joannes Paulus II**, art.120.

[113] Zie *Enchiridion indulgentiarum*(1986), Normen 10-13.

[114] *Enchiridion indulgentiarum*(1986) Norm 14.

[115] Dit woord werd ambtelijk, in opdracht van de Paus, ingevoegd: *AAS* 80(1988)1819; het ontbreekt in de Codexuitgaven vóór deze datum. Het gaat om een redactiefout; dit woord is wel opgenomen in het *Enchiridion indulgentiarum*(1968) en in can.173 § 2 van het *Schema/75*.

[116] Vgl.*COMM*. 13(1981)439-440.

waaraan alles wat op de *verlening* van aflaten betrekking heeft is toevertrouwd, of van de Congregatie voor de Geloofsleer, waaraan alles wat op de *leer* betrekking heeft is toevertrouwd[117].

[117] Voorbeelden van de laatste jaren zijn: het decreet van de Apost.Penitentiarie, d.d. 14 december 1985, waarin gelovigen de mogelijkheid geboden wordt de volle aflaat, verbonden aan het geven van de pauselijke zegen door de diocesane Bisschop (*Enchiridion* norm 10 n.2), ook via radio en/of televisie te ontvangen, wanneer zij fysiek niet aanwezig zijn: *AAS* 78(1986)293-294; de volle aflaat in een Maria-jaar, verbonden aan het bidden van de Mariahymne *Acathistos*, van 13 februari 1988: *AAS* 80(1988)508-509; *COMM.* 23(1991)20-21. Voor het overige kunnen we in de laatste editie van het *Enchiridion indulgentiarum* (1986) de lijst vinden van gebeden, aanroepingen en (goede) werken, waaraan een gedeeltelijke of volle aflaat verbonden is.

HOOFDSTUK VIII: SACRAMENT VAN DE ZIEKENZALVING

Inleiding

In de Apost. Const.*Sacram unctionem infirmorum*(1972) gaat Paus **Paulus VI**[1] in op de in *SC* nn.73-75 gegeven beginselen voor de hervorming van het sacrament van de ziekenzalving. Behoudens de eigenlijk liturgische veranderingen en verbeteringen vanuit pastoraal gezichtspunt hebben de canoniekrechtelijke wijzigingen in deze Constitutie betrekking op vijf elementen uit het rituaal:

a) waar dit wenselijk is, kan ook andere olie dan olijfolie gebruikt worden, mits zij van plantaardige afkomst is (*OvD* n.20);
b) het aantal zalvingen is verminderd **(can.1000 § 1)**;
c) in de sacramentele formule wordt minder de nadruk gelegd op de zondenvergeving en meer op het lichamelijk en geestelijk herstel (*OvD* n.76);
d) het tijdstip, waarop het sacrament mag worden toegediend, is dientengevolge veranderd **(can.1004 § 1)**;
e) er zijn ruimere mogelijkheden voor herhaling van dit sacrament **(can.1004 § 2)**.

Op 7 december daaraanvolgend promulgeerde de Congregatie voor de Eredienst bij decreet *Infirmis*[2] de nieuwe *OvD* voor de pastorale zorg rond de zieken en de ziekenzalving[3]. Al vanaf de eerste regel situeert dit decreet de ziekenzalving in het bredere perspectief van de pastorale zorg voor de zieken, zoals dit ook in de *OvD* nn.32-33 gebeurt. We zouden kunnen zeggen, dat die pastorale zorg een *sacramentele* verdichting krijgt in de ziekenzalving. Daarin geeft de Kerk op de haar eigen wijze gestalte aan de solidariteit met de zieken. Het is tegen deze achtergrond dat het gemeenschapsaspect bij de ziekenzalving bijzondere nadruk verdient.

Het joods-christelijke, ja zelfs heidense gebruik om zieken te zalven[4], dat we in *Mk.* 6, 13 vermeld vinden, wordt in de brief van *Jakobus* 5,14-

[1] In Nederl.vertaling verschenen in de *OvD* voor de pastorale zorg rond de zieken en de ziekenzalving (1986) pp.9-13.
[2] In vertaling opgenomen in de nieuwe *OvD* pp.7-8.
[3] Pastorale notities bij de eerste uitgave in *An.Utr.* 51(1978)177-185 en bij de tweede uitgave in *Concilium* 27(1991) n.2, pp.11-24.
[4] Met grote onderlinge verschillen: zie *Concilium* 27(1991) n.2, p.44.

15 a.h.w. uitdrukkelijk gethematiseerd, doch pas in een veel later stadium van de kerkgeschiedenis als *sacramentele* rite beschouwd. Uit de vroegste getuigenissen[5] blijkt nergens dat deze zalving speciaal in stervensgevaar werd toegepast en evenmin dat zij aan priesters voorbehouden is geweest. Onder de verspreide getuigenissen is één passage uit een brief van Paus **Innocentius I** (401-417) de belangrijkste, met name vanwege zijn interpretatie van de Jakobus-tekst. **Innocentius** bevestigt – wat niet in de Jakobusbrief staat en wat hij dus ontleent aan de praktijk van de Kerk – dat de ziekenzalving ook door de gelovigen zelf kan worden gedaan, mits olie wordt gebruikt, die door de Bisschop gewijd (gezegend) is; maar hij veronderstelt, dat het ziekenbezoek met zegening en/of handoplegging en zalving door de priester de gangbare praktijk is[6].

Ofschoon de gegevens over de ziekenzalving, nu beschouwd als één van de zeven sacramenten, pas sedert de karolingische tijd (8e-9e eeuw) duidelijker worden, is de Kerk zich er op basis van *Jak.* 5, 14-15 bewust van geworden, dat zij dit sacrament van de Heer heeft ontvangen[7]. In ieder geval vindt de traditie van de Kerk in deze brief het fundament voor haar praktijk, die bevestigd wordt op het Concilie van Florence (1439)[8], opnieuw op dat van Trente(1551)[9] en op Vaticanum II[10].

De tot aan Vaticanum II vigerende liturgie, die terugging op het *Rituale Romanum* van Paus **Paulus V** (1614), koppelde de ziekenzalving vrij sterk aan de zondenvergeving[11] en dus aan het sacrament voor boete en verzoening. Zoals dit aanvankelijk tot het stervensuur werd uitgesteld, werd ook de ziekenzalving bijna automatisch het *sacrament van de stervenden*[12].

[5] T.z.p., pp.39-49.

[6] *DS*, a.w., n.216. Ook **Paulus VI** verwijst hiernaar in zijn Constitutie. Vgl.verder *Concilium* 27(1991)n.2, p.44; *LW*, Dl.II, s.v. ziekenzalving; *LfThuK*, Dl.6, s.v.Krankensalbung en vooral **A.Chavasse**, *Étude sur l'onction des infirmes dans l'Église latine du IIIe au XIe siècle I: Du IIIe siècle à la réforme carolingienne* (Lyon 1942).

[7] Vgl.*DS*, a.w., nn.794, 833, 860, 1310 en *Concilium* 27 (1991) n.2, pp.41-45.

[8] *DS*, a.w., nn.1324-1325, waar de wezenlijke bestanddelen van de ziekenzalving worden genoemd.

[9] *DS*, a.w., nn.1694-1700 (waar het Concilie zich uitspreekt over de goddelijke instelling van het sacrament en waar de Jakobustekst wordt uitgewerkt) en nn.1716-1719 (canones).

[10] *SC* nn.73-75 en *LG* n.11.

[11] Dat blijkt alleen al uit de sacramentele formule: "Door deze heilige zalving en door zijn liefdevolle barmhartigheid vergeve de Heer u al wat gij hebt misdaan" bij iedere zalving van de afzonderlijke lichaamsdelen, gevolgd door: door uw gezicht (ogen), door uw spreken (mond) enz.

[12] Zo presenteerden tot aan Vaticanum II enkele vooraanstaande theologen, waaronder **K.Rahner, A.Grillmeier** en **M.Schmaus** de ziekenzalving als "een zalving voor de dood": *Concilium* 27(1991)n.2, p.84; vgl.**H.A.J.Wegman**, *Riten en mythen* (1991)p.235.

De ingrijpendste verandering op Vaticanum II is, dat de ziekenzalving naar haar oorsprong veeleer moet worden gezien als het sacrament voor de (weliswaar zieke) levenden" en dat het *viaticum* of de teerspijze (zie **cc.921-922**) veel meer geldt als het "stervenssacrament"[13].

1. Wat is de ziekenzalving?

Volgens het Concilie van Trente is de ziekenzalving "de voltooiing van de christelijke boete en van heel het christelijke leven, dat één doorlopende boete moet zijn"[14], door Christus onze Heer als echt en eigenlijk sacrament ingesteld, al duidelijk aangeduid bij *Markus* (6,13), door *Jakobus* aan de gelovigen aanbevolen en door hem gepromulgeerd[15]. **Can.998** gebruikt de nieuwe term 'ziekenzalving', ingevoerd door *SC* n. 73, geeft daarna een kort leerstellig exposé van de aard van dit sacrament, nl. de aanbeveling van ernstig zieken[16] aan de lijdende en verheerlijkte Heer "opdat Hij hen opricht en redt" door de zalving met olie (die niet noodzakelijk alleen maar olijfolie hoeft te zijn) onder het uitspreken van de voorgeschreven formule. Wanneer we deze omschrijving vergelijken met wat *can.937 CIC/17*[17] zegt, vallen de volgende verschillen op:

a) de oude benaming "laatste (of: uiterste) zalving"[18] of "het H. Oliesel" of "bediening" (in het gewone spraakgebruik)[19] is vervangen

Tot aan de 10e eeuw werd de ziekenzalving nooit als sacrament voor de stervenden zonder meer beschouwd.

[13] Zie **D.N.Power**, *Het sacrament van de ziekenzalving* in: *Concilium* 27(1991) n.2, p.84. Om genoemde reden heeft het *viaticum* dan ook voorrang op de ziekenzalving. Zie ook het boekje: *Bidden met stervenden* (uitgave van de *NRL* 1993); *An.* Utr. 51(1978)183 (eerste slotopmerking); vgl. *An.Gr.* 38(1993) 64-66.

[14] *DS*, a.w., n.1694.

[15] T.z.p., n.1695.

[16] "*Periculose aegrotantes*" staat in alle officiële documenten. Het woord "*periculose*" is onderwerp van discussie en interpretatie geweest. De vertaling met "ernstig" verdient, gelet op hen voor wie de ziekenzalving bestemd is, de voorkeur boven "zwaar", "gevaarlijk" of "levensgevaarlijk": zie *Concilium* 27(1991) n.2, p.12; *Relatio/1981*, p.238.

[17] *Can.937*: "Het sacrament van de laatste zalving moet worden toegediend door de heilige zalvingen met gebruikmaking van *wettig gezegende olijfolie* en onder het uitspreken van de in de kerkelijk goedgekeurde liturgische boeken voorgeschreven woorden".

[18] De uitdrukking *extrema unctio* stamt pas uit de 12e-13e eeuw om aan te geven wat voordien met de term "(gewijde) olie van de zieken" werd aangeduid. Op het Concilie van Trente werd al gevraagd terug te keren tot die oorspronkelijke benaming: zie **B.Dufour**, a.w., p.151.

[19] "Wanneer een stervende gebiecht heeft, de zalving heeft ontvangen...en het viaticum heeft gekregen, heet hij ten volle bediend. Vandaar dat we dit geheel ook *bediening* zijn gaan noemen". Aldus **L.van Tongeren**, *De ziekenzalving* – in: *Handreiking aan vrijwilligers* in het pastoraat, liturgie, Jrg.4, p.127. De brede betekenis van het woord 'bediening' heeft zich in de volksmond 'verengd' tot de zorg, waarmee de Kerk een zieke in

door de term *ziekenzalving*, een terugkeer naar de meest oorspronkelijke benaming, gelegaliseerd door *SC* n.73[20], en sindsdien gebruikt in alle officiële documenten;

b) nu wordt kort en bondig de leerstellige inhoud van dit sacrament aangegeven; in de formulering daarvan herkennen we *LG* n.11,2, welke tekst hernomen is in de *Apost.Constitutie* van Paus **Paulus VI**(1972) en in de *OvD* voor de pastorale zorg rond de zieken n.5 en (aangepast) n.76;

c) het gebruik van olijfolie (tot nu toe voorgeschreven voor de geldigheid!) wordt niet met evenzoveel woorden vermeld; wel het gebruik van olie, die volgens de Constitutie en de *OvD* van plantaardige herkomst moet zijn om zoveel mogelijk op olijfolie te lijken;

d) deze inleidende canon zegt niet meer uitdrukkelijk, dat het om *gezegende* (olijf)olie moet gaan, al gebeurt dit elders (**cc. 847 § 1** en **999**) wel; ook het rituaal vermeldt dit in n.21; als de (olijf)olie niet gezegend is, dan dient dit volgens n.75 tijdens de ziekenzalving te gebeuren; de gebeden hiervoor zijn in het rituaal zelf opgenomen (nn.75 en 242).

2. De viering van het sacrament[21]

In de nieuwe *OvD* voor de pastorale zorg rond de zieken wordt de toediening van de ziekenzalving geplaatst in het kader van de *totale* zorg rond de zieken. Om die reden krijgen in het rituaal ook andere elementen dan de zalving zelf (nn. 64-92) de volle aandacht zoals: het ziekenbezoek met daarbij passende gebeden, gestructureerd volgens het bekende liturgische patroon van de woord- en communiedienst[22], de aloude ziekenzegen, al of niet met handoplegging (n.45)[23], de Communie voor de zieke(n) en voor andere eventueel aanwezigen (nn.46-63)), het *viaticum* (de teerspijze) tijdens (nn.97-99) of buiten (nn.100-114) de

stervensgevaar omringt; het sacramentele deel van die zorg bestaat uit: biecht, zalving, viaticum (teerspijze), ook wel de "laatste HH.Sacramenten der stervenden" genoemd.

[20] Uit de voorbereidingsakten van deze Constitutie blijkt, dat de nieuwe benaming *niet bindend* wordt voorgeschreven om tegemoet te komen aan de wens van sommige Concilievaders de oude benaming toch maar te handhaven. Niettemin verdient de nieuwe benaming de voorkeur omdat het sacrament niet uitsluitend bestemd is voor hen, die in uiterst levensgevaar zijn (zie *SC* n.73), en omdat men bewust in wilde gaan tegen de praktijk van priesters en gelovigen om de toediening van dit sacrament als "directe voorbode van de dood" zo lang mogelijk uit te stellen.

[21] Lees: **R.Kaczynski**, *De viering van de sacramenten der zieken. Voor een pastorale praktijk overeenkomstig de liturgische Orde van dienst* – in: *Communio* 8(1983)372-388.

[22] *Concilium* 27(1991) n.2, p.12.

[23] Zie *LfThuK, Deel 4*, s.v. Handauflegung; **W.von Arx**, a.w., pp.34-35.

eucharistieviering om en tenslotte een eigen rite bij het afscheid van stervenden (nn.138-151)[24]. De *OvD* bevat een groot aantal alternatieve teksten, lezingen, gebeden en voorbeden, die al naargelang van de omstandigheden te gebruiken zijn door priesters, diakens of leken.

Tegen deze achtergrond lijken de bepalingen van de Codex over de *viering* van het sacrament mager af te steken. In de c**c.999-1002** gaat het immers (bijna) alleen over vragen als: wie zijn bevoegd de ziekenolie te zegenen? hoe groot moet het aantal zalvingen zijn? hoe en op welk moment moeten ze worden gegeven? Maar: een *Wet*boek is nu eenmaal geen liturgisch handboek (vgl.**can.2**).

2.1. *Zalving van de zieke*

De zalving van de zieke kent twee momenten: de zegening van de ziekenolie en de zalving van het lichaam van de zieke met olie. Meestal liggen deze momenten uit elkaar, maar zij kunnen thans ook tegelijk deel uitmaken van het ene ritueel.

Can.998 vermeldt niet expliciet, dat de olie voor de ziekenzalving *gezegend* moet zijn, zoals dat in *can.937 CIC/ 17* wel gebeurde[25]. De Apostolische Constitutie van Paus **Paulus VI**(1972) spreekt daarentegen wel expliciet over zalving "met speciaal hiervoor gezegende olijfolie of...met andere speciaal hiervoor gezegende olie van plantaardige herkomst". Dat gebeurt ook in **can.847 § 1**, die aan de bedienaar van een sacrament, waarvoor heilige oliën worden gebruikt, de plicht oplegt om door de Bisschop recent gewijde of gezegende olie te gebruiken. Impliciet ligt dit tenslotte ook besloten in **can.999**. Daarin wordt vastgelegd wie rechtens bevoegd is de ziekenolie te zegenen:

a) als regel de diocesane Bisschop, en wel op Witte Donderdag[26]; hieraan kan de speciale betekenis worden toegekend dat hij de voornaamste behoeder van de liturgische vieringen is (**can.835 § 1**);

[24] Het overgangskarakter van de *OvD* weerspiegelt zich in het feit "dat tenminste de helft van het boek zich bezighoudt met de dienst van de kerk aan de stervenden" (*Concilium* 27(1991)n.2, p.11), dus aan het aspect van de zorg voor de zieke(n), voor wie het sacrament in eerste instantie niet meer bestemd is. Waardevolle gedachten hierover in: Bulletin n.4 van de *Horstink* en *KASKI "Met de dood voor ogen"* (Amersfoort 1974) en de notitie *"Rond de dood, ritueel bij het sterven, als er geen priester aanwezig is"*, verkrijgbaar bij het *DPC* van het bisdom *Haarlem*: *An.Ha.* 38(1991)152.

[25] Vertaling van *can.937 CIC/17* in voetnoot 17. Zie *CCL*, p.705.

[26] *OvD* n.21; in n.22 wordt aangegeven hoe men om moet gaan met door een Bisschop of priester gezegende olie. Traditioneel was de zegening van de ziekenolie door een Bisschop vereist voor de geldigheid, althans binnen de Latijns-Westerse Kerk. Dat is nu niet meer zo, ook niet in de Oosterse geünieerde Kerken. Het overwegen waard is de opmerking in *Concilium* 27(1991)n.2, p.91 (tegen de achtergrond van wat in de Latijns-

b) zij, die rechtens met de diocesane Bisschop gelijkgesteld zijn (**cc.391 § 2** en **368**);

c) bij wijze van uitzondering: iedere priester in geval van nood[27], maar dan alléén tijdens de viering van het sacrament[28]; een bepaling, die zonder enig precedent is, althans in de Latijns-Westerse Kerk[29].

De *OvD* n.21 voegt hier nog aan toe:

d) priesters, die (rechtens of) met speciale toestemming van de Apost.Stoel deze bevoegdheid bezitten.

In al deze bepalingen komt de belangrijkheid van de zegening van ziekenolie tot uiting[30]. In tegenstelling tot het doopwater, dat ook zonder gezegend of gewijd te zijn de geldigheid van de doopbediening niet in de weg staat, is de zegening van de ziekenolie traditioneel een essentiëel vereiste[31]. Maar de band tussen deze zegening en het sacrament is weer niet zó sterk als bij het vormsel: de wijding van het chrisma is zonder enige uitzondering voorbehouden aan de Bisschop (vgl.**can.880 § 2**)[32].

Westerse Kerk als regel geldt), dat de bisschoppelijke zegening van ziekenolie in de Kerk van vandaag nauwelijks die rol speelt, die zij vroeger speelde binnen een gemeenschapsviering. Tegenwoordig zou het gemeenschapskarakter van de zegening beter verzekerd zijn binnen een parochieviering of in een ziekenhuiskapel in aanwezigheid van familie en vrienden, te houden op geschikte tijden zoals advent, veertigdagentijd of paastijd. – Aan het aspect *gemeenschaps*viering wordt al beter tegemoet gekomen door de zegening van de ziekenolie op een andere dag dan Witte Donderdag te doen plaatsvinden, zoals feitelijk in veel bisdommen al gebruikelijk is geworden.

[27] Bv. als de ziekenzalving niet kan worden uitgesteld totdat de door de sub a en b genoemde gezegende olie ter beschikking staat (*MK* bij deze canon). In de *OvD* n.21 staat: "in geval van *werkelijke* noodzaak"; de formulering van de Codex is dus een afzwakking van dit uitzonderingsgeval.

[28] **Can.999** specificeert de *graad* of de *mate* van nood niet. Dat zou kunnen betekenen, dat het oordeel over wat liturgisch en/of spiritueel verantwoord is, toekomt aan de bedienaar zelf. De *OvD* n.22 bepaalt, wie er in dit geval voor de olie zorgt (priester of familie) en wat er in dit geval met de resterende olie gedaan moet worden.

[29] Ofschoon deze praktijk in het recht van de Oosterse geüniëerde Kerken regel is en niet alleen voor noodgevallen. **Can.741** van de **CCEO(1990)** bepaalt: "De olie, die bij de ziekenzalving gebruikt moet worden, moet gezegend zijn, en wel door de priester zelf, die het sacrament bedient, tenzij het particuliere recht van een eigen autonome Kerk iets anders bepaalt."

[30] Lees *Concilium* 27(1991)n.2, pp.85-86.

[31] Deze zegening heeft *consecratorische* waarde en was traditioneel dan ook voorbehouden aan de Bisschop: zie *LfThuK, Dl.6*, kol.587. – De Apostolische Traditie van **Hippolytus** schrijft voor, dat de Bisschop de goddelijke zegen over de ziekenolie uitspreekt precies zoals hij enkele momenten eerder de goddelijke zegen heeft afgeroepen over brood en wijn; aldus *Concilium* 27(1991)n.2, p.15; vgl. t.z.p., pp.43 en 44. De parallel daar is duidelijk: leken brengen de ziekenolie zoals ze ook brood en wijn bij zieken brengen; beide zijn in het ene gebed geconsacreerd.

[32] Zie **B.Dufour**, a.w., p.155.

Ofschoon het hele ritueel van de ziekenzalving, inclusief de inleiding, korte woorddienst, handoplegging en afsluitende gebeden van betekenis is, concentreert **can.1000 § 1** zich op de zalving van het lichaam van de zieke met olie en op de voorgeschreven sacramentele formule[33].

Wat deze formule betreft heeft Paus **Paulus VI** in zijn Constitutie(1972) de middeleeuwse formule uit het *Rituale Romanum*(1614) met haar overbenadrukking van de zondenvergeving vervangen door een formule, die nauwer aansluit bij de Jakobustekst: "Moge onze Heer Jezus Christus door deze heilige zalving en door zijn liefdevolle barmhartigheid u bijstaan met de genade van zijn Heilige Geest. Moge Hij u van zonde bevrijden, u heil brengen en verlichting geven".

Het *aantal* zalvingen (vroeger: ogen, oren, neusvleugels, mond, hoofd, handen, eventueel voeten) is in de Constitutie en in de *OvD* nn.23-24 teruggebracht tot een zalving op het voorhoofd en op de handen[34], waarbij de sacramentele formule slechts éénmaal hoeft te worden uitgesproken[35]; in geval van nood bv. als de zieke in dreigend stervensgevaar verkeert, als er een fysieke hindernis is om de handen te zalven, er een groot aantal personen is of de tijd te kort[36], kan volstaan worden met een zalving op het voorhoofd of, al naargelang van de situatie, op een ander lichaamsdeel met het uitspreken van de volledige sacramentele formule[37].

Overigens is er volgens de *OvD* n.24 niets op tegen om, rekening houdend met de plaatselijke gebruiken en de eigen tradities van een volk, het aantal zalvingen te vermeerderen of op andere plaatsen van het lichaam te verrichten. Afgezien van de wens, die in *SC* n.75 staat uitgedrukt nl. dat het aantal zalvingen moet worden aangepast aan de omstandigheden, heeft de Constitutie(1972) en de *OvD* n.38 alle ruimte gegeven tot aanpassing in eigen rituelen, die, eenmaal erkend door de Apostolische Stoel, in het eigen gebied kunnen worden gebruikt[38]. Blij-

[33] *CCL*, p.706.

[34] Als teken van de totaliteit van de mens als denkend en handelend persoon: *HdBdkKr*, p.713.

[35] De *OvD* n.23 spreekt nog over een 'verdeling' van de sacramentele formule over beide zalvingen.

[36] *CCL*, p.706.

[37] Dat de zalving(en) in de vorm van een kruis gegeven zou(den) moeten worden, wordt in de *OvD* niet meer vermeld. Ongelukkig genoeg, zegt een commentator, wordt daar in (n.22) wèl verwezen naar de gewoonte om voor het gemak van de priester *watten* te gebruiken, waarin de olie wordt gedrenkt en waarmee de olie op de betreffende lichaamsdelen wordt aangebracht: *Concilium* 27(1991)n.2, p.16.

[38] Hier ligt dus de mogelijkheid tot een *inculturatie* van de westerse rituelen; enkele voorbeelden in *Concilium* 27(1991)n.2, pp.63-65 en 70-72. Hier wijs ik opnieuw op de

vend binnen de in de *OvD* gegeven structuur kan ook de bedienaar van de ziekenzalving het ritueel aanpassen "aan de wensen van de zieke en van de andere aanwezigen" (nn.40-41).

Can.1000 § 2 voorziet er in, dat de zalvingen ook gedaan kunnen worden met behulp van een *instrument* en niet met eigen hand. Dat kan nodig zijn vanwege besmettingsgevaar of ook wenselijk zijn bij uiterste weerzin.

2.2. *Wie zijn verantwoordelijk voor een tijdige toediening?*

Alvorens deze vraag te beantwoorden, dient te worden opgemerkt, dat een goede (catechetische) voorbereiding op de betekenis van de ziekenzalving alleen al bij zal dragen tot een tijdig ontvangen ervan: wie weet, waar het eigenlijk om gaat, zal – eenmaal ernstig ziek of bejaard – ook zelf gaan vragen om dit sacrament. Deze ideale situatie heeft de *OvD* in n.13 op het oog.

Heel het pastoraat zal er op gericht moeten zijn dat, evenals bij de toediening van het viaticum, voorkomen wordt dat de betrokkene buiten kennis is[39]. Dit vooropgesteld legt **can.1001** de verantwoordelijkheid voor een *tijdige* toediening bij de zielzorgers en de naastbestaande van de zieke(n). Bij deze laatsten moeten we niet alleen denken aan de naaste familie, maar evenzeer aan vrienden, verzorgend of verplegend personeel, artsen enz.; in het algemeen aan "allen die hoe dan ook zorg dragen voor hen" (*OvD* n.34).

Wat onder *tijdig* of het *geschikte moment* verstaan moet worden, wordt ons duidelijk uit *SC* n.73: de *zeker al*[40] geschikte tijd is er, wanneer een gelovige door ziekte of ouderdom in een kritieke levensfase *begint te komen* (vgl.**can.1004 § 1**). Gelet ook op de wens van de Concilievaders om heel de discipline rond de ziekenzalving te verruimen, laten de woorden *zeker al* de weg open voor een ruime interpretatie. Die wordt in de *OvD* n.8 aldus verwoord: "Het gezond verstand zal uitma-

Instructie over de Romeinse liturgie en de inculturatie van 25 januari 1994 [na de Instr. *Inter oecumenici*(1964), *Tres abhinc annos*(1967) en *Liturgicae instaurationes*(1970) van de Ritencongregatie(1964 en 1967) en de Congregatie van de Goddelijke Eredienst (1970)] de vierde instructie voor de juiste uitvoering van de Vaticaanse Liturgieconstitutie nn.37-40 (1963) van de Congregatie voor de Eredienst en de Sacramenten; vertaling in *KD* 23(1995)n.1 (februari 1995), pp.30-47.

[39] *OvD* n.27. "Hoewel dit sacrament niet heilsnoodzakelijk is" *(can.944 CIC/17)*, betekent dit niet dat pastores en anderen slordig om zouden mogen springen met de toediening ervan.

[40] Deze vertaling blijft dichter bij de grondtekst dan de Nederlandse vertaling "dan ook reeds" uit de *CDCV*.

ken of een zieke al dan niet ernstig ziek is. Bij het beoordelen van de toestand zal men niet angstvallig te werk gaan. Men kan indien nodig de raad inwinnen van een dokter".

2.3. *Gemeenschappelijke viering van het sacrament*

Zonder enig precedent in de oude wetgeving, maar ook nog in alle voorbereidende schemata van de nieuwe wetgeving is **can.1002**[41] in het nieuwe Wetboek opgenomen: "Een gemeenschappelijke viering van de ziekenzalving kan, overeenkomstig de voorschriften van de diocesane Bisschop, voor meerdere zieken tegelijk gebeuren, die naar behoren voorbereid en goed gedisponeerd dienen te zijn". Het gaat hier niet over het gemeenschapsaspect van de viering, dat, evenals bij de bediening van de andere sacramenten, ook bij de toediening van de ziekenzalving aan een enkele of aan een paar zieken tegelijk beoogd dient te worden. Ook dat is belangrijk en betekent onder meer dat, waar mogelijk, de zieke zelf maar ook de familie en omstaanders betrokken worden bij de voorbereiding van de liturgie en actief betrokken worden in de uitvoering daarvan[42].

In deze canon worden vieringen voor meerdere zieken gezamenlijk bedoeld bij gelegenheid van bv. bedevaarten, ziekendagen van het bisdom, een regio, een stad, van meerdere parochies of verenigingen van zieken[43]. Het zijn juist deze gemeenschappelijke vieringen, bij voorkeur in combinatie met een eucharistieviering, die veel goed kunnen doen aan een hernieuwde beleving van en kijk op het ziekensacrament, of die de ziekenzalving los kunnen maken uit de context van stervensgevaar[44] afgezien nog van de inspanning van pastores om via verkondiging en catechese ditzelfde te bereiken[45]. Deze vieringen worden geregeld en bewaakt door de diocesane Bisschop[46].

[41] Zie *OvD* nn.83-85. Pas in het allerlaatste stadium van de Codexherziening is deze canon opgenomen. Op de laatste bijeenkomst van de Commissie in 1981 werd wel een suggestie in deze richting gedaan, die niet werd overgenomen, maar ook niet tegengesproken; verwezen werd naar de *OvD*: zie *Relatio*/1981, p.237. Daarom ontbrak een dergelijke paragraaf ook in het *Schema/1982* totdat zij als een afzonderlijke canon in de eindredactie verscheen. N.B. **B.Dufour**, a.w., p.159 is over deze kwestie onhelder en hij geeft ten dele verkeerde informatie.

[42] Dit ligt in de lijn van *SC* nn.26-27, de *OvD* nn.33 en 64 en **can.837**; vgl. **W.von Arx**, a.w., pp.37-39.

[43] *OvD* n.83.

[44] Zie *An.Utr.* 51(1978)181 en 184.

[45] *OvD* n.36. Hoe zo'n gezamenlijke ziekenzalving kan worden opgezet en uitgevoerd: zie *An.Utr.* 64(1991)303-306.

[46] *OvD* nn.17 en 83-85.

3. Bedienaar van de ziekenzalving

Can.1003 § 1 laat geen enkel misverstand bestaan over de vraag, wie volgens de vigerende kerkelijke discipline bevoegd is de ziekenzalving toe te dienen: "*Iedere priester en die alleen*" doet het "*geldig*"[47]. De canon is een getrouwe weergave van *can.938 § 1 CIC/17*. Tijdens het herzieningsproces van de Codex werd tegen een woordkeuze, die nauwer aan zou sluiten bij die van het Concilie van Trente[48] bezwaar gemaakt[49]. Maar de terugkeer naar de massieve formulering van de *Codex/17* riep in 1981 verzet op van enkele commissie-leden:

- omdat zij historisch, althans voor de eerste acht eeuwen, niet te verdedigen is;
- omdat het Concilie van Trente bij voorkeur de term "eigen", "eigenlijke bedienaar" gebruikt[50];
- omdat het bijwoord *valide* ook niet voorkomt in het *Rituale Romanum*(1614), De unctione infirmorum n.6[51].

Om deze redenen zouden zij de woordkeuze van **can.1003 § 1** graag vervangen willen zien door: "De eigen (eigenlijke) bedienaar van de ziekenzalving is de priester". Onmiskenbaar lijkt dit voorstel te zijn ingegeven door de behoefte om enerzijds trouw te blijven aan het verleden, maar anderzijds tegemoet te komen aan de eisen van onze tijd in die zin dat minder resoluut dan nu het geval is toekomstige ontwikkelingen inzake de bedienaar geblokkeerd worden[52]. Toch gaf de Codexherzie-

[47] Zo ook **can.739 § 1** van de **CCEO(1990)**: "Alle en ook alleen priesters bedienen *geldig* de ziekenzalving". – De formulering als zodanig doet het vóórkomen als zouden we hier te maken hebben met een zgn. goddelijk-rechtelijke norm. Wat daar ook van zij, in ieder geval hangt van de priesterwijding af of binnen de vigerende discipline het sacrament *geldig* wordt toegediend (*NDP*, p.302).

[48] *Conc.Trid.*, *sess.XIV* (1551), decr. de paenit. et unct. extr., cap.3 en can.4: *DS*, a.w., nn.1697 en 1719, waar de priester gezien wordt als de "eigen" en "eigenlijke" *(proprius)* bedienaar, toen echter nog zonder enige connotatie dat het ook iemand anders dan een priester zou kunnen zijn.

[49] Zie *COMM.* 9(1977), p.342.

[50] Ook Paus **Paulus VI** gebruikt deze terminologie in zijn Apost.Const.*Sacram unctionem infirmorum*(1972); de *OvD* n.16 spreekt over priesters als de *gewone* bedienaren. De termen "eigen", "eigenlijk" en "gewoon" suggereren dat ook andere personen dan priesters bedienaren van dit sacrament zouden kunnen zijn. Zo is het in het verleden zeker ook geweest: zie **A.Chavasse**, a.w.; *LW*, Dl.II s.v.ziekenzalving, *LfThuK*, Dl.6 s.v. Krankensalbung, **W.von Arx**, a.w., pp.19-20, *Concilium* 27(1991) n.2, pp.44 en 86-88.

[51] Mij lijkt dit onjuist. In de laatste standaardeditie van dit *Rituale Romanum* (Typ. Pol. Vat. 1952) staat in n.6 een tekst, die woordelijk in *can.938 § 1 CIC/17* staat.

[52] In cap.3 en can.4 van het in noot 48 genoemde Decreet wordt met een beroep op 1 *Tim.* 4,14 geponeerd dat de *"presbyteri"* van *Jakobus* niet de oudsten (in leeftijd) of de eersten (in rang) zijn, maar òf Bisschoppen òf priesters. Als het om die reden beter zou zijn (zoals de Codexherzieningscommissie in reactie op het wijzigingsvoorstel van enkele

ningscommissie er de voorkeur aan om de tekst van *CIC/17* te handhaven. Daarmee lijkt, voorlopig althans, een viering door diakens[53], laat staan door pastorale werk(st)ers, uitgesloten.

Na deze principiële positiebepaling spreekt het kerkelijke Wetboek, anders dan de *OvD* n.16, in algemene bewoordingen uit dat "alle priesters aan wie zielzorg opgedragen is" de plicht en het recht hebben dit sacrament "toe te dienen aan de gelovigen, die aan hun pastorale verantwoordelijkheid toevertrouwd zijn". Onder die priesters vallen op de eerste plaats de pastoors van **can.530 n.3**, aan wie de toediening van het viaticum en van de ziekenzalving in het bijzonder is toevertrouwd. Daaronder vallen ook zij, die in de *OvD* n.16 genoemd worden: Bisschoppen[54], parochievicarissen, rectoren van zieken-/verpleeghuizen, Oversten van kloostergemeenschappen van priesterreligieuzen, maar ook alle *cappellani*, aan wie volgens **can.564** op duurzame wijze de pastorale zorg wordt toevertrouwd en die volgens **can.566 § 1** "ambtshalve" o.a. de bevoegdheid hebben "het viaticum en de ziekenzalving toe te dienen"[55]; tenslotte ook de rectoren van seminaries, waar de rector de functie van pastoor dient te vervullen overeenkomstig **can.262**.

De *OvD* n.16 noemt hen de *gewone* bedienaren, misschien ter onderscheiding van die categorie priesters, welke in het vervolg van **can.1003 § 2** genoemd wordt, nl."Om een verantwoorde[56] reden mag iedere andere priester dit sacrament toedienen met tenminste veronderstelde toestemming van bovenvermelde priester", dus van één van de gewone bedienaren; deze *buitengewone* bedienaar zal hen na de toediening van het sacrament op de hoogte brengen[57]. De term *gewone* bedienaar dient zeker ter onderscheiding van niet-katholieke bedienaren, die dit sacrament bedienen in de gevallen, die **can.844 §§ 2-4** op het oog heeft.

Priesters, die de klerikale staat verloren hebben en dus de wijdingsmacht niet mogen uitoefenen, mogen dit sacrament niet meer bedienen[58]. **Can.292** bevat alleen een uitzondering voor het sacrament voor boete en

leden stelt) vast te houden aan de tekst van *can.938 § 1 CIC/17*, brengt dat ons ook in conflict met de historische gegevens.

[53] Verruiming van de bevoegdheid naar diakens toe leeft sterk in de Verenigde Staten, Duitsland (zie *COMM.* 9(1977)342) en elders: *CCL*, p.707.

[54] Daarom wordt in **can.1003 § 2** ook het woord *sacerdos* gebruikt, dat niet alleen betrekking heeft op een priester, maar ook op een Bisschop.

[55] Deze correctie werd aangebracht in de *Variationes* (1983) van de Congregatie voor de Sacramenten en de Eredienst, sectie Eredienst, n.16.

[56] "Om een *goede* reden" zegt de *OvD* n.18.

[57] Hierover zwijgt de Codex, hoezeer deze regel ook voor de hand ligt.

[58] Vele gehuwde priesters denken van wel omdat dit sacrament zondenvergevend is; dus naar analogie van de **cc.976** en **986 § 2**.

verzoening in stervensgevaar. Ditzelfde geldt voor priesters, die geëxcommuniceerd **(can. 1331)**, geïnterdiceerd **(can.1332)** of (afhankelijk van de aard der suspensie) gesuspendeerd **(can.1333)** zijn.

In de slotparagraaf ziet **can.1003** voorbij aan de min of meer strenge regels van het *oude Wetboek (cc.946 en 735)*[59] inzake het bewaren van de gezegende olie. Zij gaat alleen in op het Decreet van de Ritencongregatie *Pientissima mater* (1965)[60], waarin "aan de plaatselijke Ordinarissen de bevoegdheid wordt gegeven aan priesters toe te staan gewijde olie bij zich te dragen". Zo luidde de bevoegdheid toen; thans echter staat de Codex iedere priester zonder enige tussenkomst van een Ordinaris toe "gezegende olie bij zich te dragen om in geval van nood het sacrament van de ziekenzalving te kunnen toedienen".

4. Voor wie is de ziekenzalving bestemd?

De naamsverandering van "laatste zalving" in "ziekenzalving" alleen al geeft aan, dat dit sacrament thans een veel ruimere bestemming heeft dan in het verleden. Het is immers niet meer alléén het sacrament voor hen, die in dreigend levensgevaar verkeren, maar ook voor de levenden, die in hun/ haar gezondheid ernstig verzwakt zijn. **Can.1004 § 1** (vgl. *SC* n.73) formuleert in *positieve* termen[61] voor wie het sacrament bestemd is nl. a) voor gelovigen, die b) tot het gebruik van het verstand gekomen zijn en die c) door ziekte of ouderdom in gevaar beginnen te verkeren.

4.1. Het gaat om personen, die gedoopt zijn (zie **cc.204 § 1** en **842 § 1**); in beginsel dus om personen, die in volledige gemeenschap staan met de R.K.Kerk **(can.205)**. Het ontbreken van deze gemeenschap kan immers een obstakel zijn voor de aan het doopsel verbonden rechten **(can.96)**. Niettemin maakt **can.844 § 4** het onder bepaalde voorwaarden mogelijk dat christengelovigen, die niet in volledige gemeenschap leven met de Katholieke Kerk, dit sacrament ontvangen, nl. in stervensgevaar

[59] *Can.946*: "De ziekenolie moet door de pastoor op een waardige en smaakvol ingerichte plaats zorgvuldig bewaard worden in een zilveren of tinnen busje; bewaring thuis is alleen toegestaan volgens canon 735"; *can.735*: "De pastoor moet de heilige oliën aan zijn Ordinaris vragen en haar in de kerk op een veilige en waardige plaats zorgvuldig bewaren; bewaring thuis mag alleen in geval van nood of om een andere goede reden na verlof van de Ordinaris".

[60] Opgenomen in o.a. *An.Utr*. 38(1965)89; *An.Br*. 10(1965) 178-179.

[61] In tegenstelling tot de *negatieve* formulering van *can.940 § 1 CIC/17*: "Binnen dezelfde ziekte *kan* dit sacrament *niet herhaald* worden, *tenzij* de zieke na de zalving te hebben ontvangen hersteld is en in een ander levensgevaar komt te verkeren".

of in een andere ernstige nood, wanneer zij zich niet tot een eigen bedienaar kunnen wenden, als zij er eigener beweging om vragen, lid zijn van een Kerk, die er wat dit sacrament betreft blijk van geeft het katholieke geloof te kennen en die in de juiste gesteltenis verkeren. Onder deze voorwaarden kunnen gelovigen uit de van Rome gescheiden Oosterse Kerken, maar zou ook een evangelische christen dit sacrament kunnen ontvangen[62].

4.2. Het gebruik van het verstand is een wezenlijk vereiste voor het ontvangen van het ziekensacrament. Dit betekent dat zij, die nog niet tot dat gebruik gekomen zijn of daartoe nooit zullen komen, niet in aanmerking komen voor dit sacrament. Kinderen, die wegens ziekte ernstig verzwakt zijn, mogen na hun zevende levensjaar **(can.97 § 2)** bij voldoende inzicht het sacrament wel ontvangen[63], ook *bij twijfel* over de vraag of zij al tot dat inzicht gekomen zijn (zie **can.1005**); niet dus wanneer zij onder de zeven jaar zijn en daardoor ook niet degene, die volgens **can.99** met hen gelijkgesteld zijn[64]. Bij iedere vorm van twijfel of iemand over voldoende gebruik van de verstandelijke vermogens beschikt, prevaleert ook nu het recht op het ontvangen van het sacrament. **Can.1005** gaat verder dan het rituaal en houdt, evenals *can.941 CIC/17*[65], vast aan de plicht tot toediening. Aan wie niet meer over het gebruik van de verstandelijke vermogens beschikt of buiten bewustzijn is geraakt, dient de ziekenzalving toch gegeven te worden, wanneer hij/zij bij volle verstandsgebruik minstens impliciet, bv. door een habitueel christelijke levenspraktijk of door het verlangen in vrede met God te sterven, daarom gevraagd heeft **(can.1006)**.

[62] Zie het *Directorium oecumenicum I*(1967) van het Secretariaat voor de Eenheid van de Christenen n.55: *AAS* 59(1967)590. Het *Directorium oecumenicum III*(1993) spreekt hier niet (opnieuw) over.

[63] Zie *COMM*. 9(1977)343, waar wordt voorgesteld om dit in een aparte paragraaf op te nemen; maar omdat dit al in de *OvD* (n.12) was opgenomen, werd het hier achterwege gelaten.

[64] Hiermee blijft de discussie over geestelijk gehandicapten alsook over de vraag of het wel terecht is, dat de toediening van de ziekenzalving aan kinderen (en met hen gelijkgestelden) beperkt wordt door te eisen dat zij over hun verstandelijke vermogens moeten beschikken, open. Zodra zij een voldoende (aangepast) inzicht hebben in de betekenis van dit sacrament, zouden ook zij voor de ziekenzalving in aanmerking komen. Ook op hen is n.12 uit de *OvD* van toepassing: "Bij twijfel of zij voldoende inzicht verworven hebben, zal het sacrament worden toegediend". Vgl. *Relatio/1981*, p.238.

[65] *Can.941*: "Wanneer er twijfel bestaat of de zieke het gebruik van zijn verstandelijke vermogens heeft bereikt, of hij daadwerkelijk in stervensgevaar verkeert of al gestorven is, dient dit sacrament te worden toegediend onder voorwaarde."; zie *CCL*, p.710.

4.3. Niet de aard van de ziekte, alleen de ernst daarvan wordt hier aangegeven. Deze formulering staat dus open naar verdere ontwikkelingen, bv. met betrekking tot psychisch zieken. Ofschoon de toediening van dit sacrament doorgaans geassociëerd wordt met verzwakking van het lichaam, zijn er ook psychische kwalen, die ontegenzeggelijk ernstig zijn[66]. In de discussie over het woord *"periculose"* (*OvD*) of *"in periculo"* (**Codex**) is de gedachte aan levensgevaar(lijk), laat staan dreigend levensgevaar(lijk) of stervensgevaar losgelaten[67] en wordt dit sacrament geacht "te behoren bij ziekte, die een aanzienlijke graad van last en gevaar met zich brengt"[68]; daartoe hoort ook de ouderdom, die zelf een 'ziekte' is. Tot deze interpretatie hebben de volgende factoren bijgedragen: in de *OvD* nn.80 vv. wordt voorzien in vieringen, die gehouden worden in openbare kerken, en wordt verondersteld dat de betrokken personen òfwel zelf naar de kerk kunnen gaan òfwel zonder al te veel moeite daarheen kunnen worden gebracht; en in n.11 bepaalt zij dat aan bejaarden, die bijzonder zwak zijn, de ziekenzalving mag worden toegediend, ook als zij niet aan een gevaarlijke ziekte lijden[69]. Het mag dan in het algemeen juist zijn, dat het gezond verstand uitmaakt (al of niet op advies van een arts) of iemand zodanig verzwakt is dat hij/zij in aanmerking komt voor de ziekenzalving (*OvD* n.8), toch wordt dit moeilijker, wanneer men de bedoeling van de zalving ook zoekt in de geestelijke kracht, die er van uitgaat[70].

[66] Engelstalige rituelen maken, zonder een beslissend oordeel te willen geven, de volgende pastorale opmerking: enkele typen van geestesziekte gelden als ernstig; wie geacht wordt aan zo'n ziekte te lijden en meent door dit sacrament te kunnen worden gesterkt, mag de ziekenzalving ontvangen.

[67] Op het eerste gezicht lijkt de Nederlandse vertaling van *"in periculo"* met "in levensgevaar" daarom minder correct. Daar staat echter tegenover dat de Codexherzieningscommissie niet in wilde gaan op het verzoek om aan *"in periculo"* het woord *"mortis"* voor alle duidelijkheid toe te voegen, omdat het naar haar idee voldoende duidelijk is dat het over "levensgevaar" gaat: zie *Relatio/1981*, p.237 bij *can. 957 § 1* van het *Schema/80*.

[68] *Concilium* 27(1991)n.2, p.88.

[69] Juridisch begint de ouderdom bij zestig jaar (vgl. **can.1252**), maar in deze context moet hij strikter worden geinterpreteerd, nl. als ouderdom geldt, afhankelijk van eenieders fysieke constitutie, de beginnende 'afbraak' van het organisme (vgl.de oorspronkelijk geplande paragraaf in: *COMM.* 9(1977)343. Maar de Duitse Bisschoppen hebben uitdrukkelijk verboden om dit sacrament toe te dienen aan iedereen (ook zonder ziek te zijn) vanaf bv. 70 jaar: zie *HdBdkKr.* p.714 voetnoot 7; **N.Ruf**, a.w., p.235; *MK* bij **can.1002**. – Lees: **G.Greshake**, *Laatste Oliesel of Ziekenzalving? Pleidooi voor een gedifferentiëerde sacramentele theorie en praktijk*: *Communio* 8(1983)350-371 en *Geist und Leben* 56(1983)119-136; volledig bewerkt en ingekort in *An.Rmd.* 67(1986)163-180; **R.van Landschoot**, *Ervaringen van een ziekenhuispastor*: *Communio* 8 (1983)389-394.

[70] *Concilium* 27(1991)n.2, p.89.

Dan is niet het oordeel van een ander (buitenstaander), maar de persoonlijke gesteltenis van het subject doorslaggevend: "Het is de zieke die moet beoordelen of het sacrament al dan niet gunstig zou zijn voor geloof en mens-zijn"[71]. In ieder geval stimuleert de *OvD* n.13 die beslissing door de betrokkene zelf.

De ziekenzalving is duidelijk niet bestemd voor iemand, die al overleden is[72], of het zou moeten zijn dat er twijfel bestaat over iemands dood, waartoe gemakkelijk aanleiding kan bestaan als men bedenkt dat tussen de schijnbare en werkelijke dood een tussentijd van een half tot twee uur kan zijn. De *OvD* sprak aanvankelijk in dit geval over de toediening van het sacrament onder voorwaarde, maar in de *Variationes* (bij n.135 van de *OvD*) wordt iedere voorwaardelijke toediening afgewezen. In **can.1005** komen we haar dan ook niet tegen[73]. Al is de ziekenzalving dan ook het sacrament van de (zieke) levenden geworden en dus op de eerste plaats bestemd voor hen, die door ziekte of ouderdom ernstig verzwakt zijn, toch blijft het naar omstandigheden natuurlijk ook het sacrament, dat aan stervenden wordt toegediend, als zij nog niet gezalfd zijn[74]. De *OvD* n.30 voorziet in één doorlopende rite van boete en verzoening, ziekenzalving en viaticum "als de zieke onverwacht in doodsgevaar verkeert". De ziekenzalving mag echter ook worden toegediend vóór een operatie, telkens als deze vanwege een gevaarlijke ziekte noodzakelijk is[75] of aan bejaarden, die bijzonder zwak zijn, ook als zij niet aan een gevaarlijke ziekte lijden (*OvD* n.11). Met deze laatste clausules wordt impliciet gezegd, dat men niet voor de ziekenzalving in aanmerking komt als het gevaar andere oorzaken heeft dan ziekte of ouderdom, zoals: een op handen zijnde veldslag, bombardement, een te voltrekken doodvonnis enz. Voor hen, die in dit soort gevaren verkeren, staan andere middelen ter beschikking zoals: gebed, sacrament voor boete en verzoening, eucharistie, maar niet de ziekenzalving, die er is om in de geest van geloof de toestand van ziekte te boven te komen[76].

[71] Hier gaat de suggestie van uit dat het juiste criterium helemaal niet ligt in de lichamelijke, maar in de geestelijke gesteldheid: t.z.p., p.88.

[72] *OvD* n.15 en **can.1005**.

[73] De *OvD* n.15 heeft in de heruitgave van 1986 ten onrechte de zinsnede gehandhaafd, dat de priester in zo'n geval het sacrament onder voorwaarde moet toedienen. Uit *COMM*. 9(1977)344 blijkt dat het *"sub conditione"* bewust is weggelaten en dat *can.184* van het *Schema/75* hernomen is.

[74] Hèt sacrament van de stervenden is echter het *viaticum* (de teerspijze).

[75] Vgl.*COMM*. 9(1977)343; *OvD* n.10.

[76] *NDP*, p.304.

4.4. In **can.1007** bepaalt de Codex, zoals ook de *OvD* in n.15, dat de ziekenzalving niet mag worden toegediend "aan hen, die openlijk halsstarrig volharden in een zware zonde". Deze bepaling plaatst ons voor de vraag of een ernstig zieke, die leeft in een irreguliere samenlevingsrelatie, op eigen verzoek toch de ziekenzalving kan ontvangen. Volgens de letter van de wet zou hier alleen een weigering op haar plaats zijn. Naar analogie van **can.1005** geldt echter ook in dit geval dat bij twijfel over één van de genoemde voorwaarden (zware zonde, halsstarrigheid en openbaarheid) de zalving wel mag worden gegeven.

5. Herhaling van de ziekenzalving

In de lijn van het Concilie van Trente[77] en de voorschriften van de oude Codex *(can.940 § 2)*[78] erkent ook de **Codex/83** de mogelijkheid om de ziekenzalving te herhalen (gebruikelijk tot aan de 13e eeuw), maar verschilt daarin van de oude wetgeving. Herhaling is mogelijk en wel in twee gevallen: bij elke nieuwe ziekte na herstel van de eerste ziekte en tijdens dezelfde ziekte, als de toestand van de patiënt verergert (in de *CIC/17* werd gesproken over opnieuw in *levensgevaar* komen) **(can.1004 § 2)**. Dit laatste geval, al opgenomen in de Apost. Const. *Sacram unctionem infirmorum* van Paus **Paulus VI** (1972) en in de *OvD* n.9, betekent dus een verruiming. Daardoor werd het probleem van de herhaling, dat de Liturgieconstitutie en de uitwerking daarvan[79] onbeslist hadden gelaten, opgelost[80]. Het toestaan van een ongelimiteerde herhaling zou kunnen leiden tot een ongezonde pastorale praktijk[81].

6. Apostolische Zegen in stervensgevaar

Can.468 § 2 CIC/17 kende aan de pastoor of aan een andere priester, die de zieke bijstaat, de bevoegdheid toe in stervensgevaar de apostoli-

[77] *Sess.XIV*(1551), Decr. de paenit. et unct.extr., cap.3; DS, a.w., n.1698.

[78] *Can.940 § 2*: "In dezelfde ziekte kan dit sacrament niet herhaald worden, tenzij de zieke na het ontvangen van de zalving beter is geworden en daarna weer in stervensgevaar komt".

[79] Bv. in de Instr.*Inter oecumenici*(1964) van de Ritencongregatie.

[80] *MK* tekent hierbij nog aan, dat het niet tegen de zin van dit sacrament ingaat om de zalving van *chronisch zieken* met gepaste tussenruimten te herhalen, bijzonder b.g.v. gemeenschappelijke vieringen.

[81] Niettemin mag de bepaling van **can.1004 § 2** ruim worden geinterpreteerd. Dat valt af te leiden uit **can.1002**. Men kan zich immers een gemeenschappelijke viering nauwelijks voorstellen, wanneer het gaat om zieken in een zeer ernstige toestand: zie *CDC(S/P)*, p.546; *An.Utr.* 51(1978)182.

sche zegen *met volle aflaat* te geven. **Can.530 n.3**, waarbij genoemde *can.468* niet als bron wordt vermeld, spreekt echter alleen nog over het geven van deze zegen zonder de specificaties "in stervensgevaar" en "met volle aflaat". Toch moeten we op grond van *Norm 18* van de Apost. Const.*Indulgentiarum doctrina*(1967) van Paus **Paulus VI** aannemen dat zij aan een zieke in stervensgevaar de apostolische zegen met volle aflaat kunnen geven[82].

[82] **J.-C.Périsset**, a.w., pp.136-137; vgl. *OvD* n.106.

HOOFDSTUK IX: HET HUWELIJKSSACRAMENT

In dit hoofdstuk over het huwelijk vloeien als het ware drie stromen samen, die met elkaar de ene stroom van het nieuwe huwelijksrecht vormen: de overvloed aan huwelijkswetgeving sedert de *CIC/17*, de leer van Vaticanum II en de uitdieping, die sinds enkele decennia tot stand is gebracht door de huwelijksjurisprudentie[1].

Bij wijze van inleiding bespreken we in het hierna volgende de *leerstellige uitgangspunten* en *kerkjuridische beginselen* van het canonieke huwelijksrecht zonder daarbij te streven naar een gedetailleerd commentaar hierop. Dat geldt overigens ook voor alles, wat daarna aan de orde zal komen. In afzonderlijke artikelen zal worden ingegaan op het materiële en formele huwelijksrecht, d.i. op de (inhoud en betekenis van de) rechtsbepalingen als zodanig en op het procesrecht. Achtereenvolgens zullen ter sprake komen: de pastorale zorg voor en de onmiddellijke voorbereiding op het huwelijk (I); de huwelijksbeletselen (II); de huwelijkstoestemming (III); de canonieke huwelijkssluitingsvorm (IV); gemengde huwelijken (V), scheiding van de echtgenoten (VI); wettiging van een (nietig of ongeldig) huwelijk (VII)[2].

Inleiding

1.a. – Het oude Wetboek kende geen echte *begripsbepaling* van het huwelijk, maar beperkte zich tot een beschrijving van het huwelijk naar zijn doelstellingen, waarbij een bepaalde rangorde in acht genomen diende te worden: primair was het huwelijk gericht op de verwekking en opvoeding van kinderen; secundair op de wederzijdse steun en het inregie-nemen van de sexualiteit, d.w.z. dat het huwelijk ook werd gezien als een middel tot een geordende bevrediging van de geslachtsdrift. Daartoe geinspireerd door *GS* n.48 geeft de **Codex/83** een echte begrips-

[1] **R.Paralieu**, a.w., p.315.

[2] We gaan dus voorbij aan andere cultuur-vormen van de man-vrouw-verhouding, waarbij te denken valt aan de vele vormen van polygamie tot en met het groepshuwelijk of leviraatshuwelijk, maar ook aan de alternatieve samenlevingsvormen van onze dagen. Verwezen zij hiervoor o.a. naar *An.Ha.* 30(1983)7579; 107-115; 229-232; naar de brief van de Bisschop over huwelijk en samenwonen in: *An.Ha.32* (1985)51-62 en 149-152; naar de oprichting van de diocesane werkgroep voor huwelijk, gezin en andere relatievormen: *An.Ha.* 33(1986)5-11.

bepaling (definitie), waarin bewust geen hiërarchie van doeleinden is opgenomen en waarin het huwelijk ook niet meer een *remedium concupiscentiae* (letterlijk: geneesmiddel tegen de begeerlijkheid) wordt genoemd[3], maar in **can.1055 § 1** aldus omschreven wordt: "HET HUWELIJKSVERBOND, WAARDOOR MAN EN VROUW MET ELKAAR EEN ALGEHELE LEVENSGEMEENSCHAP[4] VORMEN, DIE UIT HAAR NATUURLIJKE AARD GERICHT IS OP HET WELZIJN VAN DE ECHTGENOTEN EN OP HET VOORTBRENGEN EN OPVOEDEN VAN KINDEREN[5], IS DOOR CHRISTUS DE HEER TUSSEN GEDOOPTEN VERHEVEN TOT DE WAARDIGHEID VAN SACRAMENT"[6]. De grote winst van deze begripsbepaling is dat zij een personalistisch-relationele benadering van het huwelijksinstituut inhoudt door alle nadruk te leggen op de echtelijke liefde en op het huwelijk als verbond zonder daarbij het institutionele aspect over het hoofd te zien (zie *GS* nn.49 en 48,1)[7]. Als zodanig sluit die benadering aan bij het huwelijksconcept van de Westerse samen-

[3] Zie *COMM.* 9(1977)123 en 15(1983)221; **R.Torfs**, *Huwelijk, dl.III*, pp.617-622 en 641-663. Ook in het vervolg zal vaak verwezen worden naar deze (tè uitgebreide) dissertatie omdat ze a) van vrij recente oorsprong is, b) een boeiend overzicht van en inzicht geeft in de genese van de belangrijkste items uit het huwelijksrecht en c) zeer uitvoerig gedocumenteerd is inzake de rechtsleer en (vooral ook) jurisprudentie. – I.t.t. *can.243* van het *Schema/1975* is de huidige begripsomschrijving te danken aan de voltallige (uit Kardinalen bestaande) Codexherzieningscommissie: zie *COMM.* 10(1978)125-126.

[4] In het *Schema/75* stond hiervoor: *"(intima) totius vitae coniunctio" ("intieme algehele levensverbinding") (can. 243 § 1)*; in het *Schema/80*, verschijnt in *can.1008 § 1* voor het eerst het woord *"verbond"* i.p.v. *"contract"* en is er sprake van *"totius vitae communio" ("algehele levensgemeenschap")*, dat in 1981 vervangen werd door *"totius vitae consortium" ("algehele lotsverbondenheid in het leven") (Relatio/1981*, pp.242-245). Wie meer vertrouwd wil raken met dit revolutionaire begrip in de huwelijksdefinitie van de nieuwe Codex leze er **R.Torfs**, *Huwelijk, dl.II*, pp.257-344 op na.

[5] Vaticanum II heeft zich gedistancieërd van iedere rangorde in de leer van de huwelijksdoeleinden. Vanzelfsprekend blijven ook voor het Concilie het huwelijk en de huwelijksliefde door hun innerlijke aard (*GS* n.50,1) gericht op gezinsstichting, maar dit gaat niet op voor ieder individueel huwelijk, maar voor het huwelijk als instelling; bovendien is de gerichtheid van iedere huwelijksdaad op kinderen, zoals dit in de enc.*Humanae vitae*(1968) van Paus **Paulus VI** en ook in de Apost.Exh.*Familiaris consortio* (1981) van Paus **Joannes Paulus II** n.29 naar voren wordt gebracht, moeilijk in overeenstemming te brengen met de nieuwere kerkelijke opvatting over het huwelijk als algehele levensgemeenschap. Genoemde pauselijke schrijvens houden een belangrijke beperking in van deze conciliaire leer. Zie **H.Zapp**, a.w., pp.40-43; vgl. **Heimerl/Pree**, a.w., pp.170-171.

[6] Binnen de wekgroep voor het huwelijksschema had men al gauw [*COMM.* 3(1971)70] geen probleem meer, waar het ging om de globale inhoud van deze canon. Deze begripsomschrijving is, zoals we even verderop zullen zien, letterlijk opgenomen in de zgn. *Verklaring voor de kerkelijke huwelijkssluiting.*

[7] Zie het waardevolle commentaar op en de indringende vragen bij *GS* nn.47-52 van **R.Torfs**, *Huwelijk, dl.II*, pp.182-201.

leving[8]. Vandaar ook het naast elkaar plaatsen van de huwelijksdoeleinden, waarbij het tevens opvalt dat het "welzijn van de echtgenoten" afzonderlijk vermeld wordt[9]. Deze benadering geeft tenslotte aan de zich ontwikkelende jurisprudentie een bredere basis tot nietigverklaring van mislukte huwelijken.

b. – De verheffing van het huwelijk van gedoopten tot de sacramentele waardigheid is bijna letterlijk overgenomen van *can.1012 § 1 CIC/17*. Daarmee wordt gezegd dat het geldige huwelijk van twee gedoopten (let wel: katholiek of niet-katholiek gedoopten!) zowel in zijn ontstaan als in zijn voortbestaan een *sacrament*[10] is: een dogmatische uitspraak met zwaarwegende juridische consequenties, want: de sacramentaliteit geeft aan de onverbreekbaarheid van de huwelijksband een bijzondere bekrachtiging (zie: **can.1056**)[11] en wel zó, dat het geldig gesloten en voltrokken sacramentele huwelijk in de R.K.Kerk als absoluut onverbreekbaar[12] wordt beschouwd (zie **can.1141**); tegelijk maakt de sacramentaliteit dat contract en sacrament onafscheidelijk zijn: geen geldig contract, dan ook geen sacrament, en omgekeerd; ten-

[8] Bij de winst, die hierin gelegen is, is dit tegelijkertijd een beperking, want daarmee wordt het westerse concept a.h.w. opgelegd aan heel de Kerk in al haar diversiteit van (óók!) huwelijksculturen.

[9] Vgl.*COMM*. 3(1971)70 en *Relatio/1981*, p.243 waar staat dat dit ingaat tegen de uitdrukkelijke wens van sommige leden van de Codexherzieningscommissie, omdat dit "welzijn" niet een aan het huwelijk zelf inherente doelstelling is *(finis operis)*, maar een doel dat de huwende zichzelf stelt *(finis operantis)*. **R.Sebott** (*Stimmen der Zeit* 1983, p.266) wijst er nog op dat het laten vervallen van de huwelijksdoeleindenleer en van de zinsnede *"ieder recht op de huwelijksdaad"* in **can. 1101 § 2** (vgl.*can.1086 § 2 CIC/17*) een toekomstige nietigverklaring nauwelijks mogelijk maakt, wanneer de echtgenoten feitelijk afzien van kinderen.

[10] Ook dan als de partners hieromtrent onwetend zijn (**can.1096 § 1**) of in dwaling verkeren (**can.1099**). Pas vanaf het Tweede Concilie van Lyon (1274) telt de Kerk het huwelijk tot de sacramenten in de huidige zin: **J.Alberigo e.a.**, a.w., pp.279 vv. Het verschil met de augustiniaanse sacramentsopvatting is groot: volgens deze is het huwelijk een heilig teken, omdat het onverbreekbaar is en in die onverbreekbaarheid de verhouding tussen Christus en de Kerk uitbeeldt (*Ef.* 5,2133). Het huwelijk is dus niet onverbreekbaar, omdat het sacrament is. Deze veelbetekenende ommekeer in de sacramentsopvatting heeft van de onontbindbaarheid van het huwelijk een ontologisch en juridisch gegeven gemaakt: **Heimerl/Pree**, a.w., p.155; vgl. ook pp.169-170. Zie **K.Lehmann**, *Het christelijk huwelijk als sacrament*: *Communio* 4(1979)343-352.

[11] Al mogen we dit sacrament-zijn niet tè eenzijdig verbinden met de onverbreekbaarheid, want de sacramentaliteit moet verbonden worden met héél het huwelijk; heeft dus ook betrekking op de eenheid (exclusiviteit), de kinderen enz. Vaticanum II beschouwt het huwelijkssacrament als uitdrukking van Gods liefdevolle en trouwe verbondenheid met Zijn volk en van Christus'verhouding tot de Kerk. Het in **can.1055** genoemde 'welzijn' is ook sacramenteel betekend.

[12] Al betreft die *absolute* onverbreekbaarheid in de leer van de R.K.Kerk niet alleen het sacramenteel gesloten huwelijk: zie **K.Walf**, *'Ob salutem animarum'* – in: **P.J.Huizing e.a.**, *Wat God verbonden heeft...*(1991), pp.99 vv.

slotte vormt de sacramentaliteit de grondslag voor de exclusieve aanspraak van de Kerk op de (juridische) regelgeving voor het huwelijk van gedoopten (zie **can.1059**).

c. – Nieuw en daardoor opvallend is de bijbelse manier van spreken over het huwelijk als een *verbond (foedus)* en niet, zoals tot voor kort gebruikelijk, alleen als een contract. Dit woordgebruik verdient ongetwijfeld de voorkeur boven het oude, omdat er enerzijds het *persoonlijke* karakter, anderzijds de complexe werkelijkheid van het huwelijk, ook de religieuze, mee wordt aangegeven[13], maar ook omdat de verhouding tussen Christus en de Kerk, waarmee de huwelijksverhouding vergeleken wordt, weliswaar contractueel, maar vooral een verbondsverhouding is of omdat het huwelijks-contract zich, historisch gezien, over de hoofden van de huwenden heen voltrok tussen hun wederzijdse families zodat het huwelijk als liefdes- of verbondsgemeenschap overschaduwd werd, omdat wat karakteristiek is voor een contract, nl. de contractanten bepalen zelf vorm, inhoud en duur ervan, niet opgaat voor een huwelijk. Maar in de **cc.1055 § 2** en **1097 § 2** valt men terug in het 'oude' woordgebruik omdat men aan het huwelijk het contract-karakter niet ontzeggen kan[14], al is het dan een *eigensoortig* contract, omdat het bindt voor het leven (kan niet ongedaan gemaakt worden) en de huwenden kunnen niet zelf vorm, inhoud en duur bepalen.

d. – In navolging van *can.1012 § 2 CIC/17* herhaalt **can. 1055 § 2** de regel, dat er tussen gedoopten geen geldig huwelijkscontract kan bestaan zonder dat het door dit feit zelf sacrament is. Veel leden van de Codexherzieningscommissie hebben zich verzet tegen deze *identificatie van huwelijkscontract en sacrament*, als het over twee gedoopten gaat. Bezwaar is namelijk dat hier geen rekening wordt gehouden met het geloofsniveau van de huwenden: een persoonlijk geloof, hoe ele-

[13] **Heimerl/Pree**, a.w., p.166.

[14] Voor de motivering hiervan zie: *COMM.* 9(1977)120-121. **R.Torfs**, *Analyse van het kerkelijk rechtssysteem* – in: **P. Huizing e.a.**, a.w., pp.71-86 maakt duidelijk dat we daar niet al te verbaasd over moeten zijn; uitvoeriger is hij hierover in: *Huwelijk, dl.II*, pp.220-253; zie ook **Heimerl/Pree**, a.w., pp.172-173 sub 1. **M.Kaiser** wijst er in het *HdBdkKr* p.731, voetnoot 5 op dat naast de al genoemde canones de verdragsrechtelijke term *'contrahere'* 38 keer gebruikt wordt voor het 'sluiten van een huwelijk'. Vgl. ook **H.Zapp**, a.w., pp.20-25 en **H.Batiffol**, *Het huwelijk als maatschappelijke institutie* in: *Communio* 1(1976)97-110. **R.Paralieu**, a.w., p.316 merkt op dat de Codextekst lijkt te aarzelen tussen beide woorden; hij vraagt zich af of men daarmee aan wil geven, dat er, zelfs natuurrechtelijk, iets 'goddelijks' en 'menselijks' in het huwelijk is. De Codificatiecommissie wijst er op, dat beide uitdrukkingen (verbond en contract) "in één en dezelfde betekenis zijn gebruikt, en wel met opzet, om duidelijker te laten uitkomen dat het huwelijksverbond, waarover in 'Gaudium et spes', op geen andere manier voor gedoopten tot stand kan komen dan via een eigensoortig contract".

mentair en zwak ook, lijkt noodzakelijk voor de *sacramentele* huwelijksviering[15]. Interessant is in dit verband ook de vraag of door het volledig ontbreken van een geldig contract een huwelijk wel sacrament kan zijn[16]. Nog altijd is de vraag, wie de bedienaar van dit sacrament is niet opgelost; evenmin de vraag, waarin materie en vorm van het huwelijkssacrament bestaan[17].

2. – Tot de *wezenlijke eigenschappen* van ieder huwelijk rekent **can. 1056**: de *eenheid*, d.w.z. een huwelijk kan slechts gesloten worden tussen één man en één vrouw (polygamie is derhalve uitgesloten)[18] en de *onverbreekbaarheid*, d.w.z. het huwelijk kan (mag) niet door de partners zelf verbroken worden[19]. Vanuit de categorieën van volledige totale trouw en liefde vraagt het huwelijk om deze eigenschappen (*GS* n.49). In het christelijke huwelijk worden beide versterkt door het feit, dat het

[15] Zie **can.836** en hoofdstuk II, art.VI, n.3. Ook de *CTI* heeft in haar stellingen m.b.t. het christelijke huwelijk (december 1977) alle nadruk gelegd op een minimum aan geloof. Een dgl.minimum wordt door Paus **Joannes Paulus II** geformuleerd in de Apost.Exh. *Familiaris consortio*(1981) n.68. Hier staat dat de zielzorger ondanks al zijn pastorale inspanningen alleen die echtelieden niet kan toelaten tot een kerkelijk huwelijk, die uitdrukkelijk en formeel de bedoelingen van de Kerk met een huwelijk van gedoopten afwijzen. – Typerend is de reactie van de werkgroep voor het huwelijksschema op degenen, die moeite hebben met die identificatie: *COMM.* 9(1977)122; even typerend is de wijze, waarop het Secretariaat van de Codexherzieningscommissie de handhaving van deze tekst tegen alle weerstand in verdedigt in 1981: hij geeft de traditionele leer van de Kerk weer, meer dan eens uitgesproken door het pauselijk leergezag (voor het eerst in de 19e eeuw!): *Relatio*/1981, p.245.

[16] Wij verwijzen hiervoor naar **H.Zapp**, a.w., pp.30-31; naar de stellingen van de *CTI* m.b.t. het christelijke huwelijk (december 1977) en **Z.Grocholewski**, *Documenta recentiora circa rem matrimonialem et processualem, vol.II* (Rome 1980), p.27. Alleen dan als de sacramentaliteit uitdrukkelijk uitgesloten wordt, komt er geen sacrament tot stand, maar volgens **can. 1055 § 2** ook geen geldig huwelijk.

[17] Zie **H.Zapp**, a.w., pp.31-33. **A.P.H.Meijers**, *Pastorale werkers en kerkelijke huwelijkssluiting* – in: *Tijdschr.voor* Theologie 31(1991)402 wijst in voetnoot 1 op het boek van **U.Baumann**, *Die Ehe – ein Sakrament?* (Zürich 1988), die zegt dat tot aan het Concilie van Trente verschillende opvatttingen gangbaar waren onder de theologen over de bedienaar van het huwelijkssacrament, nl. òf de (assisterende) priester òf de echtgenoten zelf; maar na dit Concilie heeft zich zowel binnen de theologie en canonistiek als in de uitspraken van het kerkelijk leergezag de opvatting doorgezet "dat echtgenoten door het geven van de huwelijksconsensus aan elkaar het sacrament toedienen" (pp.63-66; 82-83; 87-94; 115-118). Zie ook **Heimerl/Pree**, a.w., pp.173-175, die tevens een bevredigende poging doen een antwoord te geven op de vraag naar materie en vorm.

[18] Uitvoerig hierover **R.Torfs**, *Huwelijk, dl.II*, pp.345-399.

[19] Ieder huwelijk is dus *intrinsiek* onverbreekbaar; sommige verbintenissen zijn, zoals we later zullen zien, *extrinsiek* wel verbreekbaar, d.i. door tussenkomst van de Kerk. De suggestie om dit onderscheid nu al in de tekst van de canon op te nemen, wordt niet overgenomen omdat dit een leerstellige kwestie is, die door de herzieningscommissie niet kan en moet worden behandeld: *COMM.* 9(1977)124.

huwelijk een teken is van de onverbrekelijke eenheid tussen Christus en de Kerk, maar in de traditie van de Kerk geldt dit pas definitief, als het huwelijk zijn volle uitdrukking heeft gekregen in de geslachtsgemeenschap[20]. In verband met de nieuwe begripsbepaling van **can.1055 § 1** zou het juister zijn geweest om de *algehele levensgemeenschap of lotsverbondenheid* als eerste van de wezenseigenschappen te noemen, om dat daarmee – volgens *GS* n.49,2 – de eenheid en onverbreekbaarheid alles te maken hebben, hoe moeilijk het ook is de wezensbestanddelen van die algehele levensgemeenschap in duidelijke juridische begrippen te vatten. Dat zou volgens **can.1101 § 2** wel moeten[21].

3. – **Can.1057 § 1** geeft de leer weer, die sedert de hoogmiddeleeuwen traditioneel is geworden in de R.K.Kerk, nl. het huwelijk heeft als *werkoorzaak*, d.w.z. komt tot stand door, de *huwelijkstoestemming (consensus)*[22] en niet, zoals in het germaanse recht, de geslachtsgemeenschap. Beide werkoorzaken hebben Paus **Alexander III** (1159-1181) dit compromisvoorstel ingegeven: het huwelijk komt weliswaar geldig tot stand door de *consensus*, maar zolang dit huwelijk niet door een menselijke *coitus* tot voltooiing is gekomen kan het nog ontbonden worden. De bijslaap verleent het huwelijk dus zijn absolute onverbreekbaarheid. Uiteraard moet de toestemming gegeven worden door hen, die rechtens daartoe in staat zijn; zij moet op wettige wijze worden geuit, d.i. in de juiste vorm worden gegeven door personen, die vrij zijn van huwelijksbeletselen, maar ook over voldoende geestelijke vermogens beschikken om het jawoord te geven en in voldoende mate vrij zijn van uiterlijke dwang om "ja" te zeggen en voldoende inzicht hebben in wat het huwelijk feitelijk is. Alleen wanneer aan deze voorwaarden (waarover later meer in detail) voldaan is, vormt het onherroepelijke, wederzijdse ja-woord (vgl.*GS* n.48) het constitutieve element van het huwelijk, waarin man en vrouw zich aan elkaar geven en elkaar aanvaarden **(can.1057 § 2)**. In deze paragraaf wordt het *object* van de huwelijkstoe-

[20] In samenhang met de problematiek van de (echt)scheiding wordt nader ingegaan op de consequenties van deze eigenschappen.

[21] Zie in voetnoot 4 de verwijzing naar **R.Torfs**.

[22] Zoals in het romeins-rechtelijke adagium aldus wordt uitgedrukt: *"Nuptias consensus, non concubitus facit"*, d.i. *"De toestemming, niet de bijslaap maakt het huwelijk"*: *Dig.*, XXXV, tit.I, lex 15 en L, XVII, lex 30. Er zij nu echter al op gewezen, dat het consensusbeginsel in het canonieke recht een wezenlijk andere inhoud heeft gekregen: in beide rechten is de initiële consensus weliswaar wezenlijk voor de totstandkoming van een huwelijk; wordt deze consensus ingetrokken, dan is naar Romeins recht het huwelijk juridisch ontbonden, maar naar canoniek recht blijft het huwelijk ook dan nog voortduren: zie **R.Torfs**, *Huwelijk, dl.I*, pp.29 en 34.

stemming aangegeven, dat ook opgenomen is in **can.1055 § 1**. Onder de wezenlijke elementen van het huwelijk valt daarom ook het *"recht op algehele levensgemeenschap ("lotsverbondenheid")*[23]. In tegenstelling tot het beperkte formele object van *can.1081 § 2 CIC/17 ("het blijvende en exclusieve recht op elkaars lichaam")* vormt volgens het nieuwe Wetboek "een *personale*, alle levensterreinen omvatttende *relatie* van de echtgenoten met elkaar"[24] het object.

4. – Terecht is in deze inleidende bepalingen ook opgenomen, dat iedereen, die daarvan rechtens niet weerhouden wordt, een huwelijk kan sluiten (**can.1058**). Hiermee is het *natuurlijke recht op het huwelijk* of de algemene vrijheid om te trouwen erkend[25]. De betreffende studiegroep voor het huwelijksschema is voorbijgegaan aan de vraag van enkele consultatie-organen of met deze bepaling de celibaatswet niet op de helling komt.

5. – **Can.1059**[26] regelt *de verhouding van Kerk en Staat* inzake het huwelijk. Vergeleken met de corresponderende *can.1016 CIC/17* lijkt er

[23] Zie *COMM.* 9(1977)124. De suggestie van een Afrikaanse BC dat de huwelijks*toestemming* in de Afrikaanse cultuur een progressief gebeuren is tussen partijen en families en dat het daardoor moeilijk te bepalen is wanneer de toestemming definitief is (meestal pas bij de geboorte van een kind), werd door de betreffende werkgroep afgedaan met te zeggen, dat er op de keper beschouwd toch een moment is waarop er een echte toestemming is "zodat al het andere als voorbereiding op het huwelijk moet worden beschouwd" (t.z.p.). Op de Bisschoppensynode van 1980 over huwelijk en gezin kreeg deze suggestie meer aandacht en begrip. Zie **J.Heijke**, *Cultuurgebondenheid van het kerkelijk spreken over het huwelijk* – in: *Tijdschr.voor Theologie* 21(1981)349-379. – Met de nieuwe objectbepaling is – om met *LfThuK, Das Zweite Vatikanische Konzil III*, p.430 te spreken – een einde gekomen aan de beschamende bepaling van *can.1081 § 2 CIC/17*: "De huwelijkstoestemming is een wilsact, waardoor beide partners het blijvende en exclusieve recht op het lichaam overdragen en aanvaarden met het oog op het stellen van handelingen, die uit zichzelf geschikt zijn voor de verwekking van kinderen".

[24] **Helmerl/Pree**, a.w., p.213 noemen die algehele levensgemeenschap *"die integrative Mitte"*, d.w.z. dat daarin alle elementen en functies van het huwelijk (voortplanting en opvoeding, eenheid en onontbindbaarheid, sacramentaliteit, welzijn van de partners) als één samenhangend geheel zijn opgenomen, en van daaruit ook begrepen en beoordeeld moeten worden; op pp.213-214 gaan zij ook in op de vraag of de huwelijks*liefde* juridisch relevant is; vgl. ook **A.H.Eijsink**, *Is de huwelijksliefde rechts-theologisch relevant?* – in: *Bijdr.* 35(1974)65-81.

[25] Zo ook in *art.16,1* van de *Universele verklaring van de rechten van de mens* van de *VN* (1948), en in internationale verdragen: *art.12* van het *Verdrag van Rome* (1950), *art.23,2* van het *Internationaal Verdrag inzake Burgerlijke en Politieke Rechten* (1966), *art.10,1* van het *Internationaal Verdrag inzake Economische, Sociale en Culturele Rechten* (1966). Zie *Verzameling Nederlandse Wetgeving, Deel I* (Koninklijke Vermande b.v., 5e gewijzigde druk 1989) resp. pp.30, 101, 54 en 44. Het gaat dus om een grondrecht van mensen.

[26] Zie voor de wordingsgeschiedenis hiervan: *COMM.* 9(1977)125-127 en *Relatio/1981*, p.246.

in de laatste voltallige bijeenkomst van de Codexherzieningscommissie (1981) op het eerste gezicht een belangrijke wijziging te zijn aangebracht: vroeger en ook nog in het *Schema/75* werd gesproken over "het huwelijk van *gedoopten*", dat onder de rechtsmacht van de Kerk valt; in 1981 werd dit veranderd in "het huwelijk van *katholieken*", d.w.z. huwelijken, waarin minstens één van de partners katholiek is[27]. Rond 1970 leek het de betreffende werkgroep passend om in deze canon aan te geven op welke motieven de competentie van Kerk en Staat berust; immers: enerzijds regardeert het huwelijk als grondslag van de menselijke samenleving de burgerlijke gemeenschap; anderzijds is het huwelijk, als het om gedoopten gaat, een sacrament en valt het onder de zorg van de Kerk. In deze motivering wordt een sleutel gegeven voor een andere competentie-omschrijving dan nu het geval is[28]. Als het over een huwelijk van katholiek gedoopten of over huwelijken, waar een katholiek gedoopte bij betrokken is, gaat, blijft de vraag of de Staat alleen competent is inzake de zuiver burgerrechtelijke gevolgen, zoals naamgeving, successie, fiscale regelingen, erfopvolging enz.[29]. Bezien vanuit de plaats, die de religie inneemt in het maatschappelijke leven, bestaan er diverse *feitelijke* regelingen tussen Kerk en Staat: naast het systeem van het van staatswege verplichte religieuze huwelijk (in de meeste islamitische landen, waar men geen ander dan religieus huwelijk kent) of het facultatief religieuze huwelijk, waarbij gekozen kan worden tussen een burgerlijk of religieus huwelijk (in veel Zuid-Amerikaanse landen), kennen wij in Nederland sedert 1838 (ook in België sedert 1830, Duitsland en Oostenrijk) het *verplichte burgerlijke huwelijk*, waarbij ervan

[27] Ietwat cryptisch voegt het Commissiesecretariaat hieraan toe, dat deze wijziging alleen een positief voorschrift inhoudt voor gedoopte katholieken; daarmee wordt echter niet gezegd, dat de competentie van de Kerk t.a.v. huwelijken van niet-katholiek gedoopten wordt ontkend: *Relatio/1981*, p.246. Het begrip "katholiek" zullen we hier waarschijnlijk niet moeten verstaan in de beperkende betekenis van de **cc.1086 § 1, 1117** en **1124**, maar in de zin van **can.11** (**N.Ruf,** a.w.,p.245); dus ook geldend voor katholieken, die bij formele act de Kerk hebben verlaten, te meer omdat het Secretariaat van de Codexherzieningscommissie de competentie t.a.v. huwelijken van niet-katholiek gedoopten niet uitsluit. De *titel*, waarop de R.K.Kerk aanspraak meent te mogen maken op deze competentie berust niet alleen op de sacramentaliteit van het christelijke huwelijk, maar óók op het kerklidmaatschap: **Heimerl/Pree**, a.w., p.176. – Voor de eerste discussie van de werkgroep voor het huwelijkschema: zie *COMM.* 3(1971)70-71.

[28] Merkwaardig is dat in de discussies over de bemerkingen van de consultatie-organen op het *Schema/75* in het jaar 1977 met geen woord meer gesproken wordt over dit competentieprobleem.

[29] Voor het reformatorische standpunt inzake de competentie van de staat t.a.v. het huwelijk verwijzen we naar het *"Herderlijk schrijven der Nederlands Hervormde Kerk over het huwelijk"* (Boekencentrum, Den Haag 1952).

wordt uitgegaan dat de regeling van het huwelijk in zijn geheel een staatsaangelegenheid is en waarbij wettelijk is vastgelegd, dat het burgerlijke huwelijk prioriteit heeft op het kerkelijke[30], d.w.z. men moet eerst voor de wet trouwen, pas daarna voor de kerk. *Art. 1: 68 (Nederlands) BW* bepaalt: "Geen godsdienstige plechtigheden zullen mogen plaatshebben, voordat de partijen aan de bedienaar van de eredienst zullen hebben doen blijken, dat het huwelijk ten overstaan van de ambtenaar van de burgerlijke stand is voltrokken"[31]. In *België* werd deze bepaling opgenomen in de *Grondwet*, met name in het huidige *artikel 21* dat in fine stelt: "Het burgerlijk huwelijk moet altijd aan de huwelijksinzegening voorafgaan, behoudens de uitzonderingen door de wet te stellen, indien daartoe redenen zijn." Op de uitzonderingen zullen we later in dit hoofdstuk nog terugkeren. De toepassing van dit artikel wordt bovendien strafrechtelijk afgedwongen *(art. 267 S.W.)*. Vanuit een zuiver civieljuridisch standpunt, kan men de vraag stellen of deze wetsbepalingen nog van deze tijd zijn. Zeker in een land als België waar men met het begrip "erkende erediensten" werkt, kunnen bij deze normen vragen worden gesteld. Er zijn momenteel vijf erkende godsdiensten in België, te weten, de katholieke, de protestantse, de anglicaanse, de israëlitische en de islamitische. Op deze erkende erediensten zijn deze wetsbepalingen van toepassing. In onze huidige cultureel en etnisch heterogene maatschappij behoren echter een niet-onaanzienlijk aantal mensen tot andere, niet-erkende erediensten. Omdat de aangehaalde bepalingen niet (kunnen) worden afgedwongen t.o.v. de niet-erkende

[30] Zó dat bij een kerkelijk huwelijk vóór een burgerlijk huwelijk de bedienaar strafbaar is conform *art.449 Wetboek van Strafrecht* (van Nederland), dat luidt als volgt: "1. de bedienaar van de godsdienst die, voordat partijen hem hebben doen blijken dat hun huwelijk ten overstaan van de ambtenaar van de burgerlijke stand is voltrokken, enige godsdienstige plechtigheid daartoe betrekkelijk verricht, wordt gestraft met een geldboete van de tweede categorie" (dat is maximaal f.5000,—); "2. indien tijdens het plegen van de overtreding nog geen twee jaren zijn verlopen sedert een vroegere veroordeling van de schuldige wegens gelijke overtreding onherroepelijk is geworden, kan hechtenis van ten hoogste twee maanden of geldboete van de tweede categorie worden opgelegd".

[31] In een brief van 17 november 1993 aan de Raad van Kerken heeft de Nederlandse Minister van Jusitite laten weten, waarom de Nederlandse Staat niet overgaat tot ontkoppeling van het burgerlijke en kerkelijke huwelijk, nl. omdat het voor het overgrote deel van de bevolking vanzelf spreekt dat het huwelijk naast bevestiging in kerkelijk verband ook publieke erkenning van de staat behoeft en omdat ontkoppeling te grote risico's meebrengt en gemakkelijk tot misverstanden aanleiding geeft, bv. verkrijging van verblijfstitels of recht op collectieve voorzieningen of (bv. in moslim-gemeenschappen) de negatie van civielrechtelijke huwelijksbeletselen door bevestiging van polygame huwelijken. Zulke misverstanden zouden echter onvermijdelijk zijn als voor de kerkelijke ambtsdragers de verplichting vervalt eerst te verifiëren of tussen de aspirant-echtelieden een burgerlijk huwelijk is gesloten: o.a. in *An.Utr.* 67(1994)22-23; *An.Br.* 8(1994)60; *An.Ro.* 38(1993)163-164.

erediensten onstaat hier een discriminatie tussen de leden van de erkende en niet-erkende erediensten. Omdat er, gelet op de scheiding tussen Kerk en staat, geen civielrechtelijke gevolgen verbonden zijn aan het religieuze huwelijk is er bovendien geen duidelijk aanwijsbare technische noodzaak voor de huidige regeling. Het argument dat men wil vermijden dat mensen enkel voor een kerkelijk huwelijk zouden kiezen en hierdoor op civielrechtelijk vlak onduidelijkheid zou ontstaan betreffende de familiaal- en afstammingsrechtelijke situatie van deze personen is in een tijd waar hoe dan ook een steeds groeiend aantal feitelijke gezinnen bestaat en waar met de regelmaat van de klok nieuwe samenlevingsvormen opduiken duidelijk achterhaald. Onder deze omstandigheden kan men zich zelfs de vraag stellen of deze wetsbepalingen niet strijdig zijn met *artikel 9, tweede lid,* van het *Europees Verdrag tot bescherming van de Rechten van de mens* en de fundamentele vrijheden dat luidt: "De vrijheid van godsdienst of overtuiging te belijden kan aan geen andere beperkingen zijn onderworpen dan die welke bij de wet zijn voorzien, en die in een democratische samenleving nodig zijn voor de openbare orde, gezondheid of zedelijkheid of de bescherming van de rechten en vrijheden van anderen." Gelet op de afwezigheid van civielrechtelijke gevolgen dient het religieus huwelijk als een zuivere vorm van geloofsbelijdenis te worden gezien waarbij men zich, zoals boven reeds geschetst, moeilijk de noodzaak van de huidige regeling, die een manifeste beperking van de vrijheid van deze vorm van geloofsbelijdenis impliceert, kan voorstellen. Voor zover ons bekend werd deze problematiek jammer genoeg tot op heden nog niet voor het Europees Hof voor de Rechten van de Mens gebracht.

6. – In **can.1060** spreekt de **Codex/83** zich in gelijke bewoordingen als *can.1014 CIC/17* uit over het feit, dat ieder huwelijk (omdat het een mensenrecht is) *rechtsbegunstiging* geniet, d.w.z. dat de Kerk in haar wetgeving en in haar rechtspraak op een bijzondere manier het huwelijksinstituut begunstigt[32]. Dit komt het sterkste tot uitdrukking in déze canon, die bepaalt dat een huwelijk, bij twijfel over zijn geldigheid, altijd als geldig moet worden beschouwd zolang het tegendeel niet met overtuigende argumenten kan worden aangetoond. Van vele kanten is deze bepaling bekritiseerd, omdat daarin in alle omstandigheden gekozen lijkt te worden voor de handhaving van het eenmaal tot stand geko-

[32] Op welke manieren dit in het materiële en processuele huwelijksrecht gebeurt: zie **Heimerl/Pree**, a.w., pp.177-179. De voltallige Codexherzieningscommissie sprak zich in 1977 uit voor handhaving van dit rechtsbegunstigingsbeginsel: *COMM.* 10 (1978)126.

men huwelijk zonder dat aan de wederzijdse persoonlijke relatie van de gehuwden enige relevantie wordt toegekend; anders gezegd: in deze canon wordt prioriteit gegeven aan het huwelijk als (leeg) instituut boven het huwelijk als verbond van twee mensen, die in het huwelijk hun 'welzijn' zoeken[33].

7. – **Can.1061** geeft de juiste betekenis weer van de in het canonieke huwelijksrecht *veel voorkomende terminologie*. Het volchristelijke huwelijk, d.i het huwelijk van twee (katholiek of niet-katholiek) gedoopten of van een katholiek gedoopte en een niet-katholiek gedoopte, wordt *ratum tantum* (alleen aangegaan of bekrachtigd) genoemd[34], wanneer het niet voltrokken (voltooid) is, d.w.z. zijn bekroning nog niet gevonden heeft in de geslachtsgemeenschap (vóór of buitenechtelijk sexueel verkeer is irrelevant); het heet *ratum et consummatum*, d.i.aangegaan (bekrachtigd) en voltrokken(voltooid) "wanneer de echtgenoten op menselijke wijze[35] met elkaar een huwelijksdaad, uit zichzelf geschikt tot het voortbrengen van kinderen, hebben gesteld ..."[36]. Het blijft problematisch dat in **§ 1** het begrip huwelijks*voltooiing* gebonden is aan het biologische gegeven van de geslachtsgemeenschap, al wordt er in de **Codex/83** voor het eerst bij gezegd dat deze *op menselijke wijze* moet gebeuren. Deze toevoeging is zonder meer een welkome aanvulling op het oude recht, maar hoe en door wie moet dit worden beoordeeld? Hebben de echtgenoten samengewoond, dan wordt de voltrekking van het huwelijk gepresumeerd (**§ 2**)[37]. Tenslotte wordt in **§ 3** het *matrimonium putativum* (een ver-

[33] O.a. **P.Huizing** – in: *Bijdragen* 27(1966)388-389; **S.U. Kelleher**, *Canon 1014 and American Culture* – in: *The Jurist* 28 (1968)1-13. De werkgroep voor het huwelijksschema sprak zich al snel uit voor het behoud van deze bepaling: *COMM*. 3(1971) 70; in mei 1977 werd dit vraagstuk door de voltallige Codexherzieningscommissie besproken: *COMM*. 9(1977)128 en 212; 10(1978)126.

[34] Enkele keren wordt dit ook *matrimonium christianum*, het christelijk huwelijk (**cc.1056, 1063 n.1** en **1134**) genoemd.

[35] Zie *GS* n.49,2, Apost. Exh. *Familiaris consortio*(1981) van Paus **Joannes Paulus II** n.11, *COMM*. 9(1977)129. Met deze paar woorden is de eis tot het afzien van verkrachting en tot wederzijdse instemming met het geslachtsverkeer juridisch verankerd.

[36] Het gaat hier overeenkomstig de nieuwe begripsbepaling van impotentie in **can.1084 § 1** dus alleen om het vermogen tot penetratie van het mannelijke lid in de vrouwelijke schede met daaropvolgende ejaculatie. Méér is voor de 'huwelijksdaad', hier genoemd, niet nodig: noch het onvermogen om echt *semen* te ejaculeren (gesteriliseerden), noch het ontbreken van post-vaginale organen bij de vrouw noch de gebruikmaking van voorbehoedmiddelen. Vgl.**H.Zapp**, a.w., pp.72-73.

[37] Zie **Heimerl/Pree**, a.w., pp.171-172; vgl. *COMM*. 6(1974) 191-192. Over de verschillen tussen de formulering van de *CIC*/17 (can.1015 § 1) en van de **CIC/83 (can.1061 § 1)**: zie **R.Torfs**, *Huwelijk, dl.III*, pp.446-448; t.a.p. pp.448-452 ook over de implicaties van de term *humano modo* (op menselijke wijze).

meend geldig huwelijk) genoemd, d.i.een huwelijk, waarvan beide of één van beide partners ten onrechte, maar te goeder trouw menen dat zij een geldig huwelijk hebben gesloten[38]. Het juridische effect van een vermeend geldig huwelijk is, dat kinderen daaruit ontvangen of geboren wettig zijn (**can.1137**). De term *matrimonium legitimum*(wettig) ter aanduiding van een geldig huwelijk tussen twee ongedoopten is terecht komen te vervallen (omdat ieder geldig huwelijk ook een wettig huwelijk is) zonder dat hiervoor een andere term in de plaats gekomen is. Nog andere termen zoals *matrimonium validum* of *invalidum (irritum, nullum), licitum/illicitum, attentatum, secretum, mixtum* komen we verspreid in de Codex tegen. Waar nodig, zullen ze ter plekke worden becommentariëerd.

8. – De laatste van de inleidende bepalingen handelt over de *trouwbelofte (verloving)*, d.i. de belofte, die ofwel van één partij uitgaat (eenzijdig) ofwel van beide partijen (wederkerig) in de toekomst met elkaar te trouwen. Alleen deze laatste heet verloving. Zij is lange tijd algemeen gebruikelijk geweest in onze streken. De regeling van de verloving valt volgens **can.1062 § 1** onder het particuliere recht, dat door de BC is vastgesteld. De Nederlandse BC heeft echter vastgelegd dat naar haar oordeel in dezen niets geregeld hoeft te worden[39]. We zouden dit thema dus onbesproken kunnen laten, ware het niet dat in **can.1062 § 1** verwezen wordt naar eventuele gewoonten en de burgerlijke wet, waarmee rekening gehouden dient te worden. Het *(Nederlandse) BW* bepaalt in *art.1: 49,1* dat trouwbeloften geen rechtsvordering geven tot het aangaan van een huwelijk. Tot zover loopt deze bepaling gelijk met die van **can.1062 § 2.** Maar terwijl hierin bepaald wordt dat er "een rechtsvordering tot schadevergoeding, indien deze verschuldigd mocht zijn" ontstaat, bepaalt het *BW* (t.z.p.) ook, dat trouwbeloften geen rechtsvorde-

[38] Aanvankelijk wilde men nog een vierde paragraaf aan deze canon toevoegen: "Onder een ongeldig huwelijk wordt ook het burgerlijk gesloten huwelijk verstaan, dat ongeldig is vanwege een gebrek in de canonieke huwelijkssluitingsvorm". Deze paragraaf is nog opgenomen in het *Schema/80 (can.* 1014 § 4), maar wordt in 1981 geschrapt uit opportunistische overwegingen (zie *Relatio/1981*, p.247), maar ook omdat de attitude van de R.K.Kerk tegenover het burgerlijke huwelijk een andere geworden is: het wordt niet zonder meer gelijkgesteld met een concubinaat (blijkt o.a. uit het wegvallen in de **Codex/83** van het misprijzende woord "het *zogeheten* burgerlijke huwelijk" (vergelijk de **cc.194 § 1 n.3** en **694 § 1 n.2** met resp. de *cc.188 n.5 en 646 § 1 n.3 CIC/17*) en er wordt uitgegaan van een natuurrechtelijk geldige huwelijkstoestemming. Zie **H.Zapp**, a.w., pp.58-66.

[39] Zie *TB/89*, n.17; elders hebben BC's wel eigen bepalingen hieromtrent afgegeven: zie bv. *CDC(P/M)* pp.1254 en 1291.

ring "tot schadevergoeding wegens de niet-vervulling van de beloften" geven; wel, aldus *BW art.1: 49,2*, is dit mogelijk als "een akte van huwelijksaangifte is opgemaakt". Deze vordering vervalt met verloop van 18 maanden, te rekenen vanaf de datum van huwelijksaangifte.

ARTIKEL I: DE PASTORALE ZORG VOOR EN DE ONMIDDELLIJKE VOORBEREIDING OP HET HUWELIJK

1. Voorbereiding en nazorg

Vaticanum II legt de nadruk op het feit dat het christelijke huwelijk een weg tot heiligheid is[40]. Vandaar de bepalingen over de *voorbereiding* op de huwelijkssluiting. Het nieuwe Wetboek heeft inzoverre vooruitgang geboekt op het oude, dat veel uitdrukkelijker dan vroeger specifieke aandacht wordt geschonken aan de *pastorale* voorbereiding en begeleiding van huwenden en gehuwden. Zij is echter niet alleen een zaak van Bisschop (**can.383 § 1**) en pastoor (zie **can.529 § 1**), of het moet zijn dat zij er met andere zielzorgers voor moeten "zorgen dat de eigen kerkelijke gemeenschap de christengelovigen begeleiding biedt" (begin **can.1063**)[41]; bovendien krijgt in **can.1064** de plaatselijke Ordinaris de taak "dat deze begeleiding naar behoren geregeld wordt, na ook mannen en vrouwen, die blijk geven van ervaring en deskundigheid, gehoord te hebben, indien dit geschikt lijkt". Pas bij de evaluatie van de op -en aanmerkingen van de diverse consultatie-organen in 1977 komt de betreffende werkgroep na ampele discussie tot de (huidige) formulering van **can.1063**.

[40] Zie *LG* n.41,5; *OvD* voor het huwelijk(1969), Inleiding n.5, Apost.Exh. *Familiaris consortio*(1981) van **Joannes Paulus II** n.34.

[41] Zie *LG* n.33 en *AG* n. 21 en Apost.Exh. *Familaris consortio*(1981) van Paus **Joannes Paulus II** nn.66, 73-76. – Binnen de werkgroep voor het huwelijksschema ontwikkelde zich in 1977 een interessante discussie [*COMM*. 9(1977)138-139] over de vraag of men hier niet (zoals voorzien in het oorspronkelijke ontwerp) zou moeten spreken van een fundamenteel *recht* van alle christengelovigen *op die huwelijksbegeleiding*. De voorstanders waren van mening dat dit terecht zou zijn omdat de kerkgemeenschap ook bepaalde formaliteiten voorschrijft, waaraan het echtpaar zich te houden heeft, dus heeft het ook dàt recht; tegenstanders maakten zich echter bang voor gerechtelijke stappen, die gelovigen bij het in gebreke blijven van de pastorale hulp zouden kunnen ondernemen. Beter is het (zoals nu geformuleerd wordt) te spreken van een plicht, die rust op de pastores, want deze plicht sluit impliciet het recht van betrokkenen op pastorale hulp in. Zie: **P.J.Huizing**, *Alternatief kerkelijk huwelijksrecht* (Bilthoven 1974), p.39, die zich uitspreekt voor een strikt recht (hij maakte als consultor-relator deel uit van de werkgroep en van hem is waarschijnlijk ook het oorspronkelijke ontwerp afkomstig).

Paus **Joannes Paulus II** maakt in zijn Apost.Exh.*Familiaris consortio*(1981) nn.66 en 67 onderscheid tussen een *verwijderde, meer nabije en onmiddellijke* voorbereiding, dat niet geheel parallel loopt met het onderscheid van **can.1063.** Onder de *verwijderde* voorbereiding wordt verstaan, dat minderjarigen, jongeren en ook volwassenen al vroegtijdig worden ingevoerd in de huwelijksleer en -visie van de Kerk. Daartoe dienen de verkondiging, (volwassenen)catechese, allerlei soorten cursussen en trainingen, al of niet met inschakeling van de moderne sociale communicatiemiddelen (radio, televisie, video) **(can.1063 n.1)**. Hierop voortbordurend zal de *onmiddellijke* voorbereiding een specifiek op de a.s. echtparen toegesneden pastorale begeleiding in de laatste maanden of weken, die aan de bruiloft voorafgaan, inhouden "om" – aldus *Familiaris consortio* n.66 – "als het ware een nieuwe betekenis, inhoud en vorm te geven aan het zgn. huwelijksexamen..." **(can.1063 n.2)**. In dit verband spreekt *Familiaris consortio* n.66 de wens uit dat de BC's zorgen voor de uitgave van een *Handboek voor de Gezinspastoraal*; eveneens is het volgen van allerlei *voorbereidingscursussen* aan te bevelen zonder dat het niet-volgen de weigering van de huwelijkssluiting zou moeten inhouden. Tot die onmiddellijke voorbereiding hoort ook *een vruchtbare huwelijksviering* **(can.1063 n.3)** "die in een gemeenschapsvorm de wezenlijk kerkelijke en sacramentele aard van het huwelijksverbond tussen gedoopten uitdrukt" (*Familiaris consortio* nn.67-68). Tot deze vruchtbare huwelijksviering rekenen we ook de bepaling van **can.1065,** welke aan katholieken, die het sacrament van het vormsel nog niet hebben ontvangen, de plicht oplegt dit sacrament nog vóór de huwelijksviering te ontvangen, als dit zonder ernstig bezwaar kan[42]; tevens wordt hun dringend aanbevolen het sacrament van de boete en van de eucharistie te ontvangen.

Maar ook de *pastorale "nazorg"* van gehuwden, vooral van gezinnen die in bijzondere omstandigheden verkeren (emigranten, gemengd gehuwden, zij, die een zgn. proefhuwelijk hebben gesloten enz.) is van groot belang **(can.1063 n.4**; *Familiaris consortio* nn.69 en 77-85). In

[42] Bv. de huwelijksdatum moet daarvoor worden opgeschoven. Meerdere commentaren wijzen er op, dat voor deze gevallen bepaalde priesters bevoegd zouden moeten zijn om het vormsel toe te dienen, maar een poging om dit alsnog in de Codex op te nemen, mislukte in 1977: *COMM.* 10(1978)78. Zie **H.Zapp**, a.w., p.91 noot 9. **Heimerl/Pree**, a.w., p.193 sub 3 tekenen hierbij aan dat de uitvoering van deze verplichting in zoverre gemakkelijk wordt gemaakt, dat de Bisschop in geval van nood de volmacht om te vormen kan overdragen aan een priester (**can. 884**) en dat **can.1065 § 1** geen sanctie stelt op de weigering van de partners (of één van hen) zodat het huwelijk in zo'n geval niet mag worden geweigerd.

veel bisdommen (Utrecht, 's Hertogenbosch, Rotterdam) is men tentatief bezig de juiste vorm te vinden voor de voorbereiding van hen, die willen gaan trouwen[43], en begeleiding van hen, die al getrouwd zijn[44].

2. Canoniek onderzoek vóór de huwelijkssluiting

Alle overige bepalingen **(cc.1067-1072)** hebben te maken met het beginsel van **can.1066**, nl. dat vóór de huwelijksviering vast moet komen te staan "dat niets de geldige en geoorloofde viering ervan in de weg staat". Hoe dit vast moet komen te staan, is een vraag waarop niet meer het algemene, maar het particuliere recht een antwoord geeft. De BC heeft daarom tot taak normen vast te stellen voor het canonieke onderzoek van het a.s. bruidspaar. Hulpmiddelen daarvoor zijn a) de zgn.*Verklaring vóór de kerkelijke huwelijkssluiting*, b) de *huwelijksafkondigingen*. De BC zou ook normen kunnen uitvaardigen voor c) nog *andere geschikte middelen* om te onderzoeken of voor de partners de weg vrij is naar een geldige en geoorloofde huwelijkssluiting. Zo'n geschikt middel is bv. een recent (niet ouder dan een half jaar[45]) *doopbewijs*(**can.1067**).

Al deze middelen hebben dus betrekking op, wat vroeger genoemd werd, het onderzoek naar de *status liber*(vrije staat) van de partners[46].

[43] We verwijzen hiervoor naar de volgende brochures: *"Zin in een gezin"* (uitgave Servicecentrum levensvorming jeugd en jongeren van het bisdom Rotterdam 1975); *"Zó kan het ook..."* Naar nieuwe vormen van huwelijksvoorbereiding": met deze uitgave van het DPC Utrecht uit 1981 verscheen begin 1994 tevens een toerustingscursus voor leden van de werkgroep 'huwelijksvoorbereiding' en een programma voor drie gespreksbijeenkomsten met aanstaande bruidsparen; *"Trouwen voor de kerk. Teken of traditie"*: een handreiking voor de pastorale zorg rond de huwelijksvoorbereiding (uitgave Diocesane Werkgroep 'Huwelijk, Gezin en Relatievragen' van het bisdom 's Hertogenbosch 1985; zie ook *An.Bo.* 6(1966)24-27). Voorts wijs ik op het literatuuroverzicht over *Pastoraat rond huwelijk en gezin*, waarin relevante literatuur uit m.n. de 80-er jaren besproken wordt: *An.Utr.* 65(1992)81-112. Over hen, die een huwelijk sluiten met (van oorsprong) niet-Nederlanders zie o.a.*An.Rmd.* 46(1965)85-86 en 49(1968)42-43, *An.Ha.* 12(1965)96 en 21(1974) H79.

[44] Als specifieke vorm van pastoraal, gericht op huwenden, gehuwden en gezinnen, gold tot voor kort het in Kerkrade sedert 1982 functionerende *internationaal academisch instituut voor huwelijk en gezin, Medo*, d.i. *M*ater *E*cclesiae *Do*mesticae, genaamd, waaraan slechts een kort leven beschoren is geweest want het is wegens gebrek aan studenten en geld opgeheven en zal naar elders worden verplaatst. Zie: *An.Rmd.* 71(1990)36-37, 73-74, 92, 97-102.

[45] Dit geldt alleen voor het doopbewijs van katholiek gedoopten, omdat bij niet-katholiek gedoopten geen bijzonderheden in het doopregister worden vermeld.

[46] Op de vraag of ten bewijze van de 'vrije staat' van hen, die, ofschoon gebonden aan de canonieke vorm, een huwelijk hebben durven sluiten voor de ambtenaar van de burgerlijke stand of een niet-katholieke bedienaar, een documentair proces **(can.1686)** nodig is of een onderzoek vóór het huwelijk volgens de **cc.1066-1067** toereikend is, antwoordde de *PCI* op 7 augustus 1984: 'nee' wat betreft het documentaire proces, 'ja' wat betreft het vóórhuwelijkse onderzoek: *AAS* 76(1984)747.

Alleen dan als deze normen zorgvuldig onderhouden zijn, mag de pastoor bij hun huwelijk assisteren als gekwalificeerd getuige van de Kerk. Bij een huwelijkssluiting, waarvan één der partners in stervensgevaar[47] verkeert, kan, als er niet op een andere manier bewijzen te verkrijgen zijn, volstaan worden met de bevestiging van de huwenden, eventueel onder ede, "dat zij gedoopten zijn en door geen enkel beletsel weerhouden worden" (**can.1068**).

Alle gelovigen zijn overigens verplicht "om beletselen, indien zij er kennen, aan de pastoor of aan de plaatselijke Ordinaris vóór de viering van het huwelijk bekend te maken" (**can.1069**). Alleen beroepsgeheim of een te vrezen ernstig nadeel kan van deze plicht ontslaan.

Wie het canonieke onderzoek in bovenstaande zin heeft gedaan (in de regel is dat de pastoor van de woon- of verblijfplaats: **cc.1070** en **1115**), moet de uitslag daarvan d.m.v. een authentiek document laten weten aan de pastoor van de plaats van huwelijkssluiting (**can.1070**) of aan degene, die feitelijk bij het huwelijk assisteert (vgl. **can.1114**).

a) *Verklaring vóór de kerkelijke huwelijkssluiting*. Hiervoor bestaat het in Bijlage 1 opgenomen voorgedrukte formulier, dat door de Nederlandse BC is goedgekeurd en waarin naar het voorschrift van die BC[48] de tekst van de **cc.1055 § 1** en **1056** is opgenomen als bondige samenvatting van de leer van de Kerk betreffende het huwelijk. Dit formulier geeft een zo volledig mogelijk, in ieder geval het benodigde, inzicht in de persoonsgegevens van de huwenden en in het al dan niet geldig en geoorloofd aangaan van hun huwelijk. Deze verklaring maakt deel uit van wat vroeger het *bruidsexamen* (zie echter ook **can.1067**) werd genoemd, waartoe onder de oude rechtsbedeling *(can.1020 § 2 CIC/17)* ook een "ondervraging naar voldoende kennis van de christelijke leer" hoorde. Daarover zwijgt het nieuwe Wetboek[49]. Centraal in deze Verklaring staat de akkoordverklaring van de huwenden met de r.k.kerkelijke huwelijksopvatting, zoals deze te vinden is in de pastorale constitutie *GS* en in de genoemde **cc.1055-**

[47] Aanvankelijk werd over "in stervensgevaar of in een ander dringend geval" gesproken, maar dit laatste is op verzoek van de consultatie-organen door de consultoren van de betreffende werkgroep geschrapt: *COMM*. 3(1971)71 en 9(1977)142.

[48] Zie *TB/89*, n.18: "Wij bepalen 2. dat voor het canoniek onderzoek het door de bisschoppenconferentie goedgekeurde formulier moet worden gebruikt; 3. dat, wat de leer van de Kerk betreft de tekst van canon 1055 p.1 en van canon 1056 opgenomen dient te worden". Deze verklaring wordt opnieuw bekeken door de *CCV*, d.i. de Commissie Canonieke Vraagstukken. Het (nu nog) bestaande formulier werd in 1967 voorafgegaan door de nog volgens de oude wet opgestelde verklaring: zie o.a. *An.Rmd.48*(1967)80-88; *An.Ha*. 14(1967)40-41; *An.Br*. 1967 onder letter H (van huwelijk), pp.1-5.

[49] Zie **H.Zapp**, a.w., p.85.

1056. Daarnaast is er alle ruimte voor "ambtelijke aantekeningen", waarvan de betekenis duidelijk zal worden door de uitleg, welke daaraan in Bijlage 1 gegeven wordt. Eventueel wordt bij het invullen van dit formulier ook een voorgedrukt formulier ingevuld voor het aanvragen van dispensatie in een huwelijksbeletsel. In dat geval worden *beide* formulieren naar het bisdom gestuurd.

b) *Huwelijksafkondigingen*. De Nederlandse BC heeft daaromtrent bepaald[50], "dat huwelijken, die in de canonieke vorm gesloten worden, minstens één keer vóór de huwelijkssluiting afgekondigd worden. Het gebruik om dit in de vorm van voorbeden te doen[51], beantwoordt op een zeer geschikte wijze aan de bedoeling. Dispensatie in deze kan om een goede reden gegeven worden door de pastoor, die de afkondigingen dient te verrichten"[52]. De eigenlijke zin van de afkondigingen is van meet af aan geweest: het scheppen van mogelijkheden tot het bekendmaken van beletselen door de gelovigen. **Can. 1069** verplicht hen daartoe ook, behalve als het beroepsgeheim van biechtvader, advocaat, arts enz. dat in de weg staat. Aangezien het echter zelden of nooit gebeurt dat de gewone gelovigen een beletsel rapporteren aan de plaatselijke Ordinaris op grond van de huwelijksafkondigingen, moet de handhaving daarvan in twee andere aspecten worden gezocht, nl. voor de geloofsgemeenschap worden de namen bekend van hen, die gaan trouwen èn de huwenden worden opgenomen in de gebeden van die gemeenschap. Vandaar het jongste voorschrift van de Nederlandse BC.

c) *Doopbewijs*. In een goed bijgehouden doopregister staat aangetekend of iemand gevormd, gehuwd, gewijd is of een professie voor het leven heeft afgelegd, of zijn huwelijk eventueel ontbonden of nietig is verklaard, of dispensatie is verleend in de consequenties van wijding of geloften; tevens is daarin adoptie aangetekend en verandering van ritus(zie **can.535 § 2**)[53].

[50] *TB/89*, n.18,1.

[51] Anders bv. in het bisdom Breda: *An.Br.* 10(1965)4-5. Elders (bv. in Spanje) bepaalde de BC, dat de afkondigingen via een affiche aan de kerkdeuren gedurende veertien dagen of via de gebruikelijke afkondiging op minstens twee feestdagen kunnen gebeuren: *NDP*, p.333.

[52] Waarschijnlijk zijn de huwelijksafkondigingen (of: roepen, bannen) voor het eerst ingevoerd door de Bisschop van Parijs **Odo de Soliaco** in 1198 met de bedoeling clandestiene huwelijken te voorkomen en eventuele beletselen te ontdekken. Door het Vierde Lateraans Concilie(1215) werd met diezelfde bedoeling één afkondiging voor heel de Kerk verplicht gesteld, het Concilie van Trente maakte er in 1563 drie van *(Sess.XXIV*, de reform.matr., c.1); dit werd overgenomen door *can.1024 CIC/17*.

[53] Merkwaardig is dat de Nederlandse BC geen enkele regel omtrent dit doopbewijs in haar Toepassingsbesluiten van 1989 heeft opgenomen. Anders dan in *can.1021 § 1 CIC/17* bevat de nieuwe Codex geen bepaling over het opvragen van een doopbewijs

3. Huwelijksverboden

Bij het canonieke onderzoek of anderszins kan komen vast te staan dat zich bij de huwenden een omstandigheid voordoet, die om een bijzondere oplettendheid van de bij de huwelijksvoltrekking betrokken ambtsdragers vraagt zó dat zij niet tot de huwelijkssluiting mogen overgaan zonder *verlof* van de plaatselijke Ordinaris. De vrijheid, die volgens **can.1058** (vgl. **can.219**) ieder mens heeft een huwelijk te sluiten, kan dus, minstens tijdelijk, worden ingeperkt. Meer dan bij huwelijks*beletselen* (waarover in het hierna volgende artikel II) worden bij huwelijksverboden de assisterende ambtsdragers direct aangesproken. Zoals verderop nog besproken zal worden, dient ieder huwelijk (uitzonderingen daargelaten) gesloten te worden t.o.v. een gekwalificeerd getuige, d.i. een officiëel daartoe gemachtigde ambtsdrager. Hij mag echter bij een huwelijk niet (behalve in een noodgeval) zonder verlof van de plaatselijke Ordinaris assisteren zodra zich één van de situaties voordoet, welke in **can.1071 § 1** systematisch bij elkaar zijn gezet. Niet de geldigheid, alleen de geoorloofdheid van de huwelijkssluiting is hier in het geding. Is het verlof eenmaal gegeven, dan is de baan vrij voor de huwelijkssluiting. Bij weigering van dit verlof blijft het verbod bestaan en ontstaat de situatie, die **can.1077 § 1** (waarover later meer) op het oog heeft. Volgens **can.1071 § 1** is, behalve in geval van nood, verlof van de plaatselijke Ordinaris nodig voor:

a) het huwelijk van personen *zonder vaste woon- of verblijfplaats* (in de zin van de **cc.100** en **102**; beide of slechts één van beide betreffend), omdat het in dit geval veel moeilijker is eventuele bedenkingen tegen haar "vrije staat" te achterhalen. Omdat de plaatselijke Ordinaris nog al wat tijd nodig kan hebben voor zijn onderzoek, doet de huwelijksassistent er goed aan het verzoek om verlof tijdig in te dienen en doen de huwenden er goed aan de huwelijksdatum niet vast te leggen voordat zij verlof hebben gekregen[54];
b) *zuiver kerkelijke huwelijken* in die landen, waar mensen geen burgerlijk, wel een kerkelijk huwelijk kunnen sluiten. In Nederland doet

voor de huwelijkssluiting; maar omdat **can.1068** een letterlijke weergave is van *can.1019 § 2 CIC/17*, mogen we aannemen dat juist het doopbewijs blijft horen tot de belangrijkste documenten voor de vaststelling van iemands "vrije staat". De tekst van de *Verklaring voor de kerkelijke huwelijkssluiting* is aan het einde van dit hoofdstuk opgenomen als Bijlage; daar worden tevens de afzonderlijke onderdelen van een commentaar voorzien. – Volgens **R.Paralieu**, a.w., p.320 zouden niet-gedoopten een geboortebewijs over moeten leggen, omdat daarop (eventueel) een voorafgaand huwelijk vermeld staat. Een dgl. voorschrift is in Nederland onbekend.

[54] Advies van **H.J.F.Reinhardt**, a.w., p.83.

zich deze situatie niet voor behoudens bij het beletsel van leeftijd: de grens hiervoor in het Nederlandse burgerlijke recht ligt hoger dan binnen het canonieke recht (zie verderop);

c) een huwelijk met (natuurlijke, niet noodzakelijk alléén juridische) *verplichtingen* (alimentatie, opvoeding) *uit een eerdere verbintenis*, d.w.z. uit een wettig ontbonden, ongeldig verklaard of burgerlijk huwelijk of uit welke andere samenlevingsvorm dan ook, waarover in de Apost.Exh.*Familiaris consortio* van Paus **Joannes Paulus II** nn.80-84[55];

d) huwelijken *van hen, die op publiek gekende wijze het katholieke geloof verworpen hebben*, ook dan als men niet is overgegaan naar een niet-katholieke kerkelijke gemeenschap. Deze "geloofsafval" staat niet zonder meer gelijk met het formeel afvallen van de R.K.Kerk (zie de **cc.1086 § 1** en **1117**); meestal echter zal de formele uittreding uit de Kerk een bruikbaar criterium zijn voor het begrip "publieke geloofsafval"[56]. Omdat zich in dit soort huwelijken dezelfde problemen voor kunnen doen als in gemengde huwelijken, mag de plaatselijke Ordinaris het verlof tot huwelijksassistentie alleen geven onder dezelfde voorwaarden als gelden voor gemengde huwelijken: zie **can.1125**. De in het recht voor gemengde huwelijken voorziene mogelijkheid tot dispensatie in de canonieke huwelijksvorm (**can. 1127 § 2**) lijkt hier niet toepasbaar, maar – zo merken commentatoren op[57] – wellicht valt deze dispensatiemogelijkheid wel onder het algemene dispensatierecht, dat in **can.87** aan de diocesane Bisschoppen wordt toegekend[58];

[55] Gezien het feit, dat het nakomen van deze verplichtingen normaal voldoende geregeld is in de staatswetgeving, hebben de diocesane Bisschoppen van Duitsland het trouwverlof algemeen gegeven op voorwaarde dat het nakomen van die verplichtingen niet in gevaar wordt gebracht door het voorgenomen nieuwe huwelijk, daarbij bedenkend dat de *natuurlijke* plichten verder kunnen reiken dan de bij het scheidingsvonnis en bij de eventueel aanvullende civielrechtelijke overeenkomsten opgelegde verplichtingen: **H.J.F.Reinhardt**, a.w., pp.83-84.

[56] Aldus **Heimerl/Pree**, a.w., p.197 en **H.J.F.Reinhardt**, a.w., p.85. – Lees *NDP*, p.340, waar de auteur (**A.Mostaza**) wijst op het verschil tussen verlating van de Kerk bij formele act van de **cc.1086 § 1, 1117** en **1124** en op de publiek gekende afwijzing van het r.k.geloof (**can.1071 § 1 n.4**), nl. iedere publiek gekende afwijzing van het r.k.geloof is kerkverlating bij formele act, maar niet iedere kerkverlating bij formele act is een publiek gekende afwijzing van het r.k.geloof.

[57] **Heimerl/Pree**, a.w., p.197.

[58] Toch is ook dit twijfelachtig, want op 5 juli 1985 besliste de *PCI* op de vraag of buiten het geval van dreigend stervensgevaar de diocesane Bisschop kan dispenseren van de canonieke vorm volgens **can.87** bij een huwelijk van twee katholieken met: "Neen" (*AAS* 77(1985)771).

e) huwelijken van *personen, die door een censuur*(excommunicatie: **can.1331 § 2 n.2** of interdict: **can.1332**) *getroffen zijn.* De censuur hoeft niet publiek bekend te zijn; wel moet zij door een vonnis of decreet opgelegd of verklaard zijn[59];

f) huwelijken van *minderjarigen,* d.i. van personen vóór hun 18e levensjaar (**can.97 § 1**), die willen trouwen zonder dat de ouders ervan op de hoogte zijn of als de ouders er op redelijke gronden tegen zijn. Dit laatste dient de huwelijksassistent te beoordelen; berust dat verzet naar zijn opvatting op goede gronden, dan moet hij de plaatselijke Ordinaris verlof vragen. Niet nodig is dat ouders of voogden *positief instemmen* met het huwelijk van hun minderjarig (pleeg-) kind. Dit voorschrift laat onverlet, wat in **can.1072** wordt bepaald, nl. dat de zielzorgers, algemeen gesproken, tot taak hebben jongeren af te houden van een huwelijk "vóór de leeftijd waarop men volgens de in de streek aanvaarde gebruiken gewoon is in het huwelijk te treden". Deze bepaling heeft tot doel te voorkomen, dat huwelijken op te jonge leeftijd, d.w.z. een leeftijd, waarop iemand nog niet voldoende geestelijk rijp geacht mag worden, te trouwen;

g) een huwelijk, dat *middels een gevolmachtigde*, waarover in **can.1105**, gesloten wordt.

Genoemd had hier ook mogen (moeten) worden:

h) een huwelijk, dat *onder voorwaarde*, waarover in **can.1102 § 2** en **§ 3**, gesloten wordt;

i) het huwelijk van een *katholiek gedoopte* met een *gedoopte niet-katholiek* (**cc.1124-1125**).

ARTIKEL II: HUWELIJKSBELETSELEN

Inleiding

Can.1058 bevestigt dat iedere mens *van nature* het recht heeft op de vrije keuze van een partner, met wie iemand wil trouwen. Wil iemand van dit recht gebruik maken binnen een groep, gemeenschap of binnen de samenleving, dan heeft zij/hij er belang bij dat het samenlevingsverband het huwelijk erkent, d.i. voor geldig en geoorloofd houdt.

Vanuit dit belang van de partners, maar ook vanuit algemeen belang wil de gemeenschap, waarin men leeft, dat bepaalde verbintenissen geen

[59] Heeft iemand automatisch een censuur belopen, die niet verklaard is, bv. vanwege abortus (**can.1398**), dan kan hij/zij om een goed motief vragen om het sacrament en dit ook ontvangen (**can.1335**) zonder verlof nodig te hebben van de plaatselijke Ordinaris: **Heimerl/Pree**, a.w., p.197.

doorgang vinden: ze worden niet erkend omdat ze schadelijk zijn voor de gemeenschap, voor de partners zelf, of omdat ze ingaan tegen algemeen erkende waarden. Een duidelijke manier, waarop een gemeenschap bepaalde typen van huwelijk af kan wijzen, is het vaststellen van een *huwelijksbeletsel*, d.i. een omstandigheid in de persoon, die hem, *mede krachtens wettelijke bepaling*, tot een huwelijk onbekwaam maakt. Zo'n omstandigheid kan van psychische, fysieke, morele of religieuze aard zijn. In deze begripsbepaling van 'beletsel' valt alle nadruk op 'mede krachtens wettelijke bepaling'. Een beletsel berust immers niet alleen op de culturele, c.q. gevoelsmatige afkeer van bepaalde huwelijken of huwelijken van bepaalde personen, maar berust formeel op bepalingen van het wettig gezag.

Reeds in het Oude Verbond (*Lev.* 18,1-20), maar ook in het Nieuwe Verbond (*1 Kor.* 5,1-5) is er sprake van huwelijksbeletselen. De lijst van de thans geldende canoniekrechtelijke beletselen is geleidelijk aan ontstaan; die lijst heeft in de loop der eeuwen veel veranderingen ondergaan wat betreft het soort en de rechtskracht[60]. Altijd zullen we echter voor ogen moeten houden, dat het recht van iedere mens om te trouwen(**can.1058**) alleen om gerechtvaardigde en zwaarwegende motieven mag worden beperkt.

Na de bespreking van het materiële beletselenrecht (**A, B** en **C**), gaan we na hoe procedureel moet worden omgegaan met huwelijken, die ongeldig zijn wegens het bestaan van een ongeldigmakend beletsel (**D**).

A. IN HET ALGEMEEN

1. Soorten van beletselen

Al naargelang van het criterium, dat men hanteert, kunnen diverse indelingen van de beletselen worden gemaakt. We noemen hier de belangrijkste, nl. de *technisch-canoniekrechtelijke:*

a) naar het *juridisch effect* spreken we van *verbiedende(ongeoorloofdmakende)* en *ongeldigmakende* beletselen, d.w.z. dat een huwelijk met een beletsel alleen ongeoorloofd is (het *mag* niet) of tegelijk ongeldig(nietig) en dus ook ongeoorloofd is (het *kan* niet). De *Codex/17* maakte dit onderscheid nog; tot de verbiedende beletselen hoorden: het gemengd huwelijk van twee gedoopten; verwantschap, voortvloeiend uit adoptie waar dit civielrechtelijk zo was en een een-

[60] Gezaghebbend is nog altijd: **A.Esmein**, *Le mariage en droit canonique*, 2 vol.1891; 2e ed. van **R.Génestal** en **J.Dauvillier** (1929-1935).

voudige gelofte. De **Codex/83** kent echter alleen nog ongeldigmakende beletselen. Dat zijn volgens **can.1073** beletselen, die een persoon onbekwaam maken tot het sluiten van een geldig huwelijk, of het moet zijn dat daarin gedispenseerd kan worden en feitelijk ook wordt[61].

b) naar de *bewijsbaarheid* wordt onderscheid gemaakt tussen *openbare* en *geheime* beletselen. **Can.1074** bepaalt, dat een beletsel publiek wordt geacht, wanneer het in het uitwendig rechtsgebied bewezen kan worden, bv. door een authentiek document van de Kerk (doop-, huwelijksbewijs) of van de Staat (civiele registers, gerechtsakten), door privédocumenten (brief, testament, contract enz.), door betrouwbare getuigen, deskundigen ofwel voortkomt uit een openbaar feit; in alle andere gevallen is het beletsel geheim. Praktisch speelt dit onderscheid een rol bij de vraag, wie onder welke omstandigheden kan dispenseren van een beletsel, en bij de geldigmaking van een ongeldig gesloten huwelijk.

c) naar de *oorsprong* worden beletselen onderscheiden in die van *goddelijk(natuurlijk of positief)* en *menselijk recht.* In de Kerk leeft het bewustzijn dat er belemmerende factoren voor de huwelijkssluiting zijn, die niet de mens zelf tot oorsprong hebben, maar die samenhangen met het wezen van het huwelijk en daarom bindend voor hem zijn; zij worden beletselen van goddelijk-natuurlijk recht genoemd, bv. absolute impotentie, of van goddelijk-positief recht bv. een al bestaande huwelijksband. Aan deze beletselen is iedere mens (katholiek of niet-katholiek, gedoopt of ongedoopt) gebonden. Andere beletselen zijn door de mens zelf vastgesteld en dus van menselijk recht en ook dispensabel, bv. bloedverwantschap in de vierde graad (neef en nicht) en wettelijke verwantschap, voortvloeiend uit wette-

[61] In het *Schema/75* waren de verbiedende beletselen (met een kleine wijziging t.a.v. de eenvoudige gelofte, die nú de publieke tijdelijke gelofte van volmaakte zuiverheid heet) nog opgenomen. In *COMM.* 9(1977)132-135 wordt een verantwoording gegeven van de afschaffing ervan. Volgens de voorstanders van die afschaffing is de betekenis van dit instituut minimaal, omdat de geldigheid van het huwelijk er niet mee gemoeid is; de tegenstanders legden alle nadruk op de pedagogische waarde van deze beletselen, die mensen mogelijk zouden kunnen afhouden van een huwelijk. Strikt genomen is de vermelding van het woord "ongeldigmakend" in de titel van hoofdstuk II of in **can.1073 CIC/83** overbodig omdat beletselen in de nieuwe wetgeving altijd ongeldigmakend zijn: *CDC(P/M)* p.613. In 1977 deed een consultor van de werkgroep de suggestie hier als titel te gebruiken "Beletselen in het bijzonder", maar de werkgroep wilde dat niet omdat op dat moment nog niet beslist was of de BC's bevoegd zouden zijn minstens verbiedende beletselen vast te stellen. Toen het antwoord hierop "negative" was, heeft de **CCEO** die suggestie wel overgenomen door in art.II (vóór **can.790**) te spreken over "ongeldigmakende beletselen in het algemeen" en vóór **can.800** over "beletselen in het bijzonder".

lijk geregelde adoptie enz. Aan deze louter kerkelijke wetten zijn volgens **can.11** alleen zij gebonden, die in de R.K.Kerk gedoopt of daarin opgenomen zijn[62];

d) naar *omvang* kan een beletsel *absoluut* of *relatief* zijn, al naargelang daardoor een huwelijk met iedereen verboden is, bv. een jongere leeftijd dan de wettelijk vastgelegde, absoluut onvermogen, een bestaande huwelijksband, een diaken-, priester- of bisschopswijding, eeuwige professie, of daardoor alleen het huwelijk met bepaalde categorieën van personen uitgesloten is, bv. bloed- of aanverwantschap;

e) naar *dispensatiemogelijkheid* zijn er beletselen, waarin de Kerk kan en ook gewoon is te dispenseren, bv. bij een gemengd huwelijk (van een katholiek gedoopte met een ongedoopte), en waarin zij niet kan dispenseren, bv. absoluut onvermogen, of dit feitelijk althans niet doet, bv. bij bloedverwantschap in de rechte lijn of de de tweede graad zijlijn (broer en zus), ook niet in twijfelgevallen (**cc.1078 § 3** en **1091 § 4**).

2. Wie kunnen beletselen vaststellen, wijzigen of afschaffen?

Can.1075 maakt een duidelijk onderscheid tussen de *authentieke verklaring*, dat een huwelijk krachtens goddelijk (natuur- of positief) recht verboden is en wanneer dit een huwelijk ongeldig maakt, en de *vaststelling* van andere beletselen van menselijk recht voor (katholiek) gedoopten[63]. Beide komen toe aan het hoogste gezag (Paus en Oecumenisch Concilie)[64].Omdat het hier gaat om beperkingen, die door de canonieke wetgever worden opgelegd aan het beginsel van **can.1058**, kan zoiets alleen in uitzonderlijke gevallen gebeuren. Daarbij is volgens **can.18** iedere verklaring of vaststelling onderhevig aan een strikte interpretatie.

De inhoud van **can.1075 § 2** heeft in de herzieningsfase van het Wetboek aanleiding gegeven tot talrijke suggesties, maar ook tot een zorgvuldige analyse daarvan binnen de verantwoordelijke werkgroep[65]. Aanvankelijk werd voorgesteld dat de BC's, gelet op bijzondere omstan-

[62] Met deze kanttekening, dat zij die de R.K.Kerk bij formele act verlaten hebben, niet gebonden zijn aan het beletsel van gemengd huwelijk (katholiek gedoopte en een ongedoopte)(**can.1086 § 1**).
[63] Zó moeten we in het licht van **can.11** de woorden "voor gedoopten" wel verstaan.
[64] Zou het woord *prohibeat(verbiedt)* uit **can.1075 § 1** een vergissing zijn, aangezien alle (oude) verbiedende beletselen zijn afgeschaft? Of zou men in deze formulering de mogelijkheid open willen houden om in de toekomst alsnog te komen tot dgl. verklaringen?
[65] Vgl.*COMM.* 9(1977)80 en 135-136.

digheden, in staat zouden moeten worden gesteld om "particuliere verbiedende of ongeldigmakende beletselen" vast te stellen. Na uitvoerige consultaties en gehoord de tegenstrijdige opvattingen werd besloten deze kwestie voor te leggen aan de voltallige vergadering van de Codexherzieningscommissie, die in 1977 besloot die bevoegdheid niet aan de BC's te geven om vooral deze redenen: het zou een pluriform rechtssysteem, verschillend van streek tot streek, in het leven roepen en onnutte complicaties geven; het zou grote rechtsongelijkheid kunnen creëren, zou ook gemakkelijk ontdoken kunnen worden door naar elders te verhuizen en het zou voor bepaalde regeringen een middel kunnen zijn om de BC's onder druk te zetten voor invoering van haar(regeringen) welkome beletselen[66]. De thans geldende discipline van **can.1075 § 2** draagt zonder enige twijfel bij tot de rechtszekerheid.

Can.1076, die woordelijk *can.1041 CIC/17* herhaalt, is dan ook de logische consequentie van het voorgaande: een gewoonte kan geen nieuw beletsel invoeren[67]; evenmin een nieuw beletsel invoeren dat tegenstrijdig is met de bestaande beletselen.

Het burgerlijk gezag mist naar r.k.overtuiging de bevoegdheid om een beletsel voor huwelijken van katholieken vast te stellen. Wel zou de Kerk civielrechtelijke beletselen kunnen canoniseren, d.w.z. laten gelden voor haar eigen rechtsgebied[68]. M.b.t. huwelijken van ongedoopten is de Staat regelingsbevoegd, mits hij zich houdt aan de door het positief-goddelijk of natuurrecht opgelegde begrenzingen.

3. Huwelijksverbod in een bijzonder geval

Can.1077, die op enkele woord-correcties na *can.1039 CIC/17* herneemt, kent aan de plaatselijke Ordinaris (zie **can.134 § 2**) de bevoegdheid toe om eigen onderdanen, waar ter wereld ook, en allen, die zich daadwerkelijk in zijn ambtsgebied bevinden, het huwelijk te *verbieden* in een bijzonder geval, maar alleen tijdelijk, om een ernstige reden en zolang die reden duurt (**§ 1**)[69]. Wat in **§ 2** bepaald wordt, is weer een logisch gevolg van **can.1075**, nl. dat alleen het hoogste kerkelijk gezag aan dat verbod een ongeldigmakende clausule toe kan voegen.

[66] Zie *COMM.* 10(1978)126.

[67] Ofschoon de beletselen aanvankelijk juist uit het gewoonterecht gegroeid zijn.

[68] Zoals dat tot 1983 gebeurde met het beletsel, voortvloeiend uit adoptie.

[69] Een pastoor heeft die bevoegdheid dus niet. Meent hij echter in een concreet geval niet bij een huwelijk te kunnen (mogen) assisteren, dan dient hij zich in verbinding te stellen met de plaatselijke Ordinaris.

Soms wordt aan de huwelijksnietigverklaringen van de Romeinse Rota of van de diocesane Rechtbanken een huwelijksverbod toegevoegd[70], dat nooit een ongeldigmakend, maar louter verklarend karakter heeft om daarmee te kennen te geven dat de persoon-in-kwestie geen nieuw geldig huwelijk kan sluiten, bv. zolang iemand niet over de innerlijke vrijheid of persoonlijke bekwaamheid beschikt om een huwelijk te sluiten. Het verbod bedoelt dan een tijdelijke pastorale maatregel te zijn[71]. In ieder geval zal, alvorens een ander huwelijk gesloten gaat worden, contact moeten worden opgenomen met de betreffende rechtsprekende instantie.

Hierboven is reeds gesproken over huwelijksverboden, waarvoor verlof van de plaatselijke Ordinaris vereist is. In geval hij dit verlof niet geeft, is het effect inhoudelijk gelijk aan het formeel daarvan onderscheiden verbod van **can. 1077 § 1**; en zullen voor de weigering van het verlof analoog dezelfde criteria als de in deze canon genoemde gelden, nl. een ernstige reden en zolang deze duurt[72].

B. IN HET BIJZONDER

1. LEEFTIJD (AETAS)

Can.1083 § 1 stelt een leeftijdsnorm op, die voor heel de Latijns-Westerse Kerk geldt, waarbinnen er naar streek en cultuur grote verschillen zijn in de leeftijd waarop mensen een huwelijk aangaan. Vandaar is in deze canon de leeftijd laag ingezet: *een jongen, die zijn zestiende en een meisje,dat haar veertiende levensjaar nog niet voltooid heeft, kan niet geldig in het huwelijk treden*[73]. Het gaat hier over de

[70] Zie **can.1684 § 1.**

[71] Vgl.**H.Zapp**, a.w., p.106.

[72] **Heimerl/Pree**, a.w., p.195.

[73] Diverse instanties hebben er bij de Codexherzieningscommissie op aangedrongen een hogere leeftijd vast te stellen voor zowel de jongen als het meisje. De consultoren hebben dit afgewezen, omdat bijna alle consultatie-organen het met deze nu vastgestelde leeftijdsgrens eens waren; omdat een huwelijk sluiten een natuurlijk recht is en niet is in te zien hoe het canonieke recht dit recht zou kunnen beperken bij voldoende lichamelijke en geestelijke rijpheid. Om diezelfde redenen is de suggestie om zich aan te passen aan de civielrechtelijke bepalingen niet overgenomen, ook al omdat tot een huwelijk, dat volgens de plaatselijke civiele wetgeving niet kan worden gesloten, vooraf verlof van de plaatselijke Ordinaris nodig is (**can.1071 § 1,n.2**). Vgl. ook de **cc.1072, 1071 § 1 n.6, 1083 § 2** en **1095 n.2**: *Relatio*/*1981* bij *can.1036*, p.351. – **A.Mostaza** in *NDP*, p.364 blijft echter van mening dat alle genoemde canones, waarnaar verwezen wordt, geen rechtvaardiging lijken te zijn van de feitelijk door de Codex vastgestelde leeftijd. Wie beschikt er, zo vraagt hij zich af, in het licht van **can.1095 n.2** dan over voldoende onderscheidingsvermogen? En: is handhaving van deze leeftijdsgrens, gezien de ruime dispensatiebevoegdheid van plaatselijke Ordinarissen, wel nodig?

lichamelijke rijpheid voor het huwelijk. Inzake de psychische of geestelijke rijpheid voor het huwelijk gelden speciale bepalingen[74]. Er is wat de leeftijdsgrens betreft een keuze gemaakt tussen twee minimale eisen, waaraan in onze cultuur moet zijn voldaan voor een volwaardig huwelijk: het vermogen tot voortplanting enerzijds en voldoende geestelijke ontwikkeling anderzijds. Bij beide gaat het echter om een vermoeden (presumptie), dat een tegenbewijs toelaat en daarom aanleiding kan geven tot een nietigverklaring, waar gewenst, of omgekeerd ook tot dispensatie in het beletsel.

Het *Nederlandse BW 1: art.31,1 lid 1* bepaalt, dat een man en een vrouw beide de ouderdom van achttien jaren moeten hebben bereikt om een huwelijk te kunnen sluiten; maar het beletsel bestaat niet, wanneer zij, die met elkaar willen trouwen, de leeftijd van zestien jaren hebben bereikt en de vrouw een verklaring van een arts overlegt dat zij zwanger is, dan wel haar kind reeds ter wereld heeft gebracht (t.z.p., *lid 2*). Overigens kan onze Minister van Justitie om gewichtige redenen ontheffing verlenen van het in lid 1 genoemde vereiste *(BW art.1: 31,3)*. Daar waar vroeger het *Belgische* burgerlijke recht de leeftijdsgrens voor een meisje op vijftien jaar en voor een jongen op achttien jaar stelde, geldt nu ook voor beiden een minimum leeftijd van achttien jaar; mits er ernstige redenen zijn, kan de jeugdrechtbank hierop afwijkingen toestaan *(Belg. BW art. 144-145)*. De marge, die er tussen de huwelijksbevoegdheid volgens het canonieke en het vigerende burgerlijke recht ligt, probeert de Kerk te overbruggen met pastorale middelen. Zo bepaalt **can.1072** dat zielzorgers jongeren dienen "af te houden van de viering van een huwelijk vóór de leeftijd waarop men volgens de in de streek aanvaarde gebruiken gewoon is in het huwelijk te treden". Bovendien mag de BC volgens **can.1083 § 2** een hogere leeftijd vaststellen voor de *geoorloofde* viering van een huwelijk[75]. Het gaat hier in het licht van **can.1075 § 2** niet om een heimelijk toekennen van de bevoegdheid om een reeds bestaand huwelijksbeletsel particulierrechtelijk te verscherpen[76], maar alleen om een mogelijk huwelijks*verbod* zonder 'vernietigend' effect.

[74] Die in het artikel over de huwelijkstoestemming, m.n. in **can.1095**, aan de orde komen. Zie *COMM*. 9(1977)360.

[75] Dit is in Nederland niet gebeurd, maar wel bv. in Spanje en België waar de leeftijd is opgetrokken tot 18 jaar voor beide huwenden (in 1983): *NDP*, p.331.

[76] In het *Schema/75* kon dat nog wel. Dat dit nu niet meer kan, zal ook samenhangen met de angst voor een te grote beperking van het fundamentele recht op een huwelijk (vgl. **can.1058**). Verschillende BC's hebben voor de *geoorloofde* huwelijkssluiting de leeftijd hoger gesteld: zie *CDC(P/M)*, pp. 1276 en 1352, en voetnoot 63.

Tenslotte kan nog gewezen worden op **can.1071 § 1 n.2**: voor een huwelijk, dat volgens de burgerlijke wet niet gesloten kan worden, is buiten geval van noodzaak het verlof van de plaatselijke Ordinaris nodig[77].

Tenslotte zij opgemerkt dat de leeftijdsgrens een beletsel van menselijk recht is, zodat dispensatie mogelijk is. Het MP *De Episcoporum muneribus*(1966) IX, n.11 reserveerde deze dispensatie nog aan de Apostolische Stoel, wanneer het leeftijdstekort meer dan één jaar bedroeg. **Can.1078** rekent echter in **§ 2** de dispensatie niet meer tot de aan de Apostolische Stoel gereserveerde dispensaties.

2. IMPOTENTIE (IMPOTENTIA)

2.1. Welke impotentie maakt het huwelijk ongeldig?[78]

Can.1084 § 1 geeft antwoord op de vraag welke impotentie een huwelijk *krachtens zijn aard*[79] ongeldig maakt, nl. *het aan het huwelijk voorafgaand en blijvend onvermogen tot geslachtsgemeenschap, hetzij bij de man hetzij bij de vrouw, hetzij absoluut hetzij relatief*[80]. Vergelijken we deze omschrijving met die van *can.1068 § 1 CIC/17*[81], dan is er een belangrijke vooruitgang geboekt. Volgens het Decreet van de Congregatie voor de Geloofsleer van 13 mei 1977[82] maakt alléén de aan het huwelijk voorafgaande onmogelijkheid om met deze concrete huwelijkspartner geslachtsgemeenschap te hebben het huwelijk ongeldig, tenminste als dit onvermogen ongeneeslijk is[83]. Tot in recente tijd hing de

[77] **H.Zapp**, a.w., p.117.

[78] Voor de uitvoerige discussie binnen de werkgroep voor het huwelijksschema zie *COMM.* 6(1974)177-198 en 7(1975)52-56; **R.Torfs**, *Huwelijk, dl.III*, pp.529-531.

[79] Veruit het merendeel van de consultatie-organen gaf aan deze zegswijze de voorkeur boven het *ipso iure naturae*, d.i. krachtens het natuurrecht. *COMM.* 9(1977)361. Hiermee kwam een einde aan het feit, dat de hoogste kerkelijke instanties een uiteenlopend antwoord gaven op de vraag wat in dit beletsel natuurrechtelijk is en wat niet. Tegen de opvatting van de Romeinse Rota in heeft het H.Officie (thans Congregatie voor de Geloofsleer) meer dan eens beslist, dat een man een huwelijk zou kunnen sluiten, ook al waren de zaadleiders onherstelbaar afgebonden. Vgl.**H.Zapp**, a.w., pp.135-136 noot 5.

[80] Zie *NDP*, pp.365-368, waar in het kort de vóórgeschiedenis van deze bepaling wordt weergegeven.

[81] *Can.1068 § 1*: "Voorafgaande en blijvende impotentie, hetzij van de kant van de man hetzij van de kant van de vrouw, hetzij aan de andere bekend hetzij niet, hetzij absoluut hetzij relatief, maakt het huwelijk krachtens het natuurrecht zelf ongeldig".

[82] *AAS* 69(1977)426.

[83] Zou deze impotentie alleen met een *buitengewone* medische ingreep verholpen kunnen worden, dan wordt zij als ongeneeslijk beschouwd; ook een operatie, die ernstig levensgevaar meebrengt of die nog maar zelden werd toegepast, ongewoon kostbaar is en wei-

Romeinse Rota de zgn. gemengde theorie aan in haar uitspraken, d.w.z. niet het onvermogen tot geslachtsgemeenschap en evenmin het onvermogen tot voortplanting waren uitgangspunt, maar zij verlangde van de man het vermogen tot voortplanting in die zin dat hij in staat moest zijn tot erectie en ejaculatie van door de testikels geproduceerd 'zaad', ook al is het niet vruchtbaar (meer); de vrouw hoefde alleen in staat te zijn tot de geslachtsgemeenschap d.w.z. haar schede moest in staat zijn het mannelijk lid op te nemen. De vooruitgang van de nieuwe Codex bestaat dus hierin, dat aan deze 'halfslachtige' theorie een definitief einde is gekomen en dat uitsluitend het vermogen tot geslachtsgemeenschap *(coitus)* volstaat[84]. Belangrijker is echter de vraag of in het licht van de begripsbepaling van **can.1055 § 1** zelfs dit vermogen tot geslachtsgemeenschap niet teveel gevraagd is, omdat ook een huwelijk van impotenten "tot welzijn van de echtgenoten" zou kunnen strekken[85].

Zou deze impotentie alleen bestaan tegenover de huwelijkspartner of enkele anderen, dan spreken we van relatieve impotentie, maar zo zij tegenover iedereen bestaat van absolute. Daarbij doet het er niet toe of men vóór het huwelijk op de hoogte was van impotentie. Het zou echter kunnen zijn dat er bedrog in het spel is. In dat geval kan **can.1098** van toepassing zijn.

Het heeft weinig zin gedetailleerd in te gaan op de vraag, wanneer een man of een vrouw canoniek, hetzij fysiek hetzij functioneel, impotent wordt geacht[86]. Mede dáárom, omdat er in voorkomende gevallen steeds een nietigverklaringsprocedure in gang moet worden gezet om na te gaan of er sprake is van een zodanige impotentie dat het huwelijk nietig kan worden verklaard of dat er mogelijk aanleiding is voor een procedure tot ontbinding van het huwelijk op grond van non-consummatie (zie **can.1142**). Om diezelfde reden zwijgen we hier ook over de implicaties van *homofilie*, die geen geformaliseerd huwelijksbeletsel is en evenmin een geformaliseerde grond voor nietigverklaring van een huwelijk[87].

nig kans van slagen biedt, is voor het canonieke recht als 'buitengewoon' aan te merken: **L.F.Daneels**, a.w., p.22.

[84] Lees *NDP*, pp.369-372 over de tegenstellingen binnen de Romeinse Curie. De vooruitgang in de **Codex/83** bestaat er dus in dat de in *can.1068 CIC/17* niet nader gespecificeerde impotentie in **can.1084 § 1** de specificatie *coeundi* krijgt.

[85] Zie hiervoor **H.Zapp**, a.w., pp.118-120; **Heimerl/Pree**, a.w., p.201.

[86] Zie bv. **L.F.Daneels**, a.w., pp.23-24.

[87] Zie o.a. **W.J.Tobin**, *Homosexuality and Marriage. A Canonical Evaluation of the Relationship of Homosexuality to the Validity of Marriage in the Light of Recent Rotal Jurisprudence* (Catholic Book Agency, Rome 1964).

Uit de formulering van **can.1084 § 1** volgt dat impotentie, die *na* de huwelijkssluiting ontstaat, bv. als gevolg van een ongeval of operatie, een huwelijk niet ongeldig maakt. Evenmin doen dat de diverse vormen van *tijdelijke* impotentie zoals phimosis (voorhuidsvernauwing) of niet-organische, d.i. functionele of psychische impotentie (vaginisme, frigiditeit), die (vaak althans) verholpen kunnen worden.

In alle gevallen, waarin het bestaan van echte impotentie wordt geconstateerd, is dispensatie uitgesloten omdat het bij het vermogen tot geslachtsgemeenschap gaat om iets dat *krachtens zijn aard*[88] tot het wezen van het huwelijk hoort. Wie echter impotent is en te goeder trouw een huwelijk sluit zonder te weten dat dit daarom ongeldig is, moet te goeder trouw gelaten worden, als beiden bij elkaar willen blijven.

2.2. *Morele impotentie*

P.Huizing[89] heeft het voorstel gedaan een nieuw soort beletsel in te voeren, nl. van *morele impotentie*. Deze term heeft in de Nederlandse huwelijksjurisprudentie een tijdlang opgeld gedaan. De Apostolische Signatuur te Rome wees bij schrijven van 30 december 1971 het gebruik van deze term af omdat hij inderdaad teveel riekte naar de invoering van een nieuw beletsel. Het bezwaar daartegen zou kunnen worden ondervangen door te spreken van "onbekwaamheid om de huwelijksverplichtingen op zich te nemen" of van "onbekwaamheid het object van de huwelijkstoestemming te realiseren". Daarin werkt de existentiële visie op het huwelijk (een *persoonlijke* levensgemeenschap) van Vaticanum II door. Van een dergelijke onbekwaamheid is bij wijze van voorbeeld sprake in geval van nymphomanie, die het een vrouw moreel (dus niet: fysiek!) onmogelijk maakt de huwelijkstrouw te vervullen; voor een man (satyriasis) zou hetzelfde kunnen gelden. Feit is, dat op genoemde gronden van onbekwaamheid huwelijken veelvuldig nietig worden verklaard (zie **can.1095 nn.2** en **3**).

2.3. *Wat te doen bij twijfelachtige impotentie?*

Can.1084 § 2 is duidelijk over impotentie, die twijfelachtig is: *bij twijfel over de vraag of de aanwezig geachte impotentie wel valt onder*

[88] Ook hier blijkt dat de beletselen de huwelijksvisie van de *Codex/17* continueren. De existentiële visie van Vaticanum II en van **can.1055 § 1** op het huwelijk, gezien als een *persoonlijke levensgemeenschap* werken niet door. Het begrip *'natura sua'* zou daarom dienen te verdwijnen.

[89] *Katholieke Kerk en Huwelijksorde* – in: *Bijdragen* 27 (1966)386-387.

de termen van het canonieke recht of over de vraag of feitelijk wel impotentie aanwezig is, mag het risico van een ongeldig huwelijk worden gelopen, d.w.z. mag een voorgenomen huwelijk niet worden tegengehouden, maar mag evenmin, zolang de twijfel duurt, een huwelijk ongeldig worden verklaard.

Deze laatste clausule is toegevoegd aan de corresponderende *can.1068 § 2 CIC/17*, en wel hierom: het zou ongepast zijn wanneer dezelfde huwelijken, waarvan de Kerk de sluiting niet verbiedt, toch, eenmaal gesloten, ongeldig zouden kunnen worden verklaard[90]. Toch vond deze nietigverklaring door de Romeinse Rota plaats, terwijl diverse andere departementen van de Romeinse Curie meenden dat dit niet kon. Aan deze discrepantie is door deze clausule dus een einde gekomen. Een commentator[91] merkt nog op dat zielzorgers in grensgevallen, bv. bij de beoordeling van de coïtus-bekwaamheid van degene(n), die aan een dwarslaesie lijden, contact opnemen met het bisdom; niet duidelijk is echter waarom dit zou moeten.

2.4. Steriliteit en impotentie zijn niet identiek

Gezien de nieuwe inhoudsomschrijving van impotentie in **can.1084 § 1** lijkt de bepaling van **§ 3** dat onvruchtbaarheid (steriliteit) een huwelijk niet ongeldig en ongeoorloofd maakt overbodig. Dat geldt niet voor de aan deze paragraaf toegevoegde verwijzing naar **can.1098**. Daarmee wil gezegd zijn dat steriliteit, die frauduleus verzwegen is om op die manier tot een huwelijk te komen, de weg kan openen naar een nietigverklaring van het huwelijk. Steriliteit is er immers op aangelegd om de huwelijksgemeenschap ernstig te belasten[92].

3. BESTAANDE HUWELIJKSBAND (LIGAMEN)

Met **can.1085 § 1**, die woordelijk *can.1069 § 1 CIC/17* overneemt met uitzondering van de slotwoorden “behoudens het geloofsprivilege”[93], wordt iedere vorm van *simultane* polygamie uitgesloten: “*Wie*

[90] Zie *COMM.* 3(1971)74.

[91] **H.J.F.Reinhardt**, a.w., p.74.

[92] Leden van enkele Afrikaanse BC’s hebben ernstige kritiek op deze norm, omdat zij onvoldoende rekening houdt met de problematiek in Afrika waar steriliteit een huwelijk praktisch ongeldig maakt gezien de onschatbare en onvervangbare waarde, die wordt toegekend aan een *vruchtbaar* huwelijk: niet enkel frauduleus verzwegen steriliteit, maar steriliteit als zodanig is een groot probleem.

[93] Met een krappe meerderheid binnen de verantwoordelijke werkgroep zijn deze woorden uiteindelijk geschrapt omdat zij tè uitsluitend betrokken waren op de huwelijksont-

door de band van een vorig huwelijk gebonden is, ook al is het niet voltrokken, waagt ongeldig een huwelijk" en (§ **2**): *"Al is een vorig huwelijk nietig of om welke reden ook ontbonden, toch is het niet toegestaan een ander huwelijk te sluiten, vóórdat de nietigheid of ontbinding van het vorige wettig en zeker vaststaat"*. Canoniekrechtelijk kan een eerdere verbintenis ontbonden worden door de dood (al of niet na een *kerkelijke* verklaring van vermoedelijk overlijden na vermissing) of ontbinding op grond van non-consummatie, c.q. niet-sacramentaliteit van de verbintenis *ten gunste van het geloof,* of geen bestaansrecht meer hebben ten gevolge van een nietigverklaring zo vaak deze factoren via aantekeningen in het doopregister of anderszins aantoonbaar zijn. Ook *art.1:* 33 van het *(Nederlandse) BW* sluit simultane polygamie uit: "De man kan tegelijkertijd slechts met één vrouw, de vrouw slechts met één man door het huwelijk verbonden zijn".

Wat de *successieve polygamie* betreft zijn er echter grote verschillen tussen het canonieke en civiele recht. Vooreerst t.a.v. de mogelijkheid tot scheiding (waarover later meer); vervolgens ook m.b.t. de juridische waardering van langdurige afwezigheid en onvindbaarheid van één der partners. **Can.1707** stelt eigen regels op voor het geval het overlijden van één van de partners niet door een authentiek kerkelijk of burgerlijk document bewezen kan worden: dan is een door de diocesane Bisschop afgegeven verklaring van vermoedelijk overlijden noodzakelijk (§ **1**); deze kan hij pas afgeven als hij, na gedaan onderzoek, "op grond van getuigenverklaringen, van de algemene opinie of van aanwijzingen morele zekerheid" betreffende het overlijden gekregen heeft; afwezigheid alleen volstaat dus niet (§ **2**); in onzekere en ingewikkelde gevallen dient de Bisschop de Apostolische Stoel te raadplegen (§ **3**). In tijden van oorlog zal vaak van deze bepalingen gebruik worden gemaakt. *Art.1: 413* van het *(nederlandse) BW* stelt een rechtsvermoeden van overlijden op, wanneer er vijf jaar verlopen zijn sedert het vertrek van de vermiste of sedert de laatste tijding van leven (*lid 2a*). Deze termijn kan worden verkort tot drie jaar, wanneer de betrokkene vermist wordt in verband met oorlogsomstandigheden, een natuur- of andere ramp (*lid 2b*) en zelfs tot een jaar, wanneer de betrokkene heeft behoord tot de opvarenden van een schip waarvan gedurende die tijd geen berichten

binding op grond van het paulijns privilege, waarbij het eerdere huwelijk pas ontbonden wordt op het moment van sluiting van het volgende; zólang blijft de huwelijksband dus nog bestaan. Maar bij de huwelijksontbindingen "ten gunste van het geloof" op gezag van de Paus heeft die ontbinding plaats op het moment van zijn uitspraak en is er vanaf dat moment bij een positieve beslissing dus geen huwelijksband meer.

zijn binnengekomen of vermist is tengevolge van een noodlottige gebeurtenis aan een schip of een deel van de opvarenden overkomen (geldt ook voor een luchtvaartuig) (*lid 2c*). Óverlegging van een verklaring van rechtsvermoeden van overlijden is volgens *art.424* voor de achtergeblevene niet voldoende om een nieuw huwelijk aan te gaan; daartoe is bovendien een door de rechtbank op verzoek verleend verlof nodig.

In *België* werkt men onder deze omstandigheden met de zogenaamde "verklaring van afwezigheid". Deze materie wordt geregeld door de *artikelen 112 tot 142* van het *Belg.BW*.

Terwijl kerkrechtelijk na ontbinding en na nietigverklaring van een vorig huwelijk[94] onmiddellijk een nieuw huwelijk mag worden gesloten, moet volgens *art.1: 34* van het *(Nederlandse) BW* een vrouw, wier huwelijk door de dood ontbonden is, 306 dagen wachten alvorens een nieuw huwelijk te sluiten (*lid 1*); niet echter, als de vrouw al 52 jaar (of ouder) is of na de dood van haar man een kind ter wereld heeft gebracht of ten minste dertig dagen na de dood van haar man een verklaring van een bij *AMvB* aangewezen deskundige óverlegt, dat zij op enig tijdstip na zijn dood niet zwanger was of wanneer zij en haar overleden man gescheiden waren van tafel en bed of gedurende de laatste 306 dagen van het huwelijk gescheiden hebben geleefd (*lid 2*).

Zoals we later zullen zien, zijn niet-katholieke gedoopte christenen niet gebonden aan de canonieke huwelijkssluitingsvorm. Zij sluiten bij gebleken huwelijksgeschiktheid en bij een toereikende huwelijkstoestemming altijd een geldig en door de R.K.Kerk erkend huwelijk. Ook dan, als zij dit alléén voor de ambtenaar van de burgerlijke stand sluiten (een eventueel daarop volgend kerkelijk huwelijk is *juridisch* niet relevant!). Wanneer zij na echtscheiding een tweede huwelijk sluiten, dan is dit naar canoniek recht een ongeldig huwelijk, (tenzij het eerste huwelijk canoniek ongeldig was), want de (echtscheidings)uitspraak van de civiele rechtbank is canoniekrechtelijk irrelevant. Ditzelfde geldt voor zgn. halfchristelijke huwelijken (van een niet-katholiek gedoopte met een ongedoopte) of voor niet-christelijke huwelijken (van twee ongedoopten). Een probleem doet zich pas voor, als een katholieke christen wil trouwen met een partner uit een half- of niet-christelijk huwelijk, dat door burgerlijke echtscheiding ontbonden is. Voor het bestaan van dit

[94] De **Codex/83** spreekt niet meer zoals de *CIC/17* in *can. 1987* ("Na de tweede sententie, die de huwelijksnietigheid bevestigd heeft..., hebben de echtgenoten het recht tien dagen na de aankondiging van de sententie een nieuw huwelijk te sluiten") over tien dagen wachttijd na nietigverklaring.

beletsel van bestaande huwelijksband is alleen het objectieve gegeven, niet de subjectieve opvatting van belang.

Opnieuw gehuwde gescheidenen, wier vorige huwelijk niet door de Kerk nietigverklaard of ontbonden is, leven in een door de Kerk niet erkend huwelijk; een gegeven dat zich bij het toenemend aantal echtscheidingen frequent voordoet. In de **Codex/83** zijn weliswaar alle strafsancties tegen zgn.bigamisten (zie *CIC/17 de cc. 984 n.4, 985 n.3, 1075 n.1 en 2356*) opgeheven; niettemin worden zij als publieke zondaars beschouwd. Op de vraag of zij toegelaten kunnen, c.q. mogen worden tot de sacramenten, m.n. de eucharistie, is al uitvoerig ingegaan bij de behandeling van dit laatste sacrament[95].

4. GEMENGD HUWELIJK (DISPARITAS CULTUS = VERSCHIL VAN EREDIENST)

Voor een goed begrip van dit beletsel is het nodig dit te plaatsen in het bredere kader van alle discussies over het (confessioneel) gemengde huwelijk in het midden van de 60-er jaren rond de bepalingen hierover in het oude Wetboek. Hierin vormde het (confessioneel) gemengde huwelijk een deels ongeoorloofdmakend (verbiedend) beletsel, wanneer het gesloten werd tussen twee gedoopten (een katholiek- en een niet-katholiek gedoopte); zij *mochten* niet zonder dispensatie van het beletsel trouwen: *cc.1060-1064 CIC/17*; deden zij dit toch, dan was het huwelijk, mits in de vereiste vorm gesloten, wel geldig; deels was het een ongeldigmakend beletsel, nl. wanneer het gesloten werd tussen een (katholiek) gedoopte en een ongedoopte: zij *konden* zonder dispensatie niet met elkaar trouwen: *cc.1070-1071 CIC/17*; deden zij het toch, dan was het huwelijk ongeldig en dus ook ongeoorloofd.

Al heel lang bestond er in rooms-katholieke en reformatorische kringen ontevredenheid over deze canoniekrechtelijke regelingen. Vaticanum II wekte hoop op verandering. In 1966 kwam de Instr.*Matrimonii sacramentum* van de Congregatie voor de Geloofsleer uit. Zij betekende een bescheiden poging om tegemoet te komen aan de bestaande bezwaren, maar riep niettemin ontelbare, merendeels negatieve reacties op. Tegen die achtergrond heeft de eerste algemene vergadering van de Bisschoppensynode in 1967 uitvoerig gediscussiëerd over de problematiek

[95] Zie Hoofdstuk VI, Sacrament van de Eucharistie, art.I 2, 1c. Bovendien legt Paus **Joannes Paulus II** in zijn Apost. Exh. *Familiaris consortio* n.84 alle zielzorgers de plicht op af te zien van alle plechtigheden van welke aard, om welk motief en om welke pastorale reden dan ook.

rond het gemengde huwelijk aan de hand van een achttal vragen[96]. De neerslag van deze besprekingen kwam terecht in het MP *Matrimonia mixta*(1970) van Paus Paulus VI[97].

Na het verschijnen van dit MP werd in Nederland een *Gemeenschappelijke Verklaring* van de Nederlands-Hervormde Kerk, de Gereformeerde Kerken in Nederland, de Evangelisch-Lutherse Kerk in het Koninkrijk der Nederlanden en de Rooms-katholieke Kerk uitgegeven over het gemengde huwelijk[98]. Daarna verscheen een *Toelichting* op deze Verklaring en op het MP *Matrimonia mixta* van de Nederlandse Bisschoppen[99], waarin nadere richtlijnen worden gegeven aan de pastores.

Als *beletsel* van gemengd huwelijk bestaat sindsdien alleen nog wat **can.1086 § 1** aldus omschrijft: "*Het huwelijk tussen twee personen, van wie de ene gedoopt is in de katholieke Kerk of in haar is opgenomen en haar niet bij formele act verlaten heeft, en van wie de andere niet gedoopt is, is ongeldig*"[100]. Vergeleken met de omschrijving in de oude wetgeving, is thans déze clausule nieuw: "haar (d.i. de Kerk) niet bij formele act verlaten heeft". Er wordt niet over *geloofs*afval gesproken, maar over "afval" van de R.K.Kerk. Niet duidelijk is, wanneer we hiervan moeten spreken. Vervreemding van de Kerk volstaat als zodanig niet, ook niet dan per se als men de aanduiding 'r.k.' uit de registers van de burgerlijke stand laat schrappen, de religieuze praktijken achterwege laat of er een slechte christelijke levenswandel op nahoudt; wèl als

[96] *KA* 22(1967)1182-1187; 1230; 1252-1253. In februari 1968 publiceerden de Nederlandse Bisschoppen een brief, waarin zij ingaan op enkele bezwaren, die ingebracht zouden kunnen worden door niet-katholieken (tegen de af te leggen belofte of de huwelijkssluitingsvorm), en waarin zij bereid zijn in te stemmen met het verzoek van de niet-katholieke partner om te mogen communiceren in de huwelijksviering met eucharistie: *An.Utr.* 41(1968)75-77; *An.Ha.* 15(1968)33; *An.Rmd.* 49(1968)57-58 (op pp.59-61 staat het advies van het Pastoraal Beraad der Kerken in Noord-Brabant over gezamenlijke kerkelijke sluiting en inzegening van een gemengd huwelijk; ook in *An.Br.* 1968 onder de letter H); *An.Ro.* 13(1968)61-62.

[97] De werkgroep voor het huwelijksschema heeft in zijn bijeenkomsten van 1973 omstandig gedelibereerd over de herziening van het canonieke recht inzake gemengde huwelijken in het licht van dit MP: *COMM.* 5(1973)71-72; 8(1976)62-66; 9(1977) 353-359. Tekst en vertaling van het *MP* ook in o.a. *An.Utr.* 44 (1971)401-411.

[98] Zie *AK* 25(1970)279-283; *An.Gr.Bd.IV*(1971-1974)42-57; *An.Rmd.* 52(1971)71-86; *An.Utr.* 44(1971)412-421.

[99] *AK* 26(1971)582-586.

[100] In Latijnse termen werd dit beletsel kortweg *disparitas cultus* genoemd, een term die we in déze canon niet tegenkomen, maar alleen nog in **can.1129**. – Op de vraag, wie als "in de katholieke Kerk gedoopt" geldt, is de intentie van de dopeling (volwassene), van hen die zorg dragen voor de dopeling of van de bedienaar (zie **cc.865** en **867**) doorslaggevend.

iemand uitdrukkelijk en publiek met de Kerk gebroken heeft, bv. door zijn (haar) naam te laten schrappen in de doopregisters of door publieke afwijzing van eigen Kerk t.o.v. een kerkelijke instantie (bv. de pastoor), het parlement, twee getuigen of door daar publiek uiting aan te geven in een modern communicatiemedium (krant, radio of televisie) of door over te gaan naar een andere Kerk of kerkelijke gemeenschap. Wie zich op die manier gedistanciëerd heeft van de Kerk, waarin men gedoopt is, is niet meer gebonden aan dit beletsel zodat hij/zij zonder dispensatie een geldig huwelijk kan sluiten[101].

Wanneer een partij ten tijde van de huwelijkssluiting algemeen als gedoopt beschouwd werd of haar doopsel in twijfel werd getrokken, moet volgens het beginsel van **can.1060** de geldigheid van het huwelijk worden gepresumeerd tot het zekere bewijs geleverd is dat de ene partij gedoopt en de andere niet gedoopt is (**can.1086 § 3**).

Van dit beletsel, dat van kerkrechtelijke aard is[102], kan worden gedispenseerd en wordt feitelijk veelvuldig gedispenseerd, mits voldaan is aan bepaalde voorwaarden, die verderop ter sprake zullen komen in een afzonderlijk artikel over "gemengde huwelijken" in het algemeen, m.n. de **cc.1125** en **1126**, waarnaar in **can.1086 § 2** verwezen wordt, en **can.1127.** De dispensatie-aanvrage, waarvoor voorgedrukte formulieren bestaan[103], moet gericht worden tot het bisdom of het officialaat, vergezeld van de Verklaring voor de huwelijkssluiting en van het doopbewijs van de katholieke partner.

5. WIJDING (ORDO)[104]

Dit huwelijksbeletsel is ontstaan uit het gewoonterecht: wie eenmaal gehuwd was, zag na een wijding af van de geslachtsgemeenschap; wie

[101] Vgl. **N.Ruf**, a.w., pp.258-259.

[102] Veelvuldig wordt echter staande gehouden, dat zo'n huwelijk ook krachtens goddelijk recht verboden is, als er een reëel naaste gevaar bestaat voor de katholieke partner zijn geloof te verliezen of als de katholieke partij niet van plan is naar vermogen de kinderen christelijk te laten dopen en opvoeden. Dan is dispensatie zelfs niet mogelijk. Zijn genoemde gevaren er niet, dan is het huwelijk weliswaar niet krachtens godddelijk recht verboden, maar blijft het *kerkelijk* verbod, dat gebaseerd is op de presumptie van een altijd aanwezig gevaar voor geloofsafval enz. Om aan dit verbod te ontkomen is verlof nodig van de plaatselijke Ordinaris: *NDP*, p.458.

[103] Besteladres achterin.

[104] Literatuur: **M.Boelens**, *Die Klerikerehe in der Gesetzgebung der Kirche. Eine rechtsgeschichtliche Untersuchung* (Paderborn 1968); **A.Franzen**, *Zölibat und Priesterehe in der Auseinandersetzung der Reformationszeit und der katholischen Reform des 16.Jahrhundert* (Münster 1969); **R.Gryson**, *Les origines du célibat ecclésiastique du premier au septième siècle* (Gembloux 1970); **W.Leinweber**, *Der Streit um den Zölibat im 19.Jahrhundert* (Münster 1978).

nog ongehuwd was en gewijd wilde worden, werd van het aangaan van een huwelijk uitgesloten. De eerste uitdrukkelijke particulierrechtelijke bepalingen over de celibaatsplicht stammen van het concilie van Elvira (rond 300) in Spanje en golden voor bisschoppen, priesters en diakens (can.33). Volgens het Concilie van Carthago in 446 vielen ook de subdiakens daaronder. Vanaf Paus **Gregorius de Grote** (gest. in 604) werd de celibaatsplicht een algemeen, voor heel de Kerk geldend voorschrift, maar pas op het Tweede Lateraans Concilie van 1139 werd de hogere wijding, waartoe toen ook het subdiaconaat gerekend werd, een ongeldigmakend huwelijksbeletsel. Sedert de afschaffing van het subdiaconaat(1972) geldt het beletsel nu nog alleen voor (bisschoppen), priesters en diakens **(can.1009)**. Vandaar luidt **can.1087** aldus: *"Wie heilige wijdingen ontvangen hebben, wagen ongeldig een huwelijk"*.

In eerste instantie werd binnen de werkgroep het voorstel gedaan dit beletsel ook te laten gelden voor gehuwde diakens[105], die weduwnaar geworden zijn. Maar toen het *Schema/75* werd rondgestuurd ter consultatie, bleken zeer vele consultatie-organen het daarmee niet eens, omdat men dit onbillijk vond tegenover hen, die juist niet voor het celibaat gekozen hebben en ook omdat een nieuw huwelijk heel vaak de beste oplossing biedt voor de opvoeding van eventuele kinderen. Vandaar werd in 1977 binnen de werkgroep unaniem besloten tot deze nieuwe formulering : "Diakens, die als gehuwden een wijding ontvangen, zijn niet gebonden aan het in paragraaf 1 genoemde beletsel"[106]. Op de laatste plenaire vergadering van de Codexherzieningscommissie in 1981 is deze toevoeging opnieuw uitvoerig besproken, omdat zij volgens sommigen ingaat tegen een duizendjarige kerkelijke traditie, welke volgens enkele zelfs van apostolische oorsprong is; bovendien zouden de oecumenische betrekkingen met de oosters-orthodoxe Kerken, waarin deze ontheffingsbepaling voor diaken-weduwnaars niet bestaat, geschaad worden. Maar het Commissiesecretariaat wilde deze aanvulling op de bestaande bepaling handhaven a) op verzoek van vele BC's en andere consultatie-organen, b) omdat de in 1977 genoemde motieven daarvoor pleiten, c) omdat ook de Oosters-orthodoxe Kerken deze norm aanvaarden en d) omdat er geen grond is te spreken van de apostolische oorsprong van dit beletsel[107]. Om deze redenen werd in het *Schema/82* de al

[105] Zie *COMM*. 3(1971)74): de thans bestaande tekst kreeg er een paragraaf bij van deze inhoud: "Ook diakens, die gehuwd zijn geweest...zijn niet bekwaam voor een nieuwe huwelijkssluiting".

[106] Zie *COMM*. 9(1977)365.

[107] Zie *Relatio/1981*, p.253.

in 1977 opgestelde tweede paragraaf overgenomen, maar uiteindelijk is zij in de definitieve redactie weer geschrapt om motieven, die (officiëel) niet bekend zijn[108].

Omdat het wijdingsbeletsel van zuiver kerkrechtelijke aard is, kan er in gedispenseerd worden. Opmerkelijk is dat dit vanaf de 60-er jaren op ruime schaal gebeurd is, ook waar het om dispensatie voor priesters ging (voor diakens werd zij altijd al vrij gemakkelijk gegeven). Even opmerkelijk is dat de Apostolische Stoel deze dispensatie aan zich reserveert met als enige uitzondering **can.1079 § 2**: in stervensgevaar kan bij niet-bereikbaarheid van de plaatselijke Ordinaris o.a. de pastoor dispenseren van het beletsel van de diaconaatswijding.

De ontheffingsprocedure voor de celibaatsverplichting van priesters en diakens werd voor het eerst in het geheim (sic!) meegedeeld aan de plaatselijke Ordinarissen (voor seculieren) en aan de Algemeen Oversten (voor religieuzen)[109]. Hierop volgde in 1971 een nieuw rondzendschrijven met normen van de Congregatie voor de Geloofsleer[110]; een nadere interpretatie van sommige bepalingen uit het vorig document werd door dezelfde Congregatie in 1972 uitgegeven[111].

Het relatieve gemak echter waarmee priesters tot dan toe ontheffing van de celibaatsverplichting konden krijgen is in het tegendeel verkeerd sinds genoemde Congregatie in 1980 de nieuwste normen voor de procedure inzake een dispensatie-aanvrage tot ontheffing van het celibaat publiceerde[112].

6. PUBLIEKE EEUWIGE GELOFTE (VOTUM PUBLICUM PERPETUUM)

Al in het vroegste stadium van de Codexherziening deed de betreffende werkgroep het voorstel, dat nu in **can.1088** aldus geformuleerd wordt: "*Wie gebonden zijn door een publieke gelofte van kuisheid, voor het leven afgelegd in een religieus instituut, wagen ongeldig een*

[108] **L.F.Daneels**, a.w., p.26 veronderstelt dat diaken-weduwnaars in voorkomende gevallen vrij vlot dispensatie van de Apostolische Stoel zullen krijgen.

[109] Rondzendschrijven en normen voor het gereedmaken van rechtszaken betreffende de wijding en haar verplichtingen van de Congregatie van het H.Officie (thans: van de Geloofsleer) uit 1964; tekst o.a. in **X.Ochoa**, a.w., *vol.III* n.3162.

[110] Van 13 januari 1971: *AAS* 63(1971)303-308 en 309-312.

[111] Van 26 juni 1972 stamt deze *Verklaring*: *AAS* 64(1972) 641-643; *AK* 28(1973)86-88; m.n. wordt hier ingegaan op het probleem van het kunnen-blijven-functioneren van betrokkenen.

[112] *AAS* 72(1980)1132-1137; *AK* 36(1981)239-243 en "gestroomlijnde" Analecta 1981 van de betreffende bisdommen pp. W1-W6.

huwelijk" [113]. Publiek is volgens **can.1192 § 1** een gelofte als zij in naam van de Kerk door een wettige Overste aanvaard wordt. Onder 'religieus instituut'[114] is volgens **can.607 § 2** te verstaan: "een georganiseerde gemeenschap waarin de leden volgens het eigen recht publieke geloften voor het leven afleggen of tijdelijke geloften, die echter na het verstrijken van de tijd hernieuwd moeten worden, en waarin zij een broederlijk leven in gemeenschap leiden". Niet deze tijdelijke, maar alleen de eeuwige gelofte is een huwelijksbeletsel; evenmin vallen private geloften of beloften van kuisheid in een seculier instituut **(cc.710-730)** of in een sociëteit van apostolisch leven **(cc. 731-746)** of de bindingen, die eremieten of anachoreten **(can. 603)** aangaan, onder de termen van het beletsel[115].

Dispensatie is mogelijk, maar voorbehouden aan de Paus, als het gaat om een religieus instituut *van pauselijk recht* **(can.1078 § 2 n.1)**, behalve in stervensgevaar **(can.1079)**. Het gaat hier immers ook om een beletsel van zuiver kerkelijk recht. Gaat het om een lid van een religieus instituut van diocesaan recht, dan kan de diocesane Bisschop dispenseren. Heeft iemand "andere gewijde bindingen" (vgl.**can.712**) op zich genomen, dan geldt het beletsel niet. Wat voor het geldig aangaan van een huwelijk nodig is, is alleen dispensatie van de geloften, te geven door de plaatselijke Ordinaris.

Wie als lid van een religieus instituut een huwelijk gesloten heeft, al was het alleen maar een poging tot een zuiver burgerlijk huwelijk, moet volgens **can.694 § 1 n.2** zonder meer als uit het instituut ontslagen beschouwd worden en als irregulier met het oog op het ontvangen van wijdingen, wanneer hij/zij een, ook louter burgerlijk, huwelijk gewaagd heeft niettegenstaande een publieke gelofte van kuisheid of door te trouwen met iemand, die door eenzelfde gelofte gebonden is **(can.1041 n.3)**[116].

7. SCHAKING OF GIJZELING (VRIJHEIDSBEROVING) (RAPTUS)

Ontvoert of gijzelt een man een vrouw *om met haar te trouwen*, dan kan er geen geldig huwelijk tussen beide tot stand komen zolang de

[113] Vgl.*COMM.* 3(1971)75.

[114] Het onderscheid tussen Orden en Congregaties is opgeheven. Het samenvattend begrip daarvoor is thans: het religieus instituut.

[115] Wie vóór 27 november 1983 (toen trad de nieuwe Codex in werking) geloften heeft afgelegd, is nog gebonden aan *can. 1073 CIC/17*: "Religieuzen, die *plechtige* geloften hebben afgelegd of *eenvoudige* geloften, waaraan krachtens speciaal voorschrift van de Apostolische Stoel een ongeldigmakende kracht verbonden is, kunnen niet geldig trouwen".

[116] **H.Zapp**, a.w., p.128.

vrouw in de macht blijft van de man. Pas als zij vrij is, van haar ontvoerder of gijzelnemer gescheiden en zij vrijwillig voor een huwelijk met hem kiest, is dat mogelijk **(can.1089)**. Er is in de herzieningsfase wel overwogen om dit beletsel ook te laten gelden voor een vrouw, die een man ontvoert met het oog op een huwelijk, maar dit werd door de consultoren afgewezen omdat het geval van ontvoering i*n het algemeen*(sic!) alleen betrekking heeft op vrouwen[117]. Zo is eveneens overwogen het beletsel als "uit de tijd" af te schaffen, ook al omdat de vrijheid om een huwelijk te sluiten voldoende beschermd wordt door de normen over dwang en vreesaanjaging **(can.1103)**. Bijna alle consultoren waren echter van mening dat ook vandaag de dag de gevallen niet zeldzaam zijn, waarin vooral meisjes de huwelijkstoestemming geven, terwijl zij tegen of buiten haar wil om in een staat van onderwerping verkeren[118]. De daad van vrijheidsberoving valt ook onder de delicten, die in **can.1397** worden genoemd. Dispensatie is in de regel niet nodig omdat het beletsel ophoudt zodra de vrouw in vrijheid gesteld is en in vrijheid beslissen kan.

8. MISDAAD (CRIMEN)

In tegenstelling tot de *Codex/17*, die onder dit beletsel ook echtbreuk met de belofte om te trouwen verstaat, zodra dat mogelijk is, of een poging tot een (burgerlijk en/of kerkelijk) huwelijk, staande het wettige huwelijk, rekent, heeft de **Codex/83** zich in **can.1090 §§ 1** en **2** beperkt tot deze twee gevallen: "*Wie met de bedoeling in het huwelijk te treden met een bepaald persoon, diens huwelijkspartner of de eigen huwelijkspartner gedood heeft, waagt ongeldig dit huwelijk*" en "*Ook zij wagen ongeldig met elkaar een huwelijk, die in onderlinge fysieke of morele samenwerking een huwelijkspartner gedood hebben*". In het eerste geval is het plan om te trouwen een strikt vereiste; in het tweede geval hoeft dat niet zo te zijn, wel echter medeplichtigheid aan de moord.

In de zeldzaam voorkomende gevallen is dispensatie wel mogelijk, maar voorbehouden aan de Apostolische Stoel **(can. 1078 § 2 n.2)**, behalve in stervensgevaar **(can.1079)** of noodsituatie **(can.1080)**. De Apostolische Stoel verleent de dispensatie niet als het beletsel openbaar is of dreigt te worden.

[117] Zie *COMM*. 9(1977)366.
[118] Vgl.*COMM*. 3(1971)75; 9(1977)366.

9. BLOEDVERWANTSCHAP (CONSANGUINITAS)

Bloedverwantschap is de natuurlijke band tussen twee of meer personen, die door geboorte uit eenzelfde stam voortkomen ofwel de een uit de ander, bv. (groot)ouders en (klein)kinderen, die elkaar bestaan in de *rechte lijn* of *linie*, ofwel samen teruggaan op een gemeenschappelijke stam bv. broers en zusters, neven en nichten, ooms en tantes, die elkaar bestaan in de *zijlijn* of *zijlinie*.

Bloedverwantschap is dus een *bloeds*-gemeenschap, maar deze biologische relatie is slechts één aspect, en niet het minst belangrijke omdat zij mede verantwoordelijk is voor een sterk of zwak nageslacht. Het feit dat meerdere personen haar oorsprong vinden in een gezamenlijke stam, doet ook een gemeenschap van leven, dus sociale relaties ontstaan; en deze conditioneren dikwijls ook een bepaald zedelijk gedrag[119]. Om al deze factoren veilig te stellen kan het noodzakelijk zijn aan de bloedverwantschap juridische sancties en garanties te verbinden. Dat gebeurt door er een huwelijksbeletsel van te maken.

De mate, waarin twee personen bloedverwant zijn, wordt uitgedrukt in *lijnen* en *graden*[120], stelt **can.108 § 1** vast. In de rechte lijn zijn er zoveel graden als generaties, d.i. als personen, de gemeenschappelijke voorouder niet meegerekend; in de zijlijn zijn er zoveel graden als personen in beide lijnen gezamenlijk, de gemeenschappelijke voorouder niet meegerekend **(can.108 §§ 2** en **3)**. Zo zijn moeder(vader) en kind bloedverwant in de eerste graad, grootvader (-moeder) en kleinkind in de tweede graad rechte lijn enz.; broer en zus in de tweede graad, oom en nicht in de derde en neef en nicht in de vierde graad zijlijn enz.[121].

Bloedverwantschap kan *wettig* of *natuurlijk* zijn al naargelang zij haar oorsprong heeft in een wettig huwelijk of in een buitenechtelijke relatie.

In de nieuwe wetgeving is een *huwelijk tussen bloedverwanten in de rechte lijn, zowel wettige als natuurlijke, altijd ongeldig* **(can.1091 § 1)**;

[119] We hoeven slechts te denken aan de talrijke incest-relaties binnen een gezin met al haar (vooral psychisch) schadelijke en soms onherstelbare gevolgen.

[120] De Romeinen stelden bloedverwantschap voor als een trap langs de treden (d.i.*gradus*) waarvan men op- en afstijgt. Al naargelang van de richting, die men gaat, wordt dan ook gesproken van de *opgaande* en *nederdalende* lijn.

[121] Althans volgens de Romeinse (Oosterse, Nederlandse) wijze van tellen, d.i. in de rechte lijn zoveel graden als er geboortes zijn; in de zijlijn zoveel graden als er geboortes zijn in beide reeksen van de lijn. Tot het verschijnen van de **Codex/83** gold in het canonieke recht nog steeds de Germaanse wijze van tellen, die – wat de zijlijn betreft – neerkwam op "zoveel graden als er geboortes zijn in één reeks van de lijn". Volgens de eerste manier van tellen zijn broer en zus bloedverwant in de tweede graad, neef en nicht in de vierde, tante en neef in de derde; volgens de tweede manier van tellen is dat succesievelijk: eerste, tweede en derde graad.

dus een huwelijk tussen ouder en kind, grootouder en kleinkind enz. *In de zijlijn is het huwelijk nietig tot en met de vierde graad* **(can.1091 § 2)**, d.i. tussen (half)broer en (half)zuster (tweede graad), tussen tante-oom en neef-nicht (derde graad), oudtante-oudoom en achterneef- achternicht (vierde graad), neef en nicht (vierde graad). Het doet er niet toe of we met wettige, d.i. uit een wettig huwelijk stammende, of natuurlijke, d.i. niet uit een wettig huwelijk stammende, bloedverwanten te maken hebben.

Het nieuwe recht kent geen verveelvoudiging van het beletsel meer **(can.1091 § 3)**, zoals die kan ontstaan uit huwelijken, waarvan de partners bloedverwant van elkaar zijn; bovendien heeft het de zesde graad bloedverwantschap van de zijlijn (achterneef en -nicht) afgeschaft.

Als motieven voor dit beletsel gelden: een zekere natuurlijke schroom tegenover naaste bloedverwanten en de bescherming van de moraliteit[122]. Het oudste, in de bronnen van het canonieke recht genoemde motief is: "spreiding van liefde en vriendschap"[123]. Dit was op het Vierde Lateraans Concilie (1215) het voornaamste motief om het huwelijk tot en met de zevende graad (volgens de Germaanse telling) te verbieden[124]. Historisch het laatste, maar in wezen belangrijkste is het *eugenetische* motief: het gevaar voor inteelt en een gebrekkig nageslacht.

De plaatselijke Ordinaris kan volgens **can.1078 § 1** dispenseren van dit beletsel, tenzij het over bloedverwantschap in de rechte lijn of de tweede graad zijlijn gaat **(can.1078 § 3)**, ook niet als er enige twijfel over deze graden bestaat **(can.1091 § 4)**[125].

De bepalingen van het canonieke en van het Nederlandse burgerlijke recht gaan wat betreft de reikwijdte van dit beletsel niet gelijk op, want het nieuwe *BW* bepaalt in *art.1: 41*: "Een huwelijk mag niet worden gesloten tussen hen, die elkander, hetzij van nature hetzij door adoptie, hetzij wettig hetzij onwettig, bestaan in de opgaande en in de nederdalende lijn of als broeder en zuster". Wat de zijlijn betreft heeft het *(Nederlandse)BW* dus de derde en vierde graad bloedverwantschap laten vallen.

[122] Dit laatste motief was het enige voor het verbod in het Oude Verbond (*Lev.* 18,16), waar huwelijken in de eerste en tweede graad rechte en in de tweede en derde graad zijlijn verboden werden.

[123] **Augustinus** zegt dat de gemeenschap van man en vrouw een *"seminarium quoddam charitatis"*, *"een zaaischool van de liefde"* is: *De civitate Dei* 15,16.

[124] Zie **H.Jedin**, *Conciliorum Oecumenicorum Decreta* (1962) n.50, p.233.

[125] **H.Zapp**, a.w., p.133 wijst er op dat de Apostolische Stoel zelfs dispensatie heeft verleend in het beletsel van de tweede graad zijlijn; feitelijk ging het over een halfbroer en halfzuster: zie **X.Ochoa**, a.w., *vol.V*, n.4488.

Het *Belgische* recht is in dit opzicht restrictiever: "Het huwelijk is verboden tussen alle bloedverwanten in de rechte opgaande en nederdalende lijn en de aanverwanten in dezelfde lijn *(BW 161)*. Het huwelijk is ook verboden tussen oom en nicht, tante en neef *(BW 163)*." Het huwelijksverbod tussen oom en nicht en tante en neef kan de Koning echter om gewichtige redenen opheffen (*art. 164 BW*). Het huwelijk is dus echter niet verboden tussen volle neef en volle nicht.

10. AANVERWANTSCHAP (AFFINITAS)

Het beletsel van aanverwantschap komt voort uit een *geldig* (eventueel onvoltooid of niet-voltrokken) huwelijk en bestaat volgens **can.109** *"tussen de man en de bloedverwanten van de vrouw en eveneens tussen de vrouw en de bloedverwanten van de man"* (**§ 1**) en *"ze wordt zó berekend dat de bloedverwanten van de man in dezelfde lijn en graad aanverwanten zijn van de vrouw, en omgekeerd*(**§ 2**). Als huwelijksbeletsel bestaat het canoniekrechtelijk volgens **can.1092** alleen nog *in de rechte lijn in elke graad*, bv. tussen schoonvader en schoondochter, schoonmoeder en schoonzoon, stiefvader en stiefdochter, d.i. een kind uit een vorig huwelijk van de (tweede) vrouw, stiefmoeder en stiefzoon. Dit is telkens een eerste graads-aanverwantschap. In de *Codex/17* gold het beletsel ook voor aanverwanten tot en met de vierde graad zijlijn; dus voor broer, zuster, oom, tante, neef en nicht[126]. Vanaf 27 november 1983, de dag waarop de nieuwe Codex van kracht werd, geldt dit dus niet meer; evenmin een verveelvoudiging van dit beletsel.

De motieven voor het bestaan van dit beletsel zijn voor een deel die van bloedverwantschap: eerbied voor de naaste verwanten van de echtgeno(o)t(e). Een typische achteraf-motivering is deze: in het huwelijk heeft een zodanige éénwording plaats dat man en vrouw alles met elkaar communiceren, dus ook de eigen bloedverwanten. Tegen de achtergrond van de opmerking dat een huwelijksbeletsel alleen om zwaarwegende motieven in mag grijpen in het in **can.1058** genoemde fundamentele recht op het huwelijk, kan men zich afvragen of handhaving van dit beletsel in deze omvang nog wel verdedigbaar is. Het nieuwe *Nederlandse BW* zou men consequenter kunnen noemen omdat het iedere vorm van aanverwantschap als huwelijksbeletsel heeft laten vallen.

[126] Alle consultoren van de werkgroep waren het er over eens te erkennen, dat het huwelijk tussen aanverwanten heel vaak de beste oplossing is voor eventuele kinderen uit een vorig huwelijk: *COMM*. 9(1977)368.

In *België* gelden nog wel beletselen op basis van aanverwantschap. Naast die, welke reeds werden aangehaald in de artikelen van het *BW* geciteerd bij de bloeverwantschap gelden hier ook nog de *artikelen 162 en 164 van het BW*. *Artikel 162 BW* luidt: "In de zijlijn is het huwelijk verboden tussen de broeder en zuster en de aanverwanten in dezelfde graad. Aanverwantschap is echter geen beletsel voor het huwelijk na het overlijden van de echtgenoot die de aanverwantschap heeft doen ontstaan." *Artikel 164* biedt ook hier de Koning de mogelijkheid dit huwelijksverbod om gewichtige redenen op te heffen.

11. OPENBARE EERBAARHEID (PUBLICA HONESTAS) OF QUASI-AANVERWANTSCHAP (QUASI-AFFINITAS)

Dit beletsel ontstaat uit een *ongeldig* huwelijk na aanvang van het gemeenschappelijke leven[127], bv. een alleen maar burgerlijk huwelijk, gesloten door hen, die aan de canonieke huwelijkssluitingsvorm gebonden zijn of uit een algemeen bekend of publiek concubinaat, d.w.z. man en vrouw leven als waren zij getrouwd zonder als zodanig te willen samenleven[128]. Volgens **can.1093** wordt hiermee een huwelijk ongeldig gesloten, wanneer betrokkenen zonder dispensatie een huwelijk zouden willen sluiten met een ouder of met een kind van de "bijzit". Het beletsel bestaat dus alleen in de eerstegraad rechte lijn. In de *CIC/17* reikte dit beletsel nog verder, d.w.z. gold toen ook voor een grootouder of kleinkind van een in een ongeldig huwelijk of publiek concubinaat levende partner. De plaatselijke Ordinaris kan van dit alleen maar en zuiver kerkrechtelijk beletsel ontslaan (**can.1078 § 1**).

12. WETTELIJKE VERWANTSCHAP (COGNATIO LEGALIS)

Dit beletsel ontstaat uit een *wettelijke*, dus niet feitelijke, adoptie en geldt in de rechte lijn tussen alle elkaar nabestaanden in de rechte lijn (ouders en adoptief-kind enz.) en in de zijlijn tot en met de tweede graad, d.i. tussen adoptief-kind en de eigen natuurlijke kinderen van de adoptief-ouders; dus tussen hen, die door adoptie broer en zus zijn. Zij kunnen – aldus **can.1094** – niet geldig met elkaar trouwen.

127 Bij de woorden "na aanvang van het gemeenschappelijk leven", die in de plaats gekomen zijn van "al of niet voltooid" uit *can.1078 CIC/17*, zal toch ook de huwelijksvoltrekking horen, veronderstelt **H.Zapp**, a.w., p.138 noot 49. Volgens hem ontstaat het beletsel dus uit een *ongeldig, voltooid* huwelijk. Ik heb niet kunnen achterhalen waarom gekozen is voor de nieuwe formulering.

128 Zie echter **Heimerl/Pree**, a.w., pp.207-208.

De *CIC/17* sloot in zijn bepalingen aan bij wat het burgerlijk recht ter plaatse bepaalde, en afhankelijk van de rechtskracht die de burgerlijke wet aan het beletsel toekende, kon wettelijke aanverwantschap ofwel verbiedend *(can.1059 CIC/17)* ofwel ongeldigmakend *(can. 1080 CIC/17)* zijn[129]. In het Belgische zo goed als in het Nederlandse burgerlijke recht is deze wettelijke verwantschap een verbiedend en geen huwelijksontbindend beletsel. Na in **can.110** de rechtspositie van geadopteerde kinderen te hebben omschreven als *"Kinderen, die volgens de burgerlijke wet geadopteerd zijn, worden beschouwd als kinderen van degene of degenen die hen geadopteerd hebben"* stelt hij in **can. 1094** vast, wanneer zij niet geldig met elkaar kunnen trouwen.

Het *Nederlandse BW* bepaalt in *art.1: 41,1* dat een huwelijk niet mag worden gesloten tussen hen, die elkander, hetzij van nature hetzij *door adoptie*...bestaan in de opgaande en in de nederdalende lijn of als broeder en zuster. In dit geval gaan **Codex** en *BW* dus gelijk op. En zoals de plaatselijke Ordinaris in dit beletsel kan dispenseren (**can.1078 § 1**), blijkbaar dus ook van het (kerkrechtelijk) beletsel in de rechte lijn (!), zo kan volgens het *Nederlandse BW* de Minister van Justitie om gewichtige redenen ontheffing van het verbod verlenen aan hen, die broeder en zuster door adoptie zijn (t.z.p, lid 2) en wordt dispensatie van het beletsel in de rechte lijn niet overwogen[130].

De *Belgische* regeling met betrekking tot geadopteerden is terug te vinden in *art. 363 BW*: "Het huwelijk is verboden : tussen de adoptant en de geadopteerde of zijn afstammelingen; tussen de geadopteerde en de echtgenoot van de adoptant en, omgekeerd, tussen de adoptant en de echtgenoot van de geadopteerde; tussen de adoptieve kinderen van eenzelfde adoptant; tussen de geadopteerde en de kinderen van de adoptant. Van de laatste twee verbodsbepalingen kan de Koning om wettige redenen ontheffing verlenen."

In de *CIC/17* bestond ook nog het beletsel van *geestelijke verwantschap*, bestaande tussen degene, die doopt, en de dooppeet enerzijds en de gedoopte anderzijds. Dit beletsel is afgeschaft.

[129] De *Codex/17* canoniseerde dus het burgerlijk recht, terwijl adoptie thans als een op zich zelf staand canoniekrechtelijk beletsel wordt opgevoerd.

[130] **L.F.Daneels**, a.w., p.29 wijst er op dat wettelijke adoptie soms een dekmantel is, terwijl het gaat om een eigen onwettig kind. In dat geval geldt vanzelfsprekend het beletsel van bloedverwantschap.

C. BEVOEGDHEID TOT DISPENSATIE-VERLENING[131]

In het bovenstaande kwam al naar voren, dat een beletsel kan ophouden te bestaan door wijziging of opheffing van een bestaande norm, maar evenzo door het wegvallen van de grond voor het beletsel (bv.leeftijd, bestaande huwelijksband, opname in de R.K.Kerk enz.) of door *dispensatie*, d.i. vrijstelling van een louter kerkelijke wet, *in een bijzonder geval*(**can.85**). Bij de behandeling van de afzonderlijke beletselen is telkens al de vraag beantwoord of en in hoeverre dispensatie mogelijk is. Altijd moet daarvoor "een goede en verantwoorde reden" aanwezig zijn op straffe dat anders de dispensatieverlening ongeoorloofd is en, afhankelijk van degene, die de dispensatie verleende, ook ongeldig kan zijn (**can.90 § 1**)[132]. In het belang van de pastores moet echter over deze dispensatieverlening meer worden gezegd.

1. Bevoegdheid in gewone omstandigheden

Volgens **can.1078** is de plaatselijke Ordinaris (vgl.**can.134 § 2**) bevoegd zijn eigen onderdanen, waar ter wereld ook, en allen, die zich daadwerkelijk in zijn ambtsgebied bevinden, te dispenseren van alle beletselen van zuiver kerkelijk recht[133], met uitzondering van enkele beletselen, waarvan de Apostolische Stoel de dispensatie aan zich reserveert[134], nl. t.a.v. het beletsel, voortvloeiend uit de bisschops-, priester- of diaken-

[131] In hetgeen volgt heb ik zo kort en accuraat mogelijk de dispensatie-regelingen van de Codex weergegeven, maar realiseer mij ten volle dat die regelingen voor de huidige pastorale praktijk en voor de wijze, waarop de pastores vandaag de dag worden opgeleid, onwerkbaar zijn alleen al omdat ze veel te gedetailleerd zijn.

[132] **H.J.F.Reinhardt**, a.w., p.110 noemt als voorbeelden: gevaar voor een zuiver burgerlijk huwelijk of voor een niet-katholieke huwelijkssluiting; vaststaand besluit om te trouwen, wettiging van kinderen, gevaar voor geloofsafval, hoop op bekering van een niet-katholieke partner.

[133] Al in het MP *De episcoporum muneribus*(1966) werd aan de plaatselijke Ordinarissen een ruimere bevoegdheid toegekend dan in *can.1040 CIC/17.*

[134] Voor het uitwendig rechtsbereik via de Congregatie voor de Geloofsleer, voor de Oosterse Kerken (als één der partijen daartoe hoort), de Religieuzencongregatie (voor geloften in een religieus instituut) en de Sacramentencongregatie (voor de overige beletselen); voor het inwendig rechtsbereik (sacramenteel of buiten-sacramenteel) via de Penitentiarie (voor beletselen, die feitelijk nog niet algemeen bekend zijn en direct gevaar daarvoor niet aanwezig is; geldt dus ook voor beletselen, die van nature publiek zijn). Achter deze reservering gaat een totaal andere opvatting over Ordinaris-of Bisschopsambt schuil. In het oude recht konden zij alleen dàn van algemene kerkelijke wetten dispenseren, wanneer hun daartoe uitdrukkelijk volmacht gegeven was: *can.* 81 CIC/17. Tegenover dit zgn. *concessie*-systeem is sedert Vaticanum II het zgn. *reservatie*-systeem gekomen, d.w.z. ambtshalve bezit de Bisschop een eigen dispensatievolmacht, *tenzij de* Apostolische Stoel zich de dispensatie van bepaalde wetten heeft voorbehouden (**can.87**): zie **H.Zapp**, a.w., pp.109-110.

wijding en uit het afleggen van publieke eeuwige geloften in een religieus instituut van pauselijk recht; en t.a.v. het beletsel van misdaad (**can. 1090**). Maar als een beroep op de Apost.Stoel moeilijk is en er bij uitstel van dispensatie een ernstig nadeel zou ontstaan, kan *iedere* Ordinaris dispenseren van universele of particuliere disciplinaire wetten, ook dan als de dispensatie voorbehouden is aan de Apost.Stoel "mits het over een dispensatie gaat die zij in dezelfde omstandigheden pleegt te verlenen, met uitzondering van de celibaats-verplichting (**can.87 § 2**)[135].

Er dient rekening mee te worden gehouden, dat feitelijk, zoals al gezegd is, nooit dispensatie wordt verleend in enige graad van bloedverwantschap in de rechte lijn of tweede graad zijlijn (broer en zuster; halfbroer en halfzuster[136]); ook in impotentie en een (nog) bestaande huwelijksband wordt nooit gedispenseerd. Al deze beletselen gaan de kwalificatie "kerkelijk recht" te boven.

2. Bevoegdheid in bijzondere omstandigheden

a. *Bij dreigend stervensgevaar (***can.1079**).

Bij stervensgevaar kan de *plaatselijke Ordinaris* dispenseren van de canonieke huwelijksvorm en van de kerkrechtelijke beletselen (publiek of geheim) zowel als het gaat om eigen onderdanen, waar ter wereld ook, als om mensen, die zich daadwerkelijk in zijn ambtsgebied bevinden, met slechts deze ene uitzondering: het beletsel, dat voortvloeit uit de priesterwijding (**§ 1**)[137].

Deze bevoegdheid gaat in bij stervensgevaar, dat om welke reden dan ook dreigend is (bij zware ziekte, na een ernstig ongeval, voor een levensgevaarlijke operatie of inzet bij een reddingsoperatie, vertrek naar het front)[138]; het doet er niet toe, of beide dan wel één van beide partners in stervensgevaar is.

[135] Een enkel consultatie-orgaan pleitte ervoor iedere reservatie aan de Apostolische Stoel op te heffen omdat het gewone toezicht van deze instantie ter voorkoming van misbruiken toereikend is, maar de grote meerderheid sprak zich toch uit voor de reservatie van slechts enkele gevallen, al waren dat er aanvankelijk meer dan nu het geval is: *COMM.* 9 (1977)345-347.

[136] Let echter op voetnoot 125.

[137] Deze uitzondering, zeggen de consultoren van de betreffende werkgroep, is ingegeven door pastorale motieven: *COMM.* 9(1977)348. Dit is des te verrassender omdat in het *Schema/75* deze uitzondering niet werd gemaakt uit *pastorale overwegingen*: zie *COMM.* 9(1977)348. Doorslaggevend is wellicht geweest dat men ook langs deze weg (van het stervensgevaar) de greep op de celibaatsplicht niet wil verliezen.

[138] Bij een foutieve beoordeling van al deze situaties, moet, als zij zonder schuld is, de dispensatie als geldig beschouwd worden volgens **can.90 § 2**. – Ik betwijfel of, wat in *NDP* p.352 staat, juist is, nl. dat het stervensgevaar niet dreigend of zeker hoeft te zijn.

In dezelfde omstandigheden beschikt de *pastoor, de wettig gedelegeerde gewijde bedienaar*[139], de priester of *diaken*, die volgens **can.1116 § 2** bij het huwelijk assisteert, d.i. in geval van de buitengewone huwelijkssluitingsvorm, "maar alleen voor gevallen waarin men zich zelfs niet tot de plaatselijke Ordinaris wenden kan"; dus niet als men gemakkelijk naar hem toe kan gaan of de kwestie tijdig per brief (niet: per telegraaf, telefoon of fax!) zou kunnen regelen (**can.1079 §§ 2** en **4**); zij moeten echter onmiddellijk de plaatselijke Ordinaris op de hoogte brengen (**can.1081**).

Bij stervensgevaar heeft ook de *biechtvader* de bevoegdheid om voor het inwendig rechtsbereik te dispenseren, maar alleen van *geheime* beletselen en niet in de huwelijkssluitingsvorm[140], ofwel binnen ofwel buiten de sacramentele belijdenis (**can.1079 § 3**).

Opmerkelijk is dat *art. 267* van het *Belgische strafwetboek* dat de sanctie bepaalt voor de bedienaar van de eredienst die een huwelijk inzegent vóór de voltrekking van het burgerlijk huwelijk, een uitzondering voorziet voor de situatie van het huwelijk in stervensgevaar. Het tweede lid van dit artikel luidt immers: "Deze bepaling is niet van toepassing wanneer een van de personen die de huwelijksinzegening ontvangen hebben, in levensgevaar verkeerde, en elk uitstel die plechtigheid onmogelijk had kunnen maken."

b. *In een dringend geval*(**can.1080 § 1**)

Zo'n dringend geval doet zich voor, wanneer alles klaar is voor de huwelijksviering en op dat moment pas ontdekt wordt dat een beletsel, waarin nog niet gedispenseerd is, in de weg staat. Als het waarschijnlijk is dat uitstel totdat de bevoegde overheid dispensatie gegeven heeft, ernstig (materiëel of geestelijk, bv. verlies van goede naam) nadeel meebrengt, kan de *plaatselijke Ordinaris* dispenseren van alle kerkrechtelijke beletselen, behalve die welke voortvloeien uit een wijding (bisschop, priester, diaken) of uit een publieke eeuwige gelofte in een religieus instituut van pauselijk recht[141]. Gaat het om een *geheim geval*,

[139] Volgens een uitspraak van de *PCIV*, d.d. 21 december 1979 [*AAS* 72(1980)105-106] is ook de diaken bevoegd tot dispenseren.

[140] Althans niet als biechtvader, wel als priester: *COMM*. 9(1977)350. – Het is niet duidelijk, waarom uitgerekend voor deze situatie van stervensgevaar zulke gedetailleerde regels zijn opgesteld. Is dat wel reëel?

[141] In het *Schema/75* werd geen enkel beletsel uitgezonderd. Pas in 1977 hebben de consultoren van de werkgroep unaniem gepleit voor de nu bestaande uitzonderingen. Niet uitgezonderd is het beletsel van misdaad, hetgeen in 1977 m.i. niet ten onrechte een con-

dan ook de *pastoor, de wettig gedelegeerde gewijde bedienaar(priester of diaken), de priester of diaken van* **can.1116 § 2** op de boven sub a beschreven voorwaarden[142]. En onder dezelfde voorwaarden kan ook de *biechtvader* van de genoemde beletselen dispenseren voor het inwendig (sacramenteel of niet-sacramenteel) rechtsbereik. Nergens echter is sprake van dispensatie in de canonieke vorm!

c. *Bij huwelijksconvalidatie*(**can.1080 § 2**).

Voor de geldigmaking van een ongeldig gesloten huwelijk (waarover later meer bij **cc.1156-1165**) geldt de hierboven sub b vermelde dispensatievolmacht, wanneer uitstel van die geldigmaking ernstig nadeel mee zou brengen en de Apostolische Stoel, c.q. de plaatselijke Ordinaris voor die beletselen, waarvan hij kan dispenseren, niet te bereiken zijn.

3. Registratie van de dispensatie

Can.1081 schrijft aan de boven onder 2 a en b vermelde pastoor, priester of diaken voor de plaatselijke Ordinaris onmiddellijk op de hoogte te brengen van een dispensatie, verleend voor het uitwendig rechtsbereik. Hiervan dient ook aantekening te worden gehouden in het huwelijksregister. Een buiten de biecht om onder geheimhouding verleende dispensatie moet, tenzij een rescript van de Apostolische Penitentiarie anders bepaalt, volgens **can.1082** genoteerd worden in het geheime archief van de bisschoppelijke curie. Wordt het geheim beletsel later publiek, dan is geen nieuwe dispensatie vereist.

sultor de vraag ingaf of alleen daarom deze canon gehandhaafd zou moeten blijven: *COMM.* 9 (1977) 351; en dat **H.Zapp**, a.w., p.116 noot 9 doet verzuchten, dat naar kerkelijke opvatting 'moord' een geringer beletsel is dan de aan wijding of gelofte verbonden celibaatsplicht.

[142] De juiste interpretatie van de woorden *casus occultus* (geheim geval) vormt een probleem. Al te gemakkelijk wordt verondersteld dat het hier om een "geheim beletsel" gaat. In de corresponderende *can.1045 § 3 CIC/17* is dat ook zo. Hier, in **can.1080 § 1**, moet iets anders bedoeld zijn. **H.Zapp**, a.w., p.112 gaat hier uitvoerig op in en geeft een voorbeeld, waaruit duidelijk wordt wat met "geheim geval" bedoeld is, nl. een tot assistentie bevoegde geestelijke stelt kort vóór de huwelijkssluiting vast, dat er voor het publiek en algemeen bekende beletsel van bloedverwantschap in de vierde graad (neef en nicht), waarvan het echtpaar bij het bruidsexamen melding heeft gemaakt, bij vergissing geen dispensatie is aangevraagd. Dit laatste feit is onbekend, "geheim", omdat er algemeen van moet worden uitgegaan dat de pastoor al het benodigde voor het huwelijk gedaan heeft. Dat is dus het "geheime geval" en daarom kunnen de genoemden dispenseren.

D. NIETIGVERKLARING VAN EEN OP GENOEMDE GRONDEN ONGELDIG HUWELIJK

Zodra een kerkelijke Rechtbank (Officialaat) geconfronteerd wordt met het verzoek tot nietigverklaring van een huwelijk, dat alleen op grond van een beletsel, waarin geen dispensatie verleend is, als ongeldig wordt beschouwd, kan en mag zij in haar onderzoek volstaan met een zgn. *documentair proces* volgens de normen van de **cc.1686-1688**. Na ontvangst en aanvaarding van een desbetreffend verzoekschrift kan de Gerechtsvicaris of een door hem aangewezen rechter, met voorbijgaan van alle formaliteiten van het gewone huwelijksproces, maar met dagvaarding van de betrokken partijen en met inschakeling van de verdediger van de (huwelijks-)band, volgens genoemde regels een nietigverklaring afgeven "indien uit een document, dat aan geen enkele tegenspraak of grond voor niet-ontvankelijkheid onderhevig is ... met zekerheid vaststaat" dat er een beletsel aanwezig is, waarin niet gedispenseerd is, of dat het de gevolmachtigde aan een geldig mandaat ontbrak (**can.1686**). Bij twijfel kan de verdediger van de band zich wenden tot de beroepsinstantie; in ieder geval houdt de partij, die zich benadeeld acht, altijd het recht om beroep aan te tekenen (**can.1687**).

ARTIKEL III: DE HUWELIJKSTOESTEMMING

Inleiding

In het voorgaande[143] is al ingegaan op de betekenis van de huwelijkstoestemming. Als onherroepelijk persoonlijk en wederzijds jawoord, "dat door geen enkele menselijke macht aangevuld (kan) worden" (**can.1057 § 1**), is deze toestemming hèt constitutieve element voor de totstandkoming van een canoniek of ook anderszins rechtsgeldig huwelijk[144]. Wie, staande het huwelijk, de eenmaal gegeven toestemming herroepen heeft, kan daardoor niet zelf het huwelijk beëindigen (zonder tussenkomst van een wettelijke instantie); bij een

[143] Zie Inleiding op het huwelijkrecht onder 3.

[144] Het gaat hier alleen om de toestemming, die op het moment van de huwelijkssluiting gegeven is en waaraan geen wezenlijk gebrek kleeft. Latere intrekking van deze consensus is juridisch alleen relevant i.v.m. de eventuele wettiging van een huwelijk. Wanneer **Heimerl/Pree**, a.w., p.212 zeggen dat het intrekken van de consensus juridisch irrelevant is, lijkt mij dat tè sterk uitgedrukt. Zie wat er (later) gezegd wordt over de huwelijkswettiging.

eventuele wettiging van dit huwelijk zou een hernieuwing van de consensus, minstens door die partner die hem herroepen heeft, plaats moeten vinden.

Tegen de achtergrond van wat toen over deze *consensus* zelf en m.n. over het object daarvan gezegd is, moet van bepaalde huwelijken worden gezegd dat zij niet voldoen aan minimale canoniek-rechtelijke eisen ofwel omdat de *innerlijke* toestemming zelf ontbreekt (men *kan* of *wil* haar niet echt geven) ofwel omdat die toestemming wordt gegeven aan een wezenlijk verminkt object.

Hierover gaan de in **cc.1095-1107** genoemde bepalingen behoudens de laatste vier, die over minder belangrijke of althans minder vaak voorkomende zaken gaan. We proberen de Codexbepalingen schematisch weer te geven onder trefwoorden, die de kern van de betreffende bepalingen bevatten. D.w.z. dat op geen enkele manier wordt geprobeerd om de afzonderlijke bepalingen breedvoerig te becommentariëren. Het is zaak van de kerkelijke Rechtbanken (Officialaten) na te gaan of en in hoeverre bij huwelijksmislukkingen en scheidingen de bestaande Codexbepalingen kunnen leiden tot een nietigverklaring op grond van een *consensus*, die niet toereikend wordt geacht om van een geldig huwelijk te spreken.

In de **cc.1095-1103** probeert de wetgever enerzijds recht te doen aan de onvervangbare, door geen menselijke macht aan te vullen (**can.1057 § 1**) waarde van de consensus voor de totstandkoming van een huwelijk zonder – anderzijds – al te hoge eisen daaraan te stellen omdat dan het fundamentele recht van ieder mens op een huwelijk (**can.1058**) in gevaar zou kunnen komen[145].

1. GEBREKKIGE KENNIS

In de kerkelijke huwelijksrechtspraak is altijd al het beginsel aanvaard dat iemand bij het aangaan van een huwelijk over voldoende geestelijke (verstandelijke) vermogens moet beschikken om zich voor het leven te binden. Met het bekende adagium *"nil volitum, nisi praecognitum"* wordt dan ook tot uitdrukking gebracht, dat iemand moeilijk aansprakelijk kan worden gesteld voor wat hij/zij wilde zonder vooraf te weten, wat men wilde. Niet altijd, maar in veel gevallen kan dit leiden tot de nietigverklaring van een huwelijk.

[145] Voor de wordingsgeschiedenis van de Codex-bepalingen verwijzen we naar: *COMM.* 3(1971)75-78; 9(1977)369-371; *Relatio*/1981, pp.254-255.

A. NIETIGHEIDSGRONDEN, MATERIËEL OF INHOUDELIJK BEKEKEN

1.1. *Geestelijk onvermogen*(**can.1095**)[146]

Voor het eerst[147] is in Codexbepalingen vastgelegd, wat in de kerkelijke jurisprudentie al langere tijd werd aanvaard als mogelijke nietigheidsgrond voor een huwelijk, dat gestrand is en waarvoor beiden of één van beiden de bemiddeling van de Kerk inroept een oordeel uit te spreken over de waarde van dit gestrande huwelijk, zo goed als steeds met de bedoeling na de uitspraak een nieuw kerkelijk huwelijk te kunnen sluiten. De Codex acht

a) hen, die niet beschikken over een *verstandsgebruik,* dat toereikend is voor het aangaan van een huwelijk (**n.1**) of
b) die "lijden aan een *ernstig gebrek aan oordeelsvermogen* m.b.t. de wederzijds over te dragen en te aanvaarden wezenlijke rechten en plichten van het huwelijk" (**n.2**) of
c) die om "redenen van psychische aard de wezenlijke verplichtingen van het huwelijk niet op zich kunnen nemen" (**n.3**),

onbekwaam tot het sluiten van een geldig huwelijk. Terecht wijst een commentator erop dat we hier niet met een uniform geheel van bepalingen te maken hebben, maar met geldigheidsvoorwaarden die totaal verschillend van aard zijn en daarom dan ook anders geordend hadden moeten zijn[148].

Uit de formulering blijkt, dat het niet alleen gaat om die gevallen, waarin het verstandsgebruik afwezig is *("amentia")*, hetzij blijvend (in de vorm van *schizophrenie, hebephrenie, katatonie, paranoia, oligophrenie, phrenastenie enz.*) of voorbijgaand (als gevolg van vergiftiging, drugs- of alcoholgebruik; shocks, acute infecties, hypnose, slaap, bij een epileptische of hysterische aanval enz.), maar ook om gevallen, waarin mensen "begripsmatig" misschien wel weten wat een huwelijk

146 Heel bijzonder in deze canon werkt de visie op het huwelijk als een existentiële levensgemeenschap tussen man en vrouw door: zie **can.1055 § 1** en **R.Torfs**, *Huwelijk, dl.III*, pp. 557-592, waar hij ook uitvoerig ingaat op de voorgeschiedenis van de door **can.1095** verruimde mogelijkheid tot nietigverklaring van een huwelijk, dat mislukt is, m.n. pp.559-564.

147 Het gaat hier dus om een formalisering in canones van wat in de rechtspraak al geruime tijd een leidraad was voor de jurisprudentie, maar in de *CIC/17* nog niet met evenzoveel woorden omschreven was. In die zin is alles, wat in **can.1095** staat nieuw.

148 **H.Zapp**, a.w., p.141. Hij verwijst wat **n.3** betreft naar **J.Weber**, *"Erfüllungsunvermögen" in der Rechtsprechung der Sacra Romana Rota. Ursprung und Entwicklung eines neuen Ehenichtigkeitsgrundes in der katholischen Kirche* (Regensburg 1983), pp.168-183.

is, maar niet beschikken over een juist waarde-oordeel (appreciatie of aestimatie) m.b.t. de inhoud van het huwelijk of die om redenen van psychische aard niet in staat mogen worden geacht om de wezenlijke huwelijksplichten op zich te nemen of de huwelijksrechten toe te kennen. Al deze factoren *kunnen* van invloed zijn op een verminderd, c.q. ontoereikend verstandsgebruik op het moment van de huwelijkssluiting. Iedere kerkelijke Rechtbank heeft te beoordelen of één van genoemde afwijkingen (waarvan slechts *voorbeelden* zijn gegeven!)[149] in een concreet geval van dien aard is dat zij een huwelijk ongeldig maakt. Dit is een ingewikkelde en moeilijke opgave voor een Rechtbank, die er ook rekening mee dient te houden, dat het òf om een voorbijgaande zware geestesstoornis òf om een constitutionele, d.i. blijvende stoornis gaat òf om een stoornis met een lange incubatietijd, d.w.z. latent al veel langer aanwezig enz. Het spreekt vanzelf, dat de Rechtbank in veel van deze gevallen de hulp van één of meer deskundigen in kan roepen (**can.1680**; vgl. **can.1574**). In alle gevallen, waarin de rechters geen morele zekerheid kunnen krijgen over de nietigheid (en dat zal heel vaak het geval zijn), treedt de rechtsbegunstiging van **can.1060** in werking.

Ondanks of juist dank zij de "rekbaarheid" van de formuleringen is **can.1095** momenteel de basis geworden voor de meeste nietigverklaringen, ook al omdat deze canon ruimte schept voor een (eventueel) ruimere toepassingsmogelijkheid bij een voortgaande ontwikkeling van de menswetenschappen, die ons dieper inzicht verschaffen in de psyche van de mens.

Het *Nederlandse BW* bepaalt in *art.1: 32*: "Een huwelijk mag niet worden aangegaan, wanneer de geestesvermogens van een partij zodanig zijn verstoord, dat deze niet in staat is haar wil te bepalen of de betekenis van haar verklaring te begrijpen" en in *art.38*: "Hij, die wegens een geestelijke stoornis onder curatele staat, mag geen huwelijk aangaan zonder toestemming van de kantonrechter".

Het *Belgische recht* is terzake minder expliciet doch komt hier inhoudelijk grotendeels mee overeen. Personen, die in een beschermingsstatuut zijn geplaatst (geesteszieken, onbekwaamverklaarden, verlengd minderjarigen), hebben op basis van dit statuut meestal geen of slechts een zeer beperkte handelingsbekwaamheid. Met betrekking tot de onbekwaamverklaarden bestaat er in de rechtsleer nog enige

[149] Voor meer voorbeelden bij de afzonderlijke nietigheidsgronden (Lat.:*capita nullitatis*) zie **Heimerl/Pree**, a.w., pp.216-220; *NDP*, pp.404-411; **N.Ruf**, a.w., pp.267-268.

betwisting of de onbekwaamverklaring enkel een vermogensrechtelijk of ook een huwelijksrechtelijke beperking van de handelingsbekwaamheid meebrengt. Hoe dan ook kan worden aangenomen dat geestesgestoorden niet geldig hun toestemming tot het huwelijk kunnen verlenen. *Art.146 BW* stelt nu dat er geen huwelijk is wanneer er geen toestemming is. Het huwelijk gesloten door een geesteszieke op een ogenblik van zinsverbijstering is dan ook, zoals bevestigd door de rechtspraak, absoluut nietig. De wet voorziet bovendien dat krankzinnigheid of geestelijke achterlijkheid een grond kunnen vormen op basis waarvan de door de wet aangeduide familieleden zich tegen het sluiten van het huwelijk kunnen verzetten.

1.2. *Gebrek aan minimale kennis* (can.1096)

Los van alle factoren, die iemand onbekwaam kunnen maken een huwelijk te sluiten, kan het er ook om gaan dat mensen eenvoudigweg *niet weten wat een huwelijk is*. Vandaar bepaalt de Codex dat voor een geldige huwelijkssluiting nodig is, dat de huwenden minstens moeten weten dat het huwelijk een gemeenschap van man en vrouw is, die zonder tijdslimiet wordt aangegaan, ook al is het niet nodig uitdrukkelijk te weten, dat het huwelijk een onverbreekbare gemeenschap is; ook moeten zij weten dat die gemeenschap gericht staat op het verwekken van kinderen, en wel *door enige sexuele samenwerking* (§ **1**)[150]; dit minimum aan kennis wordt na de puberteit gepresumeerd (§ **2**).

Wat in § **1** staat, klinkt behoorlijk vaag. Toch zal de Rechtbank aan de hand daarvan moeten beoordelen of de feitenkennis dermate minimaal te achten is, dat er ernstig moet worden getwijfeld aan de vraag of de betrokkene(n) wel wist(en) waar ze aan begonnen.

Louter denkbeeldig zijn deze gevallen van onwetendheid ook in onze dagen niet. Wie zou denken, dat kinderen door omarming of door het innemen van pillen geboren worden of dat het huwelijk louter een vriendschapsverbintenis is om elkaar gelukkig te maken, zou daarmee een ongeldig huwelijk riskeren. Vraag blijft wel of in deze canon de kennis van het huwelijk niet al te minimaal wordt ingevuld of wellicht te exclusief betrokken wordt op de lichamelijk-sexuele kant van het huwelijk.

150 In het *Schema/80* stond nog "door enige lichamelijke samenwerking" *(can.1050)*, maar dit is op voorstel van het Secretariaat van de Codex-herzieningscommissie gewijzigd in "door enige sexuele samenwerking": zie *Relatio/1981*, p.255. **R.Torfs**, Huwelijk, bespreekt deze canon onder de algemene titel "onvermogen": *dl.III*, pp.557-558.

1.3. *Onjuiste kennis of dwaling omtrent het huwelijk*(**can.1097**)

Dwaling of vergissing is een onjuiste kennis van zaken, d.w.z. de kennis, die men heeft, beantwoordt niet aan de realiteit en degene, die zich vergist, is zich van die tegenstelling niet bewust[151].

Men kan zich op velerlei manieren vergissen in de ander bv. men dicht de ander allerlei eigenschappen toe, die de toekomstige huwelijkspartner in werkelijkheid niet heeft. Ook kan men zich vergissen in (in dwaling verkeren over) de huwelijksverbintenis zelf, waarvan men bv. meent dat zij verbreekbaar of (voor gedoopten) niet-sacramenteel is. Niet iedere foutieve beoordeling over wat een huwelijk is, is van invloed op de huwelijkswil, dus op het wezenlijkste element: de *consensus*. Ook met een dwaling kan die *consensus* toch onvoorwaardelijk gegeven worden. Het gaat er tenslotte om wat iemand *gewild* heeft, niet over wat iemand gewild zou hebben als hij/zij vooraf alles geweten had.

Can.1097 §§ **1** en **2** geeft antwoord op de vraag, welke dwaling zodanig is dat zij een geldige huwelijkstoestemming in de weg staat. *"Dwaling aangaande de persoon maakt het huwelijk ongeldig"* (§ **1**) en *"Dwaling aangaande een eigenschap van de persoon, ook al is zij oorzaak van het contract, maakt een huwelijk niet ongeldig, tenzij deze eigenschap rechtstreeks en hoofdzakelijk beoogd wordt"* (§ **2**). Het klassieke voorbeeld van § **1** is dat van Rachel en Lea (*Gen.* 29); ook is het in uiterst zeldzame gevallen mogelijk dat men trouwt met een dubbelganger van de eigenlijke bruid (bruidegom) of dat een blinde huwt met de 'verkeerde' persoon. Wat § **2** aangaat, moet allereerst worden opgemerkt dat de nieuwe wetgeving de onduidelijke en moeilijk interpreteerbare clausule van de corresponderende *can.1083 § 2 CIC/17* over *"dwaling, die neerkomt op een dwaling in de persoon"* vervangen heeft door de regel dat dwaling omtrent een eigenschap het huwelijk niet ongeldig maakt, *tenzij iemand die eigenschap direct en hoofdzakelijk beoogde*[152]. Louter dwaling omtrent iemands eigenschappen (beroep,

[151] Zie **R.Torfs**, *Huwelijk, dl.III*, pp.531-536.

[152] In het *Schema/80 (can.1051 § 2)* stond nog de formule van *can.1083 § 2, n.1 CIC/17*, maar op de laatste vergadering van de Codexherzieningscommissie in 1981 werd aan de leden ambtshalve meegedeeld dat de werkgroep zich had uitgesproken voor een andere (de huidige) formule (*Relatio/1981*, p.256). Deze werd als zodanig opgenomen in het *Schema/82* en met een enkele woordwijziging in de definitieve redactie. – **A.Mostaza** (zie *NDP*, pp.417-418) acht deze paragraaf incoherent en zelfs tegenstrijdig, omdat enerzijds wordt ontkend dat een aan het huwelijk voorafgaande dwaling m.b.t. een eigenschap, ook al is zij oorzaak van het contract, het huwelijk nietig maakt en anderzijds aanvaard wordt dat een dwaling m.b.t. een eigenschap, die direct en hoofdzakelijk beoogd wordt, een huwelijk nietig maakt. Kan, zo vraagt hij zich af, serieus worden volgehouden

stand, naam, afkomst, vermogen, lichamelijke, intellectuele of morele eigenschappen) is geen nietigheidsgrond, maar als het een partner overwegend om een bepaalde eigenschap te doen was (de wezenseigenschappen van het huwelijk horen daar niet bij) *kan* het huwelijk nietig zijn. In ieder concreet geval zal de Rechtbank na moeten gaan of een bepaalde eigenschap onmiddellijk en hoofdzakelijk motief is geweest voor de *consensus*. Onder het regiem van het oude recht probeerde men dit soort gevallen op te lossen langs de (moeilijk) begaanbare weg van een eigenschap, die als voorwaarde aan de *consensus* verbonden zou zijn geweest. Die omweg is nu niet meer nodig. Wel is het heel goed mogelijk, dat een dwaling omtrent een eigenschap berust op *bedrog(misleiding)* van de andere partij of van diens familieleden, kennissen of vrienden, maar dan hebben we te maken met een nieuwe nietigheidsgrond waarover zo aanstonds.

Het *Nederlandse BW* bepaalt in *art.1: 71,2*: :("Een echtgenoot kan de nietigverklaring van zijn huwelijk vorderen wanneer hij) bij de huwelijksvoltrekking gedwaald heeft hetzij in de persoon van de andere echtgenoot, hetzij omtrent de betekenis van de door hem afgelegde verklaring" en *lid 3*: "De bevoegdheid van de echtgenoot de nietigverklaring wegens...dwaling te vorderen vervalt, wanneer de echtgenoten zes maanden hebben samengewoond sedert... de ontdekking van de dwaling, zonder dat de vordering is ingesteld".

Het *Belgisch BW* heeft een gelijkaardige bepaling in *art. 180, 2e lid* betreffende de dwaling. Dwaling betreft hier echter enkel dwaling betreffende de burgerlijke en fysieke persoon. Andere vormen van dwaling worden niet aanvaard. *Art. 181* beperkt de vorderingstermijn tot zes maanden.

1.4. *Dwaling op grond van bedrog* **(can.1098)**

Wie een huwelijk sluit, terwijl hij/zij om de tuin is geleid omtrent een of andere eigenschap van de partner welke zodanig van aard is dat zij de echtelijke levensgemeenschap gemakkelijk *kan* verstoren[153] trouwt ongeldig, als die misleiding tenminste plaatsvindt om de *consensus* te verkrijgen. Die misleiding hoeft niet van de partner te komen, maar kan

dat de oorzaak of het enige motief voor de huwelijkssluiting niet direct en hoofdzakelijk beoogd wordt?

[153] Deze laatste woorden zijn in de plaats gekomen van die welke tot en met het *Schema/82* stand gehouden hebben nl. dwaling omtrent een eigenschap "die er op is aangelegd de lotsverbondenheid van het echtelijke leven ernstig te verstoren". De huidige formulering is een afzwakking van de daaraan voorafgaande: *NDP*, pp.420-421.

ook een derde als oorzaak hebben; evenmin is het nodig dat zij positief is; misleiding kan ook bestaan in de ontkenning of in het nalaten van iets[154]. **Can.1084 § 3** geeft het voorbeeld van moedwillig en opzettelijk verzwegen steriliteit; dat zou in een ander voorbeeld ook zwangerschap of seropositiviteit kunnen zijn. Nog een voorbeeld[155] is: een jongen heeft reeds een natuurlijk kind, maar wil dat tegenover zijn verloofde niet weten, verzwijgt opzettelijk zijn bestaan om haar niet kwijt te raken totdat zij er in het huwelijk achter komt. Overigens zal in leer en jurisprudentie de reikwijdte van deze bepaling moeten worden getest[156].

Jarenlang hebben canonisten erop aangedrongen dat deze nietigheidsgrond zou worden opgenomen in het canonieke recht[157] en met **can.1098** is hun streven eindelijk met succes bekroond. We zouden echter een commentator[158] na kunnen zeggen, dat weinig bepalingen in het nieuwe huwelijksrecht de Kerk zoveel "last" zullen bezorgen als de **cc.1095** en **1098**.

Het Nederlandse noch het Belgische burgerlijke recht bevat enige bepaling betreffende dwaling, die als gevolg van bedrog tot stand gekomen is. De Belgische rechtsleer stelt dat het bedrog als dusdanig geen grond tot nietigverklaring inhoudt behoudens wanneer ze een dwaling in de persoon veroorzaakt waarbij geregeld naar de wat cynische rechtsspreuk van Loysel verwezen wordt: *"En mariage trompe qui peut"*.

1.5. *Dwaling omtrent de wezenseigenschappen van het huwelijk* (**can. 1099**).

Evenmin als dwaling omtrent de eigenschap van een partner het huwelijk zonder meer ongeldig maakt (dit moet een gekwalificeerde dwaling zijn volgens **can.1097 § 2**), maakt dwaling aangaande de wezenlijke eigenschappen (eenheid, onverbreekbaarheid, sacramentaliteit[159] bij een huwelijk van gedoopten) van de huwelijksverbintenis het huwelijk ongeldig, tenzij het een gekwalificeerde dwaling is, d.i. als

[154] Zie *COMM.* 9(1977)371-373.

[155] Ontleend aan **L.F.Daneels**, a.w., pp.33-34.

[156] Vgl. *Relatio/1981*, p.257.

[157] Eén van hen is **H.Flatten**, die in 1957 zijn inaugurele rede publiceerde: *Irrtum und Täuschung bei der Eheschliessung nach kanonischem Recht* (Paderborn) en in 1961 een brochure met de titel: *Quomodo matrimonium contrahentes iure canonico contra dolum tutandi sunt* (Keulen). Zie voorts de door **R.Torfs**, *Huwelijk, dl.III* pp.536-538 vermelde literatuur.

[158] **G.May**; zie **H.Zapp**, a.w., p.144 noot 3.

[159] Dit werd op verzoek van de Congregatie voor de Geloofsleer in het *Schema/82* ingevoegd: *COMM.* 9(1977)373-374; *Relatio/1981*, p.257.

iemand trouwt *omdat* het polygaam is of *omdat* het op ieder moment kan worden verbroken of *omdat* het niet sacramenteel is, kan de toestemming zózeer bepaald worden dat het huwelijk daardoor nietig is[160].

1.6. *Zekerheid of vermoeden van huwelijksnietigheid* (can.1100)

Met het oog op de eventuele geldigmaking (validering) van een ongeldig gesloten huwelijk (**cc.1156-1165**) is het van belang te weten, dat zij, die een huwelijk hebben gesloten, zeker wetend of van mening zijnde dat het om een kerkelijk ongeldige huwelijkssluiting ging, daardoor niet noodzakelijkerwijs een nietige *consensus* hebben gegeven.

2. GEBREKKIGE OF BEPERKTE WILSDAAD

Het sluiten van een huwelijk veronderstelt dat men in voldoende mate *weet* wat men wil, maar omgekeerd ook werkelijk *wil* wat men weet. Natuurlijk is er geen scherpe scheidingslijn te trekken tussen "weten" en "willen" (dat was ook in het voorgaande onder **1** gezegde niet het geval). Er is een voortdurende interactie van beiden. Niettemin staat in de nu volgende bepalingen van het kerkelijke Wetboek het wilsaspect op de voorgrond.

2.1. *Huwelijk onder voorbehoud of simulatie* (can.1101)

Omwille van een gezonde samenleving, omwille van de rechtszekerheid is het noodzakelijk ervan uit te gaan, dat de innerlijke bedoelingen, die iemand heeft bij het sluiten van een huwelijk, in overeenstemming zijn met de uiterlijke verklaringen. Daarom wordt in **can. 1101** dit basisbeginsel opgesteld: "*De innerlijke consensus wordt gepresumeerd in overeenstemming te zijn met de woorden of tekenen die in de huwelijksviering gebruikt zijn*". Deze rechtspresumptie laat echter een tegenbewijs toe. In werkelijkheid immers is datgene, wat men zègt te willen, niet altijd in harmonie met wat men werkelijk (innerlijk) wil. En dat wil weer zeggen, dat innerlijk een voorbehoud wordt gemaakt (door beide of één van beide partners) òf t.a.v. het huwelijk als zodanig (totale simulatie) òf t.a.v. een wezenlijk element of een wezenlijke eigenschap van het huwelijk (partiële simulatie). Anders gezegd: ofschoon iemand naar buiten de indruk kan wekken het huwelijk zelf met al zijn wezenlijke elementen en eigenschappen te willen, kan hij dit tegelijkertijd simuleren, d.i. "doen alsof"[161].

[160] Zie *COMM.* 3(1971)76; 9(1977)373-374; **R.Torfs**, *Huwelijk, dl.III*, pp.417-435.
[161] Zie **R.Torfs**, *Huwelijk, dl.III* pp.543-557.

Wil dit voorbehoud of deze simulatie huwelijksontbindend zijn, dan is het nodig dat het huwelijk als geheel of een wezenlijk element of eigenschap van het huwelijk *door een positieve wilsdaad*, d.i. door een stellige, principiële en ondubbelzinnige wilsuiting worden uitgesloten[162], d.w.z. dat de wil van hem/haar, die trouwt, zich daadwerkelijk keert tegen het huwelijk als zodanig, een wezenlijk element of eigenschap. Dat kan bij de *consensus* gebeuren, maar ook al (lang) daarvóór mits die wilsinstelling ondertussen niet veranderd is. Gaat het om *het huwelijk zelf*, dan moeten we bv. denken aan iemand, die weliswaar het ja-woord geeft maar niet de bedoeling heeft om te trouwen, dit alleen voor de grap doet of om geld los te krijgen (huwelijkszwendelaar) of om daardoor een bepaald staatslidmaatschap, adellijke titel, een hoger pensioen of uitreisvisum enz. voor de "partner" te verwerven. In de literatuur wordt dit ook wel *totale simulatie* genoemd. Een bijzondere vorm van deze simulatie is de uitsluiting van de huwelijkssacramentaliteit. Vanwege de identiteit van contract en sacrament betekent deze uitsluiting dus ook dat men geen geldig huwelijk sluit[163]. Daarnaast kan de *partiële simulatie* zich in velerlei vorm voordoen, nl. als voorbehoud t.a.v. een *wezenlijk* element, bv. recht op de normale sexuele gemeenschap, recht op kinderen, op onverbreekbaarheid of op trouw (let wel: het gaat niet om de feitelijke uitoefening van deze rechten, maar om de *uitsluiting van het recht als zodanig*); het recht op een algehele levensgemeenschap of lotsverbondenheid, wat we daaronder dan ook moeten verstaan[164].

Ook kan partiële simulatie zich voordoen als een voorbehoud tegen een *wezenlijke eigenschap*, zoals de onverbreekbaarheid, het recht op trouw (geen partnerruil) of het voorbehoud om ook met een ander dan de eigen partner intieme sexuele omgang te hebben) en de eenheid. Hèt grote probleem in deze materie is, dat volgens velen rekening gehouden zou moeten worden met het feit, dat onze socio-culturele leefpatronen zodanig veranderen dat zij de traditioneel-christelijke waarden van duurzaamheid, trouw en kinderen ondergraven. Dat lijkt in deze bepalingen toch te weinig te gebeuren. Is, anders geformuleerd, de invloed van die veranderde leefpatronen op de feitelijk te sluiten huwelijken niet

162 Vgl.*COMM*. 9(1977)374-375.

163 Zie **H.Zapp**, a.w., p.172; **Heimerl/Pree**, a.w.,p.224.

164 Zo wordt in **can.1055 § 1** over het huwelijk gesproken. De vraag blijft: wat hoort daar wezenlijk bij? Het welzijn van de echtgenoten? Een verantwoord ouderschap? Leer en rechtspraak zullen in dezen tot grotere verheldering moeten komen. Zie hierover: *COMM*. 9(1977)375; **Heimerl/Pree**, a.w., pp. 225-227 en vooral **R.Torfs**, *Huwelijk, dl.II*, pp.257-344, *dl.III* pp.549-550.

zó groot dat de eis tot "uitsluiting door een positieve wilsdaad" een veel te zware eis is? Omgekeerd kunnen we ook zó redeneren: wie nú kerkelijk trouwt, weet dat dit iets anders, méér is dan een burgerlijk huwelijk; men wil, en wel totaal, een kerkelijk huwelijk.

In *België* wordt simulatie, het gebruik van het instituut huwelijk enkel met het oog op het verwerven van een ander objectief, bijvoorbeeld: enkel met het oog op het verwerven van de Belgische nationaliteit of een arbeidsvergunning eveneens met nietigheid gesanctioneerd waarbij ook hier het gemis aan toestemming vereist door *art.146 BW* als aanknopingspunt wordt gebruikt.

2.2. *Huwelijk onder voorwaarde* (can.1102)

Een huwelijk-onder-voorwaarde is een huwelijk, waarin de wil van minstens één der partijen het ontstaan van de huwelijksband afhankelijk maakt van de vervulling van een bepaalde omstandigheid of gebeurtenis, die zowel op de toekomst *("condicio de futuro")* als op het verleden en heden *("condicio de praeterito et de praesenti")* betrekking kan hebben. In het eerste geval (toekomst) hebben we met een voorwaarde in strikte zin te maken, in het tweede geval (verleden en heden) met een voorwaarde in ruimere, oneigenlijke zin.

Al vóór de totstandkoming van de *CIC/17* is er heftig gediscussiëerd over deze huwelijkssluiting-onder-voorwaarde. Dat is opnieuw gebeurd bij de herziening van die wetgeving[165]. De discussie heeft geresulteerd in een sterk vereenvoudigde vorm van de oude bepalingen.In tegenstelling tot het oude recht is het thans niet meer toegestaan een huwelijk te sluiten onder een voorwaarde in strikte zin, dat is dus een voorwaarde die op de toekomst betrekking heeft, bv. ik trouw met je op voorwaarde dat je arts wordt of universitaire studies maakt enz.; sterker nog: een dgl. huwelijkssluiting wordt als niet geldig beschouwd (§ 1). Wel kan een huwelijk nog gesloten worden onder een voorwaarde, die op het verleden of op het heden betrekking heeft, bv. ik trouw met je op voorwaarde dat je je militaire dienstplicht hebt vervuld, dat je een wettig kind bent, dat je nog maagd bent, dat je niet homofiel bent of aidspatiënt of seropositief enz. Het ontstaan van de huwelijksband wordt hier niet, zoals bij een strikte voorwaarde, opgeschort; immers: de inhoud van de voorwaarde staat objectief wel vast, alleen de huwende(n) is of zijn er subjectief nog niet zeker van. Het op deze manier gesloten huwelijk is daarom "al of niet geldig in zover datgene wat onder de voorwaarde

[165] Zie *COMM.* 3(1971)77-78.

valt, al of niet bestaat (§ **2**). Iedereen zal ervan overtuigd zijn dat het verbinden van zo'n voorwaarde aan de huwelijkssluiting een delicate en soms ook riskante aangelegenheid is. Daarom ligt het voor de hand dat men voor de geoorloofdheid schriftelijk verlof nodig heeft van de plaatselijke Ordinaris (§ **3**)[166]. Niettemin blijft het vreemd dat binnen de ene R.K.Kerk voor de met Rome geünieerde Oosterse Kerken een andere discipline geldt, want **can.826 CCEO** bepaalt: "*Een huwelijk onder voorwaarde kan niet geldig worden gesloten*".

2.3. *Huwelijk onder dwang of bedreiging* (**can.1103**)[167]

Uiteraard is een huwelijk dat onder dwang, d.i.met fysiek geweld tot stand komt, niet geldig, omdat iedere eigen wilsactiviteit is lamgelegd; alleen immers, wie in volle vrijheid het ja-woord geeft, bindt zich werkelijk en persoonlijk aan de ander (vgl.**can.125** § **1**).

Het kan echter ook zijn (en komt veel vaker voor) dat een huwelijk wordt aangegaan onder ernstige bedreiging, waardoor bij de bedreigde *vrees(metus)* of *angst* ontstaat onder invloed waarvan hij/zij gaat trouwen. Vrees- of angstaanjaging houdt altijd een beperking van de menselijke vrijheid in, maar neemt de eigen wilsactiviteit niet volledig weg. Dit betekent, dat die vrijheidsbeperking niet altijd zodanig is dat zij naar canoniek recht het huwelijk ongeldig maakt, maar mogelijk is dat wel, zoals blijkt uit de volgende uitzondering op de algemene regel van **can.125** § **2**, nl. dat een handeling t.g.v. onrechtmatig aangejaagde ernstige vrees geldig, maar vernietigbaar is. Die vernietigbaarheid zou in strijd zijn met de onontbindbaarheid van een christelijk huwelijk. Vandaar bepaalt **can.1103**, dat een huwelijk, aangegaan onder invloed van (geweld of) ernstige dwang (bedreiging of vreesaanjaging) *van buitenaf* alleen dan ongeldig is, als de bedreigde zich gedwongen voelt te gaan trouwen om aan die bedreiging te ontkomen, ook al wordt de bedreiging niet opzettelijk uitgeoefend.

Uit deze bepaling blijkt, dat alleen een *gekwalificeerde bedreiging* met het oog op een huwelijk dat huwelijk ongeldig maakt, d.w.z. a) de bedreiging moet *ernstig* zijn hetzij absoluut (dreiging met dood, verminking, verstoting; verlies van vrijheid, eer en goede naam, vermogen) hetzij relatief, d.i. rekening houdend met de persoonsstructuur van hem

[166] Het is vreemd, dat dit niet genoemd wordt onder de gevallen van **can.1071** § **1**. Voor een uitvoerigere uiteenzetting over het huwelijk-onder-voorwaarde: zie **Heimerl/Pree**, a.w., pp.227-228.

[167] Zie **R.Torfs**, Huwelijk, *dl.III*, pp.538-542.

of haar, die bedreigt of bedreigd wordt (waarbij geslacht of leeftijd een rol kan spelen). De bedreiging kan m.a.w. zó zijn, dat iedereen ervoor door de knieën gaat (absoluut) of zó, dat de bedreigde, gezien karakter en aanleg, daarvoor door de knieën gaat (relatief)[168]; b) de bedreiging moet *van buitenaf* komen, d.i. van één of meer andere personen uitgaan; een louter ingebeelde angst maakt een huwelijk niet ongeldig[169] en c) het *huwelijk* moet voor de bedreigde *de enige uitweg* zijn om aan de bedreiging te ontkomen[170]. Het komt dus aan op wat de bedreigde meent te moeten doen, niet op de intentie van degene, die dreigt. Het is ook hier aan de kerkelijke Rechtbank te bepalen of en wanneer een huwelijk, gesloten onder of t.g.v. ernstige vreesaanjaging, nietig kan worden verklaard.

Dit geldt in het bijzonder ook voor een specifieke vorm van bedreiging, nl. die welke uit kan gaan van een hoger geplaatste (superieur) naar een ondergeschikte. Denk aan de relatie ouder-kind, voogd-pleegkind, werkgever-werknemer. In al deze gevallen is er sprake van een afhankelijkheidsrelatie, waarin eerder dan onder buitenstaanders sprake kan zijn van een bedreiging, die de kenmerken van de in **can.1103** genoemden vertoont. Deze vorm van bedreiging wordt *'metus reverentialis'* genoemd, d.w.z. bedreiging, die een eigen kleur krijgt door de aan de superieur verschuldigde eerbied (= *reverentia*). Een ander bijzonder geval van ernstige vreesaanjaging is de *dreiging met zelfmoord*[171].

Omtrent deze canoniekrechtelijke huwelijksnietigheidsgrond bepaalt het *Nederlandse BW* in *art.1: 71,1*: "Een echtgenoot kan de nietigverklaring van zijn huwelijk vorderen, wanneer dit onder invloed van een onrechtmatige ernstige bedreiging is gesloten"; en *lid 3*: "De bevoegdheid van de echtgenoot de nietigverklaring wegens bedreiging...te vorderen vervalt, wanneer de echtgenoten zes maanden hebben

[168] De woorden *"iniuste incussus"* (*"onrechtmatig aangedaan")* uit *can.1087 § 1 CIC/17* zijn geschrapt omdat iedere bedreiging onrechtmatig is.

[169] Een huwelijk uit angst, die van binnenuit komt zodat iemand onder invloed daarvan een huwelijk sluit, kan om een andere reden eventueel nietig worden verklaard, nl. op grond van **can.1095 n.2**. Om die reden ook is *can.1087 § 2 CIC/17* ("Geen enkele andere vrees, ook al is zij oorzaak van het contract, brengt de huwelijksnietigheid met zich mee") geschrapt.

[170] De **Codex/83** heeft de in de corresponderende *can.1087* § 1 CIC/17 voorkomende term "*onrechtmatig* aangedane (bedreiging)" laten vallen, omdat de bedreiging als zodanig, onafhankelijk van de vraag of zij al of niet rechtmatig is, oorzaak is van de eventuele nietigheid van het huwelijk.

[171] Zie **Heimerl/Pree**, a.w., pp.230-231. Op de vraag of **can.1103** ook van toepassing is op huwelijken van niet-katholieken antwoordde de *PCI* op 23 april 1987 bevestigend: *AAS* 79(1987)1132; *COMM.* 19(1987)149.

samengewoond sedert het ophouden van de bedreiging...,zonder dat de vordering is ingesteld".

Het *Belgische BW* bepaalt in *art.180* dat bij gebreke aan vrije toestemming de nietigheid van het huwelijk kan worden gevorderd tot zes maanden nadat de echtgenoot zijn volle vrijheid heeft herkregen. Wordt het huwelijksleven langer dan zes maanden na het herkrijgen van deze volle vrijheid voortgezet dan is de vordering niet ontvankelijk.

3. SLOTBEPALINGEN OVER DE HUWELIJKSTOESTEMMING

3.1. *Wettige uiting* (can.1104)

Wanneer **can.1057 § 1** spreekt over de "wettige uiting" van de huwelijkstoestemming, moet ook aan de volgende voorwaarden worden voldaan, wil de huwelijkssluiting geldig zijn:

a) de huwenden moeten òf persoonlijk òf door een gevolmachtigde tegelijk aanwezig zijn; bijgevolg is een consensus-uitwisseling per brief, bode of communicatiemedium (radio, televisie, telegraaf, telefoon) onwettig (**can.1104 § 1**);
b) de consensus-uitwisseling dient voor een geldig huwelijk zó geuit te worden, dat de innerlijke wil van de huwenden om met elkaar te trouwen ondubbelzinnig vaststaat: dat kan gebeuren door *woorden*, maar, als de huwende(n) niet kan (kunnen) spreken, ook door *gelijkwaardige tekenen* (hoofdknik, overreiken van de ringen aan elkaar enz.) (**§ 2**).

3.2. *Huwelijk door middel van een gevolmachtigde* (can.1105)

Dit soort huwelijk (ook wel *huwelijk-per-handschoen* genoemd) komt zelden voor, is aan bijzondere regels gebonden, die in **can.1105** worden weergegeven, en behoeft in voorkomende gevallen altijd het verlof van de plaatselijk Ordinaris (**can.1071 § 1 n.7**)[172].

Het *Nederlandse BW* bepaalt in *art.1: 66*: "Het staat Onze Minister van Justitie vrij, uit hoofde van gewichtige redenen aan partijen te vergunnen het huwelijk door een bijzondere bij authentieke akte gevolmachtigde te voltrekken".

3.3. *Huwelijkssluiting via een tolk* (can.1106)

Alvorens een huwelijk gesloten wordt met behulp van een tolk omdat de partners elkaars taal niet verstaan, moet de pastoor zich overtuigen van haar of zijn betrouwbaarheid.

[172] Zie *COMM.* 9(1977)377.

3.4. *Presumptie voortduring huwelijksconsensus* (can.1107)

In verband met de eventuele geldigmaking van een huwelijk dat ongeldig is vanwege een beletsel, waarin niet gedispenseerd is, of vanwege een gebrek in de canonieke vorm, stelt deze canon het rechtsvermoeden op dat desondanks de huwelijkstoestemming blijft voortduren "tot herroeping ervan vaststaat".

B. NIETIGHEIDSGRONDEN, PROCEDUREEL BEKEKEN

In huwelijksprocedures, waarin de (eventuele) ongeldig- of nietigverklaring van een huwelijk vastgesteld moet worden, dient men zich te houden aan de daarop betrekking hebbende normen van **Boek VII CIC/83 cc.1671-1685**[173]. Voor de toepassing daarvan beschikt ieder bisdom over een eigen kerkelijke Rechtbank[174]. Enkele bisdommen in Nederland beschikken over een brochure, waarin in grote lijnen de "procedure van ongeldigverklaring van een huwelijk" uiteen wordt gezet: zó het aartsbisdom, waarvan de brochure verspreiding vond in de bisdommen Utrecht, Groningen en Rotterdam[175]; het Officialaat van 's Hertogenbosch kent zelfs twee (een beknopte en meer uitgebreide) brochures.

ARTIKEL IV: DE CANONIEKE HUWELIJKSSLUITINGSVORM

Inleiding

De enige adequate oorzaak voor de totstandkoming van een huwelijk is wat zijn "innerlijke structuur" aangaat de huwelijksconsensus. Maar

[173] Ik wijs op een gelukkige verandering: ook een niet-katholieke echtgeno(o)t(e) heeft volgens **can.1674** het recht de huwelijksnietigverklaring aan te vragen (vgl. dit met *can.1971* § 1 n.1 CIC/1917).

[174] Ideëel gesproken althans, maar in Nederland is momenteel alles in beweging m.b.t. de kerkelijke rechtbanken (gerechtsvicariaten of officialaten), mede omdat het steeds moeilijker wordt hiervoor gekwalificeerde Gerechtsvicarissen te krijgen, want zij moeten volgens onze huidige wetgeving (**can. 1420 § 4**) priester gewijd zijn. Volgens de Apost.Const.*Spirituali militum curae*(1986) is in de eerste instantie de rechtbank van het bisdom, waarin de curie van het militaire Ordinariaat haar zetel heeft, in rechtszaken bevoegd; in de Statuten zal een rechtbank van beroep worden aangewezen (norm XIV); statutair (art.8) is bepaald dat het Ordinariaat voor de rechtbank in tweede instantie de regelingen van de genoemde rechtbank volgt. – **R.Sebott** herhaalt in *Stimmen der Zeit* 1983 pp.271-272 nog eens, wat **P.Huizing**, *Alternatief kerkelijk huwelijksrecht* (Bilthoven 1974) zegt over de ont-juridisering van het hele huwelijksprocesrecht.

[175] Verkrijgbaar bij het Officialaat te Utrecht. Het is aanbevelenswaardig dat iedere pastor daarover beschikt. Voorts wijs ik op de 'inaugurale rede' van **H.v.d.Meer**, *Het kerkelijk huwelijksproces. Een zaak van de wet of van pastorale zorg?* Daarin geeft hij de gedachten weer, waardoor het Officialaat van Roermond zich laat leiden: *An.Rmd.* 69(1988)76-97.

de inbouw van het huwelijk in de rechtsorde, in de kerkgemeenschap, zijn "uiterlijke structuur", krijgt het huwelijk door een bepaalde vorm, waarin het gesloten moet worden en waardoor een concreet huwelijk openbaar wordt en daarmee ook rechtsbescherming en rechtszekerheid krijgt.

De canonieke huwelijkssluitingsvorm werd als geldigheidsvereiste voor het eerst in de geschiedenis vastgesteld door het Concilie van Trente. Op 11 november 1563 vaardigde dit Concilie het beroemde decreet *Tametsi* uit, waarin op straffe van nietigheid deze vorm werd voorgeschreven: sluiting dient te geschieden ten overstaan van een pastoor (of andere gevolmachtigde priester) en twee of drie getuigen. Met deze lang en heftig bediscussiëerde beslissing wilde het Concilie (ook op verzoek van met name de Franse Regering) een einde maken aan de zgn.*clandestiniteit* van huwelijkssluitingen[176].

Dit laatste heeft enige uitleg nodig. Het probleem van de clandestiniteit, d.w.z. van huwelijkssluitingen zonder enige openbaarheid, vindt zijn oorsprong eigenlijk in het belangrijke gegeven dat de Kerk het enige huwelijk-stichtende element is gaan zien in de consensus[177]. Daardoor zijn geleidelijk aan de volksgebruiken, die aan de huwelijkssluiting vanzelf een openbaar karakter gaven, als juridisch onbelangrijk beschouwd; mede daardoor zijn ze op den duur helemaal verdwenen. Immers: wanneer alleen de toestemming het huwelijk doet ontstaan en het andere achterwege kàn blijven, is de onvermijdelijke consequentie, dat men kan trouwen wanneer en hoe men wil. Wel was binnen de Kerk, die steeds meer volksgebruiken absorbeerde, het gebruik gegroeid dat christenen hun toestemming uitwisselden *vóór* de kerk (letterlijk te verstaan) om dan *in* de kerk de huwelijkszegen van de priester te ontvangen. Kerkjuridisch was dit niet (zeker niet voor de geldigheid van het huwelijk) verplicht zodat ook hier de clandestiene huwelijken hand over hand toenamen. Gevolg was, dat men niet wist of er voor een concreet huwelijk bepaalde beletselen (m.n. bloedverwantschap) in de weg stonden, of de partners in voldoende vrijheid tot het huwelijk besloten hadden; ook de wettigheid van de kinderen stond daarmee op het spel en alles, wat met overerving te maken had.

Het Vierde Lateraans Concilie (1215) probeerde dit, óók maatschappelijke, kwaad te keren. Om eventuele beletselen te kunnen ontdekken,

[176] *Sess.XXIV*, de reform.matrimonii, cap.1; **H.Jedin e.a.**, *Conciliorum Oecumenicorum Decreta* (1962), pp.731 vv.

[177] Zie **A.P.H.Meijers**, a.a., pp. 403-404.

werd het priesters verboden te assisteren bij huwelijken, waarvan de sluiting niet van te voren publiek in de kerk was afgekondigd. Bij overtreding volgden zware straffen voor de priester en de huwenden, nl. excommunicatie. Deze maatregel sorteerde weinig effect. De volgende eeuwen kenden nog meer clandestiene huwelijken als gevolg van een voortgaande uitholling van de volksgebruiken. Opnieuw geconfronteerd met dit probleem en mede op aandrang van vooral de Franse koning heeft het Concilie van Trente de reeds genoemde beslissing genomen; daarnaast schreef het de huwelijksafkondiging op drie achtereenvolgende zondagen voor alsmede het aanleggen van een huwelijksregister en gaf het een warme aanbeveling mee voor de handhaving van de plaatselijke gebruiken en ceremonies. Tegen deze achtergrond[178] worden de bepalingen uit de **Codex/83** duidelijk. "Men hield vast aan de verplichte vorm van huwelijkssluiting, met als argument, dat een openbare en officiële, vormgebonden kerkelijke huwelijkssluiting kan garanderen dat rechtens vaststaat welke gelovigen een sacramenteel huwelijk gesloten hebben"[179].

1. Wat houdt de canonieke vorm in? (can.1108)

Ondanks de suggestie van allerlei kanten[180] om het hele instituut van de canonieke vorm nog eens te herdenken vanuit sociologisch, canoniek en theologisch standpunt[181] heeft de verantwoordelijke studiegroep zich ogenschijnlijk buiten al die problemen opgesteld[182]. Hij gaat zonder

[178] Zie voor een uitvoeriger inzicht in de besluiten van Trente en hun voorgeschiedenis: **E.Schillebeeckx**, *Het huwelijk.* Aardse werkelijkheid en heilsmysterie I (Bilthoven 1963); **P.J. Huizing**, *De trentse huwelijksvorm* (inaugurele rede; Hilversum 1966); **A.P.H.Meijers**, *Pastorale werkers en kerkelijke huwelijkssluiting. Naar een interpretatie van canon 1112 van de Codex van 1983* – in: *Tijdschr.voor Theologie* 31(1991)402-418. Wij gaan hier voorbij aan de vaak ingewikkelde situaties, die ontstonden als gevolg van het voorschrift van *Tametsi*, dat het decreet alleen dáár zou gelden, waar het werd afgekondigd; tevens gaan we voorbij aan de wisselvalligheden van de canonieke vorm, die volgens Trente moest gelden voor *alle*, ook niet-katholiek gedoopten; uitzonderingen op deze regel bleven, te beginnen in de Lage Landen (Nederland en België in 1741), niet uit tot ook aan die uitzonderingen weer een einde werd gemaakt met de *Codex/17* (hier en daar ook al daarvóór): zie **H.Zapp**, a.w., pp.190-192.

[179] Aldus **A.P.H.Meijers**, a.a., p.412.

[180] Bv. de *Canon Law Society of America* en vele canonisten uit Canada.

[181] Tevens werd gesuggereerd nog eens een onderzoek in te stellen naar de mogelijkheid van gelovige niet-sacramentele huwelijken en daarbij te letten op de traditionele benadrukking van de (natuurlijke) toereikendheid van de consensus; tegelijk zou men zich af moeten vragen wat de frequente huwelijksnietigverklaringen, alleen al op grond van een gebrek in de vorm, ons te zeggen hebben.

[182] Vgl. *COMM.* 3(1971)78-81; 7(1975)39-40; 8(1976)32-35; 10(1978)86-98.

meer uit van het basisconcept, dat de canonieke vorm, alle maatschappelijke en culturele veranderingen ten spijt, voor de geldigheid van een huwelijk noodzakelijk is; hij is er alleen op uit de bestaande bepalingen te vereenvoudigen of te verhelderen.

Die vorm bestaat er in dat de huwenden hun ja-woord uitspreken ten overstaan van een wettige vertegenwoordiger van de Kerk, d.i. een rechtens gevolmachtigde of door hem gedelegeerde gekwalificeerde getuige van de Kerk (**§ 1**), die een *actieve* rol speelt bij de huwelijkssluiting in die zin, dat hij aan de huwenden vraagt hun toestemming te geven, en deze toestemming in naam van de Kerk in ontvangst neemt (**§ 2**)[183]. Daarnaast zijn twee huwelijksgetuigen nodig, aan wie geen bijzondere eisen worden gesteld. Hun louter passieve aanwezigheid is voldoende, maar tegelijk noodzakelijk voor de geldigheid van het huwelijk. Als getuigen kunnen ook niet-katholiek gedoopten, minderjarigen (ouder dan zeven jaar) **(can.97)** of ongedoopten worden gevraagd; onbekwaam zijn dus kleine kinderen, geesteszieken, dronken mensen enz.

Op deze algemene regel zijn allerlei uitzonderingen mogelijk, die in het vervolg nog ter sprake zullen komen. Genoemd worden in **can.1108 § 1**: de **cc.144, 1112 § 1, 1116** en **1127 §§ 1** en **2**[184].

De canonieke huwelijkssluitingsvorm in de met Rome geünieerde Oosterse Kerken bestaat in de *"ritus sacer"*, een heilige rite. Daar is al sprake van als een assisterende priester, die de zegen geeft, tussenbeide komt: zie **CCEO can.828 §§ 1** en **2**.

2. Wie kan geldig assisteren? (cc.1108-1112)

a) de *plaatselijke Ordinaris*, d.i. de Bisschop na de canonieke 'inbezitname' van het bisdom, de Vicaris-generaal of Episcopaal-vicaris na

[183] Deze **§ 2** geeft de gedachte weer van het Decreet *Ne temere* [1907; *Acta Sanctae Sedis* 40(1907)525-530], waarin iedere rechtsgrond werd ontnomen aan wat men wel de huwelijken-bij-overrompeling noemde. Dit soort huwelijken bleek mogelijk en is feitelijk ook gesloten door een ruime interpretatie van het Decreet *Tametsi*(1563), dat – zo zei men – alleen de *passieve aanwezigheid* van een gekwalificeerd getuige verplichtend voorschreef. Dat de actieve aanwezigheid van de gekwalificeerde getuige zonder enige dwang zou moeten zijn (vgl. *can.1O95 § 1 n.3 CIC/17*: Geldig bij een huwelijk assisteren kan men "mits men niet, door geweld of ernstige vrees geprest de consensus afvraagt en in ontvangst neemt") werd als zó vanzelfsprekend beschouwd, dat het niet opnieuw opgenomen is in de **Codex/83**. Vgl.*COMM.* 8(1976)37; 10(1978)86. – Wat betreft de vraag wat huwelijksassistentie precies inhoudt zie **A.P.H.Meijers**, a.a., p.410.

[184] Op 21 november 1988 [*AAS* 80(1988)1819] is de foutieve vermelding van **can.1127 §§ 2** en **3** in de eerste uitgaven van de Codex op verzoek van de Paus aldus gecorrigeerd.

hun benoeming (vgl.**can.134 § 2**) en de *pastoor*[185] assisteren *ambtshalve binnen de grenzen van hun gebied* geldig bij *alle* huwelijken, ook van niet-diocesanen of niet-parochianen, tenminste als één van beiden tot de Latijnse ritus behoort en de Ordinaris of pastoor niet door een of andere censuur getroffen is (**can.1109**). De **CCEO can.829 § 1** bevat een vergelijkbaar voorschrift;

b) wanneer het niet om een territoriaal bisdom of een territoriale parochie gaat, maar om een *personele Ordinaris* of *pastoor* (bv. van militairen, studenten enz.), assisteren zij ambtshalve geldig bij huwelijken, waarvan minstens één van de partners tot dat personele bisdom of die personele parochie behoort (**can.1110**), en wel overal, voorzover hun ambtsvolmacht niet territoriaal begrensd is; is dat wel het geval, dan hebben zij buiten het eigen rechtsgebied *delegatie* nodig, *ook voor het huwelijk van eigen onderdanen*, van de aldaar bevoegde instanties;

c) wie *gewone*, d.i. rechtstreeks aan het ambt verbonden, volmacht heeft om bij een huwelijk te assisteren nl. de plaatselijke Ordinaris en de pastoor, kan voor huwelijken binnen zijn ambtsgebied ook aan andere personen bevoegdheid geven (delegeren), hetzij voor een *bijzonder geval*, d.w.z. voor een *bepaald* huwelijk en gegeven aan een *concreet* persoon[186] (beide zijn volgens **can.1111 § 2** *geldigheids*vereisten), hetzij *algemeen*. Het is echter niet nodig de *bijzondere* delegatie schriftelijk te geven[187], zoals dit wel het geval is voor een *algemene* delegatie, d.i. de overdracht van de bevoegdheid om binnen het rechtsgebied van degene, die de bevoegdheid verleent, te assisteren bij alle voorkomende, nu nog onbepaalde, huwelijken[188]. Op deze

[185] Waaronder we verstaan: de pastoor van **can.519** totdat hij zijn ambt verliest (**can.538 § 1**), de quasi-pastoor (**can. 516**), ieder lid van een priesterteam volgens **can.517 § 1** tot aan het ambtsverlies (**cc.543 § 1** en **542 n.3**), de parochie-administrator van de **cc.539** en **540 § 1**, de parochievicaris van **can.541 § 1**, de priesters van de **cc.517 § 2, 533 § 3** en **549**.

[186] Het is dus niet voldoende de persoon onbepaald te laten, bv. hij zal assisteren, die in het weekend door de Overste van een klooster zal worden aangewezen of de priester, die door het echtpaar wordt gekozen. Alvorens zo'n bijzondere delegatie gegeven wordt, moet volgens **can.1113** worden nagegaan of de betrokkenen de "vrijheid van staat" hebben om te trouwen; staat deze niet vast, dan is huwelijksassistentie ongeoorloofd volgens **can.1114**.

[187] Voordat een dgl. delegatie gegeven wordt, moet er voor gezorgd zijn dat via een "Verklaring vóór de huwelijkssluiting" is komen vast te staan, dat partijen in alle vrijheid en zonder enig beletsel het huwelijk aangaan: **can.1113**. Deze vaststelling komt bij een delegatie in een bijzonder geval *primair* neer op de plaatselijke Ordinaris of op de pastoor.

[188] Ook dan moet voor degene, die assisteert, de "vrije staat" van de huwenden vaststaan om geoorloofd te assisteren; tevens moet hij zeker zijn, als dat kan, van het verlof van de pastoor, telkens wanneer hij krachtens een algemene delegatie assisteert: **can.1114**. De

wijze kunnen *priesters* en *diakens* door de Ordinaris en de pastoor gedelegeerd worden (**can.1111**). Iedere priester of diaken, maar ook een leek (man of vrouw) zou – bij vervulling van de in **can.1112** geformuleerde eisen! – algemeen gedelegeerd kunnen worden, *mits* dit (geldigheidsvoorwaarde) schriftelijk gebeurt[189];

d) zelfs voorziet het nieuwe Wetboek in de mogelijkheid dat *leken* (mannen en vrouwen) worden gedelegeerd om bij huwelijken te assisteren als gekwalificeerd getuige[190]. In het recente verleden werd de huidige bepaling voorafgegaan en geinspireerd door enkele instructies van de Sacramentencongregatie. In de Instr.*Ad Sanctam Sedem* (1971) is de Congregatie nog zeer terughoudend: het beste is in voorkomende gevallen de *buitengewone canonieke vorm* (zie verderop) in acht te nemen. In de Instr. *Sacramentalem indolem* (1974) gaat zij veel verder. Daarin wordt aan een Romeinse Congregatie, ieder voor haar eigen rechtsgebied, de bevoegdheid gegeven om voor een bepaalde tijd, maar niet langer dan twee jaar, aan de plaatselijke Ordinarissen, na een gunstig advies van de BC, op deugdelijke gronden aan een met name door hen gekozen gelovige katholieke leek toestemming te geven tot het assisteren bij huwelijkssluitingen; na het verstrijken van de aangegeven periode moet de Ordinaris verslag uitbrengen aan de Apostolische Stoel. Hij/zij kan echter niet dispenseren in huwelijksbeletselen. Gezien deze in gang gezette praktijk is op verzoek van enkele leden van de werkgroep voor het huwelijk de mogelijke assistentie door leken "op universeel-kerkelijk niveau"

bij algemene delegatie verkregen bevoegdheid kan door de betrokken priester of diaken voor afzonderlijke gevallen gesubdelegeerd worden; bij bijzondere delegatie is subdelegatie alleen toegestaan als degene, die gedelegeerd heeft, dit uitdrukkelijk toestaat (**can.137 § 3**).

189 Voor de discussie (in de voorbereidingsfase) over alles, wat met deze delegatie te maken heeft zie *COMM*. 10 (1978)86-87 en 92-94.

190 Vgl.*COMM*. 8(1976)40 en 10(1978)92-94 en vooral p.86, waaruit blijkt, dat sommige consultoren van de betreffende werkgroep van de Codexherzieningscommissie dachten aan het bevoegd-verklaren van leken zó dat Bisschoppen op de gebruikelijke wijze leken zouden kunnen aanwijzen voor deze functie, maar dat de consultoren uiteindelijk unaniem van mening waren de Apost.Stoel hierin te laten voorzien via een speciaal indult. Tenslotte is de mogelijkheid daartoe in de Codex opgenomen niettegenstaande de objectie van één der consultoren, voor wie de buitengewone canonieke vorm (zie verderop) voldoende was om tegemoet te komen aan de problemen, die ontstaan door een gebrek aan priesters en/of diakens (*CDC P/M*, p.651), zoals ook in de Instructie *Ad Sanctam Sedem* van de Sacramentencongregatie (1971) voorgehouden werd. De regeling van **can.1112 § 1** sluit aan bij de Instr. *Sacramentalem indolem*(1974) van dezelfde Congregatie. – Het is niet de eerste keer in de geschiedenis, dat aan leken assistentie-bevoegdheid wordt toegekend: **A.P.H.Meijers**, a.a., p.409 wijst op lokaal-rechtelijke regelingen tussen de 16e en 18e eeuw, bv. in Hongarije.

geregeld[191]. Tegen deze achtergrond is **can.1112** ontstaan: "*Waar priesters en diakens ontbreken, kan de diocesane Bisschop, met voorafgaand gunstig oordeel van de bisschoppenconferentie en na het verkrijgen van verlof van de Heilige Stoel, leken delegeren om bij huwelijken te assisteren*". De bevoegdheid van de diocesane Bisschop[192] is, zo blijkt uit deze bepaling, sterk geclausuleerd, maar een commentator heeft m.i. overtuigend aangetoond, dat de clausulering, c.q. conditionering van de bisschoppelijke bevoegdheid niet de geldigheid, maar alleen de geoorloofdheid van zijn handelen raakt, d.w.z. als een diocesane Bisschop zonder het gunstig oordeel van de BC en zonder het verlof van de Apostolische Stoel een leek (man of vrouw) delegeert, is de huwelijksassistentie geldig[193]. Een pastoraal werk(st)er *kan* dus wel gedelegeerd worden om bij een huwelijkssluiting te assisteren, maar het *mag* alleen op de voorwaarden van **can.1112 § 1**[194]. Doorslaggevend is het gebrek aan gewijde bedienaren[195]. We mogen er echter geen enkele twijfel over laten bestaan, dat

[191] *COMM.* 10(1978)86, ofschoon de consultoren toen nog van mening waren, dat alleen de Apostolische Stoel hierin zou moeten voorzien door een speciaal indult. Daarna pas is gekozen voor de huidige formulering van **can.1112 § 1**, zij het ook nu niet zonder daarbij op te merken dat in de huidige omstandigheden niet de Apostolische Stoel daarin zou moeten voorzien maar dat men rechtens aan de Bisschoppen de bevoegdheid toe zou moeten kennen om op bepaalde voorwaarden leken te delegeren: *COMM.* 10(1978)92-93. Zie ook **A.P.H.Meijers**, a.a., p.412.

[192] In het eerste ontwerp was nog sprake van de pastoor en de plaatselijke Ordinaris, die volgens de normen van de BC priesters, diakens en goed geïnstrueerde leken bevoegd konden verklaren voor de huwelijksassistentie: zie *COMM.* 8(1976)39-40; 10(1978)88-89, 92-94 en 15(1983)236. Dit ontwerp gaf aanmerkelijk meer ruimte dan de eindredactie van deze canon, maar belangrijk blijft dat ook hierin de beslissing om leken te laten assisteren als gekwalificeerd getuige op lokaal-kerkelijk niveau ligt.

[193] Zie **A.P.H.Meijers**, a.a., pp.414-417. Interessant en een bevestiging van zijn opinie is ook de woordkeuze binnen de werkgroep voor het huwelijksschema, waar aanvankelijk werd voorgesteld deze formule te gebruiken: "na verkregen *bevoegdheid(facultas)* van de Apostolische Stoel" i.p.v. "na verkregen *verlof* van de Apostolische Stoel", omdat het hier over een speciale bevoegdheid gaat, die men moet krijgen: zie *Schema/1980 can.1066 § 1* en *Schema/1982 can.1112 § 1*, maar in de eindredactie toch is vervangen door *"verlof" (licentia)*. Vgl.*COMM.* 10(1978)92-93. Zie ook **Heimerl/Pree**, a.w., p.237 sub 2 b.

[194] Blijkbaar gaat *CDC(P/M)*, p.651 er van uit dat de in **§ 1** genoemde voorwaarden *geldigheids*voorwaarden zijn; *NDP*, p.437 misschien ook.

[195] De Frans sprekende BC van Canada bepaalde in 1984 bij decreet dat dáár, waar geen priesters of diakens beschikbaar zijn, in bijzondere gevallen bekwame leken door de Bisschop kunnen worden aangewezen om huwelijkssluitingen te vieren en de consensus van de huwenden te vragen en deze in naam van de Kerk te aanvaarden (**can.1108 § 2**): *CDC (P/M)*, p.1277. Een dgl. principe-beslissing is in de Lage Landen nog niet genomen. Is het tekort aan gewijde bedienaren daarvoor (nog) niet alarmerend genoeg? Of is het aantal situaties, waarin er dringend behoefte is aan een bevoegde pastoraal werk(st)er, relatief gesproken, te gering in aantal? In ieder geval zou daar, waar volgens **can.517 § 2** het

een huwelijk, gesloten t.o.v. een pastoraal werk (st)er en twee getuigen, wegens vormgebrek *ongeldig* is zo vaak hij/zij daartoe niet gedelegeerd is[196]. Zeker is dat deze canon op den duur ruimte schept voor alle niet-gewijden, die professioneel werkzaam zijn in de parochies. Te betreuren is m.i. dat Bisschoppen niet zonder meer gemachtigd zijn om naar behoefte van de omstandigheden leken (o.a. pastorale werkers en werksters) te delegeren, temeer omdat de achtergrond van de Trentse canonieke vorm geen andere was dan het geven van de vereiste openbaarheid aan een huwelijk. De nu nog bestaande centralistische bepaling van **can.1112** staat haaks op het subsidiariteitsbeginsel, dat op de eerste algemene vergadering van de Bisschoppensynode in 1967 met grote meerderheid werd aanvaard[197]. **Can.1112 § 2** wijst er verder op dat alleen die leken gekozen dienen te worden, die bekwaam zijn om de huwenden op een juiste manier te onderrichten en die een goede huwelijksliturgie kunnen vieren.

3. Wettelijke aanvulling (suppletie) van ontbrekende volmacht

Op grond van alle bovengenoemde vormvoorschriften, waarmee de geldigheid van het huwelijk gemoeid is, dreigen veel huwelijken *formeel* ongeldig te zijn of zijn het in feite. Om die reden is in de **Codex/83 can.144 § 2** opgenomen, die in theorie al lang aanvaard werd, nl. dat de Kerk in een aantal gevallen de ontbrekende bevoegdheid aanvult (suppleert), te weten: bij een algemene dwaling, d.i. bij een onnauwkeurige of onjuiste inschatting van de vraag hoe een bepaalde norm moet worden geïnterpreteerd *(dwaling in rechte)* of van de vraag of de betrokken persoon feitelijk wel de vereiste bevoegdheid heeft *(dwaling in feite)*, en eveneens bij positieve en waarschijnlijke *twijfel*, d.i. een op soliede argumenten steunende twijfel van degene, die een juridische handeling stelt en zich afvraagt of hij daartoe wel gerechtigd is *(twijfel in rechte)* of over de vraag of zijn bevoegdheid wel van toepassing is op een concreet geval *(twijfel in feite)*. Wie de indruk mocht hebben dat met deze bepaling alle minutieuze bepalingen over de geldige huwelijksassistentie op losse schroeven worden gezet of dat daarmee de problemen rond de huwelijksassistenties van pastorale werk(st)ers gemakkelijk oplosbaar

parochiepastoraat aan een leek wordt toevertrouwd, hem(haar) ook de assistentiebevoegdheid moeten toekomen; evenzo wanneer het huwelijkspastoraat in één of meer parochies aan een pastoraal werk(st)er wordt toevertrouwd (**A.P.H.Meijers**, a.a., p.416).

196 Zie **O.F. ter Reegen**, *Omwille van de mensen* – in: *An.Utr.* 58(1985)80-81 en 160-165.

197 Zie *COMM.* 1(1969)80-82 en 99-100.

zijn, vergist zich. Beginnend met dit laatste is de vraag of op hen/haar de regel van **can.144 § 2** wel toepasbaar is in gevallen, waarin *te goeder trouw* gehandeld is. Zeker niet in directe zin, want in deze canon wordt wel naar **can.1111 § 1**[198], niet naar **can.1112** verwezen. Men kan zich echter afvragen of er via een analoge rechtstoepassing **(can. 19)** toch geen sprake zou kunnen zijn van een aanvulling van ontbrekende volmacht voor hen, die te goeder trouw gehandeld hebben[199].

Enkele voorbeelden[200] maken duidelijk, hoe **can.144 § 2** toepassing kan vinden in andere gevallen: een pastoor is afwezig, heeft juridisch niets geregeld en wordt vervangen door degene, die dat 's zondags ook altijd doet. De hele parochie of de grote meerderheid daarvan denkt of moet wel denken dat die vervanger over de nodige volmachten beschikt. Of: een pastoor heeft een huwelijk met dag en uur in het parochieblad aangekondigd, maar vergeet een priester-neef van de bruid te delegeren voor de huwelijksassistentie. De parochiegemeenschap moet wel denken dat deze priester mag assisteren. Maar als een priester zonder enige assistentiebevoegdheid in besloten kring een huwelijk inzegent, terwijl de bevoegde pastoor van de parochie, waar dit gebeurt, van niets weet, is er geen sprake van algemene dwaling. Of: een pastoor heeft een priester, die toevallig in zijn parochie verblijft, gevraagd hem een dag te vervangen. Op die dag is er een huwelijkssluiting, maar die priester twijfelt of hij ook hiervoor uitdrukkelijk opdracht kreeg; hij kan dan gerust assisteren: de vraag van de pastoor hem te vervangen is een positief argument voor de twijfel[201].

4. In welke parochie en op welke plaats dient de huwelijkssluiting plaats te vinden? (cc.1115 en 1118).

4.1. Parochie

Uit **can.1115** blijkt, dat de nieuwe Codex niet meer, zoals *can.1097 § 2 CIC/17* nog deed, een voorkeur uitspreekt voor de huwelijkssluiting in de

[198] Dus naar de toepasbaarheid van deze norm op de *gedelegeerde* volmacht voor huwelijksassistentie, al is de *gewone* volmacht niet uitgesloten: zie **Heimerl/Pree**, a.w., pp.238-239.

[199] Dat vraagt **A.P.H.Meijers**, a.a., p.417 zich ook af en hij laat het bij die vraag. Persoonlijk heb ik de grootste twijfel hierover. Er moet toch een positief argument zijn voor de assistentievolmacht, wil men, zij het per analogie, gebruik maken van **can.144 § 2**. Daarom heb ik er ook bezwaar tegen, dat **Heimerl/Pree**, a.w., p.439 sub c in één adem met de priester of diaken de leek noemt.

[200] Die we ontlenen aan **L.F.Daneels**, a.w., pp.38-39.

[201] In meerderheid wordt aangenomen, dat de toepasbaarheid van **can.144** op één enkele huwelijkssluiting zonder delegatie zich zelden of helemaal niet voordoet; **Heimerl/Pree**, a.w., pp.239-240 verzetten zich daar op m.i. goede gronden tegen; zo ook *NDP*, pp.443-444.

parochie van de bruid; evenmin wordt, als het om een huwelijk van twee katholieken gaat, die tot een verschillende ritus behoren, gezegd dat het in de ritus van de man en t.o.v. diens pastoor gesloten dient te worden. Huwelijken mogen nu gevierd worden in de parochie, waar de huwenden domicilie en/of quasi-domicilie hebben of minstens al een maand verblijven. Zij kunnen dus meerdere pastoors tegelijk hebben, onder wie er geen is met voorrang.

Wie geen vaste verblijfplaats hebben, trouwen in de parochie, waarin zij op dat ogenblik verblijven. En met verlof van de eigen Ordinaris **(can.1071 § 1 n.1)** of eigen pastoor mag het ook *elders* gevierd worden. De eigen pastoor is in dit geval weliswaar niet verplicht in te gaan op het verzoek van de huwenden, maar het zal uit pastorale overwegingen in de meeste gevallen niet verstandig zijn zo'n verzoek naast zich neer te leggen. In dit geval is het passend dat de assistent verlof vraagt van de eigen pastoor. De nieuwe Codex zwijgt tenslotte over de afdracht van *stoolrechten* aan de eigen pastoor zodra een niet-eigen priester zonder dat vereiste verlof assisteert bij een huwelijk.

4.2. **Plaats**

Can.1118 spreekt zich uit over de plaats, waar een huwelijk kan of hoort gesloten te worden:

a) het huwelijk van katholieken onderling of van een katholiek gedoopte met een gedoopte niet-katholiek wordt gesloten in de *parochiekerk* (**§ 1**);
b) met verlof van de plaatselijke Ordinaris kan dit huwelijk ook gevierd worden in een *andere kerk of kapel* (**§ 1**); iedere beperking van deze regel, zoals die voorkomt in de corresponderende *can.1109 § 2 CIC/17* (niet in een seminariekapel of in de kapel van vrouwelijke religieuzen) is afgeschaft;
c) de plaatselijke Ordinaris kan toestaan dat een huwelijk, ongeacht het 'soort', *op een andere passende plaats* gevierd wordt (**§ 2**);
d) het huwelijk van een katholieke partij en een ongedoopte kan zonder tussenkomst van de plaatselijke Ordinaris in een *kerk* of op een *andere passende plaats* gevierd worden (**§ 3**)[202].

5. De buitengewone huwelijkssluitingsvorm ofwel de nood-huwelijkssluiting (can.1116)

Onder de buitengewone canonieke vorm verstaan we die, waarin de aanwezigheid van twee getuigen toereikend is voor de geldige totstand-

[202] Zie o.a. *An.Br.* 1966 onder H van (Huwelijk en Gezin).

koming van een huwelijk. Het gaat dus om huwelijken zonder de assistentie van een priester of diaken, alleen als men niet zonder ernstig bezwaar kan beschikken over of zich kan wenden tot iemand die rechtens bevoegd is tot assistentie. De noodzaak om tot deze vorm zijn toevlucht te nemen kan zich gemakkelijk voordoen in de gevallen van **can.1116 § 1**:

a) *in stervensgevaar* (wie van beide ook daarin verkeert), dat voort kan komen uit een ernstige ziekte, schipbreuk, op handen zijnd gevecht enz.; daarbij kan nog eens gewezen worden op **can.1079 § 2** over dispensatie-mogelijkheden in deze situatie;
b) *buiten stervensgevaar*, mits men naar wijs oordeel voorziet dat men niet zonder ernstig bezwaar (dat kan ernstige schade aan de gezondheid zijn of een ernstige financiële schade, verlies van goede naam, verbod van het kerkelijke vóór het burgerlijke huwelijk enz.) hetzij voor de huwenden hetzij voor de gekwalificeerde getuige, binnen een maand kan beschikken over of zich wenden kan tot iemand, die volgens het recht bevoegd is te assisteren. Dit kan voorkomen in tijden van kerkvervolging, in afgelegen en priesterarme streken, waar op korte termijn geen tot assistentie bevoegde persoon kan worden gevonden. De **CCEO can.832** voegt een derde paragraaf toe, waarin staat dat echtgenoten, die hun huwelijk alleen t.o.v. twee getuigen hebben gesloten, niet na moeten laten om zo vlug mogelijk de huwelijkszegen van de priester te ontvangen.

Van deze voorziening zou echter ook heel gemakkelijk misbruik kunnen worden gemaakt, m.n. daar, waar betrokkenen geen burgerlijk huwelijk kunnen of willen sluiten. Dus ook in Nederland, waar, net als in België, de burgerlijke huwelijkssluiting bij wet vooraf moet gaan aan de kerkelijke, en wel op straffe van hechtenis, subsidiair boete voor de betrokken assistent. Dit civielrechtelijke voorschrift zou men kunnen ontduiken door volgens **can.1116 § 1 n.2** kerkelijk alleen te trouwen voor twee getuigen, die immers niet strafbaar zijn. Dit wordt echter ontoelaatbaar geacht[203].

De **Codex/83** heeft aan de al in *can.1098 CIC/17* opgenomen bepaling over de buitengewone canonieke vorm een belangrijke zinsnede toegevoegd, nl. alleen *"zij die de bedoeling hebben een echt huwelijk aan te gaan"* kunnen geldig en geoorloofd een huwelijk sluiten t.o.v. twee

[203] Zie **Th.J.C. van Bilsen**, Kerkelijk huwelijk zonder voorafgaand burgerlijk huwelijk – in: *An.Utr.* 48(1975)531-540; *An.Gr.* 21(1976)B1-B10; *An.Ha.* 23(1976)H19-H28; *An.Ro.* 21(1976)B8-B19.

getuigen[204], ter voorkoming van het risico dat katholieken, die in de objectieve omstandigheden van **can.1116 § 1** verkeren, alléén een burgerlijk huwelijk sluiten zonder de intentie een echt, in dit geval dus kerkelijk, huwelijk aan te gaan omdat zij denken dat een huwelijk canoniekrechtelijk pas echt is, als het gesloten wordt t.o.v. een gewijde bedienaar[205].

In beide gevallen moet men, al is dit niet nodig voor de geldigheid, zo mogelijk een andere priester of diaken (die niet assistentie-bevoegd zijn) bij de huwelijkssluiting in deze vorm roepen om samen met de getuigen aanwezig te zijn[206]. Dit kan van belang zijn omdat zowel deze priester als diaken de huwelijkszegen kunnen geven en omdat zij beschikken over de dispensatievolmacht van **can.1079 § 2**.

6. Wie zijn aan de canonieke vorm gebonden? (can.1117)

Ook als slechts één van beide huwenden in de katholieke Kerk gedoopt of daarin opgenomen is en haar niet bij formele act verlaten heeft, is zij gebonden aan de canonieke vorm **(can.1117)**[207]. Hieruit blijkt dus, dat ondanks alle tegenstand de verplichting voor gemengd huwenden om zich aan de canonieke vorm te houden is blijven bestaan, al is voor hen dispensatie in die vorm mogelijk (zie verderop). Niet-katholiek gedoopten (zie **can.11**) of katholiek-gedoopten, die bij formele act de R.K.Kerk verlaten hebben **(can.1117)** zijn, wanneer zij onder elkaar trouwen of wanneer een niet-katholiek gedoopte met een zojuist genoemde r.k. gedoopte trouwt, niet aan de canonieke vorm gebonden, zodat een alleen maar burgerlijk gesloten huwelijk een door de R.K.Kerk erkend geldig huwelijk is. Niet-katholieke Oosterse christenen daarentegen zijn aan de door hun eigen recht vereiste vorm gebonden en wel voor de geldigheid van het huwelijk; trouwt een katholiek gedoopte met een niet-katholiek Oosters christen, dan is de (Latijns-Westerse) canonieke vorm alleen noodzakelijk voor de geoorloofdheid.

[204] Zie *COMM.* 3(1971)79-80; 8(1976)54; vooral echter: *COMM.* 10(1978)94-95.

[205] Zie *COMM.* 10(1978)94-96.

[206] Er wordt in **can.1116 § 2** niet over *"assistere"*, maar over *"adesse"* (erbij zijn) gesproken.

[207] Gezien het voorgaande is aan de vormvereisten voldaan, niet alleen door een huwelijk t.o.v. een gekwalificeerd getuige en twee andere getuigen te sluiten, maar eveneens als het huwelijk in de buitengewone vorm of met dispensatie in een andere publieke vorm gesloten wordt, bij een gemengd huwelijk met een niet-katholieke Oosterse christen t.o.v. een "gewijde bedienaar" en tenslotte door een "genezing-in-de-wortel" (zie hierna). Zie *COMM.* 10(1978)96-97.

Een belangrijke nieuwe clausule is echter, dat de verplichting niet bestaat voor hen, die *bij formele act* de katholieke Kerk hebben verlaten na daarin gedoopt of opgenomen te zijn. In de herzieningsfase van de Codex[208] wordt duidelijk gesteld dat een formele scheiding van de Kerk niet altijd gelijkstaat met een publiek afstand nemen van het katholieke geloof. "Publiek afstand nemen" kan gebeuren door zich ofwel te laten inschrijven in een andere Kerk of niet-katholieke kerkelijke gemeenschap of ook door het schriftelijke verzoek het doopsel te schrappen in het doopregister of publiekelijk een leven te leiden, dat in strijd is met de katholieke leer zonder de katholieke Kerk formeel te verlaten. Wie dit laatste doet, lijkt volgens **can.1071 § 1, n.4** nog gebonden aan de canonieke vorm[209].

Anderzijds heeft men in de voorbereidingsfase van de **Codex/83**[210] gediscussiëerd over de vraag of zij die, zonder bij formele act het katholieke geloof te hebben verlaten, *buiten de rooms-katholieke Kerk* zijn opgevoed, ontheven moesten worden van de verplichte canonieke vorm. Van die ontheffing werd afgezien. Dit betekent dus, dat een ongeregeld christelijk leven of opvoeding buiten de Kerk, een openlijk afstand nemen van de katholieke beginselen, niet voldoende is om vrij te zijn van de verplichte canonieke vorm[211]; wel bij formele afstandname (inschrijving bij een niet-katholieke religie of sekte, door een schriftelijke verklaring aan de pastoor of mededeling aan de eigen Bisschop enz.) hebben we te maken met de formele act van **can.1117**[212].

Dispensatie van de canonieke vorm is mogelijk in drie gevallen: bij stervensgevaar **(can.1079)**[213], bij een gemengd huwelijk **(can.1127 § 2)** en bij genezing in de wortel van een ongeldig huwelijk **(cc.1161 § 1** en **1163 § 1)**.

208 Zie *COMM.* 8(1976)54-56 en 10(1978)96-98.

209 **Heimerl/Pree**, a.w., p.245 zijn echter van mening, dat de voor een kerkelijke of civiele instantie te kennen gegeven uittreding uit de R.K.Kerk ook dan afval betekent, als iemand tegelijk verklaart het katholieke geloof te willen bewaren.Er zij nog op gewezen dat de nieuwe formulering van **can.1117** alleen opgaat voor hen, die ná 27 november 1983 getrouwd zijn of gaan trouwen; *niet* voor wie vóór die datum (van de inwerkingtreding van de nieuwe Codex) getrouwd is, want **can.1117** heeft geen terugwerkende kracht.

210 Vgl.*COMM.* 8(1976)59-61.

211 Zie **Heimerl/Pree**, a.w., pp.246-247, die tot de conclusie komen, dat een katholiek gedoopte, die van kindsbeen af niet-katholiek is opgevoed niet aan de canonieke vorm gebonden is, tenminste als de ouders in naam van het kind een formele act hebben gesteld om de Kerk te verlaten. Op z'n minst bestaat hierover een *rechtstwijfel*; vandaar verplicht de wet niet (**can.14**).

212 Ontleend aan *CDC(P/M)*, p.654.

213 Op de vraag of de diocesane Bisschop *buiten* stervensgevaar twee katholieken, die een door de RKK erkend huwelijk willen sluiten, kan dispenseren van de canonieke vorm krachtens **can.87 § 1**, antwoordde de *PCI*: "Neen" (*AAS* 77(1985)771.

7. De liturgische huwelijksviering (cc.1119-1120)

In alle opzichten d.i. zowel wat betreft de *plaats, waar*, de *tijd, waarop* en de *ceremonies, waarmee* het kerkelijke huwelijk kan, c.q. moet worden gevierd, verschilt de nieuwe wetgeving van de oude.

7.1. Wat de *tijd* van het kerkelijke jaar betreft, waarin een huwelijk mag worden gesloten is sedert de Instructie *Inter oecumenici* van de Ritencongregatie(1964) het verbod tot sluiting van een huwelijk in de zgn. *besloten tijd*, d.i. in de Advents- en Veertigdagentijd, opgeheven met dien verstande dat nog wel rekening moet worden gehouden met het bijzondere karakter van deze liturgische periodes (n.75; zie ook *OvD* voor het huwelijk, Inleiding n.11)[214].

7.2. **Cc.1119-1120** handelen over de liturgie rond de huwelijksviering. Behoudens in een noodgeval moet men zich houden aan het nieuwe ritueel, zoals dat op instigatie van *SC* n.77 door de Ritencongregatie gepromulgeerd is in 1969. **Can.1119** staat echter ook een huwelijksviering toe met riten "die aanvaard zijn door wettige gewoonten". Er staat niet bij, wanneer gewoonten als "wettig" mogen worden beschouwd, maar overeenkomstig **can.1120** moeten we aannemen dat het altijd moet gaan om gewoonten, die door de Apostolische Stoel op z'n minst beoordeeld zijn. In deze **can.1120** gaat het immers om de opstelling van een eigen ritueel door de BC in overeenstemming met de gebruiken van plaatsen en volkeren, dat aan de christelijke geest is aangepast. Dit ritueel moet door de Apostolische Stoel worden beoordeeld. Met deze bepaling wordt alle ruimte gegeven aan de inculturatie van het huwelijksritueel.

8. Nietigheidsprocedure op grond van ontbrekende of gebrekkige canonieke vorm

Evenals bij (vermeende) nietigheid van een huwelijk op grond van een beletsel, waarin niet gedispenseerd is, komt het oordeel over een huwelijk, dat nietig wordt geacht op grond van een wezenlijk gebrek in de vorm, toe aan het Officialaat. Ook nu kan en mag zij via een kort

[214] Aanvankelijk bevatte het ontwerp-schema een bepaling over deze zgn. *besloten tijd*: zie *COMM*. 10(1978)103. Vgl. *An*. Br. 1966 onder de letter H (van Huwelijk),p.2; *An.Rmd*. 47 (1966)7; *An.Ro*. 11(1966)8.

documentair proces de eventuele nietigheid uitspreken volgens de regels van de **cc.1686-1688** (zie boven)[215].

9. Registratie van huwelijken (cc.1121-1123)

De registratie van in of buiten de eigen parochie gesloten huwelijken wordt uitvoerig besproken in hoofstuk XI, art. I 2.

ARTIKEL V: GEMENGDE HUWELIJKEN[216]

De **Codex/83** heeft het vroeger bestaande *ongeoorloofdmakende* beletsel van *mixta religio* (gemengde godsdienst) afgeschaft; niettemin gelden voor dit soort huwelijken allerlei voorschriften, die in het navolgende aan de orde komen. Afgezien van **can.1124**, die een omschrijving geeft van het confessioneel gemengde huwelijk van twee gedoopten, moeten alle op dit huwelijk betrekking hebbende bepalingen volgens de **cc.1086 § 2** en **1129** ook worden toegepast op huwelijken, waaraan het beletsel van verschil in eredienst (katholiek gedoopte, die trouwt met een ongedoopte) in de weg staat; dus: de **cc.1125** tot en met **1128.**

1. Katholiek gedoopten met niet-katholiek gedoopten (cc.1124-1128)

Voor het huwelijk van twee gedoopten, waarvan de ene partij in de katholieke Kerk gedoopt of daarin opgenomen is zonder haar bij formele act te hebben verlaten, en van wie de andere partij ingeschreven is in een Kerk of kerkelijke gemeenschap, die niet in volledige gemeenschap leeft met de R.K.Kerk[217], is nu alleen nog uitdrukkelijk *verlof* nodig van

[215] Zie **B.Primetshofer**, *Die kanonistische Bewertung der Zivilehe* – in: *AfkKr* 155(1986)400-427 en **can.1686.** Voor de procedure bij het kerkelijke huwelijk van katholieken, die eerder alléén burgerlijk gehuwd waren en burgerlijk gescheiden zijn zie *An.Br.* 7(1993)85-86.

[216] Al in 1977 deed de werkgroep voor het huwelijksschema het voorstel heel de materie rond (confessioneel) gemengde huwelijken te behandelen in een afzonderlijk hoofdstuk om daardoor beter uit te laten komen dat deze huwelijken aan bijzondere normen onderhevig zijn: *COMM.* 9(1977)134.

[217] Daaronder moeten we verstaan: de reformatorische (lutherse, calvinistische, anglicaanse, waalse) Kerken, de verenigde Kerk van Canada, van de Baptisten, Methodisten, Congregationalisten enz.; verschillende protestantse sekten en de Oosterse, niet met Rome geüniëerde orthodoxe Kerken: *CDC(P)/M) p.*658. Van het *"severissime Ecclesia prohibet"* (*"de Kerk verbiedt allerstrengst"*) ieder gemengd huwelijk uit *can.1060 CIC/17*) is geen spoor meer te bekennen in de **Codex/83**. Men leze er het *Directorium oecumenicum III*(1993) van de Pauselijke Raad voor de Bevordering van de Eenheid van de Christenen nn. 143-160 op na om te ontdekken hoe veel genuanceerder de stellingname van de R.K.Kerk tegenover het gemengde huwelijk geworden is.

de bevoegde overheid (**can.1124**), d.i. de Ordinaris van de plaats, waar de katholieke partner woont[218]. Hij kan dit verlof alleen geven om "een goede en verantwoorde reden"[219] en pas als de volgende voorwaarden vervuld zijn:

a) *de katholieke partij dient te verklaren bereid te zijn gevaar voor geloofsafval te vermijden en zij dient een oprechte belofte af te leggen naar vermogen alles te zullen doen opdat alle kinderen in de katholieke Kerk gedoopt en opgevoed worden*[220];

b) *van deze beloften* dient de *andere partij tijdig op de hoogte* gebracht te worden zó dat de inhoud daarvan en de verplichting van de katholieke partij werkelijk tot haar doordringt; i.t.t. *can.1061 § 1, n.2 CIC/17* wordt van de niet-katholieke partner geen waarborg gevraagd inzake de katholieke doop en opvoeding van de kinderen;

c) voor beide partijen is *onderricht over de wezensdoeleinden en de wezenlijke eigenschappen van het huwelijk* noodzakelijk, want noch het een noch het ander mag worden uitgesloten[221].

Ook in deze bepaling komt, in vergelijking met *can.1060* CIC/17, als nieuw element naar voren, dat geen verlof gevraagd hoeft te worden voor iemand, die bij formele act het katholieke geloof en daarna de Kerk heeft afgeschreven en die wil trouwen met een partner, die behoort tot een Kerk of kerkelijke gemeenschap, die gescheiden is van de R.K. Kerk; dan is hij/zij niet aan de canonieke vorm gebonden[222]. Gaat het

[218] Voor het aanvragen van dit verlof of van dispensatie bestaat een voorgedrukt aanvraagformulier. Het besteladres wordt achterin genoemd.

[219] De Ordinaris beoordeelt dit zelf. Waarschijnlijk is de waarde van dit verlof niet afhankelijk van de reële vervulling van de in **can.1125** genoemde voorwaarden, maar de Ordinaris zal het verlof niet geven, alvorens de katholieke partner de in die canon genoemde verklaring en belofte heeft afgelegd: *CDC (P/M)*, p.659.

[220] Alle aandacht verdienen hier de woorden "naar vermogen", maar als de kinderen feitelijk niet-katholiek worden gedoopt en opgevoed, treedt dan de straf van **can.1366** in werking? Of gebeurt dat alleen, wanneer de katholieke partij niet "naar vermogen" zorg gedragen heeft voor de katholieke doop en opvoeding? Is dit m.a.w. wel een hanteerbaar criterium?

[221] Paus **Joannes Paulus II** laat zich in de Apost.Exh. *Familiaris consortio*(1981) n.78 positief uit over de mogelijkheden van deze huwelijken, die zeker uitgebuit zouden moeten worden in het huwelijksgesprek of in huwelijkscursussen vóór en na de huwelijkssluiting. Vgl.**H.J.F.Reinhardt**, a.w., nn. 190-194, pp.97-99; en de brochure in de reeks Handreiking voor het Pastoraat n.34 *"Gemengd gehuwd? Welkom!"* (Voorburg 1991) met daarin een lijst van de meest recente literatuur.

[222] In haar antwoord van 11 februari 1972 [*AAS* 65(1972) 397] heeft de *PCIV* – met het oog op dispensatie in de canonieke vorm – **can.1127 § 2** ook toepasbaar verklaard op het huwelijk van een katholiek, die wil trouwen met een andere katholieke partij, welke formeel van haar geloof is afgevallen en over is gegaan naar een niet-katholieke godsdienst. Dit huwelijk wordt gelijkgesteld met het gemengde huwelijk van **can. 1124**.

niet om een formele act van uittreding uit de Kerk, maar om vervreemding daarvan, dan kan er hoogstens sprake zijn van geloofsafval en treedt **can.1071 § 1 n.4** in werking: verlof van de plaatselijke Ordinaris is nodig.

2. Canonieke huwelijkssluitingsvorm (can.1127)

Alle publicaties en discussies op en na Vaticanum II ten spijt, waarin de wenselijkheid naar voren werd gebracht om de canonieke vorm niet langer verplicht te stellen voor de *geldigheid* van met name een gemengd huwelijk, hebben de officiële Romeinse documenten de voor de geldigheid verplichte canonieke (gewone of buitengewone) vorm gehandhaafd[223] en nu opnieuw vastgelegd in **can.1127 § 1** voor alle gemengde huwelijken. Hierop is slechts één uitzondering, nl. als een katholieke partij een huwelijk sluit met een niet-katholieke partij van een Oosterse ritus. In deze ritus is de zegen van een gewijde bedienaar (priester of diaken, al is hij niet-katholiek) vereist voor de geldigheid van de huwelijkssluiting (met inachtneming van ook andere rechtsvoorschriften); daarom is de (Latijns-westerse) canonieke vorm alleen noodzakelijk voor de geoorloofdheid[224].

Een tegemoetkoming aan alle voorstanders van de afschaffing van de verplichte canonieke vorm is de in **§ 2** geformuleerde bevoegdheid voor de plaatselijke Ordinaris om, als er ernstige problemen[225] zijn inzake het onderhouden van de canonieke vorm in afzonderlijke gevallen te dispenseren na, waar nodig, overleg met de Ordinaris van de plaats, waar het huwelijk gesloten wordt. Om geldig te zijn moet het huwelijk wel in een of andere publieke vorm worden gesloten, bv. voor de ambtenaar van de burgerlijke stand; in dat geval geldt het burgerlijke huwelijk dus

[223] Vgl. de Instr.*Matrimonii sacramentum*(1966) n.4 van de Congregatie voor de Geloofsleer en het MP van Paus **Paulus VI** *Matrimonia mixta* (1970), voorschrift n.8; *Directorium oecumenicum III*(1993) n.153.

[224] Deze uitzondering vindt haar oorsprong in het Vaticaanse Decreet *Orientalium Ecclesiarum*(1964) n.18, dat in het Decreet *Crescens matrimoniorum*(1967) van de Congregatie voor de Oosterse Kerken zijn toepassing krijgt; vgl. *Directorium oecumenicum III*(1993) n.153. – Uit de formulering van **can. 1127 § 1** zouden we kunnen afleiden, dat een louter passieve aanwezigheid van de gewijde bedienaar, ook zonder getuigen, toereikend is, al ligt het voor de hand aan te nemen, dat actieve aanwezigheid van de bedienaar en van getuigen opgesloten ligt in de clausule "met inachtneming van de andere rechtsvoorschriften": vgl.*CDC(P/M)* p.660.

[225] Bv. niet te doorbreken verzet van de niet-katholieke partij, afwijzing van de canonieke vorm door een respectabel aantal familieleden van de partners, gevaar voor verlies van hechte vriendschappen, ernstig financiëel nadeel, een onoplosbaar gewetensconflict van de partners enz.: *NDP*, p.462.

als een door de R.K.Kerk erkend en wettig huwelijk of in een niet-katholieke kerk, al of niet in aanwezigheid van een katholieke bedienaar[226] of t.o.v. een pastoraal werk(st)er, die optreedt als officiëel kerkelijk beambte in naam van de Kerk[227].

Wat de *religieuze* viering betreft legt § **3** het verbod op om vóór of na de canonieke viering volgens § **1** een andere religieuze viering van dit huwelijk te doen plaatsvinden, waarin "alsof er nog niets gebeurd is" de huwelijkstoestemming gegeven of vernieuwd wordt. Dus is iedere dubbele religieuze viering uitgesloten; ook dan, als een katholieke en een niet katholieke bedienaar gezamenlijk "ieder zijn eigen ritus volgend de consensus van de partijen vragen". In zo'n zgn. oecumenische huwelijkssluiting, die op zich genomen wordt toegejuicht[228] moeten de rollen op de juiste wijze worden verdeeld en moet het afvragen van de consensus worden voorbehouden aan de katholieke bedienaar.

Aan de *liturgische* viering van een gemengd huwelijk zijn in de **CIC/83** niet, zoals in *can.1102 § 2 CIC/17*, beperkingen opgelegd[229].

[226] In haar antwoord van 9 april 1979 [*AAS* 71(1979)632] verklaart de *PCI* dat diocesane Bisschoppen de bevoegdheid hebben om ongeldigmakende grenzen te stellen aan het geven van dispensatie in de canonieke vorm bij gemengde huwelijken.

[227] Waarom, zo vraag ik mij af, zou dit niet kunnen (ofschoon het bij mijn weten niet gebeurt)? Is het niet merkwaardig dat bij dispensatie in de canonieke vorm de huwelijkssluiting t.o.v. een dominee gemakkelijk erkend wordt als een (alternatieve) publieke sluiting, terwijl dit niet het geval is bij de sluiting t.o.v. een pastoraal werk(st)er?

[228] Vgl. *Directorium Oecumenicum I*(1967) n.56; vgl.ook *III*(1993) n.158. Men moet, zoals Paus **Joannes Paulus II** in de Apost.Exh.*Familiaris consortio*(1981) n.78 zegt, streven naar "een hartelijke samenwerking tussen de katholieke en de niet-katholieke bedienaar".

[229] Om haar afkeuring t.a.v. gemengde huwelijken tot uitdrukking te brengen en katholieke gelovigen van die huwelijken te weerhouden bepaalde *can.1102 § 2 CIC/17*: "Maar alle heilige riten zijn verboden; als door dit verbod echter groter kwaad te voorzien is, kan de Ordinaris een of ander van de gebruikelijke kerkelijke ceremonies toestaan, *altijd met uitsluiting van de Mis"*. Naar een betoog van **B.van Leeuwen**, *Exclusa semper Missae celebratione. Het verbod van een huwelijksmis bij een gemengde huwelijkssluiting* [An.Utr. 35(1962)224-236; *An.Gr.* Bd.II(1962-1966)109-120; *An.Rmd.* 43(1962)216-228; *An.Ha.* 13 (1962)187-197; *An.Br.* 1962 onder de letter H (van huwelijkssluiting) pp.27-38] moest een Misviering op theologische gronden worden afgewezen, maar enkele jaren later [*An.Utr.* 39 (1966)92-93; *An.Gr.Bd.II*(1962-1966)429; *An.Rmd.* 47(1966)30; *An.Ha.* 13(1966) 18-19] stond de H.Stoel op verzoek van de Nederlandse Bisschoppen een eucharistieviering wel toe bij gemengde huwelijken, die in de kerk met dispensatie gesloten werden. Bij schrijven van februari 1968 gaven de Bisschoppen van Nederland toestemming aan de niet-katholieke partner (indien gedoopt, zich kunnende verenigen met het geloof van de RKK en mits in eigen Kerk toegelaten tot het Avondmaal) te communiceren: *An.Utr.* 41(1968)75-77; *An.Br.* 1968 onder letter H (van Huwelijk), pp.3-4; aansluitend hierop werd een eigen *OvD* voor de gezamenlijke kerkelijke sluiting en inzegening van gemengde huwelijken, d.d. 25 maart 1968, gepubliceerd: o.a. in *An.Br.* 1968 onder de letter H, pp.5-7.

3. Toepassingsbesluiten van de BC's (can.1126)

Volgens **can.1126** komt het aan de BC toe vast te stellen *hoe* de algemene regels van **can.1125** hun toepassing vinden, nl. op welke manier de katholieke partij haar verklaring en belofte aflegt, hoe de partner daarvan tijdig op de hoogte wordt gebracht zó dat het tot hem/haar doordringt waar het precies om gaat en hoe beide partijen geïnstrueërd worden over doeleinden en wezenseigenschappen van het huwelijk; maar ook of en zo ja welke normen de BC wenst vast te stellen voor een mogelijk eenvormige wijze, waarop dispensatie wordt gegeven in de canonieke vorm volgens **can.1127 § 2**.

De *Nederlandse* BC heeft t.a.v. **can.1125** bepaald, dat overeenkomstig het MP *Matrimonia mixta*(1970) "een pastoraal gesprek gevoerd wordt, waarvan de priester verslag doet aan de Bisschop, die op grond hiervan oordeelt of verlof gegeven kan worden[230]. Voor dit pastoraal gesprek wordt aan de priester een model verstrekt dat een formulering bevat waarin de katholieke partner zijn of haar belofte en de niet-katholieke partner kennisname hiervan schriftelijk verklaart"[231]. T.a.v. **can.1127 § 2** bepaalde zij in 1990[232] dat "de plaatselijke ordinaris...op verzoek (zal) dispenseren in de canonieke vorm..., wanneer de kerkelijke huwelijkssluiting voor betrokkenen ernstige moeilijkheden met zich meebrengt, bijvoorbeeld wanneer de niet-katholieke partner vanwege zijn/haar geloofsovertuiging onoverkomelijke bezwaren tegen een kerkelijke huwelijkssluiting heeft, of wanneer ernstige moeilijkheden te verwachten zijn van de familie van de niet-katholieke partij of wanneer een andere ernstige reden aanwezig is die naar het oordeel van de plaatselijke Ordinaris voldoende is. Deze dispensatie wordt verleend door de plaatselijke Ordinaris van de katholieke partner, gehoord de Ordinaris van de plaats waar het huwelijk gesloten wordt. Bij het verlenen van de dispensatie geeft de plaatselijke Ordinaris aan, op welke publieke wijze het huwelijk gesloten moet worden"[233].

230 Redenen kunnen volgens het *Directorium oecumenicum III*(1993) van de Pauselijke Raad voor de Bevordering van de Eenheid van de Christenen n.154 onder meer zijn: het bewaren van de goede onderlinge verstandhouding in het gezin, het verkrijgen van de toestemming van de ouders voor het huwelijk, de erkenning van de bijzondere religieuze betrokkenheid van de niet-katholieke partij met een bedienaar van een andere Kerk of kerkelijke gemeenschap.

231 *TB/89*, n.19.

232 In *An. Utr.* 63 (1990) 236; *An. Gr.* 35 (1990) 49; *An. Rmd.* 71 (1990) 36-37; *An. Br.* 4 (1990) 130; *An. Ro.* 35 (1990) 179.

233 Interessant is na te gaan hoe de *Duitse* BC is omgesprongen met **can.1127 § 2**. Zie: **H.J.F.Reinhardt**, a.w., pp.13-18.

De Bisschoppen van *België* hebben drie pastorale nota's gepubliceerd n.a.v. het MP *Matrimonia mixta*(1970), en wel in 1970, 1971 en 1972. Daarin verklaren zij (en in 1986 staan zij daar nog achter) dat van nu af aan de katholieke partij geen schriftelijke verklaring meer hoeft af te leggen; alleen zal de priester met medeweten van de huwenden bij het aanvragen van verlof rekenschap geven van het gesprek dat hij met hen heeft gehad[234].

4. Pastorale zorg voor gemengd gehuwden

Uiteraard gaat de zorg van de Kerk t.a.v. gemengd huwenden niet alleen uit naar een viering, waar kerkrechtelijk niets op aan te merken valt, maar waaraan ook vanuit pastoraal oogpunt na de viering alle aandacht wordt besteed. Dat is het wat **can. 1128** de plaatselijke Ordinarissen en andere zielzorgers nog eens nadrukkelijk op het hart bindt: zorg voor de katholieke echtgeno(o)t(e) en eventuele kinderen, maar ook voor de echtgenoten als zodanig[235].

Een bijzonder aspect van de pastorale zorg is de deelneming van het echtpaar aan de eucharistie. Het *Directorium oecumenicum III*(1993) wijst er in n.160 op, dat dit slechts een uitzondering kan zijn en dat men zich aan de al vaker vermelde normen dient te houden, die verschillend zijn voor lidmaten van Oosterse Kerken (t.z.p., nn.122-128) en voor christenen van andere Kerken en kerkelijke gemeenschappen (t.z.p., nn. 129-136).

5. Huwelijk van een katholiek gedoopte met een ongedoopte (can. 1129)

In de **cc.1086 § 2** en **1129** worden de voorgaande bepalingen toepasbaar verklaard op huwelijken, waarin het beletsel van verschil in eredienst *(disparitas cultus)* een rol speelt. Toch zijn er grote verschillen: niet alleen omdat deze huwelijken een echt beletsel vormen, maar ook omdat zij niet als sacrament worden beschouwd. Daar komt bij, dat zij een andere pastorale benadering vragen, die verschillend zal zijn al naargelang de niet-gedoopte partner zich tot een andere religie bekent of niet. In de huidige situatie zal het dan heel vaak gaan om huwelijken met

[234] Zie *CDC(P/M)* p.1243. De BC van Frankrijk heeft in 1988 zeer uitvoerig stelling genomen inzake haar houding tegenover gemengde huwelijken: t.z.p., pp.1292-1315.

[235] Zie de handreiking inzake het pastoraat aan gemengd gehuwden: *An.Br.* 1969, pp.3-4 onder letter H (van Huwelijk en Gezin); *An.Rmd.* 50(1969)6-8; *Directorium oecumenicum III*(1993) nn.143-160; brochure van **H.Berflo**, *Gemengd gehuwd – samen geloven* (St.Willibrodvereniging, 's-Hertogenbosch).

moslims, waarin niet alleen religieuze maar ook maatschappelijke verschillen alle aanleiding geven om bijzonder gewaarschuwd te zijn voor dit soort huwelijken[236].

Wat de **Codex/83** hierna bepaalt over de zgn. *geheime huwelijksviering* en over de *gevolgen van het huwelijk (wettigheid, onwettigheid en wettiging van kinderen)* is ofwel zó zeldzaam ofwel zó betekenisloos, dat wij het hier onbesproken kunnen laten.

ARTIKEL VI: SCHEIDING VAN DE ECHTGENOTEN

Inleiding

Op de vraag of in onze tijd de onverbreekbaarheid van het huwelijk in theorie en praktijk problematisch is geworden (ook in de diverse Kerken), kan met een "ja" en "nee" geantwoord worden zonder daarbij in een tegenspraak te vervallen. Want bij alle twijfels over de vraag *in hoeverre* een eenmaal wettig gesloten huwelijk niet meer kan worden verbroken, is er geen twijfel over de vraag *of* ieder (ook niet-christelijk) huwelijk de eis tot levenslange trouw in zich sluit. Deze eis ligt verankerd in de scheppingsorde en wordt door Jezus Christus tegenover de oudtestamentische wettelijk geregelde scheidingspraktijk in alle radicaliteit verkondigd met de woorden: "Wat God verbonden heeft, dat mag de mens niet scheiden" (*Mt.* 19,6) en wordt met diezelfde radicaliteit, zo lijkt het, verkondigd door de R.K.Kerk[237].

Deze, aan *ieder* huwelijk inherente onverbreekbaarheid is een gevolg van het feit, dat ieder huwelijk wezenlijk gericht staat op exclusiviteit en duurzaamheid. Over deze fundamentele zgn. *intrinsieke* onverbreekbaarheid als zedelijke eis, als ideaal, als profetische oproep aan de mens zijn alle christelijke kerken het eens. Staande echter tegenover het steeds

[236] In Nederland zal men zich in voorkomende gevallen in verbinding moeten stellen met het Project "Christendom-Islam", Luijkenstraat 17 te 's-Hertogenbosch. Uitvoerig gaat **H.J.F. Reinhardt**, a.w., nn.197-205 (pp.100-104) in op huwelijken met moslims. – Voor wie zich nader wil verdiepen in het ontstaan en de geschiedenis van het gemengde huwelijk verwijzen we naar: **R.G.W.Huysmans**, *De ortu impedimentorum mixtae religionis ac disparitatis cultus* (Rome 1968) en *De vicissitudinibus impedimenti mixtae religionis a reformatione protestantica usque ad Codicem Iuris Canonici* (Rome 1969).

[237] Instructief is wat **R.Torfs**, *Huwelijk, dl.I* schrijft over de onontbindbaarheid van het huwelijk: in het Nieuwe Testament [met bijzondere aandacht voor de zgn. uitzonderingsclausules van **Mattheus** (pp.40-54)], in de eerste vijf eeuwen (pp.67-76), in de vroeg-middeleeuwen (pp.96-99), in de hoog-middeleeeuwen (pp.120-122) en in *dl.III*, pp.400-435. Boeiend is de vraag, die **L.Anné** stelt: *In welke zin dient de onverbreekbaarheid van het huwelijk verstaan te worden?*, en beantwoordt in: *Communio* 2(1977)430-453.

groeiende probleem van scheiding (in vele landen momenteel één op de drie huwelijken[238]) aanvaarden alle Kerken praktische oplossingen, die enerzijds het beginsel van de intrinsieke onverbreekbaarheid sauveren, d.w.z. dat de partijen zelf hun huwelijk niet weer ongedaan kunnen maken, maar anderzijds de mogelijkheid tot ontbinding, c.q. nietigverklaring door een instantie buiten de partijen om aanvaarden. Beide vormen van deze wettige beëindiging van een huwelijk komen ook binnen de R.K.Kerk voor[239].

Voor een goed begrip zij gewezen op het verschil tussen beide: bij *ontbinding* gaat het om de opheffing van een band tussen twee personen, die er ook echt geweest is. *Iedere c*iviele echtscheidingsuitspraak is in wezen niets anders dan de ontbinding van een huwelijk: tot aan de uitspraak was het er nog, daarna niet meer. Bij *nietig- of ongeldigverklaring g*aat het er om, dat van een huwelijksverbintenis verklaard wordt dat zij alleen in schijn, maar in werkelijkheid nooit heeft bestaan omdat er òfwel a) een ongeldigmakend beletsel, waarin niet gedispenseerd is of kon worden, aan ten grondslag lag òfwel b) niet voldaan is aan de (voor de geldigheid nodige) vorm-vereisten òfwel c) omdat de huwelijksconsensus een wezenlijk gebrek vertoonde.

In het vervolg zullen de vormen van ontbinding zowel inhoudelijk als procedureel ter sprake komen; over de onderscheiden procedures voor een nietigverklaring is in het voorgaande reeds gesproken bij de behandeling van de diverse nietigheidsgronden.

I. ONTBINDING VAN EEN HUWELIJK

Inleiding

Als twee partners de huwelijkstoestemming hebben gegeven in de voor hen vereiste vorm, wordt verondersteld dat zij een geldig huwelijk hebben gesloten, zolang het tegendeel niet duidelijk bewezen is (vgl.**can.1060**). Dit huwelijk is intrinsiek onverbreeekbaar, d.w.z. het kan niet door de partijen zelf worden ontbonden. Extrinsiek is het naar overtuiging van de R.K.Kerk ook onverbreekbaar, wanneer *beide* partners *gedoopt z*ijn, hetzij in de R.K.Kerk hetzij in een andere christelijke

[238] Zie bv. **E.G.Pfnausch**, *Divorce and remarriage among catholics in the USA* – in: **P.J.Huizing e.a.**, *Wat God verbonden heeft...*(1991), pp.119-147. Het ligt voor de hand, dat de pastorale zorg voor gescheiden gelovigen door deze ontwikkeling een belangrijk onderdeel wordt van de algemene pastorale zorg: zie bv. *An.Br.* 1975, pp.B1-B33.

[239] Algemene beschouwingen over onontbindbaarheid en canoniekrechtelijke ontbinding, c.q. nietigverklaring in: **R.Torfs**, *Huwelijk, dl.III*, pp.593-606.

Kerk of kerkelijke gemeenschap, en wanneer dit huwelijk na beider doop door de *normale geslachtsgemeenschap tot voltooiing* is gekomen. Vandaar bepaalt **can.1141**: "*Een bekrachtigd en voltrokken huwelijk kan door geen enkele menselijke macht en om geen enkele reden, behalve de dood, ontbonden worden*"[240]. Dit huwelijk is, zo oordeelt de R.K.Kerk, onverbreekbaar krachtens goddelijk-positief recht (zie bv. *Mk.* 10, 2-9)[241].

Ontbreekt echter één van de twee genoemde voorwaarden voor de extrinsieke onverbreekbaarheid, d.w.z. is het betreffende huwelijk òfwel *niet-sacramenteel*, d.i. geen van beide partners of slechts één van hen is gedoopt, òfwel *niet* door de normale geslachtsgemeenschap *voltooid*, dan kan een dgl. huwelijk op bepaalde voorwaarden worden ontbonden.

1. Ontbinding op grond van niet-voltooiing (can.1142)

1.1. *Inhoudelijk*[242]

Can.1142 bepaalt: "*Een niet-voltrokken huwelijk tussen gedoopten of tussen een gedoopte partij en een niet gedoopte partij kan door de Paus om een goede reden ontbonden worden op verzoek van elk der partijen of van één van beiden, ook al is de andere partij ertegen*".

De mogelijkheid tot dit soort ontbinding is voor het eerst gecreëerd door Paus **Alexander III** (1159-1181), die in de strijd tussen de rechtsfaculteiten van Parijs (met uitgesproken voorkeur voor de consensustheorie) en Bologna (met uitgesproken voorkeur voor de copula-theorie, d.w.z. de consensus wordt pas effectief door de bijslaap) een compromis aanvaardde en besliste dat de *coitus* (bijslaap) het huwelijk pas werkelijk onverbreekbaar maakt[243]. Ofschoon er uit het pontificaat van

[240] Zie **H.Zapp**, a.w., pp.228-232, die laat zien dat een voortgaande ontwikkeling van de leer omtrent de onverbreekbaarheid van het bekrachtigd en voltrokken huwelijk niet uitgesloten is zowel door een nadere bepaling van de begrippen "sacramentaliteit" en "consummatie" als doordat net als in de Oosterse Orthodoxe Kerken, niet uitgesloten wordt dat een tweede kerkelijk erkende relatie toelaatbaar is na een mislukt eerder huwelijk. Ook in de voorbereidingsfase van het nieuwe Wetboek zijn deze doctrinaire vragen weliswaar aangesneden, maar ter onderzoek en oplossing terugverwezen naar het leergezag van de Kerk: *COMM.* 10(17978)107.

[241] We dienen er hier wel op te letten, zeggen **Heimerl/Pree**, a.w., p.169, *dat* en *hoe* hier een bijbelse opdracht automatisch als onaantastbare *rechtsnorm* wordt voorgesteld.

[242] Zie voor de wordingsgeschiedenis van de nieuwe bepalingen: *COMM.* 5(1973)78-81 en 10(1978)108.

[243] Hieruit concluderen dat de onverbreekbaarheid van het huwelijk uiteindelijk dus berust op de *coïtus* gaat te ver, zoals **K.Walf** duidelijk maakt in zijn bijdrage *"Ob salutem animarum"* – in: **P.J.Huizing e.a.**, *Wat God verbonden heeft...* (1991) pp.111-

Alexander III en **Urbanus III** (1185-1187) al enkele gevallen van rechtstreekse dispensaties bekend zijn[244], is deze ontbinding pas later (15e eeuw) echt een feit geworden, lange tijd algemene praktijk geweest, opgenomen in de canonieke wetgeving van 1917 en nu weer van 1983. De ontbinding wordt mogelijk geacht voor huwelijken van twee (katholiek of niet-katholiek) gedoopten, van ongedoopten, wier verbintenis, staande het huwelijk, na beider doopsel niet voltooid is of van een gedoopte en een ongedoopte[245], maar momenteel niet altijd meer bewandeld als een weg naar een (eventueel) nieuw huwelijk. Dat hangt ongetwijfeld ook samen met de vraag hoe deze vorm van ontbinding te rechtvaardigen is[246].

Can.1142 gaat voor het begrip huwelijksvoltrekking uit van het biologische gegeven van de geslachtsgemeenschap. Maar is deze wel zó bepalend voor de kwaliteit van een relatie dat pas daaraan de consequentie van de absolute onverbreekbaarheid moet worden gekoppeld? Anders gezegd: zegt het hebben van geslachtsgemeenschap wel iets over *wat* dit huwelijk voor twee mensen betekent, vooral wanneer we dit zien tegen de achtergrond van de begripsbepaling in **can.1055 § 1**? Mede daarom zijn er in de laatste decennia diverse pogingen gedaan om aan het begrip "voltrekking" of "voltooiing" (consummatie) een andere inhoud te geven[247].

114.Voor een uitgebreide historische bespreking van deze vorm van huwelijksontbinding: zie **R.Torfs**, *Huwelijk , dl.I*, pp.114-122; vgl. pp.63-65 en 93-95; zie ook d*l.III*, pp.437-438 met op pp.438-443 een kritische analyse van deze vorm van huwelijksontbinding.

[244] Het *eerste* (toen vanzelfsprekende) motief voor de ontbinding van een niet-voltooid huwelijk, die rechtens tot stand kwam, was het afleggen van een kloostergelofte. Sinds de 13e eeuw werd dit (bijna) zonder enige tegenspraak aanvaard. Pas na de 15e eeuw werd de ontbinding van dit soort huwelijken door de Paus op andere gronden mogelijk geacht. Lees **E.Saurwein**, *Die Ursprung des Rechtsinstitutes der päpstlichen Dispens von der nicht vollzogenen Ehe. Eine Interpretation der Dekretalen Alexanders III und Urban III* (Rome 1980).

[245] Het verschil met de *CIC/17* is dat in de **Codex/83** meer de nadruk valt op het feit dat de Paus een niet-voltrokken huwelijk *kan* ontbinden; hij is er dus niet toe verplicht, want het gaat om een privilege: **R.Torfs**, *Huwelijk, dl.III*, p.442.

[246] Binnen de werkgroep voor het huwelijksschema werd door enkele consultoren in 1977 bepleit deze ontbindingsbevoegdheid ook toe te kennen aan Bisschoppen, maar zonder nadere argumentatie bleef zij voorbehouden aan de *Paus* (ter vervanging van de *Apostolische Stoel* uit *can.1119 CIC/17!*), die dit krachtens zijn ministeriële of plaatsvervangende macht zou kunnen doen: *COMM.* 10(1978)108.

[247] Representanten hiervan zijn **M.F.Pompedda**, *La nozione di matrimonio 'rato' e 'consummato' secondo il can.1061* § 1 *del C.I.C. e alcuni questioni processuali di prova in merito* – in: *ME* 110(1985)339-364 en **J.Bernhard**, *A propos de l' hypothèse concernant la notion de 'consommation existentielle' du mariage* – in: *RDC* 20(1970)184-192; *A propos de l'indissolubilité du mariage chrétien* – in: *Rev.des Sc.Rel.* 44 (1970)49-62; *Où en est l'indissolubilité du mariage chrétien dans l'Église d'aujourd'hui?: état de la*

1.2. *Procedure*

De procedure-regels voor het aanvragen van "de gunst van dispensatie"[248], te geven door de Paus, zijn vervat in de **cc.1697-1706**, welke geïnspireerd zijn door de fundamentele veranderingen, doorgevoerd door de Instructie *Dispensationis matrimonii*(1972) van de Sacramentencongregatie. Maar onmisbaar voor een goed gebruik van deze regels is de *Rondzendbrief* van de Sacramentencongregatie, d.d. 20 december 1986[249].

Feitelijk wordt het onderzoek in dezen gedaan door het Officialaat. Men kan in voorkomende gevallen dan ook het beste contact opnemen met de Gerechtsvicaris (Officiaal), die via een kort vooronderzoek nagaat of het de moeite loont de inconsummatie-procedure te beginnen. Deze voltrekt zich in drie fasen: de eerste in het bisdom (officialaat), de tweede fase is een onderzoek naar de door het bisdom verstrekte gegevens, uitgevoerd door de Congregatie voor de Sacramenten en de Eredienst, sectie Sacramenten, die uiteindelijk beslist of het verzoek tot ontbinding van het huwelijk voorgelegd zal worden aan de Paus, die hierover uiteindelijk beslist.

2. Ontbinding op grond van de niet-sacramentaliteit

Alle canoniek- of civielrechtelijk, geldig gesloten, door de R.K.Kerk erkende, huwelijken worden als *niet-sacramenteel b*eschouwd, wanneer beide partners niet gedoopt zijn of één van beide niet gedoopt is. *Principiëel* worden al deze huwelijken (dus ook als één van beide katholiek gedoopt is) als extrinsiek verbreekbaar beschouwd[250] zodat de partners na mislukking van een eerder huwelijk en na scheiding een ander, ook kerkelijk erkend, huwelijk kunnen sluiten onder bepaalde voorwaarden; *feitelijk* echter wordt deze ontbinding, want dat is het, niet altijd gegeven en, indien wel gegeven, niet altijd krachtens dezelfde beginselen.

question – in: *AC* 15(1971)59-82; *Perspectives renouvelées sur l'hypothèse de la "consommation existentielle et dans la foi" du mariage chrétien* – in: *RDC* 24(1974)334-349. Lees **R.Torfs**, *Huwelijk, dl.* III, pp.452-459.

[248] Merkwaardig is dat in het procesrecht (**cc.1697, 1698** en **1706**) nog wel op déze manier gesproken wordt over deze ontbinding, terwijl we die terminologie in het materiële huwelijksrecht (**can.1142**) niet meer tegenkomen. Het woord dispensatie wordt dan ook in oneigenlijke zin gebruikt, want wat de Paus in deze doet, is niet het opheffen van een wetsverplichting (d.i. dispensatie in eigenlijke zin), maar het ontbinden van de huwelijksband. Zie **Heimerl/Pree**, a.w., p.260.

[249] Zie tekst in *COMM.* 20(1988)78-84.

[250] Vgl.Toespraak van Paus **Pius XII**, d.d. 3 oktober 1941, tot de medewerkers van de Romeinse Rota: *AAS* 33(1941)425-426.

2.1. *Het Paulijns Privilege*[251]

2.1.1. *Inhoudelijk*

Dit ontbindingsprivilege ontleent zijn naam aan de passage van **Paulus** in *1 Kor.* 7,12-15: "Tot de overigen zeg ik, niet de Heer: wanneer een broeder een niet-gelovige vrouw heeft en deze stemt er in toe bij hem te blijven, mag hij haar niet verstoten. En wanneer een vrouw een niet-gelovige man heeft en deze stemt er in toe bij haar te blijven, mag zij haar man niet verstoten. Met de vrouw is de niet-gelovige man geheiligd en met de man de niet-gelovige vrouw...Wil echter de niet-gelovige partij scheiden, laat zij scheiden; de broeder of zuster is in zo'n geval niet gebonden; God heeft ons geroepen tot vrede".

In de traditie van de R.K.Kerk is deze passage op den duur gaan betekenen, dat het hier gaat om een huwelijk, waarvan beide partners op het moment van de huwelijkssluiting ongedoopt zijn; staande dit huwelijk wordt één van beide gedoopt en de ongedoopte partner verlaat de gedoopte of wil niet meer vreedzaam samenwonen. Daardoor krijgt de gedoopte partij *ten gunste van het geloof* het recht een nieuw huwelijk te sluiten **(can. 1143 § 1)**.

Op enkele uitzonderingen na[252] is deze tekst van **Paulus** gedurende het eerste millennium niet zó geïnterpreteerd; pas in de 12e eeuw krijgt hij (min of meer) de huidige interpretatie[253]. Bedoeld als een privilege om het geloof te begunstigen wordt deze bedoeling steeds minder verstaanbaar, als we in **can.1147** lezen, dat de plaatselijke Ordinaris om een ernstige reden toe kan staan dat de gedoopte partij hertrouwt met een niet-katholieke, gedoopte of niet-gedoopte, partij (waarbij uiteraard de voorschriften voor gemengde huwelijken gaan gelden)[254].

2.1.2. *Procedure*

Voorwaarde voor de toepassing van dit privilege "ten gunste van het geloof van de partij, die het doopsel ontvangen heeft" is volgens

[251] Zie voor de ontstaansgeschiedenis van de nieuwe bepalingen: *COMM.* 5(1973)81-86 en 10(1978)109-113; voor de historische evolutie zie **R.Torfs**, *Huwelijk, dl.III*, pp. 467-491, waar hij o.m. een pleidooi houdt voor een "stevig verruimd toepassingsgebied" (p.491) door meer nadruk te leggen op het werkelijke *geloof* van de betrokkenen dan op het doopsel.

[252] Bv. *Ambrosiaster*, Comment. in 1 Cor.7,15: PL 17, p.219 en Poenitentiale van *Theodorus van Canterbury* (+ 690) 1.2 cap.12 part.18.

[253] Zie *Concilium* 9(1973)n.7, pp.8-9 en **R.Torfs**, *Huwelijk, dl.III*, p.470.

[254] Zie **K.Walf**, *'Ob salutem animarum'* – in: **P.J.Huizing e.a.**, *Wat God verbonden heeft...*(1991), pp.102-104.

can.1143 § 1 dat de niet-gedoopte partij heengaat. Dat is het geval, zegt **§ 2**, als "zij niet met de gedoopte partij wil samen wonen" (ook zonder dat dit toegeschreven hoeft te worden aan het feit dat de andere partij gedoopt is!) of aan de gedoopte partij niet de kans geeft haar geloof te beleven of, zoals het hier staat "niet in vrede wil samenwonen zonder belediging van de Schepper". Om er achter te komen of deze voorwaarde vervuld is, is het voor de *geldigheid* van een nieuw huwelijk noodzakelijk, dat aan de niet-gedoopte partij gevraagd wordt of ook zij gedoopt wil worden of minstens in vrede of, zoals Paus **Innocentius III** het noemde[255], "zonder belediging van de Schepper" wil samenwonen **(can.1144 § 1)**. In ieder geval mag het niet zó zijn, dat de gedoopte na het ontvangen van het doopsel de partner een goede reden heeft gegeven om weg te gaan **(can.1143 § 2)**. Deze interpellaties (ondervragingen) moeten, zoals binnen de context van dit privilege ook voor de hand ligt, gebeuren ná het doopsel, en wel in de regel op gezag van de plaatselijke Ordinaris van de gedoopte partij; hij is het ook, die aan de niet-gedoopte partij op haar verzoek bedenktijd geeft om op de ondervragingen te antwoorden, zij het met deze waarschuwing dat een onnuttig verstrijken van die tijd als een negatief antwoord wordt beschouwd **(can.1145 § 1)**. Op al deze bepalingen, nodig voor de *geldige* toepassing van dit privilege, zijn echter een drietal uitzonderingen mogelijk:

a) de plaatselijke Ordinaris kan om een ernstige reden toestaan dat de ondervraging vóór het doopsel plaatsvindt **(can.1144 § 2)**;
b) de plaatselijke Ordinaris kan zelfs van de ondervraging vóór of ná het doopsel dispenseren **(can. 1144 § 2)**; in deze beide gevallen moet echter wel via een summiere en buitengerechtelijke procedure vaststaan, dat de interpellaties niet kunnen gebeuren of op voorhand als nutteloos beschouwd moeten worden **(can.1144 § 2)**[256];
c) ook een privé-ondervraging door de gedoopte partij is geldig en zelfs geoorloofd, als de in **can.1145 § 1** genoemde publieke vorm niet mogelijk is **(can. 1145 § 2)**.

In dit geval alsook dan, wanneer de niet-gedoopte om bedenktijd heeft gevraagd, moet voor het uitwendig rechtsbereik het feit van de ondervraging en de uitslag ervan (via oorkonden of getuigen) vast-

[255] Decretale van 1 mei 1199.

[256] Volgens *can.1121 § 2 CIC/17*("Deze ondervragingen moeten altijd gebeuren, tenzij de Apostolische Stoel anders verklaard heeft") kwam het maken van uitzonderingen dus toe aan de Apostolische Stoel. Inhoudelijk gaan de nieuwe bepalingen terug op het MP *Pastorale munus*(1963) I, n.23 en de interpretatie daarvan op 28 november 1964 [*AAS* 57(1965) 187]: *COMM.* 5(1973)83.

staan. De gehele procedure voor deze huwelijksontbinding is vervat in de voorgaande regels. In voorkomende gevallen wende men zich tot het Officialaat van het betrokken bisdom, aan welke instantie de Bisschop het onderzoek heeft opgedragen naar de vervulling van alle voorwaarden voor de toepassing van dit privilege. Zijn die voorwaarden vervuld, dan heeft zonder enige tussenkomst van Bisschop of Romeinse instanties de gedoopte partij het recht[257] een nieuw huwelijk te sluiten met een katholieke partij, maar met toestemming van de plaatselijke Ordinaris ook met een (gedoopte of niet-gedoopte) niet-katholieke partij **(can. 1147)**[258]; de ontbinding van het eerdere huwelijk vindt plaats op het moment dat het nieuwe gesloten wordt, omdat daarvóór "de weg terug" nog altijd mogelijk is, d.w.z. dat de ongedoopt gebleven partner alsnog in vrede wil blijven samenwonen en -leven. Zoals bij alle ontbindingen *ten gunste van het geloof* is in twijfelgevallen altijd **can.1150** van kracht. Dat betekent dat het geloofsprivilege rechtsbegunstiging geniet, d.w.z. dat bij twijfel over de vervulling van de voorwaarden het huwelijk toch *ten gunste van het geloof* mag worden ontbonden.

2.2. *Bijzondere pauselijke regelingen*

Toen het christendom zich in de 16e eeuw op grote schaal buiten Europa verspreidde, kwamen de missionarissen en kwam daarmee de Kerk voor nieuwe problemen te staan en kreeg zij te maken met een groot aantal bekeerlingen, die in polygyne of polyandrische verhoudingen leefden. Om aan die problemen het hoofd te bieden, hebben drie Pausen in 1537, 1571 en 1585 constituties uitgevaardigd, waarin het onder bepaalde voorwaarden mogelijk werd gemaakt om bij opname in de R.K.Kerk de bestaande polygame verhoudingen te "legaliseren" naar Latijns-Westers model. Deze constituties werden in haar geheel opgenomen in de uitgaven van de *Codex/17*, waarvan *can.1125* bepaalde dat die constituties, aanvankelijk alleen geldend voor het gebied waarvoor zij bestemd waren, voortaan ook zouden gelden voor alle gebieden met soortgelijke verhoudingen. Alle in deze constituties opgenomen faciliteiten, die gezien werden als een ruimere toepassing van het paulijns privilege, werden samenvattend opgenomen in de

[257] Dat zij behoudt, ook al heeft zij nog jaren na haar doop de samenleving met de ongedoopte partner voortgezet (**can. 1146 n.2**).

[258] Deze bepaling berust op de door de Congregatie van het H.Officie (thans: van de Geloofsleer) gegeven toestemmingen in het midden van deze eeuw.

cc.1148-1149 CIC/83[259]. In nog twee gevallen wordt een huwelijk door het recht zelf ontbonden, nl.

2.2.1: *Overeenkomstig* **can.1148**

Als een niet-gedoopte polygaam levende man of vrouw door de doop wordt opgenomen in de R.K.Kerk en het hem/ haar hard valt met de eerste vrouw of man[260] samen te blijven, kan hij/zij één van haar of van hen behouden na de andere(n) te hebben weggezonden (**§ 1**). Wel is in dit geval nodig, dat het huwelijk na het doopsel in de wettige vorm gesloten wordt met, waar nodig, inachtneming van de voorschriften over gemengde huwelijken en van de andere rechtsvoorschriften, bv. met betrekking tot de beletselen of de consensus (**§ 2**)[261].

Als tegemoetkoming aan de problemen, die op deze manier ontstaan voor de weggezonden vrouwen of mannen, wordt in **§ 3** aan de plaatselijke Ordinaris opgedragen "ervoor te zorgen dat voldoende voorzien is in de noodzakelijke behoeften van de eerste en van de overige" weggezonden vrouwen "in overeenstemming met de normen van rechtvaardigheid, de christelijke liefde en de natuurlijke billijkheid"[262].

2.2.2. *Overeenkomstig* **can.1149**

Met deze canon sluit men aan bij de constitutie van Paus **Gregorius XIII** uit 1585. Daarin wordt bepaald, dat de niet-gedoopte, die na het ontvangen van het doopsel in de R.K.Kerk, de samenwoning met de niet-gedoopte echtgenoot niet kan herstellen wegens gevangenschap of vervolging,"een ander huwelijk kan sluiten, ook al heeft de andere partij intussen het doopsel ontvangen". Het bijzondere van deze bepaling is

[259] Daarom spreken we van *bijzondere* pauselijke regelingen, omdat deze uiteindelijk teruggaan op de drie genoemde constituties uit de 16e eeuw.

[260] Met wie dus een (natuurlijk) geldig huwelijk gesloten werd en die dan ook als eerste en enige in aanmerking zou moeten komen voor een (nieuw) huwelijk. In de constitutie van Paus **Paulus III** uit 1537 mocht men alleen kiezen uit de vrouwen (mannen), wanneer men zich niet herinnerde wie de eerste (en dus wettige) vrouw of man was.

[261] Strikt genomen zou deze hernieuwde huwelijkssluiting alleen nodig zijn, wanneer hij/ zij niet de eerste vrouw, c.q. man behoudt, verondersteld dat de consensus met hem/haar nog voortduurt.

[262] In de studiegroep voor het schema van het huwelijksrecht bleken de consultoren de grootste moeite te hebben met deze derde paragraaf: zie *COMM.* 10(1978)114. **R.Torfs**, *Huwelijk dl.II*, p.392 tekent hierbij aan dat deze paragraaf "baadt in een voor de westerse maatschappij van de late twintigste eeuw enigszins ouderwets paternalisme"; op de pp.397 en 399 (laatste alinea) spreekt de auteur zich uit voor afschaffing van deze compromitterende **can.1148** (vgl. ook p.393).

dat in dit geval de ontbinding van een sacramenteel geldig huwelijk door het recht zelf plaatsvindt, terwijl deze ontbinding normaal gesproken voorbehouden is aan de Paus[263].

3. Andere mogelijkheden tot huwelijksontbinding ten gunste van het geloof

3.1: *Inhoudelijk*

Het paulijns privilege is niet de enige weg om tot ontbinding van een huwelijk *ten gunste van het geloof* te komen. Er is nog een andere weg, waarlangs bepaalde niet-sacramentele huwelijken ontbonden kunnen worden door rechtstreeks ingrijpen van de Paus. Met een beroep op de aan Petrus verleende sleutelmacht (vgl.*Mt.* 16, 18-19) wordt door de canonisten, naar analogie van het paulijns privilege, wel gesproken over ontbinding op grond van het *petrinisch privilege*; een term, die nooit officiëel gesanctioneerd is, maar louter een werktitel is om kort en bondig aan te geven over welk soort ontbinding men het heeft.

Over deze vorm van ontbinding bevatte de *CIC/17* geen enkele bepaling. Dat kon ook niet, want de klassieke vorm van dit soort ontbindingen vond pas voor het eerst plaats in 1924. Aan de Congregatie van (toen nog) het H.Officie (thans van de Geloofsleer) werd het volgende geval voorgelegd: een niet-katholiek gedoopte vrouw is na 18 mei 1918 (datum, waarop de oude Codex van kracht werd) gehuwd met een jood[264]; na echtscheiding gaat de vrouw over tot de R.K.Kerk en wil graag hertrouwen met een katholiek-gedoopte man. Paus **Pius XI** ontbond het eerste huwelijk *"in favorem fidei"* ("ten gunste van het geloof")[265]. In nog twee andere soortgelijke gevallen verleende hij dezelfde ontbindingen. Tien jaar later, in 1934, stuurde het H.Officie

[263] Wat de redactie van de **cc.1148-1149** betreft: zie *COMM.* 10(1978)113-116. Het is leerzaam kennis te nemen van de kritische kanttekeningen en vragen van **R.Torfs**, *Huwelijk, dl.II* pp.345-362 bij het eenheids-beginsel en indirect bij deze canones.

[264] Onder de oude wetgeving vóór het in-werking-treden van de *Codex/17* was dit een ongeldigmakend beletsel, ook voor niet-katholiek gedoopten; als het dus zonder dispensatie gesloten werd (hetgeen voor de hand ligt bij niet-katholiek gedoopten), was het huwelijk ongeldig. Sinds de afschaffing van dit beletsel voor gedoopte niet-katholieken in 1917, waardoor de na 18 mei 1918 gesloten huwelijken van dit soort ineens als geldig werden beschouwd, kwam het probleem om de hoek kijken, zoals in het (in de tekst genoemde) klassieke voorbeeld wordt gememoreerd.

[265] Met deze vorm van ontbinding werd in één slag *can. 1120 § 2 CIC/17* ["Dit (paulijns) privilege vindt geen toepassing bij een huwelijk tussen een gedoopte en een ongedoopte partner, dat met dispensatie in het beletsel van verschil van eredienst gesloten is"] buiten spel gezet; lees: **R.Torfs**, *Huwelijk, dl.III*, pp.492-513.

"normen voor het aanhangig maken van een proces in gevallen van ontbinding van de huwelijksband ten gunste van het geloof door het hoogste gezag van de Paus"[266].

Na 1945 zijn er geleidelijk aan allerlei variaties op deze klassieke vorm van ontbinding gekomen, bv. was sedert 1924 nog voorwaarde voor de ontbinding dat òfwel de niet-katholiek gedoopte òfwel de ongedoopte partner katholiek werd en wilde hertrouwen met een katholiek, sinds 1945 is deze en zijn ook andere voorwaarden komen te vervallen, bv. een huwelijk, gesloten met dispensatie (in *"disparitas cultus"*) tussen een katholiek gedoopte en ongedoopte, werd sindsdien regelmatig ontbonden; niet echter, ofschoon theoretisch mogelijk, een huwelijk, dat met dispensatie in het beletsel van verschil in eredienst *(disparitas cultus)* gesloten is, wanneer de katholieke partij daarom vraagt om daarna een nieuw huwelijk te sluiten met een niet-gedoopte die zich niet bekeert[267]. En sinds 1957 ontbindt de Paus ook huwelijken van twee ongedoopten zonder dat één van beide gedoopt wordt, met het oog op een toekomstige partner, die katholiek is en aan wie een katholiek huwelijk gegund wordt. De toekomstige partner heeft het recht op een kerkelijk huwelijk, ook met een ongedoopte[268].

De werkgroep voor het huwelijk van de Codexherzienings-commissie heeft aan deze vorm van ontbinding enkele bepalingen gewijd, welke ingegeven waren door de Instructie van de Congregatie voor de Geloofsleer *Ut notum est*(1973)[269].

[266] D.d.1 mei 1934, toegezonden aan de plaatselijke Ordinarissen. De tekst is zelfs niet opgenomen in **X.Ochoa**, a.w., *vol.I*, n.1220; hij plaatst hierbij echter deze kanttekening: "De tekst van de Instructie kan *nog* niet gepubliceerd worden". In feite is hij echter nooit gepubliceerd.

[267] Zie Instr.*Ut notum est*(1973) van de Congregatie voor de Geloofsleer I n.V. Zie ook **X.Ochoa**, a.w., *vol.V*, n.4589.

[268] Met deze laatste beslissingen heeft het geloofsprivilege, aldus merkt **H.Zapp** (a.w., p.240) op, een wezenlijk inhoudelijke uitbreiding gekregen, omdat op geen enkele manier de doop van een echtgeno(o)t(e) nog voorwaarde is. Het ging om gevallen, waarin "vanwege het zieleheil" van een katholieke partij het huwelijk van twee ongedoopten ontbonden werd. Zie een voorbeeld in **X.Ochoa**, a.w., *vol.V*, n.4285. De Congregatie voor de geloofsleer is vrij terughoudend in het doen van mededelingen over deze huwelijksontbinding: zie echter **X.Ochoa**, a.w., *vol.V*, nn. 4313, 4442; *vol.VI*, nn.4658, 4664, 4668, 4710, 4833, 4898, 5021 om een indruk te krijgen hoe de Congregatie voor de Geloofsleer in interpretatie en toepassing omspringt met haar instructie van 1973.

[269] Zij kregen een plaats in het *Schema/75 (can.346)*; in enigszins gewijzigde vorm n.a.v. de discussie binnen de studiegroep in 1978 [*COMM*. 10(1978)117] in het *Schema/80 (can.* 1104); in 1981 werd door niemand de wens uitgesproken om deze bepalingen te schrappen (zie *Relatio/81*, p.265) zodat ze ook opgenomen zijn in het *Schema/82 (can.1050)*, maar in de allerlaatste fase van de Codexherziening zijn ze om onbekende redenen niet opgenomen. **Heimerl/Pree**, a.w., p.263 spreken het vermoeden uit dat de

Voor de *geldige* verlening van deze ontbinding moet volgens de Instructie aan drie voorwaarden zijn voldaan:

a) één van beide partners moet tijdens het hele huwelijk ongedoopt gebleven zijn;
b) mocht de niet-gedoopte partner eventueel gedoopt zijn staande het huwelijk, dan mag er geen geslachtsgemeenschap (meer) hebben plaatsgehad na beider doop;
c) de niet-gedoopte of buiten de katholieke Kerk gedoopte moet aan de katholieke partij alle vrijheid geven haar geloof te belijden en (eventuele) kinderen katholiek te dopen en op te voeden; deze voorwaarde moet in de vorm van een garantie veilig worden gesteld[270].

Tevens worden een reeks andere voorwaarden genoemd, die blijkbaar niet de geldigheid van de ontbinding raken, zoals: herstel van de echtelijke samenleving is onmogelijk; er mag door de gunstverlening geen gevaar zijn voor publieke ergernis of verbazing; degene, die de gunst vraagt, mag niet zelf schuldige oorzaak zijn van de huwelijksmislukking. Deze voorwaarden maken deel uit van het te verrichten onderzoek.

3.2. *Procedureel*

Men wende zich in voorkomende gevallen tijdig tot het Officialaat, dat een onderzoek instelt volgens de in genoemde instructie gegeven normen (16 in totaal). De akten moeten in drievoud worden opgestuurd naar de Congregatie voor de Geloofsleer. Het verschil met ontbinding krachtens het paulijns privilege is, dat niet door een nieuw huwelijk, maar door de gunst van de Paus het huwelijk ontbonden wordt.

Paus zich een verandering van de praktijk in dezen voorbehoudt, zoals deze ook in 1970 al tijdelijk in gang was gezet door beperking van de ontbindingen op deze grond. Niettemin deelde de Congregatie voor de Geloofsleer op 6 september 1983 mee, dat de normen van de instructie haar volle rechtskracht behouden, ook al worden ze in de nieuwe Codex niet vermeld: **X.Ochoa**, a.w., *vol.VI*, n.4995.

[270] Zo luidde *can.246 § 2* in *1975*, letterlijk overgenomen uit de instructie, waarin de vervulling van deze drie voorwaarden nodig bleek voor de *geldigheid* van de huwelijksontbinding. In het *Schema/82* is er alleen deze bepaling nog van over: "Wanneer een nieuw huwelijk gesloten wordt met een niet-gedoopte of niet-katholiek gedoopte, wordt ontbinding van het eerdere huwelijk niet gegeven tenzij de niet-katholieke partij de katholieke partner vrij laat zijn geloof te belijden en hem de bevoegdheid toekent de kinderen katholiek te dopen en op te voeden". Dit is in de instructie echter geen geldigheidsvoorwaarde; wel is de *oprechtheid* van de garantie, die de niet-katholieke partij moet geven, een essentiëel vereiste voor de geldige verlening van huwelijksontbinding ten gunste van het geloof: zie het antwoord van de Congregatie voor de Geloofsleer(1981) op een desbetreffend *dubium*.

II. SCHEIDING BIJ VOORTDURING VAN DE HUWELIJKSBAND (cc. 1151-1155)

1. In de kerkelijke wetgeving

In de **cc.1151-1155** gaat het over "scheiding bij voortduring van de huwelijksband", vroeger gewoonlijk "scheiding van tafel en bed" genoemd. Als *juridische* institutie is zij, althans in Nederland, qua aantal van geringe betekenis (geworden), maar als pastorale procedure is zij heel belangrijk en wordt zij regelmatig toegepast door Officialaten, waaraan gevraagd wordt stelling te nemen in het conflict, dat ontstaat wanneer één van de echtgenoten *tegen de wil* van de andere de levensgemeenschap opheft.

Wanneer **can.1151** stelt dat de echtgenoten de plicht hebben en het recht om de echtelijke samenleving in stand te houden, tenzij een wettig motief hen excuseert, wordt daarmee aangegeven dat er omstandigheden kunnen zijn, die een onder(niet: af-)breking van de samenleving nodig maken, bv. een langdurige expeditie. Hiermee heeft het recht uiteraard geen enkele bemoeienis; wel met die gevallen, waarin een (definitieve of tijdelijke) opheffing van de samenwoning en samenleving gewenst of toelaatbaar is als uiterste middel om voor beide of één van beide partners het leven dragelijk te maken of ook om het welzijn van de kinderen niet in het gedrang te laten komen.

Het klassieke motief voor een "scheiding met behoud van de huwelijksband" is *echtbreuk* of *overspel*, waarover **can. 1152** in zijn geheel handelt(**§ 1**). Deze canon bevat een sterke aanbeveling om het overspel te vergeven, hetgeen gepresumeerd wordt bij instandhouding van de echtelijke samenleving gedurende zes maanden nadat de onschuldige partij op de hoogte is gekomen van het overspel, en de echtelijke samenleving niet te verbreken(**§ 2**), maar de onschuldige partij heeft wel het *recht op* een *blijvende* verbreking van de samenwoning en samenleving, tenzij zij met dat overspel heeft ingestemd (al was het maar stilzwijgend door – na kennisname van het overspel – te blijven samenwonen en -leven) of dat zij zelf het overspel van de partner heeft uitgelokt, c.q. zelf compensatie gezocht heeft in overspel. Motieven voor een *tijdelijke v*erbreking van de samenwoning/leving worden in **can.1153** in deze algemene bewoordingen samengevat: "Als één van beide echtgenoten voor de andere of voor de kinderen een *ernstig geestelijk of lichamelijk gevaar* vormt of anderszins het *gemeenschappelijk leven moeilijk maakt...*". We kunnen hier denken aan: aanzetten tot ernstige vergrijpen van partner of kinderen tegen het geloof (aanzet tot apostasie of naleving van de religieuze plichten) of de katholieke moraal; geestelijke of lichamelijke mishandeling (pesterijen, ruzies, laster, kwellingen, slaan, voedselweigering, besmetting met een ernstige ziekte enz.), langdurige afwezigheid, die beroepshalve nodig is, intrede in een klooster (uiteraard met instemming) van één van beiden. *Tijdelijk* wil zeggen, dat het echtelijk samenleven hersteld moet worden, zodra de scheidingsgrond ophoudt te bestaan **(can.1153 § 2)**.

Zowel bij een blijvende als bij een tijdelijke verbreking van de samenwoning/-leving moet de bevoegde kerkelijke overheid worden ingeschakeld **(cc.1152 § 3** en **1153 § 2)**. Noch in Nederland noch in België[271] is het echter algemeen gebruik om voor scheiding van tafel en bed de bevoegde kerkelijke overheid in te schakelen behalve in die gevallen waarin het voor de betrokkene belangrijk is bv. in verband met haar/zijn *kerkelijk* functioneren[272]; in de meeste gevallen wendt men zich direct tot de burgerlijke overheid[273].

2. In de burgerlijke wetgeving

De rechtsfiguur van "scheiding van tafel en bed" wordt in *art.1: 168-183* van het *(Nederlandse) BW* met een zekere uitvoerigheid geregeld. De eis daartoe kan worden ingediend op dezelfde grond (algehele ontwrichting dus) en op dezelfde wijze als echtscheiding *(art.169 lid 1)* en, eenmaal toegewezen, wordt daarmee de verplichting tot samenwoning opgeheven *(art.168)*; aan de verplichting van een echtgenoot om uit hoofde van scheiding van tafel en bed levensonderhoud te verschaffen aan de andere echtgenoot komt een einde bij ontbinding van het huwelijk *(art.169 lid 3)*; na 3 jaar kan ontbinding op verzoek van een der echtgenoten zonder meer worden uitgesproken *(art.179, lid 1)*. Verder bevat de civielrechtelijke regeling bepalingen over de ouderlijke macht t.a.v. de (minderjarige) kinderen *(art.17-172)*, over schadevergoeding bij benadeling van de gemeenschap van goederen *(art.174)*, over het voorlopig gebruik van de echtelijke woning *(art.175)* en over de rechtsgevolgen van de verzoening *(art.176-177)*.

In het *Belgisch recht* wordt deze figuur, die trouwens in praktijk zeer weinig wordt toegepast, geregeld door de *art. 308 tot 311bis* van het

[271] **L.F.Daneels**, a.w., p.53.

[272] We wijzen in dit verband nog eens op het artikel van **H.Degen**, *Meer ruimte voor pastorale opvang van gescheidenen binnen de r.k.kerk* – in: *Een-twee-een, Informatiebulletin* van het *SRKK* Jrg.21(1993)n.17, pp.25-28.

[273] Zie voor de wordingsgeschiedenis van deze bepalingen: *COMM.* 10(1978)118-121.

BW. De normale verplichtingen van samenwonen en bijstand houden op te bestaan, de getrouwheidsplicht blijft echter verder bestaan. *Art.308 BW* voorziet dat er wel een hulpverplichting blijft bestaan ten voordele van de echtgenoot die de scheiding heeft verkregen. De gronden tot het bekomen van de scheiding van tafel en bed lopen grotendeels samen met de normale echtscheidingsgronden (overspel, gewelddaden, mishandelingen en grove beledigingen waarbij er discussie mogelijk is of vijf jaar feitelijke scheiding, wat normaal een grond tot echtscheiding vormt, ook hier kan worden ingeroepen. Gelet op algemene bewoordingen van *art.1305 Ger.W.* lijkt dit het geval te zijn.

ARTIKEL VII: WETTIGING VAN EEN ONWETTIG HUWELIJK

Uit al het voorgaande is duidelijk geworden, dat een huwelijk op drie gronden onwettig (nietig, ongeldig) kan zijn, nl. a) vanwege een beletsel, waarin niet gedispenseerd is, b) vanwege een zodanig gebrek in de huwelijkssluitingsvorm dat alleen daardoor geen wettig (geldig) huwelijk tot stand komt en c) vanwege een wezenlijk gebrek in de huwelijkstoestemming. Langs twee wegen kan (in sommige gevallen) een dergelijk onwettig huwelijk gewettigd worden, nl. via *een eenvoudige wettiging* en via *een gezondmaking (genezing)-in-de-wortel.*

1. Eenvoudige wettiging (cc.1156-1160)

De eenvoudige wettiging houdt in dat een huwelijk, om welke reden het ook onwettig is, gewettigd (geldig) wordt door *hernieuwing van de huwelijkstoestemming,* die door het kerkelijk recht vereist wordt "ook al heeft elk van beide partijen aanvankelijk de consensus gegeven en later niet herroepen" **(can. 1156 § 2)**. Deze hernieuwing kan echter op verschillende manieren gebeuren naargelang van de ongeldigheidsgrond. Is het huwelijk onwettig wegens een ongeldigmakend[274] *beletsel*, dan is voor wettiging noodzakelijk dat het beletsel opgehouden heeft te bestaan, bv. leeftijd, of er alsnog in gedispenseerd wordt en "dat tenminste de partij die zich van dit beletsel bewust is, de consensus hernieuwt" **(can.1156 § 1)**[275]. Bij een *publiek* beletsel "moet de consensus

[274] Eigenlijk is dit woord "ongeldigmakend" overbodig omdat ieder *beletsel* in de nieuwe wetgeving ongeldigmakend is. Dit werd in 1978 gesuggereerd, maar niet overgenomen: *COMM.* 10 (1978)121.

[275] Hieruit blijkt, dat de Codexherzieningscommissie zich uiteindelijk niet heeft kunnen vinden in een voorstel van de werkgroep voor het huwelijksschema, nl. dat een bepaalde

door elk van beide partijen in de canonieke vorm hernieuwd worden, behoudens het geval dat er van deze vorm gedispenseerd wordt overeenkomstig **can.1127 § 2 (can.1158 § 1)**; als het beletsel niet bewezen kan worden, is het voldoende dat de consensus privé en in het geheim hernieuwd wordt, en wel door de partij die zich van het beletsel bewust is (zie **can.1156 § 1**), mits de andere in de gegeven consensus volhardt, of door elk van beide partijen, als het beletsel haar beiden bekend was **(can.1158 § 2)**.

Is het huwelijk ongeldig wegens een wezenlijk *gebrek in de consensus*, dan wordt het huwelijk pas gewettigd als de partij, die haar consensus niet gegeven heeft, dat alsnog doet, "mits de door de andere partij gegeven consensus voortduurt" **(can. 1159 § 1)**. Kan dit wezenlijke gebrek niet bewezen worden, dan is het voldoende dat de partij, die de consensus niet gegeven heeft, dat privé en in het geheim alsnog doet **(can.1159 § 2)**. Dat kan met woorden, maar ook door de bewust voltrokken echtelijke omgang. Kan dit gebrek wel bewezen worden, dan moet de consensus in de canonieke (gewone of buitengewone) vorm gegeven worden **(can.1159 § 3)**

Bij een wezenlijk *gebrek in de vorm* is voor wettiging nodig dat het huwelijk opnieuw gesloten wordt in de canonieke vorm, behalve als daarin gedispenseerd wordt volgens **can.1127 § 2**. Dit gaat dus op voor zuiver burgerlijk gesloten huwelijken van hen, die aan de canonieke vorm gebonden zijn, en voor hen, die hun huwelijk in een wezenlijk gebrekkige kerkelijke vorm gesloten hebben **(can.1160)**.

2. Genezing-in-de-wortel of wettiging met terugwerkende kracht (cc.1161-1165)

Can.1161 § 1 geeft precies aan wat we onder genezing-in-de-wortel *"(sanatio in radice)"* moeten verstaan. Het is de door de bevoegde kerkelijke overheid verleende wettiging van een huwelijk, welke met zich meebrengt: a) dispensatie van het beletsel (als dat er is en bovendien dispensabel is) en b) dispensatie in de canonieke vorm (als deze helemaal niet in acht genomen is of als deze wezenlijk gebrekkig was) *zonder dat de consensus hernieuwd moet worden* (tenzij er geen of alleen een ontoereikende consensus gegeven is: **can.1162 § 1**). Deze wettiging, die plaatsheeft vanaf het ogenblik van de gunstverlening, heeft terug-

tijd van vrijwillig samenwonen na ophouden van de ongeldigheidsgrond *rechtens* (automatisch) voert tot een wettiging van het huwelijk: zie *COMM.* 5(1973)88-90.

werkende kracht, d.w.z. dat de canonieke rechtsgevolgen van het huwelijk bij sanatie (via een rechtsfictie) in werking treden vanaf het moment, dat het huwelijk onwettig gesloten is **(can.1161 § 2)**[276].

Deze ingrijpende vorm van wettiging kan dus eenvoudig niet worden toegepast bij het ontbreken of bij een wezenlijk gebrek van de consensus (bij beide of één van beide partijen); is de consensus later wel gegeven, dan kan sanatie pas vanaf dat ogenblik worden verleend. In alle andere gevallen wordt dus uitgegaan van een natuurrechtelijk geldige huwelijkstoestemming, waarvan aangenomen wordt dat zij blijft voortduren **(can.1161 § 3)**. Evenmin kan sanatie worden toegepast bij nietigheid van een huwelijk op grond van een beletsel, waarin niet kan worden gedispenseerd (een beletsel van natuurrecht of van positief goddelijk recht: bv. het beletsel van bestaande huwelijksband) of het beletsel moet hebben opgehouden te bestaan (door overlijden van de eerdere partner)[277]. Voorwaarde voor de sanatie van een huwelijk, dat ongeldig is vanwege een beletsel of gebrek in de canonieke vorm, is steeds dat de consensus van beide partijen voortduurt **(can.1163 § 1** en **2)**.

Heel karakteristiek voor deze wettigingsvorm is **can.1164**, die bepaalt dat sanatie ook verleend kan worden "buiten medeweten van één van beide of van elk van beide partijen". In dit geval moet er wel een ernstige reden voor zijn[278].

Can.1165 bepaalt tenslotte welke instanties tot de bevoegde overheid van **can.1161 § 1** gerekend dienen te worden. Dat is allereerst de *Apostolische Stoel*(**§ 1)**[279], maar ook de *diocesane Bisschop*(let op: **can.134 § 3)**[280] kan in afzonderlijke gevallen deze wettiging verlenen, zij het niet

[276] **Heimerl/Pree**, a.w., p.276, stellen, dat – historisch gezien – de sanatie is ontstaan uit de behoefte kinderen te wettigen "als ware het huwelijk van meet af aan geldig geweest"; vandaag de dag is zij eerder een middel om huwelijken geldig te maken in die gevallen, waarin een eenvoudige wettiging met consensushernieuwing op problemen of weerstand zou stuiten.

[277] Vgl. het MP *Pastorale munus*(1963) I nn.21-22 en het MP *Episcoporum muneribus*(1966) IX n.18; beide zijn van Paus **Paulus VI**.

[278] Die, zegt **H.Zapp**, a.w., p.256, noot 2 dan aanwezig geacht mag worden, wanneer de eenvoudige wettiging op ernstige bezwaren van één of beide partners zou stuiten, die onwetend zijn over de ongeldigheid van hun huwelijk en die gemakkelijk verontrust zouden kunnen worden. We kunnen hier denken aan de sanatie van huwelijken, welke t.o.v. pastorale werk(st)ers zonder enige delegatie gesloten werden of t.o.v. van priesters of diakens, die niet over de vereiste delegatie beschikten.

[279] Volgens *can.1141 CIC/17* kon genezing-in-de-wortel uitsluitend verleend worden door de Apostolische Stoel.

[280] Wiens bevoegdheid (niet die van de plaatselijke Ordinaris zonder meer) volgens **can.137** gedelegeerd kan worden: zie *COMM.* 15(1983)241-242; *Relatio/1981*, pp.266-267.

onbeperkt. Ook wanneer er meerdere nietigheidsgronden in hetzelfde huwelijk tegelijk aanwezig zijn, kan hij sanatie verlenen; bij gemengde huwelijken moet voldaan zijn aan de voorwaarden, waarover **can.1125** spreekt, maar hij kan geen sanatie verlenen voor huwelijken met een beletsel, waarvan de dispensatie voorbehouden is aan de Apostolische Stoel volgens **can.1078 § 2**; evenmin als het gaat om beletselen van natuurrecht of positief goddelijke recht, bv. het beletsel van nog bestaande huwelijksband, ook al heeft het opgehouden te bestaan.

BIJLAGE

Nummer .... 19......

Verklaring voor de kerkelijke huwelijkssluiting

A. Personalia

van	BRUIDEGOM	en BRUID
1. Familienaam	....	....
Voornamen	....	....
	....	....
Geboren op	....	....
te	....	....
Woonachtig te	....	....
adres	....	....
sinds	....	....
parochie en bisdom;	....	....
c.q. kerkgemeente	....	....
2. Godsdienst	....	....
Gedoopt: ja/neen	....	....
datum	....	....
plaats	....	....
parochie; c.q. kerkgemeente	....	....
Gevormd: ja/neen	....	....
3. Vader: fam. naam	....	....
voornamen	....	....
woonplaats	....	....
adres	....	....
parochie; c.q. kerkgemeente	....	....
4. Moeder: fam. naam	....	....
voornamen	....	....
eigen adres	....	....

(N.B. Indien bruid of bruidegom een adoptief kind is, dient men zich tot het bisdom te wenden.)

B. Gegevens betreffende de huwelijkssluiting

1. Het burgerlijk huwelijk heeft plaats (gehad) op .... te ....

Het kerkelijk huwelijk heeft plaats op .... te ....

in de kerk/kapel van .... binnen de parochie ....

Toekomstig adres ....

2. Afkondiging(en) in de eigen parochie op ....

Afkondiging(en) tevens gevraagd in de parochie(s) ....

.... te ....

Dispensatie in de afkondiging in eigen parochie wordt hierbij verleend, wegens ....

Plaats .... Handtekening pastoor/plv.

Datum ....

C. Verklaringen van BRUIDEGOM en BRUID

	BRUIDEGOM	BRUID
1. Voelt u zich vrij van dwang, van de kant van uw ouders of wie dan ook, om dit huwelijk aan te gaan ?	ja/neen	ja/neen
Bij minderjarigen: Stemmen uw ouders in met dit huwelijk? (Eventuele bezwaren weergeven op tegenoverliggende bladzijde.)	ja/neen	ja/neen
2. Bent u al eerder kerkelijk en/of burgerlijk gehuwd geweest? (Gegevens verstrekken op tegenoverliggende bladzijde.)	ja/neen	ja/neen
3. Bestaat er tussen u beiden bloed- of aanverwantschap? (Nadere omschrijving op tegenoverliggende bladzijde.)	ja/neen	ja/neen
4. Ziet u zelf enig ander gegeven dat uw huwelijk in de weg staat? (Eventueel toelichten op tegenoverliggende bladzijde; bij een huwelijk met een niet-katholieke partner de toelichting opnemen in de aanvraag voor verlof of dispensatie.)	ja/neen	ja/neen

5. Hebt u een voorwaarde gesteld aan uw huwelijk en wilt u uw partner alleen onder die voorwaarde huwen?
(Cfr. can. 1102).
Zo ja, welke? ....
....
....
....
....

Het Kerkelijk Wetboek van de R.K.Kerk stelt:
'HET HUWELIJKSVERBOND, WAARDOOR MAN EN VROUW MET ELKAAR EEN ALGEHELE LEVENSGEMEENSCHAP VORMEN, DIE UIT HAAR NATUURLIJKE AARD GERICHT IS OP HET WELZIJN VAN DE ECHTGENOTEN EN OP HET VOORTBRENGEN EN OPVOEDEN VAN KINDEREN, IS DOOR CHRISTUS DE HEER TUSSEN GEDOOPTEN VERHEVEN TOT DE WAARDIGHEID VAN SACRAMENT.

DE WEZENLIJKE EIGENSCHAPPEN VAN HET HUWELIJK ZIJN DE EENHEID EN DE ONONTBINDBAARHEID, DIE IN HET CHRISTELIJK HUWELIJK OM REDEN VAN HET SACRAMENT EEN BIJZONDERE BEKRACHTIGING VINDEN'.

6. Nu ik verlang een voor de Katholieke Kerk erkend huwelijk te sluiten, verklaar ik:
dat ik op de mij gestelde vragen naar eer en geweten geantwoord heb
en
dat ik door mijn ja-woord op mij neem: een goede echtgeno(o)t(e) te zijn,
een goede ouder voor de kinderen die ons worden toevertrouwd,
en dat ik mijn echtgeno(o)t(e) altijd trouw wil blijven.

Plaats .... Handtekening bruidegom en bruid

Datum ....

....

....
Handtekening pastoor/plv.

D. Toelichtingen bij de verklaringen

Betreffende eerdere huwelijken

1. Eerder huwelijk van bruidegom/bruid:

Met .... d.d. ....

Deze was: wel/niet gedoopt; wel/niet katholiek; wel/niet eerder gehuwd.

Het huwelijk werd gesloten: burgerlijk, maar niet/en ook voor de Kath. Kerk.

Het huwelijk eindigde door overlijden van genoemde op ....

Het huwelijk werd burgerlijk ontbonden ....

Het huwelijk werd kerkelijk ongeldig verklaard (c.q. ontbonden) door uitspraak (c.q. rescript)

van .... d.d. ....

2. Eerder huwelijk van bruidegom/bruid:

Met .... d.d. ....

Deze was: wel/niet gedoopt; wel/niet katholiek; wel/niet eerder gehuwd.

Het huwelijk werd gesloten: burgerlijk maar niet/en ook voor de Kath. Kerk.

Het huwelijk eindigde door overlijden van genoemde op ....

Het huwelijk werd burgerlijk ontbonden ....

Het huwelijk werd kerkelijk ongeldig verklaard (c.q. ontbonden) door uitspraak (c.q. rescript)

van .... d.d. ....

Toelichting bij de vragen 1, 3 en 4:

....

....

....

....

....

....

....

E. Ambtelijke verklaring van geen bezwaar enz. (Nihil obstat etc.)

(Vereist bij: ☐ Ontbreken van volledig recent doopbewijs - ☐ Wanneer de ongeldigheid van een eerder huwelijk nader vastgesteld moet worden - ☐ Voor een huwelijk in ons land met een in het buitenland woonachtige partner - ☐ Voor een huwelijk in het buitenland met een daar woonachtige partner - ☐ Voor een huwelijk in het buitenland van twee in ons land woonachtige partners.)

☐ Geen bezwaar tegen het hierboven bedoelde huwelijk.
Nihil obstat quominus matrimonium intra suprascriptos celebratur.

☐ Verlof om in een buitenlands bisdom te trouwen.
Licentia matrimonium celebrandi in aliena dioecesi.

☐ Bevestiging betreffende de status liber van een van de partners.
Vidimus documenta ex parte sponsi/sponsae et testamur in quantum scire possumus hanc partem liberam esse ad matrimonium celebrandum.

Plaats (Locus) .... (sigillum)

Datum (Die) ....

Ordinaris/gedel.
Ordinarius/del. a.h.

F. Overige ambtelijke aantekeningen

1. Verlof om buiten de eigen parochie te trouwen; can. 1115
Licentia celebrandi matrimonium extra paroeciam

Gegeven / Data te (loci) .... (sig) pastoor/plv. / parochus/vic.
op (die) ....

2. Dispensaties, c.q. sanatie
Dispensationes, c.q. sanatio i.r.

☐ Beletselen (Impedimenta); can. 1083-1094: ....

☐ Kanonieke rechtsvorm (Forma canonica); can. 1127.

☐ Sanatie (Sanatio in radice); can. 1161: ....

Gegeven / Data te (loci) .... (sig) ordinaris/gedel. / ordinarius/del. a.h.
op (die) ....

3. Verlof
Licentia

☐ Huwelijk met gedoopte niet-kath. (Matrim. cum parte bapt. non-cath.); can. 1125.

☐ Speciale gevallen (Casus speciales); can. 1071: ....

☐ Huwelijk onder voorwaarde (Matrim. sub condicione); can. 1102.

Gegeven / Data te (loci) .... (sig) ordinaris/gedel. / ordinarius/del. a.h.
op (die) ....

4. Delegatie van de volmacht om te assisteren bij dit huwelijk; can. 1111
Delegatio facultatis assistendi matrimonio de quo in hoc protocollo
(N.B. Deze delegatie is altijd vereist als de betreffende bedienaar niet bevoegd is op grond van zijn ambt – zoals bijv. een pastoor binnen zijn eigen parochie – of op grond van een algemene schriftelijk verleende delegatie voor het territorium waarbinnen het onderhavige huwelijk gesloten gaat worden. – Vgl. bladz. 1, onder B.1.)

Hierbij verleen ik / Per praesentes DMNO .... de volmacht om binnen de / facultatem concedo intra
grenzen van mijn parochie/diocees te assisteren bij dit huwelijk.
fines paroeciae/dioeceseos meae assistendi matrimonio de quo in hoc protocollo.

Gegeven / Data te (loci) .... (sig) ordin./pastoor/alg.del. / ordin./parochus/del.gen.
op (die) ....

5. Bevestiging dat het huwelijk gesloten is.
Testificatio de celebratione matrimonii

Hierbij bevestig ik dat het hierboven bedoelde huwelijk gesloten werd:
Hisce testificor matrimonium de quo in protocollo hoc celebratum esse:

☐ in de kanonieke rechtsvorm, binnen de parochie: ....
in forma canonica, intra fines paroeciae

☐ met dispensatie in de kanonieke rechtsvorm (zie F.2)
cum dispensatione in forma canonica (cfr. sub F.2)

te (loci) .... op (die) ....

voor: ondergetekende/bovengenoemde bedienaar/de ambtenaar van de burgerlijke stand
coram me infrascripto/ministro supradicto/magistrato civili

en de getuigen ....
et testibus

Plaats (locus) .... (sig.) pastoor/gedel. / parochus/del. a.h.
Datum (die) ....

 GOOI EN STICHT, BAARN Bestelnummer 83182

VERKLARENDE UITLEG

Bij A: *Personalia*

1.a) De invulling van de *familienaam* kan problemen geven, als beide of één van beide partners geadopteerd is; wat er dan te doen staat, wordt in hoofdstuk XI onder Doopregister sub 1.2 uitgelegd.

b) Met *parochie* wordt hier iedere zielzorgeenheid, die gerechtigd is parochieboeken bij te houden, bedoeld; dus ook een quasi-parochie, rectoraat, Militair Ordinariaat enz.; de *kerkgemeente* van niet-katholieken wordt aangegeven met de plaats van de gemeente en/of (eventueel) de eigen naam van de kerk in die gemeente.

2. *Godsdienst*

a) Wanneer een katholiek gedoopte partij zegt, dat zij niets meer met de Kerk te maken wil hebben, is het in verband met **can.1117** van belang te weten of zij bij formele act uitgetreden is (zie het commentaar bij die canon); is dat wel het geval, dan is zij voor het huwelijk met een, (gedoopte of niet-gedoopte) niet-katholieke partner, niet gebonden aan de canonieke vorm;

b) Behoren beide partijen tot een Oosterse Kerk, dan zal men, ook als beide katholiek (geünieerd zijn), zich moeten wenden tot het bisdom (zie **can.1109**);

c) Wanneer beide of één van beide partners niet *gevormd* zijn (is) moet rekening worden gehouden met **can.1065 § 1.**

3 en 4: Bij de invulling van de familienaam moet opnieuw rekening worden gehouden met wat hierboven onder 1a gezegd is.

Bij B: *Gegevens betreffende de huwelijkssluiting*

1. Eenieder, die als gekwalificeerd getuige assisteert bij een kerkelijk huwelijk, moet zich er (eventueel via het trouwboekje) van overtuigen, dat het burgerlijke huwelijk al gesloten is of gesloten gaat worden vóór de kerkelijke huwelijkssluiting.

2. Voor de wijze "waarop", de dispensatie "waarin" en de plaats "waar" de *huwelijksafkondiging(en)* plaatsvindt(en), zij verwezen naar hoofdstuk IX, art.I sub 2b.

Bij C: *Verklaringen van bruid en bruidegom*

1. De R.K.Kerk is altijd opgekomen voor de volle vrijheid, waarmee een huwelijk gesloten wordt en tevens voor het gegeven dat de (weder-

zijdse) ouders instemmen met dit huwelijk. Mocht er aan het eerste (vrijheid) iets ontbreken, dan dient te worden gelet op hoofdstuk IX art.III sub 2.3; is de instemming van de ouders er niet of zijn zij onwetend omtrent het voorgenomen huwelijk, dan is **can.1071 § 1 n.6** van toepassing, als het om een minderjarige (onder de 18 jaar) gaat. Onder D wordt de gelegenheid gegeven om, waar nodig, deze vraag nader toe te lichten.

2. Om er achter te komen of beide dan wel één van beide partners tot nu toe ongehuwd was, kan dat, wanneer zij rooms-katholiek zijn, in de regel worden vastgesteld door óverlegging van een recent doopbewijs, d.i. niet ouder dan zes maanden. Ontbreekt een dgl. bewijs of gaat het om een niet-katholieke partner (in wiens doopbewijs geen bijzondere aantekeningen te verwachten zijn), dan zal een verklaring-onder-ede wenselijk zijn òf een schriftelijke verklaring van de burgerlijke stand van de gemeente, waartoe men hoorde, òf een verklaring-onder-ede van één of meer geloofwaardige en onverdachte getuigen. Bij twijfel stelle men zich in verbinding met het bisdom. Wanneer op deze vraag "ja" geantwoord wordt (dus: al eerder *kerkelijk en/of burgerlijk* gehuwd geweest), dan is het zaak *zo spoedig mogelijk* contact op te nemen met het Officialaat om te weten te komen of een al eerder (kerkelijk en/of burgerlijk) huwelijk de voorgenomen huwelijkssluiting in de weg staat en welke procedure gevolgd kan worden om het voorgenomen huwelijk door te laten gaan. Vooral bij paren, waarbij een niet-katholieke partner betrokken is, kan dit tot pijnlijke ontdekkingen leiden. Onder D wordt uitvoeriger ingegaan op deze vraag.

3. Voor de graden van *bloed- en aanverwantschap*, die zonder dispensatie (als deze al mogelijk is!) een huwelijk ongeldig maken, zij verwezen naar hoofdstuk IX art.III sub 2.2. Deze vraag kan onder D zonodig worden toegelicht. Bij twijfel neme men contact op met het bisdom.

4. Voor een huwelijk onder *voorwaarde* kan verwezen worden naar hoofdstuk IX art.III sub 2.2; er zij nog eens op gewezen, dat in dit geval steeds het verlof van de plaatselijke Ordinaris noodzakelijk is. Òfwel hier òfwel onder D kan in voorkomende gevallen deze vraag worden toegelicht.

Bij D: *Toelichtingen bij de verklaringen*

Betreffende *eerder(e) huwelijk(en)* van bruidegom of bruid: voor het antwoord op de hier genoemde vragen, is het, waar mogelijk, noodzakelijk een schriftelijk bewijs over te leggen: van de naam, van (eventueel) doopsel, van de (eventuele) katholiek-kerkelijke huwelijkssluiting, van de beëindiging van het huwelijk door *overlijden*(overlijdensakte), door *ontbinding*, c.q. *ongeldigverklaring*. Deze gegevens zijn verkrijgbaar via een recent doopbewijs of een andere schriftelijke akte. Waar het om een niet-katholieke partner gaat, die eerder gehuwd was, zal men moeten volstaan met een *overlijdensakte* of een *schriftelijke akte*, waarin de ontbinding (door echtscheiding) of (eventuele) ongeldigverklaring (bij een eerder huwelijk met een katholieke partner) is opgenomen.

Bij E: *Ambtelijke verklaring van geen bezwaar (Nihil obstat)*

In de Verklaring zelf wordt nauwkeurig aangegeven in welke gevallen deze ambtelijke verklaring nodig is.

Bij F: *Overige ambtelijke aantekeningen*

1. Verlof om buiten de eigen parochie te trouwen

Dit verlof wordt door **can.1115** gevraagd en kan worden gegeven door de eigen Ordinaris of door de pastoor zodra partners willen huwen in een parochie, waar zij geen domicilie, quasi-domicilie hebben of nog geen maand verblijven of waar zij (bij zwervers) niet feitelijk verblijven.

2. Dispensaties, c.q. sanatie

Hier wordt door het bisdom, d.i. door de Ordinaris (Bisschop, Vicaris-Generaal of Bisschoppelijke Vicaris) de gevraagde dispensatie of sanatie aangetekend.

3. Verlof

De Codex eist het door de plaatselijke Ordinaris te geven verlof voor:
a. het huwelijk van een katholiek met een gedoopte niet-katholiek volgens **can.1125**;
b. de huwelijksassistentie bij een reeks bijzondere gevallen, welke in **can.1071** worden genoemd;
c. een huwelijk onder voorwaarde: **can.1102**.

4. Delegatie van de volmacht tot huwelijksassistentie: **can.1111**

Voor de *geldigheid* van de huwelijkssluiting is het noodzakelijk dat de officiële bedienaar beschikt over de vereiste bevoegdheid (*licentia).*

Deze kan hem/haar gegeven worden door de plaatselijke Ordinaris voor diens territorium volgens de hier weergegeven formule. Een *algemene* delegatie voor priesters en diakens moet *schriftelijk* gegeven zijn, delegatie voor een *afzonderlijk geval* kan ook *mondeling* gebeuren.

(De rest van de Verklaring spreekt voor zich.)

HOOFDSTUK X: OVERIGE UITINGSVORMEN VAN DE GODDELIJKE EREDIENST

TITEL I: DE SACRAMENTALIËN (CC.1166-1172)

Inleiding

Op het terrein van de sacramentaliën, die we moeten zien als liturgische uitdrukkingsvormen van het gegeven, dat heel de schepping "teken van God is, ruimte waarin de gelovige mens God ontmoet"[1], heeft de invloed van de secularisatie zich in de laatste decennia vermoedelijk het sterkste doen gelden. Verder kan worden vastgesteld dat in de Liturgieconstitutie slechts geringe aandacht wordt geschonken aan de sacramentaliën (*SC* nn.39,79-82). Alleen de belangrijkste worden genoemd. Wellicht is dit een gevolg van het feit dat men in het ontwerp van die Constitutie geprobeerd heeft het onderscheid tussen sacrament (dat vanaf de vroeg-scholastieke periode werd gehanteerd als technische term voor het zevental) en sacramentale te verhelderen en zó het oud-kerkelijke begrip 'sacrament' te herstellen. Bij de behandeling van de liturgie is de aandacht vooral uitgegaan naar de belangrijkste en meest plechtige sacramentaliën, met name omdat zij niet als devotioneel ervaren werden.

Het *ontstaan* van de sacramentaliën voert ons terug naar oud- en nieuwtestamentische tekenen, naar de overname van religieuze symbolen uit de periode, waarin de Kerk haar vleugels uitsloeg naar andere volken, te beginnen met de Germanen, naar de ontwikkeling van bepaalde gebeds- en communicatievormen en religieuze gebruiken. Het ontstaan van de sacramentaliëen is ouder dan de reflexieve theologische bezinning daarop. Deze bezinning krijgt haar aanzet pas in de 12e eeuw bij de verheldering van het begrip 'sacrament'. Die bezinning voerde tot het inzicht, dat de sacramentaliën hun uitwerking hebben *"ex opere operantis Ecclesiae"*; dat wil in dit geval zeggen: "op voorspraak van de Kerk". Dit in tegenstelling tot de sacramenten, die hun uitwerking hebben krachtens de instelling ervan door Christus[2].

[1] Aldus *MK* vóór **can.1166**, ook voor hetgeen hier onmiddellijk op volgt.

[2] Voor een zorgvuldig onderscheid tussen sacramenten en sacramentaliën verwijs ik naar: *CDC (P/M)*, pp.678-679; voor de theologie-geschiedenis zij verwezen naar *LfThuK* 9(1964) s.v. Sakramentalien, naar *LfThuK, Das Zweite Vatikanische Konzil I* (1966),

Het *Schema/77* bevatte nog geen enkele bepaling over de sacramentaliën. Pas in 1978 werd het eerste ontwerp van canones gepresenteerd aan de consultoren van de betreffende studiegroep[3]. De **CCEO** besteedt slechts de ene **can.867** aan de sacramentaliën, waarvan **§ 1** de omschrijving van **can.1166 CIC/83** geeft, maar dan uitgebreid met de woorden dat de mensen door de sacramentaliën worden gedisponeerd om de sacramenten met vrucht te ontvangen en dat daardoor de diverse levenssituaties worden geheiligd; in **can.867 § 2 CCEO** wordt er op gewezen, dat het particuliere recht van de eigen zelfstandige Kerk inzake sacramentaliën in acht genomen dient te worden.

Na een korte weergave van het antwoord op de vraag wat een sacramentale is (1) wordt gesproken over wie sacramentaliën kan vaststellen, uitleggen, veranderen of wijzigen (2), wie de bedienaar ervan kan zijn (3) en wie de ontvanger (4) en tenslotte over de soorten sacramentaliën, die we gemakshalve indelen in twee categorieën: die, waarin de lofprijzing van God centraal staat (toewijdingen, zegeningen en processies) (5) en die, waarin het gebed om bevrijding centraal staat (exorcismen)(6).

1. Wat is een sacramentale?

Can.1166 geeft een rijkelijk vage omschrijving van de sacramentaliën. Hij herneemt de definitie van *SC* n.60, die op haar beurt lijkt op die van *can.1144 CIC/17* met deze belangrijke variant, dat zij niet meer beschreven worden als "zaken of handelingen", zoals nog wel in het eerste ontwerp, maar als "heilige tekenen"[4], enigermate ter nabootsing of naar analogie van de sacramenten; slechts "enigermate", niet omdat zij onvolmaakte sacramenten zouden zijn, maar omdat de uitwerking niet zoals bij de sacramenten afkomstig is van de instelling door Christus, maar van de bemiddeling door de Kerk[5]. Niettemin blijven sacramentaliën liturgische handelingen van de Kerk, die toeleiden naar de sacramenten of daarvan uitgaan. Sacramentaliën zijn nog al verschillend van aard: gelovig gebruik van wijwater, wierook, gewijde kaarsen, olijftakken, as, kruisteken, processie, kruiswegen, kerkelijke begrafenis, zegening van liturgische gebruiksvoorwerpen, de religieuze professie,

waar **J.A.Jungmann** commentaar levert op de Liturgieconstitutie, pp.44-45, 62-65, 72-74 en naar het *LW* II (1968) s.v. sacramentale.

[3] Vgl. *COMM.* 13(1981)441-443.

[4] Op voorstel van de Congregatie voor de Sacramenten en de Eredienst aldus in 1978 veranderd in navolging van *SC* n.60. Deze Congregatie herschreef de hele canon: zie *COMM.* 12(1980) 385-387 en 13(1981)442.

[5] Zie *NDP*, p.547.

wijding of zegening van kerken of kapellen, zegening van een abt of abdis, maagdenwijding, in het algemeen: zegening van personen, plaatsen of zaken.

Als *tekenen* moeten zij gemakkelijk toegankelijk zijn voor het begrip van hen, die er in participeren; als *heilige* tekenen moeten zij aan de gelovigen de geestelijke waarden, die zij tot uitdrukking brengen of waarop ze inleiden, laten zien. Op die gelovigen zijn *SC* n.21 en **can.836** van toepassing. De sacramentaliën vooronderstellen een christelijke visie op de wereld als schepping van God, waarin naast de natuurwetten en de menselijke arbeid, ook geestelijke krachten actief zijn. Vandaar de aanroepingen, die in bv. de zegeningen zijn opgesloten[6].

2. Welke instantie is bevoegd inzake de sacramentaliën?

De al bestaande centralisatie inzake de vaststelling, authentieke verklaring, afschaffing of wijziging van sacramentaliën is, zoals in *can.1145 CIC/17*, gehandhaafd in **can.1167 § 1**. Ook in de huidige wetgeving is de Apostolische Stoel de enige instantie, die bevoegd is; want het gaat bij sacramentaliën om een publieke act van de Kerk.

Aan deze bepaling is – voor het eerst in 1980[7] – een paragraaf toegevoegd die het gebruik van de door het gezag van de Kerk goedgekeurde riten en formules verplichtend voorschrijft (**§ 2**)[8].

3. Wie kunnen bedienaar van sacramentaliën zijn?

Can.1168 stelt voorop dat de gewone bedienaar van sacramentaliën een *clericus* (Bisschop, priester of diaken), uitgerust met de vereiste bevoegdheid, dient te zijn. Het zijn de liturgische boeken, die nader specificeren wie welke sacramentaliën kan bedienen (zie **can.1169**). Soms kunnen dit volgens die boeken[9] ook *leken*(m/v) zijn: alleen die leken,

[6] Overgenomen van *CDC(S/P)*, p.643.

[7] Vgl. *COMM.* 12(1980)386; de formulering van toen was: "volgens de door de Kerk goedgekeurde riten en formules", die later vervangen werd door: "door *het gezag van* de Kerk goedgekeurde...enz."

[8] Maar er wordt met geen woord gerept over de consequenties van het-zich-daaraan-niethouden. Dat gebeurde in *CIC/17 can.1148 § 2* ("Consecraties en benedicties, hetzij constitutief hetzij invocatief, zijn *ongeldig* als de door de Kerk voorgeschreven formule niet gebruikt werd") nog wel. Het commentaar in *CDC(P/M)* p.679, vindt dit ook nu nog een juist criterium: onderhouding van de riten is een kwestie van geoorloofdheid, onderhouding van formules wordt vereist voor de geldigheid. Maar ik weet niet, wat men zich bij de toepassing van het juridische begrip 'geldigheid' op een sacramentale voor moet stellen!

[9] Zie het *Romeins Rituaal voor de Zegeningen*(1984) van de Congregatie voor de Sacramenten en de Eredienst. Vgl.de studie-uitgave van de *NRL, Zegeningen uit het Romeins Rituaal*(1986).

die naar het oordeel van de plaatselijke Ordinaris de passende eigenschappen bezitten (welke hier niet nader worden ingevuld!) en dan nog alleen t.a.v. die sacramentaliën, welke hun door het (liturgisch) recht worden toegestaan[10].

Een nadere specificatie van de *clericus* uit deze canon volgt in **can.1169**[11]. Het algemene uitgangspunt hierbij is, dat het aantal aan Bisschoppen en Ordinarissen *voorbehouden* zegeningen, zo stelt *SC* n.79,2, zeer gering moet zijn[12]. In de lijn hiervan worden in **can.1169 § 1** alleen de meest plechtige en zeer oude riten (waarbij o.a. een zalving met olie plaatsvindt)[13], waardoor *personen* (door een wijdingsgebed) blijvend aan God worden toegewijd of *zaken* (door *dedicatie* = (toe)wijding/inzegening) blijvend voor de goddelijke eredienst worden bestemd, voorbehouden aan hen, die de bisschopswijding hebben ontvangen; maar ook dan kunnen priesters een dedicatie verrichten, als hun dit door het recht of door een wettige verlening wordt toegestaan. Zo kunnen zij volgens **can.1206** een kerk inzegenen. Van de bisschopswijding of van een wettige toekenning door het recht of anderszins is wel de geldigheid van het te verrichten sacramentale afhankelijk[14].

Waar het om andere riten gaat, dus om *zegeningen*, die opgenomen zijn in het Boek van de zegeningen, kan iedere priester die geven, met uitzondering van die welke aan de Paus of de Bisschoppen voorbehouden zijn (**can.1169 § 2**), bv. de zegening van een kerk volgens **can.1207**[15]. Zegeningen kunnen naar een traditioneel onderscheid (zie bv. *can.1148 § 2 CIC/17)*[16] *constitutief* zijn, wanneer zij dezelfde uitwerking hebben als consecraties en dedicaties, dan wel *invocatief*, wanneer het louter gaat om het afsmeken van Gods goedgunstige bescher-

[10] Deze passage werd overgenomen uit *SC* n.79,3, maar: uit de oorspronkelijke formulering van 1978 werden de woorden “tenminste in bijzondere omstandigheden” geschrapt [*COMM.* 12 (1980)386], en ná 1982 verdwenen ook (na “toegerust”) uit deze canon de woorden, die nog in het *Schema/80* staan, “en rechtens daarvan niet weerhouden”. Beide veranderingen wijzen er m.i. op dat Ordinarissen royaal mogen oordelen over “de passende eigenschappen”.

[11] In 1980 beslisten de consultoren van de betreffende studiegroep, dat in deze canon niet weer teruggekomen zou worden op leken: *COMM.* 12(1980)387.

[12] Ook de Instr.*Inter oecumenici*(1964) van de Ritencongregatie had dit in n.77 al gezegd.

[13] Hetgeen alleen het geval is bij kerk-en altaarwijding.

[14] Wat dit dan ook moge betekenen. Zie *COMM.* 12(1980)325.

[15] Criterium voor een antwoord op de vraag of een bisschop dan wel een (andere) priester voorgaat is eerder gelegen in het belang van de viering, nl. of een viering meer dan plaatselijke betekenis heeft.

[16] Een onderscheid dat liturgisch weliswaar niet meer gehanteerd wordt, maar dat we in alle commentaren nog tegenkomen om duidelijk te maken hoe verschillend van aard (en ingrijpend) de diverse zegeningen kunnen zijn.

ming over personen of zaken. Een diaken kan alleen die zegeningen verrichten, welke hem uitdrukkelijk door het recht, dat zijn de liturgische normen, worden toegestaan **(can.1169 § 3)**[17].

We zouden het zojuist gezegde ook met deze woorden kunnen verduidelijken: in de mate, waarin zegeningen gericht staan op het sacramentele centrum van de Kerk of verbonden zijn met de sacramentenbediening zelf of voorwerpen betreft, die van groot belang zijn voor de eredienst, in die mate ook zijn zij voorbehouden aan gewijde ambtsdragers[18].

4. Wie kunnen sacramentaliën ontvangen?

Het oorspronkelijke ontwerp van **can.1170**[19], dat vooral de katholieke gelovigen zag als de geadresseerden van zegeningen, ziet tot in de eindredactie toe geloofsleerlingen, maar ook niet-katholieken en niet-christenen als geadresseerden[20]. De woorden "tenzij een kerkelijk verbod in de weg staat" zijn volgens een commentator[21] vooral ingegeven door angst voor *communicatio in sacris*, d.i. het deelhebben aan elkaars liturgische activiteiten.

[17] Zó luidde ook al het antwoord van de *PCIV*, d.d. 13 november 1974 [*AAS* 66(1974)667] op de vraag of en in hoeverre een diaken volgens *can.1147 § 4 CIC/17*, *LG* n.29 en het MP *Sacrum diaconatus ordinem*(1967) van Paus **Paulus VI** n.22 constitutieve dan wel invocatieve zegeningen kan doen. – Het *Romeinse Rituaal voor de Zegeningen*(1984) geeft duidelijker dan de studie-uitgave van de *NRL, Zegeningen uit het Romeinse Rituaal* (1986) aan door wie een sacramentale kan worden bediend. Waar het om een diaken gaat, is een overzicht voorhanden in: *An.Utr.* 66(1993)342-343. Eenzelfde lijst had van leken gemaakt kunnen worden. Opvallend is dat zij voor zegeningen van zaken (voorwerpen) volgens het Romeins Rituaal niet in aanmerking komen, wel voor invocatieve zegeningen van personen.

[18] Zie *MK* bij de **cc.1168** en **1169**.

[19] Het luidde als volgt: "Zegeningen, die vooral aan katholieken moeten worden verleend, kunnen ook aan geloofsleerlingen worden gegeven, ja zelfs ook aan niet-katholieken ter verkrijging van het licht van het geloof of, tegelijk daarmee, van lichamelijke gezondheid, tenzij een verbod van de Kerk in de weg staat" [zie *COMM.*12(1980)385 en 387, overgenomen in het *Schema/80 (can.1124)* en in het *Schema/82 (can.* 1170)]. Pas na 1982 kwamen de woorden "ter verkrijging van..." tot het einde te vervallen. Beschamend vind ik de wijze, waarop er in 1981 over deze canon werd gediscussiëerd. Op de vraag of de term 'niet-katholieken' betekent, dat de van de Kerk of van een christelijke gemeenschap gescheiden broeders (en zusters, naar ik aanneem), ja ook niet-christenen in aanmerking kunnen komen voor zegeningen, wordt geantwoord: "Ongetwijfeld; als zij ook aan zaken en dieren gegeven worden, kunnen zij zoveel te meer aan menselijke personen, al zijn zij niet-katholiek of niet-christelijk, gegeven worden": *Relatio/* 1981, p.269.

[20] Een situatie, die zich gemakkelijk voor kan doen bij oecumenische vieringen van bv.gemengd huwenden of bij begrafenissen van niet-katholieken binnen de setting van een r.k. dienst.

[21] *CCL*, p.835.

Can.1171 spreekt zich uit voor iets, dat zó vanzelfsprekend is dat het onvermeld had kunnen blijven nl. dat gewijde voorwerpen met eerbied behandeld (dienen) te worden en niet voor profane of onwaardige doeleinden mogen worden gebruikt. Daar staat tegenover, dat het recente verleden ons leert, dat het zorgvuldig en eerbiedig omgaan met alle gewijde voorwerpen, die met de christelijke eredienst te maken hebben, met voeten getreden is: een blik in antiquariaten (om over andere verzamelaars maar niet te spreken!) maakt dat duidelijk. Maar ook binnenskamers kunnen we ons afvragen hoe er wordt omgegaan met wijwater, sterker nog met niet-geconsumeerde hosties en wijn, met gewijde oliën enz. **Can.1376** bepaalt, dat, wie niet eerbiedig omgaat met deze zaken, met een rechtvaardige straf gestraft dient te worden.

5. Exorcisme

Onder de sacramentaliën zal de moderne, geseculariseerde mens wellicht het meeste moeite hebben met dìt sacramentale. Uit het bestaan ervan blijkt, dat de Kerk, in het voetspoor van Jezus Christus die aan Zijn leerlingen de macht gaf duivels (boze geesten) uit te drijven, óók op deze wijze vecht tegen het kwade in onze wereld, gepersonifiëerd in de duivel.

Het gaat hier om een uiterst delicate zaak, zeker waar het gaat om het zgn. *grote, plechtige, publieke* exorcisme (van het Griekse εξοριζω = verbannen, verdrijven), d.i. een aanroeping van Gods naam, op wiens gebiedend bevel (in de vorm van een gebed) de duivel uit een zaak, plaats of persoon gedreven wordt[22]. Over deze exorcismen gaat het in **can.1172**. Als zij een *eenvoudig* karakter hebben d.w.z. deel uitmaken van andere riten, vooral die van het catechumenaat en van het doopsel, hebben we te maken met de *kleine* exorcismen, dat zijn smeekbeden, waarin – heel algemeen – aan God gevraagd wordt een persoon (bv. een kind) of zaak (bv. water, zout) te bevrijden van het boze[23].

Het zal moeilijk zijn criteria op te stellen voor het *grote* exorcisme; zeker is dat alle moderne medische en/of psychiatrische behandelingsmethoden uitgeprobeerd moeten zijn[24]. Niet voor niets heeft, kort na het verschijnen van de **Codex/83**, de Congregatie voor de Geloofsleer in een brief aan de plaatselijke Ordinarissen (1985) nog eens herinnerd aan **can. 1172** n.a.v. het in sommige kerkelijke kringen toenemend gebruik

[22] Zie *CDC (S/P)*, p.646.

[23] *CDC (P/M)*, p.682. Zie *OvD* voor de doop van volwassenen nn.109-118 en 373. Heel recent publiceerden **Kasper,W./Lehmann, K.** (Hrsg.) het artikel *Teufel, Dämonen, Bessenheit* in: *Zur Wirklichkeit des Bösen* (Mainz 1978).

[24] Aldus *MK* bij **can.1172**.

om o.l.v. leken (ook in aanwezigheid van een priester) gebedsbijeenkomsten te houden met de bedoeling daardoor bevrijding van duivels te verkrijgen. Ook al gaat het dan niet direct over eigenlijke exorcismen, toch spoort de Congregatie dringend aan **can.1172** te urgeren, waaruit ook volgt[25] dat christengelovigen geen uittreksel, laat staan de integrale tekst van de exorcisme-formule van Paus **Leo XIII**(gest.1903), mogen gebruiken tegen de satan en de gevallen engelen. Ook moeten de Bisschoppen erop toezien dat, ook dan als er van echte duivelse bezetenheid geen, maar wel enigermate van duivelse invloed sprake is, iemand zonder de vereiste bevoegdheid bijeenkomsten leidt, waarop in de gebeden de duivels direct worden ondervraagd of waarin geprobeerd wordt hun identiteit te achterhalen.

De Kerk heeft buitensporige lichtgelovigheid in duivelse bezetenheid veroordeeld. Dat verklaart de voorzorgen van **can. 1172**, die bepaalt dat niet de religieuze Overste, maar alleen de plaatselijke Ordinaris een bijzondere, d.i. voor ieder geval afzonderlijke, en uitdrukkelijke machtiging kan geven (**§ 1**)[26] en alleen aan een priester[27]. Ook al wordt dit in deze canon niet meer, zoals in *can.1152 CIC/17*, gezegd, toch lijkt het duidelijk dat exorcismen ook kunnen worden uitgesproken over geloofsleerlingen, niet-katholieken, ketters en geëxcommuniceerden[28]. De priester, die gemachtigd wordt tot exorcismen moet aan de in **§ 2** genoemde kwaliteiten van "vroomheid, kennis en wijsheid...en een onberispelijke levenswandel" voldoen[29].

TITEL II: HET GETIJDENGEBED (CC.1173-1175)

De consultoren van de Codexherzieningscommissie zijn zich van meet af aan bewust geweest van het beginsel, dat door de grote meer-

[25] Waaruit dit dan precies volgt, maakt zij niet duidelijk.

[26] De (kleine) wijding tot exorcist, die door het MP *Ministeria quaedam*(1972) van Paus **Paulus VI** werd afgeschaft, kan als *functie* alleen dáár gehandhaafd blijven, waar de BC met goedkeuring van de Apostolische Stoel daartoe besloten heeft.

[27] Met dit verlof wil de Kerk zich verzetten tegen twee extremen, d.w.z. tegen hen, die duivelse bezetenheid zien in ieder bizar gedragspatroon en tegen hen, die a priori het standpunt huldigen dat duivelse bezetenheid nooit voorkomt: *CCL*, p.836. – Er bestaat een afzonderlijk *Ritueel voor exorcismen*, zoals blijkt uit een brief van de Toscaanse Bisschoppen, d.d. 15 april 1994; Franse vertaling in *Doc.Cath.*(november) 1994, pp.988-998. De tekst schijnt aan alle Bisschoppen te zijn toegezonden, maar is niet openbaar gemaakt.

[28] Aldus *CDC (P/M)*, p.682. **H.J.F.Reinhardt** is in zijn commentaar in *MK* bij **can.1172**, Rdn.3 echter van mening dat exorcismen in beginsel alleen voor katholieken, ook wanneer zij een censuur hebben belopen, bestemd zijn.

[29] De in 1981 gedane suggestie om het vaststellen van de vereiste kwaliteiten over te laten aan de prudentie van de Ordinaris werd niet overgenomen omdat die kwaliteiten, *getuige de ervaring*, een nuttig criterium verschaffen. Zie *Relatio*/1981, p.269.

derheid van de Commissie aanvaard is nl. dat de nieuwe Codex een *juridisch karakter* zou moeten dragen[30]. Niettemin heeft een Codex nog al eens de neiging buiten de oevers van een *Wet*boek te treden. Dat is m.i. – mede gelet op **can.2** – ook het geval, wanneer hij in **can.1173** een soort doelomschrijving geeft van het Getijdengebed, dat in de Codex consequent de *liturgie der getijden (uren)* genoemd wordt **(cc.246 § 2, 276 § 2 n.3, 663 § 3)** naar de officiële titel in het Latijn: *Liturgia horarum*. Dit gebed is een herziening volgens Vaticanum II van wat voordien het *Officium divinum*, d.i. het *heilig of goddelijk Officie* en in de omgangstaal vroeger het *brevier* heette, afgeleid van het Latijnse *breviarium* (van Lat.*brevis* = kort), want ons huidige brevier is a.h.w. een inkorting of uittreksel van een veel omvangrijker getijdengebed[31]. Zonder ook maar enige afbreuk te willen doen aan de inhoud van deze bepaling, hoort zij hier niet thuis, hetgeen ook geldt voor **can.1175**, die de betrokkenen vermaant zich bij het bidden van de Getijden zoveel mogelijk te houden aan de werkelijke tijd van ieder uur. Blijft als enige echte juridische bepaling **can.1174** over, die echter voor het grootste deel al opgenomen is in de **cc.276 § 2** en **663 § 3**. Is dat ook de reden waarom iedere bepaling over het Getijdengebed in de voorbereidende schemata ontbreekt en pas voor het eerst opdaagt in het *Schema/82*? Ons commentaar kan zich daarom beperken tot **can.1174**, die in **§ 1** aan bepaalde personengroepen binnen de Kerk de plicht oplegt tot het bidden van het Getijdengebed. In de **CCEO** wordt aan het Getijdengebed of aan wat daar het goddelijk lofprijzend gebed *(Laudes divinae)* heet, geen enkele afzonderlijke bepaling gewijd zoals in de **CIC/83**. In **can.346 § 2 n.3** van de **CCEO** wordt bepaald dat aspiranten voor de wijdingen in de Kerk voortdurend het goddelijk lofprijzend gebed leren bidden volgens eigen ritus en daaruit hun geestelijke leven voeden; en parallel aan **can.1174 § 1** wordt in de **CCEO can.377** bepaald dat "alle *clerici* het goddelijke lofprijzende gebed volgens het particuliere recht van de eigen Kerk moeten bidden"[32].

[30] Zie *Comm.* 1(1969)78-79. Juist omdat sommige voorgelegde bepalingen dat karakter niet hadden, werden ze geschrapt; een voorbeeld is te vinden in: *Comm.* 25(1993)188-189.

[31] Voor de ontstaansgeschiedenis verwijzen we naar *LW II* s.v. Officie, kol.1943-1962 en naar een kort overzicht in *MK* vóór **can.1173**; en voor een gezaghebbend commentaar op de Liturgieconstitutie nn.83-101 naar **J.A.Jungmann** in *LfThuK*, *Das Zweite Vatikanische Konzil I*, pp.74-86.

[32] Behalve wat in *OE* n.22 staat over dit goddelijk lofprijzend gebed, wordt in n.15 gezegd: "De gelovigen zijn verplicht op Zon- en Feestdagen de goddelijke Liturgie mee te vieren of naargelang van de voorschriften of het gebruik van de eigen ritus, deel te nemen aan het heilig Officie".

Het Getijdengebed is op de eerste plaats een "lofzang aan God", is geen privé-aangelegenheid, maar een publiek en gemeenschappelijk gebed van heel de Kerk, van heel het Volk van God (*AILG*, nn.1 en 20). Plaatsvervangend in dubbele zin, nl. resp. voor de Kerk **(can.837 § 1)** en voor alle mensen **(cc.246 § 2** en **1173)**, zijn alle *clerici* (Bisschoppen, priesters en diakens, die zich voorbereiden op het priesterschap) verplicht dagelijks het integrale Getijdengebed te bidden (**can.276 § 2** n.**3**; *AILG* n.29) "volgens de eigen en goedgekeurde boeken"[33]; permanente diakens daarentegen dienen dit gebed te bidden voor dàt deel, dat door de BC bepaald is[34]; leden van instituten van gewijd leven alsook van sociëteiten van apostolisch leven moeten dit gebed geheel of gedeeltelijk bidden "volgens hun constituties" (**cc.1174 § 1** en **663 § 3**; *AILG* n.31), onverminderd de verplichting van de *clerici* onder hen om zich te houden aan **can.276 § 2 n.3**. Maar omdat het Getijdengebed in wezen een gemeenschapsgebed is, worden ook de andere christengelovigen naar gelang van de omstandigheden met aandrang uitgenodigd om deel te nemen aan de liturgie der Getijden als handeling van de Kerk" **(can.1174 § 2)**[35]. Seminaristen behoren volgens **can.246 § 2** gevormd te worden "tot het vieren van de liturgische getijden".

De *AILG* spreekt in n.29 ook over de plicht tot het integrale Getijdengebed voor de *clerici*, maar maakt daarbij een onderscheid in het gewicht van de verschillende gebedsuren: tussen die uren, die als het

[33] De in 1985 door de Congregatie voor de Eredienst gepromulgeerde tweede standaardeditie (zie literatuuropgave) vormde de basis voor *Het Getijdenboek*, dat in 1990 in de vorm van een basisboek met 17 bijlagen (waarin de lezingen voor de lezingendienst) werd uitgegeven door de *NRL* en de *ICLZ*: zie *An.Utr*. 62(1989)401-412; *An.Bo*. 29(1989)afl.6, pp. 38-42; 31(1991)afl.1, pp.13-23; afl.2, pp.13-27; *An.Br*. 4 (1990)52; *An.Ro*.35(1990)46. Hieraan vooraf ging een proeve van het nieuwe brevier, dat in 1970 onder de titel *Gebeden voor elke dag* in opdracht van de *ICLZ* en de *ICL* werd samengesteld en in 1970 na goedkeuring van de Congregatie voor de Eredienst werd uitgegeven; zie hiervoor *An.Utr*. 43 (1970) 74-75; 44 (1971) 128-129 en 46 (1973) 518-519, *An.Gr*. *Bd.III* (1967-1970) 298-303 en 415-416; *An.Bo*. 10 (1970) 45; *An.Ha*. 17 (1970) 33-34; *An.Ro*. 15 (1970) 131; vgl. p. 224; *An.Rmd*. 51 (1970) 67-68. Vgl. **J.Bluyssen**, *Het vernieuwde getijdengebed* (brochure van 1990); **J.Hopman**, *Zingt nu de Heer een nieuw lied*: *An.Ha*.37(1990)18-31 en *An. Utr*. 62(1989)401-412; vgl.*An.Bo*. 29(1989)afl.6, pp.38-42; 31(1991)afl.1, pp.13-23; afl.2, pp.13-27 en **R.Taft**, *The Liturgy of the Hours in East and West. The origins of the Divine Office and its meaning today* (Collegeville 1986; een Franse vertaling verscheen bij Brepols in 1991).

[34] Zie *AILG* n.30. De Nederlandse BC bepaalde "dat de permanente diakens gehouden zijn tot het bidden van de Lauden en de Vespers": *TB/89*, n.3.

[35] Vgl.*AILG* n.27; volgens n.21 nemen de parochies "als cellen van het bisdom" een voorname plaats in. Waardevolle (ook: literatuur-)suggesties hiervoor staan in het Directorium van de Nederlandse Kerkprovincie onder het hoofd: *Getijdengebed en Gebedsdiensten*. – Voor alle in de tekst genoemde categorieën van personen gelden de richtlijnen van *SC* nn.89, 95-96, 98 en 100.

ware het scharnier vormen van deze Liturgie, "de twee spillen van het dagelijks officie" (*SC* n.89a), nl. de Lauden als morgen- en de Vespers als avondgebed, welke uren nooit achterwege mogen blijven "tenzij om een ernstige reden", en de overige uren. De clausule "om een ernstige reden" werd in de Codex niet overgenomen, hetgeen niet betekent dat zij niet meer opgaat. Het onwettig nalaten van het Getijdengebed betekende naar *can.1475 § 2 CIC/17* nog, dat een beneficiant geen vruchten mocht trekken uit zijn beneficie in verhouding tot zijn nalatigheid.

TITEL III: KERKELIJKE UITVAART, BEGRAFENIS OF CREMATIE

Inleiding

Onder liturgisch aspect is de uitvaart, inclusief de teraardebestelling (begrafenis) of crematie, een geheel van, al of niet symbolische, riten en gebeden, waarmee de Kerk het overlijden van haar gelovigen begeleidt. *Kerkrechtelijk* gesproken is het van belang te weten wie voor een *kerkelijke* uitvaart in de breedste betekenis van het woord in aanmerking komt; waar zij plaats moet vinden; aan welke regels men dan gebonden is; hoe de verhouding is tussen begraven en cremeren en hoe het staat met het recht op een eigen kerkhof of graf. Uiteraard speelt in dit geheel ook de burgerlijke wetgeving een rol, m.n. de *Wet op de lijkbezorging* (Nederland) of de *Wet op de begraafplaatsen en de lijkbezorging* (België).

In vergelijking met de oude wetgeving(1917) valt op, dat de nieuwe zich niet primair concentreert op de *kerkelijke* begrafenis/crematie, maar op de *uitvaart*. Daarmee is de volle nadruk komen te liggen op de riten en ceremonies na het overlijden van christengelovigen. Om die reden *moest* dit onderdeel van de wetgeving wel een andere plaats krijgen in de Codex: niet meer in Boek III, dat het 'zakenrecht' bevatte (Deel II:gewijde plaatsen en tijden, Titel XII: de kerkelijke begrafenis), maar in Boek IV over de heiligingstaak van de Kerk (Deel II: overige handelingen van de goddelijke eredienst, de kerkelijke uitvaart)[36]. Om dezelfde reden moest alles, wat er kerkrechtelijk te zeggen valt over het kerkhof en wat daarmee samenhangt een andere plaats krijgen, dáár nl. waar gesproken wordt over 'gewijde plaatsen' (Boek IV, Deel III, Titel I, Hoofdstuk V).

[36] Vgl. *COMM.* 12(1980)345-347.

Een andere opvallende wijziging vond plaats: de hoeveelheid bepalingen is drastisch beperkt, omdat de nieuwe wetgeving veel minder gedetailleerd is dan de oude : van de veertig canones over uitvaart en begrafenis *(cc.1203-1242 CIC/17)* zijn er maar tien **(cc.1176-1185)** overgebleven; en betreffende het kerkhof zijn er van de tien oude bepalingen *(cc.1205-1214)* maar vier **(cc.1240-1243)** gebleven. Door deze reductie is er meer speelruimte gekomen voor het particuliere recht en voor het oordeel van de lokale kerkelijke overheid.

De term 'kerkelijke uitvaart' heeft niet alleen betrekking op de riten en gebeden rond de kerkelijke begrafenis, maar ook op die rond de crematie[37].

ARTIKEL I: DE KERKELIJKE UITVAART

1. Recht en uitsluiting van het recht op een kerkelijke uitvaart

Can.213 formuleert het grondrecht, dat *alle christengelovigen* kunnen en mogen putten uit de geestelijke goederen van de Kerk; **can.1176 § 1** perkt dit wat de kerkelijke uitvaart betreft in met de clausule "volgens het recht", terwijl **§ 2** expliciet de doelstellingen van de kerkelijke uitvaart vermeldt: de Kerk wil daarmee de geestelijke bijstand afsmeken voor de overledenen, wil hun lichamen eren en tegelijk aan de overlevenden de troost van de hoop geven. De Codex gaat er dus van uit, dat aan christengelovigen een kerkelijke uitvaart wordt gegeven, voorzover zij daarvan door het recht niet worden uitgesloten.

Geloofsleerlingen (catechumenen) worden met christengelovigen gelijkgesteld **(can.1183 § 1)** zodat ook zij aanspraak kunnen maken op een kerkelijke uitvaart. Al in **can.206 § 2** drukte de Kerk haar zorg uit voor de catechumenen, die als ongedoopten weliswaar nog geen persoon zijn in de Kerk met alle daaraan verbonden rechten en plichten (vgl.**can.96**). Die zorg komt hierin tot uiting dat de Kerk hun al diverse aan christenen eigen voorrechten verleent **(can.206 § 2)**, zoals hier het recht op een kerkelijke uitvaart (vgl.ook **can.1170**). Reden hiervan is, dat catechumenen al op een bijzondere wijze met de Kerk verbonden zijn **(can.206 § 1)**.

[37] Een interessante beschouwing over de veranderde dodenliturgie verscheen van de hand van **A.Hollaardt,** *Allerzielen op zondag. De veranderde dodenliturgie* – in: *TvL* (nov.1980) en overgenomen in o.a. *An.Utr.* 53(1980)233-240. Zie over functie en inhoud van de uitvaartprediking ook: **E.Henau**, *Preken over dood en eeuwig leven – An.Utr.* 65(1992)189-201.

Ditzelfde recht hebben ook *kinderen*, van wie de ouders de bedoeling hadden hen te laten dopen, maar die vóór het doopsel al gestorven zijn (**can.1183 § 2**)[38]. Voor toelating van deze kinderen tot de kerkelijke uitvaart is wel verlof nodig van de plaatselijke Ordinaris (vgl.**can.1183 § 2**), blijkbaar om in voorkomende gevallen te controleren of vast te stellen, dat de ouders hun kind inderdaad hebben willen laten dopen, of ook om iemands twijfel over de constante leer van de Kerk over de heilsnoodzakelijkheid van de kinderdoop weg te nemen[39].

Zelfs kunnen naar het wijs oordeel van de plaatselijke Ordinaris *gedoopten, die lid zijn van een niet-katholieke Kerk* of *kerkelijke gemeenschap*[40], een katholiek-kerkelijke uitvaart krijgen op drie voorwaarden

a) vast moet staan, dat zij zelf hier niet tegen waren;
b) er geen bedienaar van de eigen Kerk of kerkelijke gemeenschap beschikbaar is en
c) dat de plaatselijke Ordinaris hier een positief oordeel over uitspreekt (**can.1183 § 3**)[41].

Mocht op een of andere wijze vaststaan dat de vermoedelijke wil van de overledenen anders was, dan moet deze wil gerespecteerd worden, omdat hij voorrang heeft op alle andere overwegingen. Het is niet nodig, dat de betrokkene al tijdens haar/ zijn leven positief te kennen heeft gegeven om eventueel wel katholiek-kerkelijk begraven te willen worden. Bovengenoemde tweede voorwaarde is in het kader van de overige normen over de bediening van sacramentaliën aan niet-katholieke christenen een bijzondere regeling. Een dergelijke voorwaarde wordt in het nieuwe Wetboek alleen gesteld bij de bediening van sacramenten aan niet-katholieke christenen (vgl. **can. 844 §§ 2** en **4**). Het toetsen van

[38] Er is een eigen uitvaart-ritueel voor deze kinderen opgenomen in het Romeinse Ritual voor de Uitvaartliturgie, hoofdstuk 8.

[39] Aldus de *CCL*, p.839; vgl.*COMM*. 12(1980)354.

[40] Dit is een door Vaticanum II steeds gehanteerd onderscheid tussen de niet-geünieërde Kerken van het Oosten en de uit de Reformatie voortgekomen christelijke Kerken.

[41] Zie ook het *Directorium Oecumenicum III*(1993) n.120. Een poging in de laatste fase van de Codexherziening (1981) om deze bepaling nog ruimer te maken door de kerkelijke uitvaart ook toe te staan aan anderen, die op een of andere wijze dicht bij de Kerk staan, maar die vóór het doopsel gestorven zijn is op niets uitgelopen: zie *COMM*. 12(1980)354-355 en *Relatio/1981*, p.270; zo is ook in die herzieningsfase het voorstel om de eerste twee voorwaarden te laten vervallen, omdat het in gemengde huwelijken vaak voorkomt dat de niet-katholieke partner, ofschoon niet overgegaan naar de R.K.Kerk, dichter bij deze dan bij de eigen Kerk staat, door de herzieningscommissie niet overgenomen om deze merkwaardige reden: men kan geen normen geven voor uitzonderingssituaties! (terwijl dat in het recht zo vaak gebeurt): zie *Relatio/1981*, p.271.

deze voorwaarden en de uiteindelijke beslissing berust bij de plaatselijke Ordinaris[42]. Hoort een gedoopte niet tot een kerk of is hij/zij van een speciale kerkelijke gemeenschap uitgesloten en woont hij/zij tegelijk op reguliere basis katholieke diensten bij, dan zou daardoor de eigen bedienaar al niet meer bereikbaar zijn[43].

Eigenlijk zijn dus alléén *ongedoopten*, met uitzondering van catechumenen en kinderen, die om de genoemde redenen ongedoopt gebleven zijn, uitgesloten van de kerkelijke uitvaart. Principiëel kunnen voorbeden worden uitgesproken voor hen, maar van een ambtelijke kerkelijke uitvaart zijn zij uitgesloten, zoals volgens **can.1184 § 1** ook een aantal *andere categorieën van personen*, maar dan gaat het om uitsluiting, die bij wijze van straf wordt opgelegd[44], tenzij zij voor hun dood enige tekenen van berouw hebben gegeven, nl.:

a) *publiek gekende afvalligen, ketters en schismatieken*. Wat de begrippen apostasie, ketterij en schisma en de daar mee gepaard gaande sancties betreft zij verwezen naar resp. **can. 751** en **1364**. Het begrip 'publiek gekend'*(notorius)* wordt in de Codex niet gedefiniëerd, maar m.b.v. de *Codex/17 (can.2197 nn.2 en 3)*[45] kan het omschreven worden als: openlijk bekend ofwel door een rechtsgeldig uitgesproken oordeel, d.i. bekendheid-in-rechte, ofwel door bewijsbaarheid via openbare documenten, bv. inschrijving bij een sekte, een antichristelijke of atheïstische partij, ofwel doordat het misdrijf aan de meerderheid van een gemeenschap in feite bekend is[46]. Toepassing van deze bepaling op katholieken, die via een daartoe strekkende verklaring van de burgerlijke autoriteiten uit de Kerk getreden zijn, is problematisch; het zal aankomen op hun hele gedragswijze, die niet zonder meer afleidbaar is uit genoemde verklaring.

[42] Aldus *MK* bij **can.1183.**

[43] Vgl. *CCL*, p.839. Het motief, waarom niet-katholieke christenen in uitzonderingsgevallen ook in de Katholieke Kerk hun met de doop gegeven grondrecht op het ontvangen van geestelijke goederen, zoals sommige sacramenten volgens **can.844 §§ 2** en **4** en sacramentaliën volgens **can.1170** en hier **can.1183 § 3**, kunnen realiseren, ligt in de op Vaticanum II, speciaal in *LG* nn.8,2 en 15 en in *UR* n.3, nieuw omschreven en aan de Codex ten grondslag liggende ecclesiologie, waardoor een belangrijke nieuwe aanzet is gegeven tot de dialoog met de niet-katholieke christenen: zie *MK*.

[44] Vgl. *COMM*. 12(1980)355-357.

[45] *Can.2197*: "Een delict is (2) juridisch gekend, wanneer de bevoegde rechter een vonnis heeft uitgesproken, dat in kracht van gewijsde is overgegaan, of wanneer de delinquent voor het gerecht een bekentenis heeft afgelegd... (3) feitelijk bekend, wanneer het algemene bekendheid heeft en in zulke omstandigheden bedreven is, dat het onmogelijk verbloemd en met welk gerechtelijk oordeel dan ook verontschuldigd kan worden."

[46] **K.Mörsdorf**, *Die Rechtssprache des Codex Iuris Canonici. Eine kritische Untersuchung* (Paderborn 1937/1967),pp.364-366.

b) *zij, die crematie van het eigen lichaam hebben gekozen om redenen, die strijdig zijn met het christelijk geloof* (vgl. **can.1176 § 3**).

c) *andere manifeste zondaars, aan wie de kerkelijke uitvaart niet toegestaan kan worden zonder publieke ergernis van de gelovigen*[47]. Dit is wel een heel algemene categorie. In de canonistiek worden met 'manifeste zondaars' traditioneel diegenen bedoeld, die in hun levensgedrag ernstig en voortdurend tegen de objectieve normen van de Kerk ingaan, zodat er van een *habitus* gesproken kan worden[48] of over wier gedrag oog-, oorgetuigen duidelijke verklaringen kunnen afleggen. Deze norm is moeilijk hanteerbaar, want vaak zal de pastoor of iemand anders, die de uitvaart leidt, alleen maar een vermoeden hebben van de publieke ergernis, die hij mede af kan leiden uit de reactie van de geloofsgemeenschap in soortgelijke gevallen. Dit betekent, dat deze norm nog al eens kan leiden tot uiteenlopende beslissingen in de diverse parochies. Maar als er geen publieke ergernis gegeven wordt, mag ook in deze gevallen de kerkelijke uitvaart niet geweigerd worden[49].

In geen enkele van de bovengenoemde gevallen mag een kerkelijke uitvaart geweigerd worden, als de betrokkenen vóór hun dood enig teken van berouw hebben getoond (**can.1184 § 1**); in twijfelgevallen moet men de plaatselijke Ordinaris raadplegen; aan diens beslissing dient men zich te houden (**can.1184 § 2**) om op die manier personen te beschermen tegen pastorale willekeur. Verder zal bij toepassing van deze **can.1184** de regel van **can.18** in acht genomen moeten worden. Daarin wordt bepaald dat wetten, die een straf opleggen of de vrije uitoefening van

[47] Op 20 september 1973 vaardigde de Congregatie voor de Geloofsleer een decreet uit [*AAS* 65(1973)500], waarin staat dat de kerkelijke uitvaart niet geweigerd dient te worden aan manifeste zondaars, als zij vóór de dood enig teken van berouw hebben gegeven en publieke ergernis van andere gelovigen achterwege blijft. Een vergelijking van dit decreet met *can.1240 § 1 CIC/17* inspireerde **T.Roorda** tot een korte toelichting onder de titel 'Een mildere geest in de Kerk-top?' (*An.Gr. Bd.IV*(1971-1974)206-208), waarin hij in het decreet alle aanleiding ziet om royaal om te gaan met wat nu in **can.1184 § 1 n.3** geformuleerd wordt.

[48] T.z.p., p.365.

[49] Tijdens de Codexherziening heeft men er van af gezien om, zoals in het oude Wetboek *(can.1240 § 1)*, een (poging tot) opsomming te geven van sekten en verenigingen, die iemand van de kerkelijke uitvaart uitsluiten; blijkbaar met de achterliggende gedachte dat aanhangers van sekten en van aan de Kerk vijandige verenigingen in voorkomende gevallen gerekend moeten worden tot de 'manifeste zondaars': zie *COMM.* 12 (1980)356 en *Relatio/1981*, p.271. Om diezelfde reden worden ook de geëxcommuniceerden niet expliciet genoemd en evenmin zij, die bewust zelfmoord hebben gepleegd of in een duel gestorven zijn. In het Rituaal van de Engels sprekende landen is een gebed opgenomen voor hen, die zelfmoord hebben gepleegd.

rechten beperken, aan een strikte interpretatie zijn onderworpen. Zo lijkt het aan een strikte interpretatie onderworpen dat *de bekendheid-in-rechte* wordt geverifiëerd alvorens een kerkelijke uitvaart te weigeren[50]. Altijd dient bedacht te worden, dat volgens **can.1176 § 1** overleden katholieke gelovigen in het algemeen en in de regel aanspraak kunnen maken op een kerkelijke uitvaart. Een dgl. grondrecht mag niet te gemakkelijk in gevaar worden gebracht. In dit verband is het goed op te merken, dat de Congregatie voor de Geloofsleer op de over het algemeen gemitigeerde discipline van de Codex al vooruitgelopen is door een particulier decreet van 29 mei 1973[51], waarin gesteld wordt dat de kerkelijke uitvaart en begrafenis niet geweigerd mogen worden aan katholieken, die in hun stervensuur in irreguliere verbintenissen leven en die, ofschoon zij in een manifeste staat van zonde verkeren, de Kerk zijn blijven aanhangen en een teken van berouw hebben gegeven, mits pubieke ergernis van andere gelovigen wordt voorkomen. Verder heet het in dit decreet dat de ergernis in die mate kan worden afgezwakt of zelfs vermeden, wanneer de pastores op een passende manier de betekenis van de christelijke uitvaart duidelijk kunnen maken als zijnde voor velen een toevlucht tot Gods barmhartigheid en een getuigenis van geloof in de verrijzenis uit de doden en in het leven, dat komt.

Weigering of uitsluiting van de kerkelijke uitvaart betekent ook altijd weigering van elke uitvaartmis(**can.1185**), omdat deze H.Mis deel uitmaakt van de *officiële* rouwplechtigheden. Maar ook op dit gebod is **can.18** toepasbaar. Het nieuwe Wetboek herhaalt niet het verbod van *can.1241 CIC/17*[52], dat ook geen jaargetijde of andere rouwplechtigheden gehouden mogen worden. Het komt voor dat aan katholieke bedienaren gevraagd wordt een H.Mis te celebreren voor overledenen, die gedoopt zijn in een andere Kerk of kerkelijke gemeenschap; vooral dan als zij de katholieke eredienst een warm hart hebben toegedragen of hoog in ere hebben gehouden of wanneer zij openbare functies ten dienste van heel de burgerlijke gemeenschap hebben vervuld. Inzake *stille Missen*[53] is er geen enkel probleem. Integendeel: op meerdere titels (eer-

[50] *CCL*, p. 839.

[51] Aan de Voorzitters van de BC's: **X.Ochoa**, a.w., *vol.V*, n.4204.

[52] *Can. 1241*: "Aan wie van de kerkelijke begrafenis uitgesloten is moeten ook zowel iedere uitvaartmis als een jaargetijde of andere publieke rouwplechtigheden geweigerd worden".

[53] Ook wel *privé*missen genoemd in tegenstelling tot plechtige (met assistentie van diaken en subdiaken), en gezongen missen; dus missen zonder plechtigheid en gezang nl. Omdat echter iedere misviering een "daad van publieke eredienst" is, wijst de Instr.*De musica sacra* van de Ritencongregatie (1958) deze in zwang gekomen benaming af: *AAS* 50(1958) cap.II, n.2, p.633; vgl. *LW*, Dl.I, s.v. gemeenschapsmis, kol.838 en 847. Niette-

bied, vriendschap, dankbaarheid) kunnen zij zelfs worden aanbevolen[54]. Maar wat de publieke eucharistieviering betreft moet de vigerende discipline worden gehandhaafd, nl. zij mag niet gevierd worden voor hen, die buiten de volle gemeenschap met de R.K. Kerk gestorven zijn. Gelet op de veranderde religieuze en sociale omstandigheden is echter ook een publieke eucharistieviering toegestaan op de volgende voorwaarden:

a) dat die viering door familieleden, vrienden of ondergschikten uit louter godsdienstige motieven gevraagd wordt;
b) dat er naar het oordeel van de Ordinaris geen sprake is van ergernis voor de gelovigen;
c) dat de overledene niet wordt genoemd in het eucharistisch gebed.

Met het verbod van **can.1185** is dus niet in strijd dat voor de betrokkenen een zgn. stille H.Mis wordt gevierd, dus zonder enige aankondiging. Omgekeerd zou men uit deze canon kunnen afleiden dat voor hen, aan wie een kerkelijke uitvaart wel wordt toegestaan (waaronder volgens **can.1183** óók catechumenen, ongedoopte kinderen en niet-katholieke christenen) ook een uitvaartmis gevierd kan worden. Maar dit roept het probleem op, dat zij niet in volle gemeenschap stonden met de R.K.Kerk en dus ook bij hun leven niet als mee-offerenden bij de H.Mis konden worden beschouwd[55]. In het Decreet van de Congregatie voor de Geloofsleer[56] is verboden in die gevallen de naam van de overledenen te noemen in het eucharistisch gebed; het noemen in de voorbede is daarmee niet in strijd.

2. Waar dient de uitvaart plaats te vinden?

In welke kerk of kapel de uitvaart dient plaats te vinden, wordt bepaald door de volgende criteria: het domicilie of quasi-domicilie van de overledene, de plaats van overlijden, het verband met een bepaalde kerk of kapel en de keuze van een bepaalde kerk of kapel.

a) In het algemeen moet de uitvaart van iedere overleden gelovige plaatsvinden in de *kerk van de eigen parochie* (**can. 1177 § 1**). Dat is

min komen we deze 'verouderde' terminologie weer tegen in het Decreet van de Congregatie voor de Geloofsleer *Accidit in diversis*(1976): *An.Gr.* 21(1976)W17-W18, 'gestroomlijnde' Analecta van de andere bisdommen: zelfde pagina's van hetzelfde jaar; opgenomen als mededeling in *An.Utr.* 49(1976) 470.

[54] Dat zegt de Congregatie voor de Geloofsleer in haar Decreet van 11 juni 1976 ondanks de in noot 53 genoemde Instructie: *AAS* 68(1976)621-622; *AK* 31(1976)1137-1139; vgl.*An.* Br.(september 1976)W17-W18 en 'gestroomlijnde' Analecta van de andere bisdommen: zelfde pagina's van hetzelfde jaar.

[55] Vgl. *HdBdkKr* par.75, p. 689.

[56] Zie voetnoot 53.

dus de parochie, waar iemand domicilie (**can.101 § 1**) of quasi-domicilie (**can.102 § 2**) heeft[57]. De pastoor is verplicht de uitvaart toe te staan en de nabestaanden kunnen die plicht urgeren.

b) *De plaats van overlijden* is bepalend voor hen, die geen vaste woon- of verblijfplaats hebben *(vagi)*. De plaats, waar zij daadwerkelijk verblijven, zal dus ook de uitvaartkerk bepalen. Ditzelfde geldt voor hen, die alleen een diocesaan domicilie of quasi-domicilie hebben (**can.102 § 3**), d.w.z. alleen een verblijf van een bepaalde duur (intentioneel of feitelijk) in een bisdom hebben. Tenslotte kan de plaats van overlijden ook bepalend zijn voor hen, die buiten de eigen parochie sterven, nl. wanneer het stoffelijk overschot niet naar de eigen parochie wordt gebracht en er geen andere, wettig gekozen kerk is voor de uitvaart. Het particuliere recht kan natuurlijk altijd een andere kerk aanwijzen (**can.1177 § 3**)[58].

c) Alle gelovigen of zij, die zorg dragen voor de uitvaart, hebben volgens het algemene recht (**can.1177 § 2**) de bevoegdheid een *andere uitvaartkerk te kiezen*. Voor de keuze van een uitvaartkerk is de toestemming nodig van diegene, die over die kerk is aangesteld, en is het (om praktische redenen) vereist de eigen pastoor op de hoogte te brengen van die keuze (**can.1177 § 2**), al was het alleen maar om hem in de gelegenheid te stellen de vereiste gegevens op te nemen in het overlijdensregister.

d) Vanwege *verband met een bepaalde kerk of kapel* worden voor een aantal categorieën van personen aparte regelingen getroffen, zij het in beperktere mate dan in het oude recht gebeurde. In **can.555 § 3** wordt de deken op het hart gedrukt ervoor te zorgen, dat *pastoors* in zijn district, die overleden zijn, een waardige uitvaart krijgen, maar over de plaats, waar dit moet gebeuren wordt in de Codex met geen woord gerept. Pastoors vallen dus, evenals de andere gelovigen, onder de algemene regels. Meestal ligt het voor de hand, dat zij een uitvaart krijgen in de parochie, waar zij het laatst hebben gefunctioneerd vóórdat zij met emeritaat gingen; voor wie nog in functie is, is, behoudens de keuze van een andere kerk, de eigen parochiekerk de aangewezen plaats[59]. De viering van de uitvaart van een *diocesane Bisschop* moet in de eigen kathedrale kerk gebeuren, tenzij hij zelf een andere kerk gekozen heeft (**can.1178**). Dit recht moet niet alleen

[57] Vgl. *Relatio/1981*, p.269.
[58] T.z.p., pp.269-270.
[59] Vgl. *An.Br*. 6(1992)38-46 met aandachtspunten voor de uitvaart van een priester, diaken of pastoraal werk(st)er.

aan residerende, maar ook aan emeriti-bisschoppen worden toegekend, ofschoon de Codex dit niet vermeldt. **Can.1242** immers stelt residerende en emeriti-bisschoppen op één lijn, als het om begraven in de eigen kerk gaat. Naar analogie daarvan mogen we dus bovenstaande conclusie trekken. Tenslotte moet de uitvaart van (mannelijke en vrouwelijke) *religieuzen* **(can.607)** of van de leden van een sociëteit van apostolisch leven **(can.731)** in het algemeen gevierd worden in de eigen kerk of kapel (vgl. **cc.608, 611 n.3** en **733 § 2**), door de Overste (**can.617 vv.**) als het om een klerikaal religieus instituut of een klerikale sociëteit van apostolisch leven gaat, dus om kloosterinstellingen, waarvan het merendeel der leden *clericus* is, en anders (bij laïcale instituten dus) door de *cappellanus*, die wij in Nederland gewoonlijk rector noemen **(can.1179)**. De woorden 'in het algemeen' duiden er op dat, religieuzen ook een uitvaartkerk of -kapel kunnen kiezen[60]; overlijden zij buiten eigen huis (klooster), dan treedt waarschijnlijk de regel van **can.1177 § 3** in werking. Leden van seculiere instituten vallen onder de algemene rechtsregels[61]. Volgens **can. 262** dient de uitvaart van *seminaristen* plaats te vinden in de seminariekapel.

3. Modellen van uitvaart

Het kerkelijke Wetboek laat zich meestal niet in met de riten, die bij het voltrekken van liturgische vieringen moeten worden onderhouden; daarom blijven de geldende liturgische wetten van kracht, tenzij zij in strijd zijn met de bepalingen van de Codex **(can.2)**. Voor de uitvaartliturgie zijn wij dus aangewezen op de jongste bepalingen, welke te vinden zijn in het *Rituale Romanum*[62].

De uitvaart- en begrafenisliturgie kan in verschillende modellen worden uiteengelegd en doorgevoerd. Zo onderscheidt men:

a) de dodewake in het huis van de overledene en overbrenging in processie naar een kerk of kapel;
b) de liturgische viering in een kerk of kapel;
c) de overbrenging in processie van de overledene naar het graf.

[60] Zie *CCL*, p.838.

[61] Zie *Relatio/1981*, p.270.

[62] De door de Nederlandse BC goedgekeurde, door Rome erkende, vertaling van de *NRL* verscheen in 1976; een kritische beschouwing hierbij in: *An.Utr.* 50(1977)19-24. In 1982 werd een verbeterde en o.a. met de plechtigheden in het crematorium uitgebreide uitvaartliturgie door dezelfde Raad gepubliceerd. – Wat de liturgische vormgeving van uitvaart en crematie in diverse kerken betreft zie **Th.Delleman**, a.w., pp.70-80.

Afhankelijk van de civiele wetgeving, het particuliere recht en plaatselijke gewoonten (mogelijkheden) kunnen één of meer momenten achterwege blijven. Op grond daarvan biedt de uitvaartliturgie drie modellen aan, waarin

a) of voorzien wordt in drie samenkomsten: in het huis van de overledene, in de kerk of kapel en op het kerkhof;
b) of in twee samenkomsten: in de kapel van de begraafplaats en bij het graf;
c) of in één bijeenkomst: in het huis van de overledene.

Tussen de momenten van het eerste model vinden twee processies plaats, die in Nederland (steeds) minder gebruikelijk of minder wenselijk zijn. Op grond van *art.6* van de *Grondwet* (van 17 februari 1983) en van de *Wet Openbare manifestaties* (van 20 april 1988)[63] is de overbrenging van het lijk van de kerk naar het kerkhof onder het bidden van de rituele gebeden en onder begeleiding van een geestelijke in liturgisch gewaad afhankelijk van de gemeentelijke verordeningen.

In de plaats van de rituele overbrenging van het lijk naar de kerk wordt het aan de ingang van kerk of kapel door de priester opgewacht en met wijwater besprenkeld; daarna begint de (eucharistie)viering. Als priesters of diakens niet in staat zijn de dodewake in het huis van de overledene te verrichten, verdient het aanbeveling dat gelovigen zelf de betreffende gebeden en psalmen bidden. Pas, als ook dat niet mogelijk is, komen de samenkomsten in het huis van de overledene en op het kerkhof te vervallen en wordt de gang van het huis van de overledene naar de kerk en van de kerk naar het kerkhof overgenomen door de daarvoor verantwoordelijke instanties (begrafenisondernemingen).

Tijdens de samenkomst in kerk of kapel zal gewoonlijk een eucharistieviering plaatshebben, maar als dit om pastorale redenen niet mogelijk is, *moet* er altijd een woorddienst gehouden worden, die afgesloten wordt met wat vroeger de *absoute* (= absolutie) heette, maar voortaan de naam draagt van *"laatste aanbeveling ten afscheid"*. Vanwege het paaskarakter van de uitvaartliturgie wordt de gedachte aan kwijtschelding niet meer verwoord.

In het model, waarin slechts twee samenkomsten zijn voorzien, is er geen eucharistieviering of woorddienst; deze zullen al naargelang plaatsvinden in afwezigheid van de overledene vóór of na de begrafenis of crematie, bv. waar het verboden is een overledene in de kerk te plaatsen.

[63] *Nederlandse Staatswetten*, Editie Schuurman & Jordens, resp. nn.1 en 194.

In het laatste model met slechts één samenkomst, dat in bepaalde gebieden een vereiste is, worden in de uitvaartliturgie alleen maar enkele aanwijzingen gegeven voor de woorddienst en de laatste aanbeveling ten afscheid. Voor het overige kan dit model worden ingevuld door het particuliere recht. Overigens geldt dit voor een deel ook voor de andere modellen.

De uitvaartliturgie hecht bijzondere waarde aan de laatste aanbeveling ten afscheid, die bedoeld is als een laatste vaarwel aan de overledene, die door de dood niet gescheiden wordt van de christengemeenschap, waarvan hij/zij deel uitmaakte. Daarom moet de priester of diaken dit afscheid ook met een kort woord inleiden en verklaren. Een afscheid bij een zgn. katafalk, waarmee vroeger gesuggereerd werd dat de overledene fysiek aanwezig was, wordt nu totaal afgewezen[64].

Bij een crematie, waarvoor niet uit onchristelijke motieven gekozen is, vinden de gewone ceremonies plaats volgens het ter plaatse gebruikelijke model met vermijding van alle gevaar voor ergernis, onverschilligheid of verwarring bij de gelovigen. Overigens moet hun duidelijk worden gemaakt, dat de Kerk de voorkeur geeft aan begraven, juist ook wanneer de plechtigheden, die anders in de kapel van de begraafplaats of bij het graf gebeuren, in de aula van het crematorium plaatshebben[65]. Er wordt nergens gezegd dat de voorkeur voor begraven tijdens de ceremonies in het crematorium moet worden uitgesproken. Daarvoor staan dus andere wegen open.

4. Riten van de uitvaart

De met de begrafenis of crematie gepaard gaande riten hebben de bedoeling om voor de gestorvenen geestelijke bijstand af te smeken, hun lichamen te eren en tegelijk aan de overlevenden de troost van de hoop te geven **(can.1176 § 2)**. De riten moeten worden voltrokken volgens de liturgische wetgeving. Deze heeft zowel betrekking op de dagen, waarop de uitvaartmis niet is toegestaan, nl.tijdens het paastriduum[66], op hoog-

[64] Zie *OvD* n.10.

[65] Zie *OvD*. n.22.

[66] Dat begint bij de avondmis van Witte Donderdag en besloten wordt met de vespers van Paaszondag. Op de vraag hoe in dit triduum uitvaarten en begrafenissen moeten gebeuren, antwoordde de Congregatie, dàt in dit triduum en op de morgen van Witte Donderdag geen uitvaartmis mag worden gehouden. Als er toch een uitvaart plaats moet hebben, is een woorddienst met een aan de liturgische tijd aangepaste keuze van lezingen en met de ritus van de laatste aanbeveling ten afscheid wenselijk. Wat het uitreiken van de H.Communie betreft moet men zich houden aan wat in *AIAM* voorgeschreven staat: op Witte Donderdag alleen tijdens de eucharistieviering, op Goede Vrijdag alleen bij de viering

feesten, op de zondagen van de advent, veertigdagentijd en paastijd[67], als op de ceremonies. Ten aanzien van deze laatste schrijft de *OvD*. n.20 voor: "Behoudens op grond van liturgische functie of wijding en behoudens de eerbewijzen, die overeenkomstig de liturgische regels aan burgerlijke autoriteiten toekomen, mag er bij de kerkelijke uitvaart geen verschil zijn in ceremonies en uitwendige plechtigheid voor particuliere personen of standen."

Ter uitvoering van *SC* n.63b preciseert de *OvD* n.21 de taak van de BC, welke o.a. is: "een hoofdstuk in de eigen ritualen op te nemen, dat beantwoordt aan dit hoofdstuk van het Romeinse Rituaal, en het aan te passen aan de omstandigheden van de streek, zodat het, eenmaal erkend door de Heilige Stoel, in het eigen gebied kan gebruikt worden". Daartoe hoort ook een oordeel over de vraag "of leken moeten worden aangewezen om de uitvaartplechtigheden[68] te leiden"(n.22, 4).

5. Wie leidt de uitvaart?

Can.530 n.5 stelt vast, dat het verrichten van uitvaarten in het bijzonder is toevertrouwd (dus niet: gereserveerd!) aan de pastoor. Dat sluit dus niet uit, dat de pastoor een uitvaart in afzonderlijke gevallen kan toevertrouwen aan een andere priester of diaken. In de nieuwe *OvD* voor de uitvaartliturgie wordt er van uitgegaan, dat de uitvaartplechtigheden geleid worden door een priester, maar ze kunnen, uiteraard zonder eucharistieviering, ook door een diaken geleid worden. Reeds in *LG* n.29 wordt deze functie zonder enige beperking toegekend aan de diaken[69]. Om dringende pastorale redenen kan de BC met toestemming van de Apostolische Stoel ook een leek daarvoor aanwijzen; en bij afwezigheid van een priester of diaken is het aan te bevelen, dat bij de uitvaart

van het lijden en sterven van de Heer en op Paaszaterdag alleen bij wijze van viaticum (teerspijze). Zie *An.Rmd.* 57(1976)133.

[67] Zie *OvD*. n.6.

[68] Probleem is, wat hier onder verstaan dient te worden. M.i. vallen daar niet de gebedsbijeenkomst in het huis van de overledene, de dodewake en de plechtigheden op het kerkhof onder: zie *OvD* voor de uitvaartliturgie, Inl.n.19. In het hiernavolgende n.5 zal hierop worden ingegaan. – Voor alles, wat met de uitvaartliturgie te maken heeft, verwijzen we naar de drie boeken onder redactie van **A.Blijlevens/W.Boelens/G. Lukken**, *Op dood en leven, bouwstenen en modellen van vieringen uit 20 jaar werkmap Liturgie* (1966-1985): *Deel 1: Avondwake* (uitgave Gooi en Sticht, Hilversum 1989), *Deel 2: Uitvaartliturgie* (uitgave Gooi en Sticht, Hilversum 1990), *Deel* 3: *Crematie (elementen voor begrafenisliturgie, theologie en pastoraal rond de dood* (uitgave Gooi en Sticht, Hilversum 1990). Vgl. *An.Br*. 8(1994)118-124.

[69] Vgl. ook het MP *Sacrum diaconatus ordinem*(1967); in n.22,5 staat: "hij mag de sacramentaliën bedienen en voorgaan in de riten van de uitvaart en begrafenis."

de samenkomst in het huis van de overledene en op het kerkhof en in het algemeen de dodewake door leken worden geleid (*OvD* voor de uitvaartliturgie n.19). Op z'n minst kan gebruik worden gemaakt van de mogelijkheden, die deze *OvD*, n.25 biedt[70].

6. Wanneer is de uitvaartmis toegestaan?

In beginsel is de uitvaartmis toegestaan op alle dagen van het kerkelijk jaar, met uitzondering van de verplichte feestdagen en het Paastriduum[71]. Zou er toch op één van deze dagen een uitvaartplechtigheid met begrafenis of crematie gehouden moeten worden, dan zou dit het beste kunnen gebeuren met het houden van een woorddienst, gevolgd door de rite van de laatste aanbeveling ten afscheid (zie *OvD* n.6).

7. Geldelijke bijdrage bij gelegenheid van een uitvaart

Can.1181 bepaalt, dat men voor de gaven (bijdragen) bij gelegenheid van een uitvaart de regels van de Kerkprovincie toe moet passen, want **can.1264 n.2** kent aan de BC het recht toe "bijdragen vast te stellen bij gelegenheid van de bediening van sacramenten en sacramentaliën" (tot deze laatste behoort de uitvaart zonder eucharistieviering). Deze zgn. *stoolrechten* omvatten niet de geldelijke bijdrage voor het celebreren van de H.Mis en evenmin de eventuele door de kerkhofeigenaren vastgestelde tarieven[72]. In ieder geval mag aanzien des persoons geen rol spelen bij de uitvaart; daaruit volgt dat men aan armen een passende uitvaart niet mag onthouden **(can.1181)**[73]. De Nederlandse BC heeft op grond van **can.1264** geen algemene, in de kerkprovincie geldende, tarieven vastgesteld; wel vinden we die tarieven (meestal?) in de diocesane richtlijnen of regelingen voor honorering enz., welke jaarlijks door de afzonderlijke bisdommen worden uitgegeven[74].

[70] Van de mogelijkheid om leken aan te wijzen is in de Nederlandse Kerkprovincie nog geen gebruik gemaakt, wel bv. in Duitsland. De Congregatie voor de Eredienst heeft bij schrijven van 17 november 1973 de plaatselijke Ordinarissen in de Bondsrepubliek volmacht gegeven om bij pastorale nood leken te belasten met de uitvoering van de uitvaart in die gevallen, waarin geen geestelijke voorhanden is. Dit was een niet op termijn gestelde volmacht, zodat er van mag worden uitgegaan dat zij voortduurt, temeer omdat de Codex in **can.1168** leken ook als bedienaren van bepaalde sacramentaliën ziet. Aldus *MK* bij **can.1177**. M.i. worden in Nederland uitvaartplechtigheden veelvuldig verzorgd door leken.

[71] Zo staat het in de tweede standaardeditie van het Altaarmissaal, n.336; vgl.*OvD* voor de uitvaartliturgie, n.6; *An.* Rmd. 57(1976)133.

[72] *MK* bij **can.1181.**

[73] Vgl.ook **can.848** en *SC* n.32.

[74] In *An.Bo.* 33(1993)afl.3, p.9 staat een mededeling over de (bestemming van de) collecte bij begrafenissen; vgl.*An.Br.* 7(1993)56-59.

ARTIKEL II: BEGRAFENIS OF CREMATIE?

Het begraven of ter aarde bestellen van de lichamen van overledenen wordt door de Kerk met aandrang aanbevolen als vrome gewoonte zonder daarmee, in tegenstelling tot het oude recht *(can.1203 § 1)*[75], de crematie of lijkverbranding te verbieden, of het moet zijn dat de crematie gekozen wordt om redenen, die met de christelijke leer in strijd zijn **(can. 1176 § 3)**[76].

1. Begrafenis (teraardebestelling)

Met de aanbeveling tot begraven blijft de Kerk staan in de christelijke traditie[77]. Daarin ziet zij namelijk de grootste gelijkenis met de begrafenis van de Heer, brengt zij haar geloof in de lichamelijke verrijzenis tot uiting en heeft zij zich tot voor kort afgezet tegen lijkverbranding omdat deze mede uit antichristelijke motieven gepropageerd werd.

Uit de formulering van *artikel 1* van de *Wet op de lijkbezorging*, laatstelijk gewijzigd op 22 mei 1991 en op 1 juli d.a.v.in werking getreden[78], nl."Lijkbezorging geschiedt door begraving, verbranding of op andere bij of krachtens de wet voorziene wijze", blijkt, dat lijkbezorging door begraven op één lijn staat met lijkbezorging door verbranding volgens de Nederlandse burgerlijke wetgeving. De *Belgische Wet op de begraafplaatsen en de lijkbezorging* van 20 juli 1971 stelt in *art. 15bis n.1*: "De teraardebestelling kan gebeuren door begraving of door lijkverbranding" zodat ook hier duidelijk beide mogelijkheden op één lijn worden gesteld. Zó ver gaat de kerkelijke wetgever dus niet. Hij bepaalt ook niet tot hoever de verplichting tot begraven of cremeren zich

[75] *Can.1203 § 1*: "De lichamen van overleden gelovigen moeten worden begraven en de crematie daarvan wordt afgewezen".

[76] Leerzame beschouwingen over begrafenis en crematie kan men lezen in een rapport van het *PINK*, gepubliceerd in o.a. *An.Utr.* 38(1965)73-78; *An.Rmd.* 46(1965)46-51; *An.Br.* 1965, pp. 104-109; *An.Bo.* 5(1965)71-76; *An.Gr.Bd.II* (1962-1966)359-364; *An.Ha.* 12(1965)68-72; *An.Ro.* 10(1965)150-155. Vgl. ook **A.Verheul**, *Invoelen in de rouw van nabestaanden. Een vernieuwde uitvaartliturgie*: *An.Utr.* 67 (1994)24-27.

[77] **Th.Delleman**, a.w., p.18 neemt de opvatting over dat de inhumatie (teraardebestelling) in het christendom een gevolg is van de oriëntalisering van het Romeinse Rijk. In het eerste-eeuwse Rome was crematie algemeen gebruikelijk, ook in de kringen van de vroegste christenen.

[78] *Nederlandse Staatswetten*, editie Schuurman & Jordens n.29, 19e druk (Zwolle 1992). Voor het begrip "lijkbezorging" werd in 1955 gekozen, omdat het omvattender is dan bv. "Wet op het begraven": het betreft immers zowel begraven als cremeren, maar ook andere wijzen van lijkbezorging, zoals ontleding *(art.67-69)*, balseming *(art.71)* en bezorging van lijken van personen, gestorven aan boord van een Nederlands schip op zee *(art.70)*.

uitstrekt. De civiele wetgeving doet dat wel. *Artikel 2, lid 1* van de *Wet op de lijkbezorging* verklaart deze van toepassing op het stoffelijk overschot van een overledene[79] of doodgeborene (*lid 1a*), voor wie *lid 1b* deze concrete grenzen trekt: het ontbreken van elk levensteken na de geboorte en na een zwangerschapsduur van tenminste 24 weken. Gevolg is dat *art.2, lid 2* deze wet niet van toepassing verklaart "op een na een zwangerschapsduur van minder dan vier en twintig weken ter wereld gekomen menselijke vrucht". Ten aanzien hiervan bestaat dan ook geen enkele plicht tot begraven of cremeren[80]. Voor begraven is civielrechtelijk schriftelijk verlof nodig van de ambtenaar van de burgerlijke stand *(art.11)*, welk verlof "niet eerder dan 36 uren na het overlijden en uiterlijk op de vijfde dag na die van het overlijden"*(art.16)* wordt gegeven. Maar na het horen van een geneeskundige kan de burgemeester van de gemeente, waar het lijk zich bevindt, voor begraving of verbranding een andere termijn stellen, niet echter voor begraving of verbranding *binnen* 36 uur na het overlijden, tenzij in overeenstemming met de officier van justitie *(Wet, art. 17 lid 1)*. In het *Belgisch* recht wordt dit geregeld door *art.77* e.v. van het *BW*. Ook hier dient verlof te worden gegeven tot teraardebestelling, welk verlof niet eerder dan 24 uren na het overlijden kan worden gegeven. Wie 16 jaar of ouder is kan volgens *art.19* van de (Nederl.) *Wet op de lijkbezorging* hetzij bij notariële akte hetzij bij een eigenhandig geschreven, gedagtekende en ondertekende verklaring beschikkingen treffen ter bezorging van zijn lijk[81].

Voor wie zijn lichaam ter beschikking heeft gesteld van de wetenschap of van het wetenschappelijk onderwijs geldt allereerst het zojuist genoemde *art.19*. Langs die weg kan iemand aan zijn/haar lichaam de bestemming geven van ontleding. Bij gebreke echter van een bestemming inzake lijkbezorging door de overledene kan ontleding eveneens plaatshebben, als de niet van tafel en bed gescheiden echtgeno(o)t(e) of andere levensgezel(lin) dan wel, bij ontstentenis of onbereikbaarheid van deze, de naaste onmiddellijk bereikbare meerderjarige bloed- of aanver-

[79] Zonder in te gaan op de vraag op welk moment iemand als overleden moet worden beschouwd; volgens de huidige medisch-technische ontwikkeling wordt de zgn. "hersendood" daarvoor als criterium gebruikt.

[80] Het staat eenieder dus vrij hiermee te handelen "overeenkomstig hetgeen hij passend acht": *Nederlandse Staatswetten* n.29 (Editie Schuurman & Jordens),19e druk p.18. De bepalingen van deze wet zijn dus alleen van toepassing op iedere vrucht ouder dan vier en twintig weken, hetzij als overledene hetzij als doodgeborene. De wet hanteert dus het criterium van de levensvatbaarheid van de vrucht, vertaald in een concrete zwangerschapsduur (t.z.p., p.16). Genoemde passages zijn genomen uit de Memorie van Toelichting.

[81] Op de naleving van de *art.11 en 17* lid 1 werd in het bisdom Breda nog eens extra de nadruk gelegd: *An.Br.* 7(1962) 125.

wanten tot en met de derde graad of, als ook deze niet bereikbaar zijn, de aanwezige meerderjarige erfgenamen of anders degene, die de zorg voor het lijk op zich nemen, dit daartoe bestemmen *(art.67 lid 2 en 3)*. Voor ontleding is altijd schriftelijk verlof nodig van de burgemeester "afgegeven uiterlijk op de derde dag na die van het overlijden"; van zijn besluit staat binnen 24 uren beroep open op de Commissaris der Koningin, die daarop onmiddellijk beslist *(art.68)*. De ontleding zelf mag niet eerder beginnen dan 36 uren na het overlijden en dient te geschieden door of onder toezicht van een geneeskundige *(art.69)*. Op de vraag of lichamen, die ter beschikking worden gesteld van de wetenschap ter ontleding, begraven dan wel gecremeerd gaan worden, heeft de minister in zijn Memorie van Antwoord gezegd, dat alle anatomische instituten in Nederland informele regelingen hebben op grond waarvan stoffelijke resten van overleden personen alsnog worden begraven of verbrand. Die instituten zijn daarin vrij; en wie zijn lichaam ter beschikking stelt, bv. bij codicil, kan zijn/ haar wensen in deze te kennen geven[82]. In *België* erkent de rechtspraak reeds sinds vorige eeuw dat men zijn lijk mag afstaan voor geneeskundige of wetenschappelijke doeleinden.

2. Crematie (lijkverbranding)

Op 5 juli 1963 heeft de toen nog zo geheten Congregatie van het H.Officie (thans: voor de Geloofsleer) een korte instructie uitgevaardigd over de crematie[83]. Hierin staat dat de Kerk er steeds op uit is geweest om de vrome en constante gewoonte van de christenen om de lichamen van gelovigen te begraven in ere te houden ofwel door die gewoonte te bekrachtigen met gepaste riten, waardoor de symbolische en religieuze betekenis van het begraven beter tot uiting kwam, ofwel ook door bedreiging met kerkelijke straffen van degenen, die heftig tekeer gingen tegen zo'n heilzame praktijk. De Kerk heeft dit laatste vooral gedaan, wanneer de bestrijding van het begraven voortkwam uit een vijandige houding tegenover de christelijke zeden en de kerkelijke tradities van hen, die vanuit een sectarische geest de begrafenis probeerden te vervangen door crematie als teken van een heftige ontkenning van de christelijke geloofswaarheden, vooral echter van de verrijzenis en van de onsterfelijkheid van de menselijke ziel.

[82] Zie Memorie van Toelichting bij de (geciteerde uitgave van de) *Wet op de lijkbezorging*, pp.265-268.

[83] *AAS* 56(1964)822-823; *KA* 19(1964)1067-1909; *An.Gr.* Bd.II(1962-1966)322; *An.Br.* 10(1965)5-6; *An.Rmd.* 46(1965)51-52. Vreemd is dat deze instructie pas een jaar na dato werd gepubliceerd.

Deze antichristelijke en antigodsdienstige houding was echter een subjectieve instelling bij de voorstanders van de crematie, welke houding objectief niet inherent is aan de crematie als zodanig. Immers: de verbranding van het lichaam kan niet de ziel aantasten noch Gods almacht tegenhouden om het lichaam te herstellen. Crematie sluit dus niet de objectieve ontkenning van genoemde geloofswaarheden in.

Het gaat bij crematie niet om een intrinsiek slechte zaak of om iets, dat uit zichzelf in strijd is met de christelijke religie. Dat heeft de Kerk altijd gevoeld inzoverre zij zich in bepaalde omstandigheden niet tegen crematie verzette, nl. wanneer met zekerheid vaststond dat de crematie gebeurde vanuit een eerlijke gezindheid en om ernstige motieven, vooral van openbare orde.

In de laatste tijd zien we – aldus nog steeds de instructie – een duidelijkere en frequentere mentaliteitsverandering en wijziging van de omstandigheden optreden. Daarom is aan de H. Stoel herhaaldelijk gevraagd om een mildering van de kerkelijke discipline inzake crematie, die vandaag de dag door velen wordt gepropageerd: niet uit haat tegen de Kerk of de christelijke zeden, maar alleen om redenen van hygiënische, economische of soortgelijke aard. Op die verzoeken gaat de Kerk in door het volgende te bepalen:

a) Er moet voor gezorgd worden, dat de gewoonte om de lichamen van overleden gelovigen te begraven gehandhaafd blijft. Daarom moeten de Ordinarissen er via instructies en aanbevelingen op toezien dat het christenvolk afziet van de lijkverbranding en alleen in noodsituaties afziet van het gebruik de lichamen te begraven, welk gebruik de Kerk altijd vastgehouden heeft en met plechtige riten omgeven.
b) De strafbepalingen van *can.1203 § 2* en *1240 § 1 n.5 CIC/17*[84] worden alleen geürgeerd, als vaststaat dat crematie gekozen is vanuit een sektarische mentaliteit, vanuit de behoefte om de christelijke geloofswaarheden te ontkennen of vanuit haat tegen het katholieke geloof of de Katholieke Kerk.
c) Hieruit volgt, dat aan hen, die voor crematie hebben gekozen niet zonder meer de sacramenten of publieke gebeden geweigerd mogen worden, of het moet zijn om de sub b genoemde redenen.

[84] *Can.1203 § 2*: "Heeft iemand op welke wijze ook opdracht gegeven tot het verbranden van zijn lijk, dan mag die wilsbeschikking niet worden uitgevoerd. En wanneer zulk een wilsbeschikking aan een contract, testament of andere rechtshandeling is toegevoegd, moet ze als niet bestaande beschouwd worden". – *Can.1240 § 1, n.5*: "Van de kerkelijke begrafenis worden zij beroofd, die vóór hun dood geen tekenen van boetvaardigheid hebben getoond en opdracht hebben gegeven hun lijk te laten cremeren".

d) Maar om het vrome gevoel van de christengelovigen tegenover de kerkelijke traditie geen geweld aan te doen en om de mentaliteit van de Kerk, die afkerig is van crematie, duidelijk te laten blijken, mag de ritus van de kerkelijke begrafenis en mogen de daarop volgende gebeden nooit plaatsvinden op de plaats van de crematie zelf, zelfs niet op de wijze van een simpele overbrenging van het lijk[85].

De eerste praktische richtlijnen van de Nederlandse Bisschoppen, gegeven op 9 maart 1965[86], waren, evenals de bepalingen van de zojuist geciteerde instructie, nogal beperkend, voorzover het de uitvaartplechtigheden bij een crematie of in het crematorium zelf betrof. Op 4 januari 1982 werden deze richtlijnen echter gevolgd door nieuwe[87] n.a.v. de bekrachtiging en publikatie van een herziene uitgave van de Uitvaartliturgie[88]. Met de voorkeur van begrafenis boven crematie, die ook hierin wordt uitgesproken, worden de uitvaartplechtigheden bij beide vormen van lijkbezorging gelijkgetrokken. "Maar" – zo wordt hierin gezegd – "wordt bij beide vormen de eucharistie gevierd, dan dient deze te gebeuren in een kerk of kapel, bij voorkeur in de parochiekerk van de overledene; ze wordt besloten met de plechtigheid van de laatste aanbeveling ten afscheid. In de aula van het crematorium zal een waardige en aangepaste liturgische plechtigheid plaatsvinden, en daarom zal de voorganger gekleed zijn in de gebruikelijke liturgische kleding (waarvoor hij eventueel zelf moet zorgen). Voor deze liturgische plechtigheid in de aula van het crematorium zijn twee modellen goedgekeurd, die opgenomen zijn in de herziene uitgave van de Uitvaartliturgie(pp.58-67).

Can.1176 § 3 verbiedt in navolging van bovengenoemde instructie de crematie dus niet, tenzij daarvoor gekozen wordt om motieven die strijdig zijn met de christelijke leer. In dit geval moet volgens **can.1184 § 1 n.2** de kerkelijke uitvaart ook geweigerd worden, tenzij er vóór de dood tekenen van inkeer zijn geweest.

[85] In een particulier antwoord aan de Ordinaris van Cleveland op de vraag of geamputeerde ledematen of delen van het menselijk lichaam, afgezien van medische of sociale motieven, en of foetussen van nog geen 17 weken oud, gecremeerd zouden mogen worden, antwoordde de Congregatie voor de Geloofsleer op 7 maart 1967 dat er tegen crematie geen bezwaar bestaat, indien er een behoorlijk motief is om de foetus of een deel van het menselijk lichaam niet te begraven: zie **X.Ochoa**, a.w., *vol.III* n.3543.

[86] *An.Utr.* 38(1965)72-73; *An.Gr.Bd.II* (1962-1966)359; *An.Rmd.46*(1965)51-52; *An.Ha.* 12(1965)73; *An.Bo.* 5(1965)70; *An.* Br. 10(1965)103; *An.Ro.* 10(1965)155; vgl.het rapport van het *PINK* (vindplaats: zie voetnoot 76).

[87] In *An.Utr.* 55(1982)146; *An.Rmd.*63 (1982)4e afl.(juli-aug.), p.25; *An.Gr.* 27(1982)N28 en 'gestroomlijnde' Analecta van de overige bisdommen: zelfde pagina van hetzelfde jaar.

[88] Zie noot 62 en *An.Br.*(augustus 1982)N28, 'gestroomlijnde' Analecta van de overige bisdommen: zelfde pagina van hetzelfde jaar.

3. Tijd en plaats van begrafenis of crematie

Kerkrechtelijk geldt inzake de plaats algemeen de oude regel: *"Ubi funus, ibi tumulus"*, d.w.z. *"waar de uitvaart* (plaatsvindt), *daar* (is) *het graf"*. Heeft een parochie een eigen kerkhof, dan zullen de overledenen daar ook begraven worden, tenzij door hen zelf bij leven of door hen, aan wie het toekomt voor de begrafenis te zorgen, wettig een ander kerkhof gekozen is (**can.1180 § 1**). Deze canon formuleert een basisrecht, dat in de **cc.208-231** niet genoemd wordt. De canon herneemt *can.1223 § 1 CIC/17*[89]. Het daarin geformuleerde recht wordt in de nieuwe Codex zelfs uitgebreid tot hen, die de zorg hebben voor de begrafenis van de overledene. "Kerkhof" wordt hier in de breedste zin van het woord gebruikt, zodat ook mausolea, columbaria enz. daaronder vallen[90]. Wat het crematorium betreft is men uiteraard aangewezen op de keuze van de overledene of van hen, die de begrafenis verzorgen. In de meeste gevallen zal dit het dichtst bij de uitvaartskerk gelegen crematorium zijn.

Inzake de tijd, waarop de begrafenis of de crematie plaats moet hebben, bevat het kerkrecht geen enkele bepaling in tegenstelling tot ons burgerlijke recht: niet eerder dan 36 uur en niet later dan de vijfde dag na het overlijden, tenzij de burgemeester een andere termijn vaststelt; zou deze termijn liggen binnen 36 uur na overlijden, dan is overeenstemming met de officier van justitie vereist *(art.17 Wet op de Lijkbezorging)*. Het is de parochie of een stichting welke zich ervan moet overtuigen, dat aan de burgerrechtelijke voorschriften is voldaan. Dit is in beginsel het kerk(parochie-)bestuur of bij een aparte stichting het stichtingsbestuur. Het is het parorochie(kerk-)bestuur of het stichtingsbestuur of de daartoe aangestelde beheerder, waaraan de bescheiden, bv. verlof tot begraving, getoond moeten worden.

ART.III: HET KERKHOF

Inleiding

Nauw met de kerk verbonden is het *"coemeterium"* (= rustplaats), dat we hier in ruime zin nemen, zodat ook het *"columbarium"* (= duiventil; naar analogie: bewaarplaats voor asbussen of -urnen) daaronder valt[91]. In vroeger eeuwen werd het kerkhof, zoals de naam al aangeeft,

[89] *Can.1223 § 1*: "Tenzij hem dit rechtens verboden wordt, heeft iedereen het recht zijn eigen uitvaartskerk en begraafplaats te kiezen".
[90] Zie *Relatio/1981*, p.270.
[91] Zie *Relatio/1981*, p.270.

onmiddellijk rondom de parochiekerk aangelegd en tegelijk met het kerkgebouw gewijd. In de vierde eeuw ontstond zelfs het gebruik de overledenen in het kerkgebouw zelf te begraven; deze gewoonte heeft zich heel lang kunnen handhaven. In beide vormen wilde men tot uitdrukking brengen dat de overleden parochianen niet van de parochiegemeenschap worden afgescheiden.Treffend kwam dit tot uiting in de *Orde voor het visiteren van parochies* van het (oude) *Pontificale Romanum*, volgens welke de Bisschop na het bezoek aan de parochiekerk en na de onderrichting van de parochianen op het kerkhof de absoute verrichtte. Deze plechtigheid is thans opgenomen in het *Caeremoniale Episcoporum*[92]. Hierin wordt in Deel VIII, Hfdst.II "Pastorale visitatie", n.1184 gezegd, dat de Bisschop, als het zo uitkomt, ook met het volk naar het kerkhof moet gaan en daar voor de overleden gelovigen moet bidden, al of niet met besprenkeling (wijwater) en bewieroking van de graven.

Uiteraard zullen de gelovigen het kerkhof meer bezoeken, als het dichtbij de parochiekerk gelegen is; ook kunnen dan de begrafenisplechtigheden veel gemakkelijker in aansluiting op de uitvaart gebeuren. Daarom schrijft **can.1240 § 1** (conform c**an. 1254**) voor, dat de Kerk (let wel: niet de parochie!), waar mogelijk, over eigen kerkhoven beschikt of minstens over voor de overleden katholieke gelovigen bestemde ruimten op bv. een algemene (thans 'gemeentelijke') begraafplaats.

Waar mogelijk, zal dus de verbinding van parochiekerk en kerkhof gehandhaafd blijven. Tot 1 juli 1991 bepaalde *art. 16* van de *Wet op de lijkbezorging*, dat begraafplaatsen niet binnen 50 meter afstand van de bebouwde kom mochten worden aangelegd (behoudens ontheffing in een bijzonder geval door Gedeputeerde Staten ten behoeve van de uitbreiding van een bestaande begraafplaats). De wetgever heeft deze norm van 50 meter laten vervallen en aangegeven dat met toepassing van de *Wet op de Ruimtelijke Ordening*[93] in bestemmingsplannen voorschriften voor de aanleg van begraafplaatsen en de afstand tot gebouwen en inrichtingen kunnen worden opgenomen[94].

92 Dit is een rubrieken-handleiding voor Bisschoppen voor die gevallen, waarin zij voorgaan in het verrichten van liturgische handelingen (viering van de eucharistie of van andere sacramenten, van hoogtijdagen in het kerkelijke jaar). Het *Caeremoniale*, dat krachtens de Liturgieconstitutie van Vaticanum II (*SC* n.25) herzien is, werd op gezag van Paus **Joannes Paulus II** bij decreet *Recognitis*(1984) van de Congregatie voor de Eredienst gepromulgeerd.

93 Stbl.1962, 268. *Nederlandse Staatswetten*. Editie Schuurman & Jordens, Deel 64 (19e druk).

94 *Nederlandse Staatswetten*. Editie Schuurman & Jordens, Deel 29(19e druk), pp.154-155.

Intussen mogen wij onze ogen niet sluiten voor het feit, dat de snelle uitbreiding van dorpen en steden (in het verleden al oorzaak van het verdwijnen van het kerkhof) thans wordt gehinderd door de destijds perifeer gelegen begraafplaatsen. Ruimtegebrek brengt een stijging mee van de grondprijzen, zodat huur en onderhoud van graven een grote financiële belasting met zich meebrengen. Voorts blijkt in veel gevallen het onderhoud tekort te schieten. Ontruimen van graven wordt in sneller tempo gewenst en door de nabestaanden toegelaten. Ook kunnen we constateren, dat er t.o.v. het graf een nieuwe instelling is ontstaan. Veel minder dan vroeger functioneert het kerkhof als de plaats, waar de herinnering aan de doden levend wordt gehouden, veel minder dan vroeger worden de graven van de overledenen bezocht[95].

Tenslotte roept de opkomst en uitbreiding van het gebruik om lichamen te laten cremeren het probleem op van de zgn.*columbaria*, waaraan verderop meer en afzonderlijke aandacht zal worden geschonken.

1. Recht van de kerkgenootschappen op eigen kerkhoven

Omdat de begrafenis van en voor gelovige christenen een godsdienstig karakter heeft, komt aan de kerkgenootschappen het recht toe eigen kerkhoven te bezitten. Reden, waarom in c**an.1240 § 1** het beginsel van eigen kerkhoven voor (in dit geval) de R.K.Kerk (let wel: niet voor de parochie!) wordt uitgesproken. Wel kan men zeggen, dat begraven en cremeren van lijken een *gemengde* zaak is, waarin ook andere dan religieuze, zoals ruimtelijke en hygiënische, factoren een rol spelen. De burgerrechtelijke voorschriften, die hierop betrekking hebben, zijn om die reden ook voor de kerkgenootschappen verplicht.

In *Nederland* wordt het recht op eigen begraafplaatsen in a*rt.38* van de (nieuwe) *Wet op de lijkbezorging* aldus erkend: "Een kerkgenootschap is gerechtigd tot het hebben van één of meer begraafplaatsen tot een zodanige uitgestrektheid, als overeenkomt met een redelijk deel van de grond, welke in de gemeente voor begraafplaatsen bestemd is"; een recht, dat in a*rt.37 lid 1* ook aan privaatrechtelijke rechtspersonen of aan natuurlijke personen wordt toegekend. Voor aanleg, c.q. uitbreiding van zo'n bijzondere begraafplaats wordt alleen de grond gebruikt, die daartoe door de gemeenten is aangewezen *(art.40)*. Onder *kerkgenootschap* wordt mede verstaan een onderdeel daarvan of een rechtspersoon, in het leven geroepen door één of meer kerkgenootschappen of onderdelen

[95] Aldus het Rapport van het *PINK* (zie voetnoot 76); deze diagnose geldt nu nog.

daarvan[96]. Mocht een kerkgenootschap van de in *art.38* gegeven bevoegdheid geen gebruik maken, dan wordt op zijn verzoek door de gemeenteraad een deel van de gemeentelijke begraafplaats ter beschikking gesteld[97]; de gemeente blijft in dit geval belast met het beheer, het onderhoud en de administratie, maar over inrichting, afscheiding en gebruik alsmede over openstelling voor begraven, sluiting en geslotenverklaring wordt overleg gepleegd met het betreffende kerkgenootschap[98]. Ook bezitten kerkgenootschappen volgens *art.52* het recht op vestiging van een bijzonder crematorium; uitbreiding of wijziging daarvan is gebonden aan een vergunning van de gemeenteraad.

In *België* bepaalt de boven reeds aangehaalde *Wet op de begraafplaatsen en de lijkbezorging* van 20 juli 1971 in *art.16 § 1*: "Alleen op gemeentelijke of intergemeentelijke begraafplaatsen mag worden begraven." Als algemene regel wordt dus het privé-bezit van begraafplaatsen niet toegestaan. De wet erkent in ditzelfde artikel echter ook dat particuliere begraafplaatsen, die reeds bestonden op het ogenblik van de inwerkingtreding van de wet, verder mogen worden gebruikt. Bovendien voorziet de wet dat de Minister van volksgezondheid op deze algemene regel uitzonderingen kan toestaan mits dit op godsdienstige of filosofische overwegingen berust. De facto vormen in België de gemeentelijke of intergemeentelijke begraafplaatsen de regel.

Het beginsel van **can.1240 § 1** dat de Kerk, waar mogelijk, over eigen kerkhoven moet beschikken, sluit – conform **can.1254** – in, dat iedere parochie een eigen kerkhof *kan* bezitten (**can.1241 § 1**) en niet, dat zij een eigen kerkhof *moet* bezitten, zoals de oude wetgeving in *can.1208 § 1*[99] nog stelde. Uiteraard kan de diocesane Bisschop voor meerdere parochies een gemeenschappelijke begraafplaats aanwijzen. In de huidige omstandigheden zal dit dikwijls noodzakelijk of in ieder geval zeer

[96] *Wet op de lijkbezorging, art.37, lid 2.*

[97] T.z.p., *art.39, lid 1.* Actueel op dit moment is *art.40 lid 4* van de *Wet op de lijkbezorging*: "Indien het kerkgenootschap geen eigenaar van de benodigde grond is, draagt het gemeentebestuur desgevraagd zorg, dat het kerkgenootschap de grond, mede gelet op de staat, waarin deze ingevolge het tweede lid moet verkeren, op redelijke voorwaarden in eigendom kan verwerven. Kunnen het gemeentebestuur en het kerkgenootschap niet tot overeenstemming komen, dan bepalen gedeputeerde staten op verzoek van één van hen of beide de voorwaarden". In het bisdom Haarlem is een probleem ontstaan omtrent de redelijke voorwaarden, waarbij het er naar uitziet dat het oordeel van Gedeputeerde Staten gevraagd zal gaan worden. – *Lid 2* zegt, dat de gemeenteraad maatregelen voor kan schrijven, die nodig zijn teneinde de grond geschikt te maken om als begraafplaats te dienen.

[98] T.z.p., *art.39, lid 2; artikelen 35, 43 en 44.*

[99] *Can.1208 § 1*: "Elke parochie moet haar eigen kerkhof hebben, tenzij de plaatselijke Ordinaris voor meerdere parochies een gemeenschappelijk kerkhof heeft aangewezen".

gewenst zijn. Op grond van dit recht van de Bisschop is er zowel in parochies, die over een eigen kerkhof willen beschikken, als in plaatsen met meerdere parochies, die een gemeenschappelijk parochiëel kerkhof willen hebben, schriftelijke machtiging nodig voor het aanleggen van begraafplaatsen[100].

Zijn er in een plaats meerdere kerkhoven, dan komt het aan de Ordinaris toe te bepalen voor welke parochies elk kerkhof als eigen moet worden beschouwd[101]. Een interparochiëel kerkhof kan echter wel in eigendom toebehoren aan één van de parochies, maar dan is een zelfstandige stichting met eigen bestuur meer gewenst. Als de parochie een eigen begraafplaats heeft, moeten de overleden gelovigen daar worden begraven, tenzij door de overledenen zelf bij leven of door hen, aan wie het toekomt te zorgen voor de begrafenis van de overledene, wettig een ander kerkhof gekozen is (vgl.**can.1180 § 1**). Dit keuzerecht heeft iedereen, tenzij het recht dit belet (**can.1180 § 2**); als voorbeeld worden kloosterlingen wel genoemd[102]. Het recht een ander dan het eigen kerkhof te kiezen sluit dus een vrijstelling in van de in **§ 1** geformuleerde plicht en houdt bv. niet een rechtsaanspraak in tegenover de eigenaar van een vreemd kerkhof op toelating van de begrafenis aldaar, of het moet zijn dat men een bijzondere rechtstitel(familiegraf) kan laten gelden. M.a.w.: naar analogie van **can.1177 § 2** hangt de rechtswerkzaamheid van de keuze af van de toestemming van de eigenaar van het gekozen kerkhof.

Voorts hebben kloosterinstellingen recht op een eigen kerkhof (**can.1241 § 1**). Tenslotte kunnen ook andere juridische personen of families een bijzonder kerkhof of eigen graf hebben, dat naar het oordeel van de plaatselijke Ordinaris gezegend moet worden.

2. Vestiging, verlenging, beëindiging van grafrechten

In verband met de nieuwe *Wet op de lijkbezorging* (1991) hebben de Nederlandse Bisschoppen een aan deze nieuwe Wet aangepast *Modelreglement voor het Beheer van een Begraafplaats van een R.K.Parochie* van de Nederlandse R.K.Kerkprovincie vastgesteld[103]. Dit bepaalt in

[100] Het *A.R.-parochie* (1988) bevat in *art.53 lid 6* de bepaling, dat die machtiging nodig is voor het aanleggen, uitbreiden en sluiten van begraafplaatsen en columbaria.

[101] Zie *AAS* 25(1933)373 vv.

[102] Zie *COMM.* 12(1980)353.

[103] Uitgave van het *SRKK* in 1991 ter uitvoering van **can.1243**. Aanbiedingsbrief in bv. het bisdom Breda: *An.Br.* 5(1991)194-198; vgl. *An.Ha.* 38(1991)276279; *An.Gr.* 36(1991)34-35; 52-54 en 63-64.

art.9, dat een grafrecht wordt gevestigd door een schriftelijke overeenkomst met het bestuur, genaamd grafakte. De graven van een gravenveld worden in volgorde, door de beheerder te bepalen, uitgegeven *(art.* 10). Een bepaalde *eigen* (urnen-)grafruimte kan alleen gereserveerd worden, als het bestuur aan een meerderjarig persoon het uitsluitend recht daarop verleent er voor twintig jaar gebruik van te maken ten behoeve van hemzelf, de echtgenoot, pleeg- of stiefkind of bloed-of aanverwant tot en met de vierde graad[104]. Dit recht wordt verleend onder de voorwaarden, in dit Model-reglement gesteld of door het bestuur later te stellen*(art.11)*[105]. Wat het recht op een *algemeen* (urnen-)graf betreft kan het bestuur volgens *art.12* aan een meerderjarig persoon het recht verlenen om voor 10 jaren (bij asbussen voor 20 jaar) gebruik te maken van een plaats in de (urnen-)grafruimte, bestemd voor meerdere overledenen. Ook hierbij is men gebonden aan de voorwaarden, in het Model-reglement gesteld of later door het bestuur te stellen[106].

Voor *verlenging* van grafrechten zal het bestuur uiterlijk een jaar vóór het verstrijken van de termijn, waarvoor ze zijn verleend, de rechthebbende schriftelijk wijzen op de vervaltermijn en tevens de voorwaarden

[104] Bij de presentatie van dit Model-reglement in het bisdom Rotterdam is de vraag opgekomen of het reglement ook voorziet in de situatie dat er ongehuwde katholieken zijn, die een eigen graf wensen voor hun partner, met wie zij een samenlevingscontract hebben afgesloten. Het antwoord daarop luidde: neen. Het parochiebestuur kan wel feitelijk grafrechten verlenen aan de achterblijvende levensgezel(lin); daarop bestaat geen verbod. Maar wil men in een (eigen) reglement bepalingen daarover opnemen, dan vallen deze onder het oordeel van de lokale Bisschop: *An.Ro.* 36(1991)229.

[105] In ieder geval moet betaling zijn geschied op grond van *art.44* van het Model-reglement en moet bij rechtsverkrijging *schriftelijk* worden ingestemd met het ruimen van het graf volgens *art.47* van het Model-reglement, wanneer dit recht, door welke oorzaak dan ook, geëindigd is *(art.11)*.

[106] Ook hierbij gelden de in de vorige voetnoot genoemde artikelen van het Model-reglement. Na de presentatie van dit reglement in het bisdom Rotterdam kwam de vraag naar voren, waar het verschil tussen een grafrecht van 10 jaar en voor asbussen van 20 jaar vandaan komt; en wat de minimum termijn is, als de rechthebbende de asbus korter dan 20 jaar wil bewaren. In antwoord op die vragen wordt er op gewezen, dat in het ontwerp van de *Wet op de lijkbezorging* zowel voor de begraving als voor de bijzetting van de asbus een termijn van 20 jaar werd gesteld. In de definitieve wetstekst is een onderscheid gemaakt tussen de termijn waarop graven *geruimd* mogen worden (deze werd van 20 naar 10 jaar teruggebracht) en de termijn, waarvoor *eigen graven* worden uitgegeven (deze bleef 20 jaar). De ruimingstermijn van asbussen werd niet aangepast en bleef 20 jaar. De wet blijft zich op dit punt dus niet gelijk.Als een rechthebbende de asbus thuis bewaart, heeft de begraafplaats daar geen enkele bemoeienis mee; een kortere termijn dan 20 jaar kan altijd; wordt een asbus bijgezet op een begraafplaats, dan kan de houder (het kerkhofbestuur) met verlof van de rechthebbende na 20 jaar overgaan tot ruiming. Eerdere ruiming kan met toestemming van de rechthebbende, maar het is wettelijk niet toegestaan de asbus te ruimen binnen een maand na de berging van de as in de asbus. Aldus: *An.Ro.* 36(1991)229-230.

bekend maken, waarop de grafrechten kunnen worden verlengd voor een termijn van tien jaren[107]. De rechthebbende, d.i. de meerderjarige persoon aan wie het recht op een eigen (urnen-)graf is verleend, kan *binnen* twee jaren vóór de afloop van de termijn schriftelijk verlenging van zijn rechten vragen voor een aansluitende termijn van tien jaren *(art.19)*; voorwaarde is, dat het graf naar het oordeel van het bestuur goed onderhouden is en de rechthebbende akkoord gaat met de op dat moment geldende voorwaarden en tarieven *(art.20 lid 1)*. Het bestuur mag verlenging weigeren; in dat geval kan de rechthebbende een grafrecht elders op de begraafplaats vestigen *(art.20 lid 2)*. Te rekenen vanaf de dag van bijzetting wordt de lopende termijn van het grafrecht voor een *eigen* (urnen-)graf, als daarvan tien jaren verstreken zijn, met nog eens tien jaren verlengd *(art.21)*, maar het recht van de gebruiker van een *algemeen* (urnen-)graf kan niet worden verlengd *(art.22)*. Voor het vestigen en verlengen van een grafrecht en voor bijzettingen worden tarieven geheven *(art.44)*, die naar het oordeel van het bestuur telkenjare worden aangepast, na verkregen goedkeuring van de diocesane Bisschop.

Beëindiging van grafrechten vindt plaats:

a) bij verval van de gestelde termijn;
b) bij het niet-betalen binnen een jaar van een overeengekomen verlenging;
c) bij overlijden van de rechthebbende of gebruiker, als de rechtverkrijgende niet binnen een jaar van dat overlijden mededeling heeft gedaan of niet een andere persoon als rechthebbende heeft aangewezen;
d) als het terreingedeelte voor de (urnen-)graven zijn bestemming verliest of niet meer als zodanig geëxploiteerd wordt;
e) als de rechthebbende niet gereageerd heeft op de aankondiging van het verstrijken van de termijn voor het grafrecht;
f) bij verwaarlozing van het onderhoud van grafteken of beplanting en ook na sommatie niet tot herstel wordt overgegaan;
g) bij onderhandse verklaring van afstand van het grafrecht *(art.23* in relatie *met de artikelen 14, 17, 18, 39 en 44*).

Nergens mogen *in* kerkgebouwen lijken worden begraven, tenzij het gaat over de begrafenis van een Paus, Kardinaal of diocesane (ook: emeritus-) Bisschop in de eigen kerk **(can. 1242)**; een Bisschop-coadjutor of een titulaire Bisschop bezit dit privilege niet *per se*[108]. Altijd dient reke-

[107] Zie *art.18, lid 2 en 3* voor de gevallen, waarin het adres van de rechthebbende onjuist of onbekend is of niet kan worden achterhaald.
[108] Vgl.**can.381 § 2**, *COMM.* 12(1980)349 en *Relatio/1981*, p.270.

ning te worden gehouden met *art.26* van de *Wet op de lijkbezorging*: “Geen toegang of ingang van een graf of grafkelder mag zich bevinden of worden aangelegd in een kerk”.

3. Inrichting van de kerkhoven

Alle betreffende bepalingen uit de oude wetgeving zijn afgeschaft. Het nieuwe Wetboek bevat de algemene bepaling **(can. 1243)**, dat het particuliere recht bruikbare normen uit moet vaardigen, waar het gaat om de handhaving van de goede orde op kerkhoven, heel bijzonder met betrekking tot de bewaking en de bevordering van het gewijde karakter daarvan.

Als laatste rustplaats voor hen, die in de Heer ontslapen zijn en als *locus sacer(gewijde plaats)*, dient het kerkhof een waardig aanzien te hebben en goed te worden onderhouden. Het dient van alle profaan gebruik te worden vrijgehouden[109]. Behalve een groot kruis in het midden van een kerkhof *“ut sub eo requiescant a laboribus suis, qui sub eodem crucis vexillo militarunt in vita”* [110], moet er, zo mogelijk, ook een kapel op het kerkhof zijn, waar op geregelde tijden de eucharistie wordt gevierd. Er mogen geen grafmonumenten, versieringen of grafschriften en dergelijke worden aangebracht, die in strijd zijn met het christelijke geloof of met de christelijke vroomheid[111]. Gezorgd moet worden, dat het kerkhof niet te laag ligt opdat de lijken niet in het grondwater komen te liggen. Er moet, zoals de verschillende diocesane synodes in het verleden voorschreven, ook nu nog een kerkhofrooster worden aangelegd dat zorgvuldig moet worden bijgehouden om later, zo nodig, met juistheid te kunnen vaststellen, waar iemand begraven ligt. Overigens bepaalt de *Wet op de lijkbezorging* in *artikel 27*, dat de houder van een begraafplaats een (openbaar: zie *lid 2* aldaar) register van alle daar begraven lijken en bijgezette asurnen bijhoudt met vermelding van hun registratienummer en aanduiding van de plaats, waar zij begraven, onderscheidenlijk bijgezet zijn (*lid 1*) en dat het register van een bijzondere begraafplaats bij opheffing wordt overgebracht naar het archief van de gemeente, waarin die begraafplaats gelegen was (*lid 3*)[112].

[109] Diocesane synode van Utrecht(1928) n.217, van 's Hertogenbosch n.243(1938) en van Breda n.159(1937). Er is geen enkele reden om aan te nemen, dat deze (oude) synodale bepalingen als verouderd zouden moeten worden beschouwd.

[110] *"Opdat zij daaronder uit kunnen rusten van hun vermoeienissen, die onder dezelfde standaard van het kruis hebben gestreden in hun leven"* [Conc.prov.(1924), p.141].

[111] Zie *Model-reglement* voor het Beheer van een R.K.Begraafplaats *art.37-39*.

[112] Zie *Model-reglement* voor het Beheer van een Begraafplaats van een R.K.Parochie *art.8*.

Zoals reeds gezegd, zijn de burgerrechtelijke voorschriften in deze ook voor de Kerk verplichtend. In tegenstelling echter tot de oude Wet op de Lijkbezorging bevat de nieuwe in *artikel 32*[113] slechts deze bepaling, dat regels met betrekking tot de wijze van begraven, de inrichting van het graf en de afstand van de graven onderling bij *AMvB* gesteld worden. Regelen bij *AMvB* en niet bij wet ligt dáárom voor de hand, omdat het hier over zuiver technische zaken gaat en omdat men via *AMvB's* adequater en sneller in kan spelen op de te gebruiken materialen bij begrafenis of crematie, die voortdurend in ontwikkeling zijn (denk aan de vele soorten plastics), of ook op de aan diverse godsdiensten eigen ritus betreffende begraven of cremeren, bv. de islamitische ritus.

De praktische regels voor begraving en crematie zijn in *België* meer expliciet opgenomen in de *wet van 20 juli 1971. Art.17* legt op dat in volle grond de lijken horizontaal begraven moeten worden op een diepte van minstens vijftien decimeter waarbij de gemeenteraad de afstand tussen de grafkuilen moet bepalen. *Art.18* stelt dat in grafkelders de lijken moeten worden bijgezet op een diepte van minstens acht decimeter. Behoudens bijzonder verlof door de provincie-gouverneur, verleend op eensluidend advies van de provinciale gezondheidsinspectie, is het aanleggen van bovengrondse graven verboden behoudens de mogelijkheid tot wettelijke uitzonderingen. *Art.19* bepaalt dat in niet-geconcedeerde grond de begraving plaatsvindt in een kuil waarin sedert vijf jaar niet is begraven. De binnen de grenzen van een begraafplaats gevonden stoffelijke overblijfselen dienen te worden overgebracht naar een daartoe bestemd perceel op de begraafplaats. Buiten deze door de wet opgelegde regels, kan de gemeente alle nuttige reglementen uitvaardigen. Deze wet voorziet verder in haar *art.20-24* een aantal regelingen m.b.t. de crematie. In het bijzonder betreft het hier het door de ambtenaar van de burgerlijke stand te verlenen verlof tot crematie (bij overlijden in het buitenland wordt het verlof verleend door de procureur des konings van het arrondissement waar het crematorium is gelegen, wie het verzoek hiertoe kan indienen, het feit dat dit verlof niet minder dan 24 uren na ontvangst van het verzoek ertoe mag worden afgeleverd, de vereiste van een medisch attest dat er geen indicaties van een gewelddadige en verdachte dood zijn en wat er met de as dient te geschieden waarover verder echter meer. Tenslotte worden in de *artikelen* 26 en 27 nog richtlijnen gegeven m.b.t. de graftekens.

[113] In *artikel 57* van de *Wet op de lijkbezorging* wordt hetzelfde bepaald voor crematoria.

Aan de gelovigen kan het recht op een *eigen* of *familie*graf (**can.1241 § 2**) verleend worden[114]. Dit betekent (voor de bezitter van het graf, resp.voor zijn familie) het recht om op een bepaalde plaats van het kerkhof te worden begraven[115]. Het sluit dus niet het recht op eigendom van het graf of van de grond in. Voor het recht op een dergelijk graf op een parochiëel of interparochiëel kerkhof is per se verlof nodig van de plaatselijke Ordinaris. Wanneer echter in het bisschoppelijk goedgekeurde kerkhofreglement de voorwaarden voor de verkrijging van een graf zijn omschreven, is geen speciaal verlof meer nodig. Voor een eigen of familiegraf op een ander kerkhof is verlof nodig van het bestuur. Het eigen of familiegraf kan met verlof van de plaatselijke Ordinaris of van het bestuur ook verkocht of vervreemd worden[116]. In een *enkel graf* mag geen bijzetting plaatsvinden, tenzij van asbussen of urnen *(Model-reglement art.27)*. In een *dubbel graf* worden twee overledenen *boven* (niet naast) elkaar begraven (t.z.p., *art.* 28). In een *kindergraf* wordt een overleden kind, niet ouder dan 12 jaar, begraven (t.z.p., *art.29*). In een *algemeen graf* wordt een door het bestuur vast te stellen aantal overledenen begraven (t.z.p., *art.30*); in een *eigen urnengraf* kunnen één of twee asbussen worden begraven (t.z.p., *art.31*) en in een *algemeen urnengraf* wordt een door het bestuur te bepalen aantal asbussen begraven (t.z.p., *art.32*); evenals graftekens en/ of grafbeplantingen moeten *grafkelders* voldoen aan de door het bestuur vastgestelde of later nog vast te stellen voorschriften*(art.33 en 37)*. Overigens zijn alle oude bepalingen over afzonderlijke ruimtes op een kerkhof voor geestelijken (grafkelders) en voor kinderen (gedoopt) uit de algemene wetgeving verdwenen; zo ook

[114] Bestemd voor het begraven van maximaal vier overledenen; de rechthebbende kan de personen aanwijzen, die na overlijden in dit familiegraf mogen worden begraven of bijgezet: *Model-reglement* voor het Beheer van een Begraafplaats van een R.K.Parochie *art.26.*

[115] Over de unieke betekenis van het graf zie **Th.Delleman**, a.w., pp.34-41.

[116] Ook civielrechtelijk bestaat deze mogelijkheid. In *art.28* van de *Wet op de lijkbezorging, lid 1* wordt echter gesproken over het hebben van "een uitsluitend recht op een graf" d.i.: een eigen, gereserveerd koop- of familiegraf. Dit recht is alleen schriftelijk te vestigen voor onbepaalde of bepaalde (minstens 20 jaren) tijd, op verzoek (mits twee jaren vóór het verstrijken van de termijn) te verlengen voor niet langer dan tien jaren. De houder van het uitsluitend recht is geen eigenaar van het graf (de eigendom berust bij de eigenaar van de begraafplaats), maar heeft het recht gedurende de schriftelijk vastgelegde tijd één of meer lijken in het graf te doen bewaren. Zie Schuurman & Jordens, *Nederl.Staatwetten* n.29 (19e druk) p.85 (Memorie van Toelichting). Tot 1991 kende de Nederlandse wet nog de mogelijkheid voor een "familiegraf *op eigen grond*". Dit kan nu niet meer; met dien verstande echter dat bestaande familiegraven van dit soort ingevolge *art.85* van de *Wet op de lijkbezorging* gehandhaafd blijven en dat daarin lijken en asbussen van de familie mogen worden bijgezet.

alle bepalingen over begraven op een ongewijd deel van het kerkhof van diegenen, die van de kerkelijke begrafenis uitgesloten zijn **(can.1184)**, en van ongedoopte kinderen.

Het *opgraven* van een lijk is volgens de *Wet op de lijkbezorging* alleen toegestaan als degene, die het uitsluitend recht op het graf heeft, toestemming geeft en de burgemeester ter plaatse een vergunning heeft afgegeven *(art.29 lid 1)*. Zo'n opgegraven lijk mag alleen met verlof van de Officier van justitie gecremeerd worden.

Het *ruimen* van graven gebeurt volgens *art. 31 lid 2* van de *Wet op de lijkbezorging* alleen "op last van de houder van de begraafplaats en na verloop van tien jaren, nadat in het graf laatstelijk een lijk is geplaatst", en bij een graf, "waarop een uitsluitend recht berust, met toestemming van de rechthebbende". Na de presentatie van het *Model-reglement* voor het beheer van een begraafplaats van een R.K.Parochie in het bisdom Rotterdam werd t.a.v. het probleem van ruiming van onverteerbare, niet-lichamelijke resten (bv. een kunstgewricht) en geconserveerde stoffelijke resten gesteld, dat men zich in beide gevallen hierover moet verstaan met de Regionaal Inspecteur van de Volksgezondheid[117]. Tegelijk werden de volgende aanbevelingen meegegeven voor de opstelling van eigen begraafplaatsreglementen, nl. definiëring van de graven en de termijnen van uitgifte e.dgl.; beschrijving van de ontbindende voorwaarden en beëindiging van grafrechten *(art.17 en 23)*; regeling van de aansprakelijkheid van het bestuur voor schade aan graftekens (vgl.*art.38*); aandacht voor een overgangsbepaling *(art.48)* en overname van de slotbepalingen *(art.49-53)*.

4. (Ont)wijding van een kerkhof

Evenals het kerkgebouw **(can.1217)** moet een kerkhof, dat bestemd is voor de begrafenis van christengelovigen, eerst gewijd (gezegend) worden **(can.1240 § 1)**. Daardoor wordt het kerkhof tot een *locus sacer*, een gewijde plaats **(can.1205)**: bestemming samen met wijding/zegening maken een voor de eredienst of voor teraardebestelling van christengelovigen bedoelde plaats tot een *gewijde* plaats. Het nieuwe Wetboek gebruikt voor die bestemming door wijding de woorden *dedicatie* en *benedictie*; opvallend is dat het woord *consecratie* of zijn tegenstelling *exsecratie* in dit verband niet meer wordt gebruikt[118]. Op deze manier is

[117] *An.Ro.* 36(1991)231.

[118] Wel wordt het woord *consecratie* nog gebruikt in de zin van toewijding van religieuzen aan God (vgl. **can.607 § 1**) of voor een onderdeel van het eucharistisch gebed (vgl. **can. 927**) en voor de wijding van personen (vgl.**can.1008**).

het woordgebruik van de Codex in overeenstemming gebracht met het woordgebruik van de (al eerder dan de Codex) gepubliceerde boeken[119]. Beide vormen van toewijding van een plaats aan God verschillen in zoverre van elkaar dat de *dedicatie* met groter ceremoniëel gepaard gaat dan de benedictie: het gebruik van H.Olie (Chrisma) is vereist en doorgaans is iemand met de bisschopswijding de bedienaar **(can.1169 § 1)**.

Het effect van de wijding/zegening is, dat de aldus geheiligde plaatsen onttrokken worden aan hun seculiere, profane bestemming en een uitsluitend religieuze bestemming (eredienst, christelijke begrafenis) krijgen; en dat de Kerk daar in alle vrijheid haar bevoegdheden of taken kan uitoefenen **(can.1213)**. *Benedicties* kunnen, met uitzondering van die welke aan de Paus of de Bisschoppen voorbehouden zijn (bv. de benedictie van een kerk), door iedere priester gebeuren **(can.1169 § 2)**. Een kerkhof moet volgens **can.1240 § 1** op de voorgeschreven wijze gezegend worden en bij het ontbreken van een eigen kerkhof ook de afzonderlijke graven **(can.1240 § 2)**. De herziene zegeningsritus is vervat in de *Orde voor de zegening van een kerkhof*[120]. Van deze zegening moet een authentieke akte in duplo worden opgemaakt: één exemplaar wordt in de diocesane curie, het andere in het parochiële archief bewaard **(can.1208)** als bewijs van de verrichte zegening. Als niemand daardoor nadeel ondervindt, kan bij teloorgang van deze akte ook een boven alle verdenking staande getuige het bewijs van de zegening leveren **(can.1209)**. De Codex geeft geen bijzonderheden over de inhoud van deze akte, maar uit de aard der zaak zouden daarin de volgende gegevens moeten worden opgenomen: dag, maand, jaar, plaats en bedienaar van de zegening en eventueel de plaatsaanduiding van het kerkhof.

Met deze zegening moet niet alleen een eigen kerkhof, dat uitsluitend voor katholieken bestemd is, gezegend worden, maar ook het uitsluitend voor katholieken bestemde gedeelte van een gemeentelijke begraafplaats **(can.1240 § 1)**.

Door deze zegening mag alleen, wat dienstig is voor de uitoefening of bevordering van de eredienst, van vroomheid en godsdienst worden toegelaten en is alles verboden, wat niet in overeenstemming is met de heiligheid van de plaats; wel kan de Ordinaris in afzonderlijke gevallen een ander gebruik toestaan dat hiermee niet in strijd is.Deze bepaling is helemaal nieuw. Ofschoon we hierbij allereerst zullen denken aan een kerk-

[119] Bijv.de *Ordo dedicationis Ecclesiae et altaris* van 29 mei 1977 en de *Ordo ad coemeterium benedicendum* van mei 1984.

[120] Men kan deze vinden in *Deel III, cap.35* van het *Rituale Romanum: de benedictionibus* (1984) van de Congregatie voor de Eredienst.

gebouw, kan zij toch ook van toepassing zijn op een kerkhof, bv. de opname van een film op het kerkhof.

De oorkonde van de inzegening moet in het archief van de kerk worden bewaard. Welke kerk dit is, wordt bepaald door de **cc.1240-1241**, nl.

a) bij parochiekerken met een eigen kerkhof de parochiekerk zelf (**can.1241 § 1**);
b) bij seculiere kerkhoven en bij kerkhoven, die eigendom zijn van juridische (natuurlijke en rechts-) personen en families, de parochiekerk, binnen het gebied waarvan het kerkhof gelegen is (**cc.1240 § 1** en **1241 § 2**);
c) bij kerkhoven van religieuze instituten ofwel de plaatselijk competente kerk van religieuzen (als die er is) of de parochiekerk, in het gebied waarvan het kerkhof gelegen is (**can.1241 § 1**)[121].
d) bij parochies met een interparochiëel kerkhof: ofwel die parochie, die de eigendom heeft van het kerkhof ofwel het door die parochies in het leven geroepen zelfstandige bestuur van dat kerkhof.

Daar, waar de parochiekerk niet beschikt over een eigen kerkhof of over een voor katholieke gelovigen bestemd gedeelte van een gemeentelijke begraafplaats, moet ieder graf afzonderlijk gezegend worden volgens de ritus van de uitvaartliturgie nn.53 en 71.

Ontwijding van een kerkhof heeft volgens het nieuwe Wetboek plaats in vier gevallen:

a) Door ernstig kwetsende daden op het kerkhof, die de ergernis van de christengelovigen oproepen; daden, die naar het oordeel van de plaatselijke Ordinaris zó ernstig zijn en zó in strijd zijn met de heiligheid van de plaats, dat het niet geoorloofd is er de eredienst uit te oefenen totdat de schending in een boeteritus volgens de liturgische boeken hersteld is (**can.1211**)[122]. Na deze ernstig kwetsende daden, waarover het eindoordeel berust bij de plaatselijke Ordinaris, zoals ook diens oordeel over de noodzaak van een boeteritus, is herstel of verzoening[123] met toeloop van volk vereist volgens de voorschriften van het Rituale[124].

[121] *MK* bij **can.1208**, Rdn.2.

[122] Op een nogal indringende vraag of er geen normen zouden moeten worden gesteld voor de ontwijding als zodanig en voor het rituele herstel van de zegening, die men niet over kan laten aan toevallige liturgische voorschriften, werd door het Secretariaat van de Codexherzieningscommissie geantwoord, dat in de Codex de ernst en de ergernis (ter beoordeling van de plaatselijke Ordinaris) voldoende duidelijk staan weergegeven en dat de opstelling van een boeteritus niet tot de eigen taak van een Codex hoort. Vgl. *Relatio/1981*, p.273 en *COMM*. 12(1980)328-331.

[123] Het woord *reconciliatie* wordt niet meer gebruikt voor zaken, wel voor personen.

[124] Een nieuwe, volledige ritus is er nog niet. De laatste volledige tekstuitgave van de boeteritus kan men vinden in het *Pontificale Romanum* van 1962, *Deel II: Orde voor de*

Maar de zegening gaat niet verloren; wel als het geval van **can.1212** (zie onder b) zich voordoet. In de *Codex/17* was alle aandacht gevestigd op de *daad* van schending van een gewijde plaats, nu echter op de *ergernis* voor de christengelovigen. Het gaat in **can.1211** niet louter om verlies van wijding/zegening, maar om daden, die zó in strijd zijn met het gewijde karakter van de plaats, dat de gelovigen zelf een publieke boete nodig vinden alvorens die plaats opnieuw in gebruik te nemen[125]. Het misdrijf zelf moet volgens **can. 1376** gestraft worden met een rechtmatige straf.

b) Wanneer het kerkhof voor het grootste deel verwoest wordt (**can.1212**). De Codex legt niet nader vast, wanneer er van een dergelijke verwoesting sprake is, maar de bepaling houdt in, dat de bewuste plaats niet meer in de in **can.1210** aangegeven zin kan functioneren. Na deze verwoesting zou de plaats opnieuw gezegend moeten worden. Iets anders is, dat een kerkhof op grote schaal in herstel is. Dan zou een nieuwe zegening niet nodig zijn, omdat het kerkhof nooit opgehouden heeft een gewijde plaats te zijn[126].

c) Door een decreet van de bevoegde Ordinaris om het kerkhof blijvend tot profaan gebruik terug te brengen (**can.1212**).

d) Doordat een kerkhof in feite blijvend tot zuiver profaan gebruik is teruggebracht (**can.1212**).

5. Columbaria

Op de vraag, waar de as van het gecremeerde lichaam bewaard moet worden, is geen algemeen kerkrechtelijk antwoord te geven. De *Wet op de lijkbezorging* gaat echter uitvoerig in op die vraag. Zo schrijft zij in *art.58* voor, dat de as na de crematie geborgen moet worden in een bus, die hermetisch gesloten wordt en waarop de naam en de voorletters van de overledene alsmede een registratienummer in onuitwisbare letters en cijfers staan vermeld (*lid 1*); het hier bedoelde opschrift mag binnen twintig jaren na het plaatsen niet van een ongeopende asbus worden verwijderd of onleesbaar worden gemaakt (*lid 2*)[127].

verzoening van een ontwijd kerkhof en in het *Caeremoniale Episcoporum,Deel VI, hfdst.XX*, nn.1070-1092: publieke boetedoening wanneer een kerk ernstig onrecht is aangedaan; in een aanmerking wordt er op gewezen, dat deze ritus ook toepasbaar is op de ontheiliging van andere gewijde plaatsen.

125 *CCL*, p.847.

126 T.z.p.

127 Zie *Model-reglement* voor het Beheer van een begraafplaats van een R.K.Parochie *art.1 j en 5 lid 2*. Na de presentatie van dit Reglement in het bisdom Rotterdam kwam de

In *art.60* gaat het om de *bijzetting* van asbussen of urnen, welke kan plaatshebben in een in het bijzonder daarvoor bestemd gedeelte van het crematorium (*lid 1a*), in of op een graf[128] of op een afzonderlijke plaats op een begraafplaats (*lid 1b*) of in een buiten een crematorium of begraafplaats gelegen bewaarplaats (*lid 1c*), maar ook is het mogelijk dat de in een bus geborgen as wordt overgebracht naar de woning van de niet van tafel en bed gescheiden echtgenoot of andere levensgezel dan wel van een meerderjarige erfgenaam of anders van degene die de zorg voor de asbus op zich neemt (*lid 2*)[129]. Met het in *art.60 lid 1* bepaalde krijgen we o.a. te maken met de *columbaria*. De Bisschoppen van Nederland hebben op 5 juli 1974[130] hieromtrent een aantal voorstellen gedaan (overgenomen van een daartoe ingestelde commissie) om tegemoet te komen aan de wens van families, die een urn met as willen bezoeken. Het wordt zinvol geacht, dat een kerk (parochie-) bestuur of een andere groepering ijvert voor een eigen columbarium ter plaatse voor het bewaren van asbussen of -urnen. Als daartoe besloten wordt, verdient het voorkeur de urnenbewaarplaats te bouwen op een apart gedeelte van de begraafplaats. Mocht dit op ernstige bezwaren stuiten, dan kan in overleg met de betreffende bisdominstanties bezien worden of een afgesloten kapel of een crypte in het kerkgebouw als zodanig in te richten is. Daarbij moet uiteraard voldaan worden aan de daarvoor geldende burgerrechtelijke bepalingen, zoals:ingebruikname van een dergelijke bewaarplaats kan alleen met vergunning van burgemeester en wethouders gebeuren, (eventueel) *AMvB's (Wet op de lijkbezorging, resp.artikel 62 lid 1 en 66).*

Is de begraafplaats eigendom van de parochie, dan is voor de inrichting van een columbarium op de begraafplaats schriftelijke machtiging van de

vraag op of er een registratienummer aangebracht dient te zijn op de asbus èn op de (sier-)urn. Het antwoord daarop luidde: op de *asbus* moeten vermeld zijn: naam, voorletters en het registratienummer; voor de urn geldt dit wettelijk voorschrift niet: *An.Ro.* 36(1991)229.

128 Tegenwoordig worden urnen ook begraven op het kerkhof.

129 In het *Model-reglement* voor het Beheer van een Begraafplaats van een R.K.Parochie worden vijf mogelijkheden aangegeven voor de bijzetting van asbussen: in een bestaand graf, in een eigen urnengraf dat deel uitmaakt van een gravenveld van urnen, op een bestaand graf in een urn die hecht aan de ondergrond is verbonden, in de urnenbewaarplaats van de begraafplaats, in een algemeen urnengraf *(art. 34*). Over de vestiging van het recht op het bewaren van een asbus is al eerder gesproken (zie *art.35*); *ruiming* van een asbus gebeurt na het vervallen van de bewaartermijn door verstrooiing van de as *(art.36).*

130 Zie o.a. *An. Utr.* 47 (1974) 596-597; *An. Rmd.* 55 (1974) 153-154; *An. Bo.* 14 (1974) 132-133 en N109-N110; 'gestroomlijnde Analecta van de andere bisdommen: zelfde pagina's van hetzelfde jaar.

Bisschop nodig; is de begraafplaats eigendom van een r.k.stichting, dan hangt het van de statuten af, of zo'n machtiging vereist is. In verband met de financiële consequenties van een eigen columbarium kan het wenselijk zijn samen te werken met andere organisaties of instellingen om tot de oprichting van een gezamenlijke bewaarplaats voor asurnen te komen, desgewenst met een afzonderlijk gedeelte voor katholieken[131].

In *België* wordt de lijkverbranding geregeld door *art.20-24* van de *Wet* van 20 juli 1971. De wet voorziet verschillende mogelijkheden m.b.t. de as. Deze kan in een urn worden bewaard die in een columbarium wordt bijgezet of die op minstens acht decimeter diepte wordt begraven. De mogelijkheid bestaat echter ook de as te verstrooien op een daartoe bestemd perceel van de begraafplaats of onder door de Koning bepaalde voorwaarden worden uitgestrooid op de aan het grondgebied van België grenzende territoriale zee. Het *KB* van 25 juli 1990 vertrouwt de organisatie van deze verstrooiing op zee toe aan de gemeenteraden van de aan zee grenzende gemeenten. Deze verstrooiing dient te geschieden op minimaal 200 meter van de kust.

TITEL IV: VERERING VAN HEILIGEN, VAN HEILIGE AFBEELDINGEN EN RELIKWIEËN (CC.1186-1190)

Inleiding

Deze titel van *Boek IV* **CIC/83** heeft sedert zijn eerste ontwerp in 1977 vele wijzigingen ondergaan zowel wat betreft de plaatsbepaling ervan in de systematiek van de Codex als inhoudelijk[132]. Toch is er geen wezenlijk verschil tussen de oude en de nieuwe bepalingen: ze zijn nu alleen minder gedetailleerd dan vroeger het geval was.

In 1980 heeft de betreffende studiegroep de meeste wijzigingen aangebracht in het *ontwerp-schema* van *1977*. Deze wijzigingen zijn opgenomen in het *Schema/80*, dat het uitgangspunt vormde voor de discussie op de laatste bijeenkomst van de Codexherzieningscommissie in 1981. Meerdere wijzigingsvoorstellen van toen hebben het niet gehaald[133]. Waarschijnlijk is het Secretariaat van die Commissie zelf verantwoordelijk voor een geheel nieuwe redactie van de eerste canon[134], die we

[131] Zie *An.Utr.* 47(1974)596-597; *An.Rmd..* 55(1974)153-154; *An.Bo.* 14(1974)132-133 en N109-N110; 'gestroomlijnde' Analecta van de overige bisdommen: zelfde pagina's van hetzelfde jaar.

[132] Vgl. *COMM.* 12(1980)372-374.

[133] Zie *Relatio/1981*, pp.271-272.

[134] Die in de daaraan voorafgaande formulering aldus luidde: "Het is goed en heilzaam de Dienaren Gods, die samen met Christus heersen, deemoedig aan te roepen en hun

namelijk voor het eerst tegenkomen in het *Schema/82* en onveranderd is overgenomen in de eindredactie[135].

1. Heiligenverering

De aanbeveling aan alle christengelovigen in **can.1186** om een "bijzondere en kinderlijke verering" voor Maria en een "authentieke verering" voor de andere Heiligen aan de dag te leggen, wordt, wat Maria betreft, theologisch gemotiveerd: zij is immers door Christus tot Moeder van alle mensen aangesteld, en de verering berust[136], ook wat de andere Heiligen betreft, op de verwachting dat "het voorbeeld van hun gedrag, de weldaad van hun gemeenschap en de hulp van hun voorspraak"[137] van grote betekenis is voor de christengelovigen. Bij een *publieke* (zie **can.834 § 2**) verering mag het dan volgens **can.1187** alleen gaan over dienaren Gods "die door het gezag van de Kerk in de lijst van Heiligen of Zaligen opgenomen zijn"[138]; de privé-verering is dus om ieder goed motief mogelijk.

De uitnodiging tot die publieke verering mag ook als het ware tastbaar en zichtbaar worden gemaakt. Vandaar neemt **can. 1188** bijna letterlijk *SC* n.125 over. Tegenover de "beeldenstorm", die vóór, tijdens en na Vaticanum II vaak geleid heeft tot een al te radicale "zuivering", verdedigde *SC* en nu dus ook de Codex het aloude gebruik om in kerken en kapellen beelden (afbeeldingen) te plaatsen ter verering[139], al

authentieke relikwieën en afbeeldingen te vereren; bovenal echter moeten de gelovigen de Allerheiligste Maagd Maria met een kinderlijke eerbied tegemoet treden".

[135] Uit de vele postconciliaire bronnen, die blijkbaar model hebben gestaan voor de vijf bepalingen over dit thema (zie: **CIC, fontium annotatione...auctus**) noemen we met name: *SC* nn.103-104 en 111, het MP *Mysterii paschalis*(1969) van Paus **Paulus VI**, de *Normen* voor de aanwijzing van Patronen (1973) van de Congregatie voor de Eredienst, cap.II, de Instr. *Calendaria particularia*(1970) van dezelfde Congregatie en de Apost.Adh.*Marialis cultus*(1974) van Paus **Paulus VI**.

[136] Vgl. *LG* n.66, de Apost.Exh.*Signum magnum*(1967) en *Marialis cultus*(1974) van Paus **Paulus VI**.

[137] *Romeins Missaal*, Prefatie van alle Heiligen, die werd toegestaan aan de bisdommen van Frankrijk; vgl. *SC* n.8 en *LG* nn.50-51.

[138] In de *CIC/17* werd het onderscheid tussen beide categorieën van Dienaren Gods nog aangegeven: Zaligen konden, normaal gesproken, geen patroon van een bisdom enz. zijn *(can. 1278)* en hun beelden en/of relikwieën mochten niet in processie worden rondgedragen *(can.1187 § 3)*. Thans is het onderscheid afhankelijk van de liturgische wetgeving (*CCL*, p.841; *CDC(P/M)*, p.688).

[139] Zie **A.Jungmann** in zijn commentaar op *SC* in *LfThuK*, Das Zweite Vatikanische Konzil I (1966) 103-104. Vgl. de Brief van de Postconciliaire Raad voor de Liturgie van 30 juni 1965 n.8: "Ongetwijfeld moeten de verlossingsmysteries in het centrum van de eredienst staan; maar volgens *SC* nn. 103, 104, 108 en 111 is er, in volmaakte harmonie

moet dit wel a) in bescheiden mate gebeuren en b) met gevoel voor de juiste verhouding tot dat, waar het in de kerk in wezen om gaat: de viering van de liturgie met als hoogtepunt de eucharistieviering. Het mag dus zeker niet zó zijn, dat de aankleding van de kerk met beelden (afbeeldingen) verbazing oproept, of dat de aankleding de gelovigen aanleiding geeft tot ongepaste devoties[140].

De restauratie van beelden (afbeeldingen), die in kerken of kapellen opgesteld zijn ter verering en die kostbaar zijn vanwege ouderdom, kunstwaarde of verering, mag alleen gebeuren met schriftelijk verlof van de Ordinaris (zie **cc.134 § 1** en **295 § 1**), die alvorens dit verlof te geven deskundigen dient te raadplegen **(can.1189)**[141]. Over vervreemding van heilige zaken, die uit historisch of artistiek oogpunt kostbaar zijn, wordt in ander verband gesproken, nl. bij de behandeling van **can.1295 § 2**.

Een parallel van *can.1279 §§ 1-3 CIC/17* met bijzonderheden over het aanbrengen van beelden of andere voorstellingen in een kerk, kapel of op een kerkhof, die iets ongewoons bevatten of niet in overeenstemming zijn met de erkende kerkelijke opvattingen en gebruiken of die een verkeerde leer voorstellen of niet aan de eisen van welvoeglijkheid en eerbaarheid voldoen, ontbreekt in de **Codex/83**. Dat wil niet zeggen, dat deze regels niet meer gelden; wel dat we aangewezen zijn op de liturgische voorschriften in dezen. Evenmin wordt over *wijding, c.q. zegening* van beelden (afbeeldingen) gesproken, zoals in *can.1279 § 4 CIC/17*[142]. Maar in de Instr.*Inter oecumenici* (1964) van de Ritencongregatie n.77

daarmee en volledige onderschikking daaraan, plaats voor de verering van Maria en van de Heiligen". – Het *Concilie van Nicea II*, in 787 bijeengeroepen ter beslechting van de beeldenstrijd, heeft de ketterij van de iconoclasten veroordeeld en de verering van heilige afbeeldingen bevestigd (*DS*, a.w., nn.600-609). Het *Concilie van Trente* vaardigde in 1563 *(Sess.XXV)* wijze bepalingen uit over de verering van heilige afbeeldingen en relikwieën van heiligen: zie *DS*, a.w., nn.1821-1825.

[140] Vgl.*AIAM* n.278, dat er nog aan toevoegt: "Van één en dezelfde heilige mag er niet meer dan één beeld staan". – Voor de historische ontwikkeling van de (patroon-)heiligen en relikwieënverering in de Nederlanden: zie **R.Post**, *Kerkgeschiedenis van Nederland in de middeleeuwen, Dl.II*(1957)236-251.

[141] Ofschoon hier niet genoemd, ligt het voor de hand om aan de in *SC* nn.46 en 126 genoemde Commissie voor kerkelijke Kunst te denken. De Codexherzieningscommissie wilde die Commissie niet afzonderlijk vermelden, omdat dan ook andere commissies genoemd zouden moeten worden: *Relatio/1981*, pp.272-273. Vgl.het MP *Sacram Liturgiam*(1964) van Paus **Paulus VI** sub II, p.141 en de Instr.*Inter oecumenici*(1964) van de Ritencongregatie nn.44-46.

[142] *Can.1279 § 4*: "Wanneer beelden, ter publieke verering opgesteld, plechtig gezegend worden, is deze zegening voorbehouden aan de Ordinaris; hij kan echter iedere priester daartoe machtigen".

staat, dat iedere priester beelden, die ter publieke verering worden opgesteld, plechtig kan zegenen[143].

2. Relikwieënverering

Onder relikwieën moeten we verstaan: overblijfselen van vererenswaardige voorwerpen, bv. van het H.Kruis, of van personen, die als heilig of zalig vereerd worden, waarbij het gaat om òfwel lichaamsdelen, bv. beenderen, òfwel kledingstukken, die zij gedragen hebben, of voorwerpen, die zij gebruikt hebben, in ruimere zin dus alles, wat de herinnering aan die personen oproept. De verering hiervan, zoals ook van beelden of afbeeldingen, is relatief van aard, d.w.z. gaat uit naar hem of haar, die als heilige of zalige vereerd wordt[144].

In de **Codex/83** ontbreekt de gedetailleerde regelgeving over relikwieën, die we nog in de *CIC/17 (cc.1281-1289)* aantreffen. Toch is het goed ernaar te verwijzen, zoals de bronnenuitgave van de **Codex/83** ook doet, alsook naar de liturgische wetgeving in dezen, die haar geldingskracht immers behoudt tenzij zij in strijd zou zijn met de Codexbepalingen van dit moment **(can.2)**.

Vreemd blijft dat de **Codex/83** zich niet uitdrukkelijk uitspreekt over de *echtheid* van relikwieën. Dat doet wel *SC* n. 111, maar op onopvallende wijze. Om alle verwording op dit terrein, zo leert ons het verleden, te voorkomen, zou een veel sterkere nadruk op de authenticiteit van een relikwie verwacht mogen worden. Algemene regel is dat een relikwie niet verkocht mag worden. Dat is misdadig, zegt **can.1190 § 1**, want het gaat om *heilige* zaken[145]. Ieder, die zich hieraan schuldig maakt, loopt het gevaar om naar **can.1377** een rechtvaardige straf te belopen. Relieken van bijzondere betekenis en ook andere, die grote verering genieten bij het volk, kunnen zonder verlof van de Apostolische Stoel zelfs op geen enkele wijze *geldig* worden verkocht, zodat de verkoop ongedaan gemaakt zou kunnen worden **(can.1190 § 2)**. Deze bepaling is toepasbaar op alle relieken, wie er ook de eigenaar van moge zijn, en gaat vol-

[143] Vgl.*Rituale Romanum. De benedictionibus*(1984), *Pars III, Cap.XXIX* [*Zegeningen uit het Romeins Rituaal*(1986) van de *NRL*, pp.90-102].

[144] Zie *HdBdkKr.*, p.846. In *NOT.* 1(1965)309-317 gaat **A.P. Frutaz** uitvoerig in op het onstaan van deze verering en de impuls, die daaraan gegeven is door de *kruistochten* en door de openstelling (einde l6e eeuw) van de *romeinse catacomben;* hij waarschuwt tegen niet-authentieke en vooral ook zgn. representatieve relikwieën, dat zijn voorwerpen, die alleen maar enige relatie hebben gehad met het graf van een martelaar.

[145] Het is niet verboden relieken te kopen. Dat kan nodig zijn om een relikwie weer uit de 'lommerd' te krijgen of uit handen van iemand, die er geen enkel respect voor heeft: *CCL*, p.842.

gens **can.1190 § 3** ook op "voor afbeeldingen, die een grote verering genieten bij het volk".

TITEL V: GELOFTE EN EED (CC.1191-1204)

Inleiding

Beide, gelofte en eed, zijn traditioneel en naar algemene leer: handelingen van de eredienst[146], dus uitingsvormen van de deugd van godsdienstigheid. Niet dáárom echter worden zij canoniekrechtelijk geregeld, maar wel omwille van de juridische effecten ervan. Sommige consultoren van de verantwoordelijke studiegroep hadden aan deze normen liever een plaats gegeven in Boek I (Algemene Normen), maar op grond van de zojuist genoemde traditie en algemene leer wilden anderen haar slechts een plaats geven onder de *overige* handelingen van de eredienst. En zó is het gebleven.

Uit een vergelijking met de oude wetgeving blijkt dat er nauwelijks enig verschil valt aan te wijzen. Toen in 1980[147] de in *Schema/77* opgestelde normen kritisch bekeken werden, heeft dat tot geen enkele wezenlijke verandering geleid; en op de slotbijeenkomst van de Codexherzieningscommissie in 1981 is er t.a.v. dit thema geen enkele op- of aanmerking gemaakt, zodat de canones van *Schema/80* onveranderd terechtgekomen zijn in de eindredactie.

Het afleggen van geloften is niet typisch 'christelijk'. We komen het ook tegen in het Jodendom, Boeddhisme enz. Maar in het Christendom heeft het een bijzondere uitdrukking gekregen in het monnikendom. Juist daartegen heeft de Reformatie zich bij monde van Luther sterk gekant.

1. Gelofte (cc.1191-1198)

Het is voor een goed begrip nodig te bedenken dat de **cc.1191-1198** vooral betrekking hebben op de *privé-geloften*; de zgn. publieke geloften (op dit onderscheid wordt verderop ingegaan) komen in het religieuzenrecht ter sprake (vgl. de **cc.656, 658** en **721**). In onze geseculariseerde samenleving is het afleggen van private geloften een uitzondering geworden; helaas, zullen velen zeggen, gaat dit ook op voor het afleggen van publieke geloften in een of andere kloosterinstelling. Om die reden

[146] Vgl.**Thomas**, *S.Th.II IIae*, q.88 art.5 en 89 art.4.
[147] Vgl. *COMM.* 12(1980)374-378.

zal slechts heel summier worden ingegaan op de canones, die betrekking hebben op de private geloften.

1.1. *Wat is een gelofte?*

Can.1191 § 1 geeft deze definitie: een gelofte is een weloverwogen en vrijwillige belofte[148] aan God m.b.t. een mogelijk en beter goed, dat volbracht moet worden krachtens de deugd van godsdienstigheid. Het moet in de belofte dus gaan om iets dat *mogelijk* is, d.w.z. dat gerealiseerd *kan* worden, en dat vanuit religieus standpunt gezien *beter* geacht wordt dan het nalaten van deze belofte; vandaar de toevoeging "te volbrengen vanuit de deugd van godsdienstigheid".

Wat in een gelofte beloofd wordt, kunnen ascetische levenswijzen zijn of werken van naastenliefde, deelname aan bijzondere godsdienstoefeningen (bedevaarten enz.)[149], het (laten) bouwen van een kerk of kapel (denk aan de bouw van de Sacré Coeur in Parijs of aan de Christus'Verrijzeniskerk in Zeist); de gelofte kan verder betrekking hebben op één enkele of een herhaalde prestatie of op een verplichting, die iemand zijn leven lang op zich neemt.

Het subject moet in staat of bekwaam zijn de belofte af te leggen; het moet om een werkelijke belofte gaan, niet om een simpele wens of een eenvoudig voornemen, m.a.w. moet het subject de bedoeling hebben zich te verplichten; en de belofte moet aan God worden gedaan.

Hieruit kan gemakkelijk worden afgeleid welke factoren een gelofte ongeldig, d.i. van rechtswege nietig maken:

a) gebrek aan verstandsgebruik **(can.1191 § 2)**; in beginsel zou dit dus na verkrijging van het verstandsgebruik zijn, d.i. rond het zevende levensjaar, maar bij het afleggen van een gelofte in een instituut van gewijd leven stelt de wetgever hogere eisen aan de leeftijd (vgl. de **cc.656 n.1, 658 n.1, 721 § 1 n.1**);
b) ernstige en onrechtmatige bedreiging of bedrog **(can.1191 § 3)**[150]. De hele paragraaf vormt een uitzondering op de algemene regel van **can.125 § 2**, volgens welke beide factoren wel leiden tot vernietig-

[148] In de Nederlandse taal is het verschil tussen belofte en gelofte niet altijd helder; de woorden worden soms ook door elkaar gebruikt. Vgl. **van Dale**, *Groot Woordenboek der Nederlandse Taal, Dl.I* ('s-Gravenhage 1976), s.v. belofte.

[149] Aldus *MK* vóór **can.1191**.

[150] "Bedrog" is na het *Schema/1980*, maar nog vóór het *Schema/1982* aan deze bepaling toegevoegd.

baarheid, niet per se tot nietigheid van juridische handelingen "tenzij iets anders door het recht voorzien wordt"[151];

c) onwetendheid, dwaling, geweld of angst, wanneer zij zodanig zijn dat ze het subject, rekening houdend met zijn persoonlijke omstandigheden, ervan weerhouden om te handelen met voldoende vrijheid en kennis[152];

d) de (fysieke of morele) onmogelijkheid het object van de gelofte te realiseren **(can.1191 § 1)** of de gerichtheid van de belofte op een onmogelijk goed dan wel op een goed, waarvan het tegendeel beter zou zijn;

e) de aan iemand anders dan God gedane belofte **(can.1191 § 1)**.

1.2. *Soorten van geloften*

Hierop gaat **can.1192** in door onderscheid te maken tussen:

a) *publieke* en *private* geloften, afhankelijk van de vraag of de geloften in naam van de Kerk aanvaard worden door een wettige Overste, bv. het leven volgens de evangelische raden **(can.607 § 2)**, maar ook bij de bindingen (gelofte, belofte of eed) in een seculier instituut **(can.712)** (= publiek) of a.h.w. alléén afgelegd worden t.o.v. God (= privaat) (**§ 1**)[153];

b) *plechtige* en *eenvoudige* geloften, afhankelijk van de vraag of ze als zodanig door de Kerk erkend zijn of niet. Dit is de enige plaats in de **Codex/83**, waar over *plechtige* geloften gesproken wordt. Vroeger zaten aan dit onderscheid bepaalde juridische consequenties vast. Nu speelt dit echter geen rol meer, omdat de consequenties voor alle *publiek*, d.i. ten overstaan van de Kerk, afgelegde geloften gelijk zijn (**§ 2**); daarom zou dit onderscheid achterwege hebben kunnen blijven;

c) *persoonlijke, zakelijke* of *gemengde* geloften, al naargelang degene die de gelofte aflegt een persoonlijke prestatie belooft dan wel een bepaalde zaak toezegt (bv. de oprichting van een kapel op de plaats van een ongeluk) of iets belooft dat zowel een persoonlijk als een zakelijk aspect heeft, bv. de beoefening van matigheid om met het daardoor uitgespaarde geld charitatieve doelstellingen te realiseren (**§ 3**)[154].

[151] Het adjectief "onrechtmatig" (bij vrees) is blijven staan, maar in de **cc.1200 § 2** en **1103** niet opgenomen. Op de vraag wat "onrechtmatig" hier zou kunnen betekenen: zie **Heimerl/Pree**, a.w., p.106 of **R.G.W.Huysmans**, *Algemene Normen*, p. 250.

[152] *CDC(P/M)*, p.690; *Commento al Codice*, p.690.

[153] De poging om een derde term in te voeren voor geloften, die noch publiek noch privaat zijn, bv. in Seculiere Instituten, heeft geen succes gehad: *COMM.* 12(1980)375-376.

[154] Zie *MK* bij **can.1192**, Rdn.4.

Merkwaardig is dat hier niet gewezen wordt op het belangrijke onderscheid tussen *eeuwige* en *tijdelijke* geloften **(can.607 § 2)**.

1.3. Verplichting, beëindiging of opschorting van geloften

Uit de aard van de zaak kan niemand een gelofte afleggen, die een ander zou moeten binden. Daarom bepaalt **can.1193** dat de gelofte alleen een verplichting inhoudt voor degene, die haar aflegt[155].

Op veel manieren kan de verplichting van een gelofte ophouden te bestaan **(can.1194)**. Vanzelfsprekend bestaat ze niet meer, als de beloofde prestatie geleverd is of als degene, die de gelofte aflegde, gestorven is. Maar ook kan de verplichting ophouden om de volgende aan de gelofte *inherente* redenen:

a) door het verstrijken van de tijd, die gesteld is, dus als de gelofte slechts voor een bepaalde tijd is afgelegd;
b) door een substantiële verandering van de beloofde materie;
c) door het ontbreken van de voorwaarde, waarvan de vervulling van de gelofte afhankelijk is;
d) door het wegvallen van de beweegreden of doelstelling van de gelofte; of om aan de geloften *extrinsieke* redenen, d.i.
e) door dispensatie of omzetting van de inhoud van de gelofte in iets anders; het door een private gelofte beloofde kan door degene, die een gelofte aflegt, zelf in iets beters of even goeds, en door de drager van de dispensatievolmacht **(can.1196)** ook in iets minder goeds omgezet worden **(can. 1197)**.

Er wordt niet meer, zoals in de corresponderende *can.1311* CIC/17, gesproken over de nietigverklaring van een gelofte door degene die wettige zeggenschap heeft over hem/haar, die de gelofte aflegt "vanwege de talrijke problemen die zij meebrengt" of "omdat het onbillijk lijkt dat overheden zó beschikken over de wil van degene, die de gelofte heeft afgelegd, dat later de verplichting nooit weer herleeft"[156].

Tenslotte spreekt **canon 1195** nog over opschorting (van de verplichting) van een gelofte. "Wie macht heeft over de materie van een gelofte,

[155] De oude wetgeving *(can.1310 § 2)* voegde hier een paragraaf aan toe, waarin bepaald werd dat de verplichting van een zakelijke gelofte en van een gemengde gelofte, voorzover zij zakelijk is, overgaat op de erfgenamen. Dit werd in het nieuwe recht niet overgenomen, omdat het ongepast lijkt om een verplichting, die iemand in geweten tegenover God aangaat, over te dragen aan de erfgenamen. Zou iemand dat wel willen, dan kan hij/zij dit beter testamentair vast laten leggen: *COMM.* 12 (1980)376. Niettemin kan er wel sprake zijn van een morele verplichting: *CDC(P/M)*, p.691.

[156] Zie *COMM.* 5(1973)45 en 12(1980)377: *CDC(S/P)*, p.657.

kan de verplichting van de gelofte opschorten als de vervulling ervan hem tot nadeel strekt". Zó kan een Overste de geloften van een novice opschorten als zij de goede orde van het huis zouden verstoren.

1.4. *Dispensatie van private geloften*

Wanneer in **can.1196** sprake is van dispensatie in de geloften, moeten we goed bedenken, dat het hier niet om een dispensatie in strikte zin gaat, dus (naar **can.85**) niet om de vrijstelling van een louter kerkelijke wet in een bijzonder geval, maar om de verklaring in een bepaald geval, dat de verplichtingskracht van een gelofte vervallen is, omdat de uitvoering van het voorwerp van de gelofte onmogelijk, zeer moeilijk is of schadelijk zou zijn voor derden of hem(haar) zelf. Deze verklaring is een souvereine daad van de Kerk, die dán aanbevelenswaardig is als de naleving van de gelofte in concreto niet meer beantwoordt aan de doelstelling van **can.1191 § 1**, nl. een mogelijk (bereikbaar) en beter goed te verkrijgen. Genoemde verklaring vóóronderstelt dat in ieder concreet geval een gerechtvaardigd motief (algemeen welzijn, een hoger geestelijk goed voor de belanghebbende enz.) voor de vrijstelling aanwezig is.

Het gaat in **can.1196** om dispensatie van private geloften. Wat de dispensatie van publieke geloften betreft zijn we voor de diverse vormen van vrijstelling aangewezen op de **cc.688, 691, 692, 701, 1078-1079**. De Paus kan van *alle* geloften dispenseren; en hij alléén kan als hoogste leider van de Kerk daarvan dispenseren wanneer de dispensatie door anderen verworven rechten mocht schenden. Is dit laatste niet het geval, dan kunnen buiten de Paus ook anderen om een goede reden van private geloften dispenseren:

- de plaatselijke Ordinaris (zie **can.134 § 2**);
- de pastoor en zij, die als waarnemer of invaller aan de parochie leiding geven, de quasi-pastoor (**can.516 § 1**), de parochie-administrator (**cc.539-540**), de priester van **can. 517 § 2**, de priester en moderator van **can.517 § 1**, de personele pastoor (**can.518**) t.a.v. al hun onderdanen en van vreemdelingen, die zich in hun rechtsgebied bevinden; opvallend is dat zij allen dezelfde dispensatie- en omzettingsrechten hebben als de plaatselijke Ordinaris;
- de Overste van een religieus instituut of van een sociëteit van apostolisch leven, wanneer zij onder het bestuur staan van *clerici* (vgl.**can.588 § 2**) en van pauselijk recht zijn (vgl.**can.589**) t.a.v. de leden, de novicen en allen, die dag en nacht in het huis van het insti-

tuut of van de sociëteit verblijven (dienstpersoneel, leerlingen)[157]. Leiders van seculiere instituten bezitten deze volmacht dus niet. Leden daarvan zijn dus aangewezen op de plaatselijke Ordinaris of pastoor. Ook een biechtvader bezit als zodanig geen volmacht, tenzij hij door één van bovengenoemden gedelegeerd is[158];

– zij, aan wie door de Apostolische Stoel of door de plaatselijke Ordinaris de volmacht om te dispenseren gedelegeerd is. Met het oog op deze norm heeft de a.b. van Keulen in 1986 alle biechtvaders in het aartsbisdom volmacht gegeven om van privé-geloften te dispenseren of haar om te zetten in iets anders[159].

Wie op één van genoemde gronden dispensatievolmacht heeft is ook bevoegd een private gelofte om te zetten in een minder goed (**can.1197**); omzetting in een groter of evenwaardig goed kan gebeuren door de persoon zelf, die de gelofte heeft afgelegd (**can.1197**).

Voor religieuze (niet voor seculiere) instituten en sociëteiten van apostolisch leven geldt tenslotte **can.1198**: omwille van de buitengewone waarde van de religieuze professie worden alle vóór die professie (zie **can.654**) afgelegde geloften opgeschort; houdt deze professie op, dan herleven de verplichtingen van de voorafgaande private geloften.

2. Eed (cc.1199-1204)

Inleiding

De eed als bekrachtiging van de waarheid van een uitspraak, die iemand doet (de zgn. *bevestigende eed*), of als bekrachtiging van de ernst, waarmee iemand een belofte doet (de zgn. b*elofte-eed*) is wijd en zijd bekend. De eed is overwegend een belofte-eed en is inzoverre verwant aan de gelofte. Hij is in het O.T. een veel voorkomend gebruik, zó zelfs dat de profeten moeten waarschuwen tegen het lichtvaardig afleggen van een eed. Ook binnen het N.T. is het een wettig en vanzelfsprekend instituut. Inzoverre echter de eed binnen de farizese wetscasuïstiek misbruikt wordt en afmetingen en vormen aanneemt, die op het godslasterlijke af zijn, neemt Jezus radicaal afstand van de eed met de woorden: "Uw ja moet ja en uw neen moet neen zijn, om niet onder Gods oordeel te vallen" (*Jak.* 5,1; *Matth.* 5,33-37). Deze opstelling van Jezus werd in

[157] Hierin had het Rescript *Cum admotae*(1964) sub II, 2 van de Staatssecretarie al voorzien.

[158] Vgl. *COMM.* 12(1980)377. Dispensatievolmacht vóóronderstelt het hebben van uitvoerende macht, die volgens **can.137** gedelegeerd kan worden.

[159] Zie *MK* bij **can.1196**, Rdn.6 (vgl.**can.1197**).

de kerkelijke traditie niet als een verbod opgevat, maar als een gebod tot waarachtigheid.

Als bevestigings- en belofte-eed speelt de eed vooral een rol in het kerkelijk procesrecht [voor de leden van een kerkelijke rechtbank: **can.1454**; voor een tolk (**can.1471**); voor partijen en getuigen, eventueel deskundigen en advocaten of procureurs: **cc. 1455 § 3, 1532** en **1562**), maar in een strafproces mag geen eed van de beklaagde worden gevraagd (**can. 1728 § 2**)]; bij het beheer van kerkelijke goederen (**can. 1283 n.1**); bij of vóór aanvaarding van diverse kerkelijke ambten (**can.833**; vgl. de **cc.380** en **471 n.1**: dit kàn, maar hoeft niet in de vorm van een eed. De bevestigings-eed wordt bovendien algemeen als *reserve*-bewijsmiddel gevraagd bv. bij de doop (**cc.876**).

Met uitzondering van **can.1200 § 2** beantwoorden de nieuwe voorschriften aan de oude. Maar de in *Schema/77* opgestelde ontwerp-normen *(cc.67-72)* hebben binnen de betreffende studiegroep in 1980 enkele belangrijke wijzigingen ondergaan. **Can. 1200** bestond aanvankelijk uit drie paragrafen, waarvan de eerste gelijk is aan de huidige, de tweede (over de invloed van geweld en ernstige bedreiging) met de derde (over de plicht tot onderhouding van de eed, die niet door geweld of bedrog is afgedwongen) tot één paragraaf werden samengevoegd. Deze derde paragraaf werd als te vanzelfsprekend geschrapt en de tweede werd zó gewijzigd dat zij de door geweld of ernstige bedreiging afgedwongen eed niet aanvechtbaar, maar nietig verklaarde; tegelijk de eraan toegevoegde factor "bedrog"[160].

De Codex spreekt er zich nergens over uit wie mondig genoeg is om een eed af te leggen. Uit **can.1550 § 1** laat zich afleiden dat zij, die onder de 14 jaar zijn, in de regel als getuigen worden uitgesloten. Op grond hiervan zouden we in het canonieke recht uit mogen gaan van de voleinding van het 14e jaar om iemand onder ede iets te laten verklaren[161].

2.1. *Wat is een eed?*

Een eed is het aanroepen van Gods naam, waardoor men Hem tot getuige neemt van de juistheid van wat iemand gezegd of gedaan heeft of van de ernst, waarmee iets wordt toegezegd. De eedsaflegging is dus een religieuze handeling, waarmee iemand eer bewijst aan God. Met de

[160] Zie *COMM.* 12(1980)378-379.

[161] Zo werd het al door **Gratianus** (C.22, q.5c, 14-16), in de *CIC/17* en door **K.Mörsdorf**, *Kirchenrecht II* (12e ed.1967), p.397 geformuleerd.

woorden uit **can.1199 § 1** "in waarheid, oordeel en gerechtigheid" grijpt de canonistiek sedert **Hiëronymus** (en **Gratianus**) terug op *Jer.* 4,2: "Als ge zweert, zowaar Jahwe leeft, en ge doet dat waarachtig *(in veritate)*, na rijp beraad of met het nodige onderscheidingsvermogen *(in iudicio)* en in gerechtigheid *(in iustitia*, d.w.z. dat de inhoud van de eed moet stroken met de gerechtigheid, omdat men zich niet onder ede kan verplichten tot iets onrechtvaardigs of immoreels), dan komt door u zegen en vreugde over de volken"[162]. Zo'n eed moet uiteraard *persoonlijk* zijn en kan niet door een gevolmachtigde worden afgelegd **(can. 1199 § 2)**.

2.2. *Op grond waarvan verplicht een eed?*

Omdat de eed, zoals zojuist gezegd, een religieuze handeling is, is iemand op grond van de deugd van godsdienstigheid gehouden "te vervullen wat hij onder ede bekrachtigd heeft"[163] **(can.1200 § 1)**, maar alleen wanneer het afleggen van die eed een volkomen vrije beslissing is geweest. Om die reden is volgens **can.1200 § 2** iedere eed, die onder bedrog, geweld of ernstige vrees werd afgelegd, van rechtswege nietig. Ook dit is net als bij het afleggen van een gelofte **(can.1191 § 3)** een uitzondering op de algemene regel van **can.125 § 2.** Er zijn echter verschillen aan te wijzen tussen de **cc.1191 § 3** en **1200 § 2**, in zoverre ook *geweld* afzonderlijk als nietigheidsgrond van de eed vermeld wordt, wat volgens **can.125 § 1** overbodig is (dat gebeurt in **can.1191 § 3** dan ook niet), terwijl omgekeerd in **can.1191 § 3** het adjectief "onrechtmatig" (bij vrees) wel wordt vermeld, terwijl dit in **can.1200 § 2** niet gebeurt. Deze verschillen laten zich alleen zó verklaren, dat beide canones gerelateerd worden aan de corresponderende canones van de *CIC/17 (cc.1307 § 3 en 1317 § 2)*[164], waardoor de op zich voor de hand liggende gelijkschakeling van de feitelijke situaties verbaal niet tot uitdrukking komt[165].

[162] Vgl.*MK* bij **can.1199**, Rdn.2; *CDC(P/M)*, pp.693-694; **K.Mörsdorf**, *Kirchenrecht II* (1967), pp.396-397; *Commento al Codice*, p.693.

[163] M.i. had hier niet alleen *"firmaverit"* (bekrachtigd), maar ook *"promiserit"* (beloofd) moeten staan, waar het hier ten principale gaat om een belofte-eed.

[164] *Can.1307 § 3*: "Een gelofte, die onder een ernstige en onrechtmatige bedreiging is afgelegd, is rechtens nietig"; *can.1317 § 2*: "Een eed, die door geweld of ernstige bedreiging afgeperst is, is van kracht, maar kan door de kerkelijke Overheid ongedaan worden gemaakt".

[165] Aldus *MK* bij **can.1200**, Rnd 3; in de *CCL* p.844 is de auteur van mening, dat het hier gebruikte woord *extortum* ("afgeperst") lijkt aan te geven dat de opstellers van deze canon "onrechtmatige" vrees op het oog hadden.

Volgens het oude adagium *"accessorium sequitur principale"* (wat bijzaak is volgt de hoofdzaak) gaat het bij een belofte-eed in eerste instantie om datgene, wat beloofd wordt, pas in tweede instantie om de eed, die bijzaak is. **Can.1201 § 1** drukt dit beginsel uit door te stellen dat de eed als zodanig de aard en voorwaarden volgt van datgene, waaraan hij wordt toegevoegd. Als m.a.w. het voorwerp van de belofte-eed iets immoreels of onrechtvaardigs is, mag het beloofde "niet omwille van de eed" worden uitgevoerd, d.w.z. door de eed krijgt het beloofde geen enkele bekrachtiging. Dat geldt dus ook als een eed wordt toegevoegd aan een daad, die tot schade van anderen strekt of tot nadeel van het openbaar welzijn of van het eeuwig heil **(can.1201 § 2)**.

2.3. *Ophouden van de eedsverplichting*

Can.1202 somt taxatief op, wanneer de verplichting, die iemand door een belofte-eed op zich genomen heeft, ophoudt te bestaan:

1. bij kwijtschelding door degenen in wiens voordeel de eed werd afgelegd;

2. door een substantiële verandering van datgene, wat onder ede beloofd is, nl. als dit door gewijzigde omstandigheden slecht, volkomen indifferent wordt of een hoger goed in de weg staat;

3. bij het wegvallen van de beweegreden voor of van de voorwaarde, waaronder de eed werd afgelegd;

4. door dispensatie of door omzetting van de ene beloofde prestatie in een andere overeenkomstig **can. 1203**, die bepaalt dat opschorting, dispensatie en omzetting van een belofte-eed aan dezelfde regels gebonden is als gelden voor opschorting enz. van private geloften; mocht dispensatie van de eed echter nadelig zijn voor anderen, die de verplichting niet willen kwijtschelden, dan kan alleen de Apostolische Stoel dispenseren.

Tenslotte wijst **can.1204** erop, dat een eed aan strikte interpretatie onderhevig is volgens het recht **(cc.1199-1203)** d.i. ten gunste van degene, die de eed aflegt en volgens diens bedoeling; maar als deze bedrieglijk handelt, dient de eed geinterpreteerd te worden naar de bedoeling van degene, ten overstaan van wie de eed afgelegd wordt.

TITEL VI: GEWIJDE PLAATSEN EN HEILIGE TIJDEN (CC. 1205-1253)

Dit onderdeel van de wetgeving hoort in de systematiek van de **Codex/83** eigenlijk niet thuis onder "de overige uitingsvormen van de goddelijke eredienst"; wel hoort het bij de heiligingstaak van de Kerk en is daarom als afzonderlijk Deel III toegevoegd aan alle bepalingen over die heiligingstaak. Om die reden plaatsen wij dit onderdeel hier.

A. Gewijde plaatsen (cc.1205-1243)

Hieraan is in het voorgaande reeds alle aandacht geschonken, en wel in Hoofdstuk II, voorzover het daar ging over kerken, kapellen, privé-kapellen, heiligdommen en altaren, en in dit Hoofdstuk Titel III over de kerkelijke uitvaart, waarin uiteraard ook gesproken werd over kerkhoven. Daarmee is alles, wat 'gewijde plaats' genoemd wordt, behandeld. Rest alleen nog een enkel woord te wijden aan wat in de Codex 'heilige tijden' wordt genoemd; tijden, die *op een bijzondere wijze* bestemd worden voor de verering van de Heer.

B. Heilige tijden (cc.1244-1253)

Inleiding

Aanvankelijk lag het in de bedoeling dit onderdeel van de heiligingstaak van de Kerk te beginnen met een soort definitie van wat we onder *Heilige Tijden* moeten verstaan, nl."Feestdagen, waartoe ook de *boetedagen* gerekend worden"[166]. Unaniem werd dit binnen de betreffende studiegroep in 1979 afgewezen omdat een dergelijke omschrijving *kerkjuridisch* geen enkele zin heeft (heel het liturgisch jaar is immers heilig); bovendien komt het aan de liturgie toe te bepalen, welke de Heilige Tijden zijn[167].

Uit een vergelijking met de *CIC/17* blijkt hoeveel er veranderd is òfwel door recente wijzigingen, aangebracht door de Apostolische Stoel, òfwel omdat de sociale context, waarin we leven, en de levenswijze van zeer velen zich zó hebben ontwikkeld dat flexibelere normen gepaster leken. Zowel in kwantitatief (van 22 normen in de *CIC/17* tot 13 in het *Schema/77* en 10 in *Schema/80* tot en met de eindredactie) als in kwalitatief opzicht (veel ruimere bevoegdheden aan de BC's en een veel ruimer begrip van *boete*dagen, d.w.z. de manier, waarop zij worden onderhouden, verschilt hemelsbreed van de traditionele manier, waarop dat gebeurde, nl. alleen door onthouding en vasten). Zowel de feest- als de boetedagen zijn er in het bijzonder op gericht om ons toe te wijden aan

166 Aldus opent het *Schema/77* in *can.41*.
167 Zie *COMM*. 12(1980)357.

God. In de Liturgieconstitutie nn.102-111 zijn zij in het enige juiste kader geplaatst, waarin zij thuishoren, nl. het liturgisch jaar.

1. Feestdagen (cc.1246-1248)

De instelling, verplaatsing of afschaffing van die feestdagen, die gemeenschappelijk zijn in heel de Kerk, komt uitsluitend toe aan het hoogste kerkelijke gezag **(can.1244 § 1)**, d.i. dus aan de Paus **(can.331)** en aan het Bisschoppencollege **(cc.336-337)**[168]. Tot die dagen behoren:

1.1. krachtens apostolische traditie *alle zondagen*, die ons herinneren aan het paasmysterie: zij zijn in heel de Kerk de meest oorspronkelijke feestdagen; *SC* n.106 noemt de zondag "de oudste en eerste feestdag"[169]. Hij heeft binnen de Kerk het kenmerk van *geboden* feestdag gekregen. Dat wil volgens **can.1247** zeggen, dat de gelovigen op die dag verplicht zijn deel te nemen aan de eucharistieviering en zich dienen te "onthouden van werken en bezigheden die een beletsel zijn voor de eredienst die aan God gebracht moet worden, voor de vreugde die aan de Dag des Heren eigen is, of voor de nodige ontspanning van geest en lichaam"[170]. Aan de zondag is de vastenbrief "Samen zondag vieren" (1990) van de Bisschoppen van Nederland gewijd[171]. De kern daarvan

[168] Aanvankelijk werd er aan gedacht aan iedere BC de volgende ruime bevoegdheid te geven: behalve de zondagen en Kerstmis zou zij één van de hoogfeesten van de Maagd Maria als geboden feestdag aan moeten wijzen en verder zou zij vast moeten leggen welke andere feestdagen in haar ambtsgebied geboden feestdagen zouden behoren te zijn: zie *COMM.* 4(1972) 167; in deze vorm ook werd *can.45* uit het *Schema/77* opgesteld.

[169] Die sedert 1966 ook op de vóóravond (zaterdag) gevierd mag worden: zie bv. *An.Gr.Bd.II*(1962-1966)466 en *An.Ro.* 11(1966)183.

[170] Deze moderne en realistische formulering is in de plaats gekomen van "zich moeten onthouden van slafelijk werk, van gerechtshandelingen en ... van openbaar handeldrijven, markten en andere publieke verkopingen" uit *can.1248 CIC/17.* Wat betreft het motief voor de keuze van de huidige formulering: zie *COMM.* 4(1972)167. I.p.v. alle nadruk op het soort werk gaat nu alle aandacht uit naar de eigenlijke *bedoeling* van de zon- of feestdag als rustdag. – Ook de al te imperatief klinkende formule uit *can.1248 CIC/17* "op geboden feestdagen dient de Mis te worden gehoord" is vervangen door een uitnodigende: "aan het voorschrift om aan de Mis deel te nemen voldoet wie de Mis bijwoont" **(can.1248 § 1 CIC/83)**. – **Can.1247** is pas in 1978 op deze plaats terechtgekomen (daarvóór bij de canones over de eucharistie): zie *can.80* van *Schema/77*: *COMM.* 13(1981)417-418. Ter vergelijking: **can.881 § 1** van de **CCEO** spreekt over de verplichting van de gelovigen om op zon-of geboden feestdagen deel te nemen aan de Goddelijke Liturgie òf volgens de voorschriften of wettige gewoonten van de eigen juridisch zelfstandige Kerk deel te nemen aan de viering van het goddelijk lofprijzend gebed. De Oosterse Kerken geven dus een andere invulling aan de zondagsplicht dan de Latijns-Westerse Kerk.

[171] Bisschoppelijke Brieven n.27, uitgave *SRKK* 1990 [zie de Instr.*Eucharisticum mysterium*(1967) n.26 van de Ritencongregatie en het *Directorium* voor de pastorale bediening

wordt gevormd door in te gaan op de drie grote bedreigingen van de zondag: de verschuiving van de werktijd, de verandering van levensstijl en de steeds voortgaande ontkerkelijking; en door in te gaan op de manier, waarop de zon(of: een -feest)dag kan worden geheiligd. Daarop gaat ook **can.1248 § 1** in: hij bekrachtigt de plicht tot zondagsheiliging (zoals ook *SC* n.106 dat doet), als het – in normale gevallen – maar gaat om deelname aan de eucharistieviering in een (bv. ook Oosterse) katholieke ritus; het hoeft dus niet de *eigen* katholieke ritus te zijn[172].

van Bisschoppen(1973) n.86 van de Bisschoppencongregatie]. Ook elders (p.14 voetnoot 7) en al eerder stonden de zondag en m.n. de vieringen op zaterdag en zondag o.l.v. een niet-gewijde voorganger in de aandacht. Dáárvoor zij wat Nederland betreft verwezen naar: *An.Gr.* 31(1986)B1-B8; *An.Bo.* 26(1986)74-80 en 27(1987)afl.4, pp.31-41; *An.Utr.* 60(1987)47-55; *An.Br.* 1982, B11-B12; *An.Ro.* 32(1987)B63-B70; *An.Ha.* 34(1987)39-57 [vgl.*An.* Ha. 30(1983)147-157]. Op 2 juni 1988 publiceerde de Congregatie voor de Eredienst het Directorium *Christi Ecclesia* over zondagsvieringen in afwezigheid van een priester: zie *KD* 1-2-1 Jrg.17(1989)6 (in 1994 verscheen hiervan een vertaling van de *NRL*). Hiervoor zij nog eens verwezen naar *Modellen voor Gebedsdiensten, Woorddiensten, Communiediensten* van de *NRL* uit 1986. – De brief van de Nederlandse Bisschoppen uit 1990 werd in de Analecta van alle bisdommen gepresenteerd, aanbevolen, soms voorzien van preeksuggesties: zie o.a. *An.Gr.* 35(1990) afl.1, pp.1-4; *An.Br.* 4(1990)53-57; *An.Br.* 5(1991)35-38 en 6 (1992)226-229; *An.Rmd.* 71(1990)3-13; *An.Ro.* 35 (1990) 33-36. Tevens was het 36ste Liturgisch Congres van 27-29 oktober 1991 gewijd aan het thema: *Zondag vieren. Kerk en liturgie op de eerste dag van de week*: zie o.a.*An.Utr.* 64(1991)250 en *An.Bo.* 31(1991)afl.5, pp.24-28. Een goed overzicht van de brieven van de Europese Bisschoppen over de zondag geeft **F.Spiertz**, verschenen als special van het Informatiebulletin 1-2-1 15(1987). I.v.m. de wijziging van de *Winkelsluitingswet* pleiten de Bisschoppen van Nederland voor bescherming van de zondag: zie *Informatiebulletin 1-2-1*, Jrg. 19(1991)n.16. **Romano Guardini** wijdde aan de zondag een fijnzinnig boekje: *Der Sonntag gestern, heute und immer* (Würzburg 1957); het Nederlands Gesprekscentrum gaf in 1959 Publicatie n.18 uit over *De zin van de Zondag* (Kok, Kampen) en in de reeks *Essener Gespräche zum Thema Staat und Kirche*, Bd. 24 (Aschendorffsche Verlagsbuchhandlung, Münster 1990) werd de hele band gewijd aan inleidingen en discussies over de viering en bescherming van zon-en feestdagen; tenslotte zij vermeld een artikel van **Th.Calster**, *Naar een spiritualiteit van de zondag. De dag van de "verrijzenis" vieren*: *An.Bo.* 32(1992)afl.5, pp.3-13.

[172] Wie voldoet aan de voorwaarden van **can.844 § 2** vervult zijn/haar zon- of feestdagplicht ook bij deelname aan de eucharistieviering van de niet-geüniëerde Oosterse Kerken: vgl.*Directorium Oecumenicum I*(1967) n.47 en *III*(1993)nn.122-124 van het Secretariaat (van de Pauselijke Raad) voor de Eenheid van de Christenen. Het in 1972 al door enkele consultoren van de betreffende studiegroep gedane voorstel om in een afzonderlijke paragraaf op te nemen, dat volgens het *Directorium Oecumenicum I* n.47 aan het voorschrift van **can.1248 § 1** ook voldaan zou kunnen worden door hen, die bij gelegenheid en om een goede reden aanwezig zijn bij de viering van een gescheiden Oosterse Kerk op zon- of feestdag [zie *COMM.* 4(1972)167] heeft het in deze vorm (dus) niet gehaald. – Iedere beperking t.a.v. de plaats 'waar' (nog opgenomen in *can.1249 CIC/17* over privé-kapellen) en de tijd 'waarop' is opgeheven. Het mag sedert 1 juli 1966 [zie o.a. *An.Utr.* 39(1966)179] ook op de vóóravond, maar een voorstel binnen de Codexherzieningscommissie om de feestdagen al te laten beginnen met de *vespers* van de vóóravond (zoals bepaald in de 'Algemene Normen voor het Liturgisch Jaar' n.3) werd afgewezen

Can.1248 § 2 is geheel nieuw, kwam in het *Schema/80* en zelfs in het *Schema/82* nog niet voor; hij is dus pas in de allerlaatste fase (na april 1982) van de Codexherziening toegevoegd. Hij bepaalt, dat iemand, die aan haar/zijn zon-of feestdagplicht om welke reden dan ook (er is geen celebrant, plichten tegenover naasten, beroepsplichten, noodzakelijke ontspanning, minder goede gezondheid enz.) niet kan voldoen, toch de zon- of feestdag heiligen kan. Daarvoor geeft de canon de warme aanbeveling mee om deel te nemen aan de liturgie van het Woord, eventueel aangevuld met de Communie[173], of zich de nodige tijd òf persoonlijk òf in gezins- of groepsverband aan het gebed te wijden[174].

1.2. Naast de zondagen zijn in de loop der tijden *andere feestdagen* opgekomen, die ook het kenmerk van *geboden* feestdag hebben gekregen. Wat de term "geboden" inhoudt is al gezegd toen het over de zondag ging. Na alle wisselingen in de loop van de geschiedenis worden de feestdagen, die momenteel algemeen, d.i. voor de universele Kerk voorgeschreven zijn, in **can.1246 § 1** opgesomd[175]. Volgens **can.1246 § 2** kan de BC echter, "na voorafgaande goedkeuring door de Apostolische Stoel" sommige van de verplichte feestdagen afschaffen of naar een zondag verplaatsen". Van deze bevoegdheid is op ruime schaal gebruik gemaakt[176].

omdat dan ook de verplichtingen van **can.1247** al zouden moeten gelden. Om die reden heeft men zich ertoe beperkt eenvoudigweg vast te stellen, dat aan de plicht tot deelname aan de eucharistieviering op de vóóravond kan worden voldaan: zie Instr. *Eucharisticum mysterium*(1967) n.28 van de Ritencongregatie, *COMM.* 15(1983)251-252 en **H.Schwendenwein**, a.w., p.424. Met **Kard.Willebrands** zouden we mogen zeggen: "Het is een goed te noemen dat de zondagsplicht niet wordt gezien als een puur van buiten opgelegde wet, maar als 'een voorrecht, een hoge en heilige plicht' jegens God en de gemeenschap, in de geest van de verplichtingen, die een mens persoonlijk heeft om het contact levend te houden met zijn ouders, zijn familie, zijn gezin..." [*An.Utr.* 52(1979)3].

[173] Aldus de Vastenbrief van de Nederl.Bisschoppen (1990), p.16.

[174] Er is dus geen sprake van een opgelegde verplichting: vgl.*COMM.* 15(1983)251. Het idee om aan Bisschoppen bij het ontbreken van een priester de volmacht te geven om deelname aan een misviering naar een andere dag te verplaatsen werd niet overgenomen: *COMM.* 12(1980)361. Over het soort vieringen van **can.1248 § 2** schreef de Bisschop van Groningen in 1986 een brief, die o.a. gepubliceerd werd in de *An.Utr.* 59(1986)60-83; vgl.*An.Utr.* 60(1987)4-5, 47-55 en 224; 58(1985) 85-100 en 156; 55(1982)195 en 209-214; 52(1979)2-7; *Informatiebulletin 1-2-1* Jrg.16(1988)n.15, p.596; 59(1986)7-9. – Het meevieren van een godsdienstoefening voor radio of televisie vervangt niet de *persoonlijke* deelname aan de eucharistieviering. Hiermee wil niet te kort worden gedaan aan de waardevolheid van deze vieringen; er wordt alleen mee gezegd, dat die vieringen op één lijn staan met de "subsidiaire" vieringen van **can.1248 § 2**.

[175] Dezelfde lijst als in *can.1247 § 1 CIC/17* met dit verschil dat i.p.v. het feest van de Besnijdenis des Heren op 1 januari het feest van Maria, Moeder Gods gekomen is.

[176] Zie bv. *CDC (P/M)* voor de Frans sprekende gebieden van de Kerk: resp.pp.1244 (België), 1278 (Canada), 1315 (Frankrijk) en 1353 (Zwitserland); *CCL*, p.853.

Met instemming van de Bisschoppencongregatie heeft de Nederlandse BC op 8 juli 1989 op de hiernavolgende wijze gebruik gemaakt van haar bevoegdheid.

Van de in **can.1246 § 1** wereldwijd verplichte tien feestdagen zijn er drie *afgeschaft*, te weten de hoogfeesten van:
a) de Onbevlekte Ontvangenis van Maria (8 december);
b) de Heilige Jozef (19 maart);
c) de HH.Petrus en Paulus (29 juni).

Deze hoogfeesten worden jaarlijks gevierd als alle hoogfeesten, die geen verplichte feestdag zijn.

Naar de zondag *verplaatst*[177] worden twee hoogfeesten:
a) van Epiphanie (Openbaring des Heren; 6 januari);
b) van het H.Sacrament van het Lichaam en Bloed van Christus (Sacramentsdag: eerste Donderdag na het hoogfeest van de H.Drieëenheid).

Als verplichte feestdag op de eigen dag worden *gehandhaafd* de hoogfeesten van:
a) de Geboorte van de Heer (Kerstmis; 25 december);
b) de Hemelvaart van de Heer (tien dagen vóór Pinksteren);
c) de H.Maria, Moeder van God (1 januari);
d) Maria Tenhemelopneming (15 augustus);
e) Allerheiligen (1 november)[178].

In 1967 hebben de Nederlandse Bisschoppen dispensatie gevraagd in het vieren van de laatste twee hoogfeesten op de eigenlijke dag, zodat zij op de zondag ervóór of erna gevierd konden worden[179]. In 1989 zijn zij als het ware weer in ere hersteld. Vanwege de diepe verankering van Allerzielen (waarvan Allerheiligen niet losgemaakt kan worden) in de mensen gaat de voorkeur uit naar de viering ervan op de eigenlijke

[177] Verplaatsing is een nogal moeilijke aangelegenheid vanwege één der belangrijkste beginselen van Vaticanum II bij de reorganisatie van het liturgisch jaar, nl. herstel van de zondag als eerste feestdag. Vandaar wordt in *SC* n.106 dan ook gezegd: "Andere feesten mogen, tenzij zij werkelijk van de grootste betekenis zijn, niet de voorrang krijgen boven deze dag...".

[178] Voor een antwoord op de vraag waarom juist deze feestdagen worden genoemd zie *COMM.* 12(1980)359-360.

[179] De motieven, waarom dat toen gebeurde, worden vermeld in een Verklaring van de Nederl.Bisschoppen (zonder datering), opgenomen in o.a. *An.Utr.* 40(1967)7-8, 244 en 259; *An.Rmd.* 48 (1968)20-22; vgl.ook p.23); *An.Br.* 1967 onder letter Z (van zondag); *An.Bo.* 7(1967)6-7. In 1974 werd hun besluit geconfirmeerd: zie o.a. *An.Utr.* 47 (1974) 312-313; in 1978 wijzigde de opstelling van de Bisschoppen zich in zoverre dat op verzoek van de BC 1 (en 2) november vanaf 1968 ook kerkelijk weer als Allerheiligen en Allerzielen *kunnen* worden gevierd, maar waar dit op 1 november niet zinvol wordt geacht kan het feest naar de daaraan voorafgaande zondag worden verplaatst: zie o.a. *An. Utr.* 51(1978)419.

datum; en omdat in de ons omringende landen Maria Tenhemelopneming nog steeds als een verplichte feestdag wordt gevierd, gaat ook voor dit Maria-feest de voorkeur uit naar viering op de eigenlijke datum. Beide worden daarom vanaf 1991 weer gevierd als verplichte feestdag[180]. De Bisschoppen van België bepaalden in 1986: krachtens **can.5** zijn in ons land uitsluitend de volgende vier geboden feestdagen van kracht: Kerstmis, Hemelvaart van de Heer, Maria Tenhemelopneming en Allerheiligen[181]. Alle patronaats- en (eventueel) andere feesten, die hier in de afzonderlijke landen of bisdommen met goedkeuring van de Apostolische Stoel nog bijkomen, zijn geen *geboden* feestdagen.

1.3. Met uitzondering van de in **can.1246 § 2** aan de BC gegeven beperkte bevoegdheid inzake afschaffing, c.q. verplaatsing van feestdagen naar de zondag, spreekt **can.1244 § 2** nog over de bevoegdheid van *diocesane* Bisschoppen. Zij kunnen alléén in afzonderlijke gevallen voor hun bisdommen of plaatsen bijzondere feest(of: boete-) dagen vaststellen. "In afzonderlijke gevallen" betekent dat de diocesane Bisschop niet langs de weg van het particuliere recht andere feest (of: boete-)dagen verbindend op kan leggen, maar dit wel voor een bepaald geval en voor een bepaalde tijd kan doen[182].

1.4. Op basis van **can.87**, gebaseerd op *CD* 8b, kan de diocesane Bisschop *binnen* zijn ambtsgebied, zowel diocesanen als vreemdelingen, en *buiten* zijn ambtsgebied alleen diocesanen *dispenseren*(vgl. **can.91**) van de in **can.1247** genoemde wettelijke verplichting "zo dikwijls hij dat voor hun geestelijk welzijn bevorderlijk acht" (**can.1245**). Met inachtneming van dit recht kan ook de pastoor a) om een goede reden, b) volgens de voorschriften van de diocesane Bisschop en c) in afzonderlijke gevallen dispenseren van de in de **cc.1247** en **1251** geformuleerde verplichtingen op feest-en boetedagen, ook de hele parochie en niet alleen, zoals vroeger, deze of gene familie of bepaalde personen [183] of kan hij deze verplichtingen omzetten in andere vrome werken. Dezelfde

[180] Voor het hernemen van deze feestdagen zie *An.Utr.* 63 (1990)294-295; *An.Ha.* 37(1990)123-125; *An.Gr.* 35(1990)3e kw., pp.52-53; *An.Rmd.* 72(1991)64-65; *An.Bo.* 30(1990)afl.2, pp.37-38.

[181] *CDC(P/M)*, p.1244 en *CDC(S/P)*, p.675; ook in Frankrijk geldt deze regeling: **R.Paralieu**, a.w., p.353; wat Duitsland betreft: zie *MK* bij **can.1246 § 2**, Rdn.4.

[182] *MK* bij **can.1244 § 2**.

[183] Verzet tegen deze ruime dispensatiebevoegdheid werd in 1981 gebroken: zie *Relatio/1981*, pp.276-277. De wetgever past hier het subsidiariteitsbeginsel toe, vertrouwend op een correct gebruik van deze bevoegdheid.

bevoegdheid heeft ook de Overste van een religieus instituut of van een sociëteit van apostolisch leven, als zij klerikaal en van pauselijk recht zijn, en wel t.a.v. eigen onderdanen en van andere personen die dag en nacht in het huis verblijven.

2. Boetedagen (cc.1249-1253).

Inleiding

Heel de materie van de kerkelijke boetedagen is na Vaticanum II opnieuw omschreven en gereorganiseerd in de Apost. Const. *Poenitemini*(1966) van Paus **Paulus VI**. Hij heeft de trend gezet voor een ingrijpende wijziging van de boeteregelingen op algemeen- en particulierrechtelijk vlak. Deze Constitutie is onmisbaar voor een goed begrip van de vijf canones over boetedagen.

In navolging van de vrome Joden (zie *Lk.*18,12) hebben ook de Christenen vanaf de vroegste tijden uitdrukking gegeven aan de noodzaak voor de mens om boete te doen. Het motief daarvoor is gelegen in de zondigheid van ons bestaan[184]. Maar om zich daarvan steeds bewust te blijven en óók om de christenen met elkaar te verbinden *"in een enigszins gemeenschappelijke naleving"* (aldus **can.1249**), waarop ook *SC* n.110 de nadruk legt, worden bepaalde boetedagen en boetetijden voorgeschreven. Vooral op dit laatste motief berust de kerkrechtelijke regeling. Het zijn tijden en dagen, die zich van andere onderscheiden door een bijzondere toewijding van de christengelovigen aan gebed, aan werken van vroomheid en liefde, door zelfverloochening die zich uit in een getrouwere vervulling van zijn plichten en vooral door vasten en onthouding. Alleen deze laatste twee uitingsvormen van de boete worden geregeld. Het *vasten*[185] bestaat in het zich geheel of gedeeltelijk onthouden van eten en drinken, maar bestaat canoniekrechtelijk in het slechts eens per dag gebruiken van een volle maaltijd met bv.'s morgens en 's avonds slechts een bescheiden hoeveelheid voedsel: het vasten kan echter ook betrekking hebben op andere zaken, die het leven veraangenamen, zoals het gebruik van genotmiddelen (roken, snoepen, televisie en

[184] In die zin wordt in de Const.*Poenitemini*, maar ook in **can.1249** uitgebreid gesproken over een verplichting tot boete krachtens de goddelijke wet.

[185] Waarvan de Codex geen omschrijving geeft, maar die we in zijn traditionele vorm kunnen omschrijven met behulp van *can.1251 § 1 CIC/17*: "De vastenwet schrijft voor dat men met één volle maaltijd per dag volstaat; zij verbiedt echter niet 's morgens en 's avonds enig vast voedsel te gebruiken, maar wat de hoeveelheid en hoedanigheid van de spijzen aangaat met inachtneming van de beproefde lokale gewoonten".

allerlei vormen van ontspanning); *onthouding* is het afzien van bepaalde spijzen, m.n. vlees- of andere spijzen **(can.1251)**, afhankelijk van wat de BC heeft voorgeschreven. Gebeuren beide uit religieuze overwegingen, dan is er sprake van boete.

In reactie op het *Schema/77 (can.48)* waren nog al wat consultatieorganen van mening dat de door iedere christengelovige te onderhouden boetewerken niet voorgeschreven zouden moeten worden in de algemene wet. Volstaan zou moeten worden met een verwijzing naar de BC's, waaraan de vaststelling van de boetevormen en -dagen en de leeftijd, waarop iemand daaraan gebonden is, zou moeten worden overgelaten. Deze suggestie werd niet overgenomen (ook niet toen zij in 1981 opnieuw werd gedaan[186]), omdat er nu eenmaal enkele universeelrechtelijke normen moeten zijn; wèl is er dientengevolge meer ruimte gecreëerd voor de BC's (zie de **cc.1251** en **1253**). De herformulering van de canones in 1979[187] heeft ertoe geleid, dat zij met enkele ondergeschikte wijzigingen is opgenomen in het *Schema/80* en tenslotte in de eindredactie van de Codex.

Al in 1962 kwam een schrijven van de Nederlandse Bisschoppen uit met een oproep "tot bijzondere offervaardigheid voor de noden van Kerk en wereld gedurende de veertigdagentijd van boete en offer"[188]. Pas in de Vastenbrief van 6 januari 1967 [189] namen zij zogezegd formeel afstand van het grootste deel van de bestaande vasten-en onthoudingswet, wanneer zij schrijven: "Boete wil ook zeggen dat we onszelf enige moeite willen opleggen...Als bisschoppen schrijven wij U geen nieuwe vormen van boete voor. Wij laten dat over aan U zelf".

2.1. Om de *boetedagen* op een gepaste manier te onderhouden wordt een norm opgesteld, welke de oude strenge discipline zowel wat betreft de dagen "waarop" **(can.1250)** als de vormen "waarin" **(can. 1251)** voor heel de Kerk verruimt. Maar omdat volgens **can.1253** de BC op dit punt nadere bepalingen kan geven, beperkt de Codex zich in

[186] Zie *Relatio/1981*, pp.278-279.
[187] Zie *COMM.* 12(1980)362-367.
[188] O.a. in *An.Utr.* 35(1962)38-39; *An.Rmd.* 43(1962)5-6; *An.Gr.Bd.II*(1962-1966)27-28 en 144-145; *An.Ro.* 7(1962)65. Met de geciteerde woorden werd dankbaar teruggedacht aan de bisschoppelijke vastenactie, die in 1961 startte en die richting wilde geven aan de vernieuwing van de beleving van de vasten. Ik wijs in dit verband ook op de Vastenbrief 1983 van de Bisschoppen van Nederland "Sober leven" in o.a. *An.Rmd.* 64(1983)21-28; *An.Gr.* 29(1983)N1-N7; 'gestroomlijnde' Analecta van de andere bisdommen: zelfde pagina's van hetzelfde jaar.
[189] Zie o.a. *An.Utr.* 40(1967)3-6; *An.Gr.Bd.III* (1967-1970)1-8; *An.Rmd.*48(1967)1-5.
[189bis] Zie *An.Rmd.* 57(1976)131-132 over de vasten- en onthoudingswet.

het Wetboek tot enkele indicaties aan de BC's om tenminste enige vorm van gemeenschappelijke boete(vasten) te handhaven en slechts enkele boetedagen voor heel de Kerk als gemeenschappelijk te beschouwen[190]. De oorspronkelijkste boete*tijd* is wat nu de Veertigdagentijd (vgl.*Ex.* 34,28; *Matth.* 4, 1-11; *Mk.* 1, 12-13 en *Lk.* 4,1-13) *(quadragesima)* heet en daarvoor de Vastentijd genoemd werd. Zij wordt in **can.1250** opnieuw voorgeschreven voor de gehele Kerk samen met *iedere vrijdag* van het gehele jaar als boete*dag*. De diocesane Bisschoppen kunnen af en toe nog andere boetedagen, eigen aan hun bisdommen of aan bepaalde plaatsen in hun bisdommen, voorschrijven (**can.1244 § 2**).

2.2. In de sub 2.1. genoemde tijd en op de daar genoemde dagen schrijft de algemene wet in **can.1251** voor: zich te onthouden van vlees of (volgens de voorschriften van de BC) van ander voedsel. Dat betekent dus dat de BC volgens **can.1253** ook een heel andere invulling qua vorm aan de onthouding kan geven. Genoemd voorschrift geldt echter niet, wanneer de vrijdag samenvalt met een feestdag. Dit zal steeds het geval zijn met het hoogfeest van het H.Hart, dat altijd op vrijdag na Sacramentsdag valt; dit *kan* het geval zijn met alle feestdagen, die aan een vaste datum gebonden zijn, afhankelijk van de vraag of het feest op de eigenlijke dag (in kloosters) of op zondag gevierd wordt. *Onthouding* en *vasten* (in de boven omschreven zin) geldt universeelrechtelijk alleen nog voor Aswoensdag en Goede Vrijdag[191]. De Nederlandse BC heeft aan de **cc.1251** en **1253** deze toepassing gegeven: "Wij bepalen dat Aswoensdag en Goede Vrijdag dagen van verplichte vasten en onthouding in spijs en drank zijn en dat verder het bepalen van de wijze van de beoefening van boete en onthouding aan het eigen geweten en

[190] Zie *Schema/77*, p.5 en *COMM*. 12(1980)357-367.

[191] Volgens *can.1252 § 2 CIC/17* golden beide (onthoudings- en vastenwet) ook op de andere vrijdagen en zaterdagen van de Vastentijd, op de zgn. *quatertemperdagen*, dat waren vier keer per jaar terugkerende boetedagen: woensdag, vrijdag en zaterdag tijdens het vroegere octaaf van Pinksteren, in de derde volle week van september, na de derde zondag van de Advent en na de eerste zondag van de vastentijd. Hier en daar waren ook de *kruisdagen* met hun bid-en boeteprocesssies voor het gewas (oorspronkelijk op de drie dagen, voorafgaand aan 's Heren Hemelvaart) vastendagen (zie *LW II* s.v. *litaniae minores*). Geen van beide soorten dagen (quatertemper- en kruisdagen) is afgeschaft bij de liturgiehervorming (zie Algemene Normen voor het Liturgisch jaar nn.45-47 in het Altaarmissaal p.130). Tenslotte gold de wet voor de *vigiliedagen*, dat zijn de dagen, die voorafgingen aan enkele grote feestdagen zoals Kerstmis, Pinksteren, Maria ten Hemelopneming en Allerheiligen (oorspronkelijk waren er zeventien!); al deze dagen zijn officiëel afgeschaft.

initiatief van de gelovigen wordt overgelaten[192]. Aan de plicht tot vasten in de Veertigdagentijd en tot onthouding op de vrijdagen kan worden voldaan door zich in eten en drinken, in roken of in andere genoegens duidelijk te beperken. Het geld, dat hiermee wordt uitgespaard, kan bestemd worden voor de naasten, die honger lijden of anderszins gebrek lijden. Het is voorts passend, dat men zich in de Veertigdagentijd meer dan anders wijdt aan werken van christelijke naastenliefde en met meer toeleg het Woord van God leest"[193]. De Bisschoppen van België namen in 1967 deze beslissing: *vasten* is verplicht op Aswoensdag en Goede Vrijdag, maar onthouding van vlees is niet meer verplicht. Niettemin zal de vrijdag een verplichte boetedag blijven, d.w.z. dat alle gelovigen vanaf hun veertiende jaar zich een boetewerk naar eigen keuze opleggen[194].

2.3 De voor de gehele Kerk geldende wet schrijft in **can.1252** voor dat iedere gelovige vanaf zijn/haar veertiende levensjaar gebonden is aan de onthoudingswet[195]; de vastenwet daarentegen verplicht eenieder, die meerderjarig, dus naar **can.97 § 1** 18 jaar is, tot en met het 59ste levensjaar. Sommige BC's hebben uitzondering gemaakt op deze leeftijdsgrenzen voor bv. zieken, reizigers of ook voor hen/haar, die bij anderen te gast zijn, zwaar werk hebben enz. en voor wie het daarom moeilijk is zich aan deze voorschriften te houden. Alle gestelde leeftijdsgrenzen ten spijt dienen, zo gaat **can.1252** verder, de zielzorgers en de ouders ervoor te zorgen "dat ook aan hen, die wegens hun lagere leeftijd niet aan de vasten- en onthoudingswet gehouden zijn, de echte zin voor boete bijgebracht wordt". Deze voor de Codex nieuwe tekst is ontleend aan de Const.*Poenitemini.*

Op 24 februari 1967 beantwoordde de Concilie-congregatie (thans: de Congregatie voor de Geestelijkheid) de vraag of het *substantiëel* nietonderhouden van de boetedagen een *ernstige* inbreuk op de kerkelijke wet betekent met "ja", maar zonder dat dit slaat op de afzonderlijke boetedagen; wèl heeft het betrekking op het gehele complex van boeteda-

[192] Het lijkt me niet juist te stellen, zoals **J.H.Hendriks** doet in *Kerkelijk recht*, p.135, dat de BC heeft *nagelaten* te bepalen, waarvan men zich moet onthouden. Mocht er al van 'nalaten' sprake zijn, dan is dat met opzet gebeurd: de BC wilde immers aan de gelovigen zelf overlaten, waarvan zij zich willen onthouden. Dat kan zoveel meer zijn dan alleen van 'vleesspijzen'. Vgl. de in voetnoot 189 genoemde vastenbrief van 1967.

[193] *TB/89*, n.21.

[194] *CDC(P/M)*, p.1244 en *CDC(S/P)*, p.679

[195] Dat was volgens de oude *CIC/17*: zeven jaar.

gen, d.w.z.: hij/zij maakt ernstig inbreuk op de wet, die een aanmerkelijk gedeelte van de als geheel voorgeschreven boeteverplichtingen hetzij kwantitatief hetzij kwalitatief niet nakomt[196].

[196] *AAS* 59(1967)229; vgl. Apost.Const.*Poenitemini* II § 2.

HOOFDSTUK XI: PAROCHIEBOEKEN, PAROCHIEKRONIEK EN PAROCHIEARCHIEF

Inleiding

Uit een vergelijking van **can.535 CIC/83** met de corresponderende *can.470 § 1 CIC/17*[1], die onder meer als bron genoemd wordt in de bronnenuitgave van de **Codex/83**, blijken enkele duidelijke verschillen aan te wijzen: de nieuwe norm is meer op de parochie dan op de persoon van de pastoor gericht[2], en bovendien is het aantal verplichtingen gereduceerd: in 1917 werden het vormsel- en parochieregister (cartotheek) nog genoemd, nu echter niet meer, althans niet in de algemene rechtsvoorschriften[3].

Can.535 § 1 noemt nog slechts drie boeken of registers, die in iedere parochie aanwezig dienen te zijn: het doopsel-, huwelijks- en dodenboek. Toch had in deze canon minstens aangegeven moeten worden dat er in het algemene recht nog andere boeken verplicht zijn gesteld, nl. een intentieboek **(can.958 § 1;** vgl. **can.955 § 3)**; een lijst van bezwarende verplichtingen uit vrome stichtingen **(can.1307)**[4]; een kasboek (van inkomsten en uitgaven) **(can.1284 § 2 n.7)**; een map (boek) met goed geordende stukken of documenten, waarop de rechten van de parochie ten aanzien van roerende en onroerende goederen steunen **(can.1284 § 2**

[1] *Can.470 § 1*: "De pastoor moet parochieboeken hebben, nl. het doop-, vormsel-, huwelijks-, dodenboek; ook moet hij naar best vermogen zorgen voor de nauwkeurige samenstelling van een boek betreffende de canonieke staat van de parochianen; en al deze boeken moet hij volgens het door de Kerk beproefde of door de eigen Ordinaris voorgeschreven gebruik opstellen en zorgvuldig bewaren".

[2] Dat wil niet zeggen, dat dit in mindering komt op de verantwoordelijkheid van de pastoor; hij wordt tot driemaal toe genoemd. Vgl.**J.-C.Périsset**, a.w., p.158.

[3] In het eerste herzienings*schema* van *1977(can.369 § 1)* werd de verplichting tot het bijhouden van een parochieregister enigermate afgezwakt door te stellen, dat dit register *op de manier, waarop dit kan*, moet worden samengesteld (*COMM.* 8(1976)28), maar in 1980 werd dit register uit de algemeenrechtelijke voorschriften geschrapt omdat er zoveel manieren zijn om een dergelijk register samen te stellen, dat het moeilijk van bovenaf kan worden opgelegd [*COMM.* 13(1981) 286]. Tijdens de laatste plenaire vergadering van de Codexherzieningscommissie in 1981 werd ook het vormselregister (uit *can.474 Schem./80*) geschrapt (*Relatio/1981*, p.127).

[4] Dat **can.535 § 1** geen melding maakt van het intentieboek of de lijst van bezwarende verplichtingen, hangt volgens **Périsset** (a.w., p.160) ongetwijfeld samen met het feit, dat zij niet zo specifiek zijn voor de parochie zoals de genoemde parochieboeken.

n.9); in parochies, waar een omvangrijk catechumenaat is opgezet met het oog op de doop van volwassenen (bijzonder in de zgn. missielanden), zal ook een catechumenenboek aanwezig moeten zijn.

Can.535 § 1 legt de pastoor de plicht op ervoor te zorgen, dat de aldaar genoemde parochieboeken "nauwkeurig bijgehouden en zorgvuldig bewaard worden". In rectoraten met een eigen gebied (zoals er in de bisdommen Roermond en Utrecht nog enkele zijn), waarin verschillende, aan de pastoor toevertrouwde taken, in de bijkerk mogen plaatsvinden, moet de rector de desbetreffende boeken bezitten en bijhouden[5]. In parochies, die naar het model van **can.517 § 2** zijn toevertrouwd aan diakens, religieuzen of leken, is één van hen (haar), vermoedelijk op de wijze van de pastoor, verantwoordelijk voor het bijhouden en bewaren van de parochieboeken. Er staat in deze canones niet dat de pastoor of de diaken, religieus of leek (man, vrouw) zelf de parochieboeken bij moet houden en bewaren, maar dat hij/zij ervoor moet zorgen, dat dit gebeurt, door wie dan ook[6]. Daardoor wordt deze verplichting gemakkelijk uitvoerbaar. Toch bestaat de indruk, dat er aan het bijhouden en bewaren van de voor deze boeken relevante gegevens in veel parochies nog al wat ontbreekt. Immers: onderdelen van de pastorale zorg als deze worden gemakkelijk afgedaan met de opmerking dat een pastor er niet is voor het doen van louter administratief werk. Mede dáárom wordt dit afzonderlijke hoofdstuk gewijd aan alles, wat met het bijhouden van parochieboeken te maken heeft, ook voorzover dat in andere hoofdstukken al ter sprake had kunnen komen. Hierin willen we gedetailleerd ingaan op de vraag, wat er in een parochie aan registratie en documentatie voorhanden moet, zou moeten of kunnen zijn[7]. Om die reden zal ook de parochiekroniek ter sprake komen. Samenhangend hiermee wordt eveneens uitvoerig ingegaan op het parochiële (lopende of gesloten) archief.

Wat in het algemene recht niet voorgeschreven wordt, kan wel als particulierrechtelijke verplichting worden opgelegd. Als bronnen van deze verplichting noemt **can.535 § 1**: de BC, de (individuele) diocesane Bisschop, maar ook het burgerlijk recht van een bepaald land kan daartoe behoren, zoals we nog zullen zien.

In de Apost.Const.*Spirituali militum curae*(1986) wordt in norm XIII bepaald, dat in de eigen statuten van ieder militair Ordinariaat wordt

[5] Zo werd dit vastgelegd op de diocesane Synode van Roermond (1939).

[6] In het geval van **can.517 § 2** zal het de priester-van-buiten vooral zijn, die er op toeziet dat aan deze pastorale verplichting wordt voldaan.

[7] Voor de vraag welke parochiebescheiden aandacht zullen of kunnen krijgen bij de *parochie-visitatie* zie: *An.Br.* 1971, pp.43-44 en 1977, pp.B63-B67.

vastgesteld “welke boeken er bijgehouden moeten worden over de bediening van de sacramenten” volgens de algemene wetten en voorschriften van de BC. De regelingen t.a.v. de *bediening* van sacramenten [waarbij het met name gaat om het doopsel, vormsel en huwelijk, voor de bediening waarvan de ‘Brief van de Nederlandse Bisschoppen aan de pastorale werk(st)ers’ van 19 juni 1989 nog steeds als algemeen uitgangspunt geldt] en de *registratie* daarvan zijn niet opgenomen in de statuten, maar door de Legerbisschop op 28 mei 1991 aan alle krijgsmachtaalmoezeniers meegedeeeld[8]. Gebeuren de sacramentele bedieningen door hen binnen het verband van een door de desbetreffende territoriale Bisschop erkende lokale kerk (als regel een parochie, soms een kapel), dan behoren zij *ter plaatse op de voorgeschreven wijze te worden geadministreerd*; gebeuren ze vanuit de jurisdictie van het Militair Ordinariaat niet in een zojuist genoemde parochie of kapel, maar op een legerplaats, militair tehuis of op een schip, dan dient de administratie te gebeuren *op het bisdommelijk bureau van het Ordinariaat* met gebruikmaking van de daartoe bestemde formulieren en boeken. Aanbevolen wordt echter om de inschrijving *altijd* en *eveneens* te doen plaatsvinden in de territoriale parochie met vermelding van de plaats en ook in bv. het trouwboekje of enig ander familiedocument met het oog op het kunnen terugvinden van deze gegevens.

Achtereenvolgens gaan we in afzonderlijke artikelen na, om welke parochieboeken het gaat, welke gegevens daarin opgenomen moeten worden(I); aan welke eisen een parochiekroniek dient te voldoen(II) en waaraan een parochiëel archief(III). Tenslotte wordt bij wijze van aanhangsel nog iets gezegd over het parochiezegel.

ARTIKEL I: PAROCHIEBOEKEN OF -REGISTERS

1. Doopregister

1.1. *Registratie*

Het eerste, door het algemene en ook particuliere recht voorgeschreven[9], parochieboek is het *doopboek*. In navolging van *can.470 CIC/17* wordt er in **can.535** bijzondere aandacht aan geschonken,

[8] *AMO* n.2 (september 1991), pp.11-13. Genoemde brief van 1989 verscheen n.a.v. de publicatie van de Apost.Exh. *Christifideles laici*(1988) en is slechts door vijf Bisschoppen (niet door die van de bisdommen ’s-Hertogenbosch en Roermond) ondertekend: zie bv. *An.Utr.* 62(1989)231-238.

[9] Zie *TB/89* n.8.

omdat het doopregister, mits goed bijgehouden, de belangrijkste vindplaats is van iemands *rooms-katholieke* identiteit. **Can.877 § 1** legt immers de pastoor van de plaats, waar het doopsel wordt gevierd[10], de plicht op om in het door **can.535 § 1** voorgeschreven doopboek (het gemakkelijkste is, dat dit chronologisch onder afzonderlijke volgnummers gebeurt) nauwkeurig aantekening te maken van de namen van al diegenen, die in de parochie gedoopt worden (ook in geval van een *nooddoop*!) onder vermelding van de volledige (doop)namen van de ouders en peetouders alsook van de getuigen (overeenkomstig **can. 875**), als die aanwezig zijn (zijn er geen peetouders aangewezen, dan kan men ook de aanwezigen getuige laten zijn), de plaats en de dag van de toediening van het doopsel met daarbij de aanduiding van de dag en de plaats van de geboorte en tenslotte de naam van de bedienaar. Al deze aantekeningen dienen met zorg en zonder enig uitstel te gebeuren[11].

In meerdere bisdommen van Nederland[12] is in de laatste decennia nog eens gewezen op het belang van het bijhouden van de doopregisters. In het aartsbisdom Utrecht werden *richtlijnen* m.b.t. de doop gepubliceerd, omdat veel priesters er moeite mee hebben zich aan de bestaande voorschriften te houden. De zinvolheid van de doopregistratie is hierin gelegen:

a) de doop bepaalt wie deel uitmaakt van de kerkgemeenschap want hij maakt iemand tot rechtspersoon binnen die gemeenschap **(can.96)**;
b) als "toegang tot de andere sacramenten" beslist de doop mede over de toelating tot de overige sacramenten; meer in het bijzonder is het met het oog op de huwelijkssluiting van belang te weten of iemand gedoopt is**(can.849)**;
c) *alle* kerken houden streng de hand aan de doopregistratie.

[10] Dat geldt ook, als de doopviering plaatsvindt in een kapel. Dan wordt het doopsel niet ingeschreven in het doopboek van de parochie, waaraan de bedienaar verbonden is, maar in dat van de parochie ter plaatse. Op deze regel bestaan geen uitzonderingen **(can.877)**: **J.Hendriks**, *Parochierecht*(1987) p.36 en *Kerkelijk Recht*(1992), p.47. "Vaak is ook in een kapel waar een doopvont is en regelmatig wordt gedoopt een doopboek aanwezig en wel om praktische redenen. Dit wordt dan geacht deel uit te maken van het doopboek van de parochie ter plaatse. Als zo'n kapel zou worden opgeheven, gaan de boeken naar de parochie":*An.Rmd.* 48(1967)267. "Zelfstandige pastorale eenheden, die (nog) geen parochie zijn, zoals een zelfstandig rectoraat of een quasi-parochie, worden op dit en andere punten met een parochie gelijkgesteld" (vgl.**can.516 § 1**; **J.Hendriks**, *Parochierecht*(1992), p.47.

[11] Zie ook algemene inleiding "De christelijke initiatie" n.29.

[12] Zie *An.Utr.* 44(1971)359-360 en 64(1991)20; *An.Gr.* 34 (1989)36; *An.Br.* 16(1971)43-44 onder F (van Financiën); *An.Ro.* 12(1967)267-270. Inzake de opsporing van zgn. onvindbare doopsels: zie *An.Ro.* 14(1969)25.

Genoemde richtlijnen signaleren ook dit probleem: "Gezien...de groeiende feitelijkheid, dat de datum van geboorte en doop steeds verder uit elkaar komen te liggen, zien wij ons genoodzaakt er bij de verantwoordelijke priesters op aan te dringen, dat zij zorg dragen dat achter in het doopboek een register wordt aangebracht waar in *alfabetische* volgorde de namen van de gedoopten worden bijgeschreven onder verwijzing naar het folio-vel of de bladzijde in het doopboek, waar het doopsel genoteerd staat. Dit lijkt noodzakelijk om het vinden van de datum van de doop te vergemakkelijken"[13]. Tegelijk worden de priesters herinnerd aan het voorschrift om in het doopboek eveneens te noteren de namen van degenen, die toetreden tot de Katholieke Kerk zonder te worden 'overgedoopt'[14].

1.2. *Bijzondere situaties*

Als het doopsel niet door de eigen pastoor noch in zijn tegenwoordigheid is toegediend, moet de bedienaar, wie hij/zij ook is, de pastoor van de parochie, waar het doopsel is toegediend daarvan op de hoogte stellen opdat deze het doopsel registreert volgens **can.877 § 1 (can.878)**. Bovendien moet de doop, die niet in eigen parochie wordt toegediend en waarvan de eigen pastoor bericht dient te ontvangen[15], (zonder volgnummer) worden ingeschreven in het doopboek van de eigen parochie.

Nergens maakt het nieuwe Wetboek nog melding van de adnotatie van de *(on)wettigheid van kinderen*. Dat was in de oude wetgeving wel

[13] "Omdat de kinderen vaak tamelijk lang na de geboorte ... worden gedoopt en de familie zich later de doopdatum meestal niet meer herinnert. Ook als het alleen om een verwijzing in de marge naar een ander doopboek...gaat, kan de naam in dat register worden opgenomen": **J.Hendriks**, *Kerkelijk Recht*(1992), p.48. Zie: *An.Utr*. 44(1971)359.

[14] T.z.p.; dat voorschrift is al van veel vroegere datum [*An.Utr*. 34(1954)3] en werd gegeven om moeilijkheden te voorkomen, wanneer een schriftelijk bewijs nodig is van het gedoopt-zijn. Op de vraag 'hoe' dit dan moet gebeuren, wordt geen antwoord gegeven; het meest voor de hand liggende is, dat bij de overgang van iemand naar de Katholieke Kerk nagegaan wordt of hij/zij geldig gedoopt is; zo ja, dan zal er een afzonderlijke lijst naar geboortejaar in het doopboek moeten worden aangelegd van hen/haar, die overgaan naar de Katholieke Kerk; zo neen, dan zal de naam van hem/haar die gedoopt wordt, genoteerd worden in het doopboek van de katholieke parochie, waarbinnen de doop plaatsvindt: zie *An.Rmd*. 51(1970)65-66.

[15] Via een daartoe te verkrijgen voorgedrukte kaart (besteladres achterin). **J.Hendriks**, *Kerkelijk Recht*(1992) maakt daarbij nog deze kanttekening: "In zijn eigen doopboek kan deze pastoor een verwijzing in de marge opnemen naar het doopboek van de parochie waar het doopsel heeft plaatsgevonden. Het komt namelijk regelmatig voor dat mensen die een doopbewijs nodig hebben, nog wel weten waar ze ten tijde van de doopviering hebben gewoond, maar niet meer waar ze gedoopt zijn", p.49.

het geval[16] en bleek toen noodzakelijk omdat onwettige kinderen, ook al waren zij gewettigd, niet in aanmerking kwamen voor een aantal kerkelijke waardigheden, voor toelating tot een seminarie of, tenzij zij gewettigd waren, voor het ontvangen van wijdingen. Al in het begin van de zeventiger jaren wees de Nederlandse BC er op, dat vermelding van de onwettigheid van kinderen bij het afgeven van een doopbewijs bij gelegenheid van een huwelijkssluiting of adoptie zonder enig nut en vaak beledigend is[17]. Een dergelijke maatregel zou thans overbodig zijn, want, ofschoon de **Codex/83** in de **cc.1137-1140** nog wel spreekt over (on)wettigheid van kinderen, verbindt hij daaraan geen consequenties meer i.v.m. kerkelijke waardigheden, wijdingen of toelating tot een seminarie.

Als het gaat om *kinderen van niet-gehuwde moeders* moet volgens **can.877 § 2** de naam van de moeder ingeschreven worden, wanneer haar moederschap publiek vaststaat of als zij zelf uit eigen beweging dit schriftelijk of ten overstaan van twee getuigen vraagt. Zo moet ook de naam van de vader worden ingeschreven, als zijn vaderschap bewezen wordt door een of ander publiek document (geboorteakte, gerechtelijk vonnis) of als de vader een desbetreffende verklaring aflegt ten overstaan van de pastoor en twee getuigen. Anders wordt alleen de naam van de gedoopte ingeschreven zonder enige aanduiding van de namen van de vader of van de ouders.

Problemen kunnen zich ook voordoen bij de inschrijving van *adoptiekinderen* in het doopboek.In 1963 lieten de Nederlandse Bisschoppen hieromtrent weten[18], dat de Kerk zich dient te richten naar de burgerlijke wet, die aan een geadopteerd kind de volle status van een wettig kind van de adoptief-ouders toekent, aan wie het ook haar/zijn naam ontleent[19]. Bij een verzoek tot inschrijving van het geadopteerde kind in het doopboek onder zijn nieuwe naam moet de pastoor daaraan voldoen met

[16] *Can.777 § 2*: "Als het over onwettige kinderen gaat, moet de naam van de moeder worden ingeschreven, indien haar moederschap algemeen bekend is of wanneer zij uit eigen beweging schriftelijk of voor twee getuigen daarom vraagt. Ook de naam van de vader, wanneer hij op dezelfde wijze als de moeder er om vraagt of als hij uit een publiek en officiëel document als zodanig bekend is. In andere gevallen wordt de dopeling als kind van een onbekende vader of van onbekende ouders ingeschreven".

[17] Daarom drong zij er op aan in die gevallen geen melding te maken van de onwettigheid: *An. Utr.* 45 (1972) 455; *An.* Rmd. 53 (1972) 99; *An. Ha.*19 (1972) 94; *An. Gr.* Bd. IV (1971-1974) 140; *An. Br.* 1972, p. 1.

[18] Zie *An. Utr.* 36 (1963) 147; *An. Rmd.* 44 (1963) 77; *An. Gr.* Bd. II (1962-1966) 184-185; *An. Bo.* 3 (1963) II 4; *An. Br.* 1963, pp. 78-79; *An.Ro.* 8(1963)74.

[19] Zie *BW art.1: 229,1*. Het is goed hier te wijzen op de actuele jurisprudentie m.b.t. verzoeken voor het verstrekken van gegevens omtrent de natuurlijke ouders.

toevoeging van de namen en voornamen van de adoptiefouders. De nieuwe kerkelijke wetgeving bepaalt in **can.877 § 3**, dat de namen van de adoptief-ouders en ook die van de natuurlijke ouder(s) ingeschreven dienen te worden (in het doopboek), als dit zo gebeurt in de burgerlijke stand van het gebied. Hieromtrent bepaalde de Nederlandse BC "dat in het doopboek voor de namen van de natuurlijke ouders naar het geheim archief wordt verwezen[20] en alleen de namen van de adoptief-ouders in het doopboek worden ingeschreven[21]. De motivering van dit voorschrift is duidelijk: men wil voorkomen, dat het adoptief-kind via een doopbewijs achter de namen van zijn natuurlijk ouder(s) komt. Speelt de adoptie-procedure zich pas af na de doop van het kind[22], dan zal er voor gezorgd moeten worden dat in de marge van de doopakte de namen en voornamen van de adoptief-ouders en eventuele naamsverandering van het kind zelf worden bijgeschreven.

De richtlijn t.a.v. het zgn. *oecumenisch dopen* (men wil dat het kind niet tot een bepaalde, maar een christelijke kerk behoort!) is deze: het gedoopte kind wordt ingeschreven in het register van de kerk van degene, die de doophandeling stelt. We verwijzen hiervoor naar wat bij de behandeling van het sacrament van het doopsel gezegd is over de interkerkelijke doopbediening[23].

1.3. *Aanvullende aantekeningen*

Meer dan de gegevens, die bij het dopen als zodanig ingeschreven moeten worden (zie boven sub 1.1), maken de aanvullende aantekeningen het doopbewijs tot een echt identiteitscertificaat. Zij worden voorge-

[20] Deze verwijzing zou kunnen gebeuren door in de marge van het doopboek de kanttekening te maken: "*Consulatur archivum curiae*" ("*Men consultere het curie-archief*"). In ieder geval moeten de formulieren bij de voorbereiding van een huwelijk van adoptiefkinderen voor een "*nihil obstat*" naar het bisdom worden gestuurd: aldus **J.Hendriks**, *Kerkelijk Recht* (1992) p.48. – Betwijfeld wordt echter of een "geheim archief" m.b.t. persoonsgegevens nog mogelijk is, gelet op de *Wet op de persoonsregistratie*.

[21] Zie *TB/89* n.12. De Italiaanse BC stelde in 1984 vast, dat het doopbewijs alleen mag worden afgegeven met de nieuwe familienaam onder weglating van iedere verwijzing naar het natuurlijke ouderschap of naar de adoptie: **Morgante**, a.w., pp.124-125. Elders is bepaald, dat de namen van de natuurlijke ouder(s) moeten worden ingeschreven voorzover het kind door de natuurlijke ouder(s) erkend is: aldus de (franstalige) Belgische BC (1985): *CDC (P/M)*, p.1243; vgl.p.1254.

[22] Een geval, dat door de Nederlandse Bisschoppen niet onder ogen is gezien, zoals elders wel door de frans-canadese, franse en (franstalige) zwitserse BC's: zie *CDC(P/M)* resp.pp. 1275, 1243, 1351-1352.

[23] Zie o.a. ook het *Oecumenisch Vademecum* (uitgave van de Willibrordvereniging vanaf 1991) D18-D19 en *An.Utr.* 43 (1970)73-74, *An.Gr.* Bd.III(1967-1970), pp.411-412; *An.Rmd.* 51(1970)65-66; **J.Hendriks**, *Kerkelijk Recht* (1992) p.47.

schreven in **can.535 § 2** en betreffen achtereenvolgens: het *vormsel*, dat als sacrament de gelovige een grotere verantwoordelijkheid geeft inzake zijn (haar) actieve deelname aan de zending van de Kerk **(can.879)**; de *canonieke levensstaat* (gehuwd, gewijd of religieus) en v*erandering van ritus*.

Wat de *wijding* of *religieuze professie* betreft zal ook de laïcisatie van een geestelijke en dispensatie in de geloften aangetekend moeten worden in het doopboek. Dat betekent dus dat de instanties, die zich hiervoor hebben ingezet (bisdom of religieus instituut), de pastoor van de parochie, waar de betrokkene gedoopt is, op de hoogte stellen zodat hij daarvan aantekening kan maken in het doopboek. Dat geldt ook voor het h*uwelijk*: **can.1122** legt de pastoor van de plaats, waar een huwelijk gesloten is, de plicht op van die huwelijkssluiting kennis te geven aan de pastoor van de parochie waar de partners gedoopt zijn en volgens **can.1123** moet ditzelfde worden gedaan, als er voor het uitwendig rechtsbereik een wettiging plaatsvindt van een ongeldig huwelijk (zie **cc.1156-1165**), als een zgn. geldig huwelijk nietig wordt verklaard en het vonnis uitvoerbaar is geworden **(can.1685)**, als een huwelijk wettig ontbonden wordt op een andere wijze dan door de dood, nl. in de gevallen van niet-voltooiing of niet-voltrekking van het huwelijk **(can.1706)** en van ontbinding ten gunste van het geloof **(cc.1143-1150)**. Gebeurt deze ontbinding op grond van het Paulijns privilege, dan kan die inschrijving plaatsvinden na de sluiting van het volgende huwelijk **(can.1143 § 1)**; zij is uiteraard alleen noodzakelijk als het eerdere huwelijk gesloten werd met een katholieke partner, die dispensatie verkregen heeft in het beletsel van **can.1086 § 1**. Tenslotte zal aan de pastoor van de parochie, waarin partijen gedoopt zijn, de positieve uitslag van een procedure over het vermoedelijk overlijden van één van beiden bekend moeten worden gemaakt **(can.1707)**. Uitzondering op deze regels vormt de sluiting van een geheim huwelijk volgens **can.1133**, waarvan de aantekening uitsluitend gebeurt in het geheim archief van de bisschoppelijke curie. Dat ook *adoptie* in het doopboek moet worden aangetekend, is van belang voor het huwelijk, want **can.1094** stelt het huwelijksbeletsel van wettelijke verwantschap vast in de rechte lijn en in de tweede graad zijlijn (broer en zus).

Het ontvangen van een *wijding* (**can.1009 § 1:** bisschop, priester, diaken) moet ter kennis worden gebracht van de pastoor van de parochie, waar de gewijde gedoopt is, door de plaatselijke Ordinaris als het gaat om seculiere *'clerici'*, door de Ordinaris dus, die hen incardineert, of door de bevoegde hogere Overste (generaal of provinciaal) voor religieuzen **(can.1054)**.

Merkwaardig is dat in de normen voor de *religieuze professie* (**cc.654-658**) nergens melding wordt gemaakt van een verplichting van de bevoegde Overste om de pastoor van de parochie, waar de eeuwig geprofeste gedoopt is, op de hoogte te brengen, zodat de pastoor naar de norm van **can.535 § 2** daarvan aantekening kan doen in het doopboek; een dergelijke verplichting wordt ook niet vermeld in geval een religieus het indult van uittreden (**can.692**) krijgt met dispensatie van de (eeuwige) geloften en van andere uit de professie voortvloeiende verplichtingen; evenmin in het geval van wettige wegzending (**can.701**). Feitelijk zullen deze rechtsleemtes dus moeten worden aangevuld[24].

Gelet op de verplichting van iedere christengelovige om zich te houden aan de wetgeving van eigen ritus[25], is de aantekening van *ritus-verandering* in het doopboek ook niet onbelangrijk.

Geen wonder dat **can.535 § 2** uitdrukkelijk stipuleert, dat alle bovengenoemde aantekeningen op het doopbewijs *altijd* moeten worden vermeld. Vandaar enkele woorden over dit

1.4. *Doopbewijs*

Can.875 bindt de bedienaar van het doopsel op het hart ervoor te zorgen dat, als er geen peetouder is, minstens via een getuige het bewijs kan worden geleverd dat het doopsel is toegediend zowel omdat het doopsel niet herhaald kan worden (**can.845 § 1**) alsook omdat het doopsel veel juridische consequenties heeft, met name het recht op de toegang tot de andere sacramenten (**can.849**).

Het belangrijkste bewijsmiddel is vanzelfsprekend het doopboek, mede gelet op wat hierin aan gegevens opgenomen moet worden. Maar een boven alle verdenking staande getuige is volgens **can.876** ook voldoende om het bewijs te leveren. Zo'n getuige kan zijn: de bedienaar, een peetouder of, bij ontbreken daarvan, een of andere getuige, wie hij of zij ook moge zijn; bij een volwassenen-doop de gedoopte zelf. Achter deze bepaling gaat de waarschuwing schuil nooit tot dopen over te gaan zonder enige getuige. Maar al volstaat hun getuigenis dan als bewijs, toch mag dit nooit voor iemand nadelig zijn. In een huwelijksprocedure kan dit voor de verkrijging van een huwelijksontbinding wel het geval zijn.

Wanneer de ouders bij de doopbediening met de doopkaars een *doopoorkonde* meekrijgen, zoals in veel parochies gebeurt, dan kan deze

[24] Aldus **J.-C.Périsset**, a.w., pp.161-163.

[25] Zie **can.1 CIC/83** en **can.1 CCEO/1990**.

niet dienen als doopbewijs voor het sluiten van een huwelijk of voor de intrede in een seminarie, omdat de hierboven genoemde aanvullende kanttekeningen ontbreken. De inschrijving van de doop in de katholieke versie van het trouwboekje kan net als deze oorkonde alleen dienen als doopbewijs voor toelating tot het vormsel en de eerste communie[26].

1.5. *Afgifte van doopbewijzen*

Wie er op let, welke gegevens in het doopboek moeten worden opgenomen (zie boven 1.1 en 1.3), en er op let, dat deze gegevens altijd op een doopbewijs vermeld dienen te worden **(can.535 § 2)**, beseft ook dat de pastoor als verantwoordelijke voor het nauwkeurig bijhouden van de parochie-registers **(can.535 § 1)** en voor het afgeven van doopbewijzen **(can.535 § 3)**[27] een zeer belangrijke administratieve rol speelt. In die rol staat hij er immers borg voor, dat de gegeven informatie authentiek is. Ook in dit opzicht vervult de pastoor een pastorale plicht, die heilzaam is voor het welzijn van de (individuele) gelovigen en van de kerkgemeenschap. De waarde van het af te geven doopattest of certificaat wordt nog eens onderstreept in het procesrecht, waarin op de eerste plaats bevestigd wordt, dat het hier om een kerkelijk publiek document gaat, geredigeerd nl. door "een publiek persoon in de uitoefening van zijn taak in de Kerk" **(can.1540 § 1)** en vervolgens dat dit publieke document de betrouwbaarheid waarborgt "van alles wat rechtstreeks en in hoofdzaak erin beweerd wordt"**(can.1541)**. Om die reden opnieuw is het van belang dat de pastoor of de moderator van een priesterteam **(can.517 § 1)** erover waken hoe een doopbewijs, dat alle in het doopboek opgeslagen gegevens moet bevatten, wordt opgemaakt. Vanzelfsprekend moet daarbij prudent worden omgegaan met (eventuele) vertrouwelijke gegevens als adoptie of inschrijving van vaderschap uit een niet-echtelijke samenleving[28].

Het verleden heeft ons op een andere wijze geleerd, dat pastores voorzichtig moeten zijn met het afgeven van doopbewijzen. We herinneren aan het volgende: in de zeventiger jaren vond bij reisbureaux en handelsondernemingen de praktijk ingang om op verzoek van arabische regeringsinstanties doopbewijzen af te laten geven, blijkbaar om te voorkomen dat Joden zich toegang zouden verschaffen tot arabische landen. De Nederlandse Bisschoppen hebben die praktijk afgewezen op grond

[26] Zie **J.Hendriks**, *Kerkelijk Recht*(1992), pp.49-50.
[27] Daartoe bestaan voorgedrukte kaarten. Besteladres achterin.
[28] Zie **J.-C.Périsset**, a.w., pp.162-163.

van: de ineffectiviteit van deze controle op het al of niet jood-zijn van Nederlanders, het oneigenlijk (buitenkerkelijk) gebruik van doopbewijzen en indirecte medewerking aan racistische discriminatie[29].

Problemen zouden zich ook voor kunnen doen bij *adoptie*. Bij het afgeven van een doopbewijs van geadopteerde kinderen moet dit worden afgegeven onder hun eigen nieuwe naam en onder de namen van hun adoptief-ouders. Het is niet in alle gevallen nodig te vermelden, dat het kind geen eigen, maar adoptief-kind is. Een volledig doopbewijs, dat zowel de naam vermeldt die iemand krachtens geboorte heeft, als de namen van de eigen (natuurlijke) ouders en adoptief-ouders, mag alleen worden afgegeven als dit bewijs wordt gevraagd voor een huwelijkssluiting en bij gelegenheid van de intrede in een seminarie(convict) of klooster[30].

In *can.470 § 3 CIC/17*[31] werd nog voorgeschreven ieder jaar een exemplaar van o.a. het doopboek naar de bisschoppelijke curie te sturen. Dat is in de vigerende wetgeving niet meer nodig.

2. Huwelijksregister

Het tweede, door het algemene en het particuliere recht[32] voorgeschreven register, betreft de in een parochie gesloten huwelijken[33].

[29] In *An.Utr.* 48(1975)155; *An.Gr.* 20(1975)N37; ‘gestroomlijnde’ Analecta van de andere bisdommen: zelfde pagina van hetzelfde jaar.

[30] *An.Utr.* 36(1963)147; *An.Ro.8*(1963)74; *An.Gr.Bd.II* (1962-1966)184-185; *An.Rmd.* 44(1963)77.

[31] *Can.470 § 3*: “Aan het einde van ieder jaar moet de pastoor een authentiek exemplaar van de parochieboeken (nl. doop-, vormsel-, huwelijks- en overlijdensregister) opsturen naar de bisschoppelijke Curie, behalve het boek met de (canonieke) staat van de zielen (= parochieregister)”. Dit voorschrift werd in 1980 met een krappe meerderheid binnen de werkgroep voor het huwelijksschema geschrapt vanwege de moeilijke uitvoerbaarheid ervan in grote delen van de Kerk ondanks sterk verzet van een aantal consultoren. Deze waren van mening, dat een kopie van deze documenten een goede vorm van preventie tegen brand en andere gevaren zou zijn; het gaat immers om heel belangrijke documenten, die zekerheid verschaffen over iemands canonieke staat. Zij stelden daarom voor: handhaaf de norm en voeg eraan toe: “tenzij het particuliere recht anders bepaalt” (*COMM.* 13(1981)286). **J.-C.Périsset**, a.w., p. 158 is van mening dat je het verdwijnen van deze wijze bepaling kunt betreuren, temeer als je bedenkt dat de beheerders van (parochiële) kerkelijke goederen tot tweemaal toe (**cc.1283 n.3** en **1284 § 2 n.9**) de aanbeveling meekrijgen de inventaris daarvan en de eigendomsdocumenten te deponeren bij de bisschoppelijke curie.

[32] Zie *TB/89*, n.8.

[33] Dit dient goed te worden onderscheiden van de map, waarin de (ingevulde) formulieren van de zgn.*status liber* (d.i. vrije staat van de huwenden, die vast komt te staan via een door hen ondertekende verklaring vóór de kerkelijke huwelijkssluiting) worden opgeborgen.

Can.1121 § 1 bepaalt, dat de pastoor van de plaats, waar het huwelijk gesloten wordt, of diens plaatsvervanger (ook al heeft geen van beiden bij het huwelijk geassisteerd) zo spoedig mogelijk in het huwelijksregister optekent: de namen van de echtgenoten, van degene, die als gekwalificeerd getuige assisteerde, van de twee andere getuigen en van de plaats en de dag van de huwelijkssluiting op de wijze, die voorgeschreven is door de BC of de diocesane Bisschop. In Nederland hebben noch de een noch de ander hieromtrent iets voorgeschreven.

Ook als een huwelijk volgens **can.1116** in de buitengewone vorm gesloten wordt[34], zijn de priester of diaken (als één van hen erbij was) en anders de getuigen hoofdelijk met de contractanten ertoe gehouden de pastoor of de plaatselijke Ordinaris *zo spoedig mogelijk* op de hoogte te brengen van het aangegane huwelijk **(can.1121 § 2)**[35].

Is een huwelijk met dispensatie in de canonieke vorm gesloten volgens **can.1127 § 2** (gemengde huwelijken), dan dient de plaatselijke Ordinaris, die de dispensatie verleende, ervoor te zorgen dat de dispensatieverlening en de viering ingeschreven worden in het huwelijksregister zowel van de diocesane curie als van de eigen parochie van de katholieke partij, waarvan de pastoor het onderzoek naar de vrije staat van de gehuwden verricht heeft; de katholieke echtgeno(o)t(e) is verplicht dezelfde Ordinaris (d.i. die de dispensatie verleend heeft) en pastoor *zo spoedig mogelijk* van de huwelijksviering op de hoogte te brengen met aanduiding van de plaats van viering alsook van de in acht genomen publieke vorm **(can.1121 § 3)**[36].

Can.1122 § 1 verplicht tot aantekening van het huwelijk in het doopregister en **§ 2** legt de pastoor van de plaats, waar het huwelijk gevierd is (dit in geval het huwelijk niet gesloten wordt in de parochie, waar hij/zij gedoopt is) de plicht op de huwelijkssluiting door te geven aan de pastoor van de plaats, waar het doopsel is toegediend[37].

Tenslotte schrijft **can.1123** voor, dat bij geldigmaking van een ongeldig huwelijk voor het uitwendig rechtsbereik de pastoor van de plaats

[34] In dit geval kàn het niet gaan om een dispensatie in de huwelijkssluitingsvorm van partners, die beide katholiek gedoopt zijn. De pauselijke Commissie (thans: Raad) voor de interpretatie van wetteksten heeft nl. op 14 mei 1985 (*AAS* 77 (1985)771) uitgesproken, dat de diocesane Bisschop buiten direct stervensgevaar niet kan dispenseren van de vorm in dit geval; dus geen beroep kan doen op de hem in **can.87 § 1** verleende dispensatievolmacht.

[35] Vervanging van de woorden "zo spoedig mogelijk" door *statim* (= direct, onmiddellijk) werd in de herzieningsfase afgewezen omdat je zóiets niet op kunt leggen: *Relatio/1981*, pp.262-263.

[36] Zie *COMM*. 10(1978)99-101.

[37] Hiervoor bestaan voorgedrukte kaarten. Besteladres achterin.

van de huwelijkssluiting op de hoogte moet worden gesteld van de nietigverklaring of wettige ontbinding (niet door de dood) van een huwelijk, zodat aantekening daarvan in de huwelijks- en doopregisters kan plaatsvinden[38].

De inschrijving van het huwelijk in het huwelijksregister vormt volgens **can.1540** een publiek document en waarborgt als zodanig "de betrouwbaarheid van alles, wat daarin rechtstreeks en in hoofdzaak beweerd wordt" (**can.1541**). De aanbieding van een authentieke kopie van de inschrijving in genoemd register levert het bewijs voor het uitwendig rechtsbereik. Vervalsing, verandering, vernietiging of verberging van een echt publiek document kan al of niet ernstig gestraft worden (**can.1391**).

3. Overlijdensregister

Het derde, volgens het algemene en ook particuliere recht[39] onmisbare, parochieboek is het overlijdensregister, waarvan **can.1182** letterlijk bepaalt: "Nadat de teraardebestelling verricht is, dient de inschrijving in het overlijdensregister te gebeuren volgens het particuliere recht". Dit betekent niet, dat het bijhouden en bewaren van een overlijdensregister aan het particuliere recht wordt overgelaten. **Can.535 § 1** schrijft immers het hebben van zo'n register voor[40]. **Can.1182** laat alleen aan het particuliere recht de precieze aard en omvang over van zo'n register van overledenen vast te stellen. In de Toepassingsbesluiten van de **Codex/83**, uitgevaardigd door de Nederlandse BC, is dat niet gebeurd. De Bisschoppen herinneren er alleen nadrukkelijk aan, *dat* een overlijdensregister wordt bijgehouden na afloop van de begrafenis of van de crematie[41] met onder meer de volgende gegevens: naam en leeftijd van de overledenen, naam van de ouders en echtgeno(o)t(e), dag van overlij-

[38] Al in 1971 merkte het secretariaat van het aartsbisdom op, dat er in het algemeen niet getwijfeld wordt aan de zinvolheid van de verplichting tot registratie van huwelijken en bijschrijving van gesloten huwelijken in het doopboek van de parochie, waar de partners of de katholieke partner gedoopt zijn: *An.Utr.* 44(1971)359. Aandringen op registratie is op dit moment des te urgenter, omdat er, ook door zoveel katholieken, tweede huwelijken gesloten worden en omdat er nonchalanter (wellicht ook uit onwetendheid) wordt omgesprongen met een zorgvuldige registratie. Niet voor niets werd in het aartsbisdom de dekens recent nog eens op het hart gedrukt toe te zien op het bijhouden van de huwelijksregisters: *An.Utr.* 64(1991) 20.

[39] Zie *TB/89*, n.8.

[40] En de Nederlandse BC heeft er op aangedrongen, dat de in deze bepaling genoemde registers inderdaad in de parochie worden bijgehouden en bewaard: zie *TB/89*, n.8.

[41] **Can.1182** gaat alleen uit van een teraardebestelling. M.i. geldt deze bepaling ook voor crematie.

den en begrafenis of crematie, eventueel het ontvangen van de ziekenzalving en van het viaticum (teerspijze). **Can.1182** schrijft echter niet voor, dat iedere parochie over een overlijdensregister moet beschikken; dat doet **can.535 § 1** echter wel. Heel algemeen wordt in **can. 1182** gezegd, dat de inschrijving dient te geschieden in het register van de kerk, van waaruit de overledene begraven of gecremeerd wordt. Dat is dus niet noodzakelijk het register van de eigen parochiekerk. Dat neemt niet weg, dat de eigen pastoor van de overledenen op de hoogte moet worden gebracht van het overlijden, van de begrafenis of crematie zodat ook dit gegeven in het overlijdensregister kan worden opgenomen[42].

Alle tot hier toe genoemde boeken of registers zijn dus door het algemene recht voorgeschreven. Deze lijst kan door het particuliere recht worden uitgebreid, d.i. door de BC, door de diocesane Bisschop of door het burgerlijke recht[43].

4. Vormselregister

De registratie van de in een parochie toegediende vormsels wordt weliswaar voorgeschreven in **can.895**, maar daar gaat het allereerst over een register van de diocesane curie. Daarin moeten de namen van de gevormden met vermelding van de bedienaar, de ouders en peetouders en van de plaats en dag van de toediening worden geregistreerd. Krachtens het algemene recht is het bijhouden van een vormregister in de parochies niet verplicht gesteld[44], maar dat is op aanwijzing van deze zelfde canon wel door de BC van Nederland gebeurd, in overeenstemming met **can.535 § 1**[45].In haar Toepassingsbesluiten/1989 (n.14) is het vormregister in alle parochies voorgeschreven. En volgens **can.895** is de pastoor van de parochie, waarbinnen het vormsel werd toegediend, verplicht om naast de inschrijving van de namen van de vormelingen, van de bedienaar, van de ouders en (eventueel)peetouder(s), plaats en dag

[42] Zie *CCL*, p.838.

[43] Bij herhaling werd in het aartsbisdom aangedrongen op het bijhouden van met name het doop- en huwelijksregister: zie *An.Utr.* 46(1973)231; 48(1975)43 en 64(1991)20. Dat wijst er dus op, dat deze registratie nog al eens te wensen overlaat.

[44] In het *Schema/77 (can.369)* was daarin nog wel voorzien, maar in 1981 niet meer: zie *COMM.* 13(1981)286 en *Relatio/1981*, p.127 (bij *can.474 Schem./80*).

[45] En elders: zie *CDC(P/M)*p.1348. *CDC(S/P)*,p.330 veronderstelt dat dit zeer waarschijnlijk in de meeste landen gebeurd zal zijn, want, gegeven de huidige mobiliteit van de bevolking, zal de inschrijving in de doopregisters alléén niet meer toereikend zijn. In het frans-sprekende deel van Zwitserland wordt het vormregister ook voorgeschreven, maar met de opdracht aan de pastoor van de parochie, waar het vormsel is toegediend, de pastoor van de parochie van het doopsel daarvan op de hoogte te stellen en de pastoor van de parochie, waarin de vormeling zijn(haar) domicilie heeft: *CDC(P/M)*, p.1352.

van het vormsel de pastoor van de plaats van het doopsel (en niet meer, zoals in *can.799 CIC/17*, de *eigen* pastoor) op de hoogte brengen van het toegediende vormsel, zodat dit geregistreerd kan worden in het doopboek volgens **can.535 § 2**[46]. Daarom is het van belang, dat de plaatselijke pastoor, bij diens afwezigheid, door de bedienaar van het vormsel zelf of door iemand anders zo spoedig mogelijk op de hoogte wordt gebracht van de toediening van het vormsel **(can.896)**.

Twijfels over de zinvolheid[47] daarvan hebben er in het aartsbisdom toe geleid te urgeren, dat in de parochies, waar het H.Vormsel wordt toegediend, de namen en de voornamen van de gevormden op datum in alfabetische volgorde worden genoteerd. Het gebeurt nl. nog al eens, dat in het buitenland b.g.v. een huwelijkssluiting behalve een doop- ook een vormbewijs wordt opgevraagd[48]. Aanbevolen wordt een medewerk(st)er te vragen, die de administratie op zich wil nemen. Niet duidelijk is of het bisdom Groningen insisteert op deze registratie[49], maar in het licht van de al genoemde toepassingsbesluiten zullen we deze constatering tegelijk moeten verstaan als een voorschrift.

5. Kerkhofregister of begraafboek

Voor parochies met een eigen kerkhof is een dergelijk register noodzakelijk[50]. Daarin worden vermeld: naam en leeftijd van de overledene, familie of erfgenamen(rechthebbenden), plaats van overlijden, begraaf- of crematiedatum, aanduiding van de plaats op de begraafplaats en vermelding van het registratienummer. Sedert de nieuwe *Wet op de lijkbezorging* (1991)[51] moet de houder van een begraafplaats een register gaan bijhouden van de daar begraven lijken en bijgezette asbussen. Dat register is openbaar[52]. Bij opheffing van een bijzondere begraafplaats wordt het register overgebracht naar het archief van de gemeente, waarin die begraafplaats gelegen is *(art.27; vgl.art.85, lid 2)*.

46 Voor die inschrijving zijn speciale kaarten beschikbaar; zie besteladres achterin.

47 Net als bij de doop ligt deze ook hier vooral in de waarborging van de rechten van gelovigen.

48 Zie *An.Utr.* 44(1971)350.

49 Constaterenderwijs staat in *An.Gr.* 34(1989)40, dat bij het vormsel niet alleen de namen van de vormelingen vermeld worden, maar ook die van de bedienaar van het sacrament, van de ouders en peetouders, en dat volledigheidshalve het vormsel aangetekend dient te worden in het doopregister.

50 Zie *An.Gr.* 34(1989)38-39.

51 *Nederlandse Staatswetten*, ed.Schuurman & Jordens, Zwolle 1992 (n.29).

52 Deze verplichting is thans met evenzoveel woorden opgenomen in *artikel 8* van het *Modelreglement* voor het Beheer van een Begraafplaats van een R.K.Parochie van de Nederlandse R.K.Kerkprovincie (*SRKK*, Utrecht 1991).

Parallel hieraan moet ook gedacht worden aan een *columbarium-register* van hen, die zich hebben laten cremeren, wier as niet verstrooid is, maar in een asbus bewaard wordt. Genoemde *Wet op de lijkbezorging* schrijft in *art.62, lid 3* het volgende voor: "De houder van de bewaarplaats houdt een register van alle asbussen, met een nauwkeurige aanduiding van de plaats waar zij bijgezet zijn". Daarnaast bestaat er nog het *nabestaandenbestand grafrechten*, waarin de namen en adressen van alle rechthebbenden *en gebruikers* worden geregistreerd[53].

6. Intentie-en Fundatieboek[54]

Can.958 § 1 bepaalt, dat "de pastoor en de rector van een kerk of van een andere godsdienstige plaats, waar gewoonlijk geldelijke bijdragen voor eucharistievieringen in ontvangst genomen worden, een speciaal boek (moeten) bezitten, waarin ze nauwkeurig aantekenen het aantal te celebreren Missen, de intentie, de stipendium-gave en de uitvoering ervan"[55]. De boekhouding moet er in ieder geval zó uitzien, dat in alle omstandigheden voldaan kan worden aan de aangegane verplichtingen. Ofschoon in **can.955 § 4** niet over een afzonderlijk boek gesproken wordt, legt hij de priester wel de verplichting op nauwkeurig aan te tekenen, welke verplichtingen hij op zich genomen heeft en aan welke hij voldaan heeft. Het gaat immers om plichten, waaraan men vanuit de deugd van rechtvaardigheid gehouden is. Daarom rusten zij zwaar op het geweten van de verantwoordelijke priester. Daarvoor is een punctuele aantekening de beste garantie, dat iemand zich ook van die taak zal kwijten.

Daarnaast schrijft **can.1307 § 2** "een ander boek" voor, dat "bij de pastoor of rector bewaard (dient) te worden, waarin de afzonderlijke verplichtingen en het nakomen daarvan en de gaven geregistreerd dienen te worden". Bedoeld zijn hier de verplichtingen, die voortvloeien uit vrome wilsbeschikkingen en vrome stichtingen **(cc.1299-1303)**. Hierop doelt het bisdom Groningen[56], als het het volgende publiceert: "Behalve mis-stipendia zijn er ook zgn.fundatiemissen. Dat wil zeggen: 'ge-

[53] Zie voor beide laatste registers het *Model-reglement* voor het *Beheer van een Begraafplaats* (1991) *artikel 8*.

[54] Vgl. wat hierover al gezegd is in Hoofdstuk VI, pp.283-284.

[55] "Vroeger waren deze stipendia bedoeld voor het levensonderhoud van de pastoor. Sinds de pastores een door het bisdom vastgelegd honorarium ontvangen van het kerk- of parochiebestuur, worden deze gaven in de kerkekas gestort". Aldus: *An.Gr.* 34(1989)2e kw., pp.39-40.

[56] *An.Gr.* 34(1989) 2e kw., pp.39-40.

stichte' missen bij schenking of uit legaten met een bepaalde verplichting om van de rente van dat bedrag voor een bepaald aantal jaren een mis te vieren. Bijvoorbeeld: tien jaar lang elke maand een viering of gedurende een aantal jaren ieder jaar een jaardienst. Al deze stipendia en intenties dienen nauwkeurig te worden ingeschreven, verdeeld en vermeld in het parochieblad of bij de kerkdiensten en na uitvoering te worden afgeschreven"[57].

7. Eerste-communicanten-register

"Veel parochies hebben een apart register waarin de namen worden ingeschreven van de kinderen of jongeren, die de eerste Communie hebben gedaan..."[58]. Het hebben van zo'n register was, evenals dat van de kinderen die de Plechtige H.Communie (hernieuwing van de doopbeloften) deden, verplicht. Maar in het aartsbisdom Utrecht is dit laatste register sedert 1 januari 1961[59] komen te vervallen. Dit veronderstelt dat het eerste-communicanten-register nog wel verplicht is[60]. Daarin moeten voortaan zeer nauwkeurig worden aangetekend, waar en wanneer de betrokken kinderen zijn gedoopt. Is dat niet in dezelfde parochie gebeurd als waarin de Eerste H.Communie wordt ontvangen, dan moet tevens genoteerd worden dat het doopbewijs is opgevraagd[61].

8. Parochieregister

Vroeger was een *parochieregister* of *cartotheek(kaartsysteem)* voorgeschreven krachtens het particuliere recht. Het bevatte alle wetenswaardigheden omtrent de afzonderlijke parochianen: hun namen volgens gezinnen (met inwonend personeel), of het een katholiek of gemengd huwelijk was; of de kinderen gedoopt waren en katholiek onderwijs genoten; of alle gezinsleden hun godsdienstplichten vervulden; bij welke godsdienstige en sociale verenigingen zij waren aangesloten; of er (alleen) katholieke kranten gelezen werden enz. De gegevens hiervoor werden bij het jaarlijkse huisbezoek verzameld.

[57] Zo ook de (franstalige) Zwitserse BC: *CDC(P/M)* p.1348. Over de vraag hoe om te gaan met fundatieverplichtingen zie bv. *An.Gr.* Bd.III(1967-1970)445; aangeraden wordt geen fundaties meer te aanvaarden met een looptijd langer dan 5 à 10 jaar.

[58] *An.Gr.* 34(1989)40.

[59] Zie *An.Utr.* 34(1961)3.

[60] In Italië werd het in 1983 alleen maar aanbevolen, al zou het door een diocesane Bisschop voorgeschreven kunnen worden (**M.Morgante,** a.w., p.125); volgens **H.Schwendenwein**, a.w., p.241 is dat in veel bisdommen het geval.

[61] *An.Utr.* 34(1961)3.

Een nauwkeurig, volledig bijgehouden en goed geordend register is en blijft een hoogst belangrijk hulpmiddel bij de zielzorg, vooral in grotere of sterk wisselende parochies. Voor elkaar opvolgende pastoors en kapelaans was het een onmisbaar hulpmiddel om zich te oriënteren omtrent de toestand van de parochie. Bovendien waren daaruit gemakkelijk de gegevens voor de parochie-statistiek te halen[62].

Over het hebben van een dergelijke cartotheek spreekt de Codex niet. Evenmin wordt de verplichting daartoe opgelegd door het particuliere recht[63]. Dat neemt niet weg, dat zij altijd een belangrijk hulpmiddel zal blijven voor de pastorale zorg, hoe moeilijk het ook is om een goede cartotheek op te bouwen, gezien de enorme mobiliteit van de huidige bevolking en de geringe kerkbetrokkenheid van zeer velen. Nog een ander probleem is daar bijgekomen. Voor een deel berustte het parochieregister op de inlichtingen, die door de Gemeente inzake iemands kerkelijke gezindte werden (en nog worden) verstrekt. Maar een nieuwe wet betreffende de *Gemeentelijke Bevolkings Administratie* (*G.B.A.*), waarvan de invoering voorzien is per 1 september 1994, houdt in dat de aantekening van de kerkelijke gezindte verdwijnt. De parochies zullen zelf maatregelen moeten nemen om in de toekomst aan de gegevens van (nieuwe) parochianen te komen. Met het oog daarop zijn de gezamenlijke bisdommen in Nederland sedert 1 november 1988 mee gaan doen aan het zgn.PTT-verhuisbericht om o.a. op die manier gegevens te krijgen.

Naast de invoering van de wet *G.B.A.* is er ook een *Wet Persoonsregistratie* (*W.P.R.*) gekomen. Deze wet regelt o.a. de bescherming van geregistreerde persoonlijke gegevens. Voor de parochies in de Nederlandse bisdommen is een standaard-reglement van toepassing, uitgegeven in juni 1989.

Ten behoeve van deze nieuwe situaties hebben de gezamenlijke bisdommen in Nederland een brochure-reeks "Parochieadministratie" opgezet, waarin wordt ingegaan op de gevolgen van de wetgeving en waarin adviezen en suggesties worden gegeven[64]. Maar krachtens de

[62] **Mulder-Eijsink,** Parochie en Parochiegeestelijkheid n.219, p.244.

[63] Dit ligt in Frankrijk blijkbaar anders: vgl.**J.-C.Périsset**, a.w., p.159. Ten behoeve van het parochieregister kon het bisdom Groningen tot voor kort beschikken over het verstrekken van gegevens door een *Diocesaan Bevolkingsbureau (An.*Gr.Bd.I(1956-1961)460-461, dat o.a. zorg droeg voor een centraal register (met persoonskaarten!), waarvan het parochiële register in iedere pastorie (op gezinskaarten) werd afgeleid. Het Bureau werd in 1993 opgeheven: *An.Gr.* 38(1993)64-66. Vgl. *An.Ro.* 10(1965)46-49.

[64] Onder verantwoordelijkheid van de *Contactcommissie* Kerkledenregistratie van het R.K.Kerkgenootschap in Nederland is vanaf 1988 een reeks brochures "Parochie-admini-

Wet Bevolkings-en Verblijfregisters (Stbl.1970, 608) en het *Besluit Bevolkingsboekhouding* (Stbl. 1967, 442) is het recht op inlichtingen uit de bevolkingsregisters nog steeds van kracht. De gemeente is dus nog steeds wettelijk verplicht de gevraagde informatie te verschaffen. Dit schept dus nog de mogelijkheid om de cartotheek in orde te brengen[65].

De problematiek van de bescherming van de privacy wordt in *België* geregeld door de *Wet van 8 december 1992* tot bescherming van de persoonlijke levenssfeer t.o.v. de verwerking van peroonsgegevens. Deze wet is van toepassing op elke verwerking van persoonlijke gegevens. De bescherming betreft enkel natuurlijke personen zodat de Kerk zelf, religieuze instituten en organisaties hieruit geen bescherming kunnen putten. *Artikel 1* van deze wet stelt bovendien duidelijk, dat het hier om elke verwerking van persoonlijke gegevens gaat met inbegrip van de manuele verwerking ervan. Het bijhouden van registers, al dan niet op steekkaart, valt hier dus ook onder. De uitzonderingen op deze wet zijn terug te vinden in *artikel 3 § 2*. Er wordt hier echter duidelijk geen uitzondering gemaakt voor de registers, zoals bijgehouden door de Kerk. De wet voorziet in een aantal verplichtingen voor de houder van het bestand. De bescherming van de persoonlijke levenssfeer wordt voornamelijk geboden door de *artikelen 9, 10 en 12* van de wet, die de persoon over wie gegevens worden bijgehouden, respectievelijk het recht geven geïnformeerd te worden over het feit, dàt er gegevens over hem worden bijgehouden, het recht van inzage in deze data en het recht de correctie van onjuiste informatie te eisen. *Artikel 6* van deze wet verklaart haar expliciet van toepassing op o.m. alle informatie op levensbeschouwelijk

stratie" verschenen onder deze titels: 1. *De Ledenadministratie. Beleid en Suggesties*(1988); 2. *Parochies en het Verhuisbericht van de PTT. Een nieuwe uitdaging* (1988); 3. *Automatisering in de Parochie*(1989); 4. *Pastoraal Advies Kerkledenregistratie* (1989); 5. *Parochies en de Wet Persoonsregistraties*(1989); 6. *Nieuw Beleid Ledenadministratie. Stand van Zaken*(1990); 7. *De Ledenadministratie van de Parochie. Alle veranderingen op een rij* (1993). – In het aartsbisdom zijn het bv. de parochiebestuursvergaderingen in dekenaal verband, maar ook de dienstencentra met eigen cursussen, die aandacht besteden aan deze hele problematiek. Wat de kerkledenadministratie en persoonsregistratie betreft: zie *An.Gr.* 32(1987)B1-B4 en B63-B65; 33(1988)afl.1, pp.1 en 10-15; 34(1989)71-75; 36(1991)85-86; 37(1992)83-92; 31(1984)269-270; 35(1988)215-226; 36(1989)181-196; 37(1990) 3-6 en 126; *An.Bo.* 27(1987)35-36; 30(1990)afl.1, pp.19-24; 32(1992)afl.4, pp.3036; *An.Br.* 4(1990)3-6; 5(1991)45-47; 7(1993)33-40 en 53; 8 (1994)125-136; *An.Utr.* 59(1986)284-285; 61(1988)70, 161, 191-192; *An.Ro.* 33 (1988) 64-69; 242-243; 284-285; 34 (1989) 47; 187-188; 206-207; 37 (1992) 136-142; 39 (1994) 182-183.

[65] Bron voor deze gegevens zijn de *Richtlijnen van het Aartsbisdom Utrecht* (1993) t.b.v. (o.a.) kerk-en parochiebesturen (Maart 1993). Vgl. soortgelijke informatie in de diocesane regelingen of richtlijnen van de andere bisdommen.

en godsdienstig gebied. **Prof.Torfs**[66] ziet op dit vlak verscheidene mogelijke problemen. Zo bestaat bij een kerkelijke huwelijksnietigheidsprocedure de praktijk, dat, als één van beide partijen niet wenst mee te werken, de procedure in zijn afwezigheid wordt voortgezet. Dit kan er echter toe leiden, dat informatie uit parochieregisters aan de kerkelijke rechtbank wordt voorgelegd zonder de uitdrukkelijke toestemming van de niet meewerkende partij. *Artikel 15* voorziet echter de mogelijkheid voor de beschermde persoon het gebruik van of het mededelen van persoonsgegevens te verbieden. Hier ligt dus naar de toekomst toe de mogelijkheid voor ernstige problemen. Een tweede groep van mogelijke problemen situeert zich op het vlak van het lidmaatschap in de Kerk. Op basis van **can.11** is het doopsel constitutief voor lidmaatschap in de Kerk. De Codex voorziet echter geen regeling voor het uittreden uit de Kerk. Het doopregister geldt dan ook als een "lidmaatschapsbewijs". Als iemand echter uit de Kerk wenst te treden, zou hij op basis van zijn recht op correctie van onjuiste informatie, het schrappen van zijn "lidmaatschap" uit de parochieregisters kunnen eisen. Hoewel zich hier duidelijk een probleem stelt, kan dit omzeild worden door een aantekening in de marge van de parochieregisters dat op een bepaalde datum het desbetreffende individu gevraagd heeft om zijn lidmaatschap te schrappen. Dit voldoet enerzijds aan de wettelijke vereiste, terwijl het anderzijds geen afbreuk doet aan de theologische visie op 'lidmaatschap'. Ongetwijfeld zullen ook nog op andere kerkelijke domeinen in deze context problemen opduiken. De *Wet van 8 december 1992* is echter nog tè recent om hieromtrent reeds voldoende duidelijkheid te bieden [67].

9. Inventarissen

In *TB/89* n.8 (bij **can.535 § 1**) herinnert de Nederlandse BC aan *artikel 34* van het *Algemene Reglement voor het Bestuur van een Parochie*, waarin het kerkbestuur de opdracht krijgt te zorgen "dat er steeds een volledig opgemaakte en bijgehouden inventaris voorhanden is van alle onder zijn beheer staande roerende lichamelijke zaken van aanmerkelijke waarde". Voor de beheerders van parochiële kerkelijke goederen is de opdracht breder geformuleerd in **can.1283 n.1**: alvorens aan hun taak

[66] **Rik Torfs**, *"Survey on Data Protection and Churches in Belgium"* in: **Robbers, G.**(ed.), *Europäische Datenschutzrecht und die Kirchen* (Berlijn, Duncker & Humblot 1994), pp.13-28.

[67] Voor *Nederland* zij, wat de hier aangeduide problemen betreft, nog eens gewezen op brochure n.5 van de *Contactcommissie Kerkledenregistratie* over *"Parochies en de Wet Persoonsregistraties"* (1989).

te beginnen "dient een nauwkeurige en gespecificeerde, door hen zelf te ondertekenen inventaris opgemaakt te worden van de onroerende goederen, van de roerende goederen, hetzij kostbaar hetzij hoe dan ook tot het cultuurgoed behorend, en van de andere goederen, samen met een beschrijving en waardeschatting ervan, en, eenmaal opgemaakt, dient de inventaris nagezien te worden"[68]. Van de in duplo opgemaakte inventaris moet een exemplaar in het archief van het beheer, het andere in het archief van de curie worden bewaard **(n.3)**.

10. Parochie-statistiek

Al in 1961[69] hebben de Nederlandse Bisschoppen gewezen op het belang van de parochiële statistiek als methode om door middel van getallen inzicht te krijgen in wat er in de parochie omgaat. Op die manier kan een goede statistiek een betrouwbare gids worden voor het pastorale beleid: tijdig goede voorzieningen treffen bij een groeiende bevolking, bij afnemend kerkbezoek, vermindering van het aantal beschikbare pastores enz. Aanbevolen wordt om voor het (vaak vervelende en tijdrovende) telwerk de hulp in te roepen van een parochiaan en een *vast tijdstip* daarvoor te nemen, bv.begin januari. In een brief van 16 november 1971[70] vragen de Bisschoppen opnieuw aan de parochies om met het *KASKI*, dat met het oog op deze statistiek (telkens aangepaste)[71] formulieren toezendt, mee te werken aan de totstandkoming van een zo goed mogelijke parochiestatistiek. Thans geeft het *KASKI* ieder jaar de kerncijfers uit de kerkelijke statistiek van het R.K.Kerkgenootschap in Nederland uit in de reeks *Kerkelijke Documentatie* van het Informatiebulletin van dit Kerkgenootschap[72].

11. Parochiezegel

"Kerkelijke publieke documenten zijn",aldus **can.1540 § 1**, "die welke een publiek persoon in de uitoefening van zijn taak in de Kerk

[68] Bij de canonieke visitatie van een parochie (vgl. **can.555 § 4**) zal hier dan ook naar gevraagd worden: o.a. *An.* Br. 7(1993)11-18; *An.Rmd.* 48(1967)93-94.

[69] *An. Utr.* 34 (1961) 203-205; *An. Ha.* 8 (1961) 149-151; *An. Rmd.* 42 (1961) 166-169 en 47 (1966) 15-16; *An. Gr.* Bd. I (1956-1961) 501-503; *An. Bo.* 1 (1961) 100-102; *An.Br.*1961,pp.105-107; *An.Ro.* 6(1961)232-234.

[70] *An. Utr.* 44 (1971) 503-504; *An. Ha.* 19 (1972) 16-17; *An. Rmd.* 52 (1971) 174-175; *An.Gr.*Bd.IV(1971-1974)119-120; *An.Bo.*12(1972) 13-14.

[71] Vgl. *An. Utr.* 46 (1973) 632-633; *An. Gr.* Bd. IV (1971-1974) 83-84; *An. Br.* 1973, pp. 1-2 onder de letter P (van parochie).

[72] Zie Mededeling van het *KASKI*, d.d. 30 november 1973 hierover: *An.Gr.*Bd.IV(1971-1974)204-205.

opgesteld heeft, met inachtneming van de door het recht voorgeschreven vormvereisten". Tot die vormvereisten hoort volgens **can.535 § 3** naast de handtekening van de pastoor zelf of van diens gedelegeerde ook het parochiezegel. De noodzaak voor iedere parochie om te beschikken over een eigen zegel vloeit voort uit haar eigen eigen aard een publieke rechtspersoon te zijn **(can.515 § 3)**; het zegel is een uiterlijk teken van haar identiteit. Opmerkelijk is dat de Codex alleen in **can.535 § 3** dit parochiezegel vermeldt; en het verder onvermeld laat op andere plaatsen, waar hij er ook gewag van had kunnen maken, bv. bij de beschrijving van de essentiële formaliteiten van administratieve beschikkingen via documenten **(cc.35-75)**[73]. Getuigschriften aangaande de canonieke staat van christengelovigen, bv. inzake doop, huwelijk of wijding, krijgen door de handtekening van de pastoor of van diens gedelegeerde samen met het parochiestempel hun authentiek karakter; zo ook alle akten, die juridische betekenis kunnen hebben.

Vraag is nog wie door de pastoor gedelegeerd kan worden om authentieke certificaten op te maken inzake de canonieke staat? Een commentator[74] antwoordt terecht: iedere persoon, die deze taak (functie) opgedragen krijgt en op zich genomen heeft. Ofschoon het hier niet gaat om delegatie van bestuursbevoegdheid, moeten toch met aanpassingen de normen, die daarop betrekking hebben worden toegepast: de **cc.131 § 3, 132 § 2, 133** en **142 § 1.** Vooral van belang is, dat de persoon die belast is met bv. de afgifte van doopbewijzen door de pastoor op de hoogte wordt gebracht van zowel de wijze, waarop hij(zij) te werk moet gaan als van de canonieke implicaties van een nauwkeurige staat van de gegevens en bovenal van de terughoudendheid inzake het verstrekken van vertrouwelijke inlichtingen, waarvan zij kennis genomen zouden kunnen hebben bij het doornemen van de parochieboeken. In geval één of meer parochies hoofdelijk zijn toevertrouwd aan een team van priesters, is alleen de *moderator* de vertegenwoordiger van de parochie(s) in juridische aangelegenheden **(can.543 § 2 n.3)**. Bijgevolg heeft hij de zorg voor het bijhouden van de parochieboeken **(can.535 § 1)** en toe te zien op de afgifte van doopbewijzen en andere akten, die van juridisch belang zijn, desnoods door hiervoor een persoon te delegeren **(can.535 § 3)**. Dit

[73] Zie **J.-C.Périsset**, a.w., p.163. Even opmerkelijk is dat de **Codex/83** alleen nog melding maakt van dit (materiële) parochiezegel, terwijl de *Codex/17* nog sprak over zegels van de bisschoppelijke curie *(can.381 § 2)*, van de deken *(can.* 450 § 1), van de bisschoppelijke rechtbank *(can.1643 § 1 en 1715 § 2)*, van de Ordinaris in heilig- of zaligverklaringsprocedures *(cc.2041 § 2, 2046 en 2055)*, van de religieuze Overste bij afgifte van getuigschriften *(can.545 § 1)*.

[74] **J.-C.Périsset**, a.w., p.164, ook voor hetgeen hierna volgt.

kan een priester uit het team zijn of ieder van de priester-team-leden voor een bepaalde (territoriale of functionele) sector. Feitelijk zal het de voorkeur verdienen één enkele persoon te belasten met alle administratieve kwesties van de toevertrouwde parochie(s), terwijl de moderator persoonlijk een goede uitvoering van deze taak controleert. Bij het toevertrouwen van meerdere parochies moet elk van haar beschikken over eigen boeken en zegels. Zo ook als een pastoor meerdere parochies bedient **(can.526 § 1)**.

ARTIKEL II: DAGBOEK VAN DE PAROCHIE, PAROCHIEJOURNAAL OF PAROCHIEKRONIEK (LIBER MEMORIALIS)

Vroeger werd in het particuliere recht (diocesane synodes) het bijhouden van een *parochiekroniek* voorgeschreven. Zij moest alle belangrijke gegevens, die op de parochie betrekking hadden, bevatten: de geschiedenis van de oprichting van de parochie en vaststelling van haar grenzen; de namen van de weldoeners en wat zij aan de parochie(kerk) hebben gegeven, de namen van de opeenvolgende pastoors en kapelaans met datum van hun ambtsaanvaarding en -ontheffing; beschrijving van relikwieën en speciale aflaten, die aan de parochie zijn verleend; de oprichting van godsdienstige verenigingen; het aantal parochianen, communicanten, uitgereikte communies, toegediende doopsels, gesloten huwelijken en overledenen van ieder jaar; het totaal van de jaarlijkse inkomsten van de kerk; bijzondere gebeurtenissen (kerk-, kerkhof- of altaarwijding, gehouden missie, jubilea-vieringen, gerezen problemen enz.[75]. Het bisdom Groningen[76] past deze oude synodale regels aan aan onze tijd en zegt dat daarin "de bijzonderheden (worden) vermeld, die in de parochie plaatsvinden, zoals: plechtige feesten, jubilea, priesterfeesten, de bouw, restauratie, eventueel sluiting van kerkgebouwen. Ook kan een belangrijke aanschaf of schenking vermeld worden, de intrek of het vertrek van pastores, religieuzen, pastorale werk(st)ers enz. Deze gegevens zijn van kostbare waarde voor het parochie-archief. Het bijhouden van het dagboek van een parochie was altijd het werk van de pastoor. Praktisch kan niet elke pastoor er evenveel tijd aan besteden. Wel kan de pastoor en het parochiebestuur stimuleren dat iemand uit de parochie

[75] Wanneer een afschrift van de jaarlijkse statistiek, die aan het bisdom moet worden opgezonden, in het parochiaal archief bewaard wordt, is vermelding van veel van deze gegevens in de parochiekroniek overbodig.

[76] *An.Gr.* 34(1989) 2e kw., p.39. In Italië werd de parochiekroniek in 1983 alleen maar aanbevolen door de BC, maar iedere diocesane Bisschop kan daartoe verplichten: **M.Morgante**, a.w., p.125.

met interesse en een zekere kundigheid op dit gebied gevraagd wordt om bv. maandelijks het dagboek van de parochie bij te houden. Een belangrijk hulpmiddel bij het schrijven van zo'n dagboek is ongetwijfeld het parochieblad".

ARTIKEL III: HET PAROCHIE-ARCHIEF

Volgens **can.535 § 4** dient er in iedere parochie een bewaarplaats of archief te zijn. Onder archief verstaan we zowel de verzameling van al of niet geschreven stukken, oorkonden, akten, registers, documenten van de parochie als de bewaarplaats van de zojuist genoemde bescheiden. Op allerlei manieren kan de onschatbare waarde van een archief tot uitdrukking worden gebracht. "Wie zijn verleden vergeet, heeft ook geen zicht meer op de toekomst"[77]. Archieven vormen "samen het geheugen van de mensheid"[78] of "archieven zijn voor de geschiedschrijving wat de processtukken zijn bij een rechtszitting"[79].

Het is goed vooraf onderscheid te maken tussen een *lopend* en *gesloten* archief; het eerste bevat stukken, die geregeld en vlot geraadpleegd moeten kunnen worden; het tweede heeft betrekking op stukken, die niet meer van direct belang zijn voor de dagelijkse gang van zaken in de parochie. Daarbij is goed het parochie-archief te onderscheiden van de parochiebibliotheek. **Can.535 § 4** handelt over het *lopend* archief; hij herneemt bijna woordelijk *can.470 § 4 CIC/17* (behalve de eerste zinsnede hierin over het parochiezegel)[80]. Drie elementen worden in deze paragraaf genoemd:

a) In globale termen datgene, wat in het archief bewaard moet worden, nl.de parochieboeken, tezamen met de brieven van de Bisschoppen en andere documenten die, noodzakelijkerwijze of omdat het nuttig is,

[77] *An.Gr.* 34(1989) 2e kw., p.35.

[78] *An.Utr.* 65(1992)9, waar verder nog staat: "Voor een gemeenschap is geheugenverlies rampzalig: wie de geschiedenis niet kent, is gedoemd (de fouten van) het verleden te herhalen".

[79] *An.Ha.* 38(1991)134, waar in een artikel van **A.M.Velthoven**, *Heeft u misschien ook iets te verbergen?* (t.z.p., pp.133-139) ook gesteld wordt: "Wie het verleden niet kent, zal het heden niet begrijpen en heeft geen oog voor de toekomst" (p.139). Al in 1975 publiceerde de *An.Gr.* 20(1975)B24B27 een lijst van wat parochies minimaal moeten (doen) bijhouden. Zie ook *An.Bo.* 11(1971)33-35.

[80] *Can.470 § 4*: "(De pastoor) moet een parochiezegel gebruiken en een archief hebben, waarin de vermelde boeken bewaard moeten worden samen met de brieven van de Bisschoppen en andere documenten, waarvan het nodig dan wel nuttig is dat ze bewaard worden; dit alles moet door de Ordinaris of diens gedelegeerde bij gelegenheid van de visitatie of op een andere geschikte tijd worden ingezien en er moet nauwgezet voor worden gewaakt dat zij niet in vreemde handen komen".

bewaard moeten worden. Wat de "bisschoppelijke brieven" betreft gaat het niet om brieven met een persoonlijk of privé-karakter, maar om die welke de parochie als zodanig of in haar geheel aangaan[81]. Eigenlijk zouden we hier, merkt een andere commentator op[82], het enkelvoud verwachten, nl. brieven van de Bisschop, gegeven het feit dat de parochie opgericht is binnen een particuliere Kerk(bisdom). Het meervoud vinden we echter ook in de corresponderende canon van het oude Wetboek *(can.470 § 4)* en zal duiden op de brieven van de elkaar in de loop der jaren of zelfs eeuwen opvolgende Bisschoppen. Het gaat verder niet alleen om brieven, die periodiek door de Bisschop aan heel het bisdom worden gestuurd, maar ook om die, welke de parochie zelf aangaan. Informatiebulletins van de gezamenlijke of afzonderlijke bisdommen[83] horen eerder thuis in een parochiebibliotheek dan in het parochie-archief. Andere stukken (documenten), die voor de parochie noodzakelijk of nuttig zijn en dus in het archief bewaard moeten worden, kunnen als volgt in schema worden gezet[84].

1. *Stukken van algemene aard*, waaronder vallen: de notulen van het kerk/parochiebestuur, de correspondentie met het bisdom, de burgerlijke overheid e.a.; de brieven van de Bisschop(pen) aan zijn(hun) gelovigen; de oprichtingsakte en grensomschrijvingen van de parochie; de doop-, trouw-, vorm- en begraafregisters; aflees- en intentieboeken (zowel van **can.958** als van **can.1307 § 2**, temeer omdat zij door de Ordinaris of door anderen jaarlijks geïnspecteerd moeten worden: **can.958 § 2**) en de parochiekroniek.
2. *Stukken betreffende kerk, pastorie, kerkhof, klooster* in de parochie, waaronder vallen: alle stukken over bouw en financiering van kerk, pastorie enz.; de inrichting, verzekering, installaties van deze gebouwen; aanleg, reglementen, administratie van het kerkhof; zaken betreffende kloosters in de parochie.
3. *Functionarissen en personeel*, waaronder: stukken betreffende de pastores van de parochie (benoemingen bv.); het kerk-, c.q. parochiebestuur(parochieraad); koster, dirigent, organist.

[81] **M.Morgante**, a.w., p.126.

[82] **J.-C.Périsset**, a.w., p.165.

[83] Zoals Een-twee-een van het Secretariaat R.K.Kerkgenootschap in Nederland, het Bisdomblad(Groningen), De Sleutel (Roermond), Op Tocht(Utrecht), Samen Kerk (Haarlem), Tussenbeide (Rotterdam), Bisdomblad (Breda en 's-Hertogenbosch).

[84] Ik volg hier het schema, zoals gegeven in *An.Utr.* 52 (1979)325; opnieuw met kleine wijzigingen gepubliceerd in *An.Utr.* 61(1988)295-297. Variaties op dit schema bv. in *An. Gr.* 34(1989)2e kw., p.40; vgl. *An.Ro.* 9(1964)219-224.

4. *Uitoefening van de zielzorg*, waarbij te denken valt aan: alle gegevens omtrent het pastorale werk; de viering van de liturgie; preken en preekboeken; devoties en kerkelijke praktijken; mis-, retraite- en bezinningsweken; missieactiviteiten vanuit de parochie; oecumenische activiteiten, vredesweek; diverse werkgroepen van de parochie enz.
5. *Godsdienstige en andere verenigingen*, waaronder: stukken over de Broederschappen, Congregaties, katholieke verenigingen op sociaal en politiek gebied, maatschappelijk werk, kruisverenigingen enz.
6. *Jeugdwerk* in de parochie; gegevens over diverse verenigingen op dit terrein; jeugd- en clubhuizen; aalmoezeniers.
7. *Armbestuur*, later *Parochiële Caritas Instelling*. Stukken als notulen, reglementen, functionarissen, bezittingen,financiën, uitvoering van taken.
8. *Financiën*, waaronder: de jaarlijkse rekening en verantwoording, begrotingen, kasboeken, en de rekeningen van bank en giro, die een aantal jaren bewaard dienen te worden.
9. *Eigendommen* met alle gegevens over roerende en onroerende goederen van de parochie: de authentieke eigendomsakten volgens **can.1284 § 2 n.9** en een inventaris volgens **can.1283 nn. 2** en **3**; gegevens van de bouwinspectie, stukken betreffende verkoop, verhuur, verpachting en niet te vergeten: fundaties, schenkingen en legaten; effecten, belastingen en verzekeringen.
10. *Schoolbestuur*, waaronder: notulen, gebouwen, personeel, financiën enz.
11. *Varia*, waaronder bv. stukken over de geschiedenis van de parochie en van het bisdom.

Tenslotte wordt er op gewezen, dat oude boeken, die zich op pastorieën bevinden vaak elders van pas kunnen komen, soms ook geld waard zijn.

b) Controle op de bewaring van deze bescheiden. De inspectie van het parochie-archief kan door de diocesane Bisschop of zijn gedelegeerde gebeuren tijdens de parochie-visitatie, d.i. ieder jaar of iedere vijf jaar **(can.396 § 1)** of op een ander geschikt moment. Feitelijk echter zal de deken habitueel gedelegeerd zijn voor het uitvoeren van deze inspectie volgens **can.555 § 1 n.3**[85].

[85] Terecht merkt **J.-C.Périsset**, a.w., p.166 op, dat het realistischer zou zijn geweest als de Bisschop ontheven zou zijn van deze inspectie-verplichting "als zijnde te administratief": hij heeft er de tijd, maar vooral ook niet de wilskracht voor er tijdens de parochievisitatie aandacht aan te schenken.

c) Zorg van de pastoor dat de archivalia niet in handen van buitenstaanders (onbevoegden) komen. In één adem zouden we hier aan toe kunnen voegen: zorg voor een beveiligde bewaarplaats of een veilig archief. Over dit laatste worden in het algemene recht geen normen meer gegeven; vermoedelijk wordt dit overgelaten aan het particuliere recht. Tot voor kort werd hierover gezegd, dat het archief in een afzonderlijke kast, bij voorkeur een brand-, vocht- en inbraakvrije kluis bewaard zou moeten worden[86]. Ook voor nu blijft dit een goede norm. Het zou goed zijn geweest in **can.535 § 4** minstens een verwijzing te maken naar **can.488**, waar sprake is van het bisschoppelijk archief, omdat hier een norm gegeven wordt die eigen is aan ieder archief, nl. dat geen document uit de beveiligde bewaarplaats weggaat, tenzij om ernstige redenen (restauratie, expositie) en ook dan nog met de noodzakelijke waarborgen omgeven is[87].

Canon 535 § 5 is helemaal nieuw en heeft meer betrekking op het *gesloten* archief[88], want hij legt de nadruk op het bewaren van het oude religieuze erfgoed. Door er een afzonderlijke norm van te maken wordt nadrukkelijker de aandacht van de pastoors gevestigd op hun verantwoordelijkheid ook inzake dit erfgoed. De expliciete verwijzing naar het particuliere recht in deze ligt voor de hand, omdat de omstandigheden voor het bewaren van oude bescheiden heel verschillend zijn, niet enkel op grond van sociale en klimatologische omstandigheden, maar vooral op grond van de voorschriften, die voor dit doel kunnen worden gegeven door de publieke overheid. Het is de taak van de BC's en van ieder bisdom eigen richtlijnen uit te vaardigen voor het bewaren alsook voor het

[86] In veel bisdommen van de *VS* wordt naast een brand-en inbraakvrije kluis nog een kopie van alle parochieboeken op micro-film bijgehouden, die gedeponeerd wordt op de kanselarij. Bovendien: omdat steeds meer parochies overgaan tot computers voor het opslaan van alle parochiële gegevens, zijn geschikte "back up"-methodes noodzakelijk geworden voor het veilig bewaren van de parochie-registers: zie *CCL*, p.430. Vgl.*An.Gr.* 32(1987)B32; 33(1988)4-6; 36(1991)65-69 over het gebruik van computers i.v.m. automatisering.

[87] **J.-C.Périsset**, a.w., p.166. De pastoor moet inzage in het archief van buitenstaanders, ook om redenen van studie, historisch onderzoek e.a. niet toestaan zonder voorafgaande machtiging van de plaatselijke Ordinaris.

[88] Zoals ook al blijkt uit de drie documenten van de Apost.Stoel (Italië betreffend), die als bron voor deze canon worden vermeld: een rondzendbrief van het Staatssecretariaat van 15 april 1923 (**X.Ochoa**, a.w., *vol.I*, n.506), normen van de Conciliecongregatie (thans: Congegratie voor de Geestelijkheid) van 24 mei 1939 [*AAS* 31(1939)266-268; **X.Ochoa**, a.w., *vol.I*, n.1477] en een document van de Pauselijke Commissie voor de kerkelijke archieven van Italië, d.d. 5 december 1960 [*AAS* 52(1960)1022-1025: **X.Ochoa**, a.w., *vol.III*, n.2952].

consulteren van oude parochie-documenten. Een diocesane, minstens regionale, centralisatie zal hiervoor vaak nuttig zijn.

Alle Nederlandse bisdommen hebben in de laatste decennia bijzondere aandacht besteed aan de archieven, die "samen het geheugen van de mensheid vormen". Behalve de functie om het verleden voor ons levendig te houden heeft het archief als voornaamste functie ook: een hulpmiddel te zijn bij het consistent voeren van beleid door personen en besturen; en bij geschillen behoort men in het archief de zorgvuldig bewaarde bewijsstukken te vinden. Vooral deze laatste doelstelling bepaalt *wat* bewaard moet worden, *hoe* men de documenten vlug terug kan vinden en tenslotte *hoe* men omgaat met documenten, die voor het actuele bestuur niet meer nodig zijn, maar die om hun juridische bewijskracht of het belang van geschiedschrijving voorgoed moeten worden bewaard[89].

Probleem hierbij is heel vaak de *ruimte*, afhankelijk van de grootte van de archiefvormende instelling. Voor de parochie-archieven heeft dit er al lang toe geleid de oudere archivalia te deponeren bij een overheidsarchief: van de Gemeente of van het Rijk in de provincie. Een aanbeveling hiertoe ging twintig jaar geleden uit van de Commissie Kerkelijke Archieven van de Rooms Katholieke Kerk in Nederland. Parallel aan wat er met de seminarie-bibliotheken en het kerkelijk kunstbezit gebeurd is, is voor het bisschoppelijk archief advies ingewonnen bij de 'Stichting Archiefverzorging'.

Het bisdom *Groningen* heeft een aparte brochure uitgegeven[90] over alles, wat met het parochiearchief te maken heeft; daar bestaat sinds 1 januari 1991 een Diocesane Commissie voor Archieven van kerkelijke organen en instellingen[91]. In 1979 verscheen in het aartsbisdom *Utrecht* een handreiking voor de parochies over archieven, waarin ten aanzien van het gesloten archief werd gesteld: wil men dit in bewaring geven, dan komen daarvoor Gemeente en Streekarchieven en de Rijksarchieven in aanmerking, mits ze goed geoutilleerd zijn. Om hierover zekerheid te hebben, moet men zich alvorens tot bewaargeving over te gaan, in verbinding stellen met het bisdom, dat beschikt over een lijst van de voor het beheer van parochie-archieven geschikte archieven; daarnaast kan het bisdom bevorderen dat de archieven van de parochies van een plaats of streek in één archief bijeenkomen, afgezien nog van het feit, dat het

[89] *An.Utr*. 65(1992)9-12; hier 9.
[90] *An.Gr*. 34(1989)2e kw., pp.35-44.
[91] *An.Gr*. 35(1990)63-64. Aldaar ook het Reglement van die Commissie, pp.64-66.

goed is dat het bisdom op de hoogte blijft van de plaatsen, waar de parochiearchieven zijn ondergebracht[92]. In 1986 heeft de Bisschop van *Haarlem* naar aanleiding van de zorgelijke toestand van veel parochiearchieven, waarvan de meeste slechts gebrekkig geïnventariseerd zijn, en omdat er in veel gevallen nauwelijks sprake is van een goede archiefruimte, de Diocesane Archiefcommissie geïnstalleerd[93]. In 1979 maakte de Bisschop van *Roermond* de oprichting bekend van een gemengde werkcommissie (van rijks- en gemeentearchivarissen en vertegenwoordigers van het bisdom) om "na te gaan in hoeverre parochie-archieven reeds verzameld en geinventariseerd zijn en te achterhalen welke parochies nog archieven hebben, die verzameld, geordend, geïnventariseerd en veilig opgeborgen moeten worden en een onderzoek in te stellen naar de beste bewaarplaats (parochie, gemeente of Rijk) van de archieven"[94]. Op 18 december 1987 installeerde de Bisschop van *Rotterdam* de Diocesane Commissie voor Archieven van Kerkelijke Organen en Instellingen[95]. In het bisdom *Breda* werden in 1991 nieuwe richtlijnen voor het archiefbeheer aangeboden met een brief van de Bisschop[96].

In het contract, dat afgesloten dient te worden voor de in-bewaringgeving, zullen de eigendomsrechten moeten worden vastgelegd (de parochie blijft eigenaar van haar archief) en dienen voldoende waarborgen te worden gegeven betreffende de openbaarstelling van de stukken voor het publiek (de burgerlijke overheid vindt dat stukken, die jonger dan 50 jaar oud zijn, niet beschikbaar moeten zijn voor raadpleging door het publiek; alleen na overleg met de eigenaar van de archivalia wordt daarvan afgeweken).

[92] *An.Utr.* 52(1979)324-326; opnieuw met kleine wijzigingen gepubliceerd in *An.Utr.* 61(1988)295-297.

[93] *An.Ha.* 33(1986)12-14. Een eerste rapport van deze Commissie is te vinden in: *An.Ha.* 37(1990)210-225 en een reflectie op het bewaren van archiefstukken in: *An.Ha.* 38(1991)133-139.

[94] *An.Rmd.* 60(1979) afl.sept.-dec., pp.1-2; vgl.*An.Rmd.* 51(1970)76-77 en 49(1968)127-128.

[95] *An.Ro.* 33(1988)11-13, waar ook de algemene opdracht, taken, samenwerking, samenstelling en werkwijze staan aangegeven; in 1988 werd een enquête naar de parochiearchieven gehouden (t.z.p., pp.102-104); een verslag van haar werkzaamheden over de periode '88-'89 staat in *An.Ro.* 34(1989)96-100.

[96] *An.Br.* 5(1991)166.

BESTELADRESSEN
voor boeken, brochures, formulieren en kaarten, waarnaar in de tekst af en toe verwezen wordt:

1. **Nationale Raad voor Liturgie (NRL)** voor Nederland:

a. Alle uitgaven, bestemd voor de voorganger en alle toelichtend materiaal, zijn verkrijgbaar bij: Administratie 'Directorium' en andere liturgische uitgaven, Biltstraat 121, Postbus 13049, 3507 LA Utrecht.

b. Bijbehorende gelovigen-boekjes zijn verkrijgbaar bij: Uitgeverij Gooi en Sticht, Postbus 133, 3740 AC Baarn.

2. **Interdiocesane Commissie voor Liturgische Zielzorg (ICLZ)** voor België: voor de sub 1 genoemde uitgaven wende men zich tot de ICLZ, Guimardstraat 1, B1040 Brussel.

3. **Secretariaat van het R.K.Kerkgenootschap** in Nederland: de serie 'Regelingen R.K.Kerkgenootschap in Nederland' (statuten BC, algemene reglementen voor het bestuur van een parochie, van een (inter)-parochiële Caritas-instelling en voor het Katholiek Onderwijs beleidsnota Kerkmusicus, toepassingsbesluiten bij de CIC/83, interdiocesane regelingen voor besturen van kerkelijke instellingen, regeling Persoonsregistraties Parochies, rechtspositieregeling voor Kosters, modellen voor structurering Allochtone Geloofsgemeenschappen, model reglement voor het Beheer van een Begraafplaats, algemene bepalingen voor Kerkelijke Rechtspersonen en Katholieke Burgerlijke Rechtspersonen) zijn te bestellen bij het Secretariaat van het R.K.Kerkgenootschap in Nederland, Biltstraat 121, 3572 AP Utrecht.

4. **Uitgeverij Gooi en Sticht**
Alle aanvraagformulieren voor huwelijksdispensaties, voor opname in de Kerk, berichtkaarten voor doopsel, vormsel en huwelijk en de verklaring voor de kerkelijke huwelijkssluiting zijn verkrijgbaar bij de Uitgeverij Gooi en Sticht, Postbus 133, 3740 AC BAARN.

5. Registers voor het aantekenen van doopsels, vormsels, huwelijken en overlijdensregisters zijn verkrijgbaar bij: **F.J.Vugs**, Lindelaan 2, 5076 CX Haaren (N.Br.) en **Waanders-Drukkers**, Faradaystraat 17, 8013 PH Zwolle.

Canones, geciteerd uit de Codex/17
(waar bv. 1v1 staat, wordt bedoeld: p. 11 voetnoot 1)

Canones, geciteerd uit het Wetboek 1983
(waar bv. 14v8 staat, wordt bedoeld: p. 14 voetnoot 8)

Geciteerde canones uit de **CCEO/1990**

TREFWOORDENLIJST

N.B. De cijfers verwijzen naar de pagina's van het boek (waar bv. 3v9 staat, wordt bedoeld: p.3 voetnoot 9)

ORIENTALISTE, KLEIN DALENSTRAAT 42, B-3020 HERENT